毛泽东读四大名著

读《三国演义》

◎董志新 著

北方联合出版传媒（集团）股份有限公司
万卷出版公司

ⓒ 董志新　2011

图书在版编目（CIP）数据

毛泽东读《三国演义》/董志新著. —沈阳：万卷出版公司，2011.1
（2024.3重印）
（毛泽东读四大名著）
ISBN 978-7-5470-1298-7

Ⅰ.①毛…　Ⅱ.①董…　Ⅲ.①毛泽东（1893～1976）—评论—三国演义
Ⅳ.①A841.691②I207.413

中国版本图书馆CIP数据核字（2010）第220849号

出　品　人：王维良
出版发行：北方联合出版传媒（集团）股份有限公司
　　　　　　万卷出版公司
　　　　　（地址：沈阳市和平区十一纬路25号　邮编：110003）
印　刷　者：辽宁新华印务有限公司
经　销　者：全国新华书店
幅面尺寸：170mm×240mm
字　　数：600千字
印　　张：33
出版时间：2011年1月第1版
印刷时间：2024年3月第4次印刷
责任编辑：朱婷婷
封面设计：刘萍萍
版式设计：万晓春
责任校对：高　辉
ISBN 978-7-5470-1298-7
定　　价：88.00元

联系电话：024—23284090
邮购热线：024—23284050
传　　真：024—23284448

常年法律顾问：王　伟　　版权所有　侵权必究　举报电话：024-23284090
如有质量问题，请与印刷厂联系。联系电话：024-31255233

内 容 提 要

《毛泽东读〈三国演义〉》是一部研究和介绍毛泽东解读《三国演义》，应用"三国智慧"，弘扬"三国文化"的新著。

在有关研究毛泽东以及毛泽东与传统文化的著作十分丰富的情况下，本书从"毛泽东读《三国演义》"这个具有诱惑力的课题切入，广泛搜求相关专题资料，全面详细地介绍了毛泽东阅读、欣赏、评论、运用《三国演义》的众多十分精彩、具有丰富内涵的历史片断，条分缕析地总结了毛泽东解读、运用《三国演义》小说于人生道路和革命生涯，实现优秀传统文化的现代转换的宝贵经验，展示了毛泽东对于读书，对于做人，对于干好事业的有现代意义的人生观念，从中可以看到毛泽东思想的博大精深；看到毛泽东的政治智慧、军事韬略、组织才干、外交风度、人才理念、人生感悟……

全书内容划分为五个单元：第一单元是毛泽东对《三国演义》文本的阅读，对小说作者的评论，对《三国演义》出版的关注；第二单元是毛泽东对《三国演义》哲学思想的借鉴，对唯物论和辩证法的阐扬；第三单元是毛泽东对《三国演义》政治经验、人生价值的挖掘；第四单元是毛泽东对《三国演义》战争指导经验、军事谋略技巧的吸取和运用；第五单元是毛泽东对《三国演义》人物形象的漫议、鉴赏和征引。全书整体上是毛泽东对"三国文化"的批判继承，对"三国智慧"的吸纳弘扬。

如果说《三国演义》是一本智慧的书，那么本书则把毛泽东巧取活用"三国智慧"的情况和经验，全面系统地展示到了读者面前。

罗贯中 三国演义 第一回 句

　滚滚长江东逝水
　浪花淘尽英雄
　是非成败总成［转头］空
　青山依旧在
　满眼［几度］夕阳红
　白发渔翁［樵］江渚上
　惯看秋月春风
　一壶浊酒喜相逢
　古今多少事
　都在［付］笑谈中

毛泽东手书《三国演义》句

罗贯中　三国演义　第二十一回　句

天下英雄，惟使君与操耳。

毛泽东手书《三国演义》句

目 录

毛泽东与"三国智慧"（自序） 001

得到《三国演义》乐不可言 001
  爱看古代的传奇小说 001
  务农时有空就读《三国演义》 002
  公认的三国故事大王 003
  给新军战友讲三国故事 004
  三国竞争之时"令人喜读" 004
  游历《三国演义》名城 005
  得到《三国演义》乐不可言 006
  我也喜欢这两本书 007
  东华山上读《三国演义》 008
  能看三国 百分之五 008
  长征轻装 不扔《三国演义》 009
  不读这三部书不算中国人 009
  要看历史小说 010
  有中国古老哲学的方法论 011
  转战路上闲谈《三国演义》 012
  "书中写谁的本事大呀？" 012
  吸收其中的好东西 013
  直到更明白为止 014
  纵谈三国历史 015
  想看看《关于〈三国演义〉》 017
  小人书言简意赅 017
  两种线装木刻大字本 018

说我凭着《三国演义》指挥打仗 020

不是科名显赫的人　025
　　罗贯中不是进士　025
　　善于使用语言的巨匠　028
　　批注使人看时有个头绪　030

罗贯中以蜀为正统　034

要恢复题咏诗　040

"锄头"即唯物史观　043
　　主人公没有农民　043
　　我们要造一个锄头　045
　　"知识性了解"不行　045
　　方法无非两条　046
　　靠实践积累经验　047

小说史书不可等同视之　049

《三国演义》头两句符合辩证法　052
　　国共两党实无不能合作之理　052
　　合则两利　分则两伤　055
　　好中有坏　坏中有好　056
　　和平友好是基本的　058
　　撤点过多　群众不满意　059
　　高不高兴搞大社　060
　　要有意识地保持对立面　061
　　说这符合辩证法　062

不测风云与旦夕祸福　064
　　我们要准备一些人牺牲　065
　　我这个"防风林"就有几道　066
　　这也是自然辩证法　067
　　忧患与生俱来　068
　　现在就交班　070
　　嘱咐斯诺保重　071

运用概念以作判断和推理　072

眉头一皱　计上心来　072
　　不入虎穴　焉得虎子　073
　　虚晃一枪　回马便走　074
　　逢山开路　遇水搭桥　075
　　水来土掩　兵来将挡　076

人的认识与锦囊妙计 078

掉过石头折过旗杆 082

群众就是孔明 088
　　诸葛亮与民众拥护　088
　　刘备把诸葛亮比作水　090
　　群众就是孔明　091

臭皮匠·诸葛亮·群众智慧 093
　　大家都来当师长　093
　　还有党代表呢　095
　　经验不多不要紧　096
　　有成千成万的诸葛亮　097
　　要从集体中求完全　098
　　给我参谋参谋　100
　　单独一个诸葛亮总是不完全的　101
　　还有什么地方需要修改　103

消除兄弟误会 106
　　怀疑错了赔个礼　106
　　张飞有很高的原则性　108
　　兄弟重新团结起来　109

三国都有知识分子 112

应采取七擒七纵的办法 116
　　怎么一下子就说服了小叶丹　117
　　对蒋介石为什么不可以一擒一纵　119
　　敢来个八擒八纵　121
　　诸葛亮在南中的改革　123

共产党还可以搞八擒　　124
　　七擒孟获也是练兵　　125

虚夸危害很大　　127

我也要鞠躬尽瘁　　131
　　鲁迅——做无产阶级和人民大众的"牛"　　131
　　邹韬奋——真诚地为人民服务　　133
　　孙中山——为改造中国耗费了毕生精力　　135
　　毛泽东——我也要鞠躬尽瘁　　136

叶参座舌战群儒　　138

彭老总临危受命　　146

蕴含着很深的战略战术　　153
　　第一本军事教科书　　153
　　蕴含着很深的战略战术　　155
　　看战争、看外交、看组织　　157

《三国演义》中多处讲到偷袭打埋伏　　159

弱者先让一步　　163

一把火烧出个三国鼎立　　167
　　做孙刘联合的文章　　167
　　把东吴搞得议论纷纷　　168
　　曹操八十三万人马下江南　　170
　　不会重蹈曹操的覆辙　　171
　　一把火烧出个三国鼎立　　173
　　主和·主战·读书　　174
　　群英会上的英雄大多年轻　　175
　　赤壁之败将抵何人之罪　　176

这次看的是《火烧连营》　　178
　　刘备没有处理好主次矛盾的关系　　178
　　犯了错误被火烧连营　　182

        应打运动战各个击破 184

借东风·借晨雾·借大炮 185

        借晨雾全歼顽敌 185
        今晚只唱"借东风" 187
        借用蒋介石与万耀煌的矛盾 188
        诸葛亮会观察分析天气变化 189
        东风就是大炮 190

我正在城楼观山景 192

        "中了毛泽东的空城计" 193
        毛委员的"空山计" 194
        "信止追兵"唱"空城" 197
        边区不能老唱"空城计" 198
        忽听得城外乱纷纷 200
        新闻攻势退敌兵 201
        困难时期唱《空城计》 203

仨人合演《失街亭》 205

        错用关羽、马谡 205
        仨人合演《失街亭》 208
        挥泪斩马谡是万不得已 211

原子弹和关云长的大刀究竟哪个死人多 216

东临碣石有遗篇（曹操之一） 221

        《自明本志》好文章 221
        时常记得秋风过许昌之句 224
        东临碣石有遗篇 225
        其中有咏曹操一首 228

曹操对统一的贡献最大（曹操之二） 230

        与张绣曾于此城发生争夺战 230
        不做把许褚比作樊哙的蠢事 232
        曹操骂汉献帝有道理 233
        曹操懂用人之道 235

魏君待之若旧　237
　　我劝你们不要把我当曹操　241
　　打下统一的基础　243

这个冤案要翻（曹操之三）　246
　　那是封建正统观念制造的冤案　246
　　赞同鲁迅说曹操是个英雄　248
　　此篇注文贴了魏武不少大字报　250
　　曹操是代表进步一方的　252
　　曹操和诸葛亮谁更厉害　253
　　两本书对曹操的评价不同　254
　　为西晋统一铺平道路　257
　　符合历史唯物论观点　258
　　曹操被骂现在恢复名誉　260
　　曹操并不痴　261
　　郭老为曹操翻案有贡献　262
　　骂曹始于宋朱熹　263

郭嘉多谋善断　266

警卫战士比许褚厉害　271

会像蒋干一样抱怨　274

华佗是高明的医药学家　278
　　傅医生就是华佗　278
　　给关云长治疗过箭毒　280
　　华佗无奈小虫何　281
　　华佗读的是几年制？　284
　　华佗编了"五禽戏"　285

董卓毁灭了洛阳　287

袁绍这个人多端寡要　290

景升父子皆豚犬　294

也想做一出张松献地图 297

刘备这个人会用人（刘备之一） 300

　　团结人终成大事 300
　　入川时干部少而弱 303
　　北方人组织一个班子南下 305

难道我们还不如刘备（刘备之二） 310

　　撤退舍不得丢下老百姓 310
　　甘露寺是全国出名的 313
　　刘备请孔明干什么 315
　　三顾茅庐看出铁 316
　　为什么能在这里立国 319

刘备有多谋寡断的缺点（刘备之三） 321

　　感情用事　负气用兵 321
　　事情出来不能一眼看出 323
　　还是老头子挂帅 325

拿鹅毛扇子的厉害（诸葛亮之一） 327

　　赤卫队员：毛司令神机妙算 327
　　欧阳毅：毛委员是诸葛孔明 329
　　彭德怀：拿鹅毛扇子的厉害 330
　　毛泽东：我怎么比诸葛亮强啦 332

运筹帷幄比较出色（诸葛亮之二） 334

　　初出茅庐第一功 334
　　不厌其诈学孔明 337
　　使用了"激将法" 340
　　我是诸葛亮到东吴 342
　　在汉中搞过屯垦 345
　　诸葛亮的办法"走为上" 346
　　征孟获时使用了这个先进武器 348

以孔明的办法办事（诸葛亮之三） 350

诸葛一生唯谨慎　350
以诸葛孔明的办法办事　353
虎踞龙蟠今胜昔　355
陈云理财可称之为能　357
诸葛亮精通心理学　359
诸葛亮修庙我们修坝　361
到东吴办了一件大事　363
稳定了蜀国局势　365

没有先知先觉的诸葛亮（诸葛亮之四）　366

共产党人对"小诸葛"也要尊重　366
这是个"诸葛亮会"　368
现在又没有孔明　370
没有先知先觉的诸葛亮　372
我们都是事后诸葛亮　372
要学诸葛亮留一手　374

关公是指关为姓（关羽之一）　376

读书在关公桥私塾　376
关公其实不姓关　377
喜欢相声《关公战秦琼》　379

你对关公很有研究（关羽之二）　381

你是关云长的老乡哟　381
你对关公很有研究　383
关云长不如彭老总　385

关云长毅然离开曹操（关羽之三）　388

难道张子清比不上关云长　388
关云长在你们那里放走了曹操　390
青年知识分子没有走路之权　393
关云长杀了河北名将　395
关云长不懂统一战线　398
多介绍"走麦城"　400
关云长"翘尾巴"　402
善待卒伍而骄于士大夫　404

关圣帝君能打倒土豪劣绅吗（关羽之四） 406
关圣帝君一个土豪也不曾打倒 406
关爷会·关帝庙·神道地主 408
关云长是武圣也打倒了 410

我说我也是张飞 412
捧腹大笑张飞自夸 412
爱敬君子而不恤小人 413
像《三国演义》里的燕人张飞 413
做个当阳桥上的猛张飞 416
取上将头如探囊取物 417
要学张飞粗中有细 419
还是像猛张飞那样的性格 422
是不是最近张飞没赶集 424
张飞的后代，一触即跳 425

非子龙不可行也 427
真正解除了空城之危 427
比之为赵子龙 429
非子龙不可行也 430
只剩下赵子龙老迈年高 432

不会只是出廖化 434

不要再把老百姓看成"阿斗" 437

当今惜无孙仲谋 441
雄时者孙仲谋 441
是借曹操的名句 443
有优柔寡断的缺点 445
孙权是个很能干的人 448

"青年团员"周瑜挂帅 450
要周瑜当团中央委员 450
还是后起之秀挂帅印 452

周瑜非少年新进乎　454
　　韦睿有周瑜之风　456
　　遥想公瑾当年　458
　　东风不与周郎便　459

吕蒙是行伍出身　461
　　接受劝告　勤学苦读　461
　　士别三日　刮目相看　463
　　老粗吕蒙主战　465
　　善用兵　能攻心　466
　　勉励高级干部重视学习　468

陆逊继吕蒙当了统帅　470
　　"中级军官"成长起来的统帅　470
　　此司马懿敌孔明之智　471
　　陆逊撤兵"有理"　473
　　与孙权诘陆逊语同　474
　　谈到陆逊的儿子和孙子　475

黄盖的革命自觉性　477

司马懿有几手比曹操高明　480
　　多谋略　善权变　480
　　有几手比曹操高明　483
　　司马氏一度完成了统一　484

"司马师"碰在了"姜维"手上　487

也算是司马昭之心　491

主要参考文献资料　495

后　记　497

丛书后记　500
　　——我这样写毛泽东读四大名著

毛泽东与"三国智慧"

（自序）

试问：《三国演义》问世六百年，有哪位读者，有哪位学人，有哪位小说史家，有哪位政治领袖，像毛泽东那样对这本小说终生喜读，历久弥坚；热情推荐，大力普及；多有评论，妙语连珠；灵活运用，无所不在！遍寻其间，可谓世所罕见，无出其右者。

解读《三国演义》，运用"三国智慧"，弘扬"三国文化"，是世纪伟人留给我们的一笔精神和文化遗产。

（一）

毛泽东辞世之时八十余岁，而他读《三国演义》的历史超过七十年。在乡村私塾读，在城镇学堂读，在井冈山上读，在中央苏区读，在长征路上读，在延安窑洞读，在转战途中读，在西柏坡民房读，在北平双清别墅读，在中南海书房读，在视察的火车上读，身体好时自己读，患目疾时请人读。他读《三国演义》的脚印，踩到了生命的终结：直到1976年1月，他还以赞赏的口吻谈到曹操的自学成才。（《建国以来毛泽东文稿》第13册，中央文献出版社1998年1月版，第489页）

读《三国演义》持续的时间长，评《三国演义》涉及的范围广。毛泽东对《三国演义》一百二十回，解读评点时几乎回回点到；从黄巾起义到三国归晋，重大事件全在他的评说视野之内；三国人物，仔细评论者达三十人。曹魏集团的曹操、郭嘉、夏侯渊、许褚、刘晔、蒋干、华佗；刘蜀集团的刘备、诸葛亮、关羽、张飞、赵云、黄忠、廖化、刘禅；孙吴集团的孙权、周瑜、吕蒙、陆逊、黄盖、鲁肃、张昭；司马氏集团的司马懿、司马师、司马昭；东汉末年割据军阀及其幕僚董卓、袁绍、刘表、张松……几乎囊括了三国各派政治势力的主要人物。对曹操、刘备、诸葛亮、关羽的评论，多达十几次，甚至几十次。

毛泽东对《三国演义》熟烂于心，用起来几乎到了张口即出信手拈来的程度，著书立说，报告演讲，漫谈闲聊，都少不了提到三国故事与人物。笔者收集到的有关毛泽东与《三国演义》的资料，即多达二百六十多条。毛泽东懂得，在《三国演义》里面有波澜壮阔的战争，有斗智斗勇的激战，有此消彼长的竞争，有哲人叩问天地，有武人杀伐决断，有政治家纵横捭阖，有诗人壮怀激烈，有伟人彪炳史册，有小人遗臭万年，小说里面渗透着中华民族传统文化的深刻影响，积淀着许多世纪不同时代人民的生活理想与审美情趣，凝聚着数百年圣哲贤才的聪明智慧。阅读《三国演义》打开了毛泽东的智慧之门；运用《三国演义》，使毛泽东的著述文采斐然，讲演余香满口，举措进退有据，人格增添魅力，他使政治领袖、军事统帅的人生道路流光溢彩。

《三国演义》是"三国智慧"的载体，是"三国文化"的母体之一。在毛泽东的人生道路和革命生涯中，因读《三国演义》而在精神、学识、才智方面更加富有；《三国演义》的传播史、接受史，因毛泽东的解读和运用而写下了光辉的一页，增添了亮丽色彩和生命活力。

（二）

作为一部综合反映三国时期政治、军事斗争生活的历史小说，《三国演义》所蕴含的社会内容是极其丰富的，它既包含着政治、军事斗争的谋略、经验和智慧，也包含着识人用人、实现人的价值等多方面的人生体验。因此，不同时代、不同类型、不同层次的读者可以从不同角度、不同深度、不同侧面去阅读、欣赏《三国演义》，从中汲取吸纳有用的知识。

毛泽东是从哪些方面解读和运用《三国演义》的呢？先来看看他的阅读体验。他说："看这本书，不但要看战争，看外交，而且要看组织。"（苏扬：《中国出了个毛泽东》，解放军出版社1991年4月版，第230页）他还说："文学方面的书包括很广，知识很丰富，里头反映社会情况，里头有历史，有风俗习惯，还有各种人物。你要多看嘛！多看，会使你聪明，对社会的了解更多一些，也会对事物增强分析能力。"（《光明日报》1977年9月6日）应该说，毛泽东对《三国演义》的接受，是从多个侧面、多个角度进入的，呈全方位的态势。作为军事统帅、政党领袖和国家元首，其主要视角和基本坐标还是经国治军，还是军国大事。从1927年他率领秋收起义队伍走上井冈山，一直到1976年他逝世中南海，这个主流倾向一直没有离开他。

当然，毛泽东从《三国演义》中借鉴经国治军的经验和智慧也是多侧面的。让我们具体分析一下毛泽东从《三国演义》中"看"到了什么？

看哲学。毛泽东是举世公认的哲学大师，他不仅运用马克思主义唯物史观这把"锄头"来铲除《三国演义》中封建思想的杂草，而且宣言要从这部古典小说中汲取"中国古老哲学方法论"的营养。从延安时期开始，他更是有意识地从哲学的角度来解读《三国演义》。在《三国演义》"话说天下大势，分久必合，合久必分"这头两句话中，他看到了"符合辩证法"的合理内核，用以阐述统一战线、党内斗争、战争与和平的转化等政治问题；在周瑜和诸葛亮引用的"天有不测风云，人有旦夕祸福"的俗谚中，他读出了"自然辩证法"，用以解释生与死、祸与福、忧患与安乐、必然与偶然的对立统一；在三国时期的官渡之战、赤壁之战和夷陵之战这"三大战役"中，毛泽东读出了军事辩证法，正确地揭示了优势与劣势、强大与弱小、骄兵与哀兵、进攻与防御、先发制人与后发制人、客观条件与主观指导、主要矛盾与次要矛盾的辩证关系；在"三个臭皮匠，合成一个诸葛亮"的三国谚语中，毛泽东看出了真知来源于实践，群众是真正的英雄的哲学思想。毛泽东从《三国演义》中发掘这些哲学思想资料，不在于佐证自己所掌握的哲学观点，而在于运用生动活泼的文学与典故，来阐述革命道理，指导工作实践。

——请参看本书第二单元各篇以及《有中国古老哲学的方法论》《刘备没有处理好主次矛盾的关系》《没有先知先觉的诸葛亮》等节。

看战争。《三国演义》是一部活的兵法，是一部形象的战争史，充分地反映了从三国时期到《三国演义》成书年代的古代战争经验。毛泽东宣称它是自己读过的"第一本军事教科书"。中央苏区时期的"左"倾教条主义者，也批判毛泽东"把古代的《三国演义》无条件地当作现代的战术"，给他安上"三国主义路线"的罪名，这从正反两个方面证明了《三国演义》与毛泽东军事生涯的密切关系。事实也是如此，毛泽东指挥战斗、指导战争长达二十四年，十年内战，八年全面抗战，三年解放战争，三年抗美援朝战争，"三国智慧"时常萦绕于毛泽东的大脑屏幕上，可说无役不与。毛泽东对三国著名军事家的治军艺术和指挥艺术均有所借鉴，对其驭将统军、设计用谋、行兵布阵、国防战备的经验都有所领会，对三国"三大战役"的战略指导更有深入详尽的研究。在他的军事名著《论持久战》《中国革命战争的战略问题》中，有对三国战争经验的科学总结。他与麾下将帅谈兵论战时，《三国演义》战例更是常被引用的内容。

——请参看本书的第四单元各篇以及《与张绣曾于此城发生争夺战》《董卓毁灭了洛阳》《感情用事 负气用兵》《运筹帷幄比较出色》《关云长杀了河北名将》《取上将头如探囊取物》《善用兵 能攻心》《有几手比曹操高明》等篇节。

看政治。《三国演义》一书充满着政治经验和政治智慧。曹操、刘备、孙权、诸葛亮、司马懿都是推动了国家统一、推动了历史进步的杰出的封建政治家。曹操剪除封建割据势力，力图实现天下一统的政治胸怀、政治气度和政治眼光；刘备的尽占人和，推恩部下，体恤民众，团结干部，以兴复汉室相号召的民本思想和政治策略；诸葛亮的重视统一战线，巩固联盟力量，维护民族团结，严明政纪军纪；孙权的巩固江东根据地，善于使用年轻人才，从谏如流，信赏必罚……对这些经邦济世、治国安民的宏韬伟略，毛泽东都有所领悟，有所借鉴，有所继承。

——请参看本书第三单元各篇以及《打下统一的基础》《为西晋统一铺平道路》《刘备这个人会用人》《撤退舍不得丢下老百姓》《以诸葛孔明的办法办事》《不要把我当曹操》《国共两党实无不能合作之理》《合则两利　分则两伤》《对蒋介石为什么不可以一擒一纵》《关云长不懂统一战线》《单独一个诸葛亮总是不完全的》《不要再把老百姓看成"阿斗"》《我这个"防风林"就有几道》《孙权是个很能干的人》等篇节。

看组织。三国时期的政治、军事斗争说到底是人才的竞争。在湖南一师读书时的青年毛泽东即说："三国竞争之时，事态百变，人才辈出。"（《毛泽东早期文稿》，湖南出版社1995年3月版，第186页）毛泽东谈组织路线，论人才使用，批判论资排辈旧观念，提倡老粗读书自学成才，赞赏杰出人才的作为，号召"外来干部"与"地方干部"搞好团结，常举《三国演义》中的例子以为佐证。曹操懂用人之道，刘备能团结人，孙权敢用年轻干部挂帅，袁绍不会用将，诸葛亮用错了关羽和马谡，三国都有知识分子……这些正反经验都被他卓有成效地运用到实践中去了。

——请参看本书《曹操懂用人之道》《刘备这个人会用人》《"青年团员"周瑜挂帅》《群英会上的英雄大多年轻》《还是老头子挂帅》《"中级军官"成长起来的统帅》《士别三日　刮目相看》《华佗读的是几年制？》《三国都有知识分子》《主和·主战·读书》等篇节。

看外交。三国时期外交活跃频繁，外交斗争与政治、军事斗争交织在一起，小说中描写外交的故事精彩绝伦。成功者如孔明舌战群儒，失败者如蒋干过江盗书。毛泽东一生外事活动众多，其中最著名者为重庆谈判。指导外交斗争，亲历外事风云，得益于《三国演义》者为数不少。赴重庆谈判之时，就带着《三国演义》这部书。毛泽东说从《三国演义》中"看外交"，可谓经验之谈。

——请参看本书《叶参座舌战群儒》《我是诸葛亮到东吴》《到东吴办了一件大事》《会像蒋干一样抱怨》《看战争、看外交、看组织》等篇节。

看经济。《三国演义》写政治，写军事，写外交，却不怎么写经济生活；偶尔涉及点经济内容，也主要是军事上的后勤保障之类，可谓军事经济。

这很可能与小说是演义历史有关，《三国志》就基本不谈经济。但是，"隔行不隔理"，这不妨碍毛泽东运用"三国智慧"来指导经济工作和经济建设。在经济体制的确定、经济模式的采用、经济人才的选拔以及经济工作的领导作风诸方面，都有毛泽东对《三国演义》的借助。

——请看本书《撤点过多　群众不满意》《高不高兴搞大社》《给我参谋参谋》《三顾茅庐看出铁》《在汉中搞过屯垦》《陈云理财可称之为能》《诸葛亮修庙我们修坝》《要学张飞粗中有细》等节。

看人生。《三国演义》是历史小说，是战争小说，也是关注人的价值的人生小说。重视写人，写事件突出写人，是它的成功之处。对于怎样做人做事，怎样实现人生价值，小说有大量描写。毛泽东臧否三国人物达三十人，无论肯定的人物，还是否定的人物，都给人生以启迪。曹操的政治风度，刘备的仁德爱民，诸葛亮的鞠躬尽瘁，赵云的浑身是胆，周瑜的年少有为，关羽的忠贞不贰，张飞的果决勇猛，吕蒙的自学成才，黄盖的自觉献身，郭嘉的足智多谋，以及董卓的凶暴残忍，袁绍的优柔寡断，刘表的虚有其表，张松的卖主求荣，蒋干的愚昧痴呆，关羽的骄傲轻慢，张飞的苛暴寡恩，马谡的死搬教条，刘备的感情用事，曹操的专权霸道，廖化的才不胜任，司马昭的险恶用心，等等，涉及人品人格人才人气的各个方面，都可"以人为镜"。毛泽东赞扬叶剑英有诸葛舌战群儒之智，彭德怀有临危受命之勇，陈赓有提兵退敌之胆，陈云有将军向宠之能，杨成武有虎将赵子龙之风，周世钊有吕蒙之学，警卫战士有赛过许褚之诚，以及痛斥蒋介石怀司马昭之险恶用心，揭露汪精卫步张永年之卑劣行径……皆是着眼于人生大节。

——请看本书《我也要鞠躬尽瘁》《彭老总临危受命》《不做把许褚比作樊哙的蠢事》《也想做一出张松献地图》《做个当阳桥上的猛张飞》《非子龙不可行也》《黄盖的革命自觉性》《也算是司马昭之心》等篇节。

毛泽东从《三国演义》中读出看出的远不止这些方面，但是，这些内容足以说明他是怎样实现了优秀传统文化的现代转换，使人们看到了他所提倡的古为今用的实际成果；看到了他的好学深思，博大精深；看到了他的哲理思辨、政治智慧、军事韬略、组织才干、外交风范、人生顿悟；看到了他的大智慧、大手笔、大作为。

（三）

毛泽东解读和运用《三国演义》，有其独具的个性和鲜明的特征。

倾心热爱优秀传统文化。《三国演义》无疑是中华民族传统文化的奇葩。

毛泽东基于对五千年祖国文明的热爱而对《三国演义》等著名古典小说无比钟情。在1938年10月召开的党的六届六中全会期间，毛泽东对部分将领开玩笑地说："中国有三部小说：《三国》《水浒》《红楼梦》，谁不看完这三部小说，谁就不算个中国人。"(《毛泽东提倡读中国三部小说》,《山西日报》1984年1月9日）毛泽东虽然说的是玩笑话，态度却是认真的。在不经意中，他把读不读《三国演义》等古典文学名著，提到了作为一个中国人有没有基本修养、有没有基本素质的高度来看待。这正如鲁迅所说，中国人身上谁没有一点"三国气"？也正是在六届六中全会上，毛泽东提出了关于用马克思主义的方法批判总结我们的历史遗产的著名论断。他说："我们这个民族有数千年的历史，有它的特点，有它的许多珍贵品质。……从孔夫子到孙中山，我们应当给以总结，承继这一份珍贵的遗产。这对于指导当前的伟大的运动，是有重要的帮助的。"(《毛泽东选集》第二卷，人民出版社1991年6月版，第533—534页）毛泽东解读和运用《三国演义》，是他用马克思主义方法批判总结历史遗产的具体实践中的一个光辉范例。毛泽东重视文化工作和文化建设，在文治武功方面都取得了前无古人的成绩。他鄙视秦皇汉武的"略输文采"，不屑唐宗宋祖的"稍逊风骚"，努力在实践中使优秀传统文化得到再生和新生，这正是他爱国情愫的映现。挖掘民族精神宝库，使中华民族的精神血脉代代相传，延续发展。正是出于这种自觉，他无论在何种情况下，顺境和逆境、得意和失意、卑贱和高贵、胜利和失利，都矢志不渝地勤奋阅读和全力应用《三国演义》，表现了对优秀传统文化的挚爱。

现代意识贯注于古代典籍。毛泽东解读和运用《三国演义》的基点是马克思主义的唯物史观和辩证法，至迟在1926年他就提出要用马克思主义唯物史观来分析研究《三国演义》等古典小说。（陈晋：《毛泽东与文艺传统》，中央文献出版社1992年3月版，第131页）毛泽东正是用这个全新的思想方法之光照亮了解读和运用《三国演义》的道路。他认为《三国演义》评论中的"为曹操翻案"，客观地评价历史人物和小说人物形象曹操，"符合历史唯物论观点"；他用刘备得到诸葛亮说是"如鱼得水"的典故来阐述党群关系、干群关系、军民关系，充分论述了群众是力量的源泉的历史观；他对三国事件和三国人物做出历史的、阶级的、辩证的考察与分析，不囿旧说，迭出新见，卓尔不群。在20世纪二三十年代，毛泽东较早地运用马克思主义的方法研究分析《三国演义》，产生了一批批令人耳目一新的结论，提高了《三国演义》的阅读和研究层次。毛泽东不仅善于用新潮的观念，而且善于用新出的概念来叙述和解释古典小说内容，比如说周瑜是"共青团员"挂帅，诸葛亮"没有当过支部书记"，黄盖有"革命自觉性"，这些活跃于现实生活中的崭新概念与词汇，与古典小说的人物故事嫁接到一起，拉近了历史和现实的距离，消除了隔膜感，产生了贴近性，以为周瑜、孔明、黄盖等小说人物就生活在人们中间，使古典小说很好地为现实服务。

着眼于实际需要。毛泽东才高八斗学富五车，讲述《三国演义》如数家珍，但他绝不做书奴，绝不当书痴，不以学识丰富自娱，善于把书读活，更善于把书用活。他每一次征引运用《三国演义》都产生了实际效果，使古老的传统文化与新的实践碰撞产生火花，放射出绚丽的光彩。不能说毛泽东有关这本小说的每次谈话都是认真的研究式的，也不能说毛泽东的每次应用解决的问题都是重大的。但是，只要你深入到历史的具体环境中去，你会觉得，即便是漫侃闲聊，毛泽东所议的三国话题，仍然如春风暖雨滋润大地那样，使你心智大开。而他在重大历史关头、在重大历史事件中，常常从《三国演义》中受到启迪，明了对策，绕开暗礁，走上坦途的例子，更是比比皆是。秋收起义时白沙镇初次用兵，他联想到诸葛亮出山后的第一仗；皖南事变后还要不要坚持与国民党的统一战线，他联想到刘备在荆州失守关羽被杀后分不清主次矛盾的教训；抗战胜利后国民党发动内战，面对气势汹汹的进犯之敌，他提醒全党全军不要像东吴那样在曹操大军临境时议论纷纷人心惶惶；中华人民共和国成立初期出了大贪污犯刘青山、张子善，他想到诸葛亮"挥泪斩马谡"，以巩固新生的红色政权；即使在动乱的"文革"时期，针对林彪等人让他出任国家主席实质是自己夺取国家最高权力的不轨图谋，他用"孙权要把曹操放在火炉上烤"的典故，揭穿对手的司马昭之心……"三国智慧"与毛泽东政治领袖和军事统帅的人生历程，已经水乳交融地融合到一起。当我们面对毛泽东那二百六十余条谈及、涉及、用及《三国演义》的资料时，我们已经不能把毛泽东的故事与三国的故事断然分开，后者已经成为前者的组成部分。"三国智慧"和"三国文化"已经化作了毛泽东的思想分子、言行要素和事功成分。

熟悉民众文化心理。出身于社会下层，善于在调查研究中了解群众思想、情绪、心理状况的毛泽东，懂得《三国演义》一类通俗古典小说在广大人民群众中扎下了深厚的根基，形成了特有的文化心理。作为革命力量的组织者和领导者，要善于找到与工农群众、工农干部的思想共鸣点和感情联系媒介。美国作家施拉姆教授说，毛泽东懂得群众支持的重要以及动员群众的方法，他"带有强烈通俗文学特点的领导风格，使他和农民有比较密切的关系""增加了他对大部分人民的吸引力。"（《毛泽东》，红旗出版社1987年12月版，第219页）施拉姆这句话，道出了毛泽东宣传群众组织群众的一个奥秘。毛泽东所面对的听众绝大部分文化程度不高，但他们对中国的通俗历史小说却比较熟悉。因此,运用大家都熟悉的材料,把革命道理生动形象、深入浅出地讲出来,能够产生最大的宣传效果和最理想的组织作用。毛泽东讲过:"洋八股必须废止,空洞抽象的调头必须少唱,教条主义必须休息,而代之以新鲜活泼的、为中国老百姓所喜闻乐见的中国作风和中国气派。"(《毛泽东选集》第三卷,人民出版社1991年6月版,第844页)活用《三国演义》,正是造成这种中国作风和中国气派,使老百姓喜闻乐见的有效途径。

(四)

在毛泽东与《三国演义》之间,以"读"字确定二者的关系和联系,也是依据毛泽东的语言习惯。比如,晚年的毛泽东提倡各级领导干部读点历史,读点哲学,读点文学,读点鲁迅。这里的"读"字,已经不仅仅是指阅读和解读,而是包括掌握和运用的含义在内的。毛泽东说过:"读书是学习,使用也是学习,而且是更重要的学习。"(《毛泽东选集》第一卷,人民出版社1991年6月版,第181页)就毛泽东读《三国演义》来说,他的主导方面是应用。

《三国演义》的应用研究,在我国是20世纪80年代以后兴盛起来的。毛泽东对《三国演义》的应用起点,却可以追溯到20世纪20年代中期。他的应用范围和领域是宽广阔大的,应用效果是举世公认的,应用经验是众多丰富的。怎样继承优秀的历史文化遗产,怎样在现实生活中充分发挥《三国演义》等优秀古典文学作品的认识功能、教育功能和审美功能,也就是怎样使传统的"三国文化""三国智慧"直接与现代化事业挂钩结合,以产生新的实践成果,毛泽东给我们找到了金钥匙。

建设社会主义市场经济以来,对《三国演义》的应用,已经扩展到现代商战、企业管理、市场营销、人才竞争、领导艺术、赛场竞技等领域。这是时代使然。现在,我们正值世纪之交千年之替的历史重要时期,面临众多的发展机遇和各种各样的挑战,人们面对日益激烈波谲云诡的国际竞争和社会竞争,知识经济时代的到来令人感受到越来越紧迫的生存压力,更需要人们提高智商、智能和智慧。

立足于今天的竞争需求,以现代的眼光回头重新审视《三国演义》,沉吟慷慨激昂的英雄史诗,回味扑朔迷离的智谋绝唱,使人们进一步看清了这样一个事实:智慧成为从个人到国家迎接新挑战的重要武器。总结荟萃了数百年中国人政治军事智慧的《三国演义》,毛泽东半个多世纪解读和运用《三国演义》的丰富经验,在任何时代都有借鉴意义,都是宝贵的历史遗产,很值得后代子孙光大弘扬!

得到《三国演义》乐不可言

> 在谭家的藏书中，毛泽东得到了一套《三国演义》，虽说他早年多次读过《三国演义》，眼下再读，却别有新意，从中可以学习许多作战的经验。所以，毛泽东曾说："这真是拨开云雾见青天，快乐不可言。"
>
> 叶永烈：《历史选择了毛泽东》，上海人民出版社1992年7月版，第103页

喜欢读《三国演义》，可说是毛泽东一生的爱好。自翩翩少年至古稀长者，从莘莘学子到大国领袖，毛泽东的《三国演义》兴趣没有衰竭之时。

爱看古代的传奇小说

1902年，9岁的毛泽东开始在韶山冲附近南岸私塾就读。当他识的字足够看一些简单的故事书时，他便弄到一些他大致能看明白的小说。在他住的那个小村里，大家都爱看的正好是《三国演义》和《水浒传》这两本小说。毛泽东对这两本书入了迷。

少年时代，毛泽东最愿读的书之一是《三国演义》，和小伙伴们最爱讲的故事是三国故事。延安时期，美国记者埃德加·斯诺采访时，他满怀眷恋之情回忆起这段读书生活：

> "我是家里的'读书人'。我读过经书，可是并不喜欢经书。我爱看的是中国古代的传奇小说，特别是其中关于造反的故事。我读过《岳传》《水浒传》《隋唐演义》《三国演义》和《西游记》等。那是在我还很年轻的时候瞒着老师读的，老师憎恨这些禁书，并把它们说成是邪书。我经常在学校里读这些书，老师走过来的时候就用一本经书把它们盖住。大多数同学都是这样做的。许多故事，

我们几乎都可以背出来,而且反复讨论过许多次。关于这些故事,我们比村里的老人们知道得还要多些。他们也喜欢这些故事,而且经常和我们互相讲述。我认为这些书对我的影响大概很大,因为这些书是在易受感染的年龄里读的。"(《毛泽东一九三六年同斯诺的谈话》,人民出版社1979年2月版,第8—9页)

我们从这段话中得知:(一)上私塾时的少年毛泽东读《三国演义》等"禁书"的兴趣,远远超过了读经书的兴趣;(二)他读《三国演义》读得很熟,以至可以背诵许多故事;(三)在易受影响的年龄读的《三国演义》等书,对他产生了很大的影响。这段话可以看作毛泽东对自己少年时期读《三国演义》等传奇小说的一个小结。

那时,毛泽东有位表兄叫文运昌,常常把家中藏书《三国演义》和《水浒传》等借给毛泽东看。全国解放初期,毛泽东派长子毛岸英回到家乡韶山拜访亲友,文运昌等长辈设家宴招待表侄,席间,还提到这段往事。1954年4月下旬,受毛泽东的邀请,文运昌等一行到北京见毛泽东,向家人介绍文运昌时,毛泽东说:"这一位就是当年为我读书做担保人的运昌兄。"可见这时毛泽东还很怀念当年的读书生活。

务农时有空就读《三国演义》

1907年毛泽东停学在家务农。虽然辍学,可他仍然继续读书。在农忙中,一有空闲,他就读《三国演义》和《水浒传》这两本书。为了读起来方便,他干脆天天随身把这两本书带到田里,有空时便悄悄溜到一座古坟后的老树下,坐在那里看这两本书。当他逐字逐句地读着好汉们的生平和壮举时,看到三国战争中的韬略和计谋时,常常情不自禁地心醉神迷。

但是,毛泽东的父亲却不赞成他看《三国演义》等小说,认为他看这些小说妨碍了干活。于是,毛泽东与父亲为读《三国演义》等小说发生了激烈的争吵,最后父子达成了妥协:《三国演义》等书可以看,但必须干完活以后再看。(肖瑜:《我和毛泽东的一段曲折经历》,昆仑出版社1989年6月版,第4—5页)

从那以后,毛泽东便天天先干完他父亲派给的农活,然后就到那隐秘的藏身之处,一个人静静地在那里读《三国演义》等书,品味着其中英雄豪杰的故事。

公认的三国故事大王

1910年秋，17岁的毛泽东在父亲的同意下，考入湘乡县东山小学读书。离家的那天，一清早，毛泽东就起床了。他把自己随身的几件衣物打成包裹，又把一顶蓝布蚊帐，两条已用了多年、洗得发灰的白床单子，以及几件旧的、褪了色的长衫卷成一捆，扎到扁担的一头；然后，又把自己心爱的《三国演义》和《水浒传》，小心地包好，装在篮子里，系在扁担的另一头。最后，用肩膀挑起行李，大步流星地朝东山小学走去。

他到东山小学后，有一次碰到校长。校长问他："你在村里念过私塾吗？"

毛泽东答道："我跟着王先生念了几年书，能够看懂小说。"

"你看的是什么小说？"

"我把《三国演义》和《水浒传》看了几遍。"

在东山小学读书的毛泽东结识了许多新同学。在课余时间，他常常给他们讲《三国演义》和《水浒传》中的故事。萧子升在《我和毛泽东的一段曲折经历》（昆仑出版社1989年6月版）中曾回忆道："很快地，他的伙伴们公认他为有关三国历史和一百〇八将的故事大王。他常常给他们讲述书中的故事，他们聚精会神地听得津津有味。"（第13—14页）

但是，毛泽东对《三国演义》的熟悉，却使他与他的历史教师发生了争执。萧子升又回忆道："然而，《三国演义》实际上并不是记录三国时期的历史书。它是对历史事实进行高度艺术想象后的产物，这一点，少年毛泽东简直不敢苟同。这些故事在毛的生命中扎下了根，他常常在这个问题上与历史教员争得面红耳赤。"（第14页）

美国作家R.特里尔在《毛泽东传》（河北人民出版社1989年3月版）一书中，对毛泽东与历史教师在《三国演义》问题上的争论也有过记载。他写道："关于这一点，他和历史教师发生过争论，对任何同意那位教师观点的同学，毛泽东对其大加指责，甚至用椅子打了一个同学……关于小说的争论，他甚至找到校长那儿，当这位博学的校长也不同意他的观点，即不认为《三国演义》是三国时期发生过的真实事件时，他给湘乡县令写了一封请愿书，要求撤换校长，并强迫进退两难的同学签名，毛是一个刚直的孩子，有时他的任性和鲁莽有点儿过头。"（第22页）

少年时的毛泽东对《三国演义》等小说读得非常认真，像读"正课"一样，打上圈点等记号，或写上批语，这是他一直保持的一种优良的读书习惯。

给新军战友讲三国故事

1911年10月，辛亥革命爆发。10月底，18岁的毛泽东参加驻长沙的起义新军二十五混成协五十标第一营左队，当一名列兵。在新军中，除认真接受军事训练外，他还常给同棚（班）战友朱其升、彭友胜讲《三国演义》故事。

据朱其升回忆：深秋，枫叶似火，染红山峦；茶花如雪，点缀山坳。毛泽东、朱其升、彭友胜在向阳坡上，谈天说地，或者听毛泽东讲《精忠传》《水浒传》《西游记》《三国演义》的故事。

朱其升说，我当时有些听不懂毛润之讲的古文，不热心，听着听着，慢慢地睡着了。可他讲的"曹操煮酒论英雄""张飞大战长坂坡""孔明虚设空城计""关公败走麦城"以及"宋江怒杀阎婆惜""孙猴儿大闹天宫"等故事特别爱听。毛泽东口才好，边讲还边做手势，把我深深吸引住了。（石功彬：《与铁匠的交往》，《毛泽东在湖北》，中共党史出版社1993年9月版，第133页）

毛泽东读《三国》有个特点：爱与别人交流，互相讲述三国故事。在家乡山村，与老人们一起讲；在东山学堂，与同学们一起讲；在新军左队，与战友们一起讲……这无疑强化了他对三国故事的记忆和理解，乃至后来在漫长的革命岁月中，只要需要，他可以随时讲出一段《三国演义》中的故事。

三国竞争之时"令人喜读"

1913年年底至1914年年初，已经20岁左右正在湖南第一师范读书的毛泽东，读德国伦理学家泡尔生的著作《伦理学原理》，写了大量批语。这时，他已对《三国演义》和三国时期有了较为深刻、稳定的认识，他写道：

> "吾人揽史时，恒赞叹战国之时，刘项相争之时，汉武与匈奴竞争之时，三国竞争之时，事态百变，人才辈出，令人喜读。至若承平之代，则殊厌弃之。非好乱也，安逸宁静之境，不能长处，非人生之所堪，而变化倏忽，乃人性之所喜也。"（《毛泽东早期文稿》，湖南出版社1995年3月版，第186页）

毛泽东"喜读"《三国演义》，因为它反映了一个"变化倏忽""事态百变，人才辈出"的竞争时代,而这又是"人性之所喜"的内容。青年毛泽东喜读《三国演义》,已经不单单是读书乐趣,开始上升到人生价值取向和入世济世社会责任的理性高度。这是他以后在长期的革命和建设生涯中,不倦地保持读《三国演义》热情的思想基础。

毛泽东在长沙第一师范学校读书,虽然接触了许多新的书籍和思想,但《三国演义》的影响依然存在。美国作家 R. 特里尔在《毛泽东传》中说:"《三国演义》中有桃园三结义。毛泽东与杨(昌济)教授的另外两个学生,也自称他们三个是豪杰,一个是萧子升,另一位是蔡和森。"(第41页)

斯图尔特·施拉姆在《毛泽东》一书中说:"蔡和森、毛泽东、萧旭东被认为是学校中最有才华的三个学生,他们也以此自负,喜欢自称三个豪杰。豪杰一词,是毛泽东爱读的小说《三国演义》的常用语,表示不仅有力量和勇气,而且智慧过人,品德高尚。"(红旗出版社1995年12月版,第19页)

许多人,尤其是思想活跃的年轻人,读书后常常以书中的豪杰比附自况,产生参与社会生活的冲动。毛泽东等三名青年以刘关张自喻,表明他们不仅是读书,亦有了参加社会斗争的热切愿望和成就事业的理想。

游历《三国演义》名城

青年时期的毛泽东读《三国演义》,有时还到《三国演义》中描写的著名战场去游历考察,以印证书本知识。

1920年四五月间,毛泽东在北平组织驱除湖南军阀张敬尧的活动后,南下上海去欢送一部分新民学会会员去法国勤工俭学。途中,毛泽东特意到《三国演义》中发生了许多战事的名城徐州寻访古迹,凭吊古战场。1936年,他回忆说:

> "我的第一次北游,就我记忆所及,去过以下这些地方:漫步在洞庭湖垂柳遮阴的湖堤上,环保定府城走了一圈,在北海的冰面上散步,绕徐州城墙探询了一周历史遗迹,这是《三国演义》里的名城,还在南京城寻找六朝旧址,这也是一座历史名城。最后,我登上泰山,参观了孔墓。这些,在我那时看来,同我步行游历湖南的探险一样,都是很有收获的。"(埃德加·斯诺:《红星照耀中国》,河北人民出版社1992年1月版,第114页)

确实,徐州是《三国演义》中经常提到的名城。《三国演义》目录中,就有"陶恭祖三让徐州""吕奉先乘夜袭徐郡"这样的回目。《三国演义》中的许多故事或战事就发生在徐州，如陶谦三让徐州于刘备、曹操报父仇欲"洗荡徐州"、吕布与刘备大战于徐州，等等。熟读《三国演义》的毛泽东，环绕徐州城墙寻访历史遗迹时，是否想印证这些故事，可想而知。

此次游历，毛泽东所到的六朝旧址南京，也是《三国演义》中的名城，三国时称南京为建业，是孙权时期吴国的都城。1975年一次政治局扩大会议上，毛泽东还说道："孙权后来搬到南京，把武昌的木料下运南京，孙权是个能干的人。"（贾思楠：《毛泽东人际交往实录》，江苏文艺出版社1989年6月版，第352页）《三国演义》中东吴孙权君臣的许多故事，就发生在建业（南京）。

毛泽东把他这次"北游"，同当年他与萧子升"步行游历湖南的探险"一样看待，认为"很有收获"，具体收获些什么呢？他没有展开讲，但实地考察三国古战场徐州和建业（南京），因而加深了对三国故事的记忆和理解，是自然应该在其内的，否则，他怎么会于十六年后自然联想到这是"《三国演义》里的名城"呢？可见当时印象之深，而后记忆之牢。

得到《三国演义》乐不可言

1927年秋收起义以后，毛泽东率领起义队伍上了井冈山，开始了艰苦卓绝的建立红色革命根据地的武装斗争。即使在敌情险恶、戎马倥偬的环境下，毛泽东也时时眷恋着《三国演义》。井冈山时期，毛泽东读《三国演义》有两件逸事颇为有趣：

一件是1928年5月，毛泽东的部队攻打井冈山附近茶陵县的高陇圩，闯进谭延闿的老家。谭延闿曾是清末进士，后来出任湖南省都督、湘军总司令。在谭家的藏书中，毛泽东得到了一套《三国演义》。虽说他早年多次读过《三国演义》，眼下再读，却别有新意，从中可以学习许多作战的经验。所以，毛泽东曾言："这真是拨开云雾见青天，快乐不可言。"（叶永烈：《历史选择了毛泽东》，上海人民出版社1992年7月版，第103页）喜悦之情溢于言表。试想，在偏僻如井冈山，闭塞有敌军围困的情况下，嗜书如命的毛泽东能于大闹书荒之时，得到一套《三国演义》，其高兴心情可想而知。

另一件逸事虽然没有确切时间，但也发生在井冈山时期的艰苦斗争岁月里。有一次打土豪时，毛泽东特意到土豪家里寻找《三国演义》。有位老妈妈告诉他："没有了！没有了！昨天共产了。"这件事给毛泽东留下深刻的烙印，以致后来讲话时常常提起它。1938年5月3日，毛泽东在"抗大"

三期二大队作题为"我们对三民主义的态度"的讲话时，就提到了这件事。（陈晋：《毛泽东与文艺传统》，中央文献出版社1992年3月版，第107页）1945年，在延安开中国共产党第七次全国代表大会期间，4月24日，毛泽东作口头政治报告，讲到"很多同志还不晓得什么叫共产主义"时，毛泽东又举了这个例子："从前我在井冈山打土豪时，曾到一个土豪家里去看有没有书，一个老妈妈走出来问我来干什么，我说来找东西，她说：'昨天已经共了产，东西都共掉了，现在没有东西可共了。'我们的农民同志很多都认为，把地主的财产分给他，这就叫共产主义。这当然不对。"（《毛泽东文集》第三卷，人民出版社1996年8月版，第323—324页）

我也喜欢这两本书

井冈山的斗争环境是很不适合欣赏小说的，毛泽东三番五次地寻找《三国演义》，一则他确实有异于常人的读书兴趣，二则也是当时军事斗争的需要，正像他后来说的那样，《三国演义》是他的第一本军事教科书。这二者使他如饥似渴地读《三国演义》。

纪实文学作家权延赤描写过毛泽东与妻子贺子珍在井冈山谈论《三国演义》的景况：那是在井冈山一个寒冷的冬夜，毛泽东写累了，他放下笔，活动着酸痛的手指，抬头一望，正好与对面的贺子珍那双脉脉含情的眼睛相遇，他心头一热，起身走到贺子珍身边，温柔地抚摸着妻子的肩膀，紧贴她坐下来。"你不困吗？先睡去吧。""不，我看你写。""写东西有什么好看的？""人家想看嘛！""你呀，你要是想陪我，就看看书嘛。你喜欢看什么书？""我喜欢《三国演义》和《水浒》。""怪不得说你是井冈山上的豪杰呢。我也喜欢这两本书。还有《红楼梦》，《红楼梦》也是一本好书。"（《卫士长谈毛泽东》，北京出版社1989年5月版，第359—360页）

贺子珍的回忆也证实了这一点，她说：在井冈山的艰苦生活中，读书也许是毛泽东最大的乐趣了。他的口袋里常常装着一本书，有点空闲，就拿出来看。所以，后勤部门为他做服装，都根据他的意见，把衣服的两个口袋做得大大的，好往里面装书。他博览群书，什么书都爱看。他读过几年私塾，古文的根底很深，也喜欢中国的古典文学作品……在中国古典小说中，他最喜欢《红楼梦》《水浒》和《三国演义》，每种都看过几遍。他的记忆力很好，看过的书都记得很清楚，而且善于汲取有用的东西，加以应用。（王行娟：《贺子珍的路》，作家出版社1988年8月版，第114页）

东华山上读《三国演义》

中央苏区时的赣南会议上,时任中华苏维埃共和国临时中央政府人民委员会主席的毛泽东,被错误地批判为"富农路线""狭隘经验论""机会主义"等。

1931年年初,毛泽东又病了。他向苏区中央局请病假休养,带着妻子贺子珍以及警卫班十三人到东华山去了。东华山在瑞金东面二三十里处,山上树木蓊郁,山顶有座古庙。毛泽东看中古庙,住了进去。从1月中旬到3月上旬,毛泽东在东华山住了五十来天,连春节也是在那座古庙里冷冷清清地度过。

好在摆脱了冗杂的事务,步入这世外桃源般的东华山,毛泽东埋头于读书。他津津有味地读《水浒传》《三国演义》之类的书。(《毛泽东年谱》上卷,人民出版社、中央文献出版社1993年12月版,第359—367页;叶永烈:《历史选择了毛泽东》,上海人民出版社1992年7月版,第229—230页)

在挫折和疾病的双重打击下,以读《三国演义》等小说来解脱和疗养,可见其兴趣之浓与意志之坚。

能看三国 百分之五

1930年5月,毛泽东在江西寻乌农村进行调查,写作了《寻乌调查》一文。其中,在"寻乌的文化"一节写道:

> "女子可以说全部不识字,全县女子识字的不过三百人。男子文化程度并不很低,南半县文化因交通与广东的影响比北半县更加发达。依全县人口说,约计如下:不识字百分之六十;识字百分之四十;识字二百,百分之二十;能记账,百分之十五;能看三国,百分之五;能写信,百分之三点五;能做文章,百分之一。初小学生百分之五(五千人);高小学生百分之八(八千人);中学生五百人,大学生三十人;出洋学生六人,秀才四百人,举人一人。(上列的百分数是每一项对于人口总数的比例)"(《毛泽东文集》第一卷,人民出版社1993年12月版,第224页)

毛泽东在江西寻乌农村搞调查,把能否看《三国演义》,作为是否识字,是否有文化的尺度，可见他对《三国演义》的重视，也可见他对《三国演义》在国民中普及状况的关注。

长征轻装　不扔《三国演义》

1934年10月，红军长征渡过湘江后，在三面环山、一面靠水的油榨坪休整。两副担架同时抬进一个小院子，从担架里走下毛泽东和王稼祥。

由于战事的紧张和急行军的颠簸，王稼祥的伤口又发炎了，痛得他佝偻着腰，是医生和警卫员把他扶进屋子的。医生给王稼祥打针换药后，他打了一个盹，伤口的痛劲过去了，他的精神恢复了，坐起来根据总部的命令轻装。

他把一时用不上的东西都扔掉了，还把他已熟读的《两个策略》《"左派"幼稚病》等几本马列的书也扔到了地下。过了一会儿，他又心痛地把这几本书捡起来，塞进挎包，喃喃地说："扔不得，扔不得！把马列主义的书扔掉，就不是轻装，而是解除武装了。"

毛泽东正津津有味地看《三国演义》，心不在焉地说："扔不得的就是必要的，总部命令轻装是扔掉不必要的东西。"

王稼祥问道："老毛，你都轻什么装啦？"

毛泽东眼睛仍不离开书本："我已无装可轻了，过湘江前，我连饭锅、牙刷、牙粉都轻装了。"

王稼祥望望毛泽东的铁皮箱，问道："你铁皮箱里还有那么多古书，都是必要的吗？"

毛泽东放下书本，认真地说：

"《三国演义》《水浒》，还有一些唐宋诗词，路上拣来的地方志，都是必要的，比饭锅、牙刷还必要。"（郭晨：《万水千山只等闲》，军事科学出版社1993年11月版，第91页）

这是长征路上很有趣的一幕，生活必需品饭锅、牙刷、牙粉可以扔掉，精神食粮《三国演义》等书籍却不能扔掉。毛泽东对《三国演义》的挚爱，可见一斑。

不读这三部书不算中国人

红军长征到达陕北后，毛泽东的生活环境相对安静了，尤其是抗日战争开始后,国共合作,抗日民族统一战线建立,延安的读书环境也好起来。

1938年,毛泽东已是党的实际最高领袖,他喜读《三国演义》等古典小说的兴趣依然很浓,而且常向党内军内的高级干部推荐这些书。

这年10月,党中央在延安召开六届六中全会。会议期间,毛泽东与贺龙、徐海东谈到读书问题时说:"我国有三部小说,要好好看咧!""什么小说?"贺龙问。"《三国演义》《水浒》《红楼梦》。"毛泽东掰着手指说,然后问道:"你们都看过没有?"贺龙不出声,徐海东没答话。显然他们两人谁也没有看过。"谁要不看完这三部书,不算个中国人!"毛泽东说。(《毛泽东提倡读三部中国小说》,《山西日报》1984年1月9日)

徐海东虽然小时候上过三年半私塾,但后来当窑工,参加红军行军打仗,没时间读古典小说。他也知道"桃园三结义",诸葛亮"火烧曹营"等三国故事,但那是听来的,所以当毛泽东问"海东,你看过那三部小说没有"时,他忙说:"《三国演义》《水浒传》都知道一点。书没有看过,听过故事。"又说"不知《红楼梦》是个啥"。毛泽东开玩笑说:"那,你算半个中国人!"

毛泽东说的本是玩笑话,徐海东却真真切切地记在了心里。他暗暗下定决心,要抽时间读读那三部小说。战争环境下的延安书很少,要想读那三部小说实在难呀!不久,徐海东到华中新四军任职。有一次,他病倒住院,治病时,他乘机托人找来《三国演义》一点一点"啃"起来。他带病捧读,坚持不懈,两个月后,一本《三国演义》硬是叫他啃了下来。后来,他又读了《水浒传》和《红楼梦》。

徐海东读《三国演义》等三部小说的经历,他那不想当"半个中国人"的决心和意志,折射出毛泽东对《三国演义》等优秀古典小说的推崇,尽管是玩笑话,但也看得出他把文学修养看作是完善人格的组成部分。

要看历史小说

毛泽东也向青年人介绍《三国演义》等传奇小说。

1939年8月,毛泽东的长子和次子毛岸英、毛岸青在苏联学习时,毛泽东曾两次托时任中共驻西安代表的林伯渠寄书给他们并"所有小同志"。其中有《精忠说岳传》《三国志演义》《水浒传》《官场现形记》等。1947年9月12日,正在陕北转战的毛泽东致信毛岸英,特意嘱咐"要看历史小说,明清两朝人写的笔记小说"。"历史小说"当然首推《三国演义》。(《毛泽东书信选》,人民出版社1984年1月版,第157页、285页)

对身边的警卫人员,毛泽东也常引导他们读《三国演义》。1942年,王涛当毛泽东的警卫员。他回忆：在毛主席身边的几年，我的文化程度提高得很快。后来，毛主席又建议我多看《解放日报》，并教导我可以看看小说。那时延安出版了《三国演义》。他说："《三国演义》很有意思，你看看人家是怎么打仗，怎样布置兵力的。"按我当时的文化水平，看《解放日报》还是很费劲的。我一边看文章，一边查辞典，遇到一个生字，就在下面画一道杠杠。往往一篇文章看下来后，杠杠画得满满的，生字不少；《三国演义》是半文言文，看起来就更加吃力。有一次，毛主席看见我拿着一本《三国演义》在发愁，笑着对我说："不一定看通本，可以抽一些片段读。我抽时间先给你们讲讲，讲完你们再看。"毛主席工作那样忙，但好几次利用休息时间，给我们警卫员讲"三国"的故事。每一次，我们都听得津津有味。听过毛主席讲故事以后，我们再去读书，就感到特有情趣，也好懂得。（董述秋、王涛：《我们在毛主席身边》，广东人民出版社1978年版）

党的各类各级机关干部更应该读《三国演义》。据朱霖回忆："毛主席曾号召我们：做干部工作的同志要看《三国演义》和《水浒》，我看后得益匪浅。"（朱霖：《大使夫人回忆录》，世界知识出版社1991年版，第328页）《三国演义》里面有组织路线，有人才思想，对做干部工作大有启示，大有帮助。朱霖的读书体会是"得益匪浅"，其实许多人在毛泽东的教育下读了《三国演义》等书，都有这样的收获。

有中国古老哲学的方法论

毛泽东深入地读《三国演义》等古典小说，终于从中发现了更为宝贵的东西：有助于活跃思想、有助于处理工作中各种矛盾的方法论。

据范明回忆：1942年秋在延安，有一天他到毛泽东住处，汇报赵寿山有三条可以入党。毛主席听完，屈了的三个指头许久没有伸开来，深深地吸了几口烟，闭着眼睛沉默了一会儿，忽然问我，读过《三韬六略》《孙子兵法》和《三国演义》吗？我说："读过。""读过了好，做统战工作不但有马列主义唯物辩证法的理论基础，还应有中国古老哲学的方法论。中央原则上同意赵寿山的申请，可作为一个特别党员。但为了防止暴露，不举行入党仪式，不办理入党手续，在党内不公开。待时机成熟后，再追认党籍，党龄可以从'双十二'算起。"（《党的文献》1995年第4期，第61页）毛泽东从《三国演义》等古典小说中，读出了"中国古老哲学的方法论"。

抗战时期，国民党爱国将领邓宝珊率部驻守榆林。邓宝珊曾经到过延安，常和部下讨论毛泽东论抗日战争著作中阐明的观点，认为毛泽东精通辩证法，对问题看得远、看得深。邓宝珊还说毛泽东学问渊博，读书很多，住的窑洞的书架上有马、恩、列、斯的著作，也有《三国演义》《红楼梦》等古典文学作品，还有陕北各县的县志（《邓宝珊将军》，文史资料出版社1985年6月版，第186页）

在延安，《三国演义》等书可以摆在书架上，伸手可取，随时可读。毛泽东读《三国演义》，方便多了。

转战路上闲谈《三国演义》

1945年8月，抗战胜利啦！中国的前途仍然面临着和平与战争的选择。蒋介石在重庆，三次电邀毛泽东赴重庆谈判。大智大勇的毛泽东为争取和平，为争取主动，毅然深入虎狼之地，赴重庆谈判。

临行，江青为他准备行装。毛泽东在她准备的书中，只挑选了几本小书，有《三国演义》《红楼梦》等。这是他闲暇时经常爱不释手的两本书。（李清华：《雾都较量》，中共中央党校出版社1994年4月版，第46页）

重庆谈判以后，尽管共产党人做了很大的努力，但是蒋介石自恃兵力强大，有美国佬撑腰，还是发动了内战。1947年年初，蒋介石的爱将胡宗南带领二十多万大军，进攻延安。为避敌锐气，毛泽东和党中央转战陕北，与敌人周旋。即使在敌情紧迫的行军路上，毛泽东也要和他的部属，乃至和周围的警卫人员漫谈《三国演义》。

他们与敌人"捉迷藏"，每天多数时间都是在黄土高原的沟沟岔岔中行军，毛泽东就让警卫战士们讲群众的故事，有时也讲古典小说中的故事。据当时担任警卫排长的阎长林回忆："毛主席又讲了《三国演义》和《红楼梦》，什么借东风，七擒孟获，大观园等，说得生动有趣。可惜我当时没有读过那些书，所以理解得不深……"（孙宝义：《毛泽东的读书生涯》，知识出版社1993年1月版，第237页）

"书中写谁的本事大呀？"

与身边的人们漫议三国人物，是毛泽东"读"《三国演义》的一种特殊方法。

1948年5月毛泽东住在河北省城南庄的范山村。有一天，毛泽东带领几个卫士到村外的山上去活动身体。

这时山上的树木正当枝繁叶茂，也正是山花烂漫的季节。

毛泽东拿着他那根丢不下的柳木棍，在开着许多野花的山路上漫不经心地走着，边走边与他身边的人聊天："你们谁看过《三国演义》呀？"

"我看过！"好几个人回答说，"我也看过。"

"书中写谁的本事大呀？"毛泽东随口一问。

"关公的本事大。"张天义抢着说，"关公在白马坡前斩颜良、诛文丑，保护皇嫂过五关斩六将，后来还水淹七军，威震华夏，连曹操都怕他呢！"

"他也走了麦城么！"毛泽东淡淡地一笑说。

"赵云本事最大。"石国瑞说，"他在长坂坡救阿斗，单枪匹马，在曹操的百万大军当中杀了七进七出……"

"我说吕布的本事最大！"阎长林打断石国瑞的话说，"虎牢关三英战吕布，刘关张三个人还打不过他一个呢！"

"那他后来为什么又败了呢？"毛泽东漫不经心地问。

阎长林回答说："吕布有勇无谋，他不听陈宫的话。"

这时李银桥说："我说还是诸葛亮的本事大，他虽不能上阵打仗，但会用兵，会用计。"

阎长林反驳说："那他六出祁山，还不是一次没成？"

"谋事在人，成事在天。"李银桥说，"那时是没有咱们毛主席，要是有咱毛主席，凭他刘备、曹操、孙权、司马懿，谁也不行呢！"

听李银桥这么一说，人们都笑起来，就连毛泽东也笑了，"银桥呀，你什么时候晓得有司马懿了？"

李银桥知道，毛泽东这是讲他以前把"司马师"说成"死马尸"闹了大笑话的事，便说："在杨家沟，我也看了几本书。"

毛泽东停住脚步，在一块大青石上坐下来，用柳木棍拨一拨路边的野草，很认真地对大家说："战争上的事，是要讲谋略的，天时、地利、人和，都要讲。战略上要注重天时和人和，战术上要注重人和和地利。"（邸延生：《历史的真言——李银桥在毛泽东身边工作纪实》，新华出版社 2000 年 7 月版，第 205—206 页）

从评论"谁的本事大"，到得出战争重谋略、战略重天时人和、战术重人和地利的结论，这是轻松的闲谈，也是认真的讨论；是对《三国演义》人物和故事的温习，也是对艺术形象深层思想内涵的开掘。

吸收其中的好东西

中华人民共和国成立以后，毛泽东的读书环境有了根本性改变。这时，他自己一有闲暇，就读《三国演义》等小说，他也比以往更热心地指导身边的人员读"四大名著"。

1955年夏季的一天，毛泽东在中南海游泳时，问警卫员张玉生近来在看什么书。张玉生说："看政治书，也看小说。"毛泽东说："看文学作品很好，要多看些文学方面的书。文学方面的书包括很广，知识很丰富，里头反映社会情况，里头有历史，有风俗习惯，还有各种人物。你要多看嘛！多看，会使你聪明，对社会的了解多一些，也会对事物增强分析能力。要看《红楼梦》《三国演义》《儒林外史》……要吸收其中的好东西。"（《光明日报》1977年9月6日）

还有一次，毛泽东在火车上问卫士李连成："小李，你来的时间不算短，半年多吧？"李连成说："有十个月了。""我说话你还听不懂吗？""能听懂。"毛泽东说："说明你不是听不懂话，而是学习少，没看过书，《聊斋》没看过，《红楼梦》没看过，《三国演义》也没看过，做一个中国人，这些书不看是不行的。你应该去学习学习啊！"（权延赤：《红墙内外——毛泽东生活实录》，昆仑出版社1989年5月版，第185页）

警卫员葛来亮也有同样的经历。一次，毛泽东问他："来亮，你在看什么书？""在看一本苏联小说，书名叫'远离莫斯科的地方'。"葛来亮说。毛泽东说："我国的三部名著《三国演义》、《水浒》、《红楼梦》你看过吗？"葛来亮回答："没有。"毛泽东摇摇头说："作为一个中国人，对这三部书，不看它三遍太遗憾了。"继而又说："要学点历史、哲学、辩证法，不懂历史、不懂哲学，不懂辩证法，就不能很好地处理问题，工作起来就不自由。"（李林达：《情满西湖》，中央文献出版社1993年12月版，第202—203页）

毛泽东对警卫张玉生、李连成、葛来亮的谈话，说清了年轻人为什么要读《三国演义》，说出了领袖对士兵关爱的良苦用心。

直到更明白为止

毛泽东也要求子女认真读《三国演义》。他的长女李敏从苏联回国后，汉语不过关。毛泽东请人给她补习汉语。现代汉语补过了，还让她补习古汉语。他对李敏说："古文一定要学好哇，中国文化博大精深，不学好古文怎么能了解中国文化呢？你要做个有文化的孩子哟。"

学古文，难度更大了。李敏不得不放弃了自己对体操、美术、舞蹈、钢琴的多种爱好，一头扎进古文的学习中。

父亲给女儿下了死命令：必须读通《红楼梦》《水浒》《西游记》《三国

演义》，而且只准读中文版本，不准读外文版。

她照办了，开始啃那些大部头。

这些书都是中国老百姓喜闻乐见的，书中的故事吸引人。可李敏读时很难感受到其中的美和趣味，因为读起来太困难了。

读《三国演义》时，因为故事线索复杂，人物众多，而且年代拉得又长。她读着读着，就搞不清三国哪一国打哪一国了，反正三国在她脑袋里乱了套。她实在读不下去了，她想告诉爸爸，请网开一面，饶了她。

"我看《三国演义》都看糊涂了，谁叫什么我都记不清了，我想请爸爸'赦免'我吧。"她对爸爸说，口气里有商量、有哀求。

"糊涂了？好哇，那你就再从头看，直到更明白为止。"爸爸这样回答她。（王桂苡：《毛泽东的女儿李敏》，辽宁人民出版社1997年10月版，第132页）

没办法，她硬着头皮继续读下去。爸爸对她不光是提出要求，严厉地督促她，还给她以实在的帮助。毛泽东特意请了一位老师，教她读唐诗、宋词、元曲以及另外一些古典名著名篇。凡是应该掌握的古文知识，都要教她。

俗话说，师父领进门，修行在个人。她不光靠老师，更多的是凭自己的毅力。渐渐地，她对古文、对《三国演义》的知识多起来，"明白"代替了"糊涂"。

纵谈三国历史

毛泽东有时也和专家、学者在一起讨论《三国演义》。1957年11月，毛泽东率代表团访问苏联。在苏期间，有一次毛泽东将胡乔木、郭沫若等请来一道用餐。毛泽东与郭沫若等人纵谈三国历史。官渡之战，赤壁之战，夷陵之战，讲了诸多战例。你一段，我一截，夹叙夹议，谈论得十分热烈。（李越然：《外交舞台上的新中国领袖》，解放军出版社1989年版，第157页）

也是在这次谈话中，毛泽东还说过："对《三国演义》，要多看，起码看三遍。"（张素华、边彦军、吴晓梅：《说不尽的毛泽东》上卷，中央文献出版社1995年9月版，第430页）

读书，毛泽东主张三温四复。这里他说读《三国演义》起码"看三遍"，而他自己读《三国演义》何止三遍！

有时，毛泽东与民主人士在一起，也喜欢漫谈《三国演义》。1958年"北戴河会议"以后，毛泽东让张治中随他一起巡视南方。毛泽东由黄石港坐船到安庆时，问曾希圣："安庆对岸是什么地方？"曾答："是东流、贵池。"

毛泽东于是由贵池谈到韩信、彭越和同时的大将黥布在贵池打仗的故事，谈到黥布到洛阳去见汉高祖刘邦，谈到朱洪武，谈到曹操，谈到诸葛亮，谈到包拯。

在另一次谈话中，又由《三国演义》谈到《三国志》，谈到陈寿，谈到刘备、孙权、周瑜、鲁肃、吕蒙、陆逊，由陆逊谈到他的儿子陆抗，孙子陆机、陆云。

有时从历史谈到形势，如谈曹、刘、孙，就大谈赤壁之战，谈刘备入川时的情况，是干部少而弱，南方干部多，北方干部少，谈到了对曹操、刘备的评价。

有时从历史谈到文学，谈到陆逊时就谈到陆机、陆云。陆机、陆云都是晋代文学家，陆机的《文赋》是很有名的，具有原始唯物论的观点，可惜冗长了些。

更多的时候是从历史谈到人物和地理，如说曹操并不姓曹，关羽并不姓关，吕蒙是行伍出身，诸葛亮是湖北襄樊人，原籍是山东人等。（李捷、于俊道主编：《东方巨人毛泽东》，解放军出版社1996年1月版，第967页）

这次南巡中，毛泽东一行曾在武汉军区出席文艺晚会。据张治中的秘书余湛邦回忆：在武汉军区举办的晚会上，著名相声演员连阔成演出了《歪批三国》，内容丰富，语言生动，插科打诨，引人入胜。他谈到《三国演义》中有三件怪事，其中一件是诸葛亮不管春夏秋冬，不分天热天冷，在家在外，手里都拿着一把鹅毛羽扇。然后引出诸葛亮和黄承彦女儿的恋爱故事。描写他们两人都是军事政治全才，上精天文，下通地理，古今战史，奇门遁甲，经史子集，三教九流，无所不精，说是黄氏女把这渊博的学问，都写在这羽扇上，因此诸葛亮爱不释手，一遇到疑难，只要翻扇一看，一切精确答案都马上找到，所以能够运筹帷幄之中，决胜千里之外，战无不胜，攻无不克，这都是这位黄氏女贤内助的功劳。大家一听，都知道是编的，但编得入情入理，引人入胜，因此都听得津津有味。诸葛亮手拿羽扇这是千千万万人都看到的，但都没想到为什么。经相声演员点出，都不禁哑然失笑。第二天，张治中到毛泽东住处，毛还津津乐道说：

"看来，这些演员对《三国演义》是读透了的，所以能够娓娓而谈，唯肖唯妙，情节曲折，群众喜怒哀乐随之。"（余湛邦：《张治中与毛泽东——随从毛主席视察大江南北日记》，陕西人民出版社1995年版，第162页）

关于这件事，张治中的日记也有记载：9月21日，在去杭州的火车上，我和罗部长到主席的车厢去，主席手上拿着一本《三国志》在看。主席说："《三国志》不错,看起来很有意思。"我想起在武汉某次晚会听到的相声《歪批三国》,就从这里打开话匣子。主席想起也就大笑:"编相声的人对《三国演义》是相当的熟。他们说《三国演义》中三件奇怪的事,指出诸葛亮一年四季不管冷热,手上都拿把羽毛扇,真好笑。"(余湛邦:《张治中与毛泽东——随从毛主席视察大江南北日记》,陕西人民出版社1995年版,第27页)

想看看《关于〈三国演义〉》

毛泽东也很关注有关《三国演义》的学术讨论,注意阅读报刊上发表的评论《三国演义》的学术文章。

1959年4月23日,毛泽东阅读了当日《北京晚报》连载的吴组缃《关于〈三国演义〉(三)》这篇文章,提笔在旁边批示:"请秘书代为查找该文的第(一)、(二)两节,想看看。"(《社会科学论坛》1995年第1期)

很快,秘书通过有关部门,查到了这三篇文章,一并送给毛泽东。

吴组缃分载在《北京晚报》上的这篇文章,认为《三国演义》、《水浒传》和《西游记》的产生过程有相同点,都是我国文学史上的下层知识分子的个人创作与群众创作相结合的产物,它们是封建时代落魄文人在群众口头创作的基础上收集资料,参照史料,进行艺术加工,撰写而成。这样产生的长篇小说,必然较多地接受群众的思想观点、爱憎感情和价值取向,与时代背景产生同构的关系。罗贯中在创作《三国演义》中表现出的"拥刘反曹"的思想倾向,不仅仅是封建上层的正统观念,在一定程度上也曲折反映了宋代以后群众对三国人物的爱憎情感,反映了封建时代广大被压迫人民的思想、感情、愿望,反映了他们对残忍奸诈的封建统治者的憎恶心理。

吴组缃文章中的这些思想观点,大概给毛泽东留下了印象,观此前后他评说《三国演义》一些论点,似与此有些联系。

只要见到评论"四大名著"的学术文章,毛泽东就一定找来读,这表明毛泽东对学术的浓厚兴趣。

小人书言简意赅

毛泽东愿意读文言的《三国演义》,也愿意读白话文的《三国演义》连环画。

60年代初的三年困难时期,毛泽东有一套《三国演义》连环画,摊开在案头床边，他迷上了"小人书"，看得津津有味，而且一连反复看几天，吃饭睡觉也不放手。那天，卫士尹荆山叫他吃饭，他靠在床上看小人书，不愿动弹。尹荆山说："主席，您还迷上看小人书啊？"他翻着书说：

"小人书不简单哪，言简意赅。就那么几句话，多少大事多少人物就交代出来了，道理一目了然。"（孙宝义：《毛泽东的读书生涯》，知识出版社1993年1月版，第156页）

到吃饭时间了，在尹荆山的建议下，毛泽东和家人一起吃了一顿饭。毛泽东并不因为同家人一道吃饭而破坏习惯，仍然是手不释卷，边吃边看。这次看的是小人书《火烧连营》。

两种线装木刻大字本

毛泽东晚年对《三国演义》的阅读兴趣依然很浓。

据为晚年毛泽东管理图书和报刊的工作人员徐中远记载：1973年，毛泽东还先后两次向徐中远要过《三国演义》，一次是3月9日，一次是5月26日，这两次送给他的《三国演义》，都是从中国书店新购买的。

晚年，毛泽东有目疾，曾患白内障。此时他看书喜欢看大字本。徐中远回忆：毛泽东晚年游泳池旁的书房里，除存放着多种平装版本的《三国演义》外，还一直放有两种线装木刻大字本的《三国演义》。一种是上海涵芬楼（商务印书馆专贮珍贵图书的藏书楼名。该馆从清光绪末年即搜集南北藏书家散出的孤本秘籍多种，曾选取部分古书，编印为《涵芬楼秘笈》等）版，全名叫"三国志通俗演义"。这部书是50年代陈秉忱从中国书店给毛泽东购买来的。一种是人民文学出版社1974年2月影印出版的《三国志通俗演义》。这两种《三国志通俗演义》，每部都是二十四个分册，因为字都比较大，毛泽东很喜爱。在他生命的最后几年里，还常在书房里很有兴趣地翻阅这两部不同版本的《三国演义》。（徐中远：《毛泽东读评五部古典小说》，华文出版社1997年1月版，第151—152页）

晚年毛泽东还指示点校、注释和印刷"大字本"历史古籍、古典辞赋诗词，其中包括《三国志》的一些人物传记。1972年12月31日下达了六篇古文注释任务，包括《三国志·吴书·吕蒙传》《三国志·魏书·夏侯渊传》。为何注释这些古文，没有交代。据说毛泽东在谈到《吕蒙传》时，曾说过，文化不高的也可学文化。并举了东吴大将吕蒙的例子。《吕蒙传》注引《江表传》说孙权劝吕蒙读书,"(吕)蒙始就学,笃志不倦,其所览见,旧儒不胜"。显然,毛泽东是借吕蒙读书一事勉励高级干部要重视文化学习。1973年2月7日布置注释的史传中,有《三国志·魏书·张辽传》《三国志·魏书·张郃传》(《毛泽东晚年过眼诗文录》前言,花山文艺出版社1993年5月版,第6—7页)。把吕蒙、夏侯渊、张辽、张郃传印成"大字本",当然有毛泽东具体、现实的目的,但有助于对《三国演义》中这四个小说人物的理解,也是顺理成章的。

古典小说名著《三国演义》,几乎伴随毛泽东一生。

说我凭着《三国演义》指挥打仗

> 他们又批评我,说我凭着《三国演义》和《孙子兵法》指挥打仗。其实《孙子兵法》当时我并没有看过;《三国演义》我看过几遍,但指挥作战时,谁记得什么《三国演义》,统统忘了。
>
> 毛泽东:《人没有压力是不会进步的》(1960年12月25日),《党的文献》1993年第4期

毛泽东爱读《三国演义》,这也曾给他惹来麻烦,这就是中央苏区时的"三国罪案"。

毛泽东的"《三国》罪案"是党内"左"倾教条主义者制造的冤案。

当时,中央苏区在党内占据领导地位的"左"倾教条主义者在《革命与战争》等刊物上连续发表文章,讥讽毛泽东的军事路线是"把古代的《三国演义》无条件地当作现代的战术;把古代的《孙子兵法》无条件地当作现代战略;更有好些博览的同志,拿半个世纪之前的曾国藩作为兵法之宝"。他们蛮横地断言:"这些不合时代的东西——《孙子兵法》、《曾胡左治兵格言》,只有让我们的敌人——蒋介石专有。"(王子今:《毛泽东与中国史学》,中共中央党校出版社1993年11月版,第156页)

显然,这是把毛泽东的战略战术排除在"现代战术""现代战略"之外,并认为是"不合时代的东西"。

"左"倾教条主义者对民族传统文化一笔抹杀,把《三国演义》和《孙子兵法》等古代典籍不分精华与糟粕,一概视为"不合时代"的敌人"专有"的东西,作为进行"残酷斗争,无情打击",置同志于死地的政治帽子和棍子。

毛泽东只是读过《三国演义》和《孙子兵法》,只是在行军作战中不时地讲述过《三国演义》故事和引用过《孙子兵法》名言,何以就与党内一场严重斗争挂在一起了?

这还得从1931年1月党的六届四中全会谈起。在这次会上，以王明为代表的"左"倾冒险主义在党内取得了统治地位。他们不了解中国国情，教条地对待马克思列宁主义，机械地照搬俄国十月革命的经验，极力鼓吹"城市中心论"，断言"山沟沟里是没有马克思主义的"，攻击以毛泽东为代表的党内一大批革命者开创的农村包围城市、最后夺取城市的革命道路是"游击主义"，是"保守主义"，并撤销了毛泽东红一方面军总前委书记、总政委的职务，把凡是不同意他们"左"倾机会主义、坚决站在毛泽东的正确路线一边的同志，统统诬蔑为"右倾机会主义分子"，是"对党的路线怠工"的"两面派"，进行"残酷斗争"和"无情打击"。

1933年初，由王明把持的临时中央，在上海无法待下去了，只好由上海迁往中央苏区的瑞金。由于毛泽东所代表的政治路线和军事路线是正确的，符合中国国情，符合革命斗争实际，扩大了革命根据地，夺取了反"围剿"军事斗争的胜利，因而受到苏区各级党组织和广大军民的拥护，影响很深。这样，"左"倾路线贯彻并不那么容易。因此，临时中央一到瑞金，就开展了所谓反对"罗明路线"的斗争，实质上是把矛头指向了毛泽东。罗明，当时是中国共产党福建省委代理书记。1932年10月，中共苏区中央局"宁都会议"撤销毛泽东的红一方面军总政委的职务后，毛泽东因病住进了福建省汀州福音医院。在那里，他结识了罗明，建议罗明在闽西、闽南广泛开展游击战争，并详细介绍了江西三次反"围剿"是怎样取胜的，讲述了游击战争的规律、战略等。不久，罗明出院后，向中共福建省委传达了毛泽东的谈话，并效仿其做法"开展武装斗争"。当时，罗明连中央委员都不是，批"罗明路线"的实质，是王明指定的中共中央局总负责博古碍于毛泽东在中央苏区的威信，不便直接批判"毛泽东路线"，抓了罗明当替罪羊。诚如博古找罗明谈话时所说，不光是你犯了"右倾机会主义"错误，"还有比你更高级的领导干部，也犯了同样的错误！"不言而喻，这"更高级的领导干部"，是指毛泽东！

事情不止于此。毛泽东的弟弟、时任红军师长的毛泽覃也因读《三国演义》受到批判。1933年5月，临时中央又开始反对"江西的罗明路线"，把福建省委的"罗明路线"，不合逻辑地扩大延伸到中央苏区来，而首当其冲的是反对"邓、毛、谢、古反党派别"。所谓"邓、毛、谢、古"即邓小平、毛泽覃、谢维俊和古柏同志，当时都是红军和地方的重要干部，都坚定地站在毛泽东正确路线一边，反对和抵制王明、博古等"左"倾路线。这年5月，临时中央策划召开了"江西党三个月工作总结会议"，通过了《江西省委对邓小平、毛泽覃、谢维俊、古柏四同志二次申明书的决议》，大规模地围攻他们，指责"他们是罗明路线在江西的创造者，同时是反党的派别和小组织的领袖"，勒令他们"立即解散"所谓"根据罗明路线而组织的宗派和小组织，否则立即开除出党"，并且提出"要将这一斗争开展到全体党员中去"。

反对邓、毛、谢、古是反对毛泽东路线的升级，是目标具体化的表现。1973年，于"文化大革命"初期被打倒的邓小平同志复出时，毛泽东旧事重提，1月4日他在一份有关文件上批示："他（指邓小平——引者注）在中央苏区是挨整的，即邓、毛、谢、古四个罪人之一，是所谓毛派的头子。整他的材料见两条路线，六大以来两书。"（见《中共党史教学参考资料》第15册）当时，说邓小平是"毛派的头子"，可见斗争矛头所指。

这场斗争，毛泽东的一个罪名就是读《三国演义》。《斗争》和《红色中华》上连续发表批判文章，其中有一篇是《毛泽覃同志的三国志热》。该文指责毛泽覃实行"诸葛亮式的机会主义战略和战术"，亦即游击战术。说这是一种"怕有伤亡打滑头仗""怕有疲劳反对追击"的战术。点的是毛泽覃的名，实际上批的是毛泽东的战略战术。因为批判者了解毛泽东有喜读爱读《三国演义》的兴趣，毛泽覃的"三国热"也是受其兄长的熏陶和影响。他们批毛泽东无条件地"把古代的《三国演义》当作现代的战术"，批判毛泽覃"诸葛亮式的机会主义战略和战术"，其用意都在于否定毛泽东的整套行之有效的革命游击战争的战略战术。

贯彻王明"左"倾路线的临时中央批判毛泽东的"三国热"，还有一个用意，就是否定毛泽东指导革命斗争的马克思主义性质，为他们"山沟里没有马列主义"的谬论寻找证据。对此，毛泽东的妻子贺子珍有痛快淋漓的反驳。据王行娟《贺子珍的路》说，"贺子珍听说有人诋毁毛泽东，说他指导革命不是用马列主义，而是用中国的旧小说《水浒》《三国演义》。贺子珍毫不客气地反驳说：'这种说法不对！我们的党领导土地革命，是受了俄国十月革命的影响，是用马克思主义的基本原理作指导的。那时候，马列的书翻译过来的不多，尤其是我们在偏远的山区，能够看到的就更少了。记得当时在井冈山上，只有少数几本马列的书：《共产党宣言》《共产主义ABC》等，毛泽东用油印机印出来，发到各个连队学习。他还尽最大的努力普及马列主义知识，他同军队中的政工干部，经常轮流到各个连队讲课。当然，毛泽东是熟悉中国的历史的，常常引用历史上的一些典故，作为今天工作的借鉴。古代的文学作品，如《三国演义》《水浒》等著作中的人物及事件，也常常被他引用来借古喻今。这些发生在古代中国土地上的事例，能够为革命的中国所用,这不是很正常、很好的事情吗?有什么不对呢?'"(王行娟:《贺子珍的路》,作家出版社1988年8月版,第114—115页)贺子珍这番话可说是义正词严,说尽了"左"倾教条主义者的无知、虚妄和荒谬。非得把马克思主义与《三国演义》对立起来,引用《三国演义》纵然对中国革命有好处也不行,这是哪家子的逻辑?

后来的历史进一步证明毛泽东是正确的,也证明了《三国演义》对中国革命的贡献。但"《三国》罪案"这件事给毛泽东留下了深刻的烙印,以致若干年后,他多次提到这件事情:

1960年12月25日,毛泽东同部分亲属和身边工作人员一起聚餐,当谈到"人没有压力是不会进步的"时说:

"我就受过压,得过三次大的处分,'被开除过党籍',撤销过军职,不让我指挥军队,不让我参加党的领导工作。……他们又批评我,说我凭着《三国演义》和《孙子兵法》指挥打仗,其实《孙子兵法》当时我并没有看过,《三国演义》我看过几遍,但指挥作战时,谁还记得什么《三国演义》,统统忘了。"

1961年3月,在广州中央工作会议上,毛泽东在谈到正确的策略只能在实践中产生,只能来源于调查研究时说:

"如果不经过第五次反'围剿'的失败,不经过万里长征,我那个《中国革命战争的战略问题》小册子也不可能写出来,因为要写这本书,倒是逼着我研究了一下资产阶级的军事学。有人讲我的兵法靠两本书,一本是《三国演义》,一本是《孙子兵法》。《三国演义》我是看过的,《孙子兵法》我就没有看过。在遵义会议上,凯丰说:你那些东西,并不见得高明,无非是《三国演义》加《孙子兵法》。我就问他一句:你说《孙子兵法》一共多少篇?第一篇的题目叫什么?请你讲讲。他答不出来。我说,你也没看过,怎么晓得我就熟悉《孙子兵法》呢?凯丰他自己也没看过《孙子兵法》,却说我用的是《孙子兵法》。那是打仗,形势那么紧张,谁还管得什么《孙子兵法》,什么战斗条令,统统都忘记了的。打仗的时候要估计敌我形势,很快作出决策,哪个还去记起那些书呢?你们有些人不是学过四大教程吗?每次打仗都用四大教程吗?如果那样就完全是教条主义嘛!"(胡哲峰、孙彦:《毛泽东谈毛泽东》中共中央党校出版社1993年11月版,第67—68页)

1965年12月21日,毛泽东在杭州的讲话中曾经说过:

"我本来也没有读过军事书。读过《左传》《资治通鉴》,还有《三国演义》。这些书上都讲过打仗,但是打起仗来,一点印象都没有了。我们打仗,一本书也不带,只是分析敌我斗争形势,分析具体情况。"(王子今:《毛泽东与中国史学》,中共中央党校出版社1993年11月版,第156页)

从1933年批"罗明路线",批邓、毛、谢、古,到1965年毛泽东谈打仗时"忘了"《三国演义》,前后三十余年,"《三国》罪案"几乎伴随了毛泽东的后半生,这可说是毛泽东读书生活中的奇观。党内"左"倾教条主义者把读《三国演义》作为打击毛泽东的"炮弹",而毛泽东则把"左"倾教条主义制造的荒唐的"三国罪案"当成历史教训来总结,也就是他常说的"反面教材"来看待,这大概是《三国演义》阅读史上绝无仅有的现象吧!

不是科名显赫的人

> 毛泽东说:"劳动工农最聪明。《三国演义》《水浒传》《西厢记》《红楼梦》的作者,都不是科名显赫的人。"
>
> 许汉三:《黄炎培年谱》,文史资料出版社1985年版,第292页

《三国演义》的文本创作者是罗贯中。不过据版本考证,这部小说最初名字是《三国志通俗演义》。而《三国演义》的最终改定者是毛宗岗,他对全书进行了增添删削,并写下大量很有见地的批语,现在流行的《三国演义》本子,基本上是毛批本。

罗贯中和毛宗岗,两人为这部历史小说的创立和流传都做出了巨大贡献。毛泽东不仅肯定两人的功绩,而且还运用他们的事例,引申和说明事理。

罗贯中不是进士

关于《三国演义》的作者是谁,学术界、小说史界,多有争议。不过多数人还是认定是罗贯中。

毛泽东也相信《三国演义》的作者是罗贯中,相信关于他出身的考据文字。

1960年4月14日,毛泽东在西郊钓鱼台邀餐。黄炎培、章士钊、程潜、李烛尘、唐生智、王季范、陈叔通、傅作义、张治中、蔡廷锴等党外民主人士和统战部领导徐冰等人出席宴会。在漫谈中,毛泽东说:

> "劳动工农最聪明。《三国演义》《水浒传》《西厢记》《红楼梦》的作者,都不是科名显赫的人。"

1964年2月13日,毛泽东在春节座谈会上说:

"历来的状元,出色的没有几个。唐朝的李白、杜甫两大诗人不是状元,也不是进士、翰林。韩愈、柳宗元是进士,是二流的。王实甫、关汉卿、施耐庵、曹雪芹、罗贯中、蒲松龄等都不是进士,曹雪芹和蒲松龄是清朝的拔贡。"(戴知贤:《山雨欲来风满楼》,河南人民出版社1990年版,第197页)

就出身来说,毛泽东两次谈话都认为:罗贯中"不是进士",是个科场失意人,与"状元"毫不沾边。科场得意,科名显赫,是科举时代绝大部分士子梦寐以求的事情。所谓"金榜题名时"是人生快事,正反映了这种观念。

罗贯中是怎样一个人呢?

在历史传说和民间文学的基础上写出了不朽巨著《三国演义》的罗贯中,也像大多数小说戏曲作家一样,被封建统治阶级所排斥,所贱视。在官修的史书里,不仅没有给他立传,就连有关他的片言只语也不存在。中国古代向以诗文为正统,轻视戏曲、小说。因此古代的诗文大家,不但正史中有传记,而且友朋唱酬,在诗文集中也有许多的记载。戏曲家、小说家就不同了,他们生活在民众之中,社会地位很低,为士大夫们瞧不起。所以有关他们生平事迹的资料非常之少。现在我们能看到的有关罗贯中的唯一一条资料,是明初戏曲家贾仲明在《续录鬼簿》中所载:

罗贯中,太原人,号湖海散人。与人寡合。乐府、隐语,极为清新。与余为忘年交,遭时多故,各天一方。至正甲辰复会,别来又六十余年,竟不知其所终。

据这条记载,我们知道罗贯中是山西太原人,与贾仲明是忘年交(即年岁相差很大的朋友)。贾仲明是山东淄川人,生于元至正二年(1342),卒于明永乐二十年(1422),活了近八十岁。文中提到"至正甲辰"(1364)贾仲明还与罗贯中见过一次面,从此就再也没有罗贯中的消息了。按1364年贾仲明是二十二岁,一般所谓忘年交是指大十一二岁,因此罗贯中此时大概是三十四岁。据此推测,罗贯中约生于1330年。古代以人活七十岁为大限,罗贯中约卒于1400年,这时已是明建文二年。总之,罗贯中正是生活在元末明初这个时期,他亲身经历了元末的社会大动乱,有传闻说他曾参加元末起义军张士诚的"幕府"(清·顾苓《塔影园集》卷四),甚至还传说他"有志图王"(明·王圻《稗史汇编》卷一百三)。当然,这只是传说。

罗贯中所生活的元末明初,是一个新旧王朝交替的动乱年代。元帝国崩溃，农民起义风起云涌。罗贯中出身于社会的下层，他被卷进了斗争的旋涡，曾经充当过张士诚的幕客。朱元璋统一了中国，建立了明王朝之后，罗贯中"图王"的政治抱负就落空了，只好"传神稗史"（明·王圻《稗史汇编》卷一百三），专门从事戏曲小说等通俗文学的创作。"遭时多故"，从话中可以隐约地看出罗贯中生活经历是坎坷的，处境是不妙的。他"与人寡合"，跟他的处境不妙大有关系。"乐府、隐语，极为清新"，是一个极有才华的人。"稗史"即稗官野史之谓也。以封建史家来看，《三国志通俗演义》只能算做野史一流；"传神"，是说写得精彩，颇有神韵。这四字，正合《三国演义》的创作情况。

《三国演义》为罗贯中所作，应该是没有疑义的。在今存最早的《三国演义》版本——嘉靖元年（1522）刊刻的《三国志通俗演义》的扉页上，便赫然印着"晋平阳侯陈寿史传，后学罗本贯中编次"的题署。在这个版本的前面，有一篇署名"庸愚子"（据图章知是金华蒋大器）的《序》，《序》中亦明确提到"罗贯中以平阳陈寿传，考诸国史，自汉灵帝中平元年，终于晋太康元年之事，留心损益，目之曰《三国志通俗演义》"。此外，明人最早著录《三国演义》的高儒《百川书志》（作于嘉靖十九年，1540年），在卷六史部·野史类中写着："《三国志通俗演义》二百四卷，晋平阳侯陈寿史传，明罗贯中编次。"由此可见，《三国演义》确为罗贯中所著。

毛泽东对《三国演义》作者及其出身的认定，与绝大部分小说史家的意见大体上是一致的。不过他的评论，不在于做考据性文章，不在于做小说史的研究，而在于拿罗贯中作例子，说明论证思想观点：毛泽东有句名言——"卑贱者最聪明，高贵者最愚蠢"。在他看来，既然劳动工农最聪明，那么出身社会底层，参与了农民起义斗争的落魄知识分子，如写出巨著《三国演义》的罗贯中，也是聪明的，因为他融入了劳动工农的行列，接触了社会实际生活。毛泽东阐述的还是群众是真正的英雄的历史唯物主义的基本原理。

由此推开去，在1964年那个颇为知名的春节座谈会上，毛泽东表示了对教育现状的不满意。怎样进行教育革命，怎样才能出人才？毛泽东还是用自己常用的谈古论今的老办法，谈话中对"状元""进士"出身的人不以为然，以为他们中没几个"出色"的。反过来说，不是状元，不是翰林，不是进士，或只是"二流进士"的人，倒是名贯古今的大诗人、大文章家、大剧作家、大小说家。毛泽东不重科班出身，而重实际能力的思想，虽然给人一种把一个方面强调得有些过分的嫌疑，但他通观古今所得出的结论，却已有强调"素质教育"的内涵，这与他强调实践出真知，实践出真理，实践出人才的哲学观，是紧密相连的。

善于使用语言的巨匠

文学作品是语言的艺术，优秀的文学作品其语言也必定是优秀的。《三国演义》当然不能例外。1951年6月6日《人民日报》发表了经毛泽东审阅、修改的社论《正确地使用祖国的语言，为语言的纯洁和健康而斗争》。其中写道：

"我们的语言经历过多少千年的演变和考验，一般地说来，是丰富的、精练的。我国历史上的文化和思想界的领导人物一贯地重视语言的选择和使用，并且产生过许多善于使用语言的巨匠，如散文家孟子、庄子、荀子、司马迁、韩愈等，诗人屈原、李白、杜甫、白居易、关汉卿、王实甫等，小说家《水浒传》作者施耐庵、《三国演义》作者罗贯中、《西游记》作者吴承恩、《儒林外史》作者吴敬梓、《红楼梦》作者曹雪芹等。他们的著作是保存我国历代语言（严格地说，是汉语）的宝库，特别是白话小说，现在仍旧在人民群众中保持着深刻的影响。"（毛泽东：《毛泽东新闻工作文选》，新华出版社1983年12月版，第405—406页）

这段话虽然不是毛泽东直接说的，但经他审阅、修改，可知他是同意这个结论的：罗贯中也是善于使用语言的巨匠，《三国演义》"是保存我国历代语言的宝库"之一。

《三国演义》的语言，吸收了史传文学的语言成就，并加以适当的通俗化，形成了一种半文半白的特殊语言风格。明人庸愚子（蒋大器）说《三国演义》"文不甚深，言不甚俗"（《三国志通俗演义序》），这八个字简练地概括了《三国演义》的语言特色。前者是说其通俗，易为人们读懂；后者是说其典雅，使作品更有文学韵味。

"文不甚深"的语言风格，使小说许多地方显得生动活泼，接近白话小说的语言特点，生动形象。比如，第三十回写"官渡之战"时曹军与袁军相持日久，曹军粮草不继，于是，派人到后方许昌催粮。哪知告急信被袁军方面许攸所截。许攸是曹操的故友，与袁绍有尖锐矛盾，在两军对垒中感到十分苦恼，曾想拔剑自杀。经过左右亲信的劝说，他毅然投奔曹操。两人刚见面，各怀心腹事，谈起军粮问题，小说中写道：

攸曰："公今军粮尚有几何？"操曰："可支一年。"攸笑曰："恐未必。"操曰："有半年耳。"攸拂袖而起，趋步出帐曰："吾以诚相投，而公见欺如是，岂吾所望哉！"操挽留曰："子远勿嗔，尚容实诉：军中粮实可支三月耳。"攸笑曰："世人皆言孟德奸雄，今果然也。"操亦笑曰："岂不闻兵不厌诈？"遂附耳低言曰："军中止有此月之粮。"攸大声曰："休瞒我，粮已尽矣！"操愕然曰："何以知之？"攸乃出操与荀彧之书以示之曰："此书何人所写？"操惊问曰："何处得之？"攸以获使之事相告。……

这一段的描写真是绘影绘声，精彩之至。许攸与曹操虽是故友，但毕竟是刚刚见面，且谈的是曹军生死存亡的要害问题，触动了曹操的心病。当许攸问曹操还剩多少粮草时，他不能立即如实回答，而是一次再次地说了假话。许攸听了，"拂袖而起，趋步出帐"。这一动作写得极好，既表示不相信曹操的回答，又流露出不被信任的内心愤慨。这样，迫使曹操急着挽留，仿佛出自真心似的告诉说："军中粮实可支三月耳。"接着，许攸既讪笑又挖苦说曹操是个奸雄。这话分量很重，但曹操毕竟是曹操，他马上接过话岔开说："岂不闻'兵不厌诈'！"而且他又假装十分诚恳地"附耳低言"，说只有一个月的粮。曹操从一年、半年、三个月、一个月，一步步向后退下来，特别是后两次，显得很真诚，是可以瞒过一般人的。但是，到许攸拿出曹操向许昌告急的书信，用以证明曹营"粮已尽矣"时，他就瞠目结舌，不知所措……这是一次性格的交锋，从描写语言到人物对白，都十分生动活泼而富有形象性、动作性，可以使人闻其声而见其行，听其言而知其心。这就把一场心理战、精神战的场面，活灵活现地展示在读者的眼前。

"言不堪俗"的语言风格，使小说许多地方显得精练凝重，保留了文言小说的语言优长。比如，小说第三十七回写刘备三顾茅庐，初到隆中时所看到的景色：

（刘备）勒马回观隆中景物，果然山不高而秀雅，水不深而澄清，地不广而平坦，林不大而茂盛；猿鹤相亲，松篁交翠；观之不已。

寥寥百字，一幅风景；写山写水，描地描林，动物有猿鹤，植物举松篁；语句整齐，用字响亮，读来朗朗上口，看着风光满目。如诗如歌，堪称美文。更为高明者，表面写风景，实在写人物：正是高士隐居之所也！精练不失苟简，凝重依然生动，这正是文言优长处。

《三国演义》的语言艺术，表现在人物塑造上，尤以对话最为成功，使人物更加个性鲜明，有声有色。如曹操老谋深算，城府深沉，政治经验丰富，说话既豪爽又机诈，有时又刁钻犀利，变化莫测，充满心机；诸葛亮忠勤职守，聪明智慧，谋深虑远，他的话总是高瞻远瞩，从容不迫，应对自如，议论纵横，谈笑风生；关羽勇冠三军，战功卓著，说话往往心高气盛，口吻傲慢，目中无人；张飞性格耿直，行为鲁莽，虽然粗中有细，但说话直来直去，快人快语，毫不掩饰，一针见血……这些性格化的对话，从一个侧面反映了罗贯中驾驭语言的能力，反映了《三国演义》语言内容的丰富，色彩的绚丽。

可以说，《三国演义》既保留了传统语言中的精华部分，又创造了更加大众化的新的语言材料。它被说成是"第一部白话小说"，具有从文言小说向白话小说过渡的性质。因此，它在语言方面的开创之功是巨大的、历史性的。毛泽东承认和同意罗贯中是"善于使用语言的巨匠"，《三国演义》是"保存我国历代语言的宝库"，这肯定了《三国演义》的语言艺术，也肯定了这部杰作在汉语发展史上的地位和作用。

批注使人看时有个头绪

毛泽东赞赏《三国演义》的作者，赞美小说的语言艺术，也很关注《三国演义》的批注。

1948年4月2日，毛泽东在山西省兴县蔡家崖村，接见了晋绥日报社的编辑人员。

交谈当中，毛泽东赞赏用编者按的形式，对于报纸发表的材料加以批注。

毛泽东说，《晋绥日报》上后来的批注虽然有缺点，但是那种负责精神是好的。

说到这里，毛泽东又想到了《三国演义》，而且想到了批注本，他说：

"金圣叹批注《三国演义》，有人看不好，我看是好的，使人看时有个头绪，当然，批注得不完全对。"（中共吕梁地委党史研究室编：《毛泽东在吕梁》，中共党史出版社1993年11月版，第267页）

也许是毛泽东看的《三国演义》刊本不同，他把毛宗岗批注说成了金圣叹批注。

毛宗岗，字序始。号子庵。清代长洲（今江苏苏州）人。颇有文才和文名。据考证，他生于明崇祯五年（1632）。除协助其父评改《三国演义》外，尚有其他诗文传世。其父毛纶，字德音，号声山，约生于明万历三十八年（1610）。父子都是有才无运，一生穷困不仕，郁郁不得志。

毛家与金圣叹家有交往。康熙年间，毛宗岗父子见金圣叹评改《水浒传》和《西厢记》获得了巨大的成功，于是"效先生所评书"（廖燕：《二十七松堂文集》），批改了《三国演义》。"毛本"开始批改于康熙三年甲辰（1664），约完成于康熙丙午年（1666）秋季。批改后，托名金圣叹写了一篇序，称《三国演义》为"第一才子书"。

毛氏父子的评改本《三国演义》，迅速得到了社会的承认，获得了极大的成功。

清代文论家李渔在为毛本作序时极力赞扬道："观其笔墨之快，心思之灵，堪与圣叹《水浒》相颉颃，极钵心抉髓之谈，而更无摩漫沓拖之病，则又似过之，因称快者再。……布其锦心，出其绣口，条分句析，揭造物之藏，宣古人之义蕴，开卷井井，实获我心，且使读是书者知第一奇书之目，果在《三国》也。"

近人鲁迅有言："毛宗岗，字序始，师金人瑞改《水浒传》及《西厢记》成法。即（《三国演义》）旧本遍加改窜，自云得古本，评刻之，亦称'圣叹外书'，而一切旧本乃不复行。"

毛泽东为什么把毛宗岗误记为金圣叹呢？笔者以为有如下原因：（一）毛宗岗和金圣叹都是今江苏苏州人，又都是明末清初著名的文学批评家，金圣叹批注的《水浒传》，毛宗岗批注的《三国演义》，都流传很广，影响很大，又都自称为"才子书"，极易相混。（二）毛宗岗师法金圣叹，他评改《三国演义》，无论在思想观念上，还是评改技法上，显然有不少学自金圣叹评改的《水浒传》，如前人指出的"仿圣叹笔意批之"。毛、金二人，批书不同，但批法相类。（三）毛宗岗和一些出书人有意造成《三国演义》为金圣叹批改的假象，前者是借名人以自重，后者是"商业炒作"。如毛本的序落款为"顺治岁次甲申嘉平朔日金人瑞圣叹氏题"，托名金圣叹作序；再如每册前书"圣叹外书"四字，作为招徕生意的招牌；后来更有甚者，翻刻本就干脆称名为金圣叹评本，把"毛本"过渡到事实上不存在的"金本"了。由于上述原因，毛泽东将毛宗岗误记成了金圣叹。

金圣叹也罢，毛宗岗也罢，毛泽东谈话的要义并不在批注者是谁，而在于批注的价值。虽然谈话只是寥寥数语，其内涵却很丰富：

"有人看不好"。谁看了《三国演义》的批注说"不好"，毛泽东没有具体指明。但是，20世纪20年代，胡适说："《三国演义》的作者，修改者，最后写定者，都是平凡的陋儒，不是有天才的文学家，也不是高超的思想家。"又说，毛宗岗的批注见解"平凡"。(《〈三国志演义〉序》，《名家解读三国演义》第15页）此论一出，影响所及，使毛批长期遭到冷遇，甚至还成了被批判的对象。以胡适在古典文学评论界的影响，以这个时期毛泽东与胡适的密切联系，这种说法会被毛泽东所注意应该是不成问题的，也表明了毛泽东对"不好"说法的否定。

"我看是好的"，其理由是"使人看时有个头绪"。这是毛泽东对毛批的肯定。这个肯定言简意赅地指出了毛批的价值。毛宗岗在小说的史实方面作了些订正，将书中一些粗糙、冗长的文句作了润色；他还整顿了回目，把原本参差错落，对仗不工的题目，改为对偶较整齐的对子，并删去了明刻本的一些诗词、赞语，换上唐宋名人之作，并且把思想倾向改得更一致，更明确；"毛本"有了凡例、读法、回评、夹评，对整个作品从内容到形式，作了阅读欣赏的指导。总之，毛宗岗学习金圣叹的方法，汲取了明代后见《三国演义》版本的各方面长处，对原作做了严肃的加工和睿智的评点。后人结合毛批看《三国演义》，就像游人拿着导游图游览风景区一样，对其奥妙，路径分明，一目了然；就像面对"剪不断，理还乱"的线团子，找到了头绪，条分缕析，理顺文通。

当然，毛宗岗的拿手本事，还在画龙点睛般地揭示故事的"微言大义"，作者的写作技巧。比如，第四十九回回评，其中评周瑜在赤壁大战中指挥艺术：

"写周瑜用兵，不于既战时写之，正于将战未战时写之。一写其东风未发之前，各处打点，各人准备，秣马厉兵，治舟束甲，未战而已勃勃乎有欲战之势；一写其东风既发之后，诸将听令，各军赴敌，按部分班，星驰电走，将战而已森森然有必胜之形。盖用兵之胜，决之于将战未战之时，而不待于既战之后也。若但观其战，不过某人射某人于水中，某人砍某人于马下而已，又何以见江东士气之壮，而周郎兵略之善哉！"

《三国演义》写赤壁之战占八回篇幅，字数近四万，但直接写战场上短兵相接战斗场面的文字并不多，而绝大多数的篇幅用来描绘双方的决策和计谋。毛宗岗关于着重写战前的决策、部署的论点，确是点明了这次战役写得如此成功的关键所在。所谓着重写战前决策、部署，亦是说着重写人的智慧，《三国演义》一书写战争胜过他书，正因它是智慧的结晶。看了毛宗岗的这段评点，再回头细读品味赤壁交兵的文字，谁都会慨然而叹："真是有个头绪啊！"毛批的许多精彩处，其作用莫不如此。

"当然，批注得不完全对"。毛泽东指出了毛批的局限性。毛宗岗是个封建时代的文人，他的批评标准和评论观点，确实都存在不少问题。从思想内容上说，它不可避免地杂有乃至张扬了封建主义和唯心主义的糟粕；在艺术创作方面的分析上，毛评也有强拉硬拽的地方。

但不管怎么说，毛本有很多值得重视之处，优点是主要的，它一出现就成为独占鳌头的最有影响的刻本，成为流布甚广的定本，就是最好的证明。

毛泽东在1948年以前，肯定是读过毛本《三国演义》的，也肯定熟悉毛批情况。

在毛泽东看来，报纸编者按这种形式和古人对文章的批注评点有相通之处，或者说编者按这种形式产生于批注评点。

以负责的精神给发表的材料加以批注，可以直接表明办报者的思想倾向。支持什么，反对什么；提倡什么，抨击什么，都旗帜鲜明，毫不吞吞吐吐，毫不遮遮掩掩。

以负责的精神给发表的材料加以批注，可以使读者看了有个头绪，把握宣传主旨和重心，起到良好的宣传效果。众多的材料，众多的稿件，有了编者按的点拨，读者就省时省力地抓住了"龙头"，沟通了与作者、编者的思想。

毛泽东用古人批注《三国演义》的经验，佐证了《晋绥日报》编辑人员以负责的精神写编者按的做法，言巧、事贱而理壮。现在，编者按已成为我国新闻媒体上的常见文体，毛宗岗、金圣叹所创造的批注传统，正在发扬光大。

罗贯中以蜀为正统

> 毛泽东对林克说："……《三国演义》的作者罗贯中没有继承司马迁的传统，视汉室为正宗，也就没有达于真实与客观。"
>
> 孙琴安、李师贞：《毛泽东与名人》下卷，江苏人民出版社1993年2月版，第1184页

1958年和1959年，毛泽东读《三国演义》，把关注点投向它的作者所处的社会背景和其对作品主题的影响。

1958年5月28日，毛泽东给自己的英文秘书林克送去一套范晔著的《后汉书》，希望林克也能研究点历史。后来，他又前前后后关照林克可以读读党锢传、曹操传、郭嘉传、荀彧传、荀攸传、程昱传、贾诩传、刘晔传、夏侯渊传、田畴传和董卓传。并对林克说：

"两汉史中高、文、景、昭列帝较有意思。东汉史两头均无太大意思，只有光武帝可以读。《三国演义》的作者罗贯中没有继承司马迁的传统，视汉室为正宗，也就没有达于真实与客观。"

第二年的二三月间，由郭沫若和翦伯赞首先发起了为曹操翻案的评论热潮，毛泽东读了2月19日《光明日报》上翦伯赞评论曹操的文章后，又对林克说：

"《三国演义》的作者罗贯中不是继承司马迁的传统，而是继承朱熹的传统。南宋时，异族为患，所以朱熹以蜀为正统。明朝时，北方民族经常为患，所以罗贯中以蜀为正统。"（孙琴安、李师贞：《毛泽东与名人》下卷，江苏人民出版社1993年2月版，第1185页）

毛泽东两次对《三国演义》作者罗贯中写作社会背景的评论，贯彻了相一致的思想观点，指出了罗氏思想的局限性，以及这种局限性对作品社会意义的影响。寥寥数语的评论可谓言约旨丰，引发我们联想好多问题。比如，什么是司马迁的传统？什么是朱熹的传统？罗氏怎样继承了朱夫子的传统？罗氏怎样以蜀为正统？为什么以汉室为正宗就没有达于真实与客观？等等。搞清这些问题，我们才能真正领会毛泽东品味《三国演义》的奥妙和意蕴，也有助于我们对《三国演义》一书作者立场和作品主题的理解，有助于我们对该书的阅读欣赏。

　　毛泽东论罗贯中这两段话，较早出现于林克的回忆文章《毛主席和我谈学习的片断回忆》，此文后来收入了《难忘的回忆——怀念毛泽东同志》一书。林克的回忆文章《忆毛泽东学英语》有相同的记载，该文编入《毛泽东的读书生活》一书后，研究毛泽东与传统文化关系的专家学者们多有引用，传播广泛。笔者手头十数种书籍引证此语，多出于此。

　　对这两段文字，笔者曾反复玩味，揣摩再三，总觉得其中"司马迁的传统"一句，或传写有误，或刊刻失校，而应该是"司马光的传统"。

　　其一，说"司马迁的传统"，于历史事实上讲不通。司马迁有史学著作《史记》，司马光有史学著作《资治通鉴》，朱熹有史学著作《通鉴纲目》。司马迁是西汉武帝时人，早于三国时期三百余年，他的《史记》一书不可倒转时空臧否三百年后的蜀汉或曹魏。在"拥刘"还是"拥曹"这个问题上，罗贯中无法向他继承什么。而产生于北宋时的《资治通鉴》和南宋时的《通鉴纲目》却恰好对这个问题表现出对立的立场观点，罗贯中没有继承司马光的以魏为正统，而是继承朱熹的尊刘为正统，不仅是可能的，而且是必然的，这在历史事实上讲得通，也是顺理成章的。

　　其二，说"司马迁的传统"，不符合《三国演义》作者的创作实践。今天我们看到的《三国演义》文本，一般的情况下都是首创于罗贯中，修改完善于毛宗岗。罗、毛二人都是他们所处时代具有较强民族意识和民主倾向的学者。尤其是毛宗岗，其尊刘贬曹、帝蜀寇魏的主观创作意图更为明显，他评点删改《三国志通俗演义》，于篇首写作了《读三国志法》，开宗明义就说：

> 读《三国志》者，当知有正统、闰运、僭国之别。正统者何？蜀汉是也。僭国者何？吴、魏是也。闰运者何？晋是也。魏之不得为正统者，何也？论地则以中原为主，论理则以刘氏为主，论地不若论理。故以正统予魏者，司马光《通鉴》之误也。以正统予蜀者，紫阳《纲目》之所以为正也。《纲目》于献帝建安之末，

大书"后汉昭烈皇帝章武元年",而以吴、魏分注其下。盖以蜀为帝室之胄,在所当予;魏为篡国之贼,在所当夺。是以前则书"刘备起兵徐州讨曹操",后则书"汉丞相诸葛亮出师伐魏",而大义昭然揭于千古矣。

紫阳即朱熹。这里明明白白地告诉人们,《三国志通俗演义》是以蜀汉为正统,以吴、魏为僭国,以晋为闰运,而这种皇权正统观念是师承朱熹,视其《通鉴纲目》"以正统予蜀"为"正",相反对司马光的《资治通鉴》持批判态度,视其"以正统予魏"为"误"。在罗贯中和毛宗岗的思想视野里,并没有出现司马迁的影子。在毛宗岗的上述评点中,我们却可以清楚地看出毛泽东评论罗贯中思想观点的历史渊源,只要把两段话稍作比较,就不难发现它们的相通之处。不同的是,毛泽东是以《通鉴纲目》为误,而以《资治通鉴》为正的。顺便说一句,毛泽东对司马光的《资治通鉴》和朱熹的《通鉴纲目》都是少年时代就熟烂于胸并保持终生兴趣的;对古人评点《三国演义》的情况也是熟悉的,1948年4月他对晋绥日报编辑人员谈话,就注意到《三国演义》的毛宗岗批注"是好的"。写在《三国演义》之首的《读三国志法》他应该是关注过的。

其三,说"司马迁的传统",对毛泽东评论罗贯中的思想主旨解释不通。近些年,笔者所接触的十数种欣赏、解析、阐述毛泽东评论罗贯中的研究专论,其中绝大部分对"司马迁的传统"没有解释,只有一两位专家对此有自己的分析,试举一种:

> 这里所说的司马迁的传统,是指西汉史学家司马迁写《史记》时,是以"稽其成败兴亡之理"为原则,在对待重大历史问题上,他重视人民群众的作用。在"成则为王,败则寇"的封建伦理下,他敢于为秦末农民起义领袖陈胜、吴广作传,立为世家,置于《孔子世家》之后,汉代诸世家之前,以表示陈胜、吴广在历史上的特殊地位,体现了一位正直史学家的胆识。

如果一般地解释司马迁《史记》一书所体现的史学传统,这段话应该说是有道理的。但这段话的核心说的是司马迁"重视人民群众的作用",那么,与此相对立的朱熹的史学传统就应该是"轻视"人民群众的作用。这显然与毛泽东谈话的思想主旨不合。毛泽东谈的是两位史学家皇权正统观念对罗贯中的影响,具体说就是罗贯中"以蜀为正统"到底是继承了哪位史学家的皇权正统观念。朱熹"以蜀为正统",另一位史学家应该是"以魏为正统"的。可司马迁不具备这个条件。因此沿着"司马迁的传统"来解释毛泽东的谈话主旨,就偏离了毛泽东本来要表达的思想。其实,毛宗岗已经明明白白告诉我们:《三国演义》的作者不是继承司马光的传统,而是继承朱熹的传统。

这样讲,于历史事实,于《三国》作者的创作实践,于毛泽东的谈话主旨,都是讲得通的。改"迁"为"光",是合理的,一通百通。

对三国中曹、刘两大政治集团持什么态度,这表明了《三国演义》的政治思想倾向。形成这种政治思想倾向,有其漫长的复杂的历史原因。这首先表现在历史著作中,从西晋人陈寿的《三国志》,到东晋人习凿齿的《汉晋春秋》;从北宋人司马光的《资治通鉴》,到南宋人朱熹的《通鉴纲目》,或"尊曹贬刘",或"尊刘贬曹",都有着深层的社会历史因素,无不是同当时的政治形势、统治阶级的历史地位以及撰史者本人的生活经历联系在一起。《三国演义》的作者罗贯中(应该包括批注修改者毛宗岗)对从西晋到宋元以来的史学传统是有所选择的,这直接影响着《三国演义》的政治倾向。

西晋人陈寿的《三国志》首开"尊曹抑刘"风气。不仅《志》中《魏书》的篇幅约是《蜀书》的三倍,曹操的篇幅是刘备的两倍;而且它只尊曹氏为"帝",给予"纪"的规格,而对刘备父子只称"先主""后主",仅给予"传"的待遇。他把曹魏政权尊为皇权正统的倾向十分明显。陈寿这样做自有其时代原因。他在晋朝做著作郎,晋承魏统,不仅晋武帝司马炎是直接从魏元帝手中夺过皇权,而且其祖、父司马懿和司马昭都曾先后在曹魏政权下长期效力,唯有先承认了魏的合法性,晋的正统地位才能得以确定。

习凿齿撰《汉晋春秋》,在建安年号(汉献帝年号)后面便紧接章武年号(刘备年号),然后接建兴、延熙、景耀、炎兴年号(刘禅年号),再下接晋武帝泰始年号,这就为"以晋承汉"作了具体注解。习凿齿如此"尊刘抑曹",当然为他所处的社会政治背景所决定。那时,北中国先后被所谓"五胡"占据着,东晋偏安江左,其地位正与三国时的刘蜀政权相类,因此习凿齿便适应了时代的要求,率先对"晋承魏统"提出异议,用推崇蜀汉为正统的办法,来间接肯定东晋的地位,以便在政治理论上压倒北方的异族统治者。

北宋人司马光作《资治通鉴》,在撰写三国这一段历史时,仍袭用了陈寿"尊曹抑刘"的体例。因为那时北宋统一了中国,没有了各个政治集团的对立和割据,四海一家,九州一体,不存在与谁争正统的问题,因而它对历史上的正统问题也就不像偏安江左的东晋王朝那样微妙和敏感。北宋皇权是取自后周王朝,也是从别人那里夺过来的,其情形与当年曹魏政权颇有相近之处,因而这就决定了它必然要尊曹魏以为正,必然贬刘蜀,对其所谓"中山靖王之后"不以为然，因为如果在理论上认可了这点，那它自己也就无立足之地。说到底，北宋时期的"尊曹抑刘"倾向还是出于自身的政治需要。

南宋与北宋虽然都是赵宋王朝，但是在对待曹操和刘备的态度上，又来了个一百八十度的大转变。由北宋的"尊曹抑刘"，再度恢复习凿齿的"帝蜀寇魏"，这当然与当时政局大有干系，是为南宋的偏安政权争正统地位。这个思潮又集中体现在理学家朱熹的《通鉴纲目》中。那时占据北方的金朝女真贵族统治者承袭北宋，尊曹魏为正统，而将南宋朝廷斥为"构窜江表，僭称位号"的不合法政府，这激起南宋爱国士大夫对于曹操的不满。南宋偏安江左，其势与僻处益州的蜀国相似。这样，南宋君臣朝野放弃了北宋"帝魏寇蜀"的观念，唱起了东晋习凿齿以蜀为正统的老调。朱熹为司马光的《资治通鉴》作《纲目》，却改变了司马光以曹魏系年的体例，以刘备做皇帝的章武元年继汉，直斥曹操为"篡盗"。

罗贯中生活于元末明初。元代汉族人借"尊刘抑曹"来曲折地表达自己的民族情感。罗贯中作为下层知识分子，他通晓历史知识，又很关心现实，传说他亲自参加过反对蒙古族统治的活动，并与农民义军领导人张士诚有过接触，这些经历使他能感受到社会下层在异族统治下的苦难，并和他们反对暴虐统治向往仁君贤相政治清明的理想呼吸与共。他撰写《三国演义》（当时书名为《三国志通俗演义》）时，朱熹的理学正风行一时，其《通鉴纲目》中以刘蜀为正统的思想，引起他的共鸣。所以，他在小说中没有继承陈寿、司马光"尊曹抑刘"的传统，却继承了习凿齿、朱熹"拥刘贬曹"的传统，就不足为怪了。

罗贯中继承朱熹《通鉴纲目》的史学传统创作历史小说《三国演义》，全书的思想主线是"以蜀为正统"，这在小说中有多处描写：

首先是罗贯中让刘备自己念念不忘"皇室苗裔"。小说第一回，刘备一出场刚与张飞见面，刘备就说："我本汉室宗亲，姓刘名备。"自报家门，强调"皇室"出身。小说第二回，当督邮询问"刘县尉是何出身"的时候，刘备连忙回答："备乃中山靖王之后。"还是说自己和皇帝的血缘关系。后来刘备引兵袭许都时，半路遇见曹兵，便打马而出，在门旗下对曹操大骂："汝托名汉相，实为国贼！吾乃汉室宗亲，奉天子密诏，来讨反贼！"小说第三十七回，刘备在三顾茅庐的时候，也先后打着这个招牌。第一次叩柴门时，对童子说："汉左将军宜城亭侯领豫州牧皇叔刘备特来拜见先生。"二访不遇，留书自称"汉朝苗裔"。见到孔明以后，在下拜时自称："汉室末胄，涿郡愚夫。"

其次，刘备手下的人往往把"刘氏天下"这块金字招牌当作最强大的"政治武器"打击敌对势力。刘备的两个谋主——诸葛亮和庞统都这样做过。小说第五十二回，荆州牧刘表的大儿子刘琦死后，鲁肃借吊丧之名，来讨荆州。诸葛亮用这样一番话来应付："子敬好不通理！直须待人开口！自我高皇帝斩蛇起义，开基立业，传至于今；不幸奸雄并起，各据一方；少不得天道好还，复归正统。我主乃中山靖王之后，孝景皇帝玄孙，今皇上之叔，岂不可分茅裂土？况刘景升乃我主之兄也，弟承兄业，有何不顺？汝主乃钱塘小吏之子，素无功德于朝廷；今倚势力，占据六郡八十一州，尚自贪心不足，而欲并吞汉土。刘氏天下，我主姓刘倒无分，汝主姓孙反要强争？"结果一席话，说得鲁子敬"缄口无言"。明明是东吴视为无理的事，打出"我祖高皇帝"（刘邦）的旗号，自认正宗，就变成了有理的事。刘备的血统在这里起了决定性的作用。小说第六十回，张松路过荆州时，庞统对他说："吾主汉朝皇叔，反不能占据州郡；其他皆汉之贼，却都恃强侵占地土；惟智者不平焉。"其"政治武器"还是我即皇权正统。《三国演义》一书，几乎无处不在地宣扬刘蜀为正统。

为什么《三国演义》视汉室为正宗就没有达于真实与客观？笔者以为，毛泽东在这里讲的是历史真实（生活真实）与艺术真实的关系问题。这里的"汉室"，是包括了刘汉和刘蜀两部分的，因为朱熹的《通鉴纲目》是以刘备的章武元年直接上承汉献帝建安二十五年的，又以晋武帝接承后主刘禅，这样就把曹魏从正统序列中排挤出去了。这是不符合历史真实状况的，反映了封建史家认识上的局限性。《三国演义》的作者罗贯中张扬刘备三百年前的汉皇血统，渲染其"汉室苗裔"的政治影响，利用一切机会宣传刘蜀"兴复汉室"的政治号召，其目的都在于强化"尊刘抑曹"的皇权正统观念。这样描写，在对历史总体把握上有悖于历史真实，因此其艺术真实也就大打折扣，达不到描写的真实性与客观性。毛泽东在做出这个评论时，送《后汉书》给林克，让他读曹操传等内容；在此前后，毛泽东谈话中多次提到不满意《三国演义》中对曹操的描写，说不要相信演义把曹操描写成坏人。这表明毛泽东是从历史的、艺术的双重角度看待真实和客观的。因为《三国演义》是历史小说，它的真实与客观应该是艺术的，也应该是历史的。这就像有违于生活真实的作品，也不能说艺术是真实的一样。

要恢复题咏诗

> 毛主席见该社所校印的《三国》尽删其中"后人有诗叹曰"等大量诗句，说这不行，要恢复！
>
> 周汝昌、周伦苓：《东方赤子·大家丛书·周汝昌卷》，华文出版社1999年1月版，第64页

周汝昌是红学大家，但中华人民共和国成立初期他与《三国演义》的版本整理却有一段缘分，而这段缘分又与毛泽东关于出版《三国演义》的指示大有关系。

1953年，周汝昌在四川大学任教。不久，他的成名作《红楼梦新证》出版，盛极一时。也许因此，人民文学出版社古典部负责人聂绀弩来信商调，后又由中宣部特电四川大学，调周汝昌到人民文学出版社古典部任编辑。1954年春末，周汝昌离校到社，他当编辑的第一件工作，就是整理《三国演义》。他在回忆录中写道：

> 入社之后，聂绀老交付的第一件工作是"恢复"已出之《三国演义》中的题咏诗（聂云：毛主席见该社所校印的《三国》尽删其中"后人有诗叹曰"等大量诗句，说这不行，要恢复！对此我另有专文叙及了，今不重复）。此事完成，即命组成一个专组，专门整校一部新版佳本《红楼梦》。

笔者查到了周汝昌先生"另有"的"专文"，回忆文章《缘深缘浅话难明——忆聂绀老》。这篇文章中有关恢复《三国演义》题咏诗的内容是这样的：

> 聂老很随便……（他）说道："我们出的《三国演义》，毛主席看了，说怎么那些后人有诗题曰叹曰……都没了？这不行，要恢复齐全。你就弄弄吧，把删的诗都照补一下。"

我方知初版《三国》有删诗之事。这活儿太简单了,很快做好了,我顺便问他:"正文呢,要不要再校一遍?"

他答道:"那就校校吧。"

这一校可不打紧,真是令我吃惊不小——原来这个本子是乱删乱改,讹错连篇!

校改完毕,自动写了一篇报告,分门别类,详述了已印本中的众多问题,如何校改,以及校改的依据与考订。洋洋大文,递上去了。

不久,他从二楼(他之居室)把报告送回来了,兴奋地说:"大受赞赏!"(指巴人看了十分夸奖:果然与众不同!)我见报告首页上有他一句批示,"可整理为文发表,为新版作宣传。"

这份"一炮打响"的报告,记得似乎是压缩成文,略举实例,表明校订的分量,他让舒芜交与《文学遗产》登出的,代拟的化名是"孙楷"——不知是出谁之意度,也没问过。

查中华人民共和国成立以后《三国演义》的出版情况,得知1953年作家出版社首次出版《三国演义》,1955年由人民文学出版社再次出版该书⋯⋯周汝昌回忆中说毛泽东所见的新版《三国演义》即应为作家出版社所出版,他回忆中的"该社"显然也不是人民文学出版社。就是说,作家出版社首次出版《三国演义》"尽删"书中题咏诗,毛泽东对此很不满意,指示"恢复"!而周汝昌做的就是"恢复"题咏诗的工作。

为什么删掉题咏诗不行,必须恢复?是毛泽东没有讲过具体理由,还是周汝昌回忆中没有提到,不得而知。但我们可以根据分析小说中题咏诗的作用,认识毛泽东这一决断对于《三国演义》,乃至对于古典小说整理出版流传,对于整个弘扬民族优秀传统文化的规范性意义。

题咏诗是古典小说艺术的组成部分,是古典小说中的普遍现象。在中国小说发展史上,小说中运用诗词,滥觞于魏晋笔记小说,唐传奇、宋话本又有所发展,到《三国演义》就使其成为中国古典小说艺术成就中不可或缺的内容。自这部书后,无论是明代小说,还是清代小说,都把运用诗词作为一种创作手法。尽管在演进过程中,出现过精华与糟粕相杂的情况,但已经逐渐为人民群众所喜闻乐见,并具有了鲜明的民族特色。

《三国演义》题咏诗词在历代不同的版本中含有的数量不等。其中嘉靖本有344首,毛宗岗修订《三国演义》时,将叠床架屋俚鄙可笑的诗词尽皆删除,保留原有诗词168首外,又从唐宋名篇等选取37首,增添到小说之中,共有205首。这200余首题咏诗词,和小说别的文字组合到一起,构成小说艺术不可分割的部分。它们的作用，正如《三国演义叙事艺术》一书作者郑铁生指出的那样："这些诗词在《三国演义》整部书中具有重要的作用，像章回中的'文眼'一样，涵盖了近百个历史人物的思想性格，数十次历史事件的史评史论；包容了丰富的历史文化知识，如儒道释思想的交融、军事谋略的展示、历史地理的沿革、俗谚口碑的流传、传统道德的张扬以及占卜神鬼文化；表现了小说家的艺术构思，运用诗词的艺术手法：刻画人物性格、推动情节发展、构建叙事视觉等。这一首首韵语犹如一块块化石，当揭开其鲜活而灵动的内容后，仿佛置身五光十色、绚丽多彩的艺术之宫，别有洞天。"

总之，题咏诗对于《三国演义》的正文来说，它不是累赘，不是包袱，而是艺术整体的有机部分，是绿叶衬红花，使小说的叙述方式更富于变化，语言更生动活泼，所表现的生活空间更为广阔，增大了作品的可欣赏含量。如刘备三顾茅庐恳请诸葛亮出山时，有两首骚体诗：一首是第三十五回为单福所唱：

"天地反覆兮，火欲殂；大厦将崩兮，一木难扶。山谷有贤兮，欲投明主；明主求贤兮，却不知吾。"

另一首是第三十七回为孔明之弟诸葛均所歌：

"凤翱翔于千仞兮，非梧不栖；士伏处于一方兮，非主不依。乐躬耕于陇亩兮，吾爱吾庐；聊寄傲于琴书兮，以待天时。"

刘备听到这两首诗歌时，还没有见到诸葛亮。这两首诗歌却把诸葛亮对时局世事的看法——大厦将崩，一木难扶；对理想和节操的追求——欲投明主与"非梧不栖"；以及诸葛亮现时处境和心态——躬耕陇亩，以待机遇，"却不知吾"；等等，既隐说暗示，又淋漓尽致地表达展示出来。前一首是远铺垫，后一首是近陪衬，都为诸葛孔明出场亮相起到了先声夺人的艺术作用。如虎未出而风啸，龙未至而雨从一样，烘云托月，妙不可言。这两首诗歌，已成为塑造诸葛亮高士形象，展示其胸襟抱负的必不可少的文字载体。《三国演义》中现在保存的200多首题咏诗，虽然其中有蹩脚的，但多数可以作如是观。

毛泽东指示"恢复"题咏诗，使《三国》免受斧凿之害，保持完璧，乃古籍珍品幸事，亦乃读者幸事！

"锄头"即唯物史观

> 毛泽东在广州第六届农民运动讲习所讲授中国农民问题时，便提出："中国的历史甚多，而小说史如《三国》《说唐》《水浒》《说岳》等，都是看过的，昔人的思想，多偏袒统治者及地主阶级，我们是革命者，这种思想，是不可要的。……我们要造一个锄头，这个锄头，马克思已经造出来了，即唯物史观。"
>
> 陈晋：《毛泽东与文艺传统》，中央文献出版社1992年3月版，第131页

怎样读《三国演义》？清人毛宗岗似乎认真考虑过，因为他写过一篇专论《读三国志法》。毛氏所论《三国志》，并非史书《三国志》。乃《三国志演义》之谓也。此论洋洋洒洒万余字，多有慧眼独具处。今人读《三国演义》，也可从中借鉴方法。

对《三国演义》怎样读法这个问题，毛泽东似乎没有专门的论述。不过，从他那些不经意的言谈话语中，却可发现不少精辟之论，足可以启迪我们，去卓有成效地读好这本书。

主人公没有农民

据毛泽东年谱和有关回忆录记载，毛泽东读《三国演义》始于1906年，这时他13岁，正在韶山井湾里私塾读书，继续读四书五经。可是，他不喜欢读经书，喜欢读《三国演义》等古代传奇小说。

第二年，14岁的毛泽东停学在家务家。可他白天在田间劳动，有空闲时间仍继续读杂书。毛泽东读书喜欢思索，好诘难质疑。有一天，读《三国演义》，他忽然想到，小说里主要人物都是武将、文官、书生，没有一个农民做主人公。这个问题一直在少年毛泽东头脑中萦绕，困扰了他两年。

后来他逐渐发现，小说中颂扬的都是人民的统治者，这些人是不必种田的；而种田的人又大都没有文化，不可能去写小说，去写他们自己。

这件事情毛泽东印象深刻，以至在以后的生活中经常提起：

1914年冬天，在湖南省立第一师范读书的毛泽东，和同学周世钊同路回家。路上，两人边走边谈。毛泽东说起十四五岁时，两年停学在家，一边务农，一边读书，几乎读尽了在韶山能找到的书。毛泽东回忆说："有一个问题当时我搞不清楚，为什么那些书里写的都是帝王将相、才子佳人？为什么同我一起种田的农民没有人写？"他向周世钊谈了后来想通的道理。（《领袖情·毛泽东与周世钊》，第5页）

过了二十二年，也就是1936年，在陕北的保安，已是中共领袖的毛泽东接待了美国记者埃德加·斯诺。他向这位记者叙述了自己的革命生涯，讲到少年时代，其中一段，他介绍说："我继续读中国古典小说和文学作品。有一天我突然发现，这些小说里有一个共同的特别之处，那就是没有一个种田的农民……"

这个历史片断似乎经常在毛泽东的头脑里闪现。又过了十年，1947年6月的一天，毛泽东带领少数警卫部队在陕北高原上与紧紧追来的蒋胡军六七个旅周旋。刚刚摆脱敌人的追兵，一行人坐下来生火烤被雨水淋湿的鞋子，毛泽东耳听木柴燃烧的噼啪声，若有所思，周恩来见状，问道："主席又在想什么？"

"小时候我喜欢看《三国》，读起来就放不下。有一天我忽然想到一个问题，怎么书里的人物都是武将、文官、书生，从来没有一个农民做主人公？我纳闷了两年，种田的为什么就没有谁去赞颂呢？后来我想通了，写书的人都不是种田的人！"（权延赤：《卫士长谈毛泽东》，第180页）

从22岁到43岁，20余年的时间里，毛泽东三次谈起14岁那年"忽然想到"的问题，可见他对这件事印象之深刻。毛泽东没有明说他读《三国演义》的方法，可是这件事一再告诉我们，他的读《三国》，是包括"质疑问难"一法的。

就在湖南省立第一师范读书时，毛泽东在致同学萧子升的信中说："弟近年来所有寸进，于书本得者少，于质疑问难者多。"

质疑问难——这是对自己读书方法的总结，当然也包括读《三国》的方法。得益于质疑问难者多多，诚如斯言。似问《三国演义》流传几百年，有谁问过其主人公为什么没有农民？唯毛泽东耳。少年毛泽东肯于动脑，善问"为什么","忽然想到"的问题是那样的深刻,那样的独到。

我们要造一个锄头

停学务农的少年毛泽东,脑海中"忽然想起"的对《三国演义》的诘问,也许有着他那时是个"准农民"的直觉意识的参与,他是替挣扎在封建社会最底层的农民打抱不平,是对王公大人的一种批判,是对传统文化的初始清理,渗透着毛泽东最初的反抗意识。待到他经历过五四运动,接受了马克思主义的洗礼,他阅读和理解古典小说,就有了崭新的历史唯物主义的眼光,而其最为核心的内容则是阶级分析的方法和阶级斗争的观点。

1926年5月至9月,毛泽东在广州第六届农民运动讲习所讲授中国农民问题,他指出:"中国的历史甚多,而小说史如《三国》《说唐》《水浒》《说岳》等,都是看过的。昔人的思想,多偏袒统治者及地主阶级。我们是革命者,这种思想,是不可要的。……我们要造一个锄头,这个锄头,马克思已经造出来了,即唯物史观。"

提出把唯物史观作为阅读《三国演义》等传奇小说的指导思想,作为其评判是非曲直的价值尺度,这在共产党内,毛泽东大概是第一人。毛泽东曾经说过,他于马克思主义,取其"阶级斗争"四字。阶级和阶级斗争,是毛泽东历史观的一个核心,他把千年的文明史,看成阶级斗争的历史。这也是其文学史观的一个核心内容。阶级斗争的观点和阶级分析的方法,正是这一时期乃至以后相当长一个时期,毛泽东阅读、评价古典小说的基本指导线索。

用唯物史观这把"锄头"铲除《三国演义》等古典小说中封建思想的杂草,毛泽东发现其中所蕴含的"昔人的思想",实质上"多偏袒统治者及地主阶级"。对于无产阶级革命者来说,这种思想显然是"不可要的"。这就在思想的阶级属性上,给予《三国演义》以明确清晰的透视。这种见解,是前无古人的。

毛泽东一旦掌握了唯物史观的是非价值评判尺度,他对小说人物往往有全新的认识。例如20世纪50年代,他多次主张为曹操平反,去掉其头上"奸雄"的恶名,恢复其一代人杰的本来面目,正是基于历史主义和实事求是的态度,肯定了曹操的历史进步作用。

"知识性了解"不行

熟读深思,能够谈出自己阅读《三国演义》的独到见解,这是毛泽东对读《三国演义》的另一种要求，也可看作他的读《三国演义》法之一。

1957年年底，毛泽东出访苏联时，有一天他与郭沫若、翻译李越然等纵论《三国演义》。毛泽东忽然问李越然："李越然同志，给你提个问题，你说诸葛亮和曹操这俩人，谁厉害？"

李越然读《三国演义》，从来没有把曹操与诸葛亮做过比较，至于谁厉害这个问题更没有想过，一时竟不知如何是好，他只好说："主席，我对《三国演义》只有一些非常浅薄的知识性的了解。"

毛泽东说："那不行，对《三国演义》，要多看，起码看三遍。《三国演义》里有许多战例，蕴含着很深的战略战术。"

这段逸事中，可以看出读《三国演义》的两种方法，两种境界：

一种是"浅薄的"。对《三国演义》只是一般的知识性了解，读过，但是没有想过，知其然不知其所以然。

一种是"很深的"。对《三国演义》起码读三遍，能够对人物形象（比如曹操、诸葛亮）进行比较评论，能够挖掘出蕴含在战例中的战略战术，不仅是读过了，而且是读懂了，有自己深层思考和独到见解。

显然，毛泽东主张后者，并身体力行之。

在实际生活中，有些人读《三国演义》甚至连知识性了解都做不到，比如，有的人读它是为了"消遣"，有的人读它是为了"看热闹"，有的人读它是以助谈资，这就难免走马观花，难免浅尝辄止。毛泽东读《三国演义》强调多读，强调深刻理解，这与他读书目的明确有关；我们应该从他的读书方法中受到启示，克服自己的不良读书习惯，养成求深知、求甚解的兴趣和意志。

入浅水者得鱼虾，入深水者得蛟龙。读《三国演义》，何尝不是如此。

方法无非两条

毛泽东有时也直接谈读《三国演义》的方法，不过那是对自己读书法的概括，是经验之谈。

1958年11月20日，毛泽东当时在武汉东湖宾馆，准备召开中央工作会议和八届六中全会。这天上午，毛泽东召集上海市委第一书记柯庆施、四川省委第一书记李井泉、湖北省委第一书记王任重和山西省委第一书记陶鲁笳，到他的住所开座谈会，谈谈陈寿的《三国志》。

由谈《三国志》，连着谈到《三国演义》。毛泽东时而把两书作比较，时而举出某个人物或者某些细节，侃侃而谈。几位第一书记为他深厚的文学功底和博闻强记所折服。

这时，李井泉插话说："书中那么多人物，那么多事物，看过就忘了，不如主席记得那么清楚。"

毛泽东说："为什么记不清楚呢？要想记得清楚，看书就得讲究方法。读书的方法无非两条，第一条要学会用联系的方法看书中的人物、事件；第二条要学会当评论员。"

方法无非两条，既是读所有书的方法，也是读《三国演义》的方法。

显然，这是毛泽东读书体会的"夫子自道"。

两种方法又都是巩固记忆的，是"记得清楚"的方法。

联系法。18世纪末德国心理学家艾宾浩斯认为："记忆主要依靠在材料各项之间建立联系。"按照辩证唯物论的观点，事物之间的联系是普遍的，而思维的基本形式之一是联想，联想的作用就在于找到此事物与彼事物的联系。也就是说，大脑神经的一种主要机能就是在有关经验中建立联系。思维中的联想越活跃，经验的联系就越牢固。所谓通过联想找到事物之间的联系，或者由当前思考的事物联想起以往有关或相关（如内容相似、性质相近、形状相同等等）的另一事物。如毛泽东在《三国演义》中读到北方人刘备带领一班人南下在西川建立一块复兴汉室的根据地的情节，就联想到陕甘宁边区的"外来干部"和"地方干部"要团结一致建设好抗日根据地，这使他对读过的内容印象深刻，久久不忘。

评论法。看书后要品评一番，议论一道，当好评论员。这种方法能够激发思维的积极性，消化阅读的内容。他要评论，就必须动脑分析其中的正误，积极组织自己的思想，认真对待作者的意见，赞成什么，反对什么，都要拿出自己有深度有层次的见解，所谓"奇文共欣赏，疑义相与析"。比如，毛泽东50年代读《三国演义》，很关注曹操这个人物，曹操是奸臣还是英雄？他多次评论，提出了自己那新颖独到、振聋发聩的思想观点。这样，曹操的人物形象不可能不在他的头脑中打下深刻烙印。阅读后当评论员，比那种读后书本一丢，连想都不想的做法，肯定记忆清楚牢固。

靠实践积累经验

毛泽东读《三国演义》，并不是读死书，变成了钻进去爬不出的"书呆子"。书本知识与实践经验比较，他更侧重后者，或者强调二者的结合。

据有人回忆，毛泽东曾说，他开始打仗的时候，并没有读过多少兵法，更不像有些人说的那样，是靠《孙子兵法》《三国演义》来指挥的，主要是靠长期革命战争实践中积累的经验。

中华人民共和国成立后，毛泽东在总结我党我军的历史经验时，在对国际友人介绍中国革命的历程时，反对教条主义是他经常提到的话题。他举例说，我军的将领，绝大多数没有上过什么学校，没读过多少深奥的兵书，但仍然是经常打胜仗，最后打败了蒋介石的庞大军队。

1965年12月21日在杭州的一次谈话中，他说得更具体："国民党的军官，陆军大学毕业的，都不能打胜仗。黄埔军校只学几个月，出来的人就能打仗。我们的元帅、将军，没有几个大学毕业的。我本来也没有读过军事书。读过《左传》《资治通鉴》，还有《三国演义》。这些书上都讲过打仗；可是打起仗来，一点印象也没有了。我们打仗，一本书也不带，只是分析敌我战争形势，分析具体情况。"

初一看，毛泽东这段谈话似有否定书本知识、否定《三国演义》等"军事书"对自己积极影响的嫌疑，其实，他的用意只在于说明实践经验对于形成人（军官们）的实际能力（能打仗）的重要性，说明不要太迷信书本，有了书本知识也不要机械照着书本打仗，机械地照搬，搞教条主义。终毛泽东一生，我们看到他一方面如饥似渴地读书，他的手不释卷是很有名的，另一方面，他又疾恶如仇地反对本本主义（即后来的教条主义），这也是众所周知的。两者并未偏废。

拿军事方面来说，我们在理解毛泽东特别强调实战经验对于形成军官们实际能力的用意的同时，应当承认他以往读过的《三国演义》《左传》《资治通鉴》等讲过打仗的书，所进行的军事历史文化的学术积累，对于他的军事才能灿烂夺目的重要意义，也应当重视他在革命战争中结合"实践中积累的经验"学习和研究中国军事史，学习和研究中国传统兵学的意义。

我们可以这样归纳毛泽东的读《三国演义》法：运用唯物史观这把"锄头"去铲除小说中封建主义的思想杂草，去挖掘其民主性的精华；把小说内容与当前的革命具体实践进行广泛的多角度的联系，从中借鉴政治、军事、外交智慧；善于评论，独立思考，发表自己的见解，产生新的思维成果；诘难质疑不盲从，好学深思多问为什么，务求把问题想明白，看"透底"；不做一般性的了解，不停留在知识性的层面，做深入的开掘，去发现"故事"后面蕴含着的更深刻更有价值的内容；不做书奴，反对本本主义，重视实践经验，善于把书本知识与实践经验结合起来，并转化成实际工作能力。无疑，这些方法是行之有效的。毛泽东终生喜读《三国演义》，他的这些方法对他大有帮助。如果我们运用了这些方法，读《三国演义》也会大得益处。

小说史书不可等同视之

> 毛主席侧身坐在座椅上向我们环顾了一下说道:"不过,《三国演义》是小说,《三国志》是史书,二者不可等同视之。"
>
> 陶鲁笳:《毛主席教我们当省委书记》,文献出版社1996年8月版,第102页

因为《三国演义》是历史演义小说,内容里面有历史事实,也有虚构故事,这本来应该是不言而喻的事情。但是,正因为它是历史小说,有人用历史的眼光去衡量它,结果"不真实"的非议讥讽代不乏人,时有所闻。当然,更多的读者则把它视做"说部"即今天意义上的小说来看待,并不坐实演义中的那件事是实有的,只是满足阅读需求罢了。

毛泽东读《三国演义》,也遇到了虚与实的问题。有趣的是,少年毛泽东竟相信《三国演义》都是"真事"。那是他于1910年考入湘乡县立东山高等小学堂读书时发生的故事。据有关回忆录记载:毛泽东"性格刚直鲁莽而又任性。他因《三国演义》是否为真事而与历史老师发生争论,并告到校长和湘乡县令那儿"。

为《三国演义》是否是真事而打一场"口头官司",似乎匪夷所思,其实这倒可以看出毛泽东读书的认真执着,尽管此时他的知识面还不足以分辨历史和文学之间的界限和差别,但随着知识的增长,这个困扰他的问题就不成其为问题了。

▎周瑜

不过，因《三国演义》主要取材于《三国志》，前者是否是真实的历史，二者的关系如何一类问题，还是常常不期而至地闯入人们的生活，晚年毛泽东也谈到了它。

据陶鲁笳（当时为山西省委第一书记）回忆：

1958年11月20日上午，毛泽东召集柯庆施、李井泉、王任重和陶本人到他在武汉东湖畔的住所开座谈会。原来他们都认为毛泽东要座谈的是预定在明天，即11月21日开始的中央工作会议和相继召开六中全会的问题。

谁也没有料到，当毛泽东和蔼可亲地招呼他们在客厅坐定之后，一开头却说："今天找你们来谈谈陈寿的《三国志》。"

毛泽东习惯地拿起一根烟，一折两截，把一截放在桌上，一截插进烟嘴，点燃后轻轻吸一口，然后问大家，"你们都看过这部书吗？"

柯庆施首先回答："看过，还看过《三国演义》呢。"

毛泽东侧身坐在座椅上向我们环顾了一下说道：

"不过，《三国演义》是小说，《三国志》是史书，二者不可等同视之。若说生动形象，当然要推演义；若论真实性，就是说更接近历史真实，罗贯中的《三国演义》就不如陈寿的《三国志》喽！"

说到这里，毛泽东还举了个例子，特意说：

"比如，旧戏里诸葛亮是须生，而周瑜是小生，显然诸葛亮比周瑜年纪大。这可能是来源于演义。而在《三国志》上记载周瑜死时三十六岁，那时诸葛亮才三十岁，即比周瑜小六岁。"

《三国演义》与《三国志》虽是两部不同类别和不同文体的著作，但从内容上来说，这两部著作具有密切的联系。《三国演义》的题材主要来源于《三国志》以及裴松之为《三国志》作的注。《三国志》为西晋人陈寿所作，记载了魏文帝黄初元年到晋武帝太康元年（220—280），魏、蜀、吴三国鼎立六十年的历史。陈寿是晋朝人，死于晋惠帝元康七年（297），可见三国灭亡之后十几年，《三国志》就已成书。

陈寿去世后大约一百三十年之后，南朝宋人裴松之广泛搜集史料，为陈寿的《三国志》作注，从而增补了大量的历史资料。裴注的文字多过《三国志》数倍，其中许多材料，演化成小说《三国演义》的生动情节。

当然，《三国演义》有不少艺术虚构，历史小说不同于历史著作，不仅基本结构框架不同，描写手段也不同，《三国演义》没有呆板地推演史籍，它作了许多增删和弃取。《三国演义》不仅演史，而且重要的是写人，在塑造人物形象时，单凭史书上提供的材料是远远不够的。《三国演义》的数百名人物，在史书上许多可找到他们的传记，但人物的故事情节，不少不见于史书，还有少数人物是不见于史书的，属于虚构的人物。清代的史学家章学诚说《三国演义》是"七实三虚"，也就是说《三国演义》所写的人物事件有百分之七十是有史可据的，这就是所谓的"实"；有百分之三十是虚构或杜撰的，这就是所谓的"虚"。这只是一种估计，不可能是准确的量化。其实，《三国演义》也可能是"六实四虚"，或"五实五虚"。总而言之，它有实有虚罢了。它不是史学著作，完全把它当史实显然荒谬；它又不是完全虚构的文学著作，因为它里面确实有部分史实在。

毛泽东谈话的重点在史书《三国志》与小说《三国演义》"二者不可等同视之"。他召集人本想"谈谈《三国志》"，可有人提到读过《三国演义》，他顺着话题讲起了二者的区别，认为小说"生动形象"，史书"接近历史真实"。他还认为旧戏里诸葛亮年龄大来源于《三国演义》，而史书中的诸葛亮要比周瑜年轻六岁，只是个"小生"。

这些也许是常识，但你不能不因此而佩服毛泽东读《三国演义》的细心，他把小说、史书、旧戏是作了认真比较的，有些细节，是做了考证调查的，比如诸葛亮和周瑜的年龄。

毛泽东爱读《三国志》，也很爱读《三国演义》。他既重视二者的差异，也重视二者的联系。在晚年毛泽东的读书生活中，在谈话讲道理时，他时而把两本书区分得很明确，时而又把这两部不同体裁不同类别的书当作一部书了，完全因为需要而定。

比如，他50年代在一次舞会上说：《三国志》里记载的华佗确有其人，而且是一位医术高明的医药学家，经常给穷苦人民治病，还给蜀国的大将关云长治疗过箭毒。这就把《三国志》的记载与《三国演义》的虚构混在一起来运用了。因为正史里没有华佗给关云长"刮骨疗毒"的故事，也没治过箭伤，这个故事是罗贯中虚构的。

再比如，毛泽东在1957年7月说："刘备得了孔明，说是'如鱼得水'，确有其事，不仅小说上那么写，历史上也那么写。"小说显然指《三国演义》，历史显然是指《三国志》，这表明此时在毛泽东的意识里，小说和史书的概念是分明的。

在认识上把小说和史书二者明确区分开，在使用时有时把《三国演义》和《三国志》结合起来，这也许就是毛泽东别具一格的《三国演义》的虚实观吧。

《三国演义》头两句符合辩证法

据警卫员尹荆山回忆,毛泽东很欣赏"话说天下大势,分久必合,合久必分"一语,说这符合辩证法。

孙宝义:《毛泽东的读书生涯》,知识出版社 1993 年 1 月版,第 156—157 页

也许是先入为主的缘故,毛泽东对《三国演义》开篇头两句话,十分赏识,记忆深刻。那两句话是:

　　话说天下大势,分久必合,合久必分;周末七国分争,并入于秦;及秦灭之后,楚汉纷争,又并入于汉;汉朝自高祖斩白蛇而起义,一统天下,后来光武中兴,传至献帝,遂分为三国。

这段话,在一定程度上反映了《三国演义》作者罗贯中的社会历史观。他总结了自周秦以来直到三国,中国封建社会不断地从统一(合)走向分裂(分),同时又不断地从分裂(分)走向统一(合)的这种普遍的历史经验,从中概括出"天下大势,分久必合,合久必分"的规律性认识。这个认识,虽然有不足之处,但应该说有一定的真理性。

毛泽东一生中,多次引用这句话,用来说明事理。不过,罗贯中的分合论,只指分裂和统一的社会现象;毛泽东引用分合论,适用范围却很广泛。

国共两党实无不能合作之理

从现有文献上看,毛泽东最初引用《三国演义》的头两句话,大概是 1936 年年底,这也是形势使然。

1936 年 8 月 25 日,中共中央发表了《中国共产党致中国国民党书》,书中申明了中国共产党关于抗日民族统一战线和准备重新实现国共合作的

政策。

当时，共产党领导的红军，经过两万五千里长征，已经在陕北根据地扎下大营。

1933年4月，邵力子被蒋介石任命为陕西省政府主席。1936年毛泽东居住的延安正在陕西省境内，用国民党政府的眼光看，也正属于邵力子的管辖范围之内。

由于蒋介石当时推行"攘外必先安内"的政策，置日寇侵占东北三省于不顾，只想"剿灭"共产党和红军。在蒋介石的淫威下，邵力子又不好违背，只得打出"开发西北""建设西北"的口号，对于抵御日寇的事，在报上一概不闻不问。眼看九一八事变快五周年了，陕西省政府也无什么大反应。

毛泽东阅报，了解到这种情况，为宣传党的建立抗日民族统一战线的主张，于同年9月8日，给邵力子写信，说服他接受共产党的建议。信的全文是：

力子先生：

阅报知尚斤斤于"剿匪"，无一言及于御寇，何贤者所见不广也？窃谓《觉悟》时代之邵力子先生，一行作吏，而面目全变。今则时局越作越坏，不只一路哭，而是一国一民族哭矣！安得去旧更新，重整《觉悟》旗帜，为此一国一民族添欢喜乎？共产党致国民党书，至祈省览。语云：越人弯弓而射之，则己弯弓而射之，其兄弯弓而射之，则己垂涕泣而道之。此垂涕而道之言也，先生其不以为河汉乎？"开发西北"，"建设西北"，先生之志则大矣，先生之办法则不可。日本帝国主义正亦有此大志，正用飞机大炮呼声动地而来，先生欲与之争"开发"，争"建设"，舍用同样之飞机大炮呼声动地而去，取消它那一边，则先生之"开发""建设"必不成功，此办法问题也。谈到这个办法问题，询谋佥同，国人皆曰可行，不信先生独为不可行，是则国共两党实无不能合作之理。《三国演义》云："天下大势，合久必分，分久必合。"弟与先生分十年矣，今又有合的机会，先生其有意乎！书不尽意。

顺颂勋祺！

毛泽东
九月八日

（毛泽东：《毛泽东书信选集》，人民出版社1984年1月版，第54—55页）

毛泽东在信的结尾部分引用《三国演义》的头两句话，恰到好处，精彩绝伦。既概括了全信的内容，又强化了全信的重点，阐明了"国共两党实无不能合作之理"的正确结论。

邵力子先生与毛泽东的分合关系，是国共两党分合关系的缩影。

"《觉悟》时代之邵力子先生"也正是国共第一次合作时代的邵力子先生。邵先生早年参加同盟会，曾任《民国日报》副刊《觉悟》主编，积极宣传马克思列宁主义，宣传反帝反封建思想，提倡婚姻自由，妇女解放，在广大青年和妇女中产生广泛影响。应该说，"《觉悟》时代"的邵先生是贯彻孙中山"联俄联共扶助农工"三大政策的时代战士，他又是中共的发起人之一，与毛泽东、周恩来等人共过事。国共两党的第一次合作，推动了北伐战争的胜利进行，推动了反帝反封建斗争如火如荼的发展。这种"合"的天下大势，推动了历史的前进。

"弟与先生分十年矣"。这十年正是国共两党进行第一次国内革命战争（即土地革命战争）的十年。十年"分"的历史，是国民党"围剿"与共产党反"围剿"的历史。1931年九一八事变，尤其是1937年卢沟桥事变以后，国民党中的右派在民族生死存亡的危急关头，仍然不顾民族大义，推行"攘外必先安内"的反动政策。共产党一再呼吁"停止内战，一致抗日"，国民党顽固派却置之不理。此时的邵先生"一行作吏，而面目全变"，"斤斤于'剿匪'，无一言及于御寇"。"分"的天下大势，实是国家和民族的灾难。

"今又有合的机会"！这个机会，是民族救亡的机会，是国家振兴的机会。1936年的"天下大势"，正是国共两党"分久必合"。邵力子先生收到毛泽东的书信以后不久，12月12日，发生了西安事变。邵先生赞成共产党"停止内战，一致抗日"的主张，对抗日民族统一战线的形成，对西安事变的和平解决都曾起过有益的作用。抗战期间，邵力子曾任国民党中央宣传部长，支持《鲁迅全集》的出版，准予发表《毛泽东自传》，做了一些有利于民族和国家的事情。1945年8月抗战胜利后，国共两党进行重庆谈判，邵力子是国民党谈判代表之一。由于在这次和谈过程中为中国的和平做出了贡献，时年64岁的邵力子获得了"和平老人"的荣誉称号。三年解放战争中，国民党战败，1949年4月，邵力子作为国民党"南京政府和平商谈代表团"成员赴北平参加谈判。谈判失败，6月中旬，邵力子在北平参加了新政治协商会议，为主席团成员。10月1日，他在天安门城楼上参加了开国大典。

应该说邵力子在国共两党十年分手后的第二次合作中，是做出了自己贡献的，不负毛泽东厚望，在一定程度上做到了"重整《觉悟》旗帜"，认清了天下"分久必合"的历史趋势，不失为识时务的俊杰。毛泽东在信中询问：

"今又有合的机会,先生其有意乎!"邵先生以后的实践证明,其合作是"有意"的。

三国纷争走向西晋统一,为历史趋势;《三国演义》名言,为毛泽东、邵力子这些熟悉传统文化的政治家所熟知。毛泽东引用此语,易于沟通深厚的民族文化心理,为大家所认同,虽然是信手拈来,可谓千秋妙笔,令人叹为观止。

合则两利 分则两伤

毛泽东给邵力子写信以后两年,时局发生了很大变化。国共两党已经合作,抗日民族统一战线已经形成。

1938年5月4日下午,毛泽东在抗大第四期第一大队成立大会上作关于国共合作问题和开除张国焘党籍问题的讲话。他把国共合作分为三段,第一段两党合作;第二段两党分裂;第三段两党又合作。

毛泽东说:

"按照中国古书《三国演义》——你们看过吗?——那里开头就说:'话说天下大势,分久必合,合久必分。'"

全场大笑。毛泽东继续说:

"过去分了十年,现在又合起来。当然把这话拿到现在来说是不正确的,现在合起来不一定再分。我们可以把它改为两句话:国共两党,合则两利,分则两伤。"

毛泽东又说:

国共两党,合则两利,分则两伤,这是过去历史已经证明了的。合作的条件是反帝反封建。(张贻玖:《广读天下书》,江苏文艺出版社1993年12月版,第179页;《毛泽东年谱》中卷,人民出版社、中央文献出版社1993年2月版,第67页)

国共两党的关系是严肃的政治问题。毛泽东引用《三国演义》的头两句话,挥洒自如地阐述思想观点,使严肃的话题生动活泼妙趣横生,使深奥的道理深入浅出通俗易懂。

毛泽东这次引用《三国演义》的头两句话,其意重在批判。他从历史唯物主义立场出发,认为在国共两党已经"合起来"的情况下,把这两句话拿到现在来说"是不正确的",因为现在合起来"不一定再分"。也就是说"天下大势,分久必合,合久必分"是有历史条件的。这实质是指出了这两句话的局限和缺欠。由此,毛泽东顺理成章地对其进行了革命性改造,得出规律性认识:国共两党,合则两利,分则两伤。并说这为"过去的历史"所证明。

国共两党的历史,确实证明了这一点:

合则两利:第一次国共合作,取得了北伐战争的伟大胜利;第二次合作虽然到毛泽东讲这番话时只有两年,可打击日寇侵略者的轰轰烈烈的民族抗战开展起来了。

分则两伤:以1927年"四一二"国民党右派势力杀害共产党人起始,国共两党"过去分了十年",进行了十年的战争,无论从国家民族的角度说,还是从反帝反封建斗争的角度说,都可谓两败俱伤。当然,这种两败俱伤是由于国民党右派势力背叛革命造成的。

"天下大势,分久必合,合久必分";

国共两党,合则两利,分则两伤。

这是传统文化的现代转换,这是古老政治哲理的重放光芒。

相似的思维模式和造句规范,标示着二者之间的民族文化风格渊源;相别的思想内容和强调重点,透视着后者对前者的超越升华。

全场抗大学员的大笑,那是由衷的理解会意,是领袖和战士之间借助传统文化媒介的交流和沟通,那媒介正是《三国演义》头两句话的魅力。

好中有坏 坏中有好

就在毛泽东讲国共两党"合则两利,分则两伤"这话的后三天,也就是1938年5月7日,他又把《三国演义》头两句话推演为"好中有坏,坏中有好",这是因为党内发生了一件大事。

这件大事就是张国焘叛变。

1938年4月4日,张国焘乘到陕西省中部县(今黄陵县)祭黄帝陵之机,私自逃离,随后在国民党军政要人的庇护下经西安到达武汉。驻武汉的中共中央长江局负责人曾多次与张国焘谈话,劝其改正错误回党工作。张国焘拒绝对他的挽救,于4月17日声明脱离共产党,公开投靠国民党。中共中央乃于4月18日作出开除张国焘党籍的决定。

5月7日,毛泽东在成仿吾、罗迈、邵式平、周纯全等校领导陪同下来到陕北公学,对陕北公学即将毕业的第二期学员讲话,讲关于张国焘叛党及被开除党籍的问题。

毛泽东风趣地说:

"天下大势,分久必合,合久必分。陕西中部有个黄帝陵,张国焘前去祭陵,结果是一去未归,开了小差。"

接着他说:

"世界上的事从来就是好中有坏,坏中有好,不能一成不变,铁板一块。我们共产党内也有机会主义分子、分裂主义分子。"

毛泽东用手指了指宝塔山说:

"延安的宝塔山是全国人民的一盏明灯,延安是中共中央所在地,也是领导全国人民抗日的坚强阵地。成千上万的爱国青年,包括在座的同学们,冒着生命的危险,冲破国民党的重重封锁来到延安。可是张国焘看不起它。说延安是块鸡骨头,食之无味,弃之可惜。我说延安至少有两块肉,一块是坚定不移的政治方向,一块是艰苦朴素的工作作风。"(佚名:《痛斥叛徒张国焘——记毛泽东在陕北公学的一次讲演》,《党史纵横》1998年第2期,第23页)

毛泽东在讲话中列举了张国焘所犯过的"左"、右倾机会主义错误和分裂党的错误,指出张国焘一贯是两面派,这次叛党是被资产阶级引诱,是他的资产阶级思想恶性发展的必然结果。

毛泽东前两次引用《三国演义》头两句话意在讲国共两党"分久必合",而"合则两利";这次引用则意在讲"合久必分",讲共产党内部"好中有坏",这个"好中有坏"就是机会主义和分裂主义分子,具体说就是叛党而去的张国焘。

由"分久必合,合久必分"引申出"好中有坏,坏中有好",从理论上阐述党内产生分裂主义分子、叛变分子的必然性,这就使对张国焘叛逃迷惑不解的党员和青年学生,豁然开朗,释疑解惑了。

和平友好是基本的

随着中华人民共和国的成立，毛泽东引用《三国演义》头两句话，都与处理政治、经济、外交等大政方针相联系了。

1955年10月15日，毛泽东接见东邻日本国会议员访华团。两国当时在法律上还是处于不正常的战争状态。毛泽东同议员访华团进行了亲切友好的谈话。在谈到世界潮流和总的发展趋势时，毛泽东说：

"所谓天下大事，就是解放、独立、民主、和平、友好、人类进步。天下大势，'分久必合，合久必分'。中国有本小说叫《三国演义》，一开头就是这两句话。这也是我们过去犯错误的一条，因为老是'分久必合，合久必分'，就搞不成什么事情了。我可以说一句，将来世界上的事情，和平友好是基本的，世界大战这个东西意思不大。说打仗我们就一定害怕，这也不见得。丢原子弹谁害怕，日本人怕，中国人也怕，所以最好还是不打，尽一切力量争取不打。"（《毛泽东外交文选》，中央文献出版社、世界知识出版社1994年12月版，第224页）

毛泽东认为，50年代世界范围的"天下大事"，就是被压迫阶级争取解放，被压迫民族争取独立，被奴役被剥削的劳苦大众争取民主自由，世界各国和平友好相处，整个人类争取进步，这样的"天下大事"必然形成以和平反战为基本走向的"天下大势"，即世界发展的总趋势，大潮流。

毛泽东引证《三国演义》的头两句话佐证他的观点。不过，在这里"分"与"合"有了全新的内容：

分，在这里就是"世界大战"，就是"丢原子弹"。毛泽东认为这是逆历史潮流而动，是违背"天下大势"的。他指出"世界大战这个东西意思不大"，最好还是不打，而且要"尽一切力量争取不打"。

合，在这里就是世界和平，就是"和平友好"。毛泽东认为世界发展的潮流，"和平友好是基本的"。

值得注意的是，毛泽东这次引用《三国演义》的头两句话，同1938年5月4日那次引用有相通的地方，那就是主旨都是对这两句话思想内容的批判。他分析说，老是"分久必合，合久必分"，就搞不成什么事情了，这是"我们过去犯错误"的一条原因。笔者理解，这里说的"我们"，是指中国和日本两家,"过去犯错误"是指中日两国"从法律上说……是处于战争状态"。也就是说,毛泽东的思想倾向是反对世界大战,主张世界和平;反对中日战争状态,主张中日建立正常的外交关系。

撤点过多　群众不满意

1956年3月5日,国务院有关部门向毛泽东汇报手工业工作情况,毛泽东作了二十四点指示。后来收入《毛泽东文集》第七卷时,以《加快手工业的社会主义改造》为题,选收十一点。其中第四点说:

> 你们说,在手工业改造高潮中,修理和服务行业集中生产,撤点过多,群众不满意。这就糟糕!现在怎么办?"天下大势,分久必合,合久必分"。

我国从1953年年底,开始贯彻党的过渡时期总路线,实现国家的社会主义工业化和对农业、手工业和资本主义工商业的社会主义改造,对手工业的社会主义改造,是过渡时期"一化三改"总任务中的重要内容。

到了1956年第一季度,对手工业的社会主义改造已很有规模。毛泽东预见1956年"基本上可以搞完"。但是在这个改造中,由于修理和服务行业过分强调集中生产,结果导致"撤点过多,群众不满意"的状况。也就是说,由于修理和服务行业的生产点过于集中,不利于群众的生活,群众有意见。

毛泽东处理革命或建设过程中的事情,都注意坚持群众观点和群众路线。听到群众对"撤点过多"表示不高兴,他马上表示"这就糟糕"。糟糕在哪里?糟糕在没有考虑群众的实际需要,违背群众利益。那么,现在如何办呢?毛泽东没有直接说,而是引用了《三国演义》的头两句话,委婉地也是明确地表示了自己的意见。

这里的侧重点在"合久必分"上。所谓"合",在这里就是"集中生产,撤点过多";所谓"分",就是保留一定"点"的数量,分布合理,有利于群众的生活和消费。从语言运用上来说,毛泽东用引语巧妙地表达自己的意见,使谈话生动活泼,更易于让下级接受。

从主分主合的角度看,毛泽东这次引用的侧重点在主"分"上。或分或合,全依条件、环境而定,这无疑是正确的,他的辩证法是唯物的。

高不高兴搞大社

进行社会主义建设，毛泽东又运用《三国演义》头两句所提示的分合哲理，来观察建设中的新问题。

据刘子厚回忆，1958年8月5日，毛泽东到河北省安国县视察和开座谈会。在座谈中，他着重就农业生产合作社的发展变化、大社好还是小社好、社的规模以多大为宜等问题，征询大家的意见。当时正在酝酿办大社，有的已经把几个小社联成了一个大社。至于社的规模，很多人认为一个乡办一个社就行了。主席很风趣地问：

"你们看过《三国演义》吗？……你们这里农业社的发展变化就像《三国演义》的头一句：话说天下大势，分久必合，合久必分。"

这个史实，在吴晓梅、刘蓬的纪实性著作《毛泽东走出红墙》里，有更为详尽的描写：

毛泽东到安国县视察，在淤村乡流村农业社的护秋窝棚里，毛泽东就坐在铺板上听乡党委书记郭建汇报农业社的组织情况，听保定地委第一书记李悦农汇报安国农业社大小变化过程的情况。

"你们县里有多少个农业社？"毛泽东问。

"刚建立高级社时，全县共有29个联村社，以后又划分成252个社了。"

"老百姓高兴不高兴搞大社？"

"农民高兴搞大社。我们把大社化小以后，有很多农民又自动联合成大社了。"干部们回答。

听罢，毛泽东道：

"分久必合，合久必分"。

他又转过头问郭建：

"你看过《三国》没有？《三国演义》中的第一句话便是：'话说天下大势，分久必合，合久必分。'"

接着，他问郭建："是办大社好还是办小社好？"

郭建想：这几年农村不就是由一家一户到互助组到合作社，又成立联村社的吗？他于是回答："办大社好。"

安国县县长焦家驹也接过来说:"我们准备今年秋后一乡办一个社。"

毛泽东点头:

"还是办大社好。社二三千户、四五千户、五千户、六千户,一乡一社。大社好办事。这是大势所趋。"(见该书第130页)

"农业社的发展变化就像《三国演义》的头一句"——这是毛泽东又一思维杰作。农业社在当时是社会主义新生事物,它在大社与小社的分合变化中向前发展。1958年,毛泽东正在积极探索社会主义制度在农村基层的组织形式,终于提出了政社合一的人民公社制度。无论它后来的结局如何,这不能不是毛泽东在探索社会主义建设的道路时迈出的一步。他的关注点仍然是"老百姓高兴不高兴"。受当时大气候的影响,农村干部们认为"农民高兴搞大社",毛泽东的看法也是"还是办大社好",其理由一是"大社好办事",二是"大势所趋",三是"老百姓高兴"。但后来的历史证明,农业社及后来的人民公社并不能很好地促进农村社会主义生产力的发展,在它实行了二十多年后,又改社为乡了。当然这是后话。

毛泽东在安国县与农村干部座谈时,引用《三国演义》的头两句话,看是不经意的信手拈来,其实却是有深意的。"合"意味着"办大社","分"意味着"办小社"。安国县原来办了29个联村社,又划分成252个小社,农民又自动联合成大社,县里也准备秋后"一个乡办一个大社",这就形成了"大社——小社——大社"这样的办社公式,还真有点"合久必分,分久必合"的味道。所以,他的话为农村干部们喜闻乐见,阐述的道理易于为他们所接受。

要有意识地保持对立面

毛泽东引用《三国演义》头两句,也有失误的时候。

1964年2月29日,朝鲜劳动党总书记金日成来访,毛泽东在与他谈话时说:

天下大势分则必合,合则必分。一个党也是如此。……所以说"天下太平",没有这么回事。我说不太平是正常的。清一色,也是不会有的。所以,要有意识地保持对立面。(高凯、于玲主编:《毛泽东大观》,中国人民大学出版社1993年4月版,第651页)

在这次谈话中,毛泽东在举"保持对立面"的例子时,还说到党内出

现彭德怀等人是我们的敌人。这个判断显然是失误的。20世纪60年代上半叶，是毛泽东重提阶级斗争，在全党全国范围内强调反对现代修正主义，防止资本主义复辟的年代，这最终导致了他晚年最大的错误——发动和领导了"文化大革命"。在这样的背景和趋势下，他看待和处理党内斗争的观点和方法也不可能不受到"左"的错误的影响。

一般地说，从对立统一规律出发，从矛盾双方的互相转化学说出发，"有意识地保持对立面"的哲学命题是不错的。但这种"对立面"的保持，其前提是它的客观性，也就是说"对立面"确实客观地存在着，而不是人为地设立和主观的认同，否则必然在阶级斗争、党内斗争上犯主观主义的错误，犯斗争"扩大化"的错误。所谓"有意识"，只能是主观对客观存在的反映，如果客观上并不存在"对立面"，或"对立面"程度上不那么严重，而"保持"对立面"意识"却超越客观实际的需要，那么只能给斗争和事业带来失误、迷茫乃至挫折。

毛泽东的这次引用，改"久"为"则"，这就把分合转化的时间过程缩短了。"分久必合，合久必分"与"分则必合，合则必分"在事物运动的时间过程上显然是不一样的。由此来看待党内斗争，结论当然是难以正确的。

说彭德怀是"我们的敌人"，是"合则必分"的产物，则无疑是错误的。因为彭德怀同志不过是在庐山会议上，对一些错误做法提出了中肯坦率的批评。说他搞"军事俱乐部"，组织反党派别，不过是子虚乌有。即使是毛泽东本人，也终于改变了对彭德怀的看法，1965年9月23日，他在接见彭德怀同志时说：

"对老彭的看法应当是一分为二，我自己也是这样。在立三路线时，三军团的干部反对过赣江，彭说要过赣江，一言为定，即过了赣江。在粉碎蒋介石的一、二、三次'围剿'时，我们合作得很好。反对张国焘的分裂斗争也是坚定的。解放战争，在西北战场成绩也是肯定的，那么一点军队，打败国民党胡宗南等那样强大的军队，这件事使我经常想起来，在我的选集上，还保存你的名字。为什么一个人犯了错误，一定要否定一切呢？"（《彭德怀自述》，人民出版社1981年12月版，第289页）

毛泽东这个谈话，肯定了几个重要历史时期彭德怀的功绩，已经看不到"我们的敌人"的影子，彭也不是"合则必分"的"对立面"。应该说，毛泽东也在不断修正自己的认识，使之逐步接近真理。

说这符合辩证法

据警卫员尹荆山回忆，毛泽东很欣赏"话说天下大势，分久必合，合久必分"一语,说这符合辩证法。从1936年到1964年,在近三十年的时间里,毛泽东在涉及革命和建设的大事面前,先后七八次引用《三国演义》的头两句话,确实是对其"很欣赏"。

为什么"欣赏",奥秘就在于他认为这句话"符合辩证法"。

《三国演义》的作者(罗贯中和为其修改润色的毛宗岗)给周秦以来中国封建社会的历史发展概括了一条规律:天下大势,分久必合,合久必分。这种统一和分裂代谢的历史观较为符合中国封建社会历史发展过程的表象,在一定程度上表现了人民群众反对分裂要求统一的愿望,有历史进步性和人民性。因此,它成了人们评定历史评定事情发展规律的口头禅。具有浓厚《三国演义》情结的毛泽东,用唯物辩证法的眼光观照《三国演义》头两句话,紧紧抓住其"符合辩证法"的精髓。

在《三国演义》里,这两句话只适用于社会历史现象,毛泽东却做了广泛的发挥。党派之间的分离与合作,党内的团结与斗争,国际的和平与战争,生产规模的集中与分散……都被这个规律笼罩了,说明《三国演义》中的辩证法被活用了。

但是,《三国演义》作者的分合论,在承认社会分与合、乱与治的相互转化的辩证性外,作为历史观却带有明显的宿命论色彩。"分久必合,合久必分"的两个"必"字,很容易使这种历史观导致历史循环论。因为它掩盖了社会历史每次分合的具体历史内容,抹杀了社会历史每次分合是在进步与倒退的斗争中螺旋上升,而不是分与合的机械的平面的循环。

正是基于分合论本身的缺欠,毛泽东有时使用时对其进行了批判性改造。他认为老是分合就搞不成什么事情了,就会犯错误。分合是有历史前提的,在国共合作抗日救国的情况下讲"合久必分"就是"不正确"的。这是毛泽东远比《三国演义》作者高明的地方,也是他对待文化遗产态度科学的地方。

不测风云与旦夕祸福

> 一个主席,又有四个副主席,还有一个总书记,我这个"防风林"就有几道。"天有不测风云,人有旦夕祸福",这样就比较好办。
>
> 毛泽东:《毛泽东文集》第七卷,人民出版社1999年6月版,第110页

"天有不测风云,人有旦夕祸福",这句俗语,早在宋元时代就进入了文学作品。例如,宋代无名氏的《张协状元》第三十二出,元代无名氏的《合同文字》第四折,都使用了这句俗语。罗贯中在《三国演义》第四十九回《七星坛诸葛祭风 三江口周瑜纵火》中,也镶入了这句俗谚。不过罗氏引入得十分巧妙,构成了情节的有机素材:

却说鲁肃见周瑜卧病,心中忧闷,来见孔明,言周瑜卒病之事。孔明曰:"公以为何如?"肃曰:"此乃曹操之福,江东之祸也。"孔明笑曰:"公瑾之病,亮亦能医。"肃曰:"诚如此,则国家万幸!"即请孔明同去看病。肃先入见周瑜。瑜以被蒙头而卧。肃曰:"都督病势若何?"周瑜曰:"心腹搅痛,时复昏迷。"肃曰:"曾服何药饵?"瑜曰:"心中呕逆,药不能下。"肃曰:"适来去望孔明,言能医都督之病。见在

▎三江口周瑜纵火

帐外，烦来医治，何如？"瑜命请入，教左右扶起，坐于床上。孔明曰："连日不晤君颜，何期贵体不安！"瑜曰："'人有旦夕祸福'，岂能自保？"孔明笑曰："'天有不测风云'，人又岂能料乎？"瑜闻失色，乃作呻吟之声。孔明曰："都督心中似觉烦积否？"瑜曰："然。"孔明曰："必须用凉药以解之。"瑜曰："已服凉药，全然无效。"孔明曰："须先理其气；气若顺，则呼吸之间，自然痊可。"瑜料孔明必知其意，乃以言挑明之曰："欲得顺气，当服何药？"孔明笑曰："亮有一方，便教都督气顺。"瑜曰："愿先生赐教。"孔明索纸笔，屏退左右，密书十六字曰："欲破曹公，宜用火攻；万事俱备，只欠东风。"

周瑜的"旦夕祸福"，正起源于老天的"不测风云"，诸葛亮十六字真言，揭出了他的病根；诸葛亮七星坛上借东风，治好了周瑜的心病。这是小说家的神来之笔，把这句俗语拆开来，分别从周大都督和诸葛军师口中说出，已经变成了隐语，是颇有内涵的外交辞令，增强了小说人物对话和情节发展的戏剧性，令人阅后忍俊不禁，体味出无穷奥妙。

毛泽东认为这句俗谚"是自然辩证法"。每每用其说明祸与福、生与死、逆与顺、偶然性与必然性的辩证性。

我们要准备一些人牺牲

1945年4月到6月，在延安召开了中国共产党第七次全国代表大会。七大是在中国人民抗日战争胜利前夕召开的。当时胜利的曙光在即，世界反法西斯战争其他战场捷报频传，每一位代表都欢欣鼓舞，毛泽东作为一位富有远见的战略家，更多地着眼于夺取胜利的困难方面。同时，他考虑的远不止是抗战胜利的问题。他预见到，随着国内阶级矛盾的上升，抗战胜利后面临的将是更加复杂的局面。

5月31日，毛泽东作七大会议的结论，不仅讲了十七条困难，也讲了"我们一定要胜利"的八条根据，其中讲到第四条时，他说：

"一些人死了，一些人活着。天有不测风云，人有旦夕祸福。我们要准备一些人牺牲，但总有活着的人。这样大的党，这样大的民族，怕什么。"（毛泽东：《毛泽东文集》第三卷，人民出版社1996年8月版，第392页）

毛泽东历来主张，做事情要向最坏处着想，向最好处努力。抗日战争虽然面临着最后胜利，但胜利后的斗争道路还很漫长，矛盾还很尖锐，需要全党艰苦奋斗。要奋斗，就会有牺牲，像"天有不测风云，人有旦夕祸福"一样，死人的事是会经常发生的。所以从战略预测出发，是要准备牺牲一些人的。但这一点压不垮我们党，压不垮我们民族，因为它们都很大，即使一部分人牺牲了，总还有一部分人活着。此时，充满必胜信心的毛泽东，内心洋溢着牺牲精神与乐观主义，所以能话语轻松地谈论着至关重要的严肃问题。

历史的发展，证实了毛泽东的预言。抗战胜利后，国民党反动派一方面高喊和谈，一方面积极备战。1946年6月，悍然撕毁停战协定和政协决议，向解放区发动了全面进攻，把国家和民族拖入内战的深渊，一打就是三四年，哀鸿遍野，生灵涂炭。中华民族，中国共产党人，都付出了巨大的牺牲。但是，共产党人没有害怕战争，没有畏惧牺牲，终于依靠人民群众的支持，歼灭国民党军807万人，赢得了解放战争的胜利。

毛泽东依据"天有不测风云，人有旦夕祸福"这句话所蕴含的真理，预测牺牲，正视牺牲，不畏牺牲，超越牺牲，把生死观提升到一个全新的境界。

我这个"防风林"就有几道

1956年9月13日，毛泽东在中共七届七中全会第三次会议的讲话中，鉴于苏联在斯大林去世后领导层出现的动荡情况，特意讲到领导人的安排与"国家的安全，党的安全"的关系问题。毛泽东说：

"我在这里还要谈一下关于设副主席和总书记的问题。上一次也谈过，中央准备设四位副主席，就是少奇同志，恩来同志，朱德同志，陈云同志。另外，还准备设一个书记处，书记处的名单还没有定，但总书记准备推举邓小平同志。四位副主席和总书记的人选是不是恰当？当然，这是中央委员会的责任，由中央委员会去选举。但是要使代表们与闻，请你们去征求征求意见，好不好？对于我们这样的大党，这样的大国，为了国家的安全、党的安全，恐怕还是多几个人好。"

毛泽东又说：

> "一个主席，又有四个副主席，还有一个总书记，我这个'防风林'就有几道。'天有不测风云，人有旦夕祸福'，这样就比较好办。除非一个原子弹下来，我们几个恰恰在一堆，那就要另外选举了。如果只是个别受损害，或者因病，或者因故，要提前见马克思，那末总还有人顶着，我们这个国家也不会受影响，不像苏联那样斯大林一死就不得下地了。我们就是要预备那一手……中心的目的就是为了国家的安全，多几个人，大家都负一点责任。"

七届七中全会以前，党中央只有主席一人，副主席一人。主席是毛泽东，副主席是刘少奇。毛泽东说："首先倡议设四位副主席的是少奇同志，一个主席，一个副主席，少奇同志感到孤单，我也感到孤单。"

单丝不成线，独木不成林。"孤单"就形不成"防风林"，且不说"几道"防风林了。

斯大林去世以后，苏共是由马林科夫任总书记。毛泽东认为马林科夫是个软弱的文人，驾驭不了局面。正如后来毛泽东所说："斯大林的继承人是马林科夫，他是个秀才，水平不高。1953年斯大林呜呼哀哉，秀才顶不住，于是乎只好来个三驾马车。其实，不是三驾马车。三匹马驾一辆车，又没有人拉缰绳，不乱才怪。"（陈祥明等：《毛泽东的幽默》，中国电影出版社1994年3月版，第43页）后来才有赫鲁晓夫的上台。结论是斯大林在培养接班人这个问题上有教训。

周瑜所说的"人祸"，是他个人有疾，实质是心病，忧虑"万事俱备，只欠东风"；毛泽东此次所说的"人祸"，则是几个中央常委"个别受损害，或者因病，或者因故，要提前见马克思"。为防止这样的"旦夕祸福"，多安排几个人负责，以免出现斯大林一死"就不得下地"了的可怜局面。从当时的政治背景上看，这个人事安排是明智的，几道"防风林"建得好，是巩固国家坚强党的有力措施。

这也是自然辩证法

毛泽东预防党中央最高领导层的"旦夕祸福"，也不回避自己的"旦夕祸福"。

1957年11月2日至21日，毛泽东率中国党政代表团赴苏参加十月革命四十周年庆祝活动和出席各国共产党和工人党代表会议。

毛泽东于11月17日会见了中国留苏学生。讲到国际政治形势时，他提出了中国要在十五年左右在钢铁等主要工业产品的产量上赶上和超过英国的问题。

毛泽东满怀信心地说：

"要完成这个任务，还要十五年或者多一些时间，这个责任就落在你们身上。我也有个五年计划，再活五年，如果再活十五年就心满意足了，能超额完成当然更好。但是天有不测风云，人有旦夕祸福，这也是自然辩证法。要是孔夫子还不死，两千多年的人还不死，那还成什么世界？所以我开始和你们说了，世界是属于你们的，现在我再说一句，祝贺你们，世界是属于你们的，中国的前途是属于你们的。"（陈祥明等：《毛泽东的幽默》，中国电影出版社1994年3月版，第89页）

可以说，毛泽东是较为彻底的唯物主义者，他从不讳言自己的死，认为这是"自然辩证法"。他曾经在不同场合多次谈到这个问题。后来对来访的蒙哥马利元帅，对身边的护士长吴旭君等，都坦率地谈到自己的生老病死，甚至设想了自己"五种"死亡形式。

有生有死，有祸有福，有先人有后人，才成其为世界；否则，"那还成什么世界"？基于这种唯物的辩证的理念，毛泽东幽默地说自己有个"再活五年"的计划。两千年前的孔夫子不能活到现在，自己也终于要去见马克思。所以，他礼赞死亡，曾经对战国时代大思想家庄子在妻子死了时"鼓盆而歌"大加赞扬；他更礼赞生存，对年轻后生充满信心，寄托希望，热情祝贺，由衷地说出那令千千万万青年欢欣鼓舞的名句："世界是属于你们的，中国的前途是属于你们的！"

"人有旦夕祸福"，在生老病死面前，比之那些面临死亡悲观失望打不起精神的庸人，比之到处去求长生不老药的封建帝王，比之对死讳莫如深自欺欺人的可怜虫，比之生怕后来人超过自己的"一代不如一代"论者，毛泽东的处世态度是那样的达观，胸襟是那样的开阔。"人生自古谁无死，留取丹心照汗青"，先贤箴言，巨人足以当之。

忧患与生俱来

1958年12月1日深夜，正在南巡驻足武昌的毛泽东奋笔疾书，赶写出两千来字的《关于帝国主义和一切反动派是不是真老虎的问题》一文,大谈铁老虎与纸老虎;大谈战略上藐视敌人,战术上重视敌人;大谈事物的两重性和对立统一。当然,毛泽东不是单纯的乐观主义者,当时的形势也不容过于乐观。辩证法大师毛泽东深知此点。在这篇印发八届六中全会与会者的文章中,他提出了一个很有意思的人生哲学课题,告诫人们:

> "怕与不怕,是一个对立统一法则。一点不怕,无忧无虑,真正单纯的乐神,从来没有。每一个人都是忧患与生俱来。学生们怕考试,儿童怕父母有偏爱,三灾八难,五痨七伤,发烧四十一度,以及'天有不测风云,人有旦夕祸福'之类,不可胜数。阶级斗争,向自然界的斗争,所遇到的困难,更不可胜数。但是,大多的人类,首先是无产阶级,首先是共产党人,除掉怕死鬼以及机会主义的先生们以外,总是将藐视一切,乐观主义,放在他们心目中的首位的。然后才是重视事物,重视每件工作,重视科学研究,分析事物的每一个矛盾侧面,钻进去,逐步地认识自然运动的法则和社会运动的法则。然后就有可能掌握这些法则,比较自由地运用这些法则,一个一个地解决人们面临的问题,处理矛盾,完成任务……"(毛泽东:《毛泽东文集》第七卷,人民出版社1999年6月版,第456—457页)

毛泽东提出"帝国主义和一切反动派都是纸老虎"的著名论点以后,国际国内有不少人不理解,以为有些帝国主义国家有很强的实力,手中有原子弹,这个观点未免盲目乐观。毛泽东撰写此文,就是回答这种不同看法的。

毛泽东阐述了真老虎与假老虎、铁老虎与纸老虎、活老虎与死老虎的辩证性,阐述了"由真变纸"的历史过程。文中也涉及了乐观主义和忧患意识的辩证法,那就是面对自然界、人类社会和人生的"纸老虎"时,人们充满着对前途的乐观;面对"真老虎"时,则不可不忧患奋斗中的各种现实困难、曲折道路、黑暗时局等。毛泽东的观点不是一种幼稚的不科学的观点,而是一种通观历史进程,渗透人生本质的成熟的真理性的观点。讲到忧患意识,他否定了"单纯的乐神",承认"忧患与生俱来"的人生哲学,他再次用"不测风云"这种自然现象,"旦夕祸福"这种人类社会现象,有力地佐证了自己的观点。

当然,更为主要的,不在于承认忧患,而在于奋起与之斗争。这种斗争又不是盲目的。重视斗争对象,掌握事物发展规律,战而胜之,夺而取之,因此，奋斗者"总是将藐视一切，乐观主义，放在他们心目中的首位"。

现在就交班

毛泽东于1964年11月在一次听取工作汇报时的谈话中说：

"还是少奇挂帅，四清、五反、经济工作，统统由你管。我是主席，你是第一副主席，天有不测风云，不然一旦我死了你接不上，现在就交班，你就做主席，做秦始皇。我有我的弱点，我骂娘没有用，不灵了，你厉害，你就挂个骂娘的帅，你抓小平、总理。"（高凯、于玲：《毛泽东大观》，中国人民大学出版社1993年版，第662页）

"人生七十古来稀"。1964年，毛泽东已过古稀之年。此前此后，他数次谈过"见马克思"的问题，与此相关联的则是"交班"和"接班"。因此，他在听取工作汇报时，从人生规律的角度出发，以"不测风云"喻指自己生命中的"旦夕祸福"，谈"人生无常""人生自古谁无死"的人生规律，借此说明让刘少奇"挂帅""接班"的必要性。

同时，毛泽东的话语当中，如"做秦始皇"，我"不灵了"等，也反映了在那曲折发展的岁月里，伟人的思想心绪和个人专断作风的情况。这正如《关于建国以来党的若干历史问题的决议》所指出的那样："开始全面建设社会主义的这十年中的一切成就，是在以毛泽东同志为首的党中央集体领导下取得的。期间工作中的错误，责任同样也在党中央的领导集体。毛泽东同志负有主要责任，但也不能把所有错误归咎于毛泽东同志个人。这个期间，毛泽东同志在关于社会主义社会阶级斗争的理论和实践上的错误发展得越来越严重，他的个人专断作风逐步损害党的民主集中制，个人崇拜现象逐步发展。党中央未能及时纠正这些错误。"

后来的历史发展，确乎是"天有不测风云，人有旦夕祸福"。刘少奇既没"挂帅"，也没"接班"，发生了令人心寒的十年内乱。毛泽东走向了自己当初愿望的反面，他的"个人专断作风"发展到极致，既是晚年错误的组成部分，也是形成晚年错误的一个原因。看来，人类历史、社会历史的规律谁也不能违背，谁违背了就会造成人间灾祸。毛泽东违背了"自然运动的法则和社会运动的法则"，同样会酿成十年动乱这样的错误。

嘱咐斯诺保重

　　1964年10月,美国记者埃德加·斯诺再次来到中国。1965年1月9日晚,毛泽东邀斯诺共进晚餐,并进行了长达4个小时的交谈。斯诺于30年代曾经到过陕北,采访毛泽东等红军将领,写出了风靡全球的《红星照耀中国》一书。他与毛泽东可说是老朋友了。老朋友见面,谈话很随便,简直是"山南海北""海阔天空"。

　　在交谈中,斯诺说:"你在中国进行革命,同时也使外国的'汉学'起了革命变化,现在出现了各种的毛派和北京学派。不久前,我出席了一个会议,一些教授在争论你对马克思主义究竟有没有做出什么独创的贡献。会后我问一位教授,如果能够说明毛从未自称有过任何创造性的贡献,这对他们的争论会不会产生影响?那位教授不耐烦地回答说,'不会有影响。那完全是不相干的'。"

　　毛泽东笑了起来。他说:"两千多年前,庄周写了关于老子的不朽著作(《庄子》)。后来出现诸子百家,争论《庄子》的意义。"

　　临别时,毛泽东陪斯诺走出门口,并且不顾斯诺的反对,送他去乘汽车。在那里,毛泽东独自站立片刻,在零摄氏度下的北京夜晚没有穿大衣,以这个古老文化城市的传统方式向斯诺挥手告别。

> 　　在大门口附近,毛泽东跟斯诺握手,引用了一句中国格言叫他保重:"天有不测风云!"(郭思敏:《我眼中的毛泽东》,河北人民出版社1992年版,第223页)

　　北京的冬夜是寒冷的。毛泽东在送别老朋友时,特意关照他谨慎小心,保重身体,因为"天有不测风云"。活用这句俗语相告别,最能体现毛泽东与斯诺之间的深厚友谊和真挚的情感,也是对友人一路平安的最好祝愿。

　　毛泽东六谈"不测风云"与"旦夕祸福",除劝斯诺保重身体是指自然现象外,都是指社会现象。"天有不测风云,人有旦夕祸福"这句俗语,本意是指自然界的天气变化难以预料,人世间的灾难福寿难以预测,有一定的消极性,似乎变幻的风云,不测的祸福,都不可把握,人们只能消极被动地等待它们的到来。毛泽东却从积极方面来看待这个问题,因其偶然性,来把握其必然性。承认这种现象,认识这种现象,驾驭这种现象,在不测的"风云"和"祸福"面前不是无能为力,而是有所作为。

运用概念以作判断和推理

> 《三国演义》上所谓"眉头一皱,计上心来",我们普通说话所谓"让我想一想",就是人在脑子中运用概念以作判断和推理的工夫。
>
> 毛泽东:《实践论》,《毛泽东选集》第一卷,人民出版社1991年6月版,第285页

《三国演义》等历史演义小说,在长期流传中,形成了一些俗语、成语和谚语,这丰富了祖国语言宝库,也为舞文弄墨者增添了辞采。

毛泽东是现代语言大师,这是公认的事实。他在演说时,在文章中,不时引用"三国"成语,成为他语言、口才的一大特色。

眉头一皱 计上心来

1937年7月,毛泽东在延安从哲学的高度总结十年土地革命战争(即第二次国内革命战争)的历史经验,分析党内教条主义和经验主义(主要是教条主义)者对马克思主义的曲解,对中国革命的危害,写作了《实践论》一文,并就此题目在延安抗日军政大学作过讲演。

讲演中,毛泽东说:

"概念这种东西已经不是事物的现象,不是事物的各个片面,不是它们的外部联系,而是抓着了事物的本质,事物的全体,事物的内部联系了。概念同感觉,不但是数量上的差别,而且有了性质上的差别。循此继进,使用判断和推理的方法,就可产生出合乎论理的结论来。《三国演义》上所谓'眉头一皱,计上心来',我们普通说话所谓'让我想一想',就是人在脑子中运用概念以作判断和推理的工夫。"

"眉头一皱,计上心来",据查《三国演义》中没有此语。元代杂剧《赵氏孤儿》第二折,《汉宫秋》第一折倒是引用了这句话。是毛泽东误记,还是毛泽东年轻时听讲《三国演义》故事听说书人讲到的,不得而知。但毛泽东言之凿凿以为此语在《三国演义》上,《实践论》收入《毛泽东选集》时仍然保留了这个说法。

"眉头一皱,计上心来",常常被用来表达描述诸葛亮一类人物"运筹帷幄"时的情形。毛泽东借用此语,则是用来表达人们认识过程的一种状态——即运用概念以作判断和推理的过程。讲述认识论中的这个过程是抽象的枯燥的,毛泽东这样一引证,一比喻,就使空洞、抽象的道理有了形象,有了生气,人们"可视可感"了。什么是判断和推理?你尽可想象:军师们在紧锁眉头,分析情况,判断虚实,产生妙计。在抗大听毛泽东讲演的,多数人是从革命战争战场下来的各级指挥员,他们都有过"眉头一皱,计上心来"的实践体验,这样,他们就很容易理解毛泽东讲解的哲学道理。这正是毛泽东深入浅出化难为易的讲演特色。

不入虎穴 焉得虎子

在《实践论》一文中,毛泽东还写道:

> "中国人有一句老话:'不入虎穴,焉得虎子。'这句话对于人们的实践是真理,对于认识论也是真理。离开实践的认识是不可能的。"(毛泽东:《实践论》,《毛泽东选集》第一卷,人民出版社1991年6月版,第288页)

"不入虎穴,焉得虎子",原作"不入虎穴,不得虎子",出自《后汉书·班超传》。《三国演义》第七十回《猛张飞智取瓦口隘 老黄忠计夺天荡山》中写到,葭萌关守将告急,魏将张郃来攻。老将黄忠领兵前往救援,头几阵,黄忠假败,以为骄兵之计。待魏军官兵"尽皆懈怠",黄忠乘夜偷营,连夺三寨:

> 黄忠催军马随后而进,刘封曰:"军士力困,可以暂歇。"忠曰:"'不入虎穴,焉得虎子'。"策马先进。士卒皆努力向前。张郃军兵,反被自家败兵冲动,都屯扎不住,望后而走;尽弃了许多寨栅,直奔至汉水傍。

黄忠入的"虎穴",是指敌阵;得的"虎子",是指夺取敌寨,消灭魏军。毛泽东借此语讲人们的认识过程,入"虎穴"是指参与实践;得"虎子"是指获得正确的认识。像不入虎穴得不到虎子一样,离开实践的认识是不可能的——道理讲得何等通俗,又何等深刻。

虚晃一枪　回马便走

1944年8月12日,毛泽东在审阅《解放日报》社论稿《衡阳失守后国民党将如何?》时,加写了一些话,其中有一段写道:

> 政府的措施中,没有一件是号召和组织民众起来参加保卫衡阳、保卫西南与西北的。西安国民党人竟在报纸上批评延安在联合国日纪念大会上数万到会民众所表示的保卫西安与西北的坚强意志,认为是"共产党的阴谋"。总之,一切大好河山,都由国民党包办,不要人民干预。可是国民党先生们啊,这些大好河山,并不是你们的,它是中国人民生于斯、长于斯、聚族处于斯的可爱的家乡。你们国民党人把人民手足紧紧捆住,敌人来了,不让人民自己起来保卫,而你们却总是"虚晃一枪,回马便走",据说这是"磁铁战术",实际则是永远抛弃主动权,永远不要人民的战术,人民已经看穿你们这个"西洋景"了。(毛泽东:《毛泽东文集》第三卷,人民出版社1996年8月版,第201—202页)

毛泽东涉笔成趣。"虚晃一枪,回马便走",这是类如《三国演义》等小说常用的句子。描写阵前战将斗法,常常少不了这一笔。尤其是武功不高体力不支的斗士,或无意取胜、有意佯败的智者,几个回合之后,"虚晃一枪,回马便走"。

衡阳位于湖南省南部。衡阳失守,日寇入侵军已深入两湖内地,抗战军事形势更为严峻。衡阳失守,根本原因是国民党政府和国民党军队统帅部执行了"不要民众与自愿放弃主动权的消极战略"。他们自己不主动抗战,还把共产党和八路军"保卫西安与西北"的行动说成是"阴谋"。国民党军抗战的"西洋景"是个什么样子呢?那正像演义小说中所说:"虚晃一枪,回马便走。"这个比喻太形象了。你说他不抗战吧,他还在那里舞枪弄刀地虚与周旋;你说他真抗战吧,他虚张声势后回马撤走了。

这八个字真可以给国民党的抗战形象"立此存照"!

逢山开路　遇水搭桥

1945年8月28日,毛泽东到达重庆。与国民党举行和平谈判。不久,当毛泽东得知许德珩及其夫人劳君展急于要来会见,便约其于9月12日在红岩嘴八路军办事处吃午饭。

一见面,毛泽东一手拉着许德珩,一手拉着劳君展,亲切地说:"想不到我们在这里见面了!"落座后,大家畅谈了当年在北大时的情景,追述了参加少年中国学会和北大平民教育讲演团的一些事情;劳君展还回顾了在周南女校读书时加入新民学会和驱逐军阀张敬尧运动的往事,以及1921年赴法勤工俭学在上海修船时,毛泽东约了许多新民学会成员在半淞园欢送摄影留念的情景。故人叙旧,格外亲切。

"毛先生",许德珩说,"人们都传说你很会打仗,还说有神仙保佑你们。"毛泽东哈哈笑起来:

"哪有的事。你们要问我怎么会打仗吗,我是逢山开路,遇水搭桥。"

大家都会意地呵呵笑了起来。(谭玉琛主编:《毛泽东与党外人士》,河北人民出版社1993年3月版,第31页)

"逢山开路,遇水搭桥",是古代战争题材话本小说里常见的一句话,一般是指先锋官所担负的任务。《三国演义》第一百十六回《钟会分兵汉中道　武侯显圣定军山》就提到了这句话:

却说钟会下寨已毕,升帐大集诸将听令……会曰:"必须一大将为先锋,逢山开路,遇水叠桥。谁敢当之?"一人应声曰:"某愿往。"会视之:乃虎将许褚之子许仪也。众皆曰:"非此人不可为先锋。"

……会唤许仪至帐下,责之曰:"汝为先锋,理合逢山开路,遇水叠桥,专一修理桥梁道路,以便行军。吾方才到桥上,陷住马蹄,几乎堕桥;若非荀恺,吾已被杀矣!汝既违军令,当按军法!"叱左右推出斩之。

"逢山开路,遇水搭桥"是先锋许仪的本职任务。桥上出了毛病,几乎使主帅钟会丧命,即以违犯军令将许仪处斩。

毛泽东与许德珩、劳君展是老朋友,他只是借此语幽默地回答了"怎么会打仗"的询问。毛泽东历来是"主帅",不是"先锋",所以大家为他诙谐谈吐所感染,都会意大笑起来。但认真计较起来,军事行动还真离不开"逢山开路,遇水搭桥"的内容。拿毛泽东的著名诗篇《七律·长征》来说,"五岭逶迤腾细浪,乌蒙磅礴走泥丸",岂不是"逢山开路";而"金沙水拍云崖暖,大渡桥横铁索寒",岂不是"遇水搭桥"。玩笑中又不失真实内容,这就是毛泽东式的幽默。

水来土掩　兵来将挡

1954年10月18日,毛泽东在国防委员会第一次会议上讲话,他讲了中国军队近代化的三个历史阶段,讲了我们建军目标能够达到的根本原因,他还回忆了1945年日本投降后在重庆国共和平谈判时期的军事斗争。他说:

"1945年日本投降后,我们的八路军、新四军和游击队集中起来一共有一百二十万人。重庆谈判前,蒋介石请我们一定要去商量国是,国是者全国之是也,不能不去。其实到了重庆,蒋介石毫无准备,只临时召集几个人商量了一下,他们一面谈一面发兵。我们几个人在重庆也商量了。古语说,水来土掩,兵来将挡。我们也发兵,只要把蒋介石打得越痛,就越好谈。高树勋委员就是在这个时候起义的。打到1948年冬天,局面就差不多了,至1949年春天,局面就定下来了。现在来算算这笔账,我们所以能获得胜利,基本的条件是我们代表着人民的希望和方向。日本投降后,当时全国人民希望休息,哪怕是两三年也好。结果只休息了一年,但就是在这一年里也打了不少的仗。"(毛泽东:《毛泽东文集》第六卷,人民出版社1999年6月版,第357页)

"水来土掩,兵来将挡"这句古语,也是战争题材古典小说中常见的话。它的意思就是:你发兵来,我也发兵去,以眼还眼,以牙还牙;针锋相对,互不相让。用毛泽东的话说,就是"人不犯我,我不犯人;人若犯我,我必犯人"。

抗战胜利后的重庆谈判,国民党内右派势力毫无诚意。蒋介石等要员,只是把谈判作为缓兵之计：争取时间调兵遣将，抢夺地盘，进行进攻解放区的军事部署，暗中却指使阎锡山这样的地方军阀向共产党发动军事进攻。

为此，毛泽东制定了"针锋相对，寸土必争""以谈对谈，以打对打"的斗争方针。

毛泽东临行嘱咐军政负责同志，如果国民党军队来犯，你们打得越狠，消灭敌人越彻底，我们谈判越主动，我们也越安全。这就是后来毛泽东在国防会议上讲的"只要把蒋介石打得越痛，就越好谈"。

国民党一面谈判一面发兵。毛泽东、周恩来、王若飞等参加谈判的中共领导人商量对策，决定"水来土掩，兵来将挡"——我们也发兵！

重庆谈判期间最著名的大仗是上党战役。1945年8月中旬，国民党第二战区第十九军军长史泽波率四个步兵师及一个挺进纵队，向中国共产党地方武装占领的上党地区的长治、壶关等地进攻。人民解放军晋冀鲁豫军区为打退敌人进攻，抓住史泽波孤军深入、守备分散的弱点，组织三万多官兵发动上党战役，到9月12日，共歼灭敌军三万五千余人，击毙国民党第七集团军副总司令彭毓斌，俘第十九军军长史泽波。

这一仗，打得蒋介石很痛。蒋介石于9月17日给阎锡山的部队送去《剿共手本》；蒋介石亲笔写下"督励所属，努力进剿"的密令。仗打败了，蒋介石假意抱歉地对毛泽东说："家里乱套了，少壮派不听政令军令，打起来了。"

毛泽东自有自己的说法："蒋介石历来就是这样，他来进攻，我们把他消灭了，他就舒服了。消灭一点，舒服一点；消灭得多，他舒服得多；彻底消灭，彻底舒服。我们打是为了争取和平，不给敢于进犯之敌人以很大打击，和平是不会来的。"

"兵来将挡"——毛泽东以"发兵"对"发兵"，把蒋介石打痛了，他只好又回到谈判桌上来，被迫签订了《双十协定》。

毛泽东争取到了近一年的和平时间，尽管其间也发生了一些小仗。

人的认识与锦囊妙计

> 中国人有一句老话:"不入虎穴,焉得虎子。"这句话对于人民的实践是真理,对于认识论也是真理。离开实践的认识是不可能的。
>
> 毛泽东:《实践论》,《毛泽东选集》第一卷,人民出版社1991年6月版,第288页。

诸葛亮神机妙算,每临大事,常能洞中观火,成竹在胸,预先安排定锦囊妙计,而情势的发展,又都是"不出军师所料"。

毛泽东读《三国演义》,承认诸葛亮是个智慧人物,但对他事先能安排定锦囊妙计不以为然,认为这违反人的认识规律,多少有点唯心论的味道。

1959年7月份,毛泽东在庐山主持召开中共中央政治局扩大会议,史称"庐山会议"。6月底,毛泽东回湖南韶山家乡。6月29日,毛泽东坐船顺长江东下,前往庐山。在船上,他召开中央常委扩大会议,讲话中提出庐山会议要讨论十八个问题。

庐山会议前期,毛泽东总的精神是鼓励干部们讲实话,继续纠正1958年经济建设中的高指标、浮夸风、"共产风"、违背价值规律等"左"的错误做法,并对自己在工作指导上的错误,有一定程度的认识。所提出要讨论的十八个问题,其中很大成分是纠"左"。直到7月10日下午召开的全体会议上,毛泽东还说:"去年有四件事:钢翻一番、基建一千九百多项、粮食翻一番、办公社。缺乏综合平衡,引起各方面的不满。这些缺点都承认。"

但是,7月14日毛泽东收到彭德怀的信,会议的方向起了变化。该信对1958年"大跃进"运动以来党在指导思想上的错误作了分析,力图实事求是地总结经验教训,寻找犯错误的原因,从根本上克服"左"的错误。毛泽东把这封信批给与会者讨论。7月23日,毛泽东在全体会议上讲话明确反对彭德怀的意见。他讲,现在党内外的右派正在夹击我们,形势已经变了;我们犯的错误,已作了多次检查,从去年郑州会议以来,大作特作,错误已经改正，问题已经解决，但右派、右倾机会主义者抓住不放。从这个讲话开始，会议气氛骤然紧张，会议由纠"左"转向反右。

7月31日，政治局常委会以谈心的方式批判彭德怀，毛泽东先说："现在是保护群众革命性问题，要反右倾机会主义。"

谈到具体问题时，毛泽东又提起高指标和比例失调等问题，他说：

"去年北戴河会议，高兴中埋伏了不高兴。去年11月后退，今年5月停止后退，指标不能再落了。比例问题，5月份已经解决。现在是集中搞七百八十八项，计划外的项目也做了安排。共产党一条，就是开会，抓，形势就较快改变。军队的经验，头天开会，无结果，睡一觉，办法就出来了。人的认识是逐步发展的，不可能如同孔明那样，事先安排定锦囊妙计。原来谈十八个问题。没有提反右倾。北京有人说情绪越落越低，气越泄。彭德怀的信和《会议记录》稿，很有功劳。周小舟等人主要锋芒，对着除自己以外庐山会议所有的人，要发牢骚，要出气，要讲失调原因。被插了白旗。"

毛泽东此处提到的诸葛亮事先安排定锦囊妙计的故事，在《三国演义》中为数不少，但其中最突出

玄德智激孙夫人

的是刘备"过江招亲"的故事。这个故事见之于书中第五十四、第五十五两回：

周瑜为夺取荆州，趁刘备甘夫人去世之机，建议孙权假意将其妹许配刘备，欲赚刘备到南徐，加以囚禁，逼其交出荆州。孙权应允，即命吕范往荆州做媒。刘备识出其中有诈，不肯轻去"危险之地"。诸葛亮却成竹在胸，说："周瑜虽能用计，岂能出诸葛亮之料乎！略用小谋，使周瑜半筹不展。"诸葛亮遂唤赵云近前，附耳言曰："汝保主公入吴，当领此三个锦囊。囊中有三条妙计，依次而行。"并命赵云率五百军士，保护刘备过江招亲。

到了南徐，赵云按第一条锦囊计，一面让刘备去拜见乔国老，一面命军士披红挂彩，满城购物，使城中官民尽知刘孙联姻之事。经过甘露寺相亲，刘备与孙夫人成婚，弄假成真。

孙权和周瑜一计不成再生一计，给半生没有享过福的刘备多送美色玩好之物，诱其玩物丧志，乐不思归。赵云便按第二条锦囊计，诈称曹操率大军欲攻荆州，促使刘备与孙夫人同回荆州。

得知刘备携孙夫人不辞而别，孙权和周瑜急命徐盛、丁奉、陈武、潘璋四将率军前堵后追，赵云又按第三条锦囊计，让刘备请孙夫人出面斥责吴将，令其让路，遂得赶到江边，被诸葛亮接应上船。

至此，诸葛亮的锦囊妙计都付诸实践，收到预想效果。当然，周瑜的计谋全部泡汤。

罗贯中为了"状诸葛之多智"，有时把他的预见能力写得过了头，写得有点玄虚，这个"锦囊三计"就令人觉得诸葛亮是个超人，是个神人，与人们认识真理的规律不相符合。

人们认识真理有渐进性，是一步一步地由相对真理走向绝对真理，也就是说，人的认识是逐步发展的。

毛泽东认为，孔明式的事先安排定锦囊妙计与人的认识是逐步发展的，这是两种对立的认识路线，而前者违反人们的认识规律。

应该说，毛泽东关于认识渐进性这个哲学命题是正确的。但是，我们仔细分辨毛泽东在庐山会议两次会上讲话的思路，他用这个哲学原理来分析判断事物，总结1958、1959两年社会主义建设的经验教训，其结论则有对有错。

比如，他说刮起"共产风"的1958年北戴河会议是"高兴中埋伏了不高兴"，也就是"大跃进"带来了一大堆麻烦，而后是1958年底和1959年上半年降低指标和调整比例，结果"抓"使形势有了"改变"。庐山会议最初的动机也是继续纠"左"，是使已经偏离轨道的社会主义建设列车重新回到轨道上来。应该说，这个过程在一定程度上反映了对社会主义建设规律认识的渐进性。毛泽东运用认识规律指导实践基本上是正确的。

可是，接下来他却走向了正确的反面。他认为庐山会议原来只谈十八个问题，"没有提反右倾"，他用讥讽的语言说彭德怀的信"有功"，说周小舟"讲失调原因，被插了白旗"，意即右倾机会主义跑出来了，所以现在会议的任务是"反右倾机会主义"。毛泽东的话中，隐含着事先没有料到会出现这种局面的意思。也就是说，庐山会议前期纠"左"，庐山会议后期反右，是人们的认识在逐步发展。这就得出了错误的结论。

后来的历史已经证明，彭德怀在庐山会议上的信所表示的意见是正确的。1965年9月23日，毛泽东找彭德怀谈话，安排他去大西南三线工作，当时，毛泽东曾说过："老彭，会议（指庐山会议——引者注）已过去了，也许真理在你那边，让历史作结论吧"，"现在看来对你的事批评过了，错了，真理可能在你手里。"毛泽东的这个预言被证实是正确的，历史已经作了结论。

彭德怀由正确，到被批判，到平反被肯定，否定之否定，看来，人们对真理的认识真是逐步发展的。

我们谁也不是孔明，对社会主义建设规律的认识只能"摸着石头过河"，谁也不能事先安排定锦囊妙计。

掉过石头折过旗杆

> 毛泽东说到这里，稍稍停顿了一下，然后接着说："天摇地动，天上掉下大石头，就是要死人哩。《三国演义》里的诸葛亮、赵云死时，都掉过石头折过旗杆。大人物、名人，真是与众不同，死都死得要有声有色，不同凡响噢。"
>
> 郭金荣：《毛泽东的晚年生活》，教育出版社1993年1月版，第128页

开动思想机器，对任何问题都多问几个为什么，是毛泽东读书时的特点之一。读《三国演义》，他也是这样。即使对书中一些荒诞不经的描写，他也往往联系种种生活现象，联系相关学说主张，深思细想，提出自己的独到见解。

1976年4月22日黄昏，北京中南海游泳池旁毛泽东宽敞的卧室里依然那样沉静。

毛泽东半躺半靠在那张宽大的床上，不知一本什么书吸引了他，他已经一个多小时一动也不动了。

护士孟锦云坐在沙发上，正在翻看当天的报纸。也许是翻动报纸的细微声响惊动了毛泽东，也许是毛泽东感到了疲劳，他在床上转了个身，顺手把书放在一旁。

毛泽东用他那浓重的湖南口音问道："报上都有些什么新闻啊？读一段听听。不过，我可不要听什么大批判的成果，要听新闻。"

说来也巧，当时小孟也正在看一段新闻，毛泽东的这个要求，正合小孟心意。

"您要听新闻，这儿正好有一段，我正想做个记号，等您不看书的时候，读给您听听呢。"

"噢，一个想读，一个要听，巧合，你就读读看。"

"新华社长春4月21日电：最近，在我国东北吉林地区降落了一次世

界历史上罕见的陨石雨。

"今年3月8日下午,宇宙空间一颗陨星顺地球绕太阳公转的方向,以每秒十几公里的速度坠入地球大气层中。由于这颗陨星与稠密的大气发生剧烈的摩擦,飞至吉林地区上空时,燃烧、发光、成为一个大火球,于8日15时1分59秒在吉林市郊区金珠公社上空发生爆炸。陨星爆炸后,以辐射状向四面散落。

"大量碎小陨石散落在吉林市郊区……最大的3块陨石沿着原来飞行的方向继续向西偏南方向飞去……最后一块陨石在15时2分36秒坠地时,穿破1.7米厚的冻土层,陷入地下6.5米深处,在地面造成一个深3米,直径两米多的大坑。当时震起的土浪高达数10米,土块飞溅到百米以外处,最大的3块陨石,每块重量超过了100公斤。最大的一块重量为1770公斤,大大超过了美国收藏的目前世界上最大陨石的重量(1078公斤)。这次陨石雨,无论是数量、重量和散落的范围,都是世界罕见的……"

孟锦云读完这段消息后,又开始读另段新闻,毛泽东说:

"小孟,就读到这里吧,不用再往下读了。"

毛泽东边说,边穿上了拖鞋,小孟上前搀扶,他慢慢地向窗前走去。

看来,毛泽东被一种情绪笼罩着,他的脸上现出一种思虑,一种不安,一种激动。

毛泽东在屋里走了几步,他让小孟把窗帘打开,站在窗边,望着那夕阳渐落的天际,望了很久很久,望得那样出神。

小孟见毛泽东转过身来,便问道:

"主席,天上怎么会一下子落下那么多的石头呢?也太巧了,还没伤人。"

毛泽东若有所思地回答小孟的提问:

"这种事情,历史上可屡见不鲜噢。史有明载的就不少,野史上就更多了。"

说完,很有兴致的毛泽东问小孟:

"这方面的记载你见过没有?你们家里人有什么说法?"

小孟摇摇头,她也只能摇摇头,因为她对此确实了解得太少。

"这方面的记载我没有看见过,小时候,听我妈讲过,在我们家乡的一个村边上,一天夜里,突然掉下了一块大石头,有磨盘那么大。后来,这块石头,又被风刮走了。咳,都是瞎说,我才不信呢。"

"噢,你妈妈讲过这样的事,你还不相信?"

"我是不相信,您能相信?"

"我相信噢,中国有一派学说,叫作天人感应。说的是人间有什么大变动,大自然就会有所表示。给人们预报一下,吉有吉兆,凶有凶兆。"

毛泽东说到这里，稍稍停顿了一下，然后接着说：

"天摇地动，天上掉下大石头，就是要死人哩。《三国演义》里的诸葛亮、赵云死时，都掉过石头折过旗杆。大人物、名人，真是与众不同，死都死得要有声有色，不同凡响噢。"

毛泽东说这些话的时候，带着少有的感慨，少有的激动。
毛泽东似乎压抑了自己的激动，转换了个平静的语调：
"不过，要是谁死都掉石头，地球恐怕早就沉得转不动了……"
毛泽东又在屋里走了几步，然后坐在沙发上，他问小孟：
"我说的这些，你信不信呢？"
小孟看了他一眼，不假思索地回答：
"我还是不信，那全是迷信，是古人瞎编的。"
小孟说完之后，似乎又觉得没有把握，她也很想听听毛泽东的看法。于是，又好奇地反问：
"大人物要死的时候，天上会掉下大石头，您真信吗？"
毛泽东没有马上回答，他沉思了一会儿，才说：
"古人为什么要编造这些呢？"
像是回答，又像是提问。
陨石雨这一则消息，引起了毛泽东的深沉思考。这天傍晚，他不止一次地站到窗前，望着渐渐昏暗下来的天空，每次时间都很长。仿佛那神秘昏暗的天空上，有谁书写了只有他才读得懂的文字。
由陨石雨联想到"天人感应"学说，由"天人感应"学说联想到《三国演义》中描写的赵云、诸葛亮死时天象预兆——哲人毛泽东从自然现象到人类社会，从现实生活到远古时代，广泛地思考着……
受"天人感应"观念的影响，《三国演义》的作者罗贯中在写到王侯将相死前许多伴有天象预兆。写赵云和诸葛亮的死，都有这样的情节。
写赵云的死兆是在小说九十七回：

时孔明兵强马壮，粮草丰足，所用之物，一切完备……设宴大会诸将，计议出师。忽一阵大风，自东北角上而起，把庭前松树吹折。众皆大惊。孔明就占一课，曰："此风主损一大将！"诸将未信。正饮酒间，忽报镇南将军赵云长子赵统、次子赵广，来见丞相。孔明大惊，掷杯于地曰："子龙休矣！"二子入见，拜哭曰：

"某父昨夜三更病重而死。"孔明跌足而哭曰:"子龙身故,国家损一栋梁,吾去一臂也!"

一阵大风吹折松树,主大将赵云之死,隐国家失去栋梁之材,这就是作者编写这段情节告诉读者的思想内涵。

诸葛亮是小说中的主要角色之一,写他的死亡征兆,反复三次:

——却说司马懿在营中坚守,忽一夜仰观天文,大喜,谓夏侯霸曰:"吾见将星失位,孔明必然有病,不久便死。你可引一千军去五丈原哨探,若蜀人攘乱,不出接战,孔明必然患病矣。吾当乘势击之。"

——是夜,孔明令人扶出,仰观北斗,遥指一星曰:"此吾之将星也。"众视之,见其色昏暗,摇摇欲坠。

——却说司马懿夜观天文,见一大星,赤色,光芒有角,自东北方流于西南方,坠于蜀营内,三投再起,隐隐有声。懿惊喜曰:"孔明死矣!"即传令起大兵追之。

所谓"坠落将星",就是"天上掉石头"。星者,石头是也。

毫无疑问,罗贯中是相信"天人感应"学说的。否则,他不会这样不厌其烦地描写"折树""坠星"的征兆。

在中国,毛泽东所说的"天人感应"学说可谓由来已久。它肇始

殒大星汉丞相归天

于殷周时期,成熟于西汉王朝。是盛行于两汉的一种具有神秘主义色彩的天人关系学说。在两汉,其代表人物是西汉的伏生、董仲舒及东汉的刘向。董仲舒杂糅儒家的天命说和阴阳家的阴阳五行学,使"天人感应"说得以系统化、理论化。董仲舒歪曲利用了当时一些自然科学成果,借助于《公羊春秋》的主观类比方法。通过把自然现象拟人化,赋予自然现象以道德的属性,把自然规律和伦理法则相混同,从而把自然界的一切看作是"天"有意识有目的的安排,特别是把自然变异视为"天意"的突出表现。董仲舒认为"人副天数",天和人具有相似的形体。而且天人相类,天具有人的属性、情感和品格,并通过阴阳五行和四季变化表现出来。故从形体到品质,人莫不属于天。从而他提出了"同类相动""同类相应"的思想,并由"天人同类""同类相应"推导出了"天人感应"的结论。

按照这个学说,社会的治与乱,命运的福与祸,人们的生与死,等等,都有"咎兆"或"福瑞",人间事都有天象征兆。董仲舒以"天人感应"说作为建立封建神学体系的基础,为封建帝王的政治意图提供了理论根据。这种宗教神秘主义,到西汉末年,就很快与当时流行的谶纬迷信相结合,形成一股反理性的思想逆流,在思想史上发生了很大的消极影响,延续至今的诸如"六壬""占星""看风水"等活动,"星宿下凡""吉凶有兆"等说法,多与其有着渊源关系。

毛泽东肯定是不相信征兆、符瑞、星宿下凡一类说法的。毛泽东自己说过,少年时期,由于母亲信佛,他自己也信过鬼神,拜过菩萨。但那是早年的事情,后来他接受了马克思主义,由有神论者变成了无神论者,由唯心论者转化为唯物论者。即使到了晚年,他还是无神论者。就在谈论陨石雨的前一年(1975)的5月29日,毛泽东曾与陪读的北大老师芦荻在谈论二十四史时,说过这样一段话:

> 一部二十四史,写符瑞、迷信的文字,就占了不少,各朝各代的史书里都有。像《史记·高祖本纪》和《汉书·高帝纪》里,都写了刘邦斩白蛇的故事,又写了刘邦藏身的地方,上面常有云气,这一切都是骗人的鬼话。(胡真编:《中国第一人——毛泽东》,1999年1月版,第322页)

这说明,对符瑞、迷信,他是持批判态度的。

有趣的是,《三国演义》开篇也讲到"汉高祖斩白蛇一统天下"的故事,在毛泽东看来,这当然是"骗人的鬼话"。毋庸置疑,"折旗杆"(吹折松树)、

"掉石头"一类描写，当然也是"骗人"的迷信文字。

毛泽东与孟锦云说这类情况"史有明载的就不少，野史上就更多了"，与芦荻说"各朝各代的史书里都有"，可见他早在读史书时就关注过这个问题，也可见他对这个问题早有批判性意见。

毛泽东谈论陨石雨时引证《三国演义》的符瑞描写，对古往今来"天人感应"学说，对种种征兆、符瑞传言，进行了反思。他表示"相信"这些说法和思潮的客观存在，但他又不认为它们是合理的，提出了那么多疑问：

这方面的记载你见过没有？

你们家里的人有什么说法？

你妈妈讲过这样的事，你还不相信？

我说的这些，你信不信呢？

古人为什么要编造这些呢？

真是"多问几个为什么"——这无疑是毛泽东面对陨石雨，借助《三国演义》中的相关描写，撰写的新的"天问"。

只是，此时毛泽东已83岁高龄，身体状况已不允许他圆满作成"天对"这篇文章。

他留给后人的是更多的思考……

群众就是孔明

> 刘备得了孔明，说是"如鱼得水"，确有其事，不仅小说上那么写，历史上也那么写，也像鱼跟水的关系一样。群众就是孔明，领导者就是刘备，一个领导，一个被领导。

毛泽东：《毛泽东 1957 年 7 月 9 日在上海干部会议上的讲话》

毛泽东的思维逻辑里，有个有趣的公式：

刘备＝鱼＝领导；

孔明＝水＝群众。

这个公式的形成有个历史过程，它的产生和发展几乎和我们党的群众观点、群众路线的产生和发展同步而行。

毛泽东讲刘备与孔明、鱼与水、领导（知识分子、军队、共产党）与群众（民众、人民）的关系，形象生动而又深刻充分地论述了历史唯物主义的一个基本原理，并使之在中国革命与建设的沃土里生根、发芽、开花、结果。

诸葛亮与民众拥护

毛泽东最早把诸葛亮与民众（群众）联系起来，大约是在 1926 年。这年 5 月至 9 月，毛泽东正在广州第六届农民运动讲习所讲授中国农民问题。

毛泽东曾被瞿秋白称为"农民运动的王"。他从 1924 年年底开始具体从事农民运动，1925 年上半年在家乡湖南韶山地区组织农民协会，开展各种斗争。1926 年 2 月出任国民党中央农民运动委员会委员，紧接着在广州开办第六届农民运动讲习所，任所长。在农讲所，毛泽东讲授"中国农民问题"。毛泽东认为农民问题是中国革命的中心问题，这个问题关系到无产阶级的领导权，关系到无产阶级革命的同盟军，关系到民主革命的成败。

他在分析国民革命中的工人、商人、学生与农民问题的关系时指出：国民革命的学生，有学工的，有学商的，为什么不去从事工商业，就是农民问题没有解决。中国的学生多半是很苦的,并且毕了业出来无处可用,故不得不革命。

基于这个理由,毛泽东号召革命青年知识分子到农民中去,他以诸葛亮出茅庐的故事启迪革命的知识分子走与工农相结合的道路。他说:

> "诸葛亮,当其未出茅庐时,一点用也没有,及一出山握有兵权,则神出鬼没",这恰恰不是说明帝王将相和掌握知识的人有什么特殊的能耐,而是表明,如果"没有民众的拥护,一点力也没有"。(陈晋:《毛泽东与文艺传统》,中央文献出版社1992年3月版,第132页)

《三国演义》中学富五车才高八斗,以管仲、乐毅自况的诸葛亮,可说是个大知识分子。他出山前后在"用"和"力"上表现出的不同状况,盖因得没得到"民众拥护"。毛泽东由此引申出一个历史唯物主义的原则:知识分子到工农中间去将大有作为,国民革命只有得到民众(当时具体对象主要是农民)的参与和支持,才能取得胜利。

毛泽东讲话时,面对的是各省党部送来培训的骨干,其中多数就是农村出来的小知识分子,他们做的将是浩大的组织农民起来革命的工作。毛泽东说:"我们的同志于组织工人组织学生组织中小商人许多工作以外,要有大批的同志,立刻下了决心,去做那组织农民的浩大的工作。要立刻下了决心,把农民问题开始研究起来。要立刻下了决心,向党里要到命令,跑到你那熟悉的或不熟悉的乡村中间去,夏天晒着酷热的太阳,冬天冒着严寒的风雪,搀着农民的手,问他们痛苦些什么,问他们要些什么。从他们的痛苦与需要中,引导他们组织起来,引导他们与城市的工人、学生、中小商人合作建立起联合战线,引导他们参与反帝国主义反军阀的国民革命运动。"

毛泽东又说:"尤其是南方的湘、粤、赣,北方的直、鲁、豫,中部的鄂、皖几个政治上特别重要的省份,应该下大力从事组织。有了这几个重要省份的农民起来,其余省份的农民便都容易跟着起来。必须到这时候,帝国主义、军阀的基础才能确实动摇,国民革命才能得着确实的胜利。"(《国民革命与农民运动》,《毛泽东文集》第一卷,人民出版社1993年12月版,第39页)

诸葛亮一生,二十七岁前隐居隆中,出山后如鱼得水,占荆州,取西川,定南中,伐祁山,后半生轰轰烈烈,毛泽东把这归结为"得到民众拥护",意在把组织民众、依靠民众乃至服务民众的道理讲透彻,深深地印在农讲所学员的脑海里,他当然如愿地做到了这点。

知识分子只有与工农大众相结合才能大有作为,这个思想几乎贯彻了毛泽东的一生。

刘备把诸葛亮比作水

1927年秋收起义之后，毛泽东率领起义队伍上了井冈山，开辟革命根据地，进行红色武装割据。

革命之初，反动武装力量还相当强大，处于弱小地位的红军要站稳脚跟，坚持斗争，壮大自己，必须依靠群众。

> 毛泽东的夫人贺子珍曾经参加了井冈山斗争。后来她回忆说："毛泽东爱用鱼水关系来形容红军同群众的关系。他说过，三国时候的刘备，把诸葛亮比作水，把自己比作鱼，用这个譬喻说明诸葛亮重要。我们共产党是把群众比作水的，只有把根子扎在群众中，我们才能打胜仗，立于不败之地，这个道理，红军上上下下都懂得。所以，即使在古田会议以前，红军中存在一些旧军队的作风，如打骂士兵等，但很少听说有打骂群众的。"（王行娟：《贺子珍的路》，作家出版社1988年8月版，第152页）

刘备把诸葛亮比作水的故事见于《三国演义》第三十九回：

> 却说玄德自得孔明，以师礼待之。关、张二人不悦，曰："孔明年幼，有甚才学？兄长待之太过！又未见他真实效验！"玄德曰："吾得孔明，犹鱼之得水也。两弟勿复多言。"关、张见说，不言而退。

刘备把诸葛亮比作水，用这个譬喻说明诸葛亮的重要；共产党把群众比作水，用这个譬喻说明群众的重要。

诸葛亮之于刘备，群众之于共产党（红军），都是"犹鱼之得水也"！井冈山时期的毛泽东爱用鱼水关系来形容红军同群众的关系，是因为红军离开群众将寸步难行，乃至无法生存。

艰苦的斗争实践使毛泽东认识到"水"（群众）的重要：

> 他说："人民这个条件，对于红军是最重要的条件。这就是根据地的条件。""所以当敌人大举进攻红军时，红军总是从白区退却到根据地来，因为根据地的人民是最积极地援助红军反对白军的。"（《毛泽东选集》第一卷，人民出版社1991年6月版，第207页）

毛泽东还说："真正的铜墙铁壁是什么？是群众，是千百万真心实意地拥护革命的群众。这是真正的铜墙铁壁，什么力量也打不破的，完全打不破的，反革命打不破我们，我们却要打破反革命。"(《毛泽东选集》第一卷，人民出版社1991年6月版，第139页）

总之，鱼儿离不开水，瓜儿离不开秧，弱小的红军之所以能够战胜强大的白军，常常打胜仗，得力于组织起来和武装起来的民众是非常之大的。

毛泽东不仅自己深晓这个道理，他还通过刘备得到诸葛亮"如鱼得水"的故事，形象生动地把这个道理告诉红军广大官兵，使红军上上下下都懂得，并贯彻到实际斗争中去。

群众就是孔明

"不要怕群众，要跟群众在一起。有些同志怕群众跟怕水一样。你们游水不游水呀？我就到处提倡游水。水是个好东西。"

1957年7月9日，烈日炎炎，天气很热。在人数众多的上海干部会议上，穿着衬衣的毛泽东，讲到领导和群众的关系时，先说了上面这段话。按照他的思维习惯，很快由"怕群众"联系到"怕水"。因为他经常把群众比喻为鱼儿的水。

在讲了一大段怎样学游水后，他又把话题归结到群众与水这个思路上，他说："打个比喻，人民就像水一样，各级领导者，就像游水的一样，你不要离开水，你要顺那个水，不要逆那个水……不能跟群众对立，总要跟群众一道……不要脱离他，等于我们游水一样不要脱离水。"

领导和群众，水和游水，毛泽东在讲话中把二者联系得水乳交融，珠联璧合。

他打的这个比喻——人民像水一样，在井冈山就打过，所以讲到这里，自然想起在井冈山就讲的那个故事：

"刘备得了孔明，说是'如鱼得水'，确有其事，不仅小说上那么写，历史上也那么写，也像鱼跟水的关系一样。群众就是孔明，领导者就是刘备。一个领导，一个被领导。"(《毛泽东1957年7月9日在上海干部会议上的讲话》)

"小说"自然是指《三国演义》。怎样写的，前面已引述过了。

毛泽东先后两次引述刘备得孔明如鱼得水的故事，这次引用与井冈山时期那次引用所针对的问题大不一样：1949年,已经成立了中华人民共和国,共产党已掌握全国政权,成为执政党。这以后,党内一些干部,还有一些领导干部,滋长了官僚主义作风,"做官当老爷了"。这样的干部开始害怕群众,像不会游水的人怕水一样。所以毛泽东提倡学会游水,不要脱离水；提倡联系群众,不要脱离群众。

毛泽东在这段讲话中,对水做了淋漓尽致的发挥：水是个好东西；提倡游水；要顺水不要逆水；不要脱离水。其实,这里充满了生活哲理,都是在以水比人,正如他所说："人民就像水一样。"

拿历史小说中的故事比附,水就是"鱼儿"刘备须臾离不开的诸葛亮。所以,毛泽东说"群众就是孔明,领导者就是刘备",领导者须臾离不开群众。

人民是历史的创造者。改造客观世界改造主观世界的伟力存在于民众之中。这已被以往的历史、以往的实践所一再证明。知识分子只有与工农群众相结合,才能有所作为；人民军队只有得到群众的广泛支持,才能打胜仗；各级党的领导干部只有密切联系群众,才能拒腐防变,革命青春永驻。

诸葛亮这位《三国演义》中的文学人物,在一代伟人的口中,曾经多次以养鱼之水的喻体,充任"群众"的代名词,卧龙先生可谓幸甚！

臭皮匠·诸葛亮·群众智慧

> "三个臭皮匠，合成一个诸葛亮"，这就是说，群众有伟大的创造力。中国人民中间，实在有成千成万的"诸葛亮"，每个乡村，每个市镇，都有那里的"诸葛亮"。
>
> 毛泽东：《组织起来》，《毛泽东选集》第三卷，人民出版社1991年6月版，第933页

元明以来，随着历史小说《三国演义》中的人物诸葛亮的深入人心，在中国人民中间，就逐渐形成和流传着一些脍炙人口的俗语，其中"三个臭皮匠，合成一个诸葛亮"这句话，常常活跃在人们口头。

这是一句形成于封建时代，但较多地体现着民主性精华的俗语。它不但承认类如诸葛亮这样的英雄豪杰，也承认类如"臭皮匠"这样民众的智慧的高超和神圣。"臭皮匠"是旧时代社会最底层劳动群众的代表，他们的智慧合起来能胜过神机妙算的"诸葛亮"，可见这句俗语在一定程度上喊出了劳苦大众的心声。

毛泽东是无产阶级和劳苦大众翻身解放的指路人和领袖。他对因《三国演义》而形成于民间的这句带有民主色彩的俗语颇为喜爱，几乎成了口头禅。他用这句人所共知的俗语，把马克思主义的群众观点和群众路线，春风化雨般地播撒到干部和群众的心田，使其发挥了宣传和组织群众的巨大作用。

大家都来当师长

1928年2月中旬，毛泽东指挥工农革命军，趁国民党军队清晨出来架枪做徒手体操的机会，发起猛攻，激战半天，攻克新城，全歼守军一个正规营和一个靖卫团共五百多人，击毙守军营长，活捉宁冈县长，粉碎了赣军对井冈山革命根据地的第一次"进剿"。

自从1927年10月迄今，毛泽东领导工农革命军在罗霄山脉中段开展

游击战争，革命形势发展很快。宁冈、永新、茶陵、遂川都有了中共县委，酃县有了特别区委，莲花也有了党组织。宁冈、遂川、茶陵建立了县工农兵政府。宁冈、茶陵、遂川、永新等县都有了地方武装。土地革命已经开始。中国第一个农村革命根据地——井冈山革命根据地已初具规模，湘赣边界的工农武装割据局面已经形成。

可是不久，中共湖南特委派代表周鲁到井冈山，贯彻执行中共中央1927年11月临时政治局扩大会议和12月31日给湖南省委的指示，指责以毛泽东为书记的前敌委员会"工作太右""烧杀太少"，没有执行"使小资产阶级变无产，然后强迫他们革命"的政策，同时宣布中央给毛泽东以"开除中央临时政治局候补委员"和"撤销现任省委委员"的处分，取消中共前敌委员会。由于周鲁只身前往井冈山，为防止敌人搜查不能带文件，只凭记忆传达，结果又把"开除毛泽东中央临时政治局候补委员"误传为"开除党籍"。

没有党籍，毛泽东成了"党外人士"，不能再担任党内职务，只好改任师长。

后来毛泽东提到这件事的时候说过："当了个民主人士，只能当师长了。"

中央和湖南省委又命令工农革命军离开井冈山根据地，去支援湘南暴动。由于"左"倾盲动主义的严重干扰，使湘赣边界被敌军占领一个多月，刚刚建立的井冈山根据地陷入白色恐怖之中。

1928年3月中旬，工农革命军第一师师长毛泽东，指挥部队分三路离开井冈山，向湖南酃县中村集合待命，没有直接去湘南。

到酃县后，毛泽东看到湘东群众运动有很大发展，想到茶陵活动，使湘东与湘南联系起来。月底，毛泽东在中村得到了湘南暴动失利的消息后，一方面派毛泽覃率领特务连往湘南与朱德、陈毅联络，接应和掩护湘南农军向井冈山转移；另一方面领导部队就地整训，发动群众，开展革命斗争。

在离开中村之前，毛泽东向全体指战员讲话时说：

"上级让我当'师长'，但是，本人'军旅之事，未之学也'。可中国有句俗语：一个篱笆三个桩，一个好汉三个帮；三个臭皮匠，凑成诸葛亮。我们有这么多战士，这么多干部，大家都来当参谋长，大家都来当师长，只要群策群力，不愁打不好仗！"（赵大义等：《险难中的毛泽东》，中央文献出版社2000年7月版，第88页；马玉卿、张万禄：《毛泽东成长的道路》，陕西人民教育出版社1986年版，第189页）

毛泽东本是一介书生，只是在辛亥革命时的1911年当过半年的新军士兵。后来从事革命工作，其特色也是"文人"而不是"武人"。现在让他任师长，确实是"军旅之事，未之学也"。但此时已是马克思主义者的毛泽东，并不为此而愁眉不展，他相信群众的智慧足以克服任何困难。

这时，井冈山革命根据地因为主力部队的离去而遭受了巨大损失，毛泽东本人因被误传为"开除党籍"也蒙受了沉重的打击。但志坚如钢的毛泽东面对困境，首先想到的还是群众的力量和智慧，"这么多"官兵完全可以胜过"诸葛亮"，大家都来当"参谋长"和"师长"，集思广益，群策群力，一定能够打胜仗。

靠着"三个臭皮匠，凑成诸葛亮"的清醒认识和坚定信心，毛泽东终于渡过了难关。后来毛泽东在湘南特委看到了中共中央的正式文件，才了解到所谓"开除党籍"是误传。随之毛泽东的党籍被恢复了。

臭皮匠——诸葛亮——群众智慧，在毛泽东的思维链条里，逐渐形成了这样的环节，它将马克思主义历史唯物论的一条基本原理——群众是历史的创造者，群众的力量是不可战胜的——形象生动地告诉给工农革命军广大官兵。

刚刚参加秋收起义的官兵们听到一个亲切的声音，一个在逆境中备受鼓舞的声音。

今后的革命道路还很漫长，他们在历史的许多重大场合都听到过这个声音。

还有党代表呢

毛泽东在井冈山时，经常在讲话中引用"三个臭皮匠，凑成诸葛亮"这句俗语，以便把依靠群众战胜困难，发动群众打击敌人的道理灌输给红军官兵。久而久之，许多红军指挥员也把这句俗语挂在嘴边，懂得干革命不能单枪匹马，要群策群力打天下。

1928年3月，袁文才、王佐奉命下井冈山，接应湘南暴动的朱德、陈毅部队及湘南农军。那时，朱德、陈毅等领导的南昌起义队伍，正在湖南南部地区刚刚组织过武装暴动，受到国民党地方武装和正规军的多路围攻。毛泽东等领导井冈山红军分出几路下山接应朱德、陈毅等人的队伍。

袁文才、王佐是毛泽东上井冈山后收编的农民武装的首领。临行前，毛泽东怕他们出岔子，特意叮嘱。豪爽的王佐向毛泽东说："毛委员你就放心吧。你不在，还有党代表和我老庚（指袁文才）呢。你不是常说'三个臭皮匠，顶一个诸葛亮'吗？到哪里打仗都是一回事，没有嘛格了不起的事。"（黄仲其、李春祥：《王佐将军传》，解放军出版社1990年版，第283页）

  类似的情况在别的红军将领身上也发生过。1935年，红军主力长征以后，留守中央苏区的红军面临的困难更加巨大。红军粤赣军区蔡会文司令员，有次和战士们讲刘备三顾茅庐的故事。他说："诸葛亮鞠躬尽瘁，非常出色地干了二十七年，他成了智慧和力量的象征。毛委员曾经说：'三个臭皮匠，顶一个诸葛亮。'只要我们有诚心、有耐心，就能在湘粤赣边找到成千成万个'诸葛亮'，动员起来，参加我们的斗争，那我们干出来的事业就一定比当年的诸葛亮不知要伟大多少倍。"（刘普庆：《蔡会文将军传》，解放军出版社1987年版，第283页）

  这两则逸事说明，在井冈山时期，毛泽东常用的"臭皮匠顶诸葛亮"的口头禅，就已经深入人心，在红军官兵中有很大影响，成为他们克服困难、战胜敌人的思想武装。刚刚由农民武装首领转变为红军干部不到半年的王佐，处于极端困境下的蔡会文司令员，都能从群众身上汲取力量，这得益于毛委员平时的谆谆教诲。毛泽东通过"诸葛亮与臭皮匠"的最通俗的语言形式，使党的群众路线的思想在红军中扎下深根。

经验不多不要紧

  1939年春天，延安呈现出一派生机勃勃的景象。各机关、部队、学校、工厂，响应党中央的号召，掀起了轰轰烈烈的大生产运动。

  当时，陕甘宁边区遇到了严重的经济困难，国民党中的顽固派掀起反共高潮，不仅停发八路军军饷，而且对抗日根据地实行经济封锁，使边区的外援全部断绝。同时，边区内部也遭受了严重的自然灾害。天灾人祸接踵而来，使根据地陷入了困境。正如毛泽东指出的那样："我们几乎弄到没有衣穿，没有油吃，没有纸，没有菜，战士没有鞋袜，工作人员没有被盖。"在一次会上，毛泽东提出这样的问题：饿死呢？解散呢？还是自己动手呢？毛泽东马上又回答："饿死是没有一个赞成的，解散也是没有一个人赞成的，还是自己动手吧！"

  毛泽东响亮地发出了"自己动手，丰衣足食"的号召。他身体力行，亲自参加大生产运动。警卫员们在杨家岭窑洞对面的山沟里，开垦了一块长方形的地。毛泽东一有空余时间，就在这块地上参加劳动。

  这天，毛泽东去刨地，几个警卫员一见，慌忙跟去刨。地刨完了。毛泽东打算用这块地种菜。他问警卫员们："你们谁会种菜？"

警卫排长指着一个班长说："他是延安县人，在家就种过菜。"

毛泽东笑着说："那很好，我就拜你做师父，西红柿我还不会种，你教教我好吗？"

那位班长的脸马上红了，他不好意思地说："菜是种过，可种得不好。"

毛泽东说：

> "经验不多不要紧，我们大家一齐来研究研究嘛！三个臭皮匠，合成一个诸葛亮啊！"（黄允升：《毛泽东珍闻录》，中央文献出版社2000年1月版，第400页）

很快，这块地里就种上了西红柿、黄瓜、豆角、辣椒等。菜苗出土后，毛泽东每天休息时，都来给蔬菜施肥浇水。辛勤的劳动结出了丰硕的成果。毛泽东种的西红柿，长得又红又大，架上的黄瓜，顶花披刺，又粗又长，嫩绿的豆角摘完一茬又一茬……这下，大家都能吃到丰富而新鲜的菜了。有时吃不完，毛泽东就嘱咐警卫员摘一些送给其他领导。

毛泽东不耻下问，以身作则，积极参加生产劳动，使边区干部战士很受鼓舞，全边区大生产运动开展得更加火热了。

身为领袖的毛泽东谦虚谨慎，不知就问，不懂就学，拜群众为师。在大生产运动中，他不懂怎样种西红柿，就向种过菜的警卫班长学习。古人孔子说："知之为知之，不知为不知，是知也。"（《论语·为政》）不自以为是，不自以为智，向一切内行的人们学习，这就是毛泽东的态度。毛泽东提倡的群众路线，提倡的调查研究，都包括以群众为师，向群众学习的内容。

有成千成万的诸葛亮

群众中也孕育着"诸葛亮"，而且会涌现出许许多多的诸葛亮。

1943年11月29日，在中共中央招待陕甘宁边区劳动英雄大会上，毛主席发表了题为"组织起来"的讲话。此时，抗日战争已经走过了最艰苦的年月，"打仗的军队"和"劳动的军队"这两支大军都取得了骄人的战果。毛泽东心中喜悦，脸色红润，讲话如东流黄河，滔滔不绝。

面对众多的劳动英雄，毛泽东自然要讲到组织群众这个大问题。他说："把群众力量组织起来，这是一种方针。还有什么与此相反的方针没有呢？有的。那就是缺乏群众观点，不依靠群众，不组织群众，不注意把农村、部队、机关、学校、工厂的广大群众组织起来……这就是另外一种方针，这就是错误的方针。"

实现把群众组织起来的正确方针,其前提是要相信群众。毛泽东说:

"'三个臭皮匠,合成一个诸葛亮',这就是说,群众有伟大的创造力。中国人民中间,实在有成千成万的'诸葛亮',每个乡村,每个市镇,都有那里的'诸葛亮'。我们应该走到群众中间去,向群众学习,把他们的经验综合起来,成为更好的有条理的道理和办法,然后再告诉群众(宣传),并号召群众实行起来,解决群众的问题,使群众得到解放和幸福。"(《组织起来》,《毛泽东选集》第三卷,人民出版社1991年6月版,第933页)

在《三国演义》中,诸葛亮神机妙算,洞幽察微,运筹帷幄,决胜千里,简直就是智慧的化身。这样的人物是否就千古难寻遍地难找而绝无仅有呢?在毛泽东看来,不是那样,他在引用了那句妇孺皆知的俗语后,指出中国人民中间有成千成万的诸葛亮,而且每个乡村和市镇都有。只有真正认识到群众伟力的人,只有彻底消除把群众当阿斗把自己当诸葛亮错误观念的人,只有透彻地掌握了历史辩证法的人,才能这样认识"诸葛亮"与群众的关系。

只有承认群众中有"诸葛亮",承认群众运动会产生千千万万个"诸葛亮",才能相信群众,依靠群众,放下架子,虚心地向群众学习,心甘情愿地做群众的小学生,把群众的智慧、群众的经验集中起来,把群众的热情激发出来,完成任务,更好地为群众的利益服务。

毛泽东面对的听众,正是那些已经在边区生产劳动中创造了非凡业绩的劳动英雄们,他们就是那千千万万"诸葛亮"中的一部分。可想而知,当他们听着那不很急促但十分洪亮的湖南口音讲出那番既通俗又深刻的话语时,是会怎样地激动,怎样地受到鼓舞!

要从集体中求完全

"我们的选举,就应该在这样的方针指导下,即不是从个人求完全,而是从集体中求完全,从对现实的学习中求完全。"

毛泽东在党的七大上讲选举方针时,讲了这样一段话。

这段话是有来头的。

1945年4月召开党的第七次全国代表大会,在确定新的中央委员会选举标准时,代表们提出了一些意见,其中一条意见是"中央委员的资格和标准是能够执行大会的路线,这是重要的,但对他的能力要求如何?是不是要有各方面知识的人我们才选他?还是有某一方面或者某些方面的知识的就可以选他?"

这个问题的提出,自然有其时代背景。党的七大召开时,面临着抗日战争的最后胜利。我们的军队在不断壮大,打大炮,驾坦克,甚至驾飞机等当时的军事高技术问题,提到日程上来了,可许多同志(包括党的高级干部)缺乏这方面的知识。我们解放了大片国土和许多城市,可领导经济建设、文化建设的知识也不完全。

为了适应形势需要,新的中央委员的知识当然要全面一些,"要尽可能地通晓的方面多一点。"

5月24日,毛泽东向大会作第七届中央委员会选举方针的报告。在讲到这个问题时,他说:

"每一个中央委员都应该通晓各方面的知识","是一个很好的理想,是有道理的,如果能做到那样,当然很好。但是事实上,任何一个人都不可能通晓各方面的知识。所谓各方面的知识,就是各方面事物发展的逻辑。"

他又说:

"我们采取这样的方针:不一定要求每个人都通晓各方面的知识,通晓一个方面或者稍微多几个方面的知识就行了,把这些人集中起来,就变成了通晓各方面知识的中央委员会。中国有句老话:三个臭皮匠,合成一个诸葛亮。如果我们有各方面的人,每一个人都通晓一方面或者有比较多的专长,选这样几十个人,我们的中央就会比较完全。我们要从集体中求完全,不是从个人求完全。"

(《毛泽东文集》第三卷,人民出版社1996年8月版,第365—366页)

毛泽东运用的语言是那样的通俗,阐述的道理是那样的朴实。

真理是朴素的。

他引用的这句"中国老话",恰到好处地佐证了他的思想观点,使其产生巨大的真理的力量,使你无法不接受他的思想。

一句很普通的俗语,在关键时候回答了一个十分重要的问题:关于选中央委员的标准!

三个臭皮匠,合成一个诸葛亮;几十个通晓一个方面知识或通晓稍微多几个方面知识的中央委员,就合成一个通晓各方面知识的比较完全的中央委员会。

要从三个"臭皮匠"中、从集体中求完全，不要从一个"诸葛亮"身上、从个人那里求完全。

给我参谋参谋

湖北省大冶县铜山口朱村的铁匠朱其升，在1911年曾经和毛泽东一起在湖南新军当兵。

1952年，朱其升离开家乡到了汉口，走街串巷给人修伞，他托夜校老师给毛泽东写信。

这年10月，他带着毛泽东的回信，到北京看望毛泽东。毛主席热情地接待了他，让他在北京多住些时日，到处看一看。毛泽东第二次见到朱其升时，对他说："今天，我找你来，是要你谈谈你们那里的情况，谈谈群众的想法和要求。"朱其升将自己知道的情况如实做了汇报。毛泽东听得很认真。

临行，毛泽东送朱其升500万元人民币（旧币，折合现在人民币500元）作为路费和回家生活的补贴。

1953年春，朱其升将毛泽东给他的500元钱拿出来做资本，将流散在汉口桥口附近补伞的、修鞋的、补锅的、箍木桶的手艺人邀拢，成立了个"和平油布雨伞厂"。群众选举他当了经理。朱其升经常跟工人们说："毛主席号召我们组织起来，我们再不能像过去那样无领导，无组织，散散漫漫。我们一定要把工厂办好，再去北京向他老人家报告。"厂子越办越红火。

1954年夏末，朱其升带着"和平油布雨伞厂"的照片，再次上京。他很快见到了毛主席。毛主席很高兴，拉着他的手说："你来得好。我就是想多了解一些你们下面的情况，这次你要详细谈谈。"朱其升看见毛泽东兴致很高，就无拘束地谈了起来，并将带去的工厂照片给毛泽东看。

毛泽东接过照片，笑眯眯地称赞道："很好。这个工厂不错，有点社会主义的气魄。"

"别夸奖了，我们还办得不好。"

"不管怎样，你们敢于改革，组织起来了就不错。这就是社会主义的萌芽。"

会见后，毛泽东一再挽留朱其升多住几天，真诚地说：

"你要详细地说一说你们的意见和要求，给我参谋参谋，'三个臭皮匠，顶个诸葛亮'嘛！"（《毛泽东在湖北》，中共党史出版

社1993年9月版，第136页）

说完朗声大笑，朱其升也笑了。

朱其升是毛泽东几十年前的新军战友，解放后则是工作在第一线的基本群众。一向主张倾听群众呼声接受群众意见的毛泽东，非常愿意从老朋友那里了解"下面的情况"，而且要"详细地说一说"。作为党的领导和国家元首，他努力于群众当家做主，在制定大政方针时"参谋参谋"，他也借此保持联系普通群众的作风，在这里，"臭皮匠"有了特指对象，"诸葛亮"也有了特殊的含义。

中华人民共和国成立后，毛泽东对生活在下层的亲朋故旧的来访，表现出由衷的热情，不仅出于对他们的感情，也出于治国安邦要了解下情，筹划决策要体察民情的需要。所以，在这种情况下他引用"三个臭皮匠，顶个诸葛亮"这句俗语，其意义绝非寻常。

单独一个诸葛亮总是不完全的

毛泽东引用"三个臭皮匠，合成一个诸葛亮"这句成语，有时把它作为唯物史观一个具体观点的通俗解释，有时则把它作为一种正确思想方法的佐证。

1957年11月，各国共产党和工人党在莫斯科召开代表会议。11月18日，毛泽东在大会上发言，其中讲到"党内团结的辩证方法"，他开篇明义：

"在团结问题上，我想讲一点方法问题。我说对同志不管他是什么人，只要不是敌对分子，破坏分子，那就要采取团结的态度。对他们要采取辩证的方法，而不应采取形而上学的方法。什么叫辩证的方法？就是对一切加以分析，承认人总是要犯错误的，不因为一个人犯了错误就否定他的一切。列宁曾讲过，不犯错误的人全世界一个也没有。"

讲到这里，毛泽东话锋一转，开始了他最擅长的引用俗语、典故的修辞手法：

"任何一个人都要人支持。一个好汉也要三个帮，一个篱笆也要三个桩。这是中国的成语。中国还有一句成语，荷花虽好，也要绿叶扶持。你赫鲁晓夫同志这朵荷花虽好，也要绿叶扶持。我毛泽东这朵荷花不好，更要绿叶扶持。我们中国还有一句成语，三个臭皮匠，合成一个诸葛亮。这合乎我们赫鲁晓夫同志的口号——集体领导。单独一个诸葛亮总是不完全的，总是有缺陷的。"（《毛泽东文集》第七卷，人民出版社1999年6月版，第330页）

使自己的观点得到有力证明后，毛泽东把自己的话引向问题的实质，话语中透出严肃和力度：

"我看要是自称全智全能，上帝一样，那种思想是不妥当的。因此，对犯错误的同志应该采取什么态度呢？应该有分析，采取辩证的方法，而不采取形而上学的方法。我们党曾经陷入形而上学——教条主义，对自己不喜欢的人就全部毁灭他。后来我们批判了教条主义，逐步地多学会了一点辩证法。辩证法的基本观点就是对立面的统一。承认这个观点，对犯错误的同志怎么办呢？对犯错误的同志第一是要斗争，要把错误思想彻底肃清。第二，还要帮助他。一曰斗，二曰帮。从善意出发帮助他改正错误，使他有一条出路。"

毛泽东这番话，是针对当时国际共运中一个非常重大的问题而言的。

斯大林1953年逝世以后，到了1956年苏共召开二十大，赫鲁晓夫作秘密报告，全盘否定斯大林。中共中央和毛泽东同志不同意他们的做法，认为斯大林是有重大世界影响的领袖人物，斯大林的功过只能二八开或三七开。比如，毛泽东早在参加莫斯科各国共产党和工人党代表会议前一个月，就在中共八届三次会议上说：

"在斯大林问题上，我们同赫鲁晓夫有矛盾。他把斯大林搞得那么不像样子，我们不赞成。因为搞得那么丑嘛！这就不是你一国的事，这是各国的事。我们天安门前挂斯大林像，是符合全世界人民愿望的，表示了我们同赫鲁晓夫的基本分歧。斯大林本身，你也要给他三七开嘛！斯大林的成绩算他七分，错误算他三分。这也未必见得准确，错误也许只有两分，也许只有一分，也许还稍微多一点。总而言之。斯大林的成绩是主要的，缺点、错误是次要的。这一点，我们同赫鲁晓夫有不同意见。"

中共中央在与苏共领导会谈时，曾多次表明了这种意见，但赫鲁晓夫等人仍顽固坚持自己的错误做法。到了当年的11月份，在莫斯科各国共产党和工人党会议上，如何评价和对待斯大林问题不可避免地成为会议的一个焦点。毛泽东的讲话，出于策略考虑，没有直接点苏共在斯大林问题上的错误，而是正面讲党内团结的方法问题，即共产党内部团结的辩证法。

谈团结的方法，毛泽东的重点在于谈"对犯错误的同志采取什么态度"，他强调应该采取团结的态度，辩证的方法。因为人总是要犯错误的，任何人都需要支持。"诸葛亮"（在这里应该是指斯大林）也需要别人帮助和支持，单独一个总是不完全，总是有缺欠，他犯错误应该具体分析，不应该全盘否定，一棍子打死。这种态度和方法与赫鲁晓夫形而上学的方法是多么不同！

毛泽东这次引用，突出了"三个"与"一个"的比较：三个臭皮匠完全，没有缺陷；一个诸葛亮则不完全，总是有缺陷。这种比较体现了群众路线、群众观点的思想，强调了在党内团结上总是要依靠大多数，要正确对待犯错误的同志，对他们要做具体分析，要善意帮助。

还有什么地方需要修改

1960年，应我国工、青、妇等全国性人民团体分别邀请，六十多个国家的七百多位朋友到北京参加五一劳动节庆祝活动。

5月上旬，毛泽东在中央办公厅主任杨尚昆、中华全国总工会主席刘宁一、外交部办公厅主任熊向晖等人的陪同下，分别会见了非洲、拉丁美洲和亚洲的朋友。

送走非洲朋友，毛泽东叫来杨尚昆、刘宁一和熊向晖，说要发表消息。

毛泽东说，5月3日在济南，我同拉丁美洲和非洲十个国家工会和妇女代表谈话，我说，要发表简短消息。我有些"官僚"，没有看稿子。第二天报上登出来，虽然简短，内容有些不妥，写了人家唱《东方红》。写这干什么？大国沙文主义！今天再发表一次消息，写上非洲朋友讲话的要点，写上我讲话的要点，要表明我们的反帝立场。不要长，要快，半个钟头够了吧。

熊向晖说，我就试试。他稍微考虑一下，用圆珠笔在白纸簿上写。写完后看了一遍，作个别增删。刘宁一和杨尚昆传看后，改了几个字，请毛泽东过目。

毛泽东审阅过程中说，对非洲朋友的讲话，概括得还可以，有一句要不得。他让卫士递给他圆珠笔，划去几个字，又加上几个字。

熊向晖说，主席真细致。毛泽东说，在济南做了一次"官僚"，现在"辞职"了。

毛泽东要熊向晖从头到尾念一遍。熊向晖发现，杨尚昆、刘宁一把原稿最后一句的"祝贺"改成"并且确信"，"彻底"改成"最后"；毛泽东把原稿第二段的"中国人民伟大领袖"划掉了；在第三段最后一句"并且确信在反对帝国主义、殖民主义的共同斗争中"，后面加了一个逗号，在"取得最后的胜利"前面加上"一定会"。

熊向晖念完后，毛泽东说，就这样，下点毛毛雨，捅出去吧。

熊向晖去发稿，过了一会儿，刘宁一赶来说毛泽东还要再看看稿子。

毛泽东口授，刘宁一笔录，在稿子上加了这样一段话：

"他认为：南朝鲜人民和土耳其人民的这种斗争，表明亚洲各国受压迫人民反对帝国主义及其走狗的斗争，将会有更大的兴起。这个斗争对于非洲人民、拉丁美洲人民以及全世界人民的正义斗争都将是一种支持。主席说，所以，全世界人民的斗争都是互相支持的。"

熊向晖看完，说主席加的这一段非常好。

毛泽东说，找你来，不是让你讲"非常好，非常好"，我临时想了这几句，来不及推敲，你看，还有什么地方需要修改？

熊向晖又看了一遍，说，在文字上有几点小建议。开头的"他认为"，改成"主席认为"，这样，前后比较连贯。毛泽东说，可以。还有呢？熊向晖说，在"亚洲各国受压迫人民的反对帝国主义及其走狗的斗争"之后，加上"风暴"两个字，主席今天同非洲朋友讲话，几次讲了"风暴"，"斗争风暴"比"斗争"更有气势。赫鲁晓夫经常鼓吹，现在国际关系晴雨表的指针，不是指向暴风雨，也不是指向阴云，而是指向晴天；改成"斗争风暴"，也是间接驳赫鲁晓夫的。

毛泽东微笑着说，你对赫鲁晓夫的讲话倒有点研究。还有什么要改的？熊向晖说，最后那个"所以"似乎可以不要。毛泽东说，我常说"所以"，有点习惯了，刚才不知不觉说了出来，刘宁一就记了下来，这里不必要形成文字。毛泽东风趣地说，所以，"所以"两个字可以删掉。

毛泽东又让熊向晖把这条新闻稿从头到尾念一遍，念完后，毛泽东说：

"三个臭皮匠，凑成一个诸葛亮，你们还有什么意见？"（熊向晖：《历史的注脚——回忆毛泽东、周恩来及四老帅》，中共中央党校出版社1995年7月版，第11页）

杨尚昆说，很好了，没有意见了，早点发出去，再迟，新华社就难办了，熊向晖说，我这就去办。

一篇新闻稿件就是这样诞生的，它凝聚了众人的智慧。

撰写和修改新闻稿件，毛泽东强调发挥众人的才智。集体的智慧远远胜过个人的聪明。

头一次发表接见外国朋友的"简短消息"，毛泽东说因为自己"官僚"，稿件"内容有些不妥"，看来，几个"臭皮匠"没有凑起来。

第二次撰写稿件，杨尚昆、刘宁一、熊向晖都参与进来，且都有出色的修改意见。毛泽东不仅亲自拟写段落，还仔细推敲字句，并虚怀若谷，从谏如流，一再征求合作者的修改意见，凡有助于表达准确的一概照办，直到大家说"很好了，没有意见了"方才罢手。

这段逸事，使我们感受到深知写作三昧的毛泽东，在组织新闻宣传中的民主作风。他诙谐地说着诸如"所以，'所以'两个字可以删掉"等幽默的话，于谈笑风生其乐融融的气氛中，把"臭皮匠"们的才情才气才智凝合成精神产品，愉快地宣布自己"在济南做了一次'官僚'，现在'辞职'了"，于是，大家都成了高明的"诸葛亮"。

消除兄弟误会

> 1949年12月初,毛泽东在北京怀仁堂接见出席民盟中央四中扩大会议的全体人员,告诫大家说:"大家都是来自五湖四海,团结起来力量大。大家都看过《古城会》吧,看看这个戏是很有益处的。"
>
> 陈祥明、夏天然、邵华礼:《毛泽东的幽默》,中国电影出版社1994年3月版,第166—167页

有一出三国戏叫《古城会》,毛泽东很爱看。这出戏主要根据《三国演义》第二十八回《斩蔡阳兄弟释疑　会古城主臣聚义》改编。小说中讲到:刘备、关羽、张飞在徐州一带与曹兵作战,兵败各奔东西。刘备无奈暂时投靠袁绍,关羽被围伴降曹操,张飞落荒而逃,到汝南夺得一座古城驻扎下来。兄弟三人"当时手足似瓜分,信断音稀杳不闻"。后来,关羽毅然脱离曹操集团,千里走单骑到河北寻找兄长刘备,不期在古城闻知张飞在此,非常欢喜。不想张飞知云长已降曹操,疑其心怀二志,不但不放其入城,而且横刀立马,非杀关羽不可。此时,曹军将领蔡阳追杀关羽恰好赶来,关羽为明己志,纵马举刀立斩蔡阳。兄弟二人释去前嫌,消除误会,共同去找刘备,实现了"今日君臣重聚义,正如龙虎会风云"的大团结局面。

毛泽东认准了这个故事中的思想意义,常常引用,强调革命队伍内部要消除误会,团结起来。

怀疑错了赔个礼

革命队伍内部,也常常会把同志、战友、同盟者当成敌人、内奸、特务,这一方面是因为事物的复杂性所致,另一方面是有坏人作祟,故意把水搅浑。

延安整风时期,就曾经发生过这样的事情。

1943年3月底,有消息传说,胡宗南要派特务打入延安内部。这时,康

生所负责的中共中央社会部正主持中共党内的肃反工作。他借机立刻行动起来，4月1日晚，他不知从什么地方搞到一张名单，亲自向延安保安机关发布了抓人的命令，一下子就捕了200多个"特嫌分子"，肃反由此进一步扩大化。

到了7月中旬，康生又在中直机关作了《抢救失足者》的报告。这个报告扩大敌情，蛊惑人心，被人们称之为恐怖报告。在这个报告错误精神的鼓动下，整个边区开始了"全线进攻"，从上到下"日夜抢救"失足者。

经过"抢救"，延属各县共挖出了2463个"特务"。军委三局电讯学校共200多人，就挖出了170个"特务"；中央秘书处60余人，也挖出10余个"特务"；西北公学500多人，只有20人没有被"抢救"，96%的人是"特务"。

这引起了毛泽东的警觉，中央书记处书记任弼时，从华中前线回来的刘少奇，从重庆回来的周恩来，都觉得"抢救运动"使正常的肃反工作扩大化了，他们纷纷向毛泽东陈言。

毛泽东深入实际，亲自看到中央办公厅在整一个老同志搞不下去的情形。他对康生说："这样搞肯定是有问题的。"

有错必纠，刻不容缓！

毛泽东主持会议，党中央于当年8月15日作出了《关于审查干部的决定》，强调首长负责等方针，同时指示康生纠正错误倾向。

随着情况的明朗化，毛泽东越来越意识到问题的严重性，他说："要彻底纠正这种'左'倾扩大化的错误……"

1944年1月24日，中央书记处发出关于甄别工作的指示，有组织有领导地纠正"抢救运动"的错误。整整一个春天，毛泽东都特别忙碌。接连不断地找人谈话，接连不断地到会上讲话，反复讲一个意思：抢救运动搞错了，向大家赔礼道歉，有错必纠。

他去中央党校找人谈话，讲了《三国演义》中的一个故事：

> 关云长曾在曹操那里很受器重，曹操给他"上马金，下马宴"，"十美女进膳"，但关云长毫不动摇归汉的决心。在回来的路上，过五关，斩六将，回到古城。可是张飞怀疑他投降了曹操，不开城门。关云长说他"身在曹营心在汉"，张飞不信。这时正好曹操大将蔡阳赶到，关云长气愤之下斩了蔡阳，张飞才相信了，打开城门跪在关公面前，赔礼道歉。刘备出面说情，二弟在外多时，三弟怀疑是自然的，怀疑错了，赔个礼就行了。（张志清、孙立白、均堂：《延安整风前后》，江苏文艺出版社1994年1月版，第188页）

毛泽东借古喻今，使大家深受感动。当时来到延安的干部，不少人是从敌人营垒中杀出来的，其特点有如关云长从"曹营"归来，背景不可能很清纯、很简单。全党又面临着民族抗战的复杂局面，既有敌人的渗透，又有统一战线内部的斗争。我党进行整风，同时进行审干和肃反，这都是必要的。但肃反扩大化，把同志打成"失足者"，则犯了"左"的错误。毛泽东此时讲"古城会"的故事，意在"怀疑错了赔个礼"，给被错误"抢救"的干部甄别、平反、恢复名誉。

4月12日，毛泽东在延安高级干部会议上作题为"学习和时局"的报告，其中说："对于人的处理问题取慎重态度，既不含糊敷衍，又不伤害同志，这是我们党兴旺发达的标志之一。"

5月20日，延安大学举行开学典礼，毛泽东亲临会场，又一次推心置腹地讲了"抢救运动"的过错。他说："整风是好的，审干也做出了成绩，只是在抢救运动中做得过分了，打击面宽了些，伤害了一部分同志，戴错了帽子。现在，我给大家行一个脱帽鞠躬礼。"说完，他把帽子摘了下来，向与会者深深地鞠了个躬。

人们被领袖的真诚所打动，掌声中，曾经受到委屈的同志流着激动的热泪。

直到党的七大，毛泽东还代表党中央对审干中的问题作了赔礼道歉。毛泽东的真诚，彻底地消除了"关羽张飞式"的误会误解。

张飞有很高的原则性

纠正审干、肃反中扩大化的错误，同时又肯定审干和肃反的必要性。毛泽东讲"古城会"的故事，同时也注意到事物的两个方面，灵活地运用了辩证法。

1944年10月25日，毛泽东在延安中共中央党校礼堂，对即将去前线的干部作报告，在讲完时局问题、团结问题后，再次讲到审干、反特问题。

毛泽东说，审干、反特务发生许多毛病，特别是在"抢救运动"中有些过火。"抢救运动"的基本错误是缺乏调查研究和缺乏分别对待这两点。同时，他还说："抢救运动有错误，错误是夸大了问题方面，但不能说是路线错了。"

毛泽东说：

张飞在古城相会时，怀疑关云长，是有很高的原则性。关羽形式上是投降了曹操，封了汉寿亭侯，帮曹操杀了颜良、文丑，你又回来究竟是干什么来了？我们一定要有严肃性、原则性。当然过火是要不得的，所以去年抢救运动，十几天，我们马上就停下来了。(徐中远：《毛泽东读评五部古典小说》，华文出版社1997年1月版，第133—134页)

这次讲"古城会"的故事，用意与上次不同。上次重点是对被误解的关云长赔礼道歉，即对被错误"抢救"的同志甄别平反；这次的重点是肯定张飞的原则性，即审干和肃反的严肃性和必要性。当然，肯定审干和肃反的必要性，并不是肯定"抢救运动"，毛泽东同时批评了"抢救运动"的错误，就完全证明了这一点。

更需要指出的是，毛泽东赞扬张飞的原则性很高，与康生的居心叵测以整人为能事是不可相提并论的。毛泽东几次批评了康生，但他从未很好地检讨过自己的错误，而且向中央申述，坚持错误。1944年甄别工作深入进行时，他还坚持说，"坦白运动"是审干、反奸工作的好方式。有一次在中央召集的会议上，任弼时同志批评了"抢救运动"的错误，康生不但不承认错误，还强词夺理地辩解说："严格审查是完全必要的……苏联党就是这样搞的。"一句话，暴露出了他"左"倾教条主义的嘴脸。七大的一次会议上，代表们都在议论"抢救运动"的沉痛教训，而康生就是面对墙壁不说话，不肯认错。更为可恶的是，"文革"中康生重算延安整风中的旧账，把当年没被他整倒的同志再次毫无根据地投入监狱。

如同唐朝周兴、来俊臣一类人物的康生，与对敌斗争坚决、误解战友知错即改的张飞，不可同日而语。

面对"抢救运动"的错误，比较一下毛泽东与康生的态度，其高下优劣，天壤相别。

毛泽东既赞扬张飞的原则性，又保护被错怪了的关羽，始终按照辩证法把握党的干部政策。11月15日，他在一份情况通报上，关于反奸斗争的政策加写了一段话："我们必须坚持一个不杀大部不捉及九条方针的原则，不警惕不严肃的右倾思想是不对的，不谨慎不精细的'左'倾思想也是不对的。"

毛泽东赞扬了张飞的警惕和严肃，批评了康生的"不谨慎不精细"。防止两端而持中道。

兄弟重新团结起来

"古城会"的故事，毛泽东给党内的同志讲，也给党外的民主党派人士讲。

1949年年底，他就曾将这个故事讲给民盟中央的几位负责人。

　　原来，进入北平后，民盟中央召开了一届四中全会扩大会议，主要是总结过去的经验教训，确定今后的方针。可是，一总结经验教训，便总结出民盟内存在着一条"亲美路线"，这条路线的代表人物是罗隆基。于是，会议由总结经验转向了批判罗隆基，进而又扩大到一些"留沪中委"。

　　事情起因于1947年11月民盟被国民党取缔。那时民盟一部分领导人如沈钧儒、章伯钧、周新民等去了香港，在那里召开了三中全会，成立了临时总部。另一部分民盟领导人留在了上海，形成了以张澜、罗隆基、叶笃义等人为主的事实的核心。处于两地的结果是这两套人马在政策上、策略上发生了矛盾。在四中全会上，矛盾爆发出来，明着批判罗隆基，实际上是把矛头指向张澜。此事非同小可，争论异常激烈，会议延续了几个月，也解决不了问题，中共中央不得不出面干预。

　　这天，在中南海西花厅，周恩来主持座谈会，民盟中央负责人张澜、沈钧儒、章伯钧、楚图南、黄炎培、史良、罗隆基和叶笃义等人被邀请参加。

　　毛泽东亲自到会，认真地听民盟各位负责人发言。

　　史良的发言，着重批判了罗隆基、叶笃义在上海期间与美国大使馆及驻沪领事频频接触的问题。张澜则说，罗、叶的活动都是代表他的，此事在来北平后已向毛主席汇报过。民盟各位负责人心里都很不平静，谁都明白：批判罗隆基的"亲美路线"，更符合中共的胃口；但张澜毕竟是一位德高望重、对中华民族有过大功的社会活动家，难道能像批判罗隆基那样批判他吗？

　　看来，解开这个"千千结"相当棘手。

　　周恩来与毛泽东交换一下眼色，简短地说："大家都讲了话，现在我们请毛主席讲话。"

　　客厅的人们为之一震，他们期待着，也怀着某种好奇心，看毛泽东怎样解开这个几个月都没有解开的结。

　　只见毛泽东缓缓扫视四座，轻松地笑道："我看在座诸位，是分三路来北平的。一路是由平山县李家庄来的，以楚图南先生为代表。另一路是由香港到东北解放区，再到北平的，这一路的代表人物是沈衡老（沈钧儒）和章伯钧二位先生。第三路是由蒋管区上海来北平的，这一路代表人物是张表老（张澜），还有罗努生（罗隆基），我看毛病就出在这里了。"

　　说到这。毛泽东点燃一支香烟，深深吸一口，继续说：

　　　　《三国演义》里有一个古城会的故事。那个一直在根据地里跟
　　着刘皇叔的张飞，对从敌人营盘里过来的关羽有警惕，关羽好不容

易来到古城，张飞不让进城。张飞的行动是可以理解的，谁知道你变心没变心呀。后来关羽斩了蔡阳，用行动证明了自己不是曹操的人，张飞立即开城门迎接，对关羽待之以兄弟之礼。这就是古城会的故事。起初兄弟之间闹了些误会，以后误会解除了，又重新团结起来。我看我们现在的问题是同样性质的问题，是不是啊？"（孙琴安、李师贞：《毛泽东与名人》，江苏人民出版社1993年2月版，第540页）

客厅里响起会心的笑声，张澜双眸闪烁出光彩，罗隆基僵板的脸上也呈现出生动的笑纹。

毛泽东接着说："刚才张表老说，他一来北平就对我谈了他们在上海同美国人联系的情况，我当时说，对此事我能够谅解。我看，对历史上的一些问题不要看得太重了，有些事如果硬是要追出个子丑寅卯，也不见得好，关键是看现在，看今后。政协会议通过了《共同纲领》，这是我国现阶段的根本大法，是我们团结的基础，只要是在这个根本问题上没有分歧，就应该团结起来。民盟这次会，开了几个月了，我们很关心各民主党派的团结，朋友们也很关心，我希望大家最终还是要团结起来。"

一团几个月理不清的乱麻，被一个"古城会"的故事轻而易举地摆明了、理顺了。毛泽东谈笑之间，平息了民盟领导层的"上海"与"香港"之争。

刘关张三路人马聚会古城，从敌营奔来的关羽受到怀疑，几被张飞一矛戳下马去；民盟三路人马齐聚北平，在蒋管区和美国人有些联系的张澜一路受到批判，几个月得不到谅解——历史有惊人的相似之处。结义兄弟的误会消除后可以重新团结起来，民盟战友的分歧统一后照样可以团结起来。毛泽东看清了两者之间的联系，看清了它们都是"同样性质的问题"，引类譬喻，用文学故事中蕴含的政治经验和认识价值，把看似纷乱无序的事情剖析得朗若白昼，使人听了没有办法不频频点头。

民盟四中全会顺利结束，选出了以张澜为主席、沈钧儒为第一副主席、章伯钧为副主席兼秘书长的领导机构。

这是毛泽东运用三国故事成功进行说服工作的典型例证。

三国都有知识分子

> 一个阶级革命要胜利，没有知识分子是不可能的。你们看过《三国演义》、《水浒传》，魏、蜀、吴三个国家，每个国家都有每个国家的知识分子，有高级的知识分子，有普通的知识分子，那个穿八卦衣拿鹅毛扇子的就是知识分子……无产阶级要翻身，劳苦群众要有知识分子，任何一个阶级都要有为它那个阶级服务的知识分子。
>
> 毛泽东：《毛泽东文集》第三卷，人民出版社1996年8月版，第342页

"三国竞争之时，事态百变，人才辈出，令人喜读。"

年轻读书时，毛泽东曾经写下这样的批语。那时，他就注意到三国时期是个人才辈出的时期。

三国纷争，社会动荡剧烈，各派政治势力逐鹿中原，斗争极为复杂壮观，时势需要英雄豪杰，时势也造就了一大批英雄豪杰。

在三国人才群体的天幕上，知识分子的颗颗新星更为耀眼。

这个历史现象，早已进入目光如炬的毛泽东的视野。

1945年4月，党在延安召开第七次全国代表大会。4月24日，毛泽东在大会上作口头政治报告，其中讲党内干部时，讲到知识分子。

他说："我们党里头，知识分子的增加是很好的现象。一个阶级革命要胜利，没有知识分子是不可能的。你们看过《三国演义》、《水浒传》，魏、蜀、吴三个国家，每个国家都有每个国家的知识分子，有高级的知识分子，有普通的知识分子，那个穿八卦衣拿鹅毛扇子的就是知识分子……无产阶级要翻身，劳苦群众要有知识分子，任何一个阶级都要有为它那个阶级服务的知识分子。"

他说："封建时代的诸葛亮……是封建社会里的知识分子。"

为什么在党的全国代表大会上重新强调知识分子对于革命阶级的重要性，为什么举《三国演义》中魏、蜀、吴都有知识分子的例子来证明知识分子历来重要？

毛泽东解释了它的现实针对性：

"因为整风审干，好像把知识分子压低了一点，有点不大公平。好像天平，这方面低了一点，那方面高了一点。我们这个大会，要把它扶正，使知识分子这一方面高一点。是不是要反过来？那也不是。我们要欢迎他们为我们党服务，为我们党的利益而奋斗，为人民的利益而奋斗。我们的党，我们的军队，我们的政府，我们的经济部门，我们的群众团体，要吸收广大的知识分子为我们服务，我们要尊敬他们。"（《毛泽东文集》第三卷，人民出版社1996年8月版，第342—343页）

毛泽东举魏、蜀、吴三个国家都有知识分子的例子，说明其在夺取革命胜利中的地位，七大代表们容易心领神会，因为《三国演义》是通俗历史小说，可谓家喻户晓，没看过，也听过。

三国之主曹操、刘备、孙权不仅会用人，而且都善于网罗人才，尤其是善于网罗各类知识分子。

曹操早年在今山东、河北、河南、安徽北部一带整军经武，后占领兖州，广泛延揽人才，

▎荀彧

吸纳知识分子，《三国演义》第十回描写：

（曹）操在兖州，招贤纳士。有叔侄二人来投操：乃颍川颍阴人，姓荀，名彧，……操与语大悦，彧曰："此吾之子房也！"遂以为行军司马。其侄荀攸，字公达，海内名士……操以为行军教授。荀彧曰："某闻兖州有一贤士，今此人不知何在。"操问是谁，彧曰："乃东郡东阿人，姓程，名昱，字仲德。"操曰："吾亦闻名久矣。"遂遣人于乡中寻问。访得他在山中读书，操拜请之。程昱来见，曹操大喜。昱谓荀彧曰："某孤陋寡闻，不足当公之荐。公之乡人姓郭，名嘉，字奉孝，乃当今贤士，何不罗而致之？"彧猛省曰："吾几忘却！"遂启操征聘郭嘉到兖州，共论天下之事。郭嘉荐光武嫡派子孙，淮南成德人，姓刘，名晔，字子阳。操即聘晔至。晔又荐二人：一个是山阳昌邑人，姓满，名宠，字伯宁；一个是武城人，姓吕，名虔，字子恪。曹操亦素知这两个名誉，就聘为军中从事。满宠、吕虔共荐一人，乃陈留平邱人，姓毛，名玠，字孝先。曹操亦聘为从事。

归到曹操帐下的荀彧、荀攸、程昱、郭嘉、刘晔、满宠、吕虔、毛玠等人，或是"海内名士"，或是"兖州名士"，或是"当今贤士"。士，即古代知识分子的通称。曹操所招的士，有国家级的，有地区级的，都是学贯古今的饱学之士，是当时的"高级知识分子"。这些谋士为曹操出谋献策，参赞军机，平定北方，做了大贡献。曹操招收知识

荀攸

分子的办法是"滚雪球",张三推荐李四,王五介绍赵六,雪球越滚越大,形成一个"智囊团"。

孙权手下的智能之士也不少。《三国演义》第四十三回诸葛亮舌战群儒,罗贯中安排他们相继出场,张昭、虞翻、步骘、薛综、陆绩、严畯、程德枢等人,都可谓满腹经纶的江东名士,虽然比诸葛亮略逊一筹,但也都对江东孙吴基业的开创做过贡献。

毛泽东特意点出"穿八卦衣拿鹅毛扇子"的知识分子形象,具体所指当然是刘备集团的首位谋主诸葛孔明,余下如庞统、简雍、孙乾、蒋琬、法正、马谡等,也都是蜀汉的高级知识分子,刘备定西川,建蜀国,全赖其力也。

知识分子对于一个政治集团的事业成功,对于一个阶级革命的夺取胜利,其重要性是不言而喻的。毛泽东只是想借助三国的历史经验提醒全党再度关注这个问题。从1942年开始,我们党进行整风和审干,其总的趋势是好的。可也发生了一些偏差,尤其是审干中康生搞的"抢救失足者运动",使一部分干部(其中包括经历复杂的知识分子)受到冤屈和不公正对待,所以毛泽东说把他们"压低了一点"。在党的第七次全国代表大会上,毛泽东庄重地提出了这个问题,要求党、军队、政府、经济部门和群众团体都要"吸收广大的知识分子为我们服务",这是实现开一个"团结的大会,胜利的大会"的会议目标的明智政策和举动。

羽扇纶巾的诸葛亮等三国名士,随着毛泽东旁征博引走进中共七大的会场,为其同类——后代知识分子们的重要性作历史见证,真乃荣幸之至。倘若卧龙先生地下有知,一定引毛泽东为知己。

应采取七擒七纵的办法

> 毛泽东说:"人家诸葛亮擒孟获,就敢于七擒七纵,我们擒了个陈大嫂为什么不敢来个八擒八纵?……不能一擒就杀,应采取七擒七纵的办法!"
>
> 含章:《一代伟人与古代智慧》,红旗出版社1998年4月版,第311页

　　毛泽东很赞赏诸葛亮的民族政策。他说:"诸葛亮会处理民族关系,他的民族政策比较好。获得了少数民族的拥护……这是他的高明处。"(芦荻:《毛泽东读二十四史》,《光明日报》1993年12月20日)

　　诸葛亮民族政策好,主要体现在平定南中时对少数民族首领孟获七擒七纵,使其彻底心服。这在《三国演义》第八十七回至第九十回有详细生动的描写:

　　建兴三年春,诸葛亮亲自率军南征,对蛮王孟获实行"攻心为上,攻城为下"的方针,七次生擒孟获又七次释放。

　　第一次,诸葛亮命王平、关索出战诈败,诱使孟获追赶,而以赵云、魏延等抄其后路,生擒孟获。

　　第二次,孟获部将董荼那因曾受诸葛亮释放之恩,不战而退,被责打,乃与众酋长共缚孟获送交诸葛亮。

　　第三次,孟获令其弟孟优诈降,欲里应外合袭击蜀军,诸葛亮命人灌醉孟优,待孟获来劫寨时大败之,孟获匹马而逃,被马岱化装"蛮兵"诱擒。

　　第四次,诸葛亮诈作退军,诱孟获追赶,暗令赵云攻其后方,孟获大败,领十余骑奔逃,忽遇诸葛亮,欲奋力杀之,却掉入陷坑被擒。

　　第五次,银冶洞主杨锋因不满孟获继续对抗蜀军,与其五子率兵三万,诈称愿助孟获,孟获大喜,设宴相待,被擒于席上,送交诸葛亮。

　　第六次,孟获请木鹿大王相助,诸葛亮以木刻彩画巨兽吓退其真兽,大破之,孟获妻弟带来洞主诈作擒献孟获,欲借机刺杀诸葛亮,被诸葛亮识破,

一并擒之。

第七次，诸葛亮火烧兀突骨所率藤甲兵，复设伏打败孟获。孟获单骑突围，又被马岱生擒。

至此，孟获心服口服，向诸葛亮谢罪道："丞相天威，南人不复反矣！"诸葛亮抚慰孟获，下令退军。南方从此平定，蜀汉无后顾之忧矣。

诸葛亮七擒孟获的故事和他成功的民族政策给毛泽东打下了深深的烙印。

怎么一下子就说服了小叶丹

1935年5月，长征中的红军粉碎了国民党军的堵击追歼，胜利到达西昌以北地区。红军北上先遣队司令刘伯承、政委聂荣臻按照毛泽东、朱德的命令，率领先遣队准备通过彝族区，到达安顺场，抢渡大渡河。这是关系到红军生死存亡的关键性一仗。

而最为重要的是红军顺利通过彝族区。

刘伯承分析说："国民党一定在彝民中做了许多挑拨离间、造谣中伤的事，彝民对我们还不了解，要耐心做工作。"

他对身边的人说："你们知道诸葛亮'五月渡泸，深入不毛，七擒孟获'的故事吗？"

一个参谋回答说："听说过，孟获也是蛮子，诸葛亮俘虏了他七次，每次都把他放了，最后感化了他。"刘伯承笑了笑说："对。孟获大概是金沙江一带的少数民族首领，英勇强悍，他们不愿意汉人去压迫他们。这里的彝民也有点孟获遗风哟。谁也不愿意受别人压迫的。我们共产党人应该比诸葛亮高明一些，要有气魄消除历代反动派制造的民族隔阂。只要我们诚心诚意和彝民交朋友，这座山就能翻过去，大渡河也能飞过去，国民党的一切阴谋都会破产的。"

刘伯承和聂荣臻决定先遣队第一团先开进冕宁。出发前刘伯承对部队讲话："今天我们到冕宁。冕宁过去是彝人的城市，后来彝人被反动政府赶到山上去了。过了冕宁，就是彝族区了。有一种传说，《三国演义》上诸葛亮七擒孟获，就是在这个地区，至今有孔明寨、孟获城等遗址。彝人对汉人疑忌很深，语言又不通，他们会射箭打枪，但他们不是奉蒋介石的命令，他们和国民党军队不是一回事。我们要严格执行党的民族政策，广泛宣传朱总司令的布告，争取和平通过彝族区。没有聂政委和我的命令，谁也不许开枪。"

说罢,队伍就出发了。5月20日,刘、聂率领先遣队第一团进冕宁,贴出了朱德总司令发布的《中国工农红军布告》,其中就有"中国工农红军,解放弱小民族;一切彝汉平民,都是兄弟骨肉"的内容。宣传队进行翻译讲解。

先遣队出冕宁,到了袁海子边的彝民聚居区,沽基家彝民首领小叶丹在红军工作团的说服下,来见先遣队刘司令,并执意要与刘伯承结义为兄弟。

按照彝族规矩举行了简单而庄重的饮血酒结盟仪式,而后成立了"中国彝民红军沽基支队",委任小叶丹为支队长,先遣队顺利通过彝民区。经强渡大渡河,飞夺泸定桥的激战,红军占领了安顺场渡口。

5月26日中午,毛泽东、朱德、周恩来赶到安顺场先遣队司令部,刘伯承等用缴获来的米酒招待最高统帅部领导。

毛泽东端起大碗米酒喜滋滋地说:"祝贺先遣队司令部和干部战士们旗开得胜,过五关斩六将!"

然后,他饶有兴趣地询问刘伯承彝汉结盟的细节。毛泽东说:"诸葛亮七擒七纵,才使彝族首领孟获心服口服,你怎么一下子就说服了小叶丹呢?"(李智舜:《毛泽东与十大元帅》,中共中央党校出版社1994年1月版,第101—102页)

刘伯承谦虚地答道:"主要是严格执行了党的民族政策。"

毛泽东紧接着又问:"你跟小叶丹结拜,真的跪在地上起誓吗?"

刘伯承坦诚地说:"那当然,彝人最讲义气,他看我诚心诚意,才信任我们。"

兴奋不已的毛泽东有意打趣:"那彝人下跪,是先跪左腿还是先跪右腿?"

刘伯承没有注意这个细节,回答不上来。众人会心地笑起来。

周恩来十分赞赏地说:"后续部队过彝民区时,小叶丹打着'中国彝民红军沽基支

▌烧藤甲七擒孟获

队'的旗帜欢迎。伯承、荣臻他们把彝区赤化了!"

朱总司令也情不自禁地称赞道:"先遣队逢山开路,遇水架桥,功劳不小。"

毛泽东又风趣地接话:"他们还派出妇女代表送我一只大红公鸡哩,说是他们的最高礼遇,我受之有愧啊。"

共产党领导的工农红军真是厉害,不但顺利通过了彝族区,还化解了彝汉矛盾,赤化了彝族区。

长征中红军先遣队司令与彝族沽基家首领结盟的故事,早已脍炙人口,这是党的民族政策结出的灿烂之花。而党的民族政策无疑吸收了古人在这方面的政治智慧。所谓古人,具体说就是指足智多谋的诸葛亮。毛泽东与刘伯承都有深厚的古典文学功底,诸葛亮七擒七纵孟获的故事,他们早已烂熟于心。红军路过彝族区,正是传说中诸葛亮擒纵孟获的地方。于是,他们都想到了那位"攻心为上",对待少数民族表现出宽广胸怀的封建政治家诸葛亮。

不过,毛泽东的"米酒论英雄",则对比诸葛亮"七擒七纵",着重于刘司令"一下子"说服了小叶丹。言外之意,有盛赞先遣队司令胜过蜀汉丞相的意思。毛泽东那赞扬的口吻,调侃的神情,幽默的话语,表现出他对部下胜过古人的由衷赞赏和极度满意。

诸葛亮和刘伯承都得到了彝族首领的拥护,而毛泽东注意到二者的差别,就是一比七。他采取古今对比的方法表扬部属执行民族政策所创造的奇迹,其激励作用是不言而喻的,引来大家会心的微笑正是他表扬艺术的自然结果。

对蒋介石为什么不可以一擒一纵

1936年12月12日,中国政治生活中发生了一件轰动中外的大事件,那就是西安事变。

国民党爱国将领张学良、杨虎城在西安为逼迫蒋介石停止内战、联共抗日,发动了一场震惊中外的兵谏,扣压了蒋介石,囚禁了从南京来的几十名国民党军政要员,并向全国发出了关于救国八项主张的通电。

就在西安事变发生的当天,住在陕北保安的毛泽东就收到了中共驻东北军代表刘鼎从西安发来的急电,同时也收到了张学良的电报。

毛泽东和中共负责同志获悉这突如其来的消息后,心里十分激动和兴奋。蒋介石不顾民族危亡,坚持内战,"剿共"已达十年之久,对人民欠下了数不清的血债。如今抓住了蒋介石，可谓大快人心。

西安事变的消息使人们心情激动，议论纷纷。有的说："赶快把蒋介石送保安关起来！"有的则反驳："关他干什么，宰掉算了！"还有的主张把蒋介石捆起来游街示众，公开审判……

毛泽东、周恩来、朱德、张闻天、王稼祥、博古、任弼时等中央负责同志听到蒋介石被捉住的消息也很兴奋，但他们在讨论如何答复张、杨的急电，如何解决西安事变时，很快冷静下来。

在一周的时间里，中共中央政治局两次会议讨论了西安事变的对策。毛泽东等人对事变的发展作了估计，认为其有两种前途：其一，事变采取扣留蒋介石及其一部分主要将领的方式，把南京置于西安的敌对地位，如果处理不当，有可能造成对中华民族极端危险的新的大规模内战，这是日本侵略者和国内亲日派所欢迎的。其二，如果处理得当，可以事变来结束"剿共"的内战，使我党"停止内战，一致抗日"的主张早日变为现实，全国抗日民族统一战线迅速地建立起来。而第二种前途正是全党、全军、全国人民及抗日救国的各党各派殷切期望、竭诚拥护并为之实现的。中共要力争避免前一种前途，而全力实现后一种前途。因此，坚决主张用和平方式解决西安事变引起的问题，反对新的内战；同时主张用一切方法联合南京的左派，争取中间派，反对亲日派，以推动南京政府走向抗日。

和平解决西安事变，首当其冲的棘手问题是如何处置蒋介石。中共从中华民族生死存亡的根本利益和国家大局出发，不计较党派私怨，主张宽大处理，变反蒋抗日为逼蒋抗日，最终是联蒋抗日。但是，与蒋介石厮杀了十年之久的党内外许多干部群众一时转不过这个弯来，对蒋介石还是"仇人相见，分外眼红"。为了贯彻党中央和平解决西安事变的方针，说服党内外的同志，毛泽东再次引用了《三国演义》中诸葛亮七擒七纵孟获的故事，他说：

"杀掉蒋介石很容易，有一把刀子一下子就杀了。可是脑壳只有一个，杀了就安不上了……但是中央主张现在不叫他的脑袋搬家，因为杀了他就没有戏唱了，这是对抗日不利的。何况杀了他，还会有蒋介石第二、蒋介石第三……中央也不主张把他关起来，而是主张把他放了。过去诸葛亮对孟获还七擒七纵，对蒋介石为什么不可以一擒一纵呢？"（徐中远：《毛泽东读评五部古典小说》，华文出版社1997年版，第182页）

经过艰苦的努力,终于使全国各方面同意了我党和平解决西安事变的方案,并很快付诸实施。这迫使蒋介石停止了"剿共"内战,接受了抗日救亡的条件,从而形成和发展了全国抗日民族统一战线,促进了全国的抗日战争。正如毛泽东所说:"西安事变的和平解决成了时局扭转的枢纽。"

西安事变之时,毛泽东为什么主张像"纵"孟获那样"放"蒋介石?因为这时中国抗战与日本侵略者的民族矛盾已上升为主要矛盾。共产党与国民党的阶级矛盾降之为次要矛盾,是统一战线的内部矛盾。毛泽东引用七擒孟获的故事来阐述不杀不关蒋介石的道理,比之一般地讲道理,易于为对蒋介石心怀仇恨的干部群众所接受。此时,蒋介石虽然不是"少数民族首领",但他是统一战线内部一个主要党派的首领。纵孟获为了安定南中,解除蜀汉后顾之忧,全力北伐曹魏;放蒋是为了安定南京,消除"剿共"内战之灾,逼蒋、联蒋组成抗日民族统一战线,全力抗击日本入侵。

毛泽东是宣传大师,其说服艺术炉火纯青。他靠正确的决策,靠深刻的道理,也靠生动并蕴含哲理的文学故事,很快使人们的认识急速地转变,快速地升华,达成预期之目的,实现胜利之企图。

敢来个八擒八纵

1953年,贵州省捉住巨匪程莲珍,在当地引起轰动。

说起程莲珍,颇有些来历。她出身于贵州省中宛寨一贫困的布依族家庭,由于姿容俊秀,被大地主的儿子陈正明抢做小老婆。1947年陈正明暴病身亡,只剩下程莲珍和三岁女儿掌管陈家万贯家产。不少社会恶棍觊觎她的姿色和财产。她家中的贪财者怕家财旁落,竟多次雇用杀手对她行刺。程莲珍为护身保家,早已学会骑马打枪。几经较量,刺客近身不得,"陈大嫂"威名远扬,妇孺皆知。

1949年冬,贵州解放,但在中部山区匪患严重,土匪司令曹绍华活动猖獗,到处骚扰。同年,他强拉程莲珍入伙,使其沦为巨匪。直到1952年,贵州基本肃清匪患。但程莲珍一股,还在到处流窜为害。她曾任匪部大队长、团长,出没于山洞,活动于密林,同解放军对抗,多次给部队造成伤亡。当时的公安机关在通缉令中这样写道:"该匪首狡诈多变,行动敏捷,枪法甚精,捕捉时务必提高警惕。"

匪首再狡猾也逃不脱人民的法网,通缉令发出不久,剿匪部队终于将程莲珍缉拿归案。贵州报刊曾在显著地位发布这一消息,轰动一时,军民多要求处死她。

贵州军区党委把程莲珍的情况上报到西南军区，这时正值西南军区参谋长李达启程赴朝访问。他指示将此案暂时搁一下，留待归国后处理。

8月中旬，李达由朝鲜访问归来。在京期间，他受到毛泽东主席的接见。交谈中，李达汇报到西南地区的剿匪工作，当谈到程莲珍一案的处理意见时，李达汇报说："这个女匪首，下面要求杀！"

毛泽东当即果断表示："不能杀！"

稍停，他又半庄半谐地说："好不容易出了一个女匪首，又是少数民族，杀了岂不可惜？"

李达一时没有理解了毛泽东的指示，他迟疑着问："主席的意思是……"

毛泽东说："人家诸葛亮擒孟获，就敢于七擒七纵，我们擒了个陈大嫂为什么不敢来个八擒八纵？连两擒两纵也不行？总之，不能一擒就杀。应采取七擒七纵的办法。"（陈祥明、夏天然、邵华礼：《毛泽东的幽默》，中国电影出版社1994年3月版，第53页）

毛泽东根据贵州剿匪虽已接近尾声，但情况仍很复杂，尤其是有些地方土匪与民族问题交织在一起的特殊情况，对程匪莲珍的处理，作出了将功赎罪教育改造的决策。

这一指示很快传达到贵州。惠水县召开数千人大会，宣布上级决定，当场释放了程莲珍。不久，当地政府又帮她找回了失散多年的女儿。程莲珍心悦诚服，感激涕零，幡然悔悟，并决心努力报答，走新生之路。她多次返身深山，劝说山内土匪投诚。一个多月内，二十多名匪徒携枪来降，使惠水、长顺一带匪患迅速消除。程莲珍在后期清匪反霸斗争中发挥了特殊的作用，她立功受奖，受到政府表彰。1958年后，她成为惠水县政协委员和常委。

获"巨匪"而不杀，"采取七擒七纵的办法"，毛泽东的思路确有超人之处。程莲珍出身于布依族，虽为土匪头子，但此事又与少数民族问题交织在一起，这又是一个反叛的"孟获"。毛泽东此时此地引用七擒孟获的故事，恰到好处地表达了他"攻心为上"，俘匪不杀，化敌为友，改造敌酋的对匪斗争策略。事实也雄辩地证明，毛泽东的深谋远虑取得了良好效果，其战果是杀一人所难以达到的。

土匪头子转化为县政协常委，这是毛泽东灵活运用七擒孟获故事所创造的历史奇迹。

诸葛亮在南中的改革

1951年，四川凉山彝族的瓦扎木基是西昌专署副专员兼昭觉县县长。他上北京开会时，毛泽东问他："是会理人，还是西昌人？"

瓦扎木基回答说："是冕宁人。"

毛泽东接着说："我们长征时是从会理、西昌、冕宁那里过来的，那是个好地方。国民党反动派把你们彝族赶到山上。现在要加强民族团结，好好宣传民族政策，调解纠纷，消除打冤家，好好发展生产。"

到了1956年7月，瓦扎木基作为凉山代表到北京参加全国人大一届三次会议，毛泽东在中南海听取他的汇报。当他汇报到凉山人民要求废除奴隶制度，实行民主改革时，毛泽东从三国时诸葛亮谈起，引经据典，教育他们要有气魄，有胆略，搞好彝族地区的民主改革。（《四川日报》1977年10月22日）

上面这段史事引自瓦扎木基的回忆文章。他只是说毛泽东"从三国时诸葛亮谈起，引经据典"，没有说毛泽东谈的是诸葛亮的哪段故事，引据经典是哪些。但我们联系上下文和谈话背景完全可以分析出其中的内容。

1951年两人谈话时，提到红军长征过冕宁，正是刘伯承与小叶丹结盟的地区，也就是毛泽东、刘伯承念念不忘的诸葛亮七擒七纵孟获、善待彝族群众的地方。毛泽东还清楚地记得彝族群众被国民党从冕宁城赶到山上去的情况，而长征中他正是用这个情况反复告诫红军指战员要与白军在民族政策上有鲜明区别的。况且，瓦扎木基是冕宁人，可说是小叶丹的继承人（小叶丹于1941年被国民党反动派杀害）。毛泽东此时一再强调好好宣传民族政策，加强民族团结，他的思维链条中，早有诸葛亮和孟获——刘伯承和小叶丹的影子。前文已经提到，毛泽东很赞成诸葛亮对待彝族群众等少数民族的民族政策。

1956年两人谈话时说到彝族地区的民主改革，毛泽东此时又提到诸葛亮，原因是诸葛亮不仅对孟获七擒七纵，在军事行动中"攻心为上"，而且在南中采取了一系列改革性措施：在南中地区健全郡县制，选用少数民族首领或当地人担任地方官吏；不留蜀汉军队；派人前去传授汉族先进的牛耕和织锦技术；尊重少数民族的风俗习惯。诸葛亮建立在改革基础上的"和抚"政策，打破了南中地区的闭塞状态，促进了南中地区经济文化的发展，改善了彝汉间的民族关系，解除了内部忧患，使南中地区成为稳固的后方。诸葛亮的改革措施在今天看来似乎很简单，而在一千六七百年前，则是"有气魄,有胆略"的,凉山彝族地区的民主改革对其不乏借鉴之处。

毛泽东再一次从历史的深处请出诸葛亮,用他的民族政策和少数民族地区的改革经验来启迪今人。应该说,这个启迪是十分开人心智的。

共产党还可以搞八擒

1967年9月16日。南巡的毛泽东的专列停在杭州湾笕桥机场附近。

中午,杨成武代总参谋长把浙江省军区政委南萍和空五军政委陈励耘带上专列。毛泽东接见了他们。陪同接见的还有张春桥、汪东兴等人。

接见谈话在谈到温州地区和全省的形势后,毛泽东主要谈了正确对待犯错误干部的政策,其中他说:

"人家犯了错误不要一棍子打死。现在打倒一个人太容易,只要红卫兵一轰。就是顽固到底的人也不要紧,给他饭吃,主要还是要搞训练。"

毛泽东在强调了对贺龙、邓小平等人还是要保,要选中央委员后,批评红卫兵说:"现在红卫兵把团结——批评——团结搞乱了,破坏了这个传统。他们提出什么高帽子、挂牌、罚跪、喷气式、抄家,他们引证我的湖南农民运动调查报告,那是对地主、土豪劣绅嘛!现在这是干部嘛!几十年的干部他是做了一些好事的。"

毛泽东将身体仰到靠背上,吸燃香烟,带着结束的口吻讲了最后几句话:

"孔明都有七擒孟获,我们共产党不仅可以七擒,还可以搞八擒嘛!一次反'围剿'杀张辉瓒我就不赞成……张不仅是个师长而且是个总指挥。"(权延赤:《微行——杨成武在1967》,广东旅游出版社1997年4月版,第207页)

毛泽东说这话时,是十年内乱的第二年,此时红卫兵还在到处闹事,动用各种刑罚整治干部是他们的拿手好戏。毛泽东讲七擒孟获的故事,其针对性在于批评红卫兵把党的干部政策的优良传统搞丢了,他们所作所为有违"团结——批评——团结"的方针,混淆了敌我和人民内部这两类矛盾的性质。毛泽东的本意,是对待犯错误的人我们共产党人比诸葛亮的胸怀要宽,政策要高明。可以搞"八擒八纵",无非是形容今人要胜过古人。公平地说,就正确对待犯错误干部这个具体问题来讲,毛泽东的主张是正确的,以古鉴今也是有说服力的。但"文化大革命"从根本上讲是一场使自己阵营大伤元气的内乱,许许多多的干部被整被批、被斗被关,毛泽东提到的"高帽子、挂牌、罚跪、喷气式、抄家"等非人道行为，比比皆是。晚年铸成大错的毛泽东，此时借鉴那位政策开明的诸葛亮，虽然只能补漏救失于万一，令今人有杯水车薪之叹，但这毕竟是他于大错中的正确之论，明智之举，这是不可不详加辨析的。他的这个思想，终究保护了一批干部、解放了一批干部，这也是历史事实。毛泽东于此时提到了中央苏区时第一次"反围剿"俘获国民党军前敌总指挥张辉瓒的历史（那已是37年前的事），说自己"不赞成"杀张，足证他优待俘虏、宽容对手、允许犯错误的人有反复，如"七擒七纵"之类，是其思想和做法一贯如此，并非权宜之计。

七擒孟获也是练兵

毛泽东的人民军队建设思想，有一个很独到很深刻的观点，就是强调在革命战争的实践中锻炼部队。

毛泽东曾经这样说："锻炼部队，一是靠打仗，二是靠平时训练。"

在抗美援朝战争期间，毛泽东说："抗美援朝战争是个大学校，我们在那里实行大演习，这个演习比办军事学校好。"

有一次，他十分有趣地说：战场就是学校，司马懿打仗是练兵，七擒孟获也是练兵。（《红日照千秋》，甘肃人民出版社1985年版）

诸葛亮七擒孟获的故事前面已经叙及，司马懿打仗的故事主要见于《三国演义》后半部分的第九十四回至第一百零三回的十回书中。曹操时代的司马懿还只是个"年轻参谋"，曾经于曹操平定汉中之战和关羽围困曹仁之战时，两次提出胜敌谋略，可那时他并不带兵。魏明帝曹叡时，他才担任大将军，并多次率兵在祁山一线对抗诸葛亮。创造了"克日擒孟达"、设谋夺街亭、挥军寇西蜀等有名战例。在小说中，他的军事才能虽然有时比诸葛亮还略逊一筹，但也是迭出巧计、善用奇兵的一代帅才。毛泽东曾经说过："司马懿是个了不起的人物……有几手比曹操厉害。"他又说，司马懿"多谋略，善权变，为魏国重臣"。诸葛亮出祁山讨伐魏国，路险粮少，利于速战速决，司马懿看透了这一点，令魏军坚守避战，拖延时日，迫使蜀军粮尽自退，这个战略屡屡奏效。

战场上，诸葛亮和司马懿是对头冤家，论行军布阵、设谋用计，可谓各有所长，旗鼓相当。毛泽东以为两人的作战都是"练兵"，其中包含着他们两人都是以实战来锻炼部队的思想。毛泽东这样讲，也是他"从战争中学习战争"一贯思想的具体发挥，这个思想反映了战争认识中的唯物论主张，坚持了实践第一的观点。

诸葛亮七擒孟获是作战，也是练兵，这把"在战争实践中锻炼部队"的抽象道理讲活了，讲形象具体了，讲得很有历史纵深感。

七擒孟获的故事，本身蕴含着丰富的足可启迪人的才智的思想内容。在革命的漫长岁月中，毛泽东从几个层面上对其进行了挖掘：实行开明的民族政策，妥善处理汉族与少数民族的关系，加强民族团结；在统一战线和革命队伍内部，可以搞八擒八纵，在斗争中求团结，在批评中求团结，以壮大自己的力量，扩大自己的阵线；战胜敌人，注重"攻心为上"，即从政治上、人心向背上，使其心服口服，在其放下武器后辅之以教育改造，使其永不反叛。

虚夸危害很大

> 谈到这里，毛主席又讲起故事来。他说，天下事有真必有假。虚夸古已有之。赤壁之战，曹营号称八十三万人马，其实只有二三十万，又不习水性，败在孙权手下，不单是因为孔明借东风。
>
> 吴冷西：《忆毛主席——我亲身经历的若干重大历史片段》，新华出版社1995年2月版，第109页

毛泽东讲话谈事，喜欢旁征博引。不管讲什么问题，常能从古人那里找到佐证。

1958年11月22日，他与人民日报社总编辑吴冷西谈"浮夸风"问题，不知不觉中又说起了赤壁大战中兵力的虚与实，他说：

> 天下事有真必有假。虚夸古已有之。赤壁之战，曹操号称八十三万人马，其实只有二三十万，又不习水性，败在孙权手下，不单是因为孔明借东风。安徽有个口号，说："端起巢湖当水瓢，哪里缺水哪里浇"，那是作诗，搞水利工程不能那样浪漫主义。

1958年，为了加快我国的社会主义建设，赶超英国，以巩固社会主义制度，毛泽东发动了生产"大跃进"运动。但是，主观愿望虽好，却没有如愿以偿，由于其间许多"左"的做法，"大跃进"以失败告终。其中最大一个弊端，就是刮"共产风"带来的"浮夸风"盛行。从1958年上半年开始，在地方和中央的一些领导部门中出现了严重的浮夸现象。

如6月中旬，召开全国钢铁生产协作会议。6月22日，毛泽东批转了中央冶金部党组关于产钢计划的报告。其中讲到华东地区1958年产钢400万吨，1959年为800万吨。于是，其他大区也相继召开会议，研究产钢计划。从各地区上报的数字看，1959年钢的产量可以超过3000万吨，到1962年

钢的产量可以达到8000—9000万吨以上。这些高指标远远超出了当时钢的实际生产能力。

再如6月19日,华东地区召开农业协作会议,提出今明两年粮食的产量达到每人平均1000斤—1500斤,三年至五年内,达到人均2000斤以上。这个指标,在当时的条件下是难以达到的。可各大区又争先效尤,纷纷召开农业协作会议,不断地提出农业生产的高指标。西北地区提出1962年粮食产量每人平均突破3000斤。

更为可怕的是,这种不切实际的高指标,当时都作为"大跃进"、敢想敢干的先进事例,出现在报刊、广播、会议、文件上。从而造成了一种"大跃进"的形势和气氛。于是,有不少人头脑发热,信以为真。后来在农业战线上不断地传来了"放卫星"的捷报,说河南有一个合作社的小麦亩产7000斤。同时还提出了许多惊人的口号,如"人有多大胆,地有多大产""只怕想不到,不怕做不到"。此时,平均亩产千斤的农业社已是"右倾""保守""落后"了,只有几万斤的才认为是"鼓足干劲"了。

总之,"浮夸风"十分普遍,而且越刮越盛。

这引起了毛泽东的注意。1958年年底,毛泽东在调查研究的基础上,开始纠正"共产风""浮夸风"等"左"的错误。

1958年11月2日至10日,毛泽东在郑州召开有部分中央领导人、大区负责人和部分省市委书记参加的工作会议,史称"第一次郑州会议"。会上,毛泽东作了5次讲话,批评了急于向全民所有制过渡和急于向共产主义过渡的错误倾向。接着,为了贯彻郑州会议精神,毛泽东又于11月21日至27日在武昌召集了中共中央政治局扩大会议。毛泽东在会上指出:"这次会议要唱个低调,把空气压缩一下。"他还批评了"浮夸风":"1958年吹得太厉害,现在要压缩空气,干部作风,要反对浮夸,要老老实实,不要去争虚荣,如扫除文盲,半年一年扫光,谁会相信?"

武昌会议期间的11月22日晚,毛泽东把秘书田家英和人民日报社总编辑吴冷西找去谈话,目的是把压缩空气的精神赶快告诉人民日报和新华社的记者、编辑。

毛泽东说,现在宣传上要压缩空气,不要再鼓虚劲,要鼓实劲,自己不要头脑发热,更不要鼓励人家头脑发热。

他说,"大跃进"当然是好事,但浮夸成风就不好。

毛泽东问田家英和吴冷西,你们看虚报好还是瞒产好?他自己回答:我看瞒产比虚报好。没有打那么多粮食,你硬是充胖子,虚报了产量,结果国家按报的产量征购,多购了过头粮,受害的是农民。瞒产少报,当然也不好，但我很同情。……瞒产了粮食还在，虚报了没有粮食。虚夸危害很大。

说到这里，毛泽东就讲起了前面引述的《三国演义》中"曹营号称八十三万人马"的故事。

《三国演义》第四十回，说曹操决意"扫平江南"，便传令"起大兵五十万"，进犯荆州。接着荆州刘琮投降，曹操接纳降兵二三十万。

第四十二回，刘备说曹军"彼有百万之众"。

第四十二回又描写曹操"计点马步水军八十三万，诈称一百万，水陆并进，船骑双行，沿江而来……寨栅联络三百余里"。

第四十三回，诸葛亮出使东吴时舌战群儒，孙权问他："曹兵共有多少？"孔明说："马步水军，约有一百余万。"孙权说："莫非诈乎？"孔明说："非诈也。曹操就兖州已有青州军二十万；平了袁绍，又得五六十万；中原新招之兵三四十万；今又得荆州之军二三十万：以此计之，不下一百五十万。——亮以百万言之，恐惊江东之士也。"

大概毛泽东说"曹营号称八十三万人马"，即依据小说中第四十二回的描写。当然，这都是小说家的虚拟浮夸。据有的人考证，三国赤壁之战时，曹军人马也就二三十万，不可能有百八十万。毛泽东说的"其实只有二三十万"，是说的史实，而不是小说家的演义。据《资治通鉴》载，周瑜曾说："大家只看到曹操书信中说有水步兵八十万，就害怕起来，不去看清虚实，便主张投降，这太没有道理了。从实际情况看，曹操从北方带来的军队不过十五六万，而且已经疲惫不堪；所得刘表的军队，最多也不过七八万，而且对曹操还抱有疑惧心理。曹操带着疲惫不堪的军队，指挥心存狐疑的降兵，人数虽多，有什么可怕的呢？"（《资治通鉴》卷六十五）周瑜指出曹操的兵力顶多有二十多万，是历史事实。

无论小说上，还是史书上，赤壁之战中曹军的兵力都被夸大了。只有有识之士如周瑜等人，才能"以实校之"。

毛泽东谈纠正"浮夸风"，将这段故事信手拈来。说"号称八十三万，其实只有二三十万"，以证明虚夸这种歪风"古已有之"。当然，目的还是在于以古鉴今，古为今用，说"古有"在于提示"今有"。

说亩产几千斤或上万斤，说钢产量可以成倍翻番，就如同曹军明明是二三十万而硬吹嘘成百八十万一样。

这样做的结果呢？

毛泽东说，曹操在赤壁"败在孙权手下，不单是因为孔明借东风"，那意思是曹操还败于骄傲虚夸，过分看重自己的兵力优势，而低估了孙权和刘备的抵抗力量。

赤壁战前，曹操曾经致信孙权："近者奉辞伐罪，旄麾南指，刘琮束手。今治水军八十万众，方与将军会猎于吴。"字里行间显示出统帅大军南下，席卷荆襄的不凡气势。"今治水军八十万"乃夸饰之辞，目的是展示兵威，恫吓孙权。这封信表现了曹操的非凡气度，同时也反映出他骄矜自恃、盲目轻敌的心理。

自古骄兵多致败，从来轻敌少成功。虚夸骄傲的曹操也难逃劫数，终于惨败于赤壁。

打仗是这个理儿，搞建设也是这个理儿；古代是这样，现今也是这样。

所以毛泽东说安徽的口号"端起巢湖当水瓢，哪里缺水哪里浇"是"作诗"，而搞水利工程"不能那样浪漫主义"。

曹操够"浪漫"的，他把一场恶战说成是一次轻松的会猎；把二三十万人马夸口为"八十万众"，也是在"作诗"。

"浪漫"的"大跃进"是导致残酷的"三年困难时期"的原因之一，其惨重不亚于曹操兵败赤壁。

毛泽东把吴冷西等人找来谈这番话，其意当然在宣传上要"压缩空气"，也就是在新闻战线先扫"浮夸风"，他说，据一些省委反映，《人民日报》在"大跃进"中搞各省进度表（如水利工程完成土石方进度表）、放"卫星"（粮食和钢铁的高产"卫星"）等报道方法，对各地压力很大，结果"你赶我追"，大搞虚夸。这要引以为戒。纠正"共产风""浮夸风"等"左"的错误，一直持续到1959年7月的庐山会议，可惜的是，本来反"左"的庐山会议，开着开着竟因为彭老总的一封信又反起"右"来，中断了对"浮夸风"的纠正。

自古以来就有"虚夸"，毛泽东举出了他最熟稔的"曹营"的例子。

是啊，今人"还要引以为戒"啊！

我也要鞠躬尽瘁

> 毛泽东看了李银桥一眼说:"我也要鞠躬尽瘁,死而后已呢!"
>
> 邸延生:《历史的真实——李银桥在毛泽东身边工作纪实》,新华出版社 2000 年 7 月版,第 741 页

《三国演义》中的诸葛亮之所以给万千读者留下不可磨灭的印象,而且能够千古流传,一方面是因为他聪明过人,多谋善断,是中华民族屈指可数的智谋人物,另一方面也因为他耿耿忠心,可鉴日月,先后辅佐刘备、刘禅父子,忠勤时事,恪尽职守,虽然权倾朝野,却毫无二心,在他身上,几乎集中了封建政治家和封建士子的全部美德人品。因此,他不仅是蜀汉一朝的杰出相才,而且是历代有正义感的从政者心中的楷模。

他留给后人的精神遗产,莫过于"鞠躬尽瘁,死而后已"八个大字。许多人把这八个字作为心中的座右铭,献给人民一片忠心。毛泽东敬佩诸葛亮的才智,更敬重诸葛亮的人格,"鞠躬尽瘁,死而后已"是他衡人约己的一种精神坐标。

鲁迅——做无产阶级和人民大众的"牛"

1942 年的延安,正值抗日烽火遍地燃烧,国家民族仍处于生死存亡之秋。

1942 年的延安,正值中国共产党人进行彪炳史册的"延安整风",担负着历史重任的共产党人决心通过批评与自我批评的武器,洗涤自身的污泥浊水,获得崭新的精神武装。

1942 年的延安,大批文化人——文学家和艺术家云集与此。

延安的文艺人才,有从江西中央苏区和南方根据地随长征而来的,也有陕北土生土长的,但更多的还是来自于白区的人才。不同出身、不同经历、不同专业的文艺人才汇集革命圣地,也带来了不同的文艺观念、思潮和风气,

因此发生了一些有利于抗战和不利于抗战的事情,有新风也有旧习,有振奋也有苦闷,有赞美也有讽刺,有清醒也有困惑……在这种情况下,毛泽东亲自挂帅主持文艺界的整风。整整一个多月,毛泽东都在忙着找文艺界的人士谈话,搜集有关材料,探索理论问题:文艺为什么人的问题,人性与阶级性问题,暴露黑暗与歌颂光明问题,深入生活深入工农兵问题……。

1942年5月间,毛泽东在杨家岭一连召开了三次文艺座谈会,他有两次讲话,这就是收入《毛泽东选集》第三卷的《在延安文艺座谈会上的讲话》,讲话的"结论"部分的临近结尾,毛泽东说:

"鲁迅的两句诗'横眉冷对千夫指,俯首甘为孺子牛',应该成为我们的座右铭。'千夫'在这里就是说敌人,对于无论什么凶恶的敌人我们决不屈服。'孺子'在这里就是说无产阶级和人民大众。一切共产党员,一切革命家,一切革命的文艺工作者,都应该学鲁迅的榜样,做无产阶级和人民大众的'牛',鞠躬尽瘁,死而后已。"(毛泽东:《毛泽东选集》第三卷,人民出版社1991年6月版,第877页)

"鞠躬尽瘁,死而后已",出自《诸葛亮集·后出师表》:"凡事如是,难可逆料,臣鞠躬尽力,死而后已!至于成败利钝,非臣之明所能逆睹也。"

诸葛亮这段话的意思是:凡事都是这样,难以预料。我将谨慎从事,不怕劳苦,尽所有力量去做,到死为止!至于事情的成功或失败,顺利或不顺利,不是我的智慧所能够预先见到的啊。

《三国演义》第九十七回全文引用了《后出师表》。与《诸葛亮集》不同的是,将"鞠躬尽力",改为"鞠躬尽瘁"。后来流传开成为成语的则是《三国演义》中这八个字。毛泽东在文艺座谈会讲话中也引用了这八个字。

这段文章,是诸葛亮劝说蜀国后主刘禅同意他率军伐魏时,所上《后出师表》中的最后一段。公元227年,诸葛亮率领军队北驻汉中,企图完成他的讨伐曹魏、统一中国的夙愿。临行前,曾向刘禅写了一道奏章,名为"出师表"。一年以后,魏国大将曹休,在石亭被吴国大将陆逊打败,魏国的精锐部队都奉命东下,关中空虚。诸葛亮想趁机出兵讨伐魏国,蜀国的官僚们很多都表示反对,小说中诸葛亮要出师伐魏,"诸臣多言未可轻动";诸葛亮力排众议,向刘禅写了道奏章,名为"后出师表"。文中重申了讨伐曹魏的意义,指出了当时的有利形势,一连用了六件事来反驳蜀国官僚们的错误观点,表明自己受刘备托孤的重大责任和尽忠报效的决心。特别是文末表露的"鞠躬尽瘁，死而后已"的忠贞气节，历来颇受人赞赏。

毛泽东引用"鞠躬尽瘁，死而后已"一语，用以勉励文艺工作者必须和新的群众的时代相结合，彻底解决个人和群众的关系，努力为人民服务。

毛泽东举鲁迅的例子，把鲁迅树为"鞠躬尽瘁，死而后已"的楷模，是有深义在的。首先，鲁迅是伟大的文学家，是延安革命文艺工作者的同道，举鲁迅的例子易为听众接受；其二，鲁迅的一生，写作到底，战斗到底，完全配用这八个字作为定评。鲁迅的主要岗位是在文艺战线上，用笔进行战斗。文学家是他的职责。他的主要工作是文学创作、文学翻译、文学编辑和文学教育，他用那支"金不换"的笔，一生写下了上千万字的著作、译著和书信等。最为可贵的是，他的文学事业都是和人民群众的解放事业、革命政党的革命斗争，共同着生命的。他为新民主主义和文化事业贡献了毕生的精力，至死方休。所以毛泽东评价鲁迅是"文化新军的最伟大和最英勇的旗手……新文化的方向。"（毛泽东：《毛泽东选集》第二卷，人民出版社1991年6月版，第697—698页）

做无产阶级和人民大众的"牛"，就要为人民的事业"鞠躬尽瘁，死而后已"。这也就是毛泽东提倡和坚持的共产党的宗旨：完全彻底地为人民服务。鲁迅无论是为文学青年或者为普通苦难的老百姓，还是为革命政党服务，他都不指望什么回报和感激，确是心无杂念。他曾经有一句名言：吃的是草，挤出的是牛奶。这种精神，就是索取的很少很少，给予的很多很多。毛泽东不仅号召文艺界人士，而且提到"三个一切"，就是革命队伍所有的人们，都要有"鞠躬尽瘁，死而后已"的精神。

邹韬奋——真诚地为人民服务

1944年11月15日，延安《解放日报》出版了《邹韬奋先生逝世纪念特刊》，发表了毛泽东特意为悼念邹韬奋所作的题词：

> 热爱人民，真诚地为人民服务，鞠躬尽瘁，死而后已，这就是邹韬奋先生的精神，这就是他之所以感动人的地方。（中共中央文献研究室编：《毛泽东年谱》中卷，人民出版社、中央文献出版社1993年12月版，第538页）

邹韬奋是中国现代著名的新闻记者、政论家和出版家。曾主编《生活》周刊，影响很大，又在此基础上创办生活书店。此外，他还主办过《全民抗战》

《大众生活》《生活星期刊》等刊物。生平著述也很多,有著作《萍踪寄语》《萍踪忆语》等,并有描写自己经历的自传性的著作《经历》《患难余生记》等。

早在1935年年底,当邹韬奋与沈钧儒、章乃器、陶行知等人成立上海文化界救国会,次年又为联合红军、共同抗日上街游行时,远在延安的毛泽东知道了这些情况,就在1936年9月18日给他们四个人写了一封信,向邹韬奋等人表示无限的敬意。信中写道:"先生们抗日救国的言论和英勇的行动,已经引起全国广大民众的同情,同样使我们全体红军和苏区人民对先生们发生无限的敬意!但要达到实际的停止国民党军队对红军进攻,实行停止内战一致抗日,先生们与我们还必须在各方面做更广大的努力与更亲密的合作。"

邹韬奋等读了毛泽东的信,便更加积极倡导和坚定联共抗日的主张。但是,他们的爱国行径却触怒了国民党政府,同年11月,邹韬奋便与沈钧儒、李公朴、章乃器、王造时、沙千里、史良在上海被逮捕,史称"七君子事件"。这在当时是轰动全国的,远在延安的毛泽东也很关注事态的发展。

七七事变以后,蒋介石被迫宣布抗日,释放政治犯,邹韬奋等七人也被释放出狱。邹韬奋出狱后,继续为民族解放、民主政治和进步文化事业而辛勤奔忙。

不幸的是,因劳碌过度,他患上了癌症。他自知来日无多,病将不起,在临终前——1944年6月2日,他口授遗嘱,道出了靠近共产党,坚持民族抗战的心声:"我自愧能力薄弱,贡献微少,二十余年来追随诸先进,努力于民族解放、民主政治和进步文化事业,竭尽愚钝,全力以赴,虽颠沛流离,艰苦危难,甘之如饴。此次在敌后根据地视察研究,目击人民的伟大斗争,使我更看到新中国光明的未来……我心怀祖国,眷念同胞,愿以最沉痛迫切的心情,最后一次呼吁全国团结抗战,早日实行真正的民主政治,建设独立自由幸福的新中国。我死后,希望能将遗体先行解剖,或可对医学上有所贡献,然后举行火葬,骨灰尽可能带往延安。请中国共产党中央严格审查我一生奋斗历史,如其合格,请追认入党,遗嘱亦望能妥送延安。"

同年7月24日,邹韬奋病逝。消息传到延安后,毛泽东也很为他的遗嘱所感动。中共中央经过讨论,根据他的生前要求,决定追认他为中国共产党党员。并在7月28日向其家属发去了唁电,以示哀悼。内称:"韬奋先生二十余年为救国运动,为民主政治,为文化事业,奋斗不息,虽坐监流亡,决不屈于强暴,决不改变主张,直至最后一息,犹殷殷以祖国人民为念,其精神将常在人间,其著作将永垂不朽。"

同年10月11日,周恩来亲自主持在延安成立"邹韬奋同志追悼筹委会",

专门讨论纪念和追悼他的办法。筹委会决定在11月12日召开邹韬奋的追悼大会,因为这一天正是邹韬奋在八年前因主张停止内战、团结抗日而被捕入狱的日子。

11月15日毛泽东特意为邹韬奋作了题词。

邹韬奋追悼大会如期在延安隆重举行。会场里悬挂着毛泽东的题词,《解放日报》出了追悼专刊,延安的华北书店改名为"韬奋书店",陕甘宁边区政府还设立了韬奋出版奖金,基金定为一千万元,专门用来奖励对办报纸、杂志及出版发行事业有特别成绩的人。

1949年夏天,当邹韬奋逝世五周年的时候,正在筹备中国各界政治协商会议的毛泽东,不禁又想起了他,于是肃然命笔,为他作了题词——"纪念民主战士邹韬奋"。

邹韬奋的一生,是从著名爱国民主人士到真正共产党人的一生,是真诚地为人民服务的一生。越到晚年,越到生命的终结,他的努力越令人感动,他的精神越迸射出灿烂的光芒。他甚至想到死后将遗体贡献出来供医学研究,不存纤毫的私利私念,真正做到了心里只有千千万万大众,唯独没有自己。毛泽东借用诸葛亮"鞠躬尽瘁,死而后已"的话来评价邹韬奋的一生,邹先生是完全称得起的!

孙中山——为改造中国耗费了毕生精力

1956年11月12日,是孙中山先生诞辰九十周年,毛泽东写了《纪念孙中山先生》的文章。其中写道:

> 他全心全意地为了改造中国而耗费了毕生的精力,真是鞠躬尽瘁,死而后已。(毛泽东:《建国以来毛泽东文稿》第六卷,中央文献出版社1992年1月版,第242页)

孙中山是中国资产阶级民主革命的伟大先驱。早在1894年,他就上书李鸿章提出革新政治的主张,被拒绝后即赴檀香山组织兴中会,组织武装起义失败后继续在国外开展革命活动。1905年在日本组成同盟会,被推举为总理;确定了"驱除鞑虏,恢复中华,建立民国,平均地权"的资产阶级革命政纲,提出三民主义学说;创办《民报》,宣传革命,同当时的中国改良派激烈论战。此后,联络各方面革命力量,多次发动武装起义。1911年10月10日武昌起义,各省纷纷响应。12月19日,被十七省代表在南京推选为中华民国临时大总统，几天后在南京建立中华民国临时政府，宣誓就职，1912年1月底组成临时参议院。2月13日，因革命党人与袁世凯妥协，被迫辞去大总统职务。3月临时参议院通过孙中山主持制定的《中华民国临时约法》。1913年3月，袁世凯派人刺杀宋教仁，孙中山起兵讨袁失败。后前往日本建立中华革命党，两度发表讨袁宣言。1917年孙中山在广州召开国会非常会议，组织护法军政府，当选为大元帅，誓师北伐。1918年将中华革命党改组为中国国民党。1920年回广东，次年就任非常大总统。1922年因陈炯明叛变，退居上海，屡经失败，陷入困境。

俄国十月社会主义革命的胜利和中国共产党的成立，给了他新的希望。在中共和苏俄共产党的帮助下，决心改组国民党。1924年1月在广州召开中国国民党第一次全国代表大会，实行联俄、联共、扶助农工的三大政策，把旧三民主义发展成为新三民主义。1924年11月，应邀北上讨论国事，提出"召开国民会议和废除不平等条约"两大号召，同帝国主义和北洋军阀做斗争。1925年3月在北京逝世，遗嘱主张"必须唤起民众，及联合世界上以平等待我之民族，共同奋斗"。

毛泽东在纪念孙中山先生九十周年诞辰时，概括地指出了他的三大历史贡献：在中国民主革命准备时期，同改良派做了尖锐斗争，是中国革命民主派的旗帜；在辛亥革命时期，领导人民推翻帝制，建立共和国；在第一次国共合作时期，把旧三民主义发展为新三民主义。

孙中山先生为了改造积贫积弱的中国，虽屡经失败，但屡败屡战，不屈不挠，愈挫愈奋，生命不息，奋斗不止。他具有站在正面指导时代潮流伟大历史人物的伟大品格。毛泽东在"鞠躬尽瘁，死而后已"前面加上"真是"二字，表达了他对孙先生耗费毕生精力于民主革命事业的由衷敬佩。

毛泽东——我也要鞠躬尽瘁

身体力行，是毛泽东青年时期就倡导的人生哲学。他提倡"鞠躬尽瘁，死而后已"，不只是要求别人，衡量别人，自己也奉行到底。

1959年4月5日，八届七中全会结束，毛泽东就要离开上海了，湖北省委副秘书长梅白到专列上看望他，卫士长李银桥也在侧。三个人谈了一阵，其中讲到"人定胜天"问题，毛泽东说："我提倡'人定胜天'，要充分发挥人的主观能动性。上井冈山时只有几个人，可是后来建立了新中国。"

李银桥在一旁附和道："这全靠了主席的英明指挥，靠了共产党人的艰苦奋斗！"

毛泽东说:"指挥也不是我一个人,吃苦也是大家一起吃。"

梅白说:"这是要有很坚定的革命精神的……"

"我们要尊重科学。"毛泽东又说,"张文白先生在湖北时建议我少过问具体事,多考虑方向性的问题,不要以个人的意志代替大多数人的思考,但我不放心。"

梅白走后,李银桥对毛泽东说:"主席,我看《三国》上的诸葛亮就是太操心了,不管大小事他都操心;你,你也得多保重身体……"

毛泽东看了李银桥一眼,说:

"我也要'鞠躬尽瘁,死而后已'呢!"(邱延生:《历史的真言——李银桥在毛泽东身边工作纪实》,新华出版社2000年7月版,第741页)

毛泽东本人也以诸葛亮的"八个字"为人生价值取向和行为准则。

诸葛亮"大事小事都操心",不仅正史有记载,而且小说也有描述。《三国志·蜀书·诸葛亮传》说其"开府治事……政事无巨细,咸决于亮。"《三国演义》第一百零三回写孔明与魏将司马懿对阵于五丈原。司马懿问蜀军使者:"孔明寝食及事之烦简若何?"使者说:"丞相夙兴夜寐,罚二十以上皆亲览焉。所啖之食,日不过数升。"司马懿回头对诸位将领说:"孔明食少事烦,其能久乎?"蜀军中主簿杨颙也劝诸葛亮:"丞相常自校簿书,窃以为不必。夫为治有体,上下不可相侵。……今丞相亲理细事,汗流终日,岂不劳乎?"孔明流着泪说:"吾非不知。但受先帝托孤之重,惟恐他人不似我尽心也!"清人毛宗岗批书至此,挥笔写道:"正是鞠躬尽瘁之意。"

毛泽东和诸葛亮同是一把手,位高权重责任大,都在"超负荷运转"。他们把个人的主观能动性发挥到了极致。张治中(字文白)先生劝毛泽东"少过问具体事",李银桥卫士长劝毛泽东"多保重身体",都看出了毛泽东政务繁重操劳过度的一面。但毛泽东是使命感责任感相当强的人,他明知操心操劳是在"透支生命",也明知"亲理细事,汗流终日"的诸葛亮因积劳成疾而病死前线,但他抱定了"我也要鞠躬尽瘁"的宗旨,这正是他精神世界的伟大之处。

毛泽东念念不忘诸葛亮"鞠躬尽瘁,死而后已"的格言,给我们指示了鲁迅、邹韬奋、孙中山这些实践"八个字精神"的楷模,他自己何尝不是这样的伟大人物呢!

"鞠躬尽瘁,死而后已",这应该永远置诸我们座右!

叶参座舌战群儒

> "大家知道吗，董必武同志为这场斗争取了名字，叫'叶剑公舌战群儒'，我说嘛，就叫'叶剑英舌战群儒'，'公'也好，'英'也好，总之打了个大胜仗。"毛泽东越说越高兴……
>
> 张丁、张兵：《领袖身边的军事高参》，电子科技大学出版社1993年4月版，第64页

《三国演义》赤壁之战前，有一段展示诸葛亮军事外交才能的故事：出使东吴，舌战群儒。

诸葛亮是刘备的"军师"，即现在部队的参谋长。

1940年，叶剑英时任八路军总部的参谋长。"叶参座"——毛泽东这样称呼他。他也像军师诸葛亮一样，有一段"舌战群儒"的经历。后来，此事被毛泽东在七大期间赞扬为"立了大功，打了大胜仗"。

时隔一千七八百年，诸葛军师和叶参座都曾经"舌战群儒"。毛泽东以诸葛军师之舌战而喻叶参座之舌战，那么，二者的"舌战"都是怎样的情形呢？

《三国演义》对诸葛亮"舌战群儒"有一段精彩描写：

（鲁）肃乃引孔明至幕下。孔明逐一相见，各问姓名。施礼已毕，坐于客位。张昭等见孔明丰神飘洒，器宇轩昂，料道此人必来游说。

张昭先以言挑之曰："昭乃江东微末之士，久闻先生高卧隆中，自比管、乐。此语果有之乎？"

孔明曰："此亮平生小可之比也。"

昭曰："近闻刘豫州三顾先生于草庐之中，幸得先生，以为'如鱼得水'，思欲席卷荆襄。今一旦以属曹操，未审是何主见？"

孔明自思张昭乃孙权手下第一个谋士，若不先难倒他，如何说得孙权，遂答曰："吾观取汉上之地，易如反掌。我主刘豫州躬行仁义，不忍夺同宗之基业，故力辞之。刘琮孺子，听信佞言，

暗自投降，致使曹操得以猖獗。今我主屯兵江夏，别有良图，非等闲可知也。"

昭曰："若此，是先生言行相违也。先生自比管、乐——管仲相桓公，霸诸侯，一匡天下；乐毅扶持微弱之燕，下齐七十余城：此二人者，真济世之才也。先生在草庐之中，但笑傲风月，抱膝危坐。今既从事刘豫州，当为生灵兴利除害，剿灭乱贼。且刘豫州未得先生之前，尚且纵横寰宇，割据城池；今得先生，人皆仰望。虽三尺童蒙，亦谓彪虎生翼，将见汉室复兴，曹氏即灭矣。朝廷旧臣，山林隐士，无不拭目以待：以为拂高天之云翳，仰日月之光辉，拯民于水火之中，措天下于衽席之上，在此时也。何先生自归豫州，曹兵一出，弃甲抛戈，望风而窜；上不能报刘表以安庶民，下不能辅孤子而据疆土；乃弃新野，走樊城，败当阳，奔夏口，无容身之地：是豫州既得先生之后，反不如其初也。管仲、乐毅，果如是乎？愚直之言，幸勿见怪！"

孔明听罢，哑然而笑曰："鹏飞万里，其志岂群鸟能识哉？譬如人染沉疴，当先用糜粥以饮之，和药以服之；待其腑脏调和，形体渐安，然后用肉食以补之，猛药以治之：则病根尽去，人得全生也。若不待气脉和缓，便投以猛药厚味，欲求安保，诚为难矣。吾主刘豫州，向日军败于汝南，寄迹刘表，兵不满千，将止关、张、赵云而已：此正如病势尪羸已极之时也。新野山僻小县，人民稀少，粮食鲜薄，豫州不过暂借以容身，岂真将坐守于此耶？夫以甲兵不完，城郭不固，军不经练，粮不继日，然而博望烧屯，白河用水，使夏侯惇、曹仁辈心惊胆裂：窃谓管仲、乐毅之用兵，未必过此。至于刘琮降操，豫州实出不知；且又不忍乘乱夺同宗之基业，此真大仁大义也。当阳之败，豫州见有数十万赴义之民，扶老携幼相随，不忍弃之，日行十里，不思进取江陵，甘与同败，此亦大仁大义也。寡不敌众，胜负乃其常事。昔高皇数败于项羽，而垓下一战成功，此非韩信之良谋乎？夫信久事高皇，未尝累胜。盖国家大计，社稷安危，是有主谋。非比夸辩之徒，虚誉欺人：坐议立谈，无人可及；临机应变，百无一能。——诚为天下笑耳！"

这一篇言语，说得张昭并无一言回答。

诸葛亮凭三寸不烂之舌，一连挫败了江东名士张昭、虞翻、步骘、薛综、陆绩、严畯、程德枢等人的轮番进攻，释难答疑，唇枪舌剑，口若悬河，滔滔不绝。打击了东吴主和投降派，巩固了孙刘联盟，坚定了东吴君臣的抗曹决心。

我们再看叶剑英的"舌战"：

事情起因于蒋介石及其幕僚们在国民党第一次反共高潮失败后精心策划的一个阴谋——

1939年12月，蒋介石怂恿阎锡山两个军四个旅在日军五千余人的配合下，在山西进攻由中共领导的抗日决死队，摧残当地的抗日民主政权，杀害大批共产党员和进步分子；在陕甘宁边区，国民党军队攻占了边区所属的宁县、镇远等县城，国民党绥德专员何绍南组织保安队攻打八路军。1939年冬至1940年年初，蒋介石明火执仗，下令三十九集团军石友三部进攻冀南等地区我驻军，下令九十七军朱怀冰部进攻太行区八路军总部。

面对严峻的形势，我抗日军民对来犯者以迎头痛击：在山西粉碎了阎锡山的进攻，把专搞摩擦的何绍南部赶出了绥德警备区，1940年又消灭了朱怀冰部三个师。蒋介石精心策划的第一次反共高潮被粉碎了。

但蒋介石并不死心，千方百计寻找借口，要对共产党及其军队再度下手。

1940年2月底，中共南方局军事组在重庆接到国民政府军事委员会的通知，邀请十八集团军参谋长叶剑英和新四军参谋长张云逸参加全国军以上参谋长会议。会议主题是检讨1939年年底至1940年年初冬季攻势的作战问题。

蒋介石知道：新四军参谋长正在江北前线指挥对日寇的作战，无法赶来重庆参加会议；叶剑英参加会议也是孤军奋战。

蒋介石召开全国参谋长会议的真实意图，是准备利用这次会议宣布十八集团军的"罪状"。主要罪状是"游而不击""袭击友军、包庇叛军""制造摩擦""破坏军令政令"。

为此，蒋介石连续召见国民党的各军参谋长，向他们面授机宜，要他们对叶剑英群起而攻之，在全国掀起规模更大的反共高潮。

如此险恶的用心，立即激起所有同志的极大愤慨，叶剑英挥动拳头，一字一顿地对大家说了八个字："针锋相对，坚决反击！"

恰在这时，传来了延安的指示：毛主席完全同意叶剑英赴会，并要求做好准备，将计就计，利用这次会议揭露国民党的反共阴谋，对他们的诬陷之词坚决给予回击！

情况紧急，军事组的同志日夜加班，整理资料，收集证据，分析形势，研究对策，由雷英夫执笔为叶剑英写了个材料，准备在蒋介石讲话后再完成最后发言稿。

全国军以上参谋长会议于3月初的一天，在重庆召开了。会议室内，一百多名将军济济一堂。叶剑英扫视会场，形势很明朗，是一百比一。他不动声色，他的特点是每临大事有静气。

蒋介石走入会场，穿一身戎装，在主席位置上站稳，目光阴郁又不失犀利地扫一眼将军们，将两手轻轻一压："坐吧。"话音未落他自己先坐下了。

会议由军委会参谋次长刘斐主持，他特意宣布，参加会议人多，每人发言不超过30分钟。

叶剑英自然明白这规定的弦外之音，那是让国民党的声音充斥整个会议，而代表共产党的叶剑英只能有30分钟的发言机会。他更清楚地看到了蒋介石的预谋。

蒋介石开始训话，他以严厉的口气宣布会议宗旨："今年冬季攻势，打得不好，没有完成任务。"在用阴森冷峻的目光环视会场之后，提高了嗓门："据很多人向我报告，这次打得不好的原因，主要是十八集团军游而不击、袭击友军、掩护叛军、破坏抗战、制造摩擦等不法行为造成的。当然咯，情况是否属实，我们是要调查的，我们要整肃军纪！"

蒋介石戛然而止，眼光盯着叶剑英的座位，他不太长的训话如一个动员令，会场上一些人顷刻鼓噪起来，第一个跳起来发言的是天水行营的盛文。

他说："我们第二战区没能完成任务，是因为新军叛变，而十八集团军公开掩护他们，反过来袭击我军，不让民众与我军接近，致使我军处境十分困难。冀察战区的鹿钟麟、石友三、朱怀冰等，也都分别受到十八集团军的袭击，我完全拥护蒋委员长要彻底追查责任，严整军令军纪的决策。"

一俟盛文气呼呼地坐下，第二战区参谋长楚溪春、冀察战区参谋长黄百韬、第三十四集团军参谋长罗泽闿等拍案而起，他们或侃侃不绝，或吵吵嚷嚷，内容只有一个，历数十八集团军的"罪状"，要求讨伐十八集团军。

蒋介石城府深，始终绷紧一副面孔，只是用眼神对杀伐者表示同情、赞赏和鼓励。

久经沙场的叶剑英面对强手，表现出惊人的冷静和沉默。他一天没发言。然而，包括蒋介石在内的国民党将军们都明白，叶剑英不会沉默，眼下的沉默愈久，反而愈增添几分令人生畏的气氛。

散会回来，叶剑英立即召集军事组开紧急会议，针对会议上国民党对我军的攻击研究对策，调整补充已经准备好的材料。

第二天，会议轮到叶剑英发言时，会场陡然一静。与会者虽然各怀心思，却个个拭目以待，要看叶剑英如何过此一关。

"委员长，我想讲两个问题。一是作战问题，二是摩擦问题。"叶剑英望定蒋介石,两个人目光碰撞,各无退缩,彼此点点头算是打了个平手。

叶剑英是儒将,发言兼有文人的儒雅和武将的声威,慷慨而不失仪,激昂而不忘礼。

"首先谈作战问题。众所周知,华北战场是整个抗日战场的重心。从战略上讲,十八集团军坚持在华北抗战,在这个战场不斗争一天也待不住,怎么可能游而不击呢?必然要同敌人做全面斗争!"

蒋介石垂下眼帘做静听状,然而,从黄埔军校时期就与蒋介石打交道的叶剑英明白,蒋介石的习惯是,心里"怦然"才会耷拉下眼皮听人讲话。

"十八集团军在极其困难的条件下,坚决按照中共中央和蒋委员长的抗战命令积极奋战,花费巨大代价获得了辉煌成绩,计比较大的战斗二千六百八十九次,歼敌八万余人……"叶剑英侃侃道来,总结出几十个数字。蒋介石几次掀眼皮,终于又垂下来。对这些数字他否也不是,不否也不是。叶剑英有言在先,这是按照了蒋委员长的抗战命令,一言不慎就要自打耳光。

"在国民党军委会政治部印发的《敌伪广播》中,有共同社一篇广播稿,称阿部中将是日本的'名将之花',在和我十八集团军'三天惨烈的血战中,做了悲壮无比的牺牲',日本'全军将士,莫不切齿痛恨,立誓尽歼共军,以飨阿部中将之英灵。'……"叶剑英借日本人之口又借蒋介石之口:"由于十八集团军战功卓著辉煌,多次受到蒋委员长和军事委员会的嘉奖……"

叶剑英边说边取出一份份嘉奖电大声宣读。读罢,将目光左扫、右扫、横扫一大片:"很多人报告十八集团军游而不击,委员长的通令嘉奖你们是没看到还是别有用心?"

"嘀铃"一声,主持会议的军委会参谋长刘斐按响电铃,用官腔宣布:"按照规定,30分钟的发言时间已到。"

叶剑英并不看刘斐,只盯紧蒋介石:"委座,你要求彻查的问题我还没讲完。怎么办?"

蒋介石的目光再次与叶剑英相遇,这一次他没能坚持住,避向一边,望住刘斐:"这样子吧,继续讲下去吧。"

"我讲的第二个内容是摩擦问题。"叶剑英首先承认各战区和集团军所提出的摩擦事件是抗战中的一个严重问题,而后分析摩擦原因。讲到国民党张荫梧勾结日伪军进攻十八集团军时,蒋介石猛地掀起眼皮:"有这回事吗?"

"有!"叶剑英马上把缴获张荫梧和日伪勾结的来往电文和信件的照片从皮包里拿出来,一件一件宣读,然后双手呈递蒋介石过目。

蒋介石低头一件件审视信件,看毕,气急败坏地"嘿"出了声,这不能不是他情绪颓丧的失态。

这一来，全场顿时哗然，那些尚有民族之心的将军们便趁势轰然而起，大骂张荫梧与汉奸无二致，对十八集团军表示同情。叶剑英整整讲了一个半钟头，讲话之后，那些比较正直、以民族利益为重的将军们率先起立表示敬意。情绪是可以传染的，在一片桌椅错动声中，起立的人越来越多，已经是绝大多数。

蒋介石不由自主地抬起屁股，他起立得很慢，并且愠怒地瞪了一眼何应钦。何应钦急中生智，马上又瞪了一眼刘斐。刘斐还算有眼色，立刻宣布"散会"。

这声宣布太突兀，太急促，蒋介石还是觉得丢了面子，不等侍从为他披上斗篷便拂袖而去。本来，他计划将这次会议作为讨伐共产党、八路军的动员会的。没想到竟然被叶剑英赢了主动，唱了主角，他十分恼怒一些不争气的部下，使他的计划不能如期实施。

蒋介石愤怒也罢，气恨也罢，他的计划宣告失败了。这次反共高潮终于推迟了半年多的时间，这为共产党、八路军的发展壮大赢得了时间，使我军为挫败蒋介石的阴谋有了足够的准备。

叶剑英那天参加会议归来，一进门，新四军参谋处长肖正岗便蹦了起来，喊着："嘿，打了个大胜仗！"同志们闻声涌来，将他围在中间急切询问。肖正岗手舞足蹈，绘声绘色地给大家进行"实况转播"。

事后，董必武眯着眼，胡子在嘴角欢快地蠕动着说："叶参座，打了个大胜仗，这叫作叶剑公舌战群儒。"

全国参谋长会议以后，叶剑英把他的发言稿和会议的情况给中共中央写了一个报告。毛泽东非常赞赏，把叶剑英在会上的发言批给延安的中央领导同志看。毛泽东批道："这是1940年3月，叶剑英同志在全国参谋长会议上的讲话，请同志们看一看，这个讲话得到了广大的同情。"（齐鹏飞：《毛泽东与共和国将帅》，红旗出版社1995年11月版，第155页）

皖南事变后，叶剑英奉调回延安任军委参谋长，他对雷英夫说："你跟我回延安去，我给你安排个合适位置。"

叶剑英和雷英夫回到延安八路军总部。有一次，毛泽东因雷英夫的文章写得好，对叶剑英说，要见一见雷英夫。那天在王家坪的晚会上，三个人在一起谈话，毛泽东抬眼望一下叶剑英，想起什么似的问雷英夫：

"哎，听叶参座讲，他舌战群儒那篇稿子是你写的？"（李智舜：《毛泽东与开国少将》，中共中央党校出版社1997年1月版，第103页）

"我动了动笔,其实算不得我写。"雷英夫见毛泽东认真打量自己,忙做解释:"方针、政策和策略是毛主席党中央制定的,报纸和文件上都有。以此为核心,结合南方斗争实际,这种结合是周副主席、叶参谋长和南方局完成的,也都早写成文字,我只是抄抄写写、剪剪贴贴,一晚上就赶出来的,好粗糙。这可不能算我写出来的呀——"

"哈哈哈,"毛泽东笑了起来。望一眼叶剑英:"天下文章一大抄,啊?就看会抄不会抄。叶参座立了一大功,也有你一份儿。文章我看过,抄抄是有,还有写写嘛,也不全是抄,方针、政策定了,你当然不能另搞一套,但全部文章的完成,你还是抄得少,写得多嘛。"

1945年4月,中国共产党在延安召开七大。

在预备会议上,毛泽东又一次提到了这篇由雷英夫代叶剑英写的讲话稿。他在稿子封面写了标题:"1940年3月初叶剑英同志在全国参谋长会议上的报告"。毛泽东再次称赞了叶剑英,他说:"七大的工作方针是'团结一致,争取胜利'。过去我们团结了一切可以团结的人,包括蒋介石、国民党,我们都进行合作,搞了统一战线。"接着他举例说,既团结,又斗争,有理、有利、有节的方针,在全国参谋长会议上得到了很好体现。

"大家知道吗,董必武同志为这场斗争取了个名字,叫'叶剑公舌战群儒',我说嘛,就叫'叶剑英舌战群儒','公'也好,'英'也好,总之打了个大胜仗。"毛泽东越说越高兴,忽然发现有点跑了题,把身子略向后一靠,侧脸对身边的朱德说:"舌战群儒,是叶剑英对革命的一大功劳。"

七大选举中央委员时,毛泽东提议把叶剑英选入中央委员会。

毛泽东强调说:

"叶剑英在历史上有两大功劳:在草地上反对张国焘搞分裂,救了我的命,救了红军的命,救了党的命。抗战时期,'叶剑公舌战群儒',获得了绝大多数人的同情,为我军赢得了时间,这是个大胜仗。他这篇发言,建议参加七大的各战区负责人都看看。我说此人大事不糊涂。"

毛泽东讲了话,叶剑英自然就进了中央委员会。

从 1940 年的全国参谋长会议到 1945 年的中共的七大，毛泽东多次赞扬叶剑英"舌战群儒"，此事一时传为佳话。

关于诸葛亮"舌战群儒"，毛泽东曾经在 1957 年 6 月 7 日说过这样一段话：

"三国时关张（指关羽、张飞——引者注）开始因孔明年轻不服气，刘劝说也不行，没封他官，因封大封小都不行，后派孔明到东吴办了一件大事，回来后才封为军师。"（尹家民：《将军不辱使命》，解放军文艺出版社 1992 年 6 月版，第 153 页）

诸葛亮舌战群儒

孔明"办了一件大事"，就是出使东吴，"舌战群儒"说服主降派，建立孙刘联盟，共同抗曹。

毛泽东以"舌战群儒"嘉许叶剑英，是因为他"舌战群儒"挫败了专搞"摩擦"反共的顽固派，巩固了抗日民族统一战线，为中国革命立了一大功。

诸葛亮面对的是江东众多文士，叶剑英面对的是国民党的百名将军。

叶剑英以其文韬武略，进行了有理、有利、有节的斗争。

诸葛亮胜利后被刘备"封为军师"，叶剑英胜利后被毛泽东提议选为中央委员。

梁人刘勰在评论春秋战国纵横家外交论说的作用时，曾经说道："一人之辩，重于九鼎之宝；三寸之舌，强于百万之师。"

诸葛亮和叶剑英的"舌战群儒"，何尝不是三寸舌胜百万师呢！

毛泽东关注军事外交，珍视口才、文才、人才，喜欢《三国演义》人物诸葛军师的能言善辩，更喜欢爱将叶参座唇枪舌剑挫强敌。

彭老总临危受命

> 毛泽东背着手望着满天繁星，沉思良久后说："……我们的彭大将军，可说是受命于危难之际啊！相信他一定能打好这次抗美援朝、保家卫国的战争的！"
>
> 雷英夫、陈先义：《统帅部参谋的追怀》，江苏文艺出版社 1994 年 1 月版，第 172 页

"受任于败军之际，奉命于危难之间。"这句成语表达的意思是：在危急困难的时候接受任命，担当重任。

大军统帅毛泽东于危难之时点将命帅，好引此语深庆得人，并寄托干城之望。

这条成语出自《三国志·蜀书·诸葛亮传》所载的《出师表》。后来罗贯中著《三国演义》，于第九十一回全文引用了《出师表》，遂使此条成语流传更为广泛。

有论者以为，此句成语实指诸葛亮两件事："受任"句指刘备当阳败后，诸葛亮出使东吴，联吴抗曹；"奉命"句指刘备夷陵败后，白帝托孤诸葛亮辅佐后主刘禅。但笔者细读《出师表》原文，觉得两句应指前一件事。请看原文：

> 臣本布衣，躬耕南阳，苟全性命于乱世，不求闻达于诸侯。先帝不以臣卑鄙，猥自枉屈，三顾臣于草庐之中，谘臣以当世之事，由是感激，遂许先帝驱驰。后值倾覆，受任于败军之际，奉命于危难之间：尔来二十有一年矣。

诸葛亮《出师表》中所说的"倾覆"，即指刘备在建安十三年（208）的当阳惨败，从这时到蜀后主建兴五年（227）诸葛亮上表准备出祁山伐魏时，恰恰 21 年。当阳之时，刘备集团确实处于"败军之际"和"危难之间"。《三

国演义》第四十二回描写诸葛亮出使东吴时对刘备说："事急矣，请奉命一行。"寥寥一语，表明刘备集团已到了危急存亡之秋，也表明诸葛亮确是临危受命。

在毛泽东的爱将中，享临危受命殊荣者，彭总当算第一。

1950年10月4日，一架飞机轰鸣着降落在西安机场。中央派专机接彭德怀到北京参加中央政治局会议。这次会议研究派志愿军出国抗美援朝问题。中共中央和毛泽东决定派彭德怀率中国人民志愿军赴朝参战。

1950年6月27日，美国总统杜鲁门发表声明，公然入侵朝鲜。又命令美国海军第七舰队开进中国的台湾海峡，与蒋介石勾结侵占了中国的台湾。在此严重的形势下，6月28日中华人民共和国主席毛泽东发表讲话，指出："全世界各国的事务应由各国人民自己来管，亚洲的事务应由亚洲人民自己来管，而不应由美国来管。""中国人民既不受帝国主义的利诱，也不怕帝国主义的威胁。"同日，中华人民共和国政务院总理兼外交部部长周恩来发表声明指出："杜鲁门二十七日的声明和美国海军的行动乃是对于中国领土的武装侵略，对于《联合国宪章》的彻底破坏。"

毛泽东估计朝鲜战局会发生重大的曲折变化，于8月27日给远在西北主政西北局的彭德怀发去一电，说："德怀同志，为了应付时局，现须集中12个军以便机动（已集中了4个军），但此事可于9月底再作决定，那时请你来京面商。"从这个电报可以看出，毛泽东对彭德怀非常信任，或许，此时毛泽东已在物色出兵朝鲜时统帅百万志愿大军的人选。

9月15日，"联合国军"总司令麦克阿瑟，从日本与太平洋地区集中七万余兵力在海、空军的运送、掩护下，在朝鲜的西海岸仁川港登陆，将朝鲜人民军的后方交通线拦腰截断。此时，在洛东江布防的美军和南朝鲜军队约10个师，配合仁川登陆部队向北进攻，形成南北夹击之势。人民军腹背受敌，后方供应断绝，遭受严重伤亡，被迫后撤。以美军为首的"联合国军"乘胜前进，于9月28日攻占汉城。美国参谋长联席会议指示麦克阿瑟：假设俄国人或中国人没有宣布进行干涉的意图或没有进行实际干涉，可越过三八线，消灭北朝鲜军队。

狂妄自大的麦克阿瑟认为中国国内战争刚刚结束，战争创伤尚未恢复，不可能出兵援朝与美军作战。10月1日，麦克阿瑟发出"最后通牒"，要求朝鲜人民军无条件"放下武器停止战斗"。朝鲜民主主义人民共和国金日成主席向毛泽东紧急提出：在敌人进攻三八线以北地区的情况下，急盼中国人民解放军直接出动援助作战。

朝鲜战争威胁着中国的安全。

10月1日，入夜，中南海颐年堂的会议厅里，毛泽东主席和中共中央领导人正在紧张严肃的气氛中，讨论朝鲜民主主义人民共和国面临的严重局势和出兵朝鲜问题，一直到天亮。

就是在这天夜里，麦克阿瑟命令南朝鲜军队首先越过了三八线向北进攻。

10月2日凌晨2时，毛泽东电召东北军区司令员兼政委高岗来京面商朝鲜局势，并下令边防军随时待命出动。同时，毛泽东致电斯大林，告诉我国决定出兵朝鲜事宜。

10月2日下午，中共中央书记处在颐年堂开会。毛泽东认为出兵朝鲜已是万分火急，由于驻东北的十三兵团原属四野，所以原拟派林彪率军入朝，但林彪不大赞成出兵，称病推辞。毛泽东把眼光放到了彭德怀身上。

彭德怀当时是中央军委副主席、解放军副总司令。具有几十年的征战经验，深受全军将士爱戴，由他挂帅出征，是最理想的人选。于是，毛泽东、中央书记处遂决定改派彭德怀挂帅。毛泽东要周恩来火速派专机去西安接彭德怀来北京，参加准备于4日召开的政治局扩大会议。

10月4日下午4时，彭德怀到了中南海，随周恩来进入颐年堂会议厅。毛泽东看到彭德怀到来，十分高兴，马上说："你来得正好，美军已开始越过三八线了，现在正讨论出兵援朝问题，请你准备谈谈你的看法。"

彭德怀坐定，发现会议的气氛很不寻常。他来京前，脑子里装的是如何建设开发大西北，并没有出兵援朝的思想准备，这时只好侧耳静听。从几个同志的发言中，他才知道对支援朝鲜有不同意见。有的主张不出兵，或暂不出兵，理由主要是：国内战争创伤急待医治，部分地区尚未解放，新解放区尚未进行土地改革；我军的武器装备远远落后于美军，更无制空制海权；经过长期战争，有些干部和战士有和平厌战思想；等等。基于上述情况，参加会议的多数人认为出兵问题应慎重从事。

毛泽东在会议最后讲了一段话："你们说的都有理由，但是别人处于国家危急时刻，我们站在旁边看，不论怎么说，心里也难过。"

第二天上午9时左右，彭德怀应约到中南海。因4日下午政治局会议上彭德怀未发言，毛泽东想听听他的意见。

彭德怀到毛泽东的办公室，两人在沙发上坐下，毛泽东说："老彭，昨天你没来得及发言。我们确实存在严重困难，但是我们还有哪些有利条件呢？"

彭德怀说："主席，昨天晚上我反复考虑，赞成你出兵援朝的决策。"

毛泽东又问："你看，出兵援朝谁挂帅合适？"

彭德怀问："中央不是已决定派林彪同志去吗？"

毛泽东谈了林彪的情况后说："我们的意见，这担子，还得你来挑，你思想上没这个准备吧？"

彭德怀沉默片刻，说："我服从中央的决定。"

毛泽东略带感慨地讲："这我就放心了。现在美军已分路向三八线北冒进，我们要尽快出兵，争取主动。今天下午政治局继续开会，请你摆摆你的看法。"

10月5日下午，中央政治局在颐年堂对是否出兵援朝问题再次进行讨论。毛泽东对参加会议的同志说：

"我和恩来、少奇、朱总等同志商量了一下，想让彭德怀同志率兵出征。我也与彭德怀同志谈了，他慨然允诺。好吧，德怀同志，我谢谢你，中国人民谢谢你。你是临危受命哪，有你去我们就放心了。"

彭德怀讲了自己的观点，即：出兵援朝是必要的，打烂了，最多就等于解放战争晚胜利几年。可是，如让美军摆在鸭绿江岸边和台湾，它要发动侵略战争，随时都可以找到借口。如让美国占领了朝鲜半岛，将来的问题更加复杂，所以迟打不如早打。

政治局会议结束后，毛泽东对彭德怀说："给你10天做准备，出兵时间初步预定10月15日。"

10月6日，在军委常委扩大会议上，林彪发言继续反对出兵援朝。散会后，周恩来带着雷英夫步行回西花厅，途中遇到在中南海散步的毛泽东主席。毛泽东连忙问："会议开得怎么样啊？"周恩来说："多数同志对出兵意见比较统一，只有少数同志有不同意见。"接着，他把林彪的意见逐条向毛泽东作了汇报。

毛泽东背着手望着满天繁星，沉思良久后说："个别人的反对无碍大局，历史照样前进，革命照样胜利。我们的彭大将军，可说是受命于危难之际啊！相信他一定能打好这次抗美援朝、保家卫国的战争的！"

10月8日，中国人民革命军事委员会主席毛泽东发布命令：任命彭德怀同志为中国人民志愿军司令员兼政治委员。

1950年10月8日上午，彭德怀根据毛泽东的命令与高岗率临时指挥所人员乘飞机到沈阳。9日上午，彭德怀和高岗在沈阳召集志愿军军以上干部开会，宣布中央出兵援朝的决定，彭德怀在会上讲话说："敌人是机械化部队，有空军和海军的支援，进攻速度很快，我们要和敌人抢时间。中央派我到这里来，也只是三天前才决定的。"彭德怀要求各军克服困难，在10天之内，完成一切出国作战的准备工作。

面对危局，彭德怀心急如焚。为使志愿军在地面兵力上占绝对优势，以保初战获胜，他在和十三兵团领导人邓华、洪学智等详细研究了志愿军入朝部署方案后，致电毛泽东："原拟先出动两个军、两个炮师。恐鸭绿江铁桥被炸毁，不易集中优势兵力，失去战机。故决定将4个军3个炮兵师全部集结江南待机歼敌，改变原定计划，妥否盼示。"毛泽东立即回电同意。

10月11日，彭德怀率领临时指挥所人员抵安东。不顾连日疲劳，翌日即前往鸭绿江北岸察看渡江地点，听取驻军领导汇报部队渡江准备情况。

10月18日清晨，彭德怀、高岗再次乘专机返回北京。此时平壤已被敌人包围，危在旦夕。在18日召开的中央会议上，毛泽东最终决断说："现在敌人已围攻平壤，再过几天敌人就进到鸭绿江了。我们不论有天大的困难，志愿军渡江援朝不能再变，时间也不能再推迟，仍按原计划渡江。"

21日，彭德怀渡过鸭绿江到朝鲜。从此，他指挥志愿军在朝鲜大战美李军队，直到打得美国这一世界头号强国彻底低下头来，乖乖坐到谈判桌前为止。

战火烧到了家门口，新生的中华人民共和国确实处于"危难之际"啊！"谁敢横刀立马？唯我彭大将军。"毛泽东此时是否想到了千年前于事急境危之时毅然出使东吴的诸葛军师，不得而知；但他浓缩引用诸葛军师"受命于危难之际"一语，却恰如其分地表明了对彭老总的无比信任，评价了彭老总困危之时勇挑重担、保家卫国的国士风度。

抗美援朝，彭老总挂帅出征，林彪不赞成出兵，可林彪也有临危受命之时，只不过要把时间提前5年。

那是抗日战争刚刚胜利的时候，国共两党都看好了东北地区，纷纷调动部队，抢占黑土地。不过中共中央棋高一着：1945年9月14日政治局决定，由彭真、陈云、程子华、伍修权、林枫组成东北中央局，立即奔赴东北展开工作。

9月19日，中共中央为了进一步加强东北局的领导力量，决定派李富春、林彪、罗荣桓、张闻天、高岗等军政要员赴东北工作。

此时，中央刚刚任命林彪任山东军区司令员，赴任途经河南濮阳境内，接到中央"万万火急"的新任命电报，林彪立即改道奔东北而去。

为了抢占胜利果实，蒋介石一方面电令八路军禁入关东，一方面调兵遣将，将大量精锐部队由美军飞机和军舰从空中和海上赶运东北。

蒋介石还以"接收主权"的名义，任命名将杜聿明为东北保安司令长官，将东北三省划分为九省，同时设立东北行营，作为国民党政府在东北地区的最高统治机构，任命熊式辉为行营主任。

国共双方为以东北做战略基地，展开了一场空前激烈的争夺战。

中共中央军委接连发布七道命令，命令晋察冀、冀热辽解放区的八路军部队向内蒙古和关外进军；命令冀热辽军区司令员李运昌率部迅速向辽宁进军；命令东北地区的吕正操、张学思、万毅等人各率所部进军东北城市。此外，中共中央还决定派万毅率足够组建100个团的干部先行奔赴东北开辟地方工作。在短短的10个月内，中共中央派往东北的中央委员和候补中央委员多达20人。

中央的所有方针策略都围绕着一个目标：实现占领东北的勃勃雄心。

中央决定派林彪到东北去接替彭真的工作。毛泽东对林彪寄予了很大希望，他对罗瑞卿说过：

"受任于乱军之际，奉命于艰难之间。只有林彪去了才可以把东北的党、政、军、民各方面统一起来。"（少华、游胡：《林彪这一生》，湖北人民出版社1994年8月版，第154页）

10月中旬，林彪从陆路风尘仆仆来到沈阳，受到彭真、陈云等人的热烈欢迎。他们下榻在沈阳三经街博物馆内。

彭真向林彪介绍了东北的形势。东北境内，我军已集结13万人，分别来自山东、冀东、晋察冀、冀鲁豫、太行、晋绥、太原、华中等解放区，部队番号，武器装备，组织形式，千差万别。指挥机关对各部队的战斗力也不摸底，长途跋涉，未经整训，部队思想也乱。更为严重的是，部队缺少武器装备，平均3个人才1支枪。驻守沈阳的苏军原先答应将缴获的日军枪支弹药移交我军，但是没有兑现。国民党方面则在东北地区集结了7万全部美式装备的精锐之师，在东北保安司令杜聿明的指挥下，即将向山海关发起进攻。

黄克诚向林彪汇报了东北地区严峻的形势，他指出："部队目前遇到'七无'，即无地方党组织，无群众组织，无政权，无后方，无粮食，无经费，无鞋袜衣服，因而士气受到很大影响。"

"沧海横流，狂澜既倒。"彭真用这八个字概括了当时的形势。

林彪经过两年休养，一对眼睛熠熠发光。他引用《孙子兵法》上的话，对大家说道："'聚三军之众，投之于险，此谓将军之事也。'山海关一战势在必打，我主要管军事，这是最紧迫的。地方工作由你们和马上要赶到的罗荣桓同志负责。"

1945年10月31日，东北人民自治军总部正式成立，林彪任总司令，彭真、罗荣桓任第一、第二政委,统辖主力部队10万多人。林彪抓住时机,对东北自治军进行扩编、整训,壮大力量。

到12月底,东北自治军兵力已达22万多人。同月,东北人民自治军改称东北民主联军。联军总指挥部为适应战争形势的需要,分为前方指挥部和后方指挥部。林彪率"前总"在辽西前线指挥作战,罗荣桓则主持"后总"的工作。

林彪作为东北地区我军最高指挥官和主要决策者,胆量、魄力和见识确有过人之处,功不可没。

解放战争时期,1945年冬我们进军东北的部队是十万多人,经过三年,到1948年12月部队进关时是一百多万人。带十万人进去,带一百多万人回来,建立了东北那么大的解放区。当然,这不是林彪一个人的功劳,但是林彪是主要负责人,也不能抹杀这一点。

彭德怀在抗美援朝战争中,林彪在东北解放战争中,都没有辜负毛泽东的信任,没有辜负党和人民的重托。危难之时担大任,沧海横流有英雄,与当年诸葛军师出使东吴,丹青同辉。

毛泽东曾经说过:"林彪打仗刁、狠,彭德怀打仗勇、韧。这两个人叫蒋介石头疼得很哩!"(权延赤:《卫士长谈毛泽东》,北京出版社1989年5月版,第375—376页)因此,每于艰险之际,危难之间,他自然想到彭、林二将,也就在情理之中了。

毛泽东视彭、林二人负战争指挥责任为"奉命于危难之际",一是赞扬其临危受命,奋勇争先,解民倒悬,报国临倾的壮士气节,二是指出其所面临的困难艰辛,非有大志气大毅力之人不能完成使命,克臻成功;三是表达了对部下统军作战、驾驭战争能力的信任,和敢于以革命、国家命运相托的倚重。

蕴含着很深的战略战术

> 毛主席说:"那不行,对三国要多看,起码看三遍。……《三国》里有许多战例,蕴含着很深的战略战术。"
>
> 张素华、边彦军、 吴晓梅:《说不尽的毛泽东》上卷,中央文献出版社、辽宁人民出版社 1993 年 12 月版,第 430 页

从题材上说,《三国演义》是政治历史小说,也是反映军事斗争的战争小说。《三国演义》描写了尖锐复杂云谲波诡的政治斗争,以及由政治斗争激化而演变成的波澜壮阔连绵不断的战争生活。从这个侧面讲,这是一部形象化的百年战争史。它提供给读者的是色彩斑斓的战争画卷,给人以庙堂运筹,沙场用谋,排兵布阵等多方面的军事斗争智慧的启迪。

毛泽东大半生是在革命战争中度过的,读《三国演义》,他的关注点不能不放在从书中汲取军事斗争智慧方面。

第一本军事教科书

有资料表明,《三国演义》是毛泽东早在少年时代就接触并熟读的第一本描写战争、具有丰富军事斗争知识的文学读物。

> "《三国演义》算我读到的第一本军事教科书吧。"

说这话时,毛泽东正走在转战陕北的路上,时间是 1947 年 6 月,地点在田次湾附近。

这年春节后,胡宗南调动了 23 万人马,气势汹汹向延安进犯,企图一举消灭中共中央首脑机关。毛泽东、周恩来、任弼时见强敌袭来,带领中央纵队和部分警卫部队,在陕北高原的沟沟峁峁上与敌人兜圈子。

甩开了追击而来的七个半旅的敌人,毛泽东决定在田次湾就地休息。在

取暖的火堆旁,毛泽东与周恩来、任弼时谈起了小时候如何读《三国演义》:

毛泽东说:"小时候我喜欢看《三国》,读起来就放不下。"

毛泽东又说:"《三国演义》算我读到的第一本军事教科书吧。"(权延赤:《卫士长谈毛泽东》,北京出版社1989年5月版,第180页)

说这话时,毛泽东身边只有两万之众,而敌人却有二十余万,与十倍的敌人周旋,只有像《三国演义》中的诸葛亮、周瑜、曹操等辈那样以智取胜。

毛泽东视《三国演义》为军事教科书,这并非首次。

据叶永烈记载:早在井冈山时期,毛泽东的部队攻打茶陵县的高陇圩,闯进谭延闿的老家。谭延闿曾是清末进士,后来出任湖南省都督、湘军总司令。在谭家的藏书中,毛泽东得到了一套《三国演义》。虽说他早年多次读过《三国演义》,眼下再读,却别有新意,从中可以学习许多作战经验。所以,毛泽东曾说:"这真是拨开云雾见青天,快乐不可言。"

这时的毛泽东读《三国演义》,绝不是为了消遣,为了文学欣赏,"从中学习作战经验"是最主要最直接的目的。(叶永烈:《历史选择了毛泽东》,上海人民出版社1992年7月版,第103页)

延安时期的1942年4月,毛泽东建议身旁警卫员多看《解放日报》,并教导他们可看小说。那时,延安出版了《三国演义》。毛泽东说:

"《三国演义》很有意思,你看看人家是怎么打仗,怎样布置兵力的。"(董述秋、王涛:《我们在毛主席身边》,广东人民出版社1978年版)这里的"人家",当然是指三国各方著名的军事统帅、军事将领。看《三国演义》以求我军将士明白"怎么打仗,怎样布置兵力",当然是抗日期间的读书课题,这是不言而喻的,从中也透露出毛泽东读此书的着眼点。

当然,这首先取决于《三国演义》是一部充满军事斗争知识和智慧的书,是一部形象的军事教科书。自从它问世以后,读者便自觉不自觉地从中汲取适用于军事斗争的某些组织形式、军事谋略和道德观念。

封建统治阶级的政治家和军事家们,常常把《三国演义》看成普及型的三国时期军事学,从中学习军事斗争谋略。据有关资料记载,清朝开国者努尔哈赤、皇太极父子主要是靠一部《三国演义》打天下的,运用其中的计谋都相应有效。如他们模仿曹操、诸葛亮厚待降将的做法,明文规定:对来降者论功叙用,"凡一品官以诸贝勒女儿妻之,二品官以国中大臣女儿妻之",在收买洪承畴等明朝降将时收到奇效。再如皇太极效仿三国中的离间计,离间明朝崇祯皇帝和镇边大将袁崇焕的关系,使崇祯误杀大将,自毁长城。这些事例,说明《三国演义》中的智谋对满洲贵族夺取天下起了很大作用。据陈康祺《郎潜纪闻》中载,"罗贯中《三国演义》,多取材于陈寿、习凿齿之书，不尽子虚乌有也。"崇德、顺治时，敕命大学士翻译此书，"国初，满洲武将不识汉文者，类多得力于此。"清初，武臣征战，往往参照《三国演义》中的战争记述，甚为得力。

明清以来，不仅封建统治者重视《三国演义》中的军事斗争经验，不少农民起义领袖也都把《三国演义》中的军事谋略作为自己作战的指导。明末著名的农民起义领袖李自成、张献忠、李定国，以及清代太平天国领袖洪秀全等，就经常阅读《三国演义》，把其中的战争描写当作战例来研究，作为行军布阵的参考。

黄摩西在《小说小话》中记载："张献忠、李自成及近世张格尔、洪秀全等初起，众皆乌合，毫无纪律，其后攻城略地，伏险设防，渐有机智，闻其皆以《三国演义》中战术为玉帐唯一之秘本。"

清人刘銮《五石瓠》中说："张献忠日使人说《三国》、《水浒》诸书，凡埋伏攻袭皆效之。"

张德坚在那本污蔑太平天国革命的《贼情汇纂》中也提道："贼之诡计果何所依据？盖由二三黠贼采稗官野史中军情仿之，行之往往有效，遂宝为不传之秘诀。其裁取《三国演义》、《水浒传》为尤多。"

明末李定国随李自成起义，后转战西南，有"蜀人金公趾在军中，为说《三国演义》。"李定国表示要努力学习关羽、张飞、姜维的为人，像他们那样治军带兵。（徐鼎：《小腆纪年》）

自从《三国演义》开始流传，其中的军事斗争内容，就积极地影响着渴求军事知识的读者。毛泽东把《三国演义》作为军事教科书，从中学习军事斗争知识和战争艺术，并劝别人也做这样的学习，应该说事有必至，理有固然。这因为，《三国演义》客观上包含着丰富深刻的军事知识，也因为毛泽东的战争生涯非常需要这样的知识。

蕴含着很深的战略战术

作为大军统帅，作为革命战争的领导者和组织者，毛泽东研读《三国演义》，较多地是从战争故事里来深察蕴含着的战略战术，用于指导现实的军事斗争。

1957年，毛泽东赴苏联参加各国共产党莫斯科会议，翻译李越然随从前往，据他回忆：

"有一次,他(指毛泽东——引者注)和郭沫若在一起纵谈三国,我在旁边。郭老是大历史学家了，因此他们说得非常热烈。谈着谈着，毛泽东突然问我，李越然同志，给你提个问题，你说诸葛亮和曹操这俩人，谁厉害？当时我很尴尬，不知如何是好。我只好说，主席，我对《三国》只有一些非常浅薄的知识性的了解。毛泽东说，那不行，对《三国》，要多看，起码看三遍。又说，《水浒》也要起码看三遍。《三国》里有许多战例，蕴含着很深的战略战术；《水浒》里有许多辩证法，祝家庄怎么打进去的，主观主义就不行。"（张素华、边彦军、吴晓梅：《说不尽的毛泽东》，中央文献出版社、辽宁人民出版社1995年5月版，第427页）

1957年，毛泽东早已是大国政治领袖，在领导大规模的社会主义经济建设，他已远离了战争。但他此时说《三国演义》的许多战例中"蕴含着很深的战略战术"，应该理解为这是战争年代读《三国演义》给他留下的深刻印象和独到体会。

《三国演义》描写了大大小小的战例上百个，哪些战例蕴含着很深的战略战术呢？早在1936年12月，毛泽东写作《中国革命战争的战略问题》时，就在文中指出：

"楚汉成皋之战、新汉昆阳之战、袁曹官渡之战、吴魏赤壁之战、吴蜀夷陵之战、秦晋淝水之战等等有名的大战，都是双方强弱不同，弱者先让一步，后发制人，因而战胜的。"（《毛泽东选集》第一卷，人民出版社1991年6月版，第204页）

毛泽东在这里一共举了六个战例，其中三个发生在三国时期。1938年5月，毛泽东在延安抗日战争研究会讲演，成文即后来的《论持久战》一文，其中再次引用了这三个战例，可见印象之深。对这三个战例，《三国演义》都有重彩浓墨的描绘。书中从第三十回到第三十三回中，从第四十三回到第五十回，从第八十一回到第八十四回，共用十八回描写了这至关重要的"三大战役"。《三国演义》描写了上百次大大小小的战役和战斗场面，群雄兴灭都在这些战争中实现，三国势力的崛起和衰亡也系于战争的胜败。在诸多战役中，关系到三国历史全局的，即造成三国鼎立局面的决定性大战役，恰恰是毛泽东列举的这三个。

官渡之战、赤壁之战和夷陵之战，它们的结局都反映了"双方强弱不同，弱者先让一步，后发制人，因而战胜"的共同的军事规律，它们还蕴含着各自的丰富的战略战术：

官渡之战可说是曹操的立国之战。这是曹操力克群雄后，与虎踞北方的军阀袁绍的战略决战，战胜袁绍奠定了曹操雄踞中原不可动摇的地位。处于敌强我弱劣势地位的曹军，尽管陷入兵少粮尽的危险境地，但敢于坚持下去，利用袁绍的好谋无断、骄傲轻敌和指挥失误，轻兵奇袭，烧掉袁军赖以生存的粮食，导致其内部惊扰混乱，再乘机发动攻势，大获全胜，使兵多粮足的袁绍从此一蹶不振。这个战例充分说明了战略防御的必要性和主观指导正确的重要性。

赤壁之战是形成三国鼎足而立的决定性大战，孙刘联军遏制了曹操越过长江统一中国的战略攻势。在一场波澜壮阔错综复杂的大战中，以诸葛亮和周瑜为代表的联盟双方的协作和矛盾，攻守两家的隔江斗智，两军阵前各派势力的穿梭外交，连环计、苦肉计、诈降计、火攻计……举不胜举，目不暇接，而且都描述得曲尽其妙，有声有色。

夷陵之战，是孙刘联盟走向破裂，导致三家维护均衡，保持并存局面，直至三国归晋的战役。此战，弱小的吴军采取了"避其锐气，击其惰归"的积极防御作战方针，直拖得蜀军"兵疲意沮，计不复生"，才乘蜀军连营七百里的错误阵势，使用火攻，打得刘备折将损兵，元气大伤。

除举足轻重的"三大战役"外，《三国演义》还成功地富有创造性地写了许多次战役，其中有不少是合乎军事斗争客观规律的。例如怎样变被动为主动，改劣势为优势；怎样以弱胜强，以少胜多；怎样利用地形、地物、兵力、物力，使它们最大限度地发挥作用；怎样利用敌人内部矛盾来各个击破；怎样把军事斗争和政治斗争结合起来，争取同盟；等等。这些，都会给读者以政治经验和军事经验，使其头脑精明起来，提高智谋水平。

毛泽东不满足于对《三国演义》的"知识性了解"，主张通过战例学习其战略战术，而且在实际生活中率先做到了这一点。他一生中胜利指挥了那么多漂亮的大战役，其中不能说没有对《三国演义》中战略战术的借鉴。

看战争、看外交、看组织

毛泽东读《三国演义》，他并不单纯就战争论战争，就军事谈军事。他的战争视野有广阔的领域，他的军事学是宏观军事学。

据薄一波回忆："对于《三国演义》，毛泽东同志评价很高。他对我说：看这本书，不但要看战争，看外交，而且要看组织。"（苏杨：《中国出了个毛泽东》，解放军出版社1991年4月版，第230页）

应该说，战争、外交、组织这三者是互相联系的。从这相互联系的三个方面读《三国演义》,是个读书的大视角。《三国演义》从黄巾起义战争写起,到司马氏集团灭亡东吴的战争结尾,写了近百年(184年黄巾起义至280年吴亡)的近百场战事,对东汉末年以来各派政治集团间的角力斗智作了淋漓尽致的描写,集中了诡谲奇妙的斗争艺术,堪称权力斗争、外交斗争和军事斗争的百科全书。

看战争。《三国演义》中所写的军事谋略和实战战术,都可以从古代兵书特别是《孙子兵法》《三略》《六韬》中找到根据,可以说是中国古代军事学的形象教本。激烈残酷连绵不断的军事斗争,使汉末群雄至魏、蜀、吴三方都网罗了大批智谋之士,他们善于审时度势,"运筹帷幄之中,决胜千里之外,"每陈战策,常称引兵法以佐证。《三国演义》广泛运用了古代兵法和古代战例的各种原则和具体战法,在此基础上创造了不少史无前例的计策谋术。据有人整理,其胜敌招法近四百条,可谓洋洋大观的军事谋略集大成之书。毛泽东强调从《三国演义》书中"看战争",乃至当之论。

看外交。三国各方都有一些杰出的外交家。其外交实践中的纵横捭阖,确有"凭三寸不烂之舌,抵百万之兵"的效果。突出的例子是诸葛亮的"舌战群儒"促成了孙刘统一战线的建立。三国外交上很有一些明智之举,特别是蜀国军师诸葛亮制定的"东联孙权,北拒曹操"的外交方略,即联合可以联合的力量,打击主要敌人的战略思想,是十分高明的。《三国演义》中的外交斗争,多数与军事斗争相配合,甚至就是军事行为的部分内容,也就是军事外交。

看组织。毛泽东强调的"看组织",就是重视网罗各方面人才,尤其是勇武之士和智谋之士,组成政治集团和军事集团的骨干班底;就是"外来干部"和"本地干部"团结相处,拧成一股绳,和于国和于军而后开战。三国之主各能用人,曹操、刘备、孙权在思贤若渴量能授任上有共同点。刘备的"三顾茅庐"和善待益州士人,已经成为千古绝唱。

毛泽东读《三国演义》的"三看",着眼于夺取革命战争胜利的主要方面。《孙子兵法》谋划战争胜利,强调"五事七计",强调"道、天、地、将、法"诸种因素。战略战术、外交斡旋和组织人事诸项,两军交战者不可不察,读《三国演义》者不可不晓。毛泽东可谓深晓此中三昧。

《毛泽东故土家族探秘》一书的作者指出:

"《三国演义》是毛泽东读过的第一部'军事著作',在一定程度上,以'兵书'的形式深远地影响了毛泽东。这部'兵书'中,形象地再现了大大小小数百次战例,闪烁着智慧与艺术之光,尤其是孔明与周瑜的用兵技巧,无疑深为毛泽东信服而在他自己的用兵中有意无意地运用了。毛泽东军事艺术内蕴很深,《三国演义》肯定对这种艺术的形成起了重要的作用。"

这个结论是令人信服的,在毛泽东读《三国演义》的实践中,可以找到大量根据。

《三国演义》中多处讲到偷袭打埋伏

> 毛泽东深吸了一口烟:"《三国演义》中,多处讲到偷袭、打埋伏。在敌强我弱的形势下,你们是不是先给敌人打圈子,牵着它的鼻子转,等它疲劳了,再设法消灭它的有生力量。"
>
> 李慎明:《纵马湘赣》,解放军文艺出版社1993年5月版,第193页

毛泽东在中央苏区时,于第三次反"围剿"之后,便受到"左"倾路线在政治上和组织上的排挤,罪名主要是"狭隘的经验主义""中农路线"、"右倾保守"等。其中一个具体罪状是他打仗中推行"三国主义路线",这在《说我凭着〈三国演义〉指挥打仗》一文里已有叙述。但毛泽东并不因此"改悔",他坚信自己借鉴《三国》中的战术于红军的游击战争是正确的,即使在受到打击的情况下,还是坚持这一立场。

1933年,在中华苏维埃共和国第二次代表大会期间,博古和李德等要听取王震(当时任红十七师政治部主任)关于湘赣苏区军事工作的汇报,讨论湘赣苏区第五次反"围剿"的作战方针。

事后,王震去见毛泽东。

毛泽东住处的门口是一株挺拔高大的槐树,遒劲的树枝在寒风中抖动。和原来在叶坪一样,毛泽东住的仍是里外套间,里间供休息用,外间摆几把竹椅,几个长条凳,作会客室。

毛泽东虽然更加消瘦了,但眼睛仍然是那样炯炯有神。"汇报的情况怎么样呢?"王震刚坐下,毛泽东便问。

"根本就不让我汇报完,这不,我的汇报提纲,您看看!"

毛泽东接过汇报提纲,手里燃着一支烟,翻看着。"很好呀!你的汇报提纲很好呀!"毛泽东说,"听了你的汇报后,参加会的领导同志作了哪些指示呢?"

"讲了不少,但中心意思是短促突击,以堡垒政策反对堡垒政策!"

毛泽东轻敛眉峰，沉思了一会儿问王震："堡垒对堡垒？敌人有多少人？多少枪？你们有多少人？多少枪？堡垒对堡垒你们摆得满吗？你们的司令部又摆在哪个堡垒上呢？"

王震说："是呀，敌人兵多枪多，我们和它兵将相对，怎么也对不过！"

"你看过《三国演义》没有？"

"没有看过，但我和那些大学生流亡武汉时期，听那些大学生讲过，三英战吕布、舌战群儒、出师表、六出祁山等，知道一点！"

毛泽东深吸了一口烟：

"《三国演义》中，多处讲到偷袭、打埋伏。在敌强我弱形势下，你们是不是先给敌人打圈子，牵着它的鼻子转，等它疲劳了，再设法消灭它的有生力量。消灭它的办法，可以不可以用偷袭、打埋伏，截击敌人的行军纵队，找它的腰部或尾部打？总之，还是要用那个'十六字诀'。千万不能硬攻。尤其是北方军队善守，他们做工事，你们便不要打了。只有这样，你们才能保住一整块地盘，为红十七师返回湘赣苏区准备个立脚之地。不过，有人批我说，打埋伏是三国主义路线。我说，《三国演义》在青少年时期看过，多年来没有再看了，但印象还很深就是了。我的这番话，你回去，可如实转达给任弼时同志。其他无关同志，就不要讲喽！"

王震点了点头，又问道："那李德、博古同志讲的堡垒对堡垒怎么办？"

毛泽东当即回答："当然也要转达，我的是我个人意见，他们的是代表中央和中央军委的意见。"接着，毛泽东又问到湘赣苏区的其他情况。

王震从中央苏区带回了毛泽东的"三国战术"，使湘赣苏区的红军在处境相当困难时，取得了全歼敌军一个旅的重大胜利。

诚如毛泽东所言，以描写众多政治集团间的军事斗争为主线的《三国演义》，战事连绵，兵争不断，但战法用得最多、最频繁的正是偷袭和伏击。细算起来，全书一百二十回，写伏击作战竟达八十余次，写偷袭作战的战例也为数不少。这些伏击和偷袭作战，形式多样，内容丰富，形象地反映了古代战争中两军斗智斗勇的生动场面，使读者可以从中领悟出因敌制变、灵活用兵的奥秘。

《三国演义》中的埋伏和偷袭战例，不少写得十分精彩：

诸葛亮初出茅庐第一次用兵，是抵抗十万曹兵进犯新野，此次他用的就是伏击战法，且看小说第三十九回他的兵力部署：

忽报曹操差夏侯惇引兵十万，杀奔新野来了。……孔明令曰："博望之左有山，名曰豫山；右有林，名曰安林：可以埋伏军马。云长可引一千军往豫山埋伏，等彼军至，放过休敌；其辎重粮草，必在后面，但看南面火起，可纵兵出击，就焚其粮草。翼德可引一千军去安林背后山谷中埋伏，只看南面火起，便可出，向博望城旧屯粮草处纵火烧之。关平、刘封可引五百军，预备引火之物，于博望坡后两边等候，至初更兵到，便可放火矣。"——又命于樊城取回赵云，令为前部，不要赢，只要输。

刘备此时的兵力只有三五千人，诸葛亮据以抵抗十万曹兵，采用的战法是典型的伏击战：在博望坡的高山密林中埋伏起来，配以火攻。战局发展正如孔明所料，夏侯惇大败亏输，"收拾残局，自回许昌"去了。

其实，这次打了败仗的曹兵，也是惯于运用伏击战的。小说第三十一回，曹操的重要谋臣程昱就曾献了一条"十面埋伏"的计策。书中说，官渡之战后，曹操整顿军马，渡过黄河，直追袁绍。袁绍也不甘心自己的失败，又聚集河北四州之兵，在仓亭下寨，欲同曹军决一死战。曹操与诸将商议破绍之策，程昱献了一条"十面埋伏"之计。他劝曹操退军于河上，伏兵十队，引诱袁绍前来，"我军无退路，必将死战，可胜绍矣"。曹操照计行事，调遣十队兵马，分头埋伏，然后以许褚为先锋，前去诱敌。袁军杀出后，许褚回军便走，诱敌追到河边。这时，曹军各路伏兵迭次杀出，直杀得袁兵"军马死亡殆尽"，一败涂地。

《三国演义》也有把偷袭和伏击交织在一起来描写的。书中第二十二回中，张飞设计擒刘岱，就是一个二者结合的典型故事。刘备打败袁术，第二次占领徐州后，又策动袁绍起兵讨伐曹操。曹操闻讯大惊，一面亲领大军迎击袁绍，一面命刘岱、王忠二将打着"丞相"的旗号讨伐刘备。那刘岱、王忠怎敌得过武艺高强的刘、关、张，王忠刚上阵就被关羽活捉了。张飞一见关羽立了头功，也对刘备立下誓言，要"生擒刘岱"。书中写道：

却说刘岱知王忠被擒，坚守不出。张飞每日在寨前叫骂，岱听知是张飞，越不敢出。飞守了数日，见岱不出，心生一计：传令今夜二更去劫寨；日间却在帐中饮酒诈醉，寻军士罪过，打了一顿，缚在营中，曰："待我今夜出兵时，将来祭旗。"却暗使左右纵之去。军士得脱，偷走出营，径往刘岱营中来报劫寨之事。刘岱见降卒身受重伤，遂听其说，虚扎空寨，伏兵在外。是夜张飞却分兵三路，中间使三十余人，劫寨放火；却教两路军抄出他寨后，看火起为号，夹击之。三更时分，张飞自引精兵，先断刘岱后路；中路三十余人，抢入寨中放火。刘岱伏兵恰待杀入，张飞两路兵齐出。岱军自乱，正不知飞兵多少，各自溃散。刘岱引一队残军，夺路而走，正撞见张飞，狭路相逢，急难回避，交马只一合，早被张飞生擒过去。余众皆降。

张飞传令"劫寨"是偷袭；刘岱"虚扎空寨，伏兵在外"是伏击；张飞"兵分三路"，一路劫寨放火，两路包围夹击，是反伏击。各种战法交织在一起，煞是好看。

毛泽东赞赏《三国演义》中的偷袭和伏击战法，因为这些战法可借用来为革命游击战争服务。偷袭和伏击作战，是以少胜多、以弱胜强的有效战法。它的特点是斗智而不是斗力。小说中偷袭和伏击战运用得那样普遍、广泛和经常，正反映出冷兵器时代军事家以智取胜的一个突出特点。

俗话说："明枪易躲，暗箭难防。"采取偷袭和伏击战法就在于可以巧妙地利用有利的天候和地形条件，射出"暗箭"，给敌人以突然打击。劣势之军欲战胜优势之敌，不可不讲战术上的突然性。

从井冈山到中央苏区，毛泽东等人率领的红军与国民党白军比较，是十分弱小的，战略上处于劣势。从实战当中，毛泽东摸索了整套开展革命游击战争的战略战术，著名的"十六字方针"就产生于井冈山的军事斗争中。红军常用的"口袋战"，就是伏击战的通俗叫法。1934年10月，中央革命军事委员会印发了毛泽东撰写的《游击战争》小册子，其中第二章《游击战术》，就论述了"袭击驻止和行动的敌人"的办法。这本小册子是对红军游击战法的一个总结。

在此前后，毛泽东与王震大谈《三国演义》中偷袭和伏击战法，显然是为了佐证红军游击战术的正确性，是对以共产国际军事顾问李德为首的军事领导集团推行"左"倾盲动军事路线的抵制与批判。李德等以弱小的红军去与强大的敌人打"堡垒对堡垒"的堂堂之阵，显然是不合时宜的，是以卵击石的错误战法，他们的战法终于使红军几乎百分之百地丢掉了根据地，被迫实行战略大撤退——进行二万五千里长征。

"左"倾教条主义者竟嘲笑毛泽东"打埋伏是三国主义路线"，这只不过是愚者对智者的嘲笑罢了。

弱者先让一步

> ……袁曹官渡之战、吴魏赤壁之战、吴蜀夷陵之战、秦晋淝水之战等等有名的大战，都是双方强弱不同，弱者先让一步，后发制人，因而战胜的。
>
> 毛泽东：《中国革命战争的战略问题》，《毛泽东选集》第一卷，1991年6月版，第204页

读《三国演义》，谈兵论战，人们最易提起的是三国的"三大战役"，就是官渡之战、赤壁之战和夷陵之战。这"三大战役"，正史里有详细记载，《三国演义》里有精彩描写，反映了丰富的战争实践经验和战略战术。

1936年前后，毛泽东经过长征到达陕北的保安。这时，从1927年秋收起义算起，正好经历了10年的第二次国内革命战争。他耗费相当多的精力，研究战略问题，总结中国革命战争的经验和规律，写作了《中国革命战争的战略问题》著名的军事著作，其中写道：

> "（春秋时期的齐鲁长勺之战）虽然是一个不大的战役，却同时是说的战略防御的原则。中国战史中合此原则而取胜的实例是非常之多的。……袁曹官渡之战、吴魏赤壁之战、吴蜀夷陵之战……有名的大战，都是双方强弱不同，弱者先让一步，后发制人，因而战胜的。"（毛泽东：《毛泽东选集》第一卷，人民出版社1991年6月版，第204页）

进入抗日战争以后，1938年5月，毛泽东又写作了《论持久战》的论兵名篇。在列举战例时，他再次提到三国时的"三大战役"：

> "主观指导的正确与否，影响到优势劣势和主动被动的变化，观于强大之军打败仗、弱小之军打胜仗的历史事实而益信。中外

历史上这类事情是多得很的。中国如……袁曹官渡之战、吴魏赤壁之战、吴蜀夷陵之战、秦晋淝水之战等等……是以少击众，以劣势对优势而获胜。都是先以自己局部的优势和主动，向着敌人局部的劣势和被动，一战而胜，再及其余，各个击破，全局因而转成了优势，转成了主动。在原占优势和主动之敌则反是；由于其主观错误和内部矛盾，可以将其很好的或较好的优势和主动地位，完全丧失，化为败军之将，亡国之君。"（毛泽东：《毛泽东选集》第二卷，人民出版社1991年6月版，第491页）

这就从战略高度总结了"三大战役"的历史经验。本文只讨论毛泽东对官渡之战的分析，关于赤壁之战、夷陵之战将有另文探讨。

《三国演义》从第三十回到第三十三回写曹操战官渡，败袁绍，定冀州。小说叙述，汉献帝建安五年（200），袁曹双方为争夺中原，在官渡（今河南中牟县东北）展开大战。那时袁绍势力强大，"遂起冀、青、幽、并等处人马七十余万，复来攻取许昌"（第二十九回）。曹操处于劣势，地盘远没有袁绍大，兵将远没有袁绍多，只"起兵七万，前往迎敌"（第三十回）。兵力对比是十比一，袁绍显然占上风，处于优势。这是小说渲染夸张，官渡之战时，实际上袁军是十万，曹军是两万，实力是五比一。不管怎么说，袁强曹弱是很明显的。

建安四年（199）初，袁绍经过几年战争，消灭了困守易京的公孙瓒，军队增加到几十万，先后占有幽、冀、青、并四州，统治中心在邺城，成为北方最强大的割据势力。四州中冀州人口众多，农业发达，是人力物力的补给基地。袁绍同北面的乌桓、鲜卑等族保持着和亲关系，后方较为稳定，居于进可以攻、退可以守的有利地位。

曹操占据着兖州和豫州，统治中心在许昌。他镇压青州黄巾军后，收编其中精锐，成为一支独立的武装力量。建安元年（196），他把汉献帝接到许昌，在政治上可以假借汉王朝的名义，号令天下，所谓"挟天子以令诸侯"。在北方，他是可以跟袁绍相抗衡的唯一力量。但是，兖州比较狭小，豫州受战争的摧残十分严重。曹操为了摆脱不利处境，一方面利用朝廷的名义对割据势力加官晋爵，进行拉拢分化；另一方面又在许昌招募逃亡农民，进行屯田。曹操的这些措施，对解决军粮和巩固后方，起到了一定作用。

曹操以七万左右的兵力决心抗击袁绍，并力争战略上的主动。官渡是许昌北面的门户。曹操鉴于袁绍兵多，强弱悬殊，便从黄河岸边主动后退一步，选择有利于己、不利于敌的官渡进行设防，阻挡袁军进攻许昌。

此时，原来依附曹操的刘备，占据下邳，掉过头来，与袁绍呼应，威胁曹操侧翼。曹操为了避免两面作战，抓住袁绍迟疑不决和刘备兵力尚未集中的机会，当机立断，亲自率兵东进，迅速攻占下邳，刘备军兵溃散，关羽被逼于土山之上，有条件投降。

建安五年（200）二月，袁绍派颜良进攻白马，保障主力渡过黄河。四月，曹操亲自率兵从官渡北上，解白马之围。谋士荀攸向曹操献计：建议曹操率兵先到延津，伪装渡河进攻袁绍的后方，使袁绍分兵应战，再派轻装部队迅速袭击白马的袁军，以攻其不备。曹操采纳了这个建议，袁绍果然中计。曹操率领轻骑，以张辽、关羽为前锋，急奔白马。颜良仓促迎战，关羽出其不意地迫近袁军，手起刀落，斩了颜良，大败袁军。白马解围后，曹操把军队连同百姓一起后撤。袁绍派文丑率五六千骑兵追击。曹操机智地在白马山边故意丢弃辎重，引诱袁军。袁军抢夺辎重，队形混乱。曹操以骑兵乘机出击，关羽又杀了文丑，袁军溃败。曹军首战获胜，鼓舞了士气，从容向官渡撤退。

八月，袁军主力接近官渡，依托沙堆立营，东西达数十里。曹操也立营与袁军相拒。袁军攻，曹军守，双方相持了好几个月。相持期间，曹军兵少粮缺，士卒疲乏；豫州各郡受袁绍的招降，官员多有叛意，后方很不安定；粮道又几次被袁军抄袭，情况十分危急。曹操给荀彧写信，打算放弃官渡，退保许昌。荀彧根据当时的情况指出，曹军以劣势的兵力阻止袁军有数月之久，袁绍的力量已用尽，相持的局面很快就会发生变化，这正是出奇制胜的时候，切不可失此机会。曹操采纳了他的意见，坚持危局，寻求战机。

同年十月，袁绍派车运粮，并令淳于琼率兵万人担任掩护，把粮食囤积在袁军大营以北约四十里的乌巢。不久，

战官渡本初败迹

袁绍的谋士、曹操的故友许攸,投降了曹操。他把袁军情况报告曹操,并献计说:袁绍辎重万余车全在乌巢,没有重兵守卫,如以轻装部队袭击,烧毁其屯粮,不出三天,袁军必败。

许攸的建议,正符合曹操寻求机会、出奇制胜的作战意图。曹操便毫不犹豫地立即实行,留曹洪、荀攸守大营,亲自率兵五千袭击乌巢。曹军冒充袁军,半夜到达后,即围攻放火,活捉了守将淳于琼,大破袁军,烧毁全部屯粮。

乌巢粮草被烧的消息传到前线,袁军军心动摇,内部分裂。曹军乘势出击,袁军大败。袁绍和儿子袁谭带了八百骑兵逃回河北。官渡之战为曹操统一北方奠定了基础。

▎用奇谋孔明借箭

官渡之战,《三国演义》的描述和正史的记载大体是一致的,主要战斗、主要人物、战役过程、大战结局都相去不远。毛泽东分析袁曹官渡之战,看到了袁曹强弱悬殊,但曹操主观指导正确,能审时度势,采取灵活的作战指导,力争主动。首先,声东击西解白马之围,连斩两员敌军大将,挫袁军锐气,取得首战胜利。然后,主动先让一步,实行战略退却,转移兵力于官渡阵地,阻止袁军南下许昌。最后,在两军对峙中,及时抓住战机,奔袭乌巢,烧毁袁军全部屯粮,并乘袁军军心动摇、内部分裂的时机,后发制人,发起反攻,取得了决战的胜利。袁绍的主观指导屡犯错误,大军被牵制于官渡,陷于被动挨打的地位——优势转化为劣势,结果全军覆没,成了败军之将。

毛泽东在讲中国革命战争的战略退却和抗日战争中主观指导等问题时,剖析袁曹官渡之战等历史上著名的以弱胜强、后发制人的战例,为处于弱小地位的革命军事力量寻求制胜科学,建构军事战略。革命战争的历史已经证明,这种寻求和借鉴是多么重要,多么具有现实意义!

一把火烧出个三国鼎立

> 他给尹荆山讲赤壁大战，讲夷陵之战。说孙刘联合，一把火烧了曹操，烧出一个三国鼎立。
>
> 孙宝义：《毛泽东的读书生涯》，知识出版社1993年1月版，第156页

《三国演义》写赤壁之战占八回篇幅，字数多达四万，是写得最宏阔、最精彩、最细腻、最感人的篇章。

毛泽东引用赤壁大战的故事论兵讲武，出谋划策，谈话很有吸引力和说服力。

做孙刘联合的文章

毛泽东探讨赤壁之战对于革命战争和民族抗战战略战术的启示，除了我们已经提到的在《中国革命战争的战略问题》和《论持久战》里的论述外，大约最重要的活动，就是他指导郭化若撰写评论古代兵法、分析古代战例的文章了。

那是1939年，抗日战争进入艰难阶段：共产党和八路军既要深入敌后开展抗日游击战争，又要对付国民党发动的反共高潮，维护抗日民族统一战线的大局。

这年，国民党正面战场忻口战役失败以后，有一次郭化若给他送电报，毛泽东边看边说："国民党中的顽固派，花岗岩脑袋，能不打败仗吗？不承认游击战的战略地位，不搞运动战与阵地战相结合，处处招架，处处挨打。"

看完电报，他在郭化若要离开时又说："化若同志，你能不能写点古兵法文章，宣传点运动战思想。对国民党军的长官，搬古兵法，他们懂，听得进，讲马列，讲唯物辩证法，他们听不进。"（樊昊：《毛泽东和他的顾问》，人民出版社1993年1月版，第198页）

郭化若当时负责编辑《八路军军政杂志》，有条件找到资料，便开始搜肠刮肚做起文章来。他一上来首先把注意力放在了研究赤壁之战上。几十年后，他在回忆录中写道：

"国民党顽固派搞分裂、破坏抗日的伎俩，令人发指。怎样办？写文章骂，当然无济于事。为了巩固统一战线，我们必须耐心去做国民党军队官兵的工作，尤其要做好中下层军官的工作，而且只能是说理。我翻阅了许多古代战例，对'赤壁之战'产生了浓厚兴趣，因为这一战例说明了一个道理：孙权刘备能胜曹操的根本原因是吴蜀联合，联合则胜，分裂则亡。于是我写了《赤壁之战及其对民族抗战的启示》一文，着重指出当时曹操率八十万大军南下攻吴，若吴蜀不实行联合，则必然为曹军各个击破。由于孙权联合刘备，又采取正确的火攻战术，方在赤壁大败曹军。抵抗日寇侵略，中华民族团结则存，分裂则亡。我们的民族团结，长期合作，不但要在抗日过程中创造新的战绩，使日寇像曹操一样'引军北还'，还要使它东归三岛。而我们则要长期合作，建立起独立幸福的新中国。"

《八路军军政杂志》是发行到国统区的，郭化若的文章发表在该刊上后，许多国民党将领看后很有感触，给杂志编辑部写信说论赤壁之战的文章读后"令吾深省"，文章"切中时弊"。

毛泽东也很高兴，他说："化若同志，已经开了个头，文章还要接着做下去。"

分析战例以摸索战争规律，是古今中外许多军事理论家的成功经验。毛泽东指导郭化若研究分析赤壁之战，做孙刘联合的文章，也就是做民族抗战中国共统一战线的文章。通过分析古代战例宣传我党建立和巩固抗日民族统一战线的主张，打击国民党顽固派制造摩擦、危害抗战的倒行逆施，这可说是毛泽东宣传艺术的神来之笔。

把东吴搞得议论纷纷

1946年6月，国民党悍然撕毁停战协议，向解放区大举进攻，把人民推向全面内战的深渊。

这年11月21日，毛泽东在中共中央会议的讲话中说：

"在军事上，蒋介石发动全面内战差不多五个月了，我们至今已经歼灭了敌人三十八个旅，占七十五个旅的半数多一点，很难想象以后就不能再歼灭了。阎锡山、顾祝同两区已不能进攻了，程潜现在也没有攻势。刘邓19日发起的战役可以说是我们反攻，这次是我们进攻他们，他们处处被动。顾祝同若不调动胡宗南的部队就很难再进攻，可能由薛岳那里调第十一师或者由胡宗南那里调部队来打，这样延安又解围了。如果顾祝同不能进攻，我们就攻他。我们还是用袭击的办法，集中优势兵力，消灭敌人。目前国民党军对延安、涟水、临沂、烟台还可能有攻势，对晋察冀、东北也还可能有一些攻势，此外便无足观。"

在分析了五个月解放战争的敌我态势后，毛泽东又说：

"对敌人如果不加分析，就会像三国时曹操号称八十三万人马，把东吴搞得议论纷纷一样。蒋介石的进攻是可以打破的，经过半年到一年消灭他七八十个旅，停止他的进攻，我们开始反攻，把他在美国援助下七八年积蓄的力量在一年内打破，使国共两党的力量达到平衡。达到了平衡就很容易超过它。那时我们就可以打出去，首先是安徽、河南、湖北、甘肃，然后可以再向长江以南发展，这大约要用三年到五年的时间。"（《毛泽东文集》第一卷，人民出版社1996年8月版，第198页）

"把东吴搞得议论纷纷"的故事，见之于《三国演义》第四十三回和第四十四回，说的是曹操率大军南下进攻东吴，号称有八十三万人马。曹操给孙权发来"檄文"，内中说道："今统雄兵百万，上将千员，欲与将军会猎于江夏。"以武力威慑要挟东吴。在大军压境的情况下，东吴的文武官员意见分歧，"武将或有要战的，文官都是要降的，议论纷纷不一"：

文官首领张昭认为："曹操拥百万之众，借天子之名，以征四方，拒之不顺。且主公大势可以拒曹者，长江也。今操既得荆州，长江之险，已与我共之矣，势不可敌。以愚之计，不如纳降，为万全之策。"

而程普、黄盖、韩当等一班战将皆不愿降，程普对周瑜说："吾等自随孙将军开基创业，大小数百战，方才战得六郡城池。今主公听谋士之言，欲降曹操，此真可耻可惜之事！吾等愿效死战。"

后来，经过鲁肃、周瑜、诸葛亮分析敌我态势，几次三番做工作，主战派占了上风，东吴君臣决心抗曹保土。

毛泽东在国民党大举进攻的情况下，借鉴《三国演义》赤壁战前东吴内部战和两派纷争的教训，强调对敌人要加以分析，不能让国民党军的表面强大所吓倒，统一全党全军的认识。

当时，至少在以下三点上全党全军的认识是得到了统一的：

一是内战不可避免。毛泽东说："在党的七大时我们就估计到，在日本投降以后，如果不克服蒋介石的阴谋和中国出斯科比的危险，中国的内战就不可避免。"

二是蒋介石的进攻是可以打破的。毛泽东总结了内战近五个月消灭了敌人三十八个旅的情况后，对这点的估计和预测更实际更具体也更有说服力了。

三是建立胜利的坚定信心。毛泽东说："第一位的问题是要宣传我们有条件取得胜利，建立坚定的胜利的信心，这个工作最近几个月都在做，今后还要做。"

东吴面临着曹操八十三万大军的进攻，主降主战议论纷纷，一把手孙权也犹豫不决，多谋寡断；我军面临着国民党几百万军队的进攻，由于及时做工作，思想统一。主帅毛泽东心中有数，谋深虑远，进退有据，他这样结论说："国共这次决裂，和1927年不同。那次我们是完全被动的，这次我们有准备，干部们对前途是清楚的，群众也懂得。"后来解放战争的形势发展，证实了毛泽东的分析判断是正确的。

曹操八十三万人马下江南

解放战争发展到1949年，国民党中央军与共产党解放军的战场态势大变，主客易位，取战略守势的解放军早已进入战略反攻，此时百万大军云集长江北岸，准备打过长江去，解放全中国。

这年3月从河北西柏坡移居北平香山的毛泽东，于3月31日在香山双清别墅接见宴请了第四野战军师以上干部。毛泽东满面春风，带着笑容，亲切地同前面两三排的同志一一握手。

四野参谋长刘亚楼走到毛泽东跟前，恳求地说："主席，跟我们讲讲话吧！"礼堂里响起热烈的欢迎掌声。

毛泽东微笑着说："大家要我讲，我就简单地讲几句吧！"

他说："在两年半的解放战争过程中，我们歼灭了国民党反动政府的主要力量和一切精锐师团。……全部国民党反动统治机构即将土崩瓦解，归于消灭。"

毛泽东强调说："你们丝毫也不应当松懈你们的斗志。……应该粉碎敌人的政治阴谋，把伟大的人民解放战争进行到底。"

毛泽东还富有风趣且意味深长地说：

"当年，曹操八十三万人马下江南。今天，我们二百多万人马、三路大军下江南，一路陈粟大军，一路刘邓大军，一路林罗大军，浩浩荡荡，声势大得很，气魄大得很。同志们，下江南去！我们一定要赢得全国的胜利！"（李捷、于俊道：《东方巨人毛泽东》，解放军出版社1996年1月版，第684—685页）

毛泽东的话鼓舞着每一个人的心。充沛的革命激情，沁入每个人的心里。这个时节，毛泽东心情特好。精力充沛，谈笑风生。他引用赤壁之战中曹操挥师下江南，全无了悲剧色彩，完全是对我军将要进行的渡江战役不凡气势的衬托。

果然，不久国共和谈失败，南京国民政府拒绝在《国内和平协定（最后修正案）》上签字，人民解放军开始了渡江战役。

毛泽东所说的陈粟大军，即陈毅、粟裕等领导的第三野战军，刘邓大军即刘伯承、邓小平领导的第二野战军，林罗大军即林彪、罗荣桓领导的第四野战军。

4月20日晚，三野第七、第九兵团组成的中央突击集团，首先在安徽枞阳至裕溪口段突破敌人长江防线。21日，第二、第三野战军在西起江西九江市东北的湖口县，东至江苏江阴县长达五百余里的战线上，强渡长江，彻底摧毁国民党军苦心经营了三个半月的长江防线。5月14日，第四野战军在武汉以东团风至武穴间一百余公里的地段上，横渡长江，解放了武昌、汉阳和汉口。

比之曹操的下江南，解放军的渡江战役确实"声势大得很，气魄大得很"！一个被一把火烧得大败亏输，一个向全国胜利进军，这是二者的根本不同。

不会重蹈曹操的覆辙

毛泽东从赤壁之战中借鉴较多的，还是曹操失败的教训。

当年的曹军，而今的人民解放军，二者的相同点是：发动的都是"渡江战役"，而且都是由北向南渡过长江。

1949年4月，中共领袖毛泽东、刘少奇、朱德、周恩来、任弼时这"五大书记"，在北平香山双清别墅，一起讨论解放军渡江战役的利弊条件。

朱总司令说，长江我们一定过得去。他分析了渡江战役的有利条件，同时也客观地分析了渡江的难处。

接着,毛泽东引经据典说道:

"《南史·孔范传》说,'长江天堑,自古阻隔'。赤壁之战,曹操丧师八十三万,片甲不归。我们的对手,大概还做着赤壁之战的美梦哩。曹操大败,一是北兵不善水战;二是不习惯南方潮湿天气,'瘟病'流行;三是中了反间计,杀了会水战的荆州降将蔡瑁、张允;四是上了庞统大当,把船只钉在一起,无法机动;五是中了苦肉计,黄盖带来一片大火。曹操干了这一连串的蠢事,焉有不败之理?这五条,前两条对我们还是一个现实问题,虽然过去了一千七百年,我们还是使用曹操那个时代的木船。想当年,曹操在巢湖操练水军,横槊赋诗,不可一世。巧得很,我们也在巢湖练兵,但是我们决不会重蹈曹操的覆辙。虽然我们的渡船工具和曹操时代相比进步不大,但是时代不同了,我们的军队是为人民的利益而战,有人民的拥护。"(郭文韬、郭晨:《开国沧桑》,解放军出版社1993年12月版,第194—195页)

毛泽东指出了曹操渡江失败的五条原因。我们再来看一下《三国演义》中周瑜分析曹操必败的"兵家之忌":

且操今此来,多犯兵家之忌:北土未平,马腾、韩遂为其后患,而操久于南征,一忌也;北军不熟水战,操舍鞍马,仗舟楫,与东吴争衡,二忌也;又时值隆冬盛寒,马无藁草,三忌也;驱中国士卒,远涉江湖,不服水土,多生疾病,四忌也。操兵犯此数忌,虽多必败。

周瑜的兵家四忌,毛泽东的曹兵五败,都是知己知彼的至当之论。

毛泽东借古鉴今,指出曹兵"不习水战"和"不习惯潮湿天气"两条,对于今天的解放军也还是一个"现实问题"。但他断言我军"不会重蹈曹操的覆辙",因为时代不同了,古今两支军队的本质不同,解放军是"为人民利益而战,有人民的拥护"。真是英雄巨眼,洞察古今;论战谋兵,雄视千古。看得透,拿得定,运筹帷幄之中,决胜千里之外。

渡江战役的胜利,证明曹操的"覆辙"只能是历史陈迹。

一把火烧出个三国鼎立

60年代初，毛泽东空闲时谈《三国演义》连环画，有时给卫士尹荆山讲赤壁大战，他说：

> 孙权和刘备联合，一把火烧了曹操，烧出一个三国鼎立。

这个评论，话不多，却道出了赤壁大战在三国政治生活中的历史作用。从《三国演义》中所描述的历史演变趋势来看，赤壁之战促成了魏、蜀、吴三分天下的鼎足之势。

赤壁之战前，曹操击吕布，破袁绍，败刘备，降刘琮，迎汉献帝于许昌，"挟天子以令诸侯"，统一了黄河流域广大地区，整军经武，拥兵百万；开荒屯田，蓄用丰足。乘势挥师南向，饮马长江。时刘备新败仓皇撤退，孙权偏安江东一隅，孙刘两家兵力不足十万。曹操大有统一中国之气概。

然而赤壁之战，一把大火改变了历史态势。在大火中损兵折将，丢城失地，全线溃退，狼狈逃命的曹操，命曹仁据守江陵。周瑜乘机率兵进击，先攻下江陵北面的夷陵，又与曹仁在江陵城下激战。此时孙权又在东线江淮一带率兵北进，曹操忙调兵遣将，扼其势头，艰难周旋，已无力派兵增援曹仁。曹仁处伤亡渐多，孤军难以支撑危局，曹操只得命其放弃江陵，退保襄樊。

曹仁北撤后，孙权取得了江陵及其以东的大片土地。于是，任命周瑜为南郡太守，驻守江陵；程普为江夏太守，驻守沙羡；吕范为彭泽太守，吕蒙为浔阳令。这几人在从江陵到九江的沿江一线布防，从而稳定了孙权在江东的统治。

在此同时，刘备乘机扩展自己的势力。他先推举刘琦为荆州刺史，利用刘琦在荆州潜在的势力和影响，巩固自己在荆州的地位。接着派兵攻打长江以南的武陵、长沙、桂阳、零陵四郡，四郡太守先后投降。刘备以诸葛亮为军师中郎将，使督零陵、桂阳、长沙三郡，征收其赋税以供军政费用；以偏将军赵云为桂阳太守。不久，刘琦病死，刘备自己做起了荆州牧，治所设在公安。

刘备有了实力和地盘，这使孙权感到了威胁。但孙权须在东边江淮一线顶住曹操的压力，荆州防务不得不倚重刘备，因此也只能认可刘备的既得利益。为了拉拢刘备，孙权还主动把自己的妹妹嫁给了刘备。后来在鲁肃的建议下，还答应刘备的请求，将南郡借给了刘备，以巩固双方的联盟关系。

赤壁之战，终以曹操空前规模的惨败而告结束。此后，曹操的势力大体局限在北部中国，再也无力南下。刘备通过这次战争，占据了荆州的大部分地方，获取了立足之地，得以向刘璋的益州扩展。孙权则通过这次战争，巩固了自己在长江中下游一带的势力，并继续向岭南方向发展，实力有了进一步增强。

曹、刘、孙三股势力各有长短，相互觊觎，彼此争夺，但谁也吃不掉谁，从而初步形成了三国鼎立的局面。

毛泽东以战略家的目光，一眼就透彻地看出了赤壁之战在三国政治格局中的作用，用他的话形象地说：一把火烧出个三国鼎立。可以说，没有赤壁之战，东汉末至西晋统一期间的历史很可能是另一个样子。

主和·主战·读书

1959年12月10日到1960年2月9日，毛泽东在杭州西湖康庄和广州白云山，用两个月时间读完了苏联科学院经济研究所编的教科书《政治经济学（社会主义部分）》。他和读书组的同志边读边谈，其中说道：

> 三国时吴国的张昭，是一个经学家，在吴国是一个读书多、有学问的人，可是在曹操打到面前的时候，就动摇，就主和。周瑜读书比他少，吕蒙是老粗，这些人就主战。鲁肃是个读书人，当时也主战，可见光是从读书不读书、有没有文化来判断问题，是不行的。（陈晋：《毛泽东之魂》，吉林人民出版社1993年10月版，第395页）

毛泽东在这里说的显然是赤壁之战前东吴在"曹操打到面前"时"议论纷纷"的情况。

张昭为东吴重臣。他博览群经，著有《论语注》《春秋左氏传解》等书，时人以经学家目之。他"主和"的情节，已如前述。周瑜和鲁肃是坚定的主战派，他俩也是"读书人"，只是毛泽东认为周瑜读的书比张昭少而已。吕蒙"少不修书传"，是老粗为将。但《三国演义》描写赤壁之战时，吕蒙只是和太史慈为吴军"第四队"首领，至于他是否"主战"，并无具体描写。此处可能为毛泽东误记。

这次毛泽东读赤壁之战的故事，视角独特。他从中又看到了"判断问题"的标准：拿东吴来说，读书人中有主和的，也有主战的，读书不是主战主和的标准。要识别人才，光看读书多少、文化有无是不行的。换句话说，仅从知识的占有方面判断是否有魄力有能力是片面的，还是在实践中识人辨才。推而广之，这与毛泽东生平主张也是有联系的。虽然他一生酷爱读书，手不释卷，但他终生反对本本主义和教条主义，主张实践出真知，实践出人才。"老粗"在大是大非（主战主和）面前，信念坚定不动摇，眼光明亮辨是非。毛泽东这种看法与我党干部队伍工农干部占有相当高比例大有关系。他的论断与党的干部队伍的实际更为贴切，更可引起共鸣。

群英会上的英雄大多年轻

评论赤壁之战，毛泽东的一个着眼点是注意双方指挥"班子"的年龄结构。

大约在1964年年底，他在一次谈话中指出：

"现在必须提拔青年干部。赤壁之战，群英会，诸葛亮那时二十七岁，孙权也是二十七岁，孙策起事时只有十七八岁，周瑜死时才不过三十六岁，那时也不过三十岁左右，鲁肃四十岁，曹操五十三岁。事实上，青年人打败了老年人，长江后浪推前浪，世人新人赶旧人。"

第二年的1月23日，他又在一次谈话中说：

"看来还是青年人行。群英会的英雄，大多是二三十岁的人，诸葛亮当时才二十七岁，孙策初干事时，不到二十岁，孙权更小。"
（均见：《社会科学论坛》1995年第1期）

这两次谈话的核心思想是要提拔使用青年干部。作为对这个思想观点的事实支持，毛泽东举的例子都是三国赤壁大战时双方指挥班子的年龄状况。

历史学家吴晗曾经在一篇文章中写道："把赤壁之战中几个主要人物的年龄，排列一下，也很有趣味。

这一年，
孙　权　二十七岁
诸葛亮　二十七岁

周　瑜　三十四岁

鲁　肃　三十七岁

曹　操　五十四岁

吴蜀两方的统帅,以鲁肃的年龄为最大,周瑜次之,但都比曹操小。这一仗不但是劣势打败优势的军力,被攻的军力打败了进攻的军力,哀兵打败了骄兵,并且还是青年打败了老将。"(吴晗:《论赤壁之战里的周瑜、诸葛亮、张昭》,《三国说林》,江西教育出版社1999年1月版,第232页)

赤壁鏖战,孙刘联军中运筹帷幄和冲锋陷阵的主要是青壮年人,是他们在大显身手。魏军统帅曹操是沙场宿将,虽然有二十多年东征西讨的指挥经验,且居于主动地位,以老谋深算著称,但他还是没有斗过思维活跃的、比他小得多的周瑜和诸葛亮。战场无情地宣布:青年战胜了老将!

毛泽东据此揭示了一条用人规律:像自然界的流水后浪推前浪一样,人类社会是新人胜旧人,因此必须着眼于年轻人的培养、选拔和使用,使事业永葆青春,永保活力。任何以老自居的思想,论资排辈的思想,轻视后生力量的思想,都是短视的、有害的,都不利于事业的延伸和发展。

战争时期指挥班子要年轻化,建设时期领导班子也要年轻化。因为,群英会上的英雄大多年轻。

赤壁之败将抵何人之罪

曹操在赤壁之战中遭到惨败,但此后相当长时间曹操本人并不服输,在言词书简中多方掩饰;历来在军中持法严肃的他,对自己也没有什么自责(像诸葛亮街亭失败自贬三级那样)的举动。

毛泽东对此不以为然。

他读1957年版的《三国志集解》时,读到《魏书·武帝纪》中这样一段,建安八年(203),曹操下达了《败军抵罪令》:

"《司马法》:'将军死绥',故赵括之母,乞不坐括。是古之将者,军破于外,而家受罪于内也。自命将征行,但赏功而不罚罪,非国典也。其令诸将出征,败军者抵罪,失利者免官爵。"

读至此,毛泽东挥笔批道:

"赤壁之败,将抵何人之罪?"(《毛泽东读文史古籍批语集》,

中央文献出版社1993年11月版，第138页）

曹操曾经说过，吾在军中持法严也。曹操也曾经有过自己的坐骑践踏麦田，"割发代首"以自责的严于律己之行。

可是，毛泽东诘问曹操：既然你要追究败军之将的责任，而且要抵罪免爵，那么赤壁大战的惨败，应该由谁来负罪呢？毛泽东的答案已在他的诘问之中。

这实质指明了曹操在赤壁之战中的罪责，指明了曹操所制"国典"即政治军事纪律的局限性，以及作为三国时期的历史人物，曹操在说与做上的脱节。实践证明，在"国典"面前并不是人人平等的，"王法无亲""王子犯法，与民同罪"只不过是那个时代下层人们的理想而已。毛泽东如此批注并非苛责古人，实是警戒今人。

一场赤壁大战，不亚于一部兵书宝典，其间可资借鉴的兵略军谋，取之难尽，用之不竭。从抗日战争、解放战争到和平建国时期，毛泽东着眼于弱小一方建立和巩固统一战线，以便携手并肩共同对敌；着眼于强敌压境要分析敌情，统一思想，稳定军心，造成有利于我不利于敌的心理态势；着眼于强大一方战略失策，转胜为败的历史教训，引以为戒；着眼于一场大战在形成政治格局中的历史作用；着眼于各种军事人物素质、能力、态度对战争活动的影响，在历史和现实之间，在小说故事与实际运动之间，进行比较分析，进行借鉴吸取，充实自己的军事斗争智慧，其远虑深谋，洞见是非，绝非常人可比。

这次看的是《火烧连营》

> 尹荆山还回忆：那天到吃饭时间了，在尹荆山的建议下，毛泽东和家人一起吃了一顿饭。家常便饭，四菜一汤。毛泽东并不因为与家人一道吃饭而破坏习惯，仍然是手不释卷，边吃边看。不过，这次看的是小人书《火烧连营》，完全是休息脑筋的一种独特方式。
>
> 孙宝义：《毛泽东的读书生涯》，知识出版社1993年1月版，第15页

夷陵之战，是《三国演义》中"三大战役"的最后一战。这场战争的直接导火索是西蜀镇守荆州的大将关羽被东吴擒杀。刘备看到荆州失守，关羽被斩，怒不可遏，非为义弟报仇不可，于是不听重臣赵云、诸葛亮的劝阻，置首要敌人曹魏于一边，起倾国之兵征战东吴，深入吴地五六百里。东吴起用年轻统帅陆逊率兵抵抗，两军相持于夷陵。陆逊首先示弱，坚壁不战，在蜀军日久疲惫的情况下，后发制人，突然发起攻击，"火烧连营七百里"，打得刘备仓皇败退白帝城，元气大伤。

本来，刘蜀和孙吴两家，是抗击曹魏的统一战线。夷陵之战的经验教训，其根本点也在于此。毛泽东借鉴这场战争的"史鉴"，也首先着眼于此。

刘备没有处理好主次矛盾的关系

据《毛泽东年谱》记载：1941年1月4日黄昏，新四军军部及所属皖南部队九千余人，在军长叶挺、副军长项英的率领下，奉国民政府命令北移。由驻地安徽泾县云岭出发。国民党第三战区司令长官顾祝同按照蒋介石对皖南新四军"立即将其解决"的密令，完成围歼部署。5日，新四军先头部队到达茂林地区时，遭到国民党第四十师的拦击。6日，顾祝同所属第三十二集团军总司令上官云湘指挥的七个师八万多人，向新四军分进合击，

大举围攻。新四军英勇自卫，多次击退国民党军队的进攻。经过七昼夜的浴血奋战，弹尽粮绝。至14日，除约两千人突出重围和大部壮烈牺牲外，其余被俘。军长叶挺在与国民党顽军谈判时被扣押，副军长项英，参谋长周子昆被叛徒杀害，政治部主任袁国平在突围战斗中牺牲。

这就是震惊中外的皖南事变。

1941年1月17日，寒夜。

在陕北的中共中央部分政治局委员，陕甘宁地区中央局部分成员，还有八路军总部的一些首长，聚集在一起。气氛是凝重的，凝重中还带有几多悲愤。

这天，蒋介石在南京以国民政府军事委员会的名义发布通令，宣布新四军为"叛军"，撤销该军番号，并将军长叶挺交军法审判，通缉副军长项英。

任弼时愤愤地说："蒋介石是个十足的流氓，无赖！"

朱德用他那浓烈的四川方言谴责："老蒋破坏抗日，不以国家民族大义为重，是民族的罪人！"

陕甘宁边区中央局书记高岗突然站起来大吼："蒋介石消灭了我们的一个军部，杀了我们九千人，这是多么触目惊心的血腥屠杀呀——这是马日事变和'四一二'反革命政变的重演！国共合作已经完全破裂了，我们要反击国民党！"

毛泽东吸着烟，听着战友们的议论，平静而又十分坚定地说："人不犯我，我不犯人，人若犯我，我必犯人。在十五日我已致电周恩来、叶剑英准备在政治上、军事上全面反攻。蒋介石一切仁义道德都是鬼话，反共是很坚决的哟。我们要准备一切力量粉碎其进攻。"

说到这里，毛泽东端起茶缸喝了一口水，轻轻地咳嗽一声清了清嗓子继续说："我们是必须制裁反动派，反击顽固派的，但我们要站在严格的自卫立场上，任何党员都不许超过自卫原则。蒋介石既有抗战的一面，又有反共的一面；在反共方面也有两面性，即既有对中共实行高压政策和军事进攻的一面，又不愿在根本上破裂国共合作的一面。我党的方针更是'以其人之道，还治其人之身'，以打对打，以拉对拉。对他不愿在根本上破裂国共合作的一面，采取联合政策；对他动摇和反共一面，采取斗争和孤立的政策。但是斗争必须是有理、有利、有节，三者缺一，就要吃亏。"

这是在对国民党进行了精辟分析之后提出的高明的斗争策略。

高岗用一种不解的眼光望着毛泽东。

毛泽东又掏出一支烟，但没有点燃。

"皖南新四军军部被歼——这是蒋介石杀我们的一刀，这一刀杀得很深。许多人看了这种情形，都非常气愤，就以为抗日没有希望了，国民党都是坏人，都应该反对。我们必须指出，气愤是完全正当的，哪有看到这种严重情形而不气愤的呢？但是抗日仍然是有希望的，国民党里面也不都是坏人。对于各部分的国民党人，应当采取不同的政策。对于那些丧尽天良的坏蛋，对于那些敢于攻打进步军队、进步团体、进步人员的人，我们是决不能容忍的，是必定要还击的，是决不能让步的，因为这类坏蛋，已经丧尽天良，当民族敌人深入国土的时候，他们还闹摩擦、闹分裂。不管他们心里怎么想，他们实际上是在帮助日本人和汪精卫，或者有些人本来就是暗藏的汉奸。对于这些人，如果不加以处罚，我们就是犯错误，就是纵容汉奸卖国贼，就是不忠实于民族抗战，就是不忠于祖国，就是纵容坏蛋来破坏统一战线，就是违背了党的政策。"

所有人的眼光都集中在毛泽东的身上。所有人的注意力都被毛泽东吸引了。

"但是这种给投降派和反共顽固派以打击的政策，全是为了坚持抗日，全是为了保护抗日统一战线。因此，我们对于那些忠心抗日的人，对于一切非投降派、非反共顽固派的人们，对于这样的国民党员，是表示好意的，是团结他们的，是尊重他们的，是愿意和他们长期合作以便把国家弄好的。谁如果不这样做，他也就违背了党的政策。"

"为什么呢？"参谋李卓然听得入了神，忽然这样问道。

毛泽东一手撑腰，一手拿烟。他这样答道："事理纷繁，重在主要矛盾。你读过《三国演义》没有？"

"读过。"

"三国时期，荆州失守，蜀军进攻东吴，被东吴将领陆逊火烧连营七百里，打得大败，其原因就在于刘备没有区分与处理好主要矛盾与次要矛盾的关系，在谋略中没有抓住主要矛盾。诸葛亮在《隆中对》中所确定的战略方针是'东联孙吴，北拒曹操'。曹刘是主要矛盾，孙刘是次要矛盾。孙刘的矛盾是统一战线内部的矛盾。所以当孙权数次讨荆州时，诸葛亮总一再推诿软磨，而不硬抗，直到最后才让出荆州的部分地方。刘备不了解这一点，派了根本不执行'联吴为根本、争夺荆州要有理、有利、有节方针'的关羽去驻守荆州。关羽这个人虽然斩华雄，诛颜良、文丑，过五关斩六将，擒庞德，威震华夏，但孤傲自大，刘备封'关、张、赵、马、黄'为五虎大将时，关羽怒曰：'翼德吾弟也；孟起世代名家；子龙久随吾兄，即吾弟也；位与吾相并，可也。黄忠何等人，敢与吾同列？大丈夫终不与老卒为伍！'当孙权派诸葛瑾为儿子向关羽女儿求婚，以结秦晋之好，共伐曹操时，关羽却勃然大怒，说：'吾虎女安肯嫁犬子乎！不看汝弟（诸葛亮）之面，应斩汝首！再休多言'，诸葛瑾抱头鼠窜而去。孙权便攻占了荆州，孙刘联盟瓦解。刘备见关羽被杀，荆州丢失，遂起兵攻打东吴，众臣苦谏都不听，实在是因小失大。正如赵云所说：'国贼是曹操非孙权也，且先灭魏，则吴自服'。诸葛亮也上表谏止说：'臣亮切以吴贼逞奸诡之计，致荆州有覆亡之祸；陨将星于斗牛，折天柱于楚地；此情哀痛，诚不可忘，但念迁汉鼎者，罪由曹操；移刘祚者，过非孙权。窃谓魏贼若除，则吴自宾服。愿陛下纳秦宓金石之言，以养士卒之力，别作良图。则社稷幸甚！天下幸甚！'可是刘备看完后，把表掷于地上，说：'朕意已决，无得再谏。'决意起大军东征，最终导致兵败身亡。刘备在战争指导上的教训主要有两点：一是他不应该派不执行与东吴结好政策的关羽去守荆州，二是不应该因局部利益而损坏与东吴的结盟关系，更不应该起倾国之兵去伐东吴。抓住主要矛盾，分清主次与轻重缓急，先曹后孙才是大局为重的上策。"（杨振之、田利军：《龙之脉——毛泽东与中国古代智慧》，四川文艺出版社1995年5月版，第209—210页）

听着毛泽东口若悬河般的宏论，李卓然、高岗……无不顿开茅塞，面露欣喜之色。

毛泽东把快吸尽的烟头捻灭，轻轻地丢进烟灰缸，天气太冷，他习惯地搓搓手，又继续分析说："中日民族矛盾和国内阶级矛盾这两大矛盾中，中日民族矛盾仍然是基本的，国内阶级矛盾依然处在从属地位，一个民族敌人深入国土这一事实，起着决定一切的作用。只要中日民族矛盾继续尖锐的存在，即使大地主、大资产阶级全部叛变，也决不能造成1927年的形势，重演"四一二"事变和马日事变。"

高岗默默地低下了头。

他的细微动作被毛泽东发现了。

毛泽东笑了笑："同国民党反动派斗争是应该的，必要的，但千万不要忘记了践踏我们国土、屠杀我们人民的日本帝国主义，如果国共两党大规模内战，那可真是'鹬蚌相争，渔人得利'啰！"

毛泽东继续说道："我们在全国主要是实行政治上全面大反攻，但在军事上要作好粉碎蒋介石进攻的充分准备。当然，在军事上除个别地区外，以暂时不实行反攻为妥……大家看这样好不好？对蒋介石的严重斗争，首先要统一全党对皖南事变的认识。"

毛泽东认为，如此在政治上有利，在军事上稳健，可能使蒋介石在半年至一年内，不敢向我进攻。

毛泽东在令人极易感情冲动的情况下，头脑是那样的冷静，这得益于刘备夷陵之败的教训是不言而喻的。

刘备和毛泽东面临的难题确有相似之处：

荆州被袭击，关羽被擒杀，刘备不能不愤怒已极；

皖南风云突变，新四军被歼九千余人，毛泽东不能不义愤填膺。

不同的是：

刘备怒而失去理性；

毛泽东怒而保持了清醒头脑。

失去理性的刘备分不清主次矛盾，看错了主要敌人，盲目地发动了讨吴战争；

头脑冷静的毛泽东始终没忘记当时的头号敌人，是对我妄图亡国灭种的日本侵略者，而对统一战线内部"杀得很重一刀"的国民党，其斗争策略是从"政治上、军事上全面反攻"变为"政治上全面反攻，军事上做好粉碎进攻的准备"，以民族大义为重，非常正确地处理了这场危机。历史证明，毛泽东把原则性和灵活性结合得水乳交融，天衣无缝。

面对"千古奇冤，江南一叶"（周恩来语），全军官兵、全党上下都异常激愤。在这样的情况下，任何不理智、不理性的举动，都是点燃灾难火药桶的火星。

毛泽东在此时讲刘备的夷陵之败，总结其中的教训，无疑是一剂效果极佳的清醒剂。

犯了错误被火烧连营

夷陵之战，刘备的战争指导，不仅在战略上混淆敌友，破坏了统一战线，而且在战术上也不高明：他在树木茂密之处，安营立屯接连七百余里，为吴军火攻准备了条件。毛泽东漫淡《三国演义》时，指出了这点。

据警卫员尹荆山回忆：三年困难时期毛泽东迷上了小人书《三国演义》，看得津津有味。一连几天反复看，吃饭睡觉也不放手。

有时，他还讲。他给尹荆山讲夷陵之战，说刘备犯了错误，被火烧连营，死在白帝城。（孙宝义：《毛泽东的读书生涯》，知识出版社1993年1月版，

第190页）

据《三国演义》第八十四回描写，刘备被火烧连营，其"错误"主要是安营扎寨的地方不对，犯了"兵家大忌"。

刘备自221年冬季发动攻吴战争，两军相持七八个月，已是222年夏天。天气见热，蜀军个个叫苦，斗志涣散。刘备只好把军营移驻在深山密林里，依溪傍涧结营四十多个，沿江绵延七百余里。蜀将马良以为不妥，将此情通报给诸葛亮，诸葛亮看营寨驻扎图本拍案叫苦说：

"包原隰险阻而结营，此兵家之大忌。倘彼用火攻，何以解救？又，岂有连营七百里而可拒敌乎？祸不远矣！"

刘备的"错误"果然被陆逊所利用，他说"破蜀之计,吾已定矣"，于是——

遂集大小将士听令：使朱然于水路进兵，来日午后东南风大作，用船装载茅草，依计而行；韩当引一军攻江北岸，周泰引一军攻江南岸，每人手执茅草一把，内藏硫黄焰硝，各带火种，各执枪刀，一齐而上，但到蜀营，顺风举火；蜀兵四十屯，只烧二十屯，每间一屯烧一屯。各军预带干粮，不许暂退，昼夜追袭，只擒了刘备方止。众将听了军令，各受计而去。

吴军乘东南风起，在江南、江北同时对蜀军发起火攻，蜀军营寨纷纷起火，林木皆被烧着，蜀军大乱，吴军趁势掩杀。蜀将冯习、张南、傅彤等战死，蛮王沙摩柯被杀，兵卒死者、降者不计其数。刘备逃至马鞍山，被吴军团团包围。他下令军士尽脱袍铠，堆于道上焚烧，以阻挡吴军，又得赵云救应，方才逃回白帝城。这次败仗，对年迈的刘备是个沉重的打击，从此一病不起，终于在白帝城辞世。

刘备之所以在安营扎寨上犯了错误，原因在于只顾寻找阴凉处避暑，忽略了敌军可能利用林木茂密的条件火攻的一面。在小说中，刘备自称"用兵老矣""颇知兵法"，陆逊也说刘备"乃世之枭雄，更多智谋"，他打了大半辈子仗，应该说有实战经验，但毕竟"智者千虑，终有一失"，犯了错误，被陆逊钻了空子，一着不慎，满盘皆输，留下千古憾事。

毛泽东于三年困难时期，漫谈刘备"犯了错误"，是否有自责之意，不可妄断。卫士尹荆山只说毛泽东想象力极为丰富，"我不可能追踪理解"。我们也没必要坐实老人家谈话具体所指，只要了解了他指出刘备"被火烧连营"

的错误战术，也就可以了。

应打运动战各个击破

夷陵之战，刘备是失败的悲剧角色。毛泽东从战略战术方面总结其教训，有其必然性。

但是，打了半辈子仗，对作战指挥有丰富经验，对军事谋略有深广造诣的毛泽东，有时竟站到失败统帅刘备的立场上，替他出谋划策。

《三国志·陆逊传》中讲到刘备被陆逊火烧连营一节。为《三国志》作"集解"的卢弼，在这里引用了清代学者钱振锽的评论："陆逊破先主，无他奇策，只令军士各持一把茅耳。意先主连营，皆伐山木为之，故易火；若土石为之，逊其如之何！"

钱振锽说陆逊破刘备的办法，不过是用火攻，如果刘备不用山木扎营，以土石垒营，陆逊又有什么办法攻破蜀军呢？

毛泽东读1957年版的《三国志集解》，至此批注道：

土石为之，亦不能久，粮不足也。宜出澧水流域，直出湘水以西，因粮于敌，打运动战，使敌分散，应接不暇，可以各个击破。（《毛泽东读文史古籍批语集》，中央文献出版社1993年11月版，第161页）

毛泽东指出了两点：

（一）问题的关键，不在于是山木为营，还是土石为营。土石垒营，虽不怕火攻，但由于粮草供应不便，也不可能保障刘备持久进攻。

（二）刘备欲胜吴军，其办法是"打运动战"。从吴军防守较弱的夷陵南边的澧水流域进攻，使吴军分散兵力，然后各个击破。

谁都知道，毛泽东是打游击战和运动战的大师。他为刘备设谋，与他一贯的军事战略思想是一致的，也是他从长期的中国革命战争中总结出来的经验体会。这里说的"打运动战各个击破"，可谓"夫子自道"。当然，从刘备所处军事态势的实际着眼，毛泽东的两点建议也是胜敌之策。至少，刘备不至于遭此惨败。

可毛泽东毕竟不是刘备的"参军"。即使当时有人指出这两点，自视很高、一心复仇的刘备也未必听得进去。他拒绝诸葛亮、赵云、秦宓、马良等人的正确建议就是明证。毛泽东读史写下这样的批注，也只在于把史实和现实结合起来，总结经验教训，以明断是非指陈利害而已。

借东风·借晨雾·借大炮

> 毛主席感慨地说:"……古代,诸葛亮借东风,是因为诸葛亮会观察分析天气的变化,并非是他要东风就有东风。我们这里如果有人会观察气象,知道什么时候有风,什么时候下雪,那就好了。"
>
> 阎长林:《警卫毛泽东纪事》,吉林人民出版社1992年3月版,第272—273页

《三国演义》中借东风的故事,是赤壁之战中最为生动的情节之一。故事说周瑜决心火攻曹军。可他突然想到风向可能不对,不觉心烦意乱,称病卧床。

诸葛亮前去探病,在纸上写下十六个字,指出其病源:"欲破曹公,宜用火攻;万事俱备,只欠东风"。

周瑜被说破心事,便请诸葛亮设法帮助。诸葛亮自称可以呼风唤雨,请周瑜在南屏山建七星坛,愿借三日三夜东南大风。周瑜闻言大喜,立即差五百军士筑坛,另派一百二十人随诸葛亮守坛。坛筑成后,诸葛亮命军士各依位置侍立,"不许擅离方位,不许交头接耳,不许失口乱言,不许失惊打怪"。到东吴军队发起总攻之前,果然刮起东南大风,诸葛亮也趁机由赵云接回夏口。

毛泽东对借东风的故事耳熟能详。

借东风是个战斗故事,毛泽东提到这个故事,也几乎全是发生在军事行动之中。这倒不一定是他有意为之,大概总是连类而及吧。

借晨雾全歼顽敌

1930年10月,中原地区蒋冯阎大战结束,蒋介石取得胜利,他立即腾出手来,任命鲁涤平为江西南昌行营主任,集中十万兵力,分进合击,向

中央苏区"围剿"。

11月2日，鲁涤平下令将在江西的七个师、一个旅编成三个纵队，发动对赣西红军的第一次大"围剿"。第一纵队司令是张辉瓒，张是师长，还是前敌总指挥。

张辉瓒为人狂傲而残忍。他在任上，全省被杀害的共产党员和群众达一千多人，人称"张屠户"。这次又被鲁涤平委以前敌指挥官，率领三个师。他自以为装备好、老兵多，"剿灭"红军必立大功。出发前，他发誓说："吾党与共匪誓不两立，此番不剿清，誓不生还！"还恶毒地诱使官兵抢掠，说东固有共军银行，打进去"发财归自己"。

12月29日，张辉瓒以一个旅留守东固，自率师部和两个旅孤军深入，窜到龙冈镇。张气焰嚣张，扬言要把红军主力消灭在这里，好去向蒋介石那里领赏。

龙冈，位于永丰县南端，四面环山，中间是狭长的峡谷。它接近红军的集中地，便于红军利用地形隐藏接敌；而敌人则很难展开兵力，是红军伏击围歼敌人的理想战场。

30日凌晨，下起了蒙蒙细雨，漫天昏暗，雾锁群峰，正是打伏击的好天气。毛泽东、朱德走上龙冈、君埠之间的黄竹岭指挥所。毛泽东对朱德说："总司令，你看，真是天助我也！三国时，诸葛亮借东风大破敌兵；今天，我们乘晨雾全歼顽敌啊！"（王永盛、张伟：《毛泽东的艺术世界》，山东大学出版社1992年6月版，第667页）

说完，两人爽朗地笑了，周围的同志也笑了。

张辉瓒果然按照红军的预料，率领师部和两个旅由龙冈向东行进，来钻红军为他们早已准备好的"口袋"。上午10时战斗打响，张辉瓒才如梦初醒，方知被红军主力包围。经一天激战，敌十八师九千多人被歼被俘，张辉瓒被活捉。

红军取得了第一次反"围剿"战争的胜利，大胜的喜悦激起毛泽东的诗兴，填词以志庆贺：《渔家傲·反第一次大"围剿"》，其上阕是："万木霜天红烂漫，天兵怒气冲霄汉。雾满龙冈千嶂暗，齐声唤，前头捉了张辉瓒。"

丰富的知识使毛泽东善于联想，由眼前的浓雾联想到了遥远年代历史深处的"东风"，由红军乘晨雾歼顽敌联想到诸葛亮借东风破敌兵，二者都是"天助我也"。这里的"天"，显然不是上帝天意，而是自然天候，是晨雾和东风。此时，"朱毛"乃红军领袖，大敌当前，大战在即，二人谈古论今，胜券在握，大有"谈笑间，樯橹灰飞烟灭"之气概。

"雾满龙冈千嶂暗"，东风和晨雾之于诸葛亮和毛泽东，是杀敌的助手，可借可乘；之于曹操和张辉瓒，则是不祥之物，可恼可恨。东风便周郎，一把火烧得曹操大败亏输；晨雾助红军，"前头捉了张辉瓒"，九千余人被歼被捉。

今晚只唱"借东风"

1932年4月初，时任中共苏区中央局书记的周恩来，从瑞金赶到长汀召开会议，讨论和批准了毛泽东提出的红军主力远离根据地，"直下漳州"的军事进攻建议。

为了组织好这次战役，毛泽东在会后带警卫排星夜从汀江坐船赶往上杭。

他们来到江边，此时风雨正盛。老船工说风大浪急太危险啦。随行的警卫员吴吉清回忆道："这时候，我们的心情都一样，望着这滚滚的江面和乌云密布的夜空，有谁不为主席的安全着急呢？"

"只听他很风趣地一字一板地对老船工说：'老人家！我们顺流而下，正用得着大风大浪。当年诸葛亮费了多大的劲，才借来了东风啊！今天，我们不必登上七星坛，风就来了，这还不是个便宜事儿？您就放心大胆地开船好啰！'"

"夜空里，突然飞来两响刺耳的枪声。"

"紧接着，西岸大山的悬崖之上也打过两声冷枪，好像在回答对方的问讯。看着这个情景，我们都知道进入了被红军打散的敌军残部的封锁线了，便立刻掏出驳壳枪来，把身子贴伏在船沿上，做着应付一切意外的战斗准备。并且在船上仅有的这一小块地方，给主席和随行的陆定一同志做好了掩护。可是，主席非常镇静，他让我们把枪收起来，然后才不慌不忙地低声说：'敌人打冷枪是搜索情况，我们只装作没听见。这样就是胜利。不要忘记，我们今晚只唱'借东风'，不唱'草船借箭'。留着这伙残敌，让我们的赤卫队去收拾好了！'"（吴吉清：《在毛主席身边的日子里》，江西人民出版社1983年10月版，第104页）

就这样，毛泽东一行，轻声说说笑笑地到了上杭。

1932年4月20日，红军一举攻下漳州。

毛泽东极善说服艺术。老船工担心风急浪大行船出事，他顺手拈来借东风的故事，并把诸葛亮借东风与"我们"借东风作了比较，指出前者借东风"费了好大的劲儿"，而我们借东风则"不必登七星坛"，也就是省劲儿多了，并诙谐地说这是"便宜事儿"，真是妙语天成。在大风大浪面前，毛泽东以轻松自如的谈吐，形象生动的比喻，由浅入深的引导，把困难条件一下子化为了有利条件，循循善诱地说服了老船工，也说服了面对恶劣天候为他安全着急的警卫战士，创造了"胜似闲庭信步"的氛围，足令担心者放心了，着急者坦然了，大家满怀信心地去战胜困难。

遇到敌人打枪，他出奇地冷静沉着。在判断是残敌盲目打枪探问情况后，他又顺着刚才的思路说，今晚只唱"借东风"，不唱"草船借箭"。只唱"借东风"，是因为行船的目的是到达上杭指挥攻打漳州的战役，不可因途中恋战而贻误军机；不唱"草船借箭"，是告诫拔枪欲战的警卫人员不可轻举妄动。用《三国演义》中两个故事情节，表达了自己的"战斗方案"。毛泽东的语言艺术不能不令人拍案叫绝。

借用蒋介石与万耀煌的矛盾

1935年4月，北上抗日进行长征的中央红军，在四渡赤水之后按照毛泽东的部署，分头向龙街渡、洪门渡、皎平渡一带前进，准备渡过金沙江。

蒋介石获悉红军的行踪后，5月3日，急令已到团街附近的万耀煌第十三师，全力向皎平渡口尾追，保持火力接触，不让红军摆脱，以待周浑元、吴奇伟纵队增援。

万耀煌是国民党部队中的非嫡系派，蒋与万之间有矛盾。万耀煌力图保存实力，既怕蒋介石以追击不力吞并他的部队，又怕孤军深入被红军收拾。其先头部队遭到红五军团后卫三十七团痛击后，他便构筑工事在团街固守。

5月4日，蒋介石严令各纵队加速追堵，"否则以纵匪论罪"。

当晚，万耀煌致电蒋介石谎报军情：派侦察队严密搜索，在前进方向上，尚未发现共军的任何行迹，故决定在原地休整一天，俟查明共军去向后，再尾击而剿之。

5月5日晚，万又继续向蒋谎报：经过一天侦察，前方仍未发现共军，6日拂晓前如无新的训示，将率部队从团街以南原路返回，协同友军从其他方向围剿共军。发报后，他即命令部队后撤。

蒋介石接到电报后，恼怒异常，向万发出"限即刻到"的手令，声称飞机侦察共军确实从皎平渡到了北岸，命令他仍从团街向皎平渡口全力追剿，如再违令，将按军法从事。

万耀煌接到手令，万般无奈，只好重新向团街推进，尾追红军。

这时，红军侦悉万耀煌发给蒋介石的企图保存实力往回收缩的电报，毛泽东当机立断，决定抓住机会，令一、三军团速来皎平渡过江。充分利用蒋、万矛盾所赢得的两三天时间。同一天,毛泽东、周恩来、朱德来到设在金沙江边崖洞里的作战指挥所,研究渡江部署。

毛泽东用红铅笔在地图上比画着,对作战参谋们风趣地说:

"你们看,龙云的部队被我们'调'到贵州去了,现在万耀煌的第十三师又要听我们'指挥'了。你们知道三国时期诸葛亮借东风的故事吗?我们现在借用蒋介石与万耀煌的矛盾,把主力部队调到这里来过江。将来也让后人写段故事吧!"(蒋建农、郑广瑾:《长征中的毛泽东》,红旗出版社1997年1月版,第182页)

几天后,红军一、三军团和担任掩护任务的红五军团,都分别全部渡过了金沙江。

国民党追兵在薛岳率领下赶到金沙江时,已是红军过江后的第七天,船只已经烧毁,他们只能隔江兴叹了。

这样,红军巧渡金沙江,摆脱了几十万国民党军队的围追堵截,取得了战略主动权,夺得了战略转移中的决定性胜利。

人们常常讲"借东风",是用的引,是指办事情的必备条件或可借助力量。毛泽东这次讲借东风,就是用的引,借东风转化成借矛盾。国民党军队里派系林立,作战时有的保存实力,拥兵不前;有的借刀杀人,拿别人当炮灰。万耀煌与蒋介石的矛盾,实质即中央嫡系派和地方实力派的矛盾。万耀煌以"不明共军去向"做借口,驻足不前,保存实力,客观上造成皎平渡一线有利红军渡江。借蒋、万矛盾这个东风,红军顺利渡过金沙江。毛泽东这个"东风"借得确实高明,在一定程度上说是挽救了三万红军。他自己预感到后人会将此事"写段故事",应该说,这是一段比借东风更动人的完全可以千古流传的故事。

诸葛亮会观察分析天气变化

1948年4月11日,从陕北米脂县出发前往晋察冀军区的毛泽东一行人,途经五台山。

早上,汽车从伯强村出发,沿着一条高低不平的路走了二十多里地,就开始往上爬坡。

正行间,天气起了变化。暴风骤起,乌云遮天,接着便下起了大雪。不多时,公路上的沟沟坎坎就被大雪填平。路上的积雪越来越厚了,有的地方汽车冲不过去，警卫人员就下车清除积雪。

"哎呀！这五台山上的风雪大得有些出奇。冬天在陕北行军时，也没有遇到过这样大的风雪。"

毛泽东走下汽车，踩着没膝深的积雪，深一脚浅一脚地艰难行进。

望着漫天飞舞的大雪，毛泽东感慨地说：

"我们这么多的人，对今天的大风雪也没有办法。将来人能胜天就好了。到那时，叫它下雪，它就下雪。不让它下雪，它就不下。古代，诸葛亮借东风，是因为诸葛亮会观察分析天气的变化，并非是他要东风就有东风。我们这里如果有人会观察气象，知道什么时候有风，什么时候下雪，那就好了。"（阎长林：《警卫毛泽东纪事》，吉林人民出版社1992年3月版，第272—273页）

天黑后，一行人才走到五台山塔院寺，住了下来。

面对飘飘大雪，引发了毛泽东对诸葛亮借东风的评论。这次他对其做了唯物论的分析和解释，结论是"诸葛亮会观察分析天气变化"。这在一定程度上批判了借东风故事中的唯心论糟粕。按照罗贯中的描写，诸葛亮是会呼风唤雨的神人，他在七星坛上作法，就能借来东风。毛泽东以看似浅显实乃深刻的议论，指出诸葛亮不过懂一些天文知识罢了，揭去了罗贯中罩在这个故事上面的唯心主义的面纱。同时，毛泽东由此指出了气象工作的两个发展阶段：一是会观察气象，知道什么时候有风下雪；二是人能胜天，叫它下雪就下雪，不叫下雪就不下。中华人民共和国成立以后，毛泽东十分关心气象预报工作，应该说他在1948年通往五台山路上的预言，已经部分变成了现实。人类正在向"胜天"的路途上进军。

东风就是大炮

就在毛泽东一行离开五台山的第二天，他们来到河北省阜平县。这里道路越走越平坦，大家的心情也放松下来。毛泽东不思考问题时，就与司机周西林闲聊，有时还开几句玩笑。

周西林是山西人。毛泽东问："老周呀，咱们现在离开你们山西往东走，离你的家越来越远了，你高兴吗？看来，太原不解放，你想回家看看也困难呀。"

老周没有直接回答，反而问道："主席，太原包围起来了，为什么现在还不把阎锡山消灭掉呀？"

"老周，你不要忘了我们现在还是小米加步枪噢。如果我们有飞机大炮，太原随时都可以解放。太原肯定是要解放的，现在是'万事俱备，只欠东风'了。这个东风不是诸葛亮借的那个东风，而是人民解放军借的东风，那就是大炮。大炮一到，太原就可以解放了……"（阎长林：《警卫毛泽东纪事》，吉林人民出版社1992年3月版，第283—284页）

这是一次十分有趣的对话：大军统帅毛泽东与汽车司机在闲聊中，讨论对国民党地方军阀阎锡山占据的太原城为什么"围而不攻"。

出身山西的老周，当然关心解放家乡的事。当时，人民解放军正由战略防御转入战略反攻。但对进攻大城市，一是缺乏经验，二是缺乏重装备，主要是重炮、坦克和飞机。

毛泽东风趣地把攻太原缺重炮说成是"欠东风"，解放军的借东风就是借大炮。这个道理当然容易为老周理解。

作为最高统帅，毛泽东一直记挂着解放太原部队缺大炮的事。我们在《毛泽东军事文集》第五卷里可以查到：

1948年12月28日，毛泽东在给华北军区第一兵团"关于攻击太原所需兵力"的电报中问道："是否还需从林（彪）罗（荣桓）处抽调一部炮兵。"解放战争中，东北野战军从敌人手里缴获了重炮，首先建立了炮兵纵队。

过了近一个月，即1949年1月24日，毛泽东在给东北野战军和华北军区首长的电报中，又明确指示："东北临时配属之两个炮兵团，即直接向太原开进，受徐周陈指挥，控制太原一切机场，迫使阎匪谈判，和平接收太原。如阎匪顽抗，则待华北二、三兵团到达后，实行攻城。"有了重炮，就可以攻城！至此，司机周西林心中的疑问该化解了，大炮一到，他想"回家看看"的愿望再无困难了。

历时十个月，统帅和士兵在驾驶室里讨论的攻打太原问题，终于有了最好的答案。

我正在城楼观山景

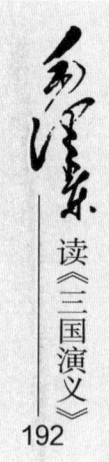

> 他凝望山下，忽然把头一晃，唱出两句京剧："我正在城楼观山景，耳听得城外乱纷纷。旌旗招展空翻影，原来是司马发来的兵……"
>
> 权延赤：《卫士长谈毛泽东》，北京出版社 1989 年 5 月版，第 207 页

爱听三国戏，是毛泽东的一大喜好。在延安，在西柏坡，在北京，毛泽东闲暇时，或参加文艺活动时，都喜欢点几出三国戏听听。还要和着节拍唱几嗓子。三国戏里，他尤喜《空城计》，百听不厌。

浙江京剧艺术家宋宝罗回忆：毛泽东是他的"唱戏知音"。每次毛泽东到杭州，总要听他唱几段。从 1958 年到 1963 年这六年时间里，他为毛泽东唱过三十多次戏。

1958 年 7 月的一天晚上，宋宝罗在杭州饭店三楼大厅给毛泽东等领导人唱《空城计》。"当我一气唱完《空城计》的大段唱腔后，场内叫'好'声、掌声四起，气氛十分热烈。总理快步走过来，拉着我的手说：'你唱得很好。'接着用手指指说：'你看，主席听得多高兴啊！'""一段唱完，在掌声中我快步走到主席面前，毛主席站起身来和我握手，称赞我唱得好。"（《毛泽东与浙江》，中共党史出版社 1993 年 11 月版，第 187 页）

毛泽东喜欢听《空城计》，由此可见一斑。

京剧《空城计》，依据《三国演义》第九十五回《马谡拒谏失街亭　武侯弹琴退仲达》改编。大意是：马谡失掉街亭要地后，司马懿乘胜进兵西城。诸葛亮在身边没有精兵良将的情况下，决计将城门大开，自己在城楼上焚香抚琴，一副神闲气定之态。司马懿见状，知道诸葛亮平生谨慎，不肯弄险，害怕蜀军有伏兵，下令退军。

一座空城，吓退司马懿十五万大军。

有专论《三国演义》权谋者，以为这是诸葛亮"心理战"的典型战例。

喜欢听《空城计》唱段的毛泽东，也常常用他那特有的湖南腔喊几嗓子"我正在城楼观山景……"，而每喊一嗓子，又都伴随着产生了比"空城计"更为生动的故事……

"中了毛泽东的空城计"

毛泽东唱空城计最初产生的故事，是在井冈山时期的1928年夏天。首先中了毛泽东"空城计"的敌军是敌占区的保安队。

1928年夏，上井冈山不久的毛泽东率红军解放了江西永新县大部分地区。该县塘边村解放后，村里的土豪劣绅逃到与该村交界的敌占区遂川、莲花县，充当敌占区保安队的耳目。

6月的一天，毛泽东带着贺子珍和18名红军战士来到塘边村（含4个自然村）搞调查。毛泽东和十余名战士分别深入各自然村农户访贫问苦，身边只留下贺子珍等几人做警卫工作。突然，村外枪声骤起。一位赤卫队员急忙跑来报告：外县的地主保安队打来了，领头的坏蛋还大喊大叫："蒋介石悬赏五万大洋，抓住毛泽东有重赏！"

面对穷凶极恶的敌人，贺子珍异常焦急，她紧握手枪，守护在毛泽东的身边。她想，战士们已分布各自然村，无法集中，赤卫队的大刀、梭镖抵不过保安队的枪弹。于是，她督促毛泽东赶快离开这里。坚毅自若的毛泽东抽着烟，环视四周后，即对村干部下达命令："通知群众，马上撤出村子，都到山上去！"

村里静得可怕。敌人进村后，不敢轻举妄动，只是靠放枪壮胆。不一会儿，按照毛泽东的安排，山上锣鼓喧天，冲杀声响成一片。立时，敌人惊恐万状。坏蛋有人急喊着："空城计，空城计，中了毛泽东的空城计，快跑啊！"（王伯福：《毛泽东轶事大观》，山东人民出版社1997年1月版，第44—45页）毛泽东和乡亲们居高临下，目睹着敌人一哄而散弃甲逃命的狼狈相，不由得欢呼跳跃起来。

事后，贺子珍问毛泽东："敌人怎么不上山搜索？"毛泽东笑了笑说："敌人也怕呀！当时如果我们还手，敌人从枪声里就可判断我们的力量。我们一弹不发，空村无人，他不知深浅，岂敢贸然上山？三国时诸葛亮唱空城计，也是如此呀！"（余伯流、陈钢：《喋血井冈山》，中国人事出版社1993年1月版，第151页）

塘边村的乡亲们称赞毛委员急中生智，料事如神，胜敌有方，赛过诸葛亮。

有趣的是，毛泽东最初在军事斗争中运用"空城计"，是敌人保安队坏蛋们在吃了苦头之后喊出来的。塘边村的"空城计"，其实质是"空村计"。历史上有"空城计""空营计"，而"空村计"则是毛泽东的创造。在以后的军事斗争中，毛泽东对《三国》中的"空城计"越用越巧，比之这些，"空村计"不过是他小试牛刀罢了。

毛委员的"空山计"

毛泽东的空城计应用于山区作战时，则被红军官兵们命名为"空山计"。故事发生在黄洋界保卫战中。

那是1928年夏秋之交在井冈山。毛泽东时任红四军党代表、前敌委员会书记、湖南特委书记，但他是中共中央委员，红军官兵习惯上称他为"毛委员"。

这年8月，江西和湖南的国民党军队第二次对朱毛红军的井冈山根据地进行"会剿"。此时，毛泽东率领三十一团三营去湘南迎回红军大队，只留三十一团团部和一营坚守井冈山的黄洋界哨口；三十二团两个营防守桐木岭、双马石、八面山、茅坪等地。

黄洋界，海拔一千三百余米，山高壁峭，雄峰耸立，万丈深谷，陡不可攀。黄洋界下，仅有通往大陇、茅坪两条小路，均筑有工事，大有"一夫当关，万夫莫开"之势。

扼守黄洋界的主力三十一团一营以及大小五井的地方武装，于8月29日晚进入前沿阵地。

8月30日，湘赣敌军四个团向黄洋界发起攻击。一营长陈毅安、副营长陈士榘根据毛泽东的部署和要求指挥战士们奋起反击。

敌人受地形限制，只能拖成一字长蛇阵，无法展开火力。进至腰子坑、肩火岭一线，即被打退。

第二次进攻，敌人改用炮轰。炮弹落在黄洋界山坡上，竹林和草丛烧着了，硝烟弥漫。

三十一团团长朱云卿气得大骂："妈的！老子有炮，早送你们上西天了！"

"炮？有啊！"在一旁的贺敏学说道。"在小井！我亲眼看到的，八二炮。不过……听说坏了。"

"快找人修修看，叫他知道红军的厉害！"陈毅安兴奋地说道。

贺敏学去了。敌人攻击大半天，红军又是打排子枪，又是放滚木礌石，敌人伤亡惨重。

下午4时许,敌人再次发起猛攻,增加了几倍的兵力!红军守山部队弹药渐少,形势危急。正在这时,小井修械处把那门迫击炮修好了,贺敏学等人抬来安放在指挥部附近。

陈毅安高兴极了,急忙命令开炮。连发三炮,第一、第二枚炮弹未响,第三发炮弹正好落在敌人指挥所——源头村,一团火球飞出,炸响了。

敌军听见炮声,吓得魂飞魄散,以为红军主力已经回山,争相逃命。"快跑啊,朱毛红军回来了!"敌军乱成一团,失去指挥。乘着夜色,湘敌三个团先撤了,赣敌一个团闻知湘敌败退,也匆匆后撤至永新县。

这样,红军在地方武装和根据地群众配合下,凭借黄洋界天险,以不足一营的兵力,击溃敌军四个团的进攻,歼敌数百人,取得了保卫战的胜利。

黄洋界保卫战的胜利,极大地鼓舞了红军官兵,大家兴奋不已,议论不止。有的说,这真像当年诸葛亮的空城计;有的说,诸葛亮只会退兵并没有消灭敌人,哪儿比得上咱毛委员的空山计。接着有人提议,我们也编一段《空山计》唱词,大家都当诸葛亮,唱唱毛委员。于是便你一句,我一句,很快汇集成《空山计》唱词:

> 我站在黄洋界上观山景,
> 只听得山下人马乱纷纷,
> 举目抬头来观看,
> 原来是湘赣发来的兵。
> 一来是,农民斗争少经验,
> 二来是,二十八团离开了永新,
> 你既得宁冈茅坪多侥幸,
> 为何又来侵占我的五井?
> 你既来就该把山进,
> 为何山下扎大营?
> 你莫左思右想心不定,
> 我这里内无埋伏外无援兵。
> 你上得山来我别无敬,
> 我准备红米南瓜、南瓜红米,
> 犒赏你的三军。
> 你来、来、来!
> 请你到井冈山上谈革命。

(陈晋:《文人毛泽东》,上海人民出版社1997年12月版,第

78—79页；余伯流、陈刚：《喋血井冈山——毛泽东的崛起》，中国人事出版社1993年1月版，第219—222页）

这一天，毛泽东将朱德、陈毅带领去湘南的部队迎回井冈山，听说了黄洋界保卫战的胜利，喜上眉梢。时值中秋，皓月当空。为了欢迎红军大队归山和庆贺黄洋界战胜敌人，在茨市广场上开了庆祝晚会。其中一个节目就是三十二团二连连长龙普林演唱新京戏《毛委员的空山计》。龙普林会唱京戏，尤其喜欢唱《空城计》。他多才多艺，非常活跃，根据京剧《空城计》的唱腔唱词，对大家的创作加以修改润色。演唱时，他形神兼备，典型的京剧道白和熟练的表演功夫，更加深了京剧的韵味，既再现了当年诸葛亮城头抚琴智退敌兵的形象，又表现了眼前红军黄洋界以少胜多、一弹退敌的战斗情景，显示了红军的高超智慧和英雄气概。

也许是受到红军指战员革命乐观主义精神的感染，不久毛泽东填写了著名的诗篇：《西江月·井冈山》："山下旌旗在望，山头鼓角相闻。敌军围困万千重，我自岿然不动。　早已森严壁垒，更加众志成城。黄洋界上炮声隆，报道敌军宵遁。"

毛泽东这首词是革命战争的纪实之作，其中"黄洋界上炮声隆，报道敌军宵遁"两句，描写了炮击敌军指挥所迫使其乘夜暗退走的战斗细节。毛泽东的填词和一营官兵们的编戏，虽然有雅俗文野之分，但其心情则完全是一致的。红军基层官兵为自己的战法能同古代军事历史小说所描写的著名军事家的某些活动情节相类似而自豪，虽然毛泽东没有亲身参加保卫黄洋界的战斗，但基层官兵还是把制敌谋略的发明、取得胜利的原因，归结为他的高超领导和巧妙安排，并借传统戏剧形式把它热情洋溢地表达出来，他们相信他们的指挥员就是运筹帷幄，指挥若定，在人民群众中被看作智慧之星的"诸葛亮"。

红军初创时期的黄洋界保卫战，其实是险胜。因为山上兵太少，武器太差。取胜固然有官兵的革命热情在，偶然修好一门炮，诱使敌人做出错误判断也是制服敌人的重要原因。正因为是偶然的险胜，所以毛泽东和红军官兵都联想到了《三国演义》中诸葛亮巧设"空城计"险胜司马懿的故事。这个战斗实践无疑比读书更加重了"空城计"在毛泽东心头的影响。不过，毛泽东承认在敌强我弱的情况下，要像诸葛亮那样与敌人斗智，但在历史观上则更相信广大官兵的力量，词中"更加众志成城"一句，便隐含着他后来说的人民群众是历史的创造者和真正动力的思想基因。"诸葛亮"投身于群众斗争的洪流，他的"空城计"一类的智慧才能放射出灿烂的光芒。

"信止追兵"唱"空城"

1936年2月20日,在毛泽东、彭德怀等同志的率领下,中国人民红军抗日先锋军渡过黄河,进行东征。

东征的抗日先锋军转战于山西吕梁山地区,经两个月的战斗,消灭敌军约三个团,扩红近八千人,筹款四十多万,巩固了陕北苏区根据地,使党的抗日救国的主张为更多的人所接受。

红军的胜利使国民党反动派坐不稳睡不安,十分恐慌。阎锡山向南京接二连三发电报,蒋介石派了十个师增援山西,阻挡红军向东发展,并企图截断红军退路,与阎锡山的主力部队形成钳击之势。

1936年4月5日,中共中央为了顾全抗日救国的大局,表示我军"团结一致,共同抗日"的诚意,进一步扩大抗日民族统一战线;为了保存抗日力量,避免不利的决战,决定将"渡河东征,抗日反蒋"的方针,变为"回师西渡,逼蒋抗日"。

可是,蒋军和阎军仍是尾追不放,并企图封锁黄河渡口消灭我军。4月底,从风陵渡渡河北上之敌先头步兵师,企图抢占黄河渡口,已插到抗日先锋军的左右两路军的前头去了。这时,毛泽东尚在河东等待红军主力,总部离敌人的先头部队很近。

为了不延缓整个西渡计划,避免在渡河以前与敌纠缠,毛泽东用商量的口气对彭德怀说:"德怀,我想给敌人先头师师长写封信,要他就地扎营,不准再向前移动,你看如何?"

彭德怀连说:"要得,要得。诸葛亮抚琴一曲退魏兵,主席的信也会使敌人停止前进的。"

毛泽东在信上对敌师长晓以民族大义,指出国共两军一兵一枪的损耗,都是我国国防力量的损失。同时在信中宣传我党停止内战、团结抗日、拯救国家民族危亡的政策。然后警告他:必须就地停止,不准再向前移动,以免被歼。

果然不出毛泽东所料,敌师长见了他晓以大义的信后,不知是爱国之心有所发现,还是害怕被歼,部队乖乖地停了下来,没有再向前推进。5月1日至5月5日,红军主力和总部人员,先后在铁罗关至永和关一线渡口从容渡过黄河,胜利结束东征,返回陕北。

一封信件截住了追兵,毛泽东自然十分高兴,便用湖南口音唱起了京剧《空城计》中诸葛亮的唱段:"我正在城楼观山景,忽听得城外乱纷纷,旌旗招展空翻影,原来是司马发来的兵……"(吴直雄:《毛泽东妙用诗词》下卷,京华出版社1998年12月版,第973—974页;《毛泽东在吕梁》,中共党史出版社1993年11月版,第158—189页)

毛泽东给敌师长写信之时,抗日先锋军主力——左右两路大军,不在他身边,而他所直接率领的"中路军"即抗日先锋军总部只有五百余人,敌人却是二十几个团的兵力。此时,毛泽东带着几百人与几万敌人"兜圈子",捉迷藏,打运动战,真可说是"唱空城计"了。

一信可抵万千兵。毛泽东的"信止追兵"与诸葛亮的"空城退敌"确有某种暗合,千古事近,异曲同工。何以表达胜利的喜悦心情?毛泽东的独特方式是唱《空城计》。当"我正在城楼观山景"的湖南腔京剧在黄河岸畔、吕梁山麓回响时,那无疑是红军的凯歌,敌人覆灭的哀曲。

▎许褚

边区不能老唱"空城计"

毛泽东有过"空山胜敌""信止追兵"的传奇经历,但他并不一味强调"空城",更多的时候,他强调有备无患。

1944年春天,正是抗日战争胜利的前夜。为了迎接抗日战争的全面胜利,中共中央和毛泽东决定将在延安学习的干部陆续派出去,组织新部队,开辟新的根据地。

这天,在中央党校学习的干部程悦长、王近山、徐立清、黄振堂四人接到通知,说毛泽东主席下午3点接见几位新四旅的干部。

程悦长是晋冀鲁豫军区十六团的团长,1940年年底从前线到延安学习。

后来十六团调到延安来了,军委决定再建一个新四旅,直接负责保卫延安党中央所在地。十六团归新四旅建制,程悦长便被组织上安排到新四旅工作。

下午3时,四名干部骑马来到毛泽东的驻地枣园。

毛泽东招呼大家坐下后,说了几句笑话,待大家放松了紧张心理,他转入正题,开始谈工作:

"你们就要到新四旅去工作了,今天特地找你们谈谈,看你们对工作有什么意见。"

程悦长等人说:"拥护中央军委决定,一定努力把工作做好。"

接着毛泽东向程悦长问了十六团的一些情况,谈到这支部队调来延安的路上,在韩略很好地打了一仗,歼灭了日寇华北战地参观团一百多人。毛泽东表扬了十六团的战斗作风,说这是一次硬仗,但打得很好,很灵活;要大家把这种好的作风保持发扬下去,不要失传。今后还要特别注意加强部队的政治教育。

这时,毛泽东谈到了组建新四旅的重要性,谈到十六团是个老团队,应在新组建部队中发挥骨干作用,他语重心长地对程悦长等人说:

"我们就是要有准备,这叫'有备无患'嘛;边区不能老唱《空城计》。我们有些同志,该磨刀的时候不磨,磨了刀不会用。这种人总是要吃亏的。"(李智舜:《毛泽东与开国少将》,中共中央党校出版社1997年1月版,第217页)

据程悦长回忆,毛泽东的谈话,深入浅出,朴素生动。打的比喻,讲的历史故事,当时听起来新鲜,而后细细一回味,越想道理越深,越想给人的启发、教育越大。许多话,使人一辈子都忘不了。

在毛泽东看来,《空城计》不是常法,一是不得已时可以运用,二是与敌人斗智,在敌强我弱的情况下以计谋胜敌。军事斗争的基点还是要放在有备无患上,所谓不打无准备之仗是也。用边区"不能老唱《空城计》"来说明组建新四旅,保卫延安的重要性,既生动又深刻,使程悦长等将赴新四旅工作的干部打下深深的烙印。1944年以前的抗战阶段,国民党发动了三次反共高潮,其中就包括进攻陕北的军事部署。那时,八路军、新四军主力都在抗战前线,延安只有留守兵团的两万余人,其中相当一部分还部署在黄河岸边防备日寇的侵掠,对付国民党的军事进攻显然力量不足,所以延安可说是一座空城。中央军委决定组建新四旅是事所必然,这个"磨刀"是非常必要的。"空城计"可以唱一时,"老唱"就要吃亏,这正是毛泽东"有备"与"无备"(空城)的辩证法。

忽听得城外乱纷纷

1947年夏的一天,毛泽东带领二三百人的队伍,刚刚在敌人眼皮底下"钻"过来,来到黄河岸边。毛泽东仰头望望河岸边一座高山,那山陡崖峭壁,巨石耸立,危岩高悬。云雾缭绕在山腰,高峰隐蔽在半空。毛泽东将手中柳木棍向山上一指,指示上山。

"上山!"任弼时回头向部队下令。然后又对身边的王参谋说:"让后面部队把上山的痕迹擦掉!"

毛泽东已经向山上迈步,闻声回身,柳木棍向路旁一块草坡上用力戳去:"怕什么怕?就在这里竖块牌子,写上毛泽东由此上山!"

王参谋略一怔,马上摇头:"不行,敌人就在后面,说话就跟上来……"

阎长林也劝:"刘戡的七个旅加北路三个旅,万一跟上来就麻烦了。"

毛泽东手中的柳木棍第二次戳下,断然一声:"给我竖!"

周恩来在旁边说:"你们就照德胜同志说的办。"

毛泽东余怒未消:"我叫他追,我倒要看看这个刘戡和钟松有多大的胆子!"

毛泽东上山了。周恩来扯一下王参谋,小声嘱咐:"主席的安全关系全党全军。为防万一,部队过完以后,你们还是照弼时同志说的办,把痕迹消除干净。"

爬上峰顶,毛泽东和警卫排的同志们聊天去了,坐在一块青石上,谈笑风生。

侦察员来报告:敌人怕中埋伏,停止追击,就地宿营了。

毛泽东微笑着点点头,并不觉奇怪。他凝望山下,忽然把头一晃,唱出两句京剧:"我正在城楼观山景,忽听得城外乱纷纷。旌旗招展空翻影,原来是司马发来的兵……"(权延赤:《卫士长谈毛泽东》,北京出版社1989年版,第207页)

入夜,山下燃起一堆堆篝火,没头没尾。照得遍野通红。山上有个小村叫白龙庙,居高临下看得真切:敌人好像近在咫尺,喧嚷之声清晰可闻。

周恩来向王参谋下令:"把警戒部队布置好,我们就在这里住下。"

毛泽东在屋里大声说:"让他乱去吧,老子睡觉!"

在敌人夹缝里转战,非大智者不能用"空城计",非大勇者不敢凭"空城"

退敌。山下敌兵遍野,山上安然宿营。凝望山下"乱纷纷"蜂拥蚁聚的敌军,唱出两句《空城计》,其临危不乱处险不惊的统帅风度,足可安定军心。毛泽东使古今大智大勇者相形见绌。

新闻攻势退敌兵

诸葛亮设"空城计"靠的是城楼抚琴,使司马懿疑中生疑;毛泽东设"空城计"使用的武器有时却是一纸新闻,使敌人惑中更惑。

1948年秋,根据毛泽东、党中央在西柏坡作出的先解放东北、再回头解放华北的战略决策,我东北野战军于9月12日打响了辽沈战役。聂荣臻、杨成武配合东北战场,拖住华北敌人,切断增援东北之路。从十月15日至19日,东北野战军解放了锦州、长春,东北战场势如破竹……

10月19日下午,蒋介石在北平召开军事会议,策划完辽西决战之后,单独召见傅作义。蒋令傅出奇制胜:乘中共总部兵力空虚,出动10万人马,于10月28日直取石家庄和西柏坡,"端掉共党的老窝,把毛匪和共党总部消灭,这样就可以很好地配合辽西兵团收回锦州"。蒋傅还密谋了偷袭西柏坡的行动计划。

10月23日晚,打入北平国民党内部的中共地下党员刘时平将这一紧急军情报告地下党组织。10月25日,毛泽东收到了华北军区司令部的急电。毛泽东等中央军委领导同志连忙在军委作战室研究对策。

毛泽东对周恩来说:"蒋傅合谋,趁我华北主力打到归绥、太原去了,来偷袭我军后方,想一下子摧毁我中央首脑机关,最好是把你我都捉了去。好家伙!还蛮厉害呢。"周恩来说:"后天拂晓他们就要来了,我们的主力不在身边……我们还是就近抽调一部主力取捷径迎击。"当即,根据毛泽东和中央军委的决定,周恩来以军委名义向华北军区司令员聂荣臻、华北一兵团徐向前和二兵团杨得志及地方部队下达了紧急命令……一场粉碎蒋傅军偷袭西柏坡的大战开始了。

尽管做了紧急部署,但从军委接到情报到敌人28日拂晓发起总攻,仅有三天时间,我军距各作战地点较远,如果让敌人抢先到我们家门口就麻烦了。

面对这种情况,毛泽东对周恩来说:

"我们不妨也来学学诸葛亮,唱段空城计。即我们在动员华北军民准备粉碎敌人进攻的时候,还要通过新华社把蒋介石、傅作义的阴谋作公开的揭露,向他们宣布我华北军民已做好准备,必将歼灭敢于来犯之敌。他们晓得我们已有准备,就会大为泄气,甚至不敢来犯。我们还要警告蒋介石、傅作义:北平是这样的空虚,你们究竟还要不要北平?"(王伯福:《毛泽东轶事大观》,山东人民出版社1997年1月版,第21—22页)

周恩来称赞说:"主席,你真是活孔明!当初诸葛亮用空城计吓退了司马懿,你这一揭露虽不至于把敌人完全吓跑,至少也能使敌人不敢快速疾进,那粉碎敌人的偷袭就容易多了。"

10月26日晚,在面对即将到来的十万敌军,而我军尚未到达指定地点、西柏坡仅有一千多兵力的情况下,毛泽东的"空城计"开演了:新华社用口语连续播发毛泽东写的新闻稿《华北各首长号召保石沿线人民,准备还击蒋傅军进扰》。新闻稿端出了敌人的偷袭计划,也宣布了我们总动员的要求,表明军民做好了准备。敌人听到广播后,乱了阵脚:蒋介石暴跳如雷,傅作义更感不妙,郑挺锋大惊失色。蒋傅的精锐兵团摸不准我军的底子,行军迟缓,解放军的两条腿得以跑在了敌人骑兵之前,造成了阻击和南北夹击之势。

但是,敌人还没有撤退。10月31日,又是雨后的一个深夜。一封封告急的敌情通报,接连不断地送到毛泽东的办公桌上。

"看来傅作义还真要学司马懿呢!"毛泽东拿起笔,只说了这么句话,"给他点颜色看看。"这时,雨又下了起来。毛泽东在雨夜里,在周恩来、朱德、刘少奇和任弼时的注视下,为新华社写了一篇题为"评蒋傅军梦想偷袭石家庄"的述评,写好后命令电台全文广播,而且马上就播。这是毛泽东设"空城计"的另一篇文章,文章说:"整个蒋介石的北方战线,整个傅作义系统,大概只有几个月就要完蛋,你们却还在那里做石家庄的梦!"

在新闻攻势面前,傅作义的十万人马军心涣散……

历时七天,敌人的各路人马死的死,逃的逃,退的退,连西柏坡的边也没沾上,蒋傅偷袭阴谋迅速破产了。

毛泽东一纸吓退了傅作义的十万大军!

这是令许多人没有料想到的事情,但这是事实,很有些《三国演义》中诸葛亮设"空城计"智退司马懿的意境;也许是吧,难怪毛泽东在得到傅作义急速撤兵的消息后,也情不自禁地放开他那浓重的湖南乡音,又唱了一嗓子京剧《空城计》里诸葛亮的唱段:

"我正在城楼观山景,耳听得城外乱纷纷。旌旗招展空翻影,原来是司马发来的兵;我也曾差人去打听,打听得司马领兵就往西行……尔到此就该把城进，为什么犹豫不决、进退两难、所为的是何情……我左右琴童人两个，我是又无有埋伏又无有兵……"

毛泽东唱到这里，对侍卫在身边的李银桥和阎长林笑了笑，又继续唱下去：

"你就来来来，请上城来听我抚琴，我诸葛亮缺少个知音的人……"

唱罢一段，毛泽东似乎意犹未尽，又加唱了一段也是《空城计》中诸葛亮的唱段：

"我本是卧龙冈散淡的人，论阴阳，如反掌，博古通今；先帝爷，下南阳，御驾三请；算就了，汉家业，鼎足三分；官封到，武乡侯，执掌帅印；南北征，东西剿，保定乾坤……"（邸延生：《历史的真言——李银桥在毛泽东身边工作纪实》，新华出版社2000年7月第1版，第276—277页）

这是古今中外战争史上的奇观：10万大军被新闻舆论"打"退了。这次设置"空城计"是毛泽东在周恩来的佐助下有意为之，可谓"运用之妙，存乎一心"。虽然西柏坡没有多少兵力，但毛泽东一方面调兵遣将，迎击敌人；一方面发布新闻，笔笔揭露敌人兵力空虚，自身难保。如《孙子兵法》所云：虚则实之，实则虚之。虚虚实实，使敌人摸不清虚实，只好仓皇北撤。

这是平津战役中最为精彩的篇章。

困难时期唱《空城计》

有些时候，毛泽东引用"空城计"的故事或吟唱《空城计》选段，倒不是出于军事斗争的需要，而是出于放松神经，抒发感情，调解情绪，激励斗志。中华人民共和国成立后的三年困难时期，他的卫士尹荆山目睹了这样的场面：那天，毛泽东走出书房，在台阶上住了脚，仰天凝视，深吸一口气，忽然放开喉咙，唱出两句京戏，记得是《空城计》。卫士们一怔，随即交换眼色，无不流露欢颜。这两句京戏似乎宣告了三年困难时期的结束，卫士们都生出"一唱雄鸡天下白"的感觉。（孙宝义：《毛泽东的读书生涯》，知识出版

社1993年1月版,第157页)

三年困难时期,毛泽东的心情是沉郁压抑的。他带头不吃肉,不吃苹果,节衣缩食,和全国人民共渡难关。1962年,由于党的各项政策的调整开始显现成果,各项事业开始有了转机和生机,毛泽东此时放开喉咙唱《空城计》,像战争年代度过大兵压境的危机一样,当然有克服艰难后的喜悦和豪情。

到了1963年,他的心情更好些。那年12月26日,是毛泽东70岁生日。虽说人生七十古来稀,值得庆贺,但是人们如果提出给毛泽东祝寿,他是不会允许的。于是,工作人员在午饭前先在颐年堂摆起一个长案子,请来主席身边工作人员和几个同志的孩子围坐在一起吃午饭,既没有仪式,也不致祝词,每人只有一碗长寿面,表示祝寿的深情。同志们面一进口就热闹起来。毛泽东怕有人吃不饱,嘱咐大家:大肚皮的就多吃几碗嘛。

毛泽东这天得暇,兴致很高,饭后开始余兴。他一讲话,娱乐活动自然开始了,一时笑语连篇,孩子们也热闹起来。那时还没有电视、音响之类的东西,有人打开了留声机,先放了两段毛泽东和大家都喜欢听的侯宝林的相声,逗得满屋子都是笑声,然后又选了毛泽东喜欢欣赏的几折不同唱腔的京剧,陆续放给大家听。

毛泽东很高兴,一边听着京剧,一边用手敲着桌子打拍子,随着留声机唱起《空城计》来,虽说唱不离板,但"湖南京剧"的唱腔,工作人员也听不懂,不过大家见毛泽东那么有滋有味地唱着,心里也由衷地高兴。(沈同:《毛主席身边的日子》,中央文献出版社1993年12月版,第110—111页)

细致分析一下困难时期结束前后毛泽东两唱《空城计》的情景,可发现里面有伟人的坚毅,有战士的豪迈,但更可看出领袖与人民群众同甘共苦的感情发展脉络。当困难时期过去,他那"大肚皮的就多吃几碗"的话语,他那"敲着桌子打拍子"的形象,他那与卫士和孩子们同乐共歌的情趣,渗透多少兴致,埋藏多少深意啊!如果是亲自经历过困难时期的人,更能咀嚼出其中的滋味。

难怪他的卫士据此发出感慨:"这些年,国家刚从困难时期走过来,内忧外患,有很多棘手的问题需要主席处理,有许多大事情需要主席决策,他每天的工作日程都是排得满满的,真是日理万机,超负荷工作,很难得今天这样,与身边的工作人员及其子女如同一家人团聚,情趣温暖如春风拂面,欢乐舒畅。"

卫士们正是从"很难听懂"的湖南腔《空城计》唱段中,"听懂"了毛泽东与群众同忧乐共安危的心声。这无疑沟通了领袖与群众的感情渠道。

仨人合演《失街亭》

> 毛泽东诙谐地说:"好,这一次我们仨人合演一出《失街亭》,你是副将王平,失了街亭,打不下济南,先斩许世友,然后打你四十军棍。我呢,向中央请罪官降三级。好吗?"
>
> 吴碧莲:《许世友和他的一家》,春风文艺出版社1998年2月版,第234页

蜀魏街亭之战,是诸葛亮六出祁山的首战。它的成败,在一定程度上预示了诸葛亮北伐中原的战争前景。对诸葛亮来说,这场战争注定了他失败的命运。但是,罗贯中"不以成败论英雄";在一场失败的战争中,他恰到好处地突出了诸葛亮忠心报国、临危不乱、赏罚严明、勇于自责等美德。

街亭之役,是三国"三大战役"后的"重场戏",其间波谲云诡,险象环生,妙计迭出,煞是好看。

在一场失败的战争中,毛泽东所借鉴到的却是极为有用的经验,使他在战争舞台上,更为自如地调兵选将,治军经武,创造了辉煌的战绩。

错用关羽、马谡

诸葛亮足智多谋,也善于识人用人。但是,智者千虑必有一失。他在调兵遣将上也犯过大错,造成了无可挽回的损失。《三国演义》虽然以孔明为智慧的化身,但没有回避他用错人的事实。毛泽东读演义小说,也注意总结诸葛军师的用人教训。

1948年5月中旬,河北城南庄中央书记处会议结束后,周恩来和刘少奇、朱德、任弼时一起去了平山县的西柏坡。

一天上午,李银桥正在花山村毛泽东住的房间里沏茶水,从外边散步回来的毛泽东像个孩子似的蹑手蹑脚地走到李银桥的身后,看准李银桥刚刚在桌上放好了暖水瓶和茶杯,便猛然大喝一声:"不许动,举起手来!"

李银桥先是一怔,听出是毛泽东的声音,便故作惊慌的样子慢慢向上抬起双手——突然间,李银桥一个转身动作、双手抱住了毛泽东的双臂,笑着说:"你也不用吓唬我,主席,还是坐下喝茶吧!"

"你很有警惕性嘛!"毛泽东挣开双臂,笑道,"你这个卫士组长,我没有选错哩!"

李银桥将桌上的茶杯往毛泽东的面前推了推:"主席什么时候选错过人啊?"

"也不尽然……"毛泽东端起茶杯,摇摇头说,"我毛泽东一不是释迦牟尼,二不是诸葛亮;就是诸葛亮,也有错用关羽和错用马谡的时候啊!"

看着毛泽东慢慢地喝着茶水,李银桥想了想,有些不解地问道:"主席,诸葛亮怎么用错关羽了?"

毛泽东看一看李银桥,放下手中的茶杯说:

"当初诸葛亮留守荆州,刘备调诸葛亮入川,诸葛亮不该留下关羽守荆州。让关羽守荆州是一着错棋呢!"

李银桥问:"为什么?"

"关羽骄傲呢!"毛泽东说,"关羽从思想上看不起东吴,不能认真贯彻执行诸葛亮的战备意图,结果失掉了根据地,丢了荆州,自己也被东吴杀掉了——银桥啊,你要多看些历史书,以后有条件了,我找给你看。"

李银桥点点头:"我只知道诸葛亮挥泪斩马谡,是因为马谡失了街亭,害得诸葛亮用了空城计。"

"这也是诸葛亮用人不当呢!"毛泽东语重心长地说,"我们现在和蒋介石打仗,在政治上是为了民主革命,在军事上也和过去差不多,要研究策略,在正确的大政方针指导下,要调兵选将;俗话讲,千军易得,一将难求嘛!"(邸延生:《历史的真言——李银桥在毛泽东身边工作纪实》,新华出版社2000年7月版,第

"我知道主席很费神,也知道主席的脑子很累……"李银桥不敢往深里说,只是把自己的一点想法讲了出来,"从小河村到城南庄,我知道主席为陈赓和粟裕的事费了脑子……"

毛泽东的眼睛一亮,不无感慨地说:"陈赓和粟裕,都是百里挑一的将才哩!银桥,你也是善动脑子的人,无论大事小事,道理是一样的;走路要看准方向,与人交往要看准对象……"

陈赓从红军时期到解放战争时期,都是著名战将。作为指挥千军万马的大将,陈赓敢担重任。解放战争时期,国民党重点进攻陕北,形势十分危急。当时陈赓一方面担心转战陕北的党中央和毛泽东的安全,一方面随时关注着全国战场的发展,他经过深思熟虑后,亲自于1947年7月19日赶到陕北定边县小河村毛泽东的驻地,向毛泽东建议,由他率领部队南渡黄河吸引敌人,以减轻陕北的压力。毛主席听后,非常高兴地说:"你真不愧为陈赓呀!我就知道你肚子里有绝招。"

在我军高级将领中,粟裕以善于指挥大兵团作战著称。刘伯承元帅称赞他是"常胜将军",毛泽东也说过"粟裕不简单"。粟裕军事指挥上很有主见,即使对上级的批示、命令,他也喜欢问几个为什么,有时还要向上级提出自己的不同意见。

1948年年初,解放战争形势发生了重大变化,刘邓大军千里跃进大别山,人民解放军开始转入战略进攻。这时,毛泽东提出了一个更大胆的计划:命令粟裕率华野第一兵团三个纵队先行渡江,实施第二个跃进,以进一步调动国民党军回防江南,减轻我解放区的负担,并为尔后的全军渡江作战创造条件。

粟裕深知这一战略决策的分量。为此,他一面率领部队认真做渡江的各项准备工作,一面反复思考渡江作战的利弊。经过三个多月的深思,他大胆向中央发报提出了自己的不同意见。他认为,华野一部渡江南进难以达成预定的战略目标,而且将导致较大的损失,不如继续留在中原地区歼灭国民党有生力量更为有利。

中央领导同志对粟裕的意见十分重视。毛泽东诙谐地说:"粟裕不听我们的,我们就听听粟大将军的。"他发报要粟裕到河北阜平县城南庄中央驻地进一步说明自己的理由。最终,毛泽东等中央领导都被粟裕说服了,决定华野第一兵团暂缓渡江南进,集中力量在中原地区打大歼灭战。以后的实践证明,这一决策对于加快解放战争的进程,起到了重要作用。

像这样的事例还有很多，如建议修改豫东战役预定作战目标、建议发起淮海战役、建议提前渡江，等等。由于粟裕在作战指挥上爱动脑筋，敢于提不同意见，毛泽东在一些重大战略决策上总是喜欢先听听粟裕的意见。解放战争时期，毛泽东发给粟裕有关作战问题的许多电报的结尾处，都可以看到这四个字：熟筹见复。这既说明了毛泽东对粟裕的高度信任，也体现了我军统帅与大将之间的默契关系。

诸葛亮错用关羽马谡，丢了荆州，失了街亭。丢了荆州，蜀国失去了进攻曹魏的重要战略基地；失去街亭，诸葛亮首次北伐功亏一篑，终于失败，只好退兵汉中。毛泽东用对了陈赓粟裕，在解放战争的战场上，连走了几步漂亮棋，打了几场有决定意义的大胜仗。

毛泽东谈诸葛亮用错了人，是在总结用将命帅的经验教训，反衬出他使用将帅的过人才识。小到卫士组长，大到战区首长，毛泽东何曾"选错过人"；从小河村用陈赓之策，到城南庄采粟裕之谋，毛泽东可谓"从谏如流"了。他深知"千军易得，一将难求"的道理，因此他"费神"选用的都是"百里挑一的将才"啊！

人才是事业成败的关键。毛泽东正用陈、粟，诸葛亮误用关、马，我们从中可受到多少启迪。

仨人合演《失街亭》

毛泽东曾与爱将许世友、战将王建安"合演"了一出京剧《失街亭》。不过，他们的演出不在舞台上，而在刀光剑影的战场上。

1948年9月间，毛泽东纵观解放战争全局，以领袖的宏大气魄命令我军同国民党军队进行战略决战。在酝酿部署三大战役的同时，决定攻克国民党在山东的堡垒——济南。

济南是我军战史上攻打的第一个坚固设防的大城市。毛泽东对济南战役极其重视，仅给华东野战军的电报，目前已发表的就达24份。

与惯例相反，作为攻济集团主要负责人的许世友，在济南战役的谋划阶段，实际上一直不在现场。换句话说，从济南战役的作战构想、作战方针、兵力部署、突击重点到物资筹措等，是在中央军委直接指挥下，由华东野战军副司令员粟裕、副政治委员兼山东兵团政治委员谭震林等领导同志反复研究后，一项一项具体布置的。当时许世友因多种原因，远在数百里之外的胶东蓬莱县艾山汤休养，没有参与其谋。

非但如此。济南战役攻城部队总指挥，一开始也不是许世友。

这件事，毛泽东出面进行了干预。他亲自点将，点中许世友，明确指定必须由许世友担任攻城总指挥。

华东野战军司令部急电通知许世友即刻赶往济南前线。

许世友接到华野电报，得知毛泽东点名叫他指挥攻打济南。领袖的信任使他欣喜若狂，虽说腿伤还没有养好，这时也全然不顾了，乘坐一辆美国军用吉普车日夜兼程，赶到设在泰安的山东兵团司令部。

毛泽东悉知许世友已经到位，兴奋地告诉朱德："许大将军终于出山了！"并立即亲笔撰写了一份给许世友的电报，电文开头就是："你已到前方，甚慰。"

"甚慰"，充分表露出毛泽东对许世友急切盼望的心情和所寄予的重托。

济南战役之前，王建安被专门召到了西柏坡。

已是黄昏。毛泽东患病初愈，正一个人伫立在地图前，分析战况。

"报告主席，王建安奉命报到！"王建安恭恭敬敬地站在门口。

毛泽东先是一愣，然后，满脸笑容伸出双手，把王建安拉进屋里，又是端详，又是问候，一时搞得王建安摸不着头脑。

两人落座于木椅上后，毛泽东点燃了一支烟，给王建安讲明了此次召他单独来西柏坡的用意：中央决定他到济南去，做解放济南的准备。许世友出任山东兵团司令员，王建安任副司令。

王建安当即向毛泽东表态："我服从军委意见。"

毛泽东表情严肃地说："中央考虑过了，攻克济南的部队基本上是山东人，许世友在胶东部队里很有威望，你在鲁中和鲁南也颇有名气，大家说你们俩是山东'两雄'，两雄两雄，团结才能真正称英雄！"

王建安立刻明白了毛泽东的用意。他说："请主席放心，这一次我一定配合许世友同志的工作。"

毛泽东诙谐地说：

"好，这一次我们仨人合演一出《失街亭》，你是副将王平，失了街亭，打不下济南，先斩许世友，然后打你四十军棍。我呢，向中央请罪官降三级。好吗？"（吴碧莲：《许世友和他的一家》，春风文艺出版社1998年2月版，第234页）

王建安大声说："打不下济南，我愿挨这四十军棍。不过请主席放心，这军棍也许派不上用场。"

王建安第二天早晨离开了西柏坡，驱车去见许世友。

王建安和许世友同是红四方面军的老战友。久别重逢，两人先是拥抱，然后又打又骂。

许世友与王建安，在红军时期情同手足，生死与共。可是，两人在延安抗大时，许世友因对批判张国焘的错误不理解，计划带走一些人打游击，这就是震动延安的"抗大事件"。由于时任抗大保卫处长的王建安的"举报"，使许世友等人身陷囹圄。许世友为此同王建安翻了脸，拍过桌子骂过娘。

现在，许世友被中央军委任命为攻打济南的攻城兵团司令员，王建安被任命为副司令员。许世友听说毛泽东对他们之间能否协力指挥作战存在顾虑时，便让夫人田普亲自下厨，主动摆了一桌酒。

许世友拿出两瓶高粱酒，开了瓶塞，一人面前摆一瓶。许世友举瓶对王建安说："建安，自从延安分手，我俩这是第一次喝酒，酒到意到，过去的都过去了，谁也不再提。我先干了！"说罢便仰脖把一瓶酒咕嘟咕嘟全部喝了下去。王建安被许世友的真诚和豪爽所感动，也举着酒瓶一口气把酒喝得一滴不剩。

有人为这段故事起了个名字，叫作"许世友瓶酒释前嫌"。

古代兵学家吴起说："不和于国，不可以出军；不和于军，不可以出陈（阵）；不和于陈（阵），不可以进战；不和于战，不可以决胜。"（《吴子兵法·图国》）

济南战役在即，毛泽东在点将之时，首先想到了许世友和王建安这山东"两雄"过去曾因"抗大事件"有过隔阂。毛泽东灵活地做"和"的工作，他以《失街亭》作比，强调"团结才能真正称英雄"，同时告诫主将许世友、副将王建安，"打不下济南"，都是有责任的，都要军法从事。

毛泽东讲的《三国演义》的故事情节，不仅包括"失街亭"，而且包括"斩马谡"。这些故事被描写在小说第九十五回和第九十六回：

魏将司马懿击灭孟达后，魏明帝命其为都督，以张郃为先锋，出兵街亭抵御蜀军。诸葛亮命参军马谡为主将，以王平为副将，率兵二万五千镇守街亭。马谡违背诸葛亮叮嘱，拒绝王平劝阻，生搬兵法，屯兵山上；经王平再三坚持，马谡始分与五千兵在山西下一小寨。司马懿到后，命张郃挡住王平，以大军围山，断绝汲道。马谡军不得饮食，军心大乱，兵士下山降魏者甚多。司马懿乘机放火烧山，马谡无法坚守，只得率残兵杀下山奔逃。王平力量单薄，救援不成，街亭遂被魏军占领。诸葛亮得知街亭失守，只好撤退。诸葛亮为严肃军纪，忍痛将马谡斩首，并承担失败之责，上表请求自贬三等。后主刘禅从之，将诸葛亮降职为右将军，行丞相事。

《三国演义》写诸葛亮"挥泪斩马谡"之前，先叫王平入帐，问王平何不谏马谡,王平说:我再三劝阻,但马谡大怒不从。诸葛亮遂将王平"喝退"。后世戏剧舞台上,对诸葛亮"喝退"王平添油加醋,说斩马谡之前,诸葛亮已先命将王平重责四十大板。这也许就是毛泽东说打不下济南打王建安四十军棍的出处。

诸葛亮、马谡、王平合演的《失街亭》,与毛泽东、许世友、王建安"合演"的《失街亭》,结局恰恰相反:

前者丢失了街亭。

后者攻下了济南。

一败一胜,各有原因:

毛泽东临阵换将,知人善任,把在胶东部队里威望素著、粗中有细、勇而有谋的许世友任命为攻城兵团司令员;主将许世友以大局为重,生性豪爽,"瓶酒释前嫌",使指挥班子团结如一人;副司令王建安更是紧密配合,积极建议,关键时靠前指挥。

诸葛亮起用缺乏一线指挥经验,只是背诵兵法条文的马谡,正如他后来自己所说"明不知人";马谡既教条主义,又听不进王平劝告,放弃要冲之地,上山扎寨被截断水源,不攻自破。

都是"演"失街亭,但诸葛亮"演"的是使首次伐魏归于失败的悲剧,毛泽东"演"的是接受失街亭的教训,取得战略决战首战胜利的喜剧。

"国军的总崩溃,由济南首开其端!"这是台湾地区作家江南的话。

可见,毛泽东仨人合演《失街亭》攻取济南,在解放战争史上具有何等意义!

挥泪斩马谡是万不得已

新中国第一贪污大案与《三国演义》中的诸葛亮挥泪斩马谡的故事发生联系,是在中华人民共和国成立之初的第四个年头。

1952年2月10日,由中华人民共和国主席毛泽东亲笔批示枪毙的新中国第一贪污大案的两名罪犯——天津原地委书记刘青山、原专员张子善在古城保定伏法。

共和国刚刚建立不久,刘青山、张子善这两个年轻的高级干部何以沦为大贪污犯、腐化分子呢?

1950年夏,连续几场暴雨使天津专区十四个县洪灾泛滥,刚刚获得解放的广大农民生活又处于极为困难的境地。就在这时,天津地委书记刘青山,副书记、专员张子善带着省委的嘱托和全区五百多万人的希望和期盼,来到了刚刚组建的天津地委。上任后，他们不是积极带领群众进行生产自救，度过灾荒，而是把工作重心放在所谓的"机关生产"上。

本来，在中华人民共和国成立初期那种经济形势下，中央提出开展机关生产的思想完全是以生产自救为目的，通过开展一些力所能及的机关生产活动以弥补国家财政的不足，这完全符合当时的国情。而刘青山、张子善曲解了中央的精神，认为机关生产就是要把机关搞富裕，这样生活好过，开支方便，以达到个人享受的目的。从此刘青山、张子善一步步滑向犯罪的深渊。

当数万名群众忍着饥饿日夜与滔滔洪水搏斗时，刘青山、张子善这两个人民心目中的"父母官"，却在为克扣民工口粮挖空心思。一次，省拨粮1800余万斤供修治河道用，刘青山竟亲自跑到粮食供应处面授机宜，采取抬高民工食品粮、油价格，以坏粮充好粮等手段，苛赚民工及盗用国家资财共达16亿元（旧币，下同），有数十名民工由于食用霉坏的玉米死亡。当国家从全局出发，进行国防建设时，他们想方设法侵吞国家财产。1950年10月，中央指示修建武靖县杨村飞机场，拨专款29亿元，刘青山见钱眼开，胆大妄为，擅自从专款中划出20亿元巨款投入"机关生产"，而飞机场占地赔款采取东拼西凑、零星拨付等方式；当国家为解决当地水利经费不足下拨水利款时，他们乘机把钱往自己腰包里装……

从1950年年初到1951年11月，不到两年时间，刘青山、张子善利用职权，狼狈为奸，采取欺骗、克扣、虚报、偷税漏税等手段，先后盗窃国家救灾粮、治河专款、干部家属救济粮、地方粮、克扣民工粮、机场建筑款以及骗取国家银行贷款等，总计共达176272万元。按当时的币制标准和市场物价指数，这个数字意味着：可购买小米1亿斤，可购买土布5000万尺。假如按当时的供应标准，干部每人每月小米定量30斤计算，那么这个数字还意味着：它所购买的小米可以足够250万人吃一个月，它所购买的布匹，足可以装备50万人，整整5个兵团。这些数字令人头晕目眩，触目惊心。

刘青山、张子善这两个大量贪污国家财产的蛀虫，生活腐朽在天津也"颇有名气"。身为地委书记的刘青山上任不到一个月，便借养病为名搬进天津市一栋西洋小别墅里，刘青山到底养的什么病？当时机关里的同志和组织上都不清楚，后来刘犯被捕后才真相大白，他所谓养病是染了上毒瘾。在执行枪决的那天，当执法人员问他有什么要求时，他唯一要求的就是要注射两支吗啡。刘青山在国家经济极为困难和机关经费紧张的情况下，动用公款3.6亿元，从香港进口高级轿车供个人享用。据统计，刘青山在天津养病和主持地委机关生产期间，挥霍国家财产共计金额3.8亿元之多。张子善在生活腐化方面也不比刘青山逊色，他利用自己手中掌握的财权，挥霍无度。整日山珍海味，酒醉醺醺，每月高级香烟要抽掉十几条。他们还勾结不法奸商从事投机倒把活动，使国家蒙受重大损失。

1952年2月，河北省特别法庭判处腐化堕落分子刘青山、张子善死刑。在此之前，华北局将"刘张事件"上报中央，毛泽东和刘少奇、周恩来、彭真、薄一波等书记处领导在颐年堂开会，专门研究杀不杀这两个人的问题。毛泽东说：

> "非杀不可。挥泪斩马谡，这是万不得已的事情。"（李银桥：《在毛泽东身边十五年》，河北人民出版社1991年6月版，第172页）

毛泽东虽然对刘青山、张子善下了处以死刑的决心，但是他的内心却是痛苦的。据当事人回忆：毛泽东有好几天睡不好觉，经常听唱片《斩马谡》的唱段，偶尔还要跟着唱片小声地哼几声。或许这几天，从中央到华北局来为刘青山、张子善讲情的人多了些，所以，毛泽东对身边的工作人员下了命令："凡是为刘青山、张子善这两个大贪污犯讲情的人，我一律不见！"

距离处决刘青山、张子善的日子越来越近了，由于人们知道毛泽东传下了上边这句话，谁也不敢再来菊香书屋讲情。这天，警卫人员向毛泽东报告："主席，薄一波同志说有要事见主席，您看是见啊还是不见呢？"

"我听总理说过，他是赞成对刘青山、张子善处以死刑，以儆效尤的，可以见！"

薄一波走进菊香书屋，只见毛泽东依然专注地在小声哼唱《斩马谡》的唱段。他小声地问道："主席，您在听唱片啊？"

"噢，是一波同志到了，"毛泽东边说边走向留声机，"快请坐，等我关上唱机。"

"不要关嘛，我们一道把它听完。"薄一波边说边坐下。

"不听了，"毛泽东伸手把唱机关掉。

"主席经常听听，这样也可以放松一下。"

"我再放松啊，就不是挥泪斩马谡了！"毛泽东说罢叹了一口气，点燃一支烟，颇有情绪地吸了一大口，又缓缓地吐了出来，"再这样下去，你们只好跟着我拼死吃河豚了！"

"我懂了，主席为了不使我们将来吃河豚，所以今天就下定决心斩马谡。"（王朝柱：《开国领袖毛泽东》，上海人民出版社1999年8月版，第814—815页）

刘青山、张子善最终被送上断头台，落下千古骂名。

诸葛亮"挥泪斩马谡"的故事，见之于《三国演义》第九十六回：说诸葛亮首次北伐，命参军马谡为主将，以王平为副将，率兵二万五千镇守战略重地街亭。马谡违背诸葛亮叮嘱，不听王平劝阻，生搬兵法，在山上屯兵，被魏兵断绝汲水之道，攻破阵地，丢失街亭。马谡自缚跪于诸葛亮帐前，诸葛亮命左右推出斩之。参军蒋琬请刀下留人，说："天下未定，而戮智谋之臣，岂不可惜乎？"

孔明流涕而答曰："昔孙武所以能制胜天下者，用法明也。今四方分争，兵戈方始，若复废法，何以讨贼耶？合当斩之。"

马谡确是蜀汉的"智谋之臣"，曾经给诸葛亮出谋划策，"攻心"擒孟获、离间魏主与司马懿的君臣关系，就是他出的妙计。他与孔明个人关系又"义同兄弟"。但诸葛亮为严肃军纪，还是忍痛将马谡斩首。

毛泽东决定对刘青山、张子善处以极刑，确与诸葛亮斩马谡有相通之处。

毛泽东认为刘张"非杀不可"，是因为他清醒地认识到刘张罪孽深重，其矛盾性质已经发生根本性转变，他们变成了人民的凶恶敌人。刚刚执政的党的高级干部中这样的腐败现象不制止，新生的共和国就难以稳固。

他在为中共中央起草的转发华北局关于刘青山、张子善大贪污案调查处理情况报告的批语中写道："华北天津地委前书记刘青山及现书记张子善均是大贪污犯，已经华北局发现，并着手处理，我们认为华北局的方针是正确的。这件事给中央、中央局、分局、省市区党委提出了警告。必须严重地注意干部被资产阶级腐蚀发生严重贪污行为这一事实，注意发现、揭露和惩处，并须当作一场大斗争来处理。"

就在河北省特别法庭判处刘张死刑的同一天，毛泽东在华北军区后勤部"三反"斗争报告的批语中写道："大贪污犯是人民的敌人，他们已经不是我们的同志或朋友，故应坚决彻底干净全部地将他们肃清，而不应有丝毫的留恋或同情。"

但他也认为这是"万不得已"的事情。因为刘张毕竟是红小鬼出身，曾经做过有益于人民的事情，决定杀他们也是迫不得已，确有"挥泪斩马谡"的味道。诸葛亮和毛泽东既铁面无私，又热心有情。可以铁面无私，但铁面未必无情；有情而又不废法，才是真豪杰，才是伟人风范。"挥泪斩马谡"，重点是在那个"斩"字上。"挥泪"是情，"斩"是国法军纪，不因泪手软，不因情废法，不以私害公，则纪可肃，风可清，腐败可除，贪官可绝，"讨贼"

有制胜之基,治国有兴邦之本。

刘张伏法,消息传出,犹如飓风从中华大地滚过,国人为之震惊,全党为之警醒。中国共产党人在此前后动员全党掀起了声势浩大的反贪污、反浪费、反官僚主义的"三反"运动,对危害党和国家前途命运的腐败现象,迎头痛击,这场斗争最终导致了20世纪50年代党风政风的清廉纯洁。

毛泽东从"挥泪斩马谡"中所获得的启示,是宝贵的;在情与法的天平上,这个故事所蕴含的真理具有永恒的意义。

原子弹和关云长的大刀究竟哪个死人多

"出门无所见,白骨蔽平原。"毛泽东引王粲《七哀诗》后说:"曹操回原籍,'旧土人民,死丧略尽。国中终日行,不见所识。'第一次世界大战死了多少人?第二次世界大战又死多少人?比比看,三国又死多少人?原子弹和关云长的大刀究竟哪个死人多?"

权延赤:《会晤与交锋——毛泽东与赫鲁晓夫在1957》,《热河》1989年9—10期合刊

把原子弹与关云长的大刀联系到一起,这并非毛泽东信口开河,因为它们之间有共性,这个共性就是它们都是武器,都与在战争中造成人的死亡有关。

当然,能把二者拉到一起来议论,体现的还是特色独具的毛式谈话风格。20世纪50年代后期,毛泽东在战争与和平等问题上,与苏联的赫鲁晓夫等领导人,发生了观点分歧。简言之,赫鲁晓夫认为,不能再搞革命,资本主义国家只能"和平过渡"到共产主义制度,因为再打战争就是核大战,而核战争无胜利可言,只能毁灭地球,毁灭人类。

毛泽东不同意这个观点。

1957年11月2日,毛泽东第二次到苏联访问,参加十月革命胜利四十周年的庆祝活动。当晚,他将胡乔木、郭沫若等请来一起用餐。

"我们谈《三国》,掉眼泪,替古人担忧吧。"

毛泽东首先提起了话头,与郭沫若纵谈三国历史。官渡之战、赤壁之战、夷陵之战,谈了诸多战例。你一段,我一截,夹叙夹议。

毛泽东把曹操与诸葛亮进行一番比较后,接着说:"古时候打仗没有火箭和原子弹,刀枪剑戟打了起来,死人也不见得少。汉桓帝时有多少人口?"

郭沫若说:"《晋书·地理志》载五千六百万。"

毛泽东说:"现在还统计不全,总有一些不入户之口。那时就能统计全?姑且算作五千六百万,到了三国混战还剩多少人口?"

郭沫若答道：" 史书载，黄河流域 '户口骤减，十不存一。'三国合计，人口大约六七百万。"

毛泽东随口引了建安七子中王粲所作《七哀诗》，说：

" '出门无所见，白骨蔽平原。' 曹操回原籍，'旧土人民，死丧略尽。国中终日行，不见所识。' 第一次世界大战死了多少人？第二次世界大战又死了多少？比比么，三国混战又死了多少人？原子弹和关云长的大刀究竟哪个死人多？"

毛泽东深深叹息一声，说："现在有人很害怕战争，这一点不奇怪。打仗这东西实在是把人害苦了。战争还要带来饥荒、瘟疫、抢掠……为什么要打仗哟！应该防止它，打不起来再好不过。可是光顾怕，这不行，你越怕，它就越要落在你头上。我们要着重反对它，但不要怕它。这就是辩证法！"

毛泽东的谈话，似乎漫不经心，其实蕴藏着深意，他力图证明：古时候打仗死人也不少，现代战争（比如第一次和第二次世界大战）死人未必比那时多。所以现代战争未必像有人说的那么可怕。

毛泽东为此提出一个有趣的问题：原子弹和关云长的大刀究竟哪个死人多？"关云长的大刀"代表的是冷兵器，进而代表古时候的战争。

原子弹代表热兵器，代表核武器，进而代表现代战争，具体说就是代表第三次世界大战。

已经经历了两次世界大战的人们更清楚地认识到了战争的残酷性和破坏性。反对战争，反对挑起第三次世界大战，争取和维护世界的持久和平，是人心所向。

作为阅历丰富的资深政治家、战略家，毛泽东当然是反对非正义战争的，但他不是战争问题上的机械论者，他是既反对战争，又不怕战争，认为这就是战争问题上的辩证法。这不能不说是真知灼见。

也许正是基于上述考虑，毛泽东在紧接着十月革命胜利四十周年庆祝大会召开的莫斯科共产党和工人党代表会议上，特意讲到战争的危险性。

他说："我们面前摆着强大的敌人。世界范围内的谁胜谁负的问题没有解决。还有严重的斗争，还有战争的危险，要防备疯子。当然，世界上常人多，疯子少，但是有疯子。偶然出那么一个疯子，他用原子弹打来了你怎么办？"

他又说："现在还要估计一种情况，就是想发动战争的疯子，他们可能把原子弹、氢弹到处摔。他们摔，我们也摔，这就打得一塌糊涂，这就要损失人。问题要放在最坏的基点上来考虑。我们党的政治局开过几次会，讲过这个问题。现在要打，中国只有手榴弹，没有原子弹，但是苏联有。要设想一下，如果爆发战争要死多少人？全世界二十七亿人口，可能损失三分之一；再多一点，可能损失一半。不是我们要打，是他们要打，一打就要摔原子弹，氢弹。我和一位外国政治家辩论过这个问题。他认为如果打原子战争，人会死绝的。我说，极而言之，死掉一半人，还有一半人，帝国主义打平了，全世界社会主义化了，再过多少年，又会有二十七亿，一定还要多。我们还没有建设好，我们希望和平。但是如果帝国主义硬要打仗，我们也只好横下一条心，打了仗再建设。每天怕战争，战争来了你有什么办法呢？我先是说东风压倒西风，战争打不起来，现在再就如果发生了战争的情况，作了这些补充的说明，这样两种可能性都估计到了。"（《建国以来毛泽东文稿》第六册，第 625、635—636 页）

毛泽东在讲话中，还提到他的一个著名论断：一切反动派都是纸老虎，不仅蒋介石、希特勒、日本是纸老虎，美国和原子弹也是纸老虎，一切所有号称强大的反动派统统不过是纸老虎，原因是他们脱离人民。他试图让各国党能够鼓起勇气，"从战略上藐视敌人"。他说：只要我们在战略上藐视它们，在战术上重视它们，就不难战而胜之。

对于毛泽东的这一辩证法思想，包括赫鲁晓夫在内，不少与会的代表颇难接受。正像赫鲁晓夫后来所争辩的，原子弹可不是什么"纸老虎"，不论社会主义、资本主义，原子战争打起来，整个世界也许都要毁灭掉，哪里还有什么人民可依靠？但毛泽东不同意。受到老庄思想影响的毛泽东，对生命有着不同于西方人的看法。他在大会上公开表示："横下一条心，打了仗再建设"，即使死一些人，有什么好怕的？然而，不要说死掉一半人未必能够换取全世界社会主义化，就是能够换取一个全世界社会主义化，这在有着不同文化背景的许多欧洲人听起来，也是一种很难接受的观点。

但毛泽东并不因为这个放弃自己的观点。

1958 年 5 月 17 日下午，毛泽东在中共八大二次会议上讲话。讲到"准备对付灾难"时，他又提道：

"战争与和平。和平是第一种可能性，战争是第二种可能性。现在争取和平的可能性比过去大。……和平可能性很大，战争可能性也有。帝国主义为了摆脱经济危机，要准备有疯子。现在打核战争，时间会缩短，一打起来，顶多 3 年就可以了。要做准备，真正打怎么办？要讲讲这个问题，要打就打，反正他要打，我有什么办法，我不是他的参谋长，他又没有请我去，我现在还在北京啊！一打起来，把帝国主义扫光，然后再来建设，从此就不会再有世界大战了。既有可能打世界大战，就要准备，不要睡觉，打起来也不要大惊小怪，打起来无非是要死人。"

讲到这里,毛泽东讲起了战争造成人口锐减问题,他说:"打仗死人我们见过。人死一半,在中国历史上有过好几次。汉武帝时五千万人,到南北朝时只剩一千多万人。那时没有原子弹,榴弹炮,一打几十年,断断续续几百年。经过三国到隋的统一,唐朝人口开始是二千万,以后到唐玄宗时又增加到五千万。安禄山反了一下,又分为五代十国,一两百年,直到宋朝才又统一,人口又由五千万人减到一千多万人。"

此时,毛泽东想到了在座的历史学家范文澜,于是问道:"对不对?范文澜同志你研究过的。"

接着,他继续发挥自己的思想:

从第二次访苏到中共八大二次会议,间隔半年时间,毛泽东两次提到"现在的武器不如关云长手里的大刀厉害"。

为了说明这一点,毛泽东举了四个例子:

冷兵器作战:汉武帝到南北朝、唐玄宗到宋朝统一,人口都是从五千万减到一千万,也就是"关云长的大刀"使人口"一死就是四千万"。

热兵器作战:第一次世界大战死一千万,第二次世界大战死三千多万。

结论是:你看那些大刀破坏性多大!两次世界大战都没死那么多人。

斩蔡阳兄弟释疑

毛泽东还依据两次世界大战中一些国家无产阶级革命成功的历史经验,乐观地估计:真打原子战争,换来个帝国主义灭亡,资本主义全部消灭,取得永久和平。所以这是坏事也是好事。

毛泽东关于和平和战争两种可能性的思想,关于对战争危险保持警惕的思想,关于战争准备的思想,无疑都是正确的。但是他关于原子弹和关云长大刀破坏性的比较,是有缺欠的。比如一打几十年甚至几百年的中国中古时代的封建战争与现代世界战争,无论在时间长短、规模大小、卷入人口多少等方面,都是有很大差别的，简单比较的结论很难是科学的，其真理性要大打折扣。原子弹比大刀的破坏性要厉害得多，不承认这一条，还造原子弹干什么，只要保留大刀不就可以了吗？

不过，查一下有关资料，毛泽东对冷兵器与热兵器的杀伤力和破坏性的认识原来并不是这个样子。

毛泽东在莫斯科共产党和工人党代表会议上说："如果爆发战争要死多少人？……我和一位外国政治家辩论过这个问题。他认为如果打原子战争，人会死绝的。"这个"外国政治家"指的是印度总理尼赫鲁。

因为毛泽东在中共八大二次会议上的讲话中，直呼其名地说他"同尼赫鲁说过"现在的武器不如关云长手里的大刀厉害，而尼赫鲁"不信"。

现在，我们在《毛泽东文集》第六卷，人民出版社1999年版，第367页，查到了1954年10月23日毛泽东与印度总理贾瓦哈拉尔·尼赫鲁访问中国时的谈话，毛泽东说："在武器方面，美国以为它有原子弹和大炮，以为它的海空军强大，因此它依靠这些东西。我想武器虽然有变化，但是除了杀伤的人数增多以外，没有根本的不同。古代使用的是冷兵器，例如刀、枪等。后来使用热兵器，例如步枪、机关枪、大炮等。现在又加上原子弹。但是基本的差别就是，冷兵器杀伤的人较少，热兵器杀伤的人多一些，原子弹杀伤的人更多。除了死伤的人数以外，没有什么差别。过去，冷兵器和热兵器双方都有，现在苏联和美国也都有原子弹。因此随着武器的变化，无非是死伤的人数更多而已。如果打第三次世界大战，那么死伤的人数恐怕就不是以千万计，而是要以亿万计。"

比较而言，毛泽东这里谈到的"冷兵器杀伤的人较少，热兵器杀伤的人多些，原子弹杀伤的人更多"的观点，比之他认为关云长的大刀比原子弹"厉害"的观点，显然更正确一些。

1957年前后，毛泽东谈论关云长大刀的"厉害"，有着具体的针对性。你害怕战争，他就说战争不可怕；你"和平过渡"，他就说那不是唯一的革命形式；你说丢原子弹会使人死绝，他就说关云长的大刀死人也不少。这里有革命家的骨气，有战略家的眼光，有中国革命经验的延伸，当然也有举例不恰当的地方，这在今天即是毋庸讳言的，也没有必要苛求前人。放开眼界往前看，应该吸取其有益的思想。

东临碣石有遗篇
（曹操之一）

> 往事越千年，魏武挥鞭，东临碣石有遗篇。
> 萧瑟秋风今又是，换了人间。

毛泽东：《浪淘沙·北戴河》，《毛泽东诗词集》，中央文献出版社1996年9月版，第92页

国人皆曰：毛泽东能诗。毛泽东也用诗歌来臧否历史人物，或自己短吟浅唱，或与友人诗笔唱和，时有涉及曹操者，可谓之诗评曹孟德。其见识，足可以与别的评议相印证，相发明，相支持。

《自明本志》好文章

据《毛泽东年谱》记载：1918年8月15日，毛泽东和李维汉、罗章龙、萧子升、罗学瓒、陈绍休等二十四人离长沙赴北京，为赴法国勤工俭学进行活动。途中因铁路被水冲断，在河南郾城漯河站停留一夜。第二天，毛泽东与罗章龙、陈绍休（赞周）三人到许昌，寻访三国时期的汉魏旧都，凭吊古人曹操。

关于这件事，当事人罗章龙有两次回忆。一次回忆说：

> 我们由毛泽东率领，从长沙坐火车前往北京。当火车到河南郾城县时，因沙河涨水，铁路淹了十几公里，我们便在漯河车站宿了一夜。第二天，毛泽东、我、陈绍休坐临时车子到了许昌，在那里停留一二天。许昌是三国的魏都。但旧城已荒凉。毛泽东对此很感兴趣，建议去看看，我们就向当地一些人了解了魏都的情况，知道旧址在郊外，乃步行前往凭吊魏都旧墟，并作诗纪行。前几年，河南有同志来谈，还提及当地农民记得这件事。（罗章龙：《回忆新民学会》，《峥嵘岁月（二）》，湖南人民出版社1980年版，

第 8—9 页）

关于"作诗纪行",另一处是这样记载的：

> 据罗仲言（罗章龙）回忆：毛主席和我们到（许昌）附近农村去考察了大约半天时间。毛主席对大家说,你们在这里等等,我们三人（指毛泽东、陈绍休、罗仲言）到许昌老城去看看。老城离许昌一二十里,是三国时的魏都。曹操是毛主席心目中最喜欢的,认为最有才能的人,诗文颇佳。魏都还有一些遗迹,我们在那里徘徊很久,并作了几首诗。在游览魏都旧墟时,我们诵曹操的《短歌行》及《让县自明本志令》。观眼前景物,抚怀古今,萧条异代,激情慷慨,不能自已!乃作《过魏都》联诗一首:"横槊赋诗意飞扬（罗）,《自明本志》好文章（毛）。萧条异代西田墓（毛）,铜雀荒沦落夕阳（罗）。"回来后,在许昌上车,前往北京。（《中共党史资料》第 51 辑,中共党史出版社 1994 年 10 月版,第 200 页；沈世昌、沈长胜:《毛泽东凭吊魏都史考浅析》,《毛泽东思想研究》1994 年第 4 期）

罗章龙回忆中所提到的"许昌老城",即 196 年曹操迎汉献帝刘协迁都的许都京城。汉时为许县,属豫州颍川郡。汉献帝到来,取名许都,为刘汉最后一个都城。后曹丕代汉称帝,改许都为许昌,沿用至今。许昌位于今许昌市张潘镇古城村,离许昌站 18 公里。此城南北朝时毁于兵火,宫室早已荡然无存,如今旧城已很荒凉,但内外城垣依稀可辨,昔日汉献帝祭天地的毓秀台废墟仍巍然屹立。毛泽东早在湖南一师读书时,就十分敬佩曹操,认为他最有才能,诗文最好;同时他又重登临访古,开阔胸襟。如今得此机会,故决意要去许昌老城遗址凭吊一番。

曹操"横槊赋诗"的故事,见《三国演义》第四十八回:赤壁决战前,曹操坐大船巡视营寨,见天色晴明,风平浪静,即命置酒会集众官。当晚月色皎洁,江山如画,曹操心中高兴,想到自己军力强大,又想到东吴将领黄盖已表示愿降,甘宁已表示愿为内应,自以为稳操胜券,即将实现天下一统,十分得意,不觉喝醉。乃乘着酒兴,横槊而歌《短歌行》,以周公自比。歌罢,众官皆和,颇为欢快。

查《三国志·魏书·武帝纪》注,虽然有曹操"登高必赋,乃造新诗,被之管弦,皆成乐章"的记载,但无赤壁战前横槊赋诗之事,可见此情节为罗贯中虚构。据今人万绳楠教授考证，《短歌行》作于建安元年（196），曹操在迎汉献帝的夜晚酒会上，同文武群臣赏月，激情满怀，借酒助兴，即兴横槊赋诗，吟出了这首思慕贤才助建功业的千古名诗。

毛泽东组织新民学会会员赴法留学，就是为了造就人才，实现"改造中国与世界"的伟大抱负。他环顾这片神奇的汉魏故都旧墟，联想起中国的社会现实和肩负的重任，与同行的青年朋友一起吟诵"月明星稀，乌鹊南飞。绕树三匝，何枝可依？山不厌高，海不厌深。周公吐哺，天下归心"的诗句。

宴长江（曹操）横槊赋诗

曹操渴望招纳贤才助其建功立业的雄心壮志，激励着胸怀宏愿的青年毛泽东。

东汉建安十五年（210），曹操为了减少赤壁败后朝野的诽谤议论，发布了《让县自明本志令》，申明自己并非有大志，为形势所迫，才被推上高位，权力虽大，但无篡夺汉政权的野心，只为国家不重陷分裂动乱险境，把国家统一事业进行下去，使百姓安居乐业，封地可让，决不交出兵权和政权。毛泽东眼望汉魏故都废墟，口里吟诵此文，回顾曹操的宏谋大略，由衷激赏曹操的坦荡率真，自古帝王将相还没有哪个人像曹操这样袒露心迹，所以毛泽东在罗章龙吟出"横槊赋诗意气扬"的起句后，随即跟上，脱口而出："《自明本志》好文章！"历来骂曹操奸雄者多，对《自明本志》一文，也多斥之以伪，而"好文章"三字，道出了毛泽东对曹操坚决与帝室保守势力斗争，与豪族集团斗争，与军阀割据势力斗争，以图统一国家的赞誉之情和肯定性评价，已透视出青年毛泽东对历史人物的不凡见解。看来，晚年他为曹操做翻案文章，绝非一时心血来潮的行为。

曹操的陵墓在邺城（今河北临漳县城西南三台村）一带。邺城，东汉末为冀州治所。曹操于官渡之战后，攻下冀州。被封为魏王时，曾以此为都城，故名邺都。曹操死后，即葬于此。青年毛泽东在河南许昌凭吊许都古城，向北遥望远在邺城的曹操墓园，感慨古今变迁，又吟出诗句："萧条异代西田墓。"罗章龙随之做结："铜雀荒伦落夕阳。""萧条""荒伦"，表明诗人内心里对曹魏旧都物易人非的惆怅和怀恋。

魏都访古，吟诗抒怀。毛泽东借对三国历史人物曹操的缅怀和评说，抒发自己统一中华、建设新国家的豪情壮志。这时，正是他"指点江山，激扬文字"，遍览中华"风流人物"的时期。

时常记得秋风过许昌之句

1950年9月29日，周世钊受到毛泽东之邀，参加国庆观礼，北上相会。前来长沙邀请周世钊的张森洪，其爱人是驻许昌某炮兵师师长。列车到了河南许昌，张要去看丈夫，他们因此签票下车，在炮兵师停留一日。

周世钊到许昌市区闲逛了几个钟头，想寻访曹操在许昌的遗迹，渺无可得。当时正是烟厂收购烟叶时，肩挑车送，络绎不绝，而郊区则遍地豆苗，已届黄落。于是，周世钊口吟《五律·过许昌》：

> 野史闻曹操，秋风过许昌。
> 荒城临旷野，断碣卧斜阳。
> 满市烟香溢，连畦豆叶长。
> 人民新世纪，谁识邺中王！

后来，周世钊将这首五律寄赠毛泽东。毛泽东与周世钊久有诗词唱和。接读此诗，诵吟者再，总想酬答。无奈一时没有新作，直到五年以后，即1956年12月5日，毛泽东因此致函周世钊，并答词一首。全信如下：

惇元兄：

两次惠书均已收到，情意拳拳，极为高兴。告知我省察情形，尤为有益。校牌仍未写，因提不起这个心情，但却时常在念，总有一天要交账的。时常记得秋风过许昌之句，无以为答。今年游长江，填了一首水调歌头，录陈审正。

水调歌头　长江

才饮长沙水，又食武昌鱼。万里长江横渡，极目楚天舒。不管风吹浪打，胜似闲庭信步，今日得宽余。子在川上曰：逝者如斯夫！风樯动，龟蛇静，起宏图。一桥飞架南北，天堑变通途。更立西江石壁，截断巫山云雨，高峡出平湖。神女应无恙，当惊世界殊。

暂时不会出国，你们的意见是正确的。

问好！

毛泽东
1956年12月5日

（《毛泽东书信选集》，人民出版社2003年4月版，第476页）

毛泽东信中所述"秋风过许昌"，即周世钊赴北京参加国庆观礼路过许昌时所作的《五律·过许昌》一诗。这是五年前所写，而毛泽东却"时常记得"，可见印象之深。

周世钊的诗，其写作过程与毛泽东当年的同学联句《过魏都》似有相类之处：都是北上北京，因故在许昌停留，寻访曹操遗踪而慨然赋诗。其写作背景却大不相同，尽管周世钊看到的曹魏旧都"荒城临旷野，断碣卧斜阳"的景象，与毛泽东、罗章龙眼中的"萧条"曹操墓、"荒沦"铜雀台，相差无几，但今天毕竟是"人民新世纪"了，闯入周世钊视野的是"满市烟香溢，连畦豆叶长"的新生活景象。时代变迁，人们不记得"邺中王"曹操了。

毛泽东是否还记得曹操？他在读"秋风过许昌"之时，他在欣然复信之时，是否还想到了当年寻访许昌魏都，是否还识得那位叱咤风云的"邺中王"，已不得而知了。他的和词《水调歌头·长江》（后公开发表时改为《水调歌头·游泳》）只引用了三国时期吴主孙皓要把都城从建业迁到武昌的典故，一点不曾联想到曹操，在"人民新世纪"，他忘记了这位大政治家、大军事家和他一样的大诗人了吗？没有，其实他没有忘，早在两年前，他在北戴河海滨，填写了一首气势磅礴的词，在那里，魏武是怎样一种风采？

东临碣石有遗篇

1954年夏天，中央统一安排领导人去北戴河避暑。毛泽东也来到了这里，边工作，边休养。他住在掩映在一片树林中的浴场一号平房。在这里，他每天工作之余，一定要下海游泳以锻炼身体。

位于秦皇岛西南15公里处的北戴河，北依莲蓬山，南滨渤海湾，西起北戴河口，东至鹰角石；境内层岩起伏，林木茂盛，气候宜人，是著名的海滨风景区。其海岸漫长曲折，沙滩平缓，水波清澈，是良好的天然海水浴场，夏季避暑和疗养的胜地。

千余年前，曹操北征乌桓，曾经到过这一带，而且留下了著名的诗篇《观沧海》。毛泽东推崇曹操，喜爱曹操的诗。如今来到北戴河，自然联想到曹操和他的不朽诗篇。每当下海游泳之后漫步海滩，或是深夜工作疲劳后稍作休息，出门观海，毛泽东常常要吟诵曹操的《观沧海》。

有一次，他叫卫士找来地图，一边查地图一边说：

"曹操是来过这里的，上过碣石山。建安十二年五月出兵征乌桓，九月班师经过碣石山写出《观沧海》。"（孙宝义：《毛泽东的读书生涯》，知识出版社1993年1月版，第225页）

有一天，北戴河海滨狂风大作，急雨横飞，海面上白浪滔天。毛泽东仍兴致勃勃地提出要下海游泳。他身边的卫士长李银桥看到风浪太大，担心他的安全，竭力劝阻。毛泽东却说：风浪越大越好，可以锻炼人的意志。他纵身跳入了大海。

几十米外，就感到海风卷来的水点。海天一片混浊，仿佛整个世界都将被风浪吞噬。毛泽东用铁臂搏击着狂风恶浪。带着白沫的海浪一下子把他掀到峰顶，一下子又把他抛向谷底。十几个卫士和工作人员吓坏了，在海中拼命地围护着他。毛泽东却不慌不忙，时而侧泳，时而蛙泳，甚至仰泳。

此时，毛泽东远眺海面，忽然发现，往日常在海上出没的打鱼船只，今天也在滔天白浪中不知所向了。他真有几分担心和系念。征服大海的豪兴，不禁使他又想起千多年前的英雄曹操的功业和诗篇，想起今天人间迥异，新中国一派欣欣向荣……他的诗兴又来了。

毛泽东畅游了一个多小时，走上沙滩，坐在藤椅上，望着那依旧咆哮翻腾的大海，心满意足地说："好吧，你们说浪大，我们下去了，也没有什么了不起。"

这一年，是他第一次到北戴河，也是他第一次在大海里游泳。

在这里，毛泽东写下了名词《浪淘沙·北戴河》：

大雨落幽燕，白浪滔天，秦皇岛外打鱼船。一片汪洋都不见，知向谁边？

往事越千年，魏武挥鞭，东临碣石有遗篇。萧瑟秋风今又是，换了人间。

（《毛泽东诗词集》，中央文献出版社1996年9月版，第92页）

词的上片，状写自然景色，歌吟雨中大海的不凡气势；词的下片，评论历史人物，赞颂曹操的不凡业绩。

"往事越千年，魏武挥鞭。"处于幽燕辽海塞外之地的乌桓，原是袁绍的附属势力，曹操于官渡之战后的207年（建安十二年），曾跃马挥鞭，带领大军北征乌桓，于秋天班师凯旋，这事已经过去一千多年了。用"挥鞭"一词，表述曹操的千里征战，极具感染力，形象逼真，神采毕现。

"东临碣石有遗篇"。曹操平定乌桓，回师途经碣石山，登临观海。"遗篇"者，就是曹操的不朽诗作《观沧海》：

东临碣石，以观沧海。
水何澹澹，山岛竦峙。
树木丛生，百草丰茂。
秋风萧瑟，洪波涌起。
日月之行，若出其中。
星汉灿烂，若出其里。
……

"东临碣石"，是《观沧海》中的首句。碣石，现存的碣石山在河北省昌黎县北面，属燕山余脉，最高处仙台顶海拔六百余米，距海近三十公里。于上虽可闻"秋风萧瑟"，却难以见到"洪波涌起"。故有人认为曹操登临的是另一碣石山，原先位于古代滦河河口附近的渤海岸边，北魏时已沉沦入海。近年来有专家考证，碣石山应在山海关外辽宁省绥中县境内的临海处。因此处考古发现了秦始皇和汉武帝的行宫，此处观海，极有"洪波涌起"之概。

曹操《观沧海》诗脍炙人口，毛泽东词中"东临碣石""萧瑟秋风"句即由该诗引出和化出。

《浪淘沙·北戴河》是毛泽东给予曹操定评的名篇，可说是曹操的诗传。抵得上一大篇评论曹操的学术论文。寥寥数语，曹操政治家、军事家和伟大诗人的形象已跃然纸上。当然，毛泽东肯定古人，还是着眼今人，尽管秋风仍然和曹操时代一样"萧瑟"，毕竟"换了人间"，这与他自己的诗句"数风流人物,还看今朝",与友人周世钊的诗句"人民新世纪,谁识邺中王",其思想内涵和话语境界是脉脉相通的。不薄古人厚今人,乃论者高手。

其中有咏曹操一首

毛泽东吟诗填词评说曹操,也关心古代诗人骚客的咏曹诗。

1958年3月"成都会议"期间,毛泽东为编印明朝诗人有关四川的诗,写了标题和批语。毛泽东写道:

诗若干首(明朝人写的有关四川的一些诗。其中有咏曹操一首,不关四川,放在咏刘备一首之后,因连类而及。)(《建国以来毛泽东文稿》第7册,中共中央文献出版社1992年8月版,第167页)

这"连类而及"的咏曹诗,即清人陈恭尹写的《邺中》诗:

山河百战鼎终分,叹息漳南日暮云。
乱世奸雄空复尔,一家辞赋最怜君。

铜台未散吹笙伎,石马先传出水文。
七十二坟秋草遍,更无人表汉将军。

毛泽东所说"咏刘备一首",是指明清之际的诗人吴骐写刘备的诗《汉昭烈》,其尾联是:

一代英雄生死际,铜雀遗令最堪怜。

陈恭尹的《邺中》诗大意是说:东汉末年战乱频仍,天下终于分为魏、吴、蜀三国,有如鼎足之势;被称为"乱世奸雄"的曹操只不过如此而已,曹氏(曹操、曹丕、曹植)均善诗能词,为建安文学领袖,一门风雅,最令人爱慕;铜雀台上吹笙的乐伎还没有走散,曹操死后不久,这时张掖地方泉水中涌出石龟石马,其上有字,预示曹魏亡而司马氏兴(此为谶纬之事);曹操之墓的七十二疑冢,已经长满秋草,没有人再在他碑前树立标志,刻上"汉故征西将军曹侯之墓"的字样。

吴骐的诗,也提到曹操的墓。"铜雀遗令",即曹操临终遗命,要姬妾与伎人住铜雀台，台上设床帐，早晚供酒食，每月初一和十五在帐前歌舞，并要诸子时时登台瞻望其墓。以一代英雄刘备（汉昭烈）和曹操临终之际的遗命作比，显得曹操过于儿女情长了。

明清之际，理学影响既深且巨，那时正是《三国演义》小说的形成之期，大约曹操的"奸雄"形象已广为人知，相当普及。即使在这样的情况之下，陈恭尹和吴骐的诗并不在于骂曹操之奸，相反，都在一定程度上对曹操有所肯定，曹氏辞赋乃建安风骨，汉赋绝响，曹操毕竟是"山河百战"的"一代英雄"啊。只是两位诗人都对曹操的事业有叹息遗憾之意，当然也有"乱世奸雄空复尔"的指责和不以为然。

本来，陈恭尹的咏曹诗不关四川，但毛泽东因其"连类而及"，放在"诗若干首"之中，足见他对有关咏曹诗的关注。他对曹操的评价，与"一家词赋最怜君"有共鸣点，与"乱世奸雄空复尔"格格不入，这是我们在有关曹操的几篇文章中都涉及了的。

曹操对统一的贡献最大

（曹操之二）

> 在谈《三国志》的时候，他说：汉末开始大分裂，黄巾起义摧毁了汉代的封建统治，后来形成三国，这是向统一发展的。三国的几个政治家、军事家，对统一都有所贡献，而以曹操为最大。司马氏一度完成了统一，主要就是他那时打下的基础。
>
> 芦荻：《毛泽东读二十四史》，《中国第一人毛泽东》，湖南人民出版社1999年1月版，第325—326页

《三国志》和《三国演义》，对曹操的才德事功都作了多侧面多角度的记载和描写。曹操最主要的历史功绩是什么？毛泽东评价历史人物（包括历史小说人物）着眼于大的方面，着眼于人物的历史作为，不以琐屑的细枝末节为意。评论曹操，主要着眼于他在汉末大混乱、大动荡、大分裂后对统一所做的努力，所取得的成果。他评论曹操的攻战、曹操的用人、曹操的政治行为，都着眼于此，都落脚于此。

与张绣曾于此城发生争夺战

1948年底，解放战争迅猛发展，淮海战役、平津战役正在进行中，国民党军队在战场上连吃败仗。11月4日，解放军占领南阳。

11月5日，毛泽东为新华社起草人民解放军占领南阳的新闻稿，其中写道：

"【新华社郑州五日电】在人民解放军伟大的胜利的攻势下，南阳守敌王凌云于四日下午弃城南逃，我军当即占领南阳。南阳为古宛县，三国时曹操与张绣曾于此城发生争夺战。……在过去一年中，蒋介石极重视南阳，曾于此设立所谓'绥靖区'，以王凌

云为司令官,企图阻遏人民解放军向南发展的道路。上月,白崇禧使用黄维兵团三个军的力量,经营数月,企图打通信阳、南阳间的运输道路,始终未能达到目的。最近蒋军因全局败坏,被迫将整个南部战线近百个师的兵力,集中于以徐州为中心和以汉口为中心的两个地区,两星期前已放弃开封,现又放弃南阳。从此,河南全境,除豫北之新乡、安阳,豫西之灵宝、阌乡,豫南之确山、信阳、潢川、光山、商城、固始等地尚有残敌外,已全部为我解放。"(毛泽东:《毛泽东新闻工作文选》,新华出版社1983年12月版,第263—264页)

为了强调南阳在军事战略上的重要位置,毛泽东在新闻稿中举出了曹操与张绣在此发生争夺战的战例。《三国演义》第十六回描写:曹操亲率大军进攻驻扎在宛城的张绣,立营寨于淯水。张绣招架不住,投降了曹操,曹操厚待之,旋因曹操私纳张绣叔叔张济之妻邹氏,张绣大怒,用贾诩之谋,诈称士卒多有逃亡,请求移屯中军,曹操许之。张绣又请典韦饮酒,使之大醉而归,并命偏将胡车儿盗走典韦双戟。是夜,张绣袭击曹营,曹军大乱,典韦死守辕门,被杀。曹操从寨后逃出,身边唯其侄曹安民步随。逃至淯水边,曹安民被张绣追兵赶上杀死。曹操骤马过河,刚上岸,马被射倒,长子曹昂以己所乘之马奉给曹操,曹操侥幸逃脱,曹昂却被射死。

曹军这次败绩,损失甚重。失败之后,曹操整顿军伍,缓过气来,回兵报仇。张绣连结刘表,遥相呼应,抱成一团,两军互有胜负。从此,曹操与张绣都在找寻机会,攻击或吃掉对手。不过,张绣力量单薄,不是曹操的对手,他只能联合其他力量,才能与曹操抗衡。官渡之战时,袁绍知道张绣与曹操有仇,拉拢他一起攻打曹操。张绣听从谋士贾诩的计谋,反而投降了曹操,曹操不计前嫌,两家人又结成了儿女亲家,张绣在破袁绍和征乌桓中立了大功。

如果抛开曹操个人品质的某些方面(比如他贪恋张济之妻的美色),而从历史大趋势上看,曹操与张绣在南阳的争夺战有进步意义,它最终导致张绣归顺,建立了反袁的联合战线,二人都为北方的统一做出了贡献。

南阳争夺战,是曹操统一北方战争中残酷激烈、持续时间较长的一次战役。

解放战争期间,国民党"中央军"为经营南阳也下了血本:先是蒋介石设南阳"绥靖区",后是白崇禧使用一个兵团的力量企图打通信阳、南阳间的运输道路。结果都失败了。

从曹操与张绣争夺南阳，到解放军与"中央军"争夺南阳，都说明南阳军事地位的重要。

南阳越重要，"中央军"失败得越惨，解放军占领南阳越有军事战略价值。

不做把许褚比作樊哙的蠢事

1953年2月晚，毛泽东一行人在济南游览了名列七十二泉之首的趵突泉，品了用趵突泉水煮的茶。毛泽东说："人们都说'扬子江心水，蒙山顶上茶'最好，我看，'趵突泉中水，济南市里茶'也不错嘛！"

陈毅笑道："主席又作诗了！"

毛泽东说："这不叫诗，随便说说罢了。"又对陈毅说，"我们到了徐州，又到了济南，你这淮海战役的总指挥，感触一定比我多，倒是该有诗作呢！"

陈毅笑着说："在主席面前作诗，班门弄斧嘛！提起徐州和济南，还是粟裕打得好啊！"

罗瑞卿也说："粟司令人称常胜将军，名不虚传！"

"人才、将才、帅才！"毛泽东感叹道，"中国的解放，都是靠你们这些人打出来的，你们这些前线的指挥员，都应当名标青史……"

陈毅喝着茶说："那粟裕就是樊哙了！"

毛泽东喝着茶，摆了一下手说："粟裕，一不是樊哙，二不是韩信，三我毛泽东也不是刘邦；粟裕就是粟裕，是人民解放军的战将，是人民的好儿子嘛！"

陈毅哈哈大笑："主席讲得对！算我失口……"

毛泽东也爽朗地笑起来："当年鲁桓公会齐侯于此，也不比我们今日嘛……"

陈毅立即插话说："我和罗部长一不是鲁桓公，二不是齐侯，主席又怎么讲？"

"算我失口！"毛泽东咽下一口茶，连忙笑了说，"你这个老总，得理不让人呢！"

说着话，周围的人们都开心地笑起来……

毛泽东的专列返回北京时，在车上，李银桥问："主席，樊哙是谁？"

毛泽东笑着说："樊哙是汉高祖刘邦身边的一员大将，跟随刘邦起义闯天下，在鸿门宴上立了大功呢！"

又说："曹操当年把许褚比作樊哙，招来后人的非议，我毛泽东不做那样的蠢事。"（邱延生：《历史的真言——李银桥在毛泽东身边工作纪实》，新

华出版社2000年7月版，第561—562页）

《三国志·魏书·许褚传》载：建安二年（197），袁术侵犯陈地，曹操率军东讨，袁术败走。曹操在巡视淮、汝一带时，得到了猛将许褚。许褚，字仲康，是曹操的同乡人。身长八尺余，"腰大十围，相貌雄毅，勇力绝人"。曹操一见许褚，就对其雄毅气概大为赞赏，说：

"这真是我的樊哙啊！"

樊哙是汉高祖刘邦手下的一员猛将，鸿门宴上，项羽的谋士范增想要杀掉刘邦，樊哙当面予以斥责，保护刘邦使之得以安然脱险。曹操爱赏许褚，以楚汉相争时的樊哙相比，并当即任命他为都尉，接替典韦做了自己的亲随侍卫。跟随许褚前来的人，武艺也都很高强，曹操全部任为虎士，让他们做了自己的警卫。

曹操把许褚比作樊哙，有夸赞许褚勇猛刚烈的一面，也有以刘邦自况，不自觉中显露出潜意识里帝王思想的一面。此时，是曹操迎接汉献帝建都许昌的第二年，这句话多多少少地暴露了曹操内心深处的不轨。后来，有些读史评史的人，也以后一个意思批评曹操的叛汉篡逆之心。

20世纪50年代之初，中华人民共和国刚刚成立。此时，毛泽东相当谨慎警惕，唯恐舍生忘死打下江山的人们被胜利冲昏头脑。他与当年淮海战役的总指挥、后来的共和国元帅陈毅等人凭吊淮海战场，评说当今风流人物和常胜将军。当陈毅感慨之际说出"粟裕是樊哙"时，他连忙否认，并明确表示自己"不是刘邦"。这虽然是一种随口漫谈，但不难理解，毛泽东认为这种比喻含有"君臣龙虎风云际会"的封建味道，以"失口"之语视之。卫士李银桥询问时，他道出了更深层次的想法：曹操当年把许褚比作樊哙，做了蠢事，遭到后人非议，我毛泽东不能重复这个错误。

曹操把许褚比作樊哙。

毛泽东不赞成把粟裕比作樊哙。

两位大英雄表现出截然相左的做法。尽管毛泽东历来对曹操赞扬多，批评少，但他还是对曹操的"蠢事"表现出轻蔑。

毕竟时代不同了，这件事是否透视出两位大英雄不同的精神境界呢？

曹操骂汉献帝有道理

1958年8月中旬，中央在北戴河召开政治局扩大会议，会议主题是讨论1959年和"二五"计划的指标。

刚开始讨论问题，8月19日上午，毛泽东就召集各大协作区主任开会，他讲了话。其中讲道：

>"军官要下放当兵，没有当过兵的要当一下，当过兵再当一下也很有好处；师长、军长下放让班长管，搞三个月后再回来当师长、军长。云南有个师长，当了几个月兵，了解当兵的生活、心理，这很好。干部参加劳动，有人说搞两个月，搞一个月总是可以的。我们与劳动者在一起，是有好处的，我们感情会起变化，影响几千万干部子弟。曹操骂汉献帝'生于深宫之中，长于妇人之手'是有道理的。只要大家拼命干，再过三年、五年，就搞起来了。"

这个会议讨论十七个问题，其中第八个问题是"干部参加劳动问题"。毛泽东在说到这个问题时，还说过："包括我们在座的，不论做什么官，不论官大官小，凡能参加劳动的都要参加……官做久了容易脱离实际，脱离群众……把劳动和工作结合起来，一切人都如此。人家劳动，做官的不劳动怎么行？"

曹操骂汉献帝的话，也是引语，见于《荀子·哀公篇》："鲁哀公问于孔子曰：'寡人生于深宫之中，长于妇人之手；寡人未尝知哀也，未尝知忧也，未尝知劳也，未尝知惧也，未尝知危也。'"孔子告诉鲁哀公，你到宗庙里去，见其"器存人亡"，就会"知哀"；你积极处理政事，懂得"一物不应，乱之端也"，就会"知忧"；你在每天的朝廷上看到别的诸侯的子孙逃亡而来在朝廷末座供职侍奉你，就会"知劳"；你走出鲁国四门看到四邻的亡国废墟，就会"知惧"；你懂得人民是水，君主是船，水可载舟，也能翻船，就会"知危"。

所谓骂汉献帝，不过是说这个"儿童团"皇帝的成长过程缺乏实践经验。汉献帝刘协，原封陈留王，九岁登位。东汉灵帝中平六年（189），灵帝死，皇子刘辩继位。何太后临朝，其兄何进秉政，谋诛宦官；谋泄，被宦官所杀。袁绍又尽诛宦官，朝廷大乱。是年九月，董卓引兵进京，废弃少帝，立刘协为献帝，年仅九岁。少年刘协当了皇帝，先被董卓、李傕、郭汜控制。建安元年（196），曹操迎他到许昌时，也只有十六岁。直到建安二十五年（220）曹操死，他也才只有四十岁，一直是曹操手里有名无实的傀儡。

鲁哀公也罢，汉献帝也罢，他们的"生于深宫之中，长于妇人之手"，没有实际生活体验，没有实际政治经验，未尝知哀、知忧、知劳、知惧、知危，这是他们自身的悲哀，更是封建世袭皇位继承制的悲哀。在这样的境况下，国家政权的一把手，不可能体察黎民百姓的疾苦，不可能有安邦治国之术，只能出现低能、腐朽的无道昏君。

毛泽东引用曹操这则故事，在于告诫我们的各级干部，不要高高在上养尊处优，不要脱离群众当官做老爷，不要脱离生产劳动而没有实际经验，干部要参加劳动，军官要下连当兵，体察群众情绪，关心士兵冷暖，密切干群和官兵感情。这样才能保持劳动人民本色，代表人民群众的根本利益。

曹操懂用人之道

1958年10月31日，毛泽东到河南新乡地区视察，在安阳接见了新乡地县级负责干部。他在和安阳县委书记陈春雨握手时，面带微笑地说：

> "啊，你是安阳的，安阳是曹操起家的地方啊。曹操这个人懂用人之道，招贤纳士，搞'五湖四海'，不搞宗派。他还注意疏浚河道，引水灌溉，发展农业生产。"（唐汉、振肖：《毛泽东评点中国皇帝》，红旗出版社1998年12月版，第257页）

自古以来，谁都知道得人才者得天下，失人才者失天下。曹操乃一世之雄，他在汉末群英中是注意网罗人才的一个。"剿灭"黄巾义军时，他在兖州刚立住脚跟，就各处招贤纳士，延揽人才。一时之间，荀彧荀攸叔侄、程昱、郭嘉、刘晔、满宠等才人学士，皆归于帐下，很快形成了"猛将如云，谋臣如雨"的人才集团。曹操注重收揽人才的举动，比之只知征战厮杀抢占地盘的豪族军阀，实在是眼光远大得多。

曹操不仅能礼贤下士，延揽天下英雄，更为可贵的是善于使用人才，能够做到人尽其才、各得其所。宋人洪迈在《容斋随笔·卷十二》中，赞扬曹操用人成绩斐然，他说："然知人善任，实后世之所难及。荀彧、荀攸、郭嘉皆腹心谋臣，共济大事，无待赞说。其余智效一官，权分一郡，无小无大，卓然皆称其职。恐关中诸将为害，则属司隶校尉钟繇以西事，而马腾、韩遂遣子入侍。当天下乱离，诸军乏食，则以枣祗、任峻建立屯田，而军国饶裕，遂芟群雄。欲复盐官之利，则使卫觊镇抚关中，而诸将服。河东未定，以杜畿为太守，而卫固、范先束手禽戮。并州初平，以梁习为刺史，而边境肃清。扬州陷于孙权，独有九江一郡，付之刘馥，而恩化大行。冯翊困于鹿盗，付之郑浑，而民安寇灭。代郡三单于，恃力骄恣，裴潜单车之郡，而单于詟服。方得汉中，命杜袭督留事，而百姓自乐，出徙于洛邺者，至八万口。方得马超之兵，闻当发徙，惊骇欲变，命赵俨为护军，而相率还降，致于东方者，亦二万口。凡此十者，其为利岂不大哉！张辽走孙权于合肥，郭淮拒蜀军于阳平，徐晃却关羽于樊城，皆以少制众，分方面忧；操无敌于建安之时，非幸也。"

洪迈连举十例，证明曹操用人之效。因此，他的议论可谓理从事出，是正确的。曹操在激烈的军阀混战中，之所以能不断发展壮大，这同他用人，坚持把关键性的人才用在关键性的岗位上，使之"皆称其职"有很大的关系。

曹操在建安元年（196）迎汉献帝于许昌以后，"挟天子以令诸侯"，渐渐掌握了朝政大权。这时，他对人才的罗致，更注意"五湖四海"，不仅细心访求，而且多次郑重下令求贤，把大批选拔和使用人才变成了政府行为。据《三国志·魏书》和《曹操集》所载，从建安八年到建安二十二年（203—217）他曾四下求贤令：

建安八年（203），下《论吏士行能令》："议者或以军吏虽有功能，德行不足堪任郡国之选，所谓'可与适道，未可与权'。管仲曰：'使贤者食于能则上尊，斗士食于功则卒轻于死，二者设于国则天下治。'未闻无能之人，不斗之士，并受禄赏，而可以立功兴国者也。故明君不官无功之臣，不赏不战之士；治平尚德行，有事赏功能。论者之言，一似管窥虎欤！"

曹操明确提出用人的标准，即"治平尚德行，有事赏功能"，驳斥了"军吏虽有功能，德行不足堪任郡国之选"的议论。多事之秋与升平之时的人才标准不可相提并论。要"立功兴国"，就要官有功之臣，赏战斗之士。曹操的人才标准表明他不凝滞于物的观点是辩证的。

建安十五年（210）春，下《求贤令》："自古受命及中兴之君，曷尝不得贤人君子与之共治天下者乎！及其得贤也，曾不出闾巷，岂幸相遇哉？上之人不求之耳。今天下尚未定，此特求贤之急时也。'孟公绰为赵、魏老则忧，不可以为滕、薛大夫。'若必廉士而后可用，则齐桓其何以霸世！今天下得无有被褐怀玉而钓于渭滨者乎？又得无盗嫂受金而未遇无知者乎？二三子其佐我明扬仄陋，唯才是举，吾得而用之。"

在这道《求贤令》里，曹操思想解放，观念更新。他认为当时是"天下未定"的"求贤急时"，用人不能循规蹈矩，要善于发现身处窘境、蒙受污名而有真才实学的像姜子牙、陈平那样的人才，而不拘泥于世所公认的孝廉之士。这表明乱世对人才的急需和曹操的唯才是举的主张。

建安十九年（214），又有《敕有司取士勿废偏短令》："夫有行之士未必能进取，进取之士未必能有行也。陈平岂笃行，苏秦岂守信邪？而陈平定汉业，苏秦济弱燕。由此言之，士有偏短，庸可废乎！有司明思此义，则士无遗滞，官无废业矣。"

这道令着重讲了"有行之士"与"进取之士"的关系，曹操偏重"进取之士"，因为汉末社会上笃守礼义教条之徒，一般死气沉沉，绝少创造和进取之志。靠所谓有德行的人来澄清乱世治平天下是极其困难的。曹操提出取长避短，不求全量才是十分实际而高明的见解。这个人才思想适合汉末社会实际状况，又是很有创造性的。

建安二十二年（217），曹操又下《举贤勿拘品行令》："昔伊挚、傅说，出于贱人；管仲，桓公贼也，皆用之以兴。萧何、曹参，县吏也；韩信、陈平，负污辱之名，有见笑之耻，卒能成就王业，声著千载。吴起贪将，杀妻自信，散金求官，母死不归，然在魏，秦人不敢东向，在楚则三晋不敢南谋。今天下得无有至德之人放在民间，及果勇不顾，临敌力战；若文俗之吏，高才异质，或堪为将负污辱之名，见笑之行，或不仁不孝而有治国用兵之术：其各举所知，勿有所遗。"

曹操的用人观确有不同凡响处。他敢说别人不敢讲的话，敢用别人不敢用的人才。"勿拘品行"是这道令的重点。曹操指出，下僚俗吏中不乏高才异质，不齿于名教者却有"治国用兵之术"。乱世需力挽狂澜的卓异之才。曹操一再重申不求全量才，不以小疵妨大才的用人主张，起到了移风易俗的作用，更新和扩大了曹魏政治集团取士用人的渠道，奠定了统一北方的组织基础。他的人才思想，针对的是汉末豪族政治，打破了陈旧的僵死的门第高于一切的用人习俗。毛泽东说曹操用人"不搞宗派"，其时代含义正在这里，和我们今天说的"宗派"显然在具体内容上是不一样的。当然，曹操也不是一味强调提拔那些"出身不好""不仁不孝"的人，也不是赞扬污行，从他所用之人的主流方面来说，都是既有操守又有才能的人，目的都在于廓清乱世，"成吾大事业"。

毛泽东说曹操在安阳起家，这是指起兵，而真正的起家，在于得到人才。领导中国革命胜利的毛泽东，深知曹操的家底正是靠强大的人才集团取得的。

魏君待之若旧

1959年的庐山会议，因彭德怀的一封信，以及后来对这封信的赞成和支持，彭德怀、黄克诚、张闻天、周小舟被错误地定为所谓"反党集团"。

庐山，在党史上写下了沉重的一笔。

周小舟，时任中共中央候补委员、湖南省委第一书记。早在1936年，他就是毛泽东的秘书，并以其才能和品质受到毛泽东的重用。任秘书两年多，1938年秋，毛泽东派他到抗日战争最艰苦、最残酷的敌后根据地去工作。湖南解放后，周小舟随中共和谈代表团回到湖南任职，直至后来任省委第一书记。

1958年11月至1959年3月，毛泽东主持召开了武昌会议和两次郑州会议。在第一次郑州会议前，毛泽东视察了河北、河南，发现在人民公社问题上存在着许多混乱现象，并开始纠正当时已经认识到了的若干错误。周小舟看到毛泽东着手纠正"左"的错误，心里十分高兴，曾对省委别的领导人说："有些错误带有'左'倾盲动主义的性质，不纠正是十分危险的。"

1958年12月，彭德怀回湖南，周小舟陪同在湘潭视察。临走，彭总给当地干部规定了八不准：不准搞瞎指挥，不准浮夸，不准说假话，不准搞强迫命令，不准打人，不准罚口粮，不准拆社员房屋，不准毁风景林。经过接触，周小舟发现他与彭总的许多观点一致，因此和彭总谈得十分投机。彭总襟怀宽阔，心直口快，他不同意"大跃进"、人民公社的许多做法，也直言不讳。

下面问题成堆，周小舟也决心做一次深入切实的调查。从4月29日起，他开始了庐山会议前夕的湘西之行，历时近一个月，掌握了大量的第一手材料。听了1958年粮食产量浮夸虚报的情况，周小舟面色严肃地说："这些'卫星'是浮夸，是吹牛皮，决不要跟着这股风走。我们共产党应当讲老实话，办老实事。这种造假浮夸之风，下次我到北京开会，一定要向毛主席汇报的。"

6月23日，毛泽东回湖南。从1953年起，毛泽东每次回来，总是周小舟陪伴。有关毛泽东的起居、安全、文娱体育活动，都由他安排，这次也是如此。

6月28日，周小舟随毛泽东去武汉。路上，毛泽东要周小舟和罗瑞卿、童小鹏等一起，去湖北农村调查。29日，毛泽东乘船去庐山。周小舟在湖北农村走访了三天以后，于7月1日去庐山。

通过1958年下半年的工作实践和1959年上半年的调查研究，在周小舟的头脑里，由朦胧而清晰，逐渐形成了一个观念：我们工作中的问题，集中到一点主要是越来越"左"了，越来越不实事求是了。他决心把群众的呼声、基层的情况如实地向党中央和毛泽东反映。

接着发生的，便是那次震惊中外的庐山会议。

周小舟的文才能力素为毛泽东所重视，两人有很好的友谊。在庐山会议期间，毛泽东将《回韶山》《登庐山》两首诗稿，交周小舟和胡乔木提意见。

7月3日开始分组座谈。当天，周小舟到彭德怀处，谈了湖南的工业情况：过去湖南没有重工业基础，现在有钢铁厂、电机制造厂、机械厂等。轻工业也有很大的发展。水利建设成绩也很大，平均四十天不下雨，还可保收。

7月6日，周小舟到彭德怀处，谈到去年粮食产量报了假数。彭问："为什么呢?"周小舟说:"是压出来的,一次说粮食数字不落实,第二次又说不落实,连造几次数字,下面的干部就摸到一个底——要虚报不要实报。"彭说:"只能是有多少报多少,决不能虚报,也不能少报。"周小舟说:"现在吃大锅饭,就要大锅大灶,烧柴火不节省,劳力也不节省。小锅小灶,妇女、弱劳力都可以煮饭,但现在非用劳力不可。搞了公共食堂,家庭用水也不方便,群众对公共食堂有意见。"彭说:"这些问题,你应当如实地向主席反映。"周小舟说:"昨天向主席谈了一些,希望彭总有机会时也同主席谈谈。"

7月11日晚上,毛泽东找周小舟、周惠、李锐三人谈话,气氛融洽。周小舟说:"高指标是'上有好者,下必甚焉'。"这句话是很有些斤两的,毛泽东听了似不介意。毛泽东说,1958年有些事他有责任,提倡敢想敢干,也是胡思乱想,引起唯心主义。因此,不能全怪下面和各部门。否则,人们会像蒋干一样抱怨:曹营之事,难办得很!毛泽东又谈到曹操赤壁失败之后想念郭嘉的故事,说了"国乱思良将,家贫念贤妻"之类的话,引起在场的人们大笑一阵。

7月12日,周小舟到彭德怀处,把头天晚上毛泽东讲话内容告诉了彭总。彭总要写信给毛泽东,周小舟支持,并建议他将在西北小组的发言记录整理出来送给毛泽东。彭总说:"很好,你当了我的参谋。"

彭总的信于7月14日晨送交毛泽东。这封信由毛泽东批示,印发各同志参考,并加了标题:彭德怀同志的意见书。

7月19日开会时,周小舟发言说:彭总的信"精神是好的,我是同意的,至于某些提法、分寸、语句,我认为是可以斟酌的"。

庐山会议前期,是继续贯彻第一次郑州会议以来的精神,纠正"大跃进"和人民公社化运动中的"左"倾错误,准备形成《纪要》发给全党。但由于对产生错误的原因和经验教训认识不足,彭德怀的信一公布出来,情况便起了变化,纠"左"演变成反右。

8月1日,周小舟收到毛泽东的一封信和一本书——内有南朝梁人丘迟所著《与陈伯之书》。毛泽东在信中说:

> "'迷途知反,往哲是与,不远而复,先典攸高',几句见丘迟与陈伯之书。此书当作古典文学作品,可以一阅。'朱鲔喋血于友于,张绣剚刃于爱子,汉主不以为嫌(疑),魏君待之若旧',两个故事,可看注解。"(《建国以来毛泽东文稿》,中央文献出版社1993年1月版,第八册,第397页)

陈伯之,南朝梁人,曾为北魏平南将军。梁朝北伐,丘迟作《与陈伯之书》劝陈伯之归梁。陈伯之后来降梁,官至通直散骑常侍。

丘迟在《与陈伯之书》中引用了两个典故:一个是东汉初人朱鲔和光武帝刘秀的故事,一个是我们前文提到的张绣与曹操的故事,即"张绣剚刃于爱子……魏君(曹操)待之若旧。"

官渡之战时,张绣听从谋士贾诩的计策,归降曹操。曹操果然不计前仇,他亲自上前,拉着张绣的手,设宴欢迎张绣的到来。不久,儿子曹均又娶张绣的女儿为妻,仇家成了亲家。张绣拜为扬武将军。官渡之役,张绣力战有功,迁升为破羌将军。又随从曹操在南皮攻破袁谭军。尽管当时天下人口锐减,张绣的封邑却有两千户,而曹操手下大臣绝大部分封邑未满一千户。史书上说张绣的封户"特多"。(《三国志·魏书》本传)曹操这样做,当然有他的道理,他对贾诩说:"使我信重于天下者,子也。"曹操从统一大局出发,不计旧仇私仇,大胆信任曾经反对自己的人,表现了一个开明的封建政治家的宽阔襟怀。

毛泽东的信以古喻今,传递出心底对周小舟的期望,真诚地盼他"迷途知返",并表明自己对周小舟将"待之若旧",一如既往。

周小舟8月2日曾给毛泽东回信,是令毛泽东失望的一封信。这时候,毛泽东已经确信庐山上有个"反党集团"。

8月3日,会议即分成三个大组,开始批判彭德怀、黄克诚、张闻天和周小舟。批判的调子越来越高,逼着周小舟等人承认犯了反党、反毛泽东、反总路线和右倾机会主义路线错误。

8月13日,周小舟再次给毛泽东写信:"从当前反彭反右斗争形势来看,势有必然,而解剖我自己,披肝沥胆,又感觉与实际情况确有出入。我想到假若戴上这两顶帽子,我对主席、中央、全党、湖南党员和人民,甚至对自己的老婆和孩子,都必然说明我犯了反党、反中央、反主席、反总路线,右倾机会主义路线两条错误。然而再说下去,势必泪潸潸下,不尽欲言。"接下去,周小舟开始写出交代。在交代中,他处处承担责任,保护同志,表现了履崎岖若坦途的情操和勇气。

然而,八届八中全会还是通过了《关于以彭德怀同志为首的反党集团的错误的决议》。

周小舟之所以没有"知反(返)",关键是他没有"迷途"。因此,他敢于无畏地向毛泽东进言,为的是让全党和党的领袖回到唯物主义的认识路线上来。为了真理他付出了沉重代价:失去了党的领袖的信任,失去了名誉、地位,被迫断绝了同许多战友和同志的联系,也一度失去了天真无邪的儿女对父亲的真挚的爱。

其实，在庐山上，他只要放弃真理，顺应一下潮流，这一切他都不会失去的。他几次得到毛泽东的呼唤，他心中是清清楚楚的。可他没有这样做。

从此，正值英年的周小舟从中国的政治舞台上消失了。

应该说，毛泽东引用曹操与张绣的典故，希望周小舟"迷途知返"，其初衷是诚恳的、良好的，他暗示自己的胸怀比"魏主"要宽阔。悲剧在于他错把正道当"迷途"，自己却一步步走向晚年错误的"迷途"。

庐山会议之后，接着在全党开展了一场"反右倾"斗争，这是中华人民共和国以后我们党内政治生活中一次较大的失误。在政治上使党内从中央到基层的民主生活遭到严重损害，错误地打击了一大批敢于实事求是，向党反映实际情况，提出批评意见的同志，支持了浮夸风、说假话的不良倾向。在经济上使"左"倾错误延续了更长的时间。最后，导致了灾难性的十年动乱。

"魏君待之若旧"，这是一种胸怀。以毛泽东而论，对待持不同意见的人，对待反对过自己的人，甚至对待自己的仇人和敌人，他的胸襟要比"魏君"宽广得多。这为几十年的革命生涯所证实。但是，在庐山他没有做到这点，对周小舟没有"待之若旧"。这不是他的胸怀狭窄了，而是步入了"左"的"迷途"，误把坚持真理的同志当成了"右倾机会主义分子"，这限制了他的胸襟。

我劝你们不要把我当曹操

1969年4月的中国共产党第九次全国代表大会确定林彪为"接班人"。林彪还希望自己在国家职务中也取得与他在党内相称的高位：在党内是"副主席"，在国家职务上是"主席"。他希望通过四届人大，名正言顺地当上国家主席。

然而，毛泽东有自己的想法。1970年3月，毛泽东提出召开四届人大和修改宪法。3月17日至20日，中央召开工作会议，讨论了有关四届人大和修改宪法的问题，与会的大多数人赞同毛泽东关于不设国家主席的意见。1970年4月11日，林彪有意提出设立国家主席，并建议由毛泽东担任。第二天，毛泽东断然批示道："我不能再做此事，此议不妥。"（毛泽东：《建国以来毛泽东文稿》第13册，中央文献出版社1998年1月版，第94页）

4月下旬，毛泽东在中央政治局会议上第三次提出他不当国家主席，不设国家主席。他说：

孙权劝曹操当皇帝,曹操说,孙权是要把他放在炉火上烤。我劝你们不要把我当曹操,你们也不要做孙权。(王年一:《大动乱的年代》,河南人民出版社1996年8月版,第411页)

然而,只要有一线希望,林彪还要做国家主席。在筹备召开四届人大会议、讨论国家重要人事安排的九届二中全会前夕,林彪串通同伙,想通过九届二中全会争个国家主席当当。5月中旬,林彪对吴法宪说,他仍然主张设国家主席,不设国家主席,国家没有一个头,名不正言不顺。林彪要吴法宪和李作鹏在宪法工作会议上,提出写上"国家主席"一章。7月,叶群便和吴法宪密谈过,说:"如果不设国家主席,林彪副主席怎么办?往哪里摆?"同时,他们利用陈伯达大肆宣传"天才论"。陈伯达、黄永胜、叶群、李作鹏、邱会作等一伙人,还到处吹捧林彪是"非凡的天才",为林彪夺取最高权力做舆论准备。

1970年8月22日,中央政治局常委开会,林彪、陈伯达在会上又提出要设国家主席和要毛泽东担任国家主席,再一次受到毛泽东的反对。毛泽东说,谁要当国家主席,谁就写上。林彪一伙继续鼓吹"天才论"和"设国家主席",企图把林彪推上国家元首的宝座。遭到反击和批判后,仍不甘心,终于在1971年夏秋之季,策动武装叛乱,阴谋败露后仓皇外逃,机毁人亡,摔死荒漠。

孙权劝曹操当皇帝的典故,小说和史书上都有出处。《三国志·魏书·武帝纪》注引《魏略》说:"孙权上书称臣,称说天命。(魏)王以权书示外曰:'是儿欲踞吾著炉火上邪!'"《三国演义》第七十八回写道:

(曹操)病势愈重,又忧吴、蜀之事。正虑间,近臣忽奏东吴遣使上书。

操取书拆视之,略曰:"臣孙权久知天命已归王上,伏望早正大位,遣将剿灭刘备,扫平两川,臣即率群下纳土归降矣。"操观毕大笑,出示群臣曰:"是儿欲使吾居炉火上耶!"

孙权劝曹操当皇帝,确实"醉翁之意不在酒",一则是想置曹操于篡位夺权的不利政治地位,使其变成众矢之的;二则鼓动曹操发兵两川,攻击刘备,孙权做"壁上观",坐收渔人之利。

曹操如果废汉自立当皇帝,确实如同把自己放在政治火炉上烤。

当时的形势不允许他这样做。

从曹魏内部来说，他代汉自立受到士族官僚集团的强烈反对。这与曹操阉宦家庭的出身有密切关系。东汉末期，士族官僚集团和阉宦集团在封建权力再分配问题上，有着尖锐的矛盾和斗争。曹操为了扫除士族官僚集团这一阻力，曾采取过一系列的对策，如提出"唯才是举"以对抗经明行修、名节为重的士风；推行法治以排斥儒风；等等。但在代汉问题上，这些措施并没有取得实质性的效果。曹操向皇位每迈进一步，都遭到士大夫的反对，或用言语讥讽，或用暴力谋杀。

从曹魏外部条件来说，他代汉自立受到东吴孙权、西蜀刘备、汉中张鲁、西凉马超等人的强烈反对。本来在赤壁决战前，曹操就有扫平江南然后称帝的意向。可是赤壁一败，三国鼎足而立。从主观上看，他没有力量消灭东吴和西蜀。如果称帝，刘备和孙权等人就可以大兴问罪之师，他就成为打击目标。董卓、袁术等人的下场，曹操是十分清楚的。再者，曹操知道，只要他一称帝，刘备、孙权等人便会跟着效法。曹操说："如国家无孤一人，正不知几人称帝，几人称王。"他不愿开这个头。他对当时的形势有着清醒的认识。从这一点上说，曹操不愧是个有头脑的政治家。

总之，内部的士族官僚集团和外部的孙权、刘备集团，就是曹操所说的"炉火"。曹操清楚，把自己放到炉火上去，非烤焦烤化不可。

曹操识破了孙权让他当皇帝的险恶用心。

毛泽东识破了林彪坚持设国家主席的狼子野心。

毛泽东讲的孙权劝曹操当皇帝的故事，对林彪来说，是《红楼梦》中的"风月宝鉴"：正面照见的是美人，反面照见的是骷髅。这个故事揭露了林彪及其一伙坚持设国家主席包藏的祸心。

毛泽东讲这个故事又是十分艺术的。当时，林彪及其同伙还没有公开暴露，他们想夺取国家最高权力的真正用心，还是掩饰起来的狐狸尾巴。可毛泽东仅用几句话，仅用一个历史小说故事，就把"孙权"们的全部内心世界来了个大曝光。

真是高明的政治斗争艺术。

打下统一的基础

1975年，暮年的毛泽东与陪读的北大老师芦荻漫谈《三国志》，谈到三国时期的统一趋势，谈到曹操对统一北方和西晋一统的历史贡献，他说：

"汉末开始大分裂，黄巾起义摧毁了汉代的封建统治，后来形成三国，还是向统一发展的。三国的几个政治家、军事家，对统一都有所贡献，而以曹操为最大。司马氏一度完成了统一，主要就是他那时打下的基础。"（芦荻：《毛泽东读二十四史》，《中国第一人毛泽东》，湖南人民出版社1999年1月版，第325—326页）

毛泽东的这段话，言简意赅地点明了三国时期的天下大势和政治主旋律，那就是经过汉末的大分裂、大动荡、大分化，走向天下一统。三国的孙吴、刘蜀、曹魏三大政治集团，还有后来的司马氏集团，尽管他们之间发生了种种政治、军事的严重对抗和激烈斗争，但是作为这几个集团领袖的曹操、孙权、刘备和司马炎等，都是趋向统一并为统一做出了贡献的。

东汉末年，政治腐败，皇帝昏聩，宦官专权，阶级矛盾激化，爆发了黄巾起义。封建军阀乘镇压农民起义之机，扩展势力，割据称雄，互相兼并，战争迭起。一统的国家陷入了分裂混乱的局面，人民陷入了灾难痛苦的深渊。杀戮人民、抢掠财物的暴行，到处都在发生。"白骨露于野，千里无鸡鸣"（曹操语）的诗句，是对国家分裂、民不聊生凄惨景况的真实描写和控诉，在一定程度上反映了人民对和平统一、安定生活的向往。

反映历史趋势与《三国志》相一致的历史小说《三国演义》，对统一中国的描写采用了热情洋溢的笔调，无论是对孙权、刘备，还是对曹操、司马炎，只要是致力于天下一统的行动，皆予肯定。

虎踞江东的孙氏父子，皆怀有争夺天下统一中国之心。孙坚讨董卓，在洛阳建章宫得到传国玉玺，立即托疾辞归江东，"别图大事"。孙策承继父业，曾准备北伐。孙权更以汉光武和齐桓、晋文之霸业自许，多次兴师伐魏征蜀，谋求统一天下。

后来统一了两川的刘备，从桃园结义起，就打出"上报国家，下安黎庶，整顿纲纪，匡济汉室"的旗帜。他三顾茅庐，求贤若渴，是希望诸葛亮"以天下苍生为念"，出山辅助他"伸大义于天下"，统一中国。刘备在占领益州后，并不满足于西川一隅之地，要伐魏灭吴，成就一统大业。他的主要助手诸葛亮早在隆中，就为他制定了"先取荆州为家，后取西川建基业，以成鼎足之势，然而可图中原"的战略宏图。刘备死后，诸葛亮六出祁山，姜维九伐中原，都是为了实现一统大业。

《三国演义》对曹操纵横北方，讨董卓、除袁术、破吕布、败刘备、灭袁绍、降张绣、征乌桓等扫荡群雄统一北方半壁河山的英雄业绩，是充分肯定的。尤其是统一北方的决定性战役——官渡之战，写曹操以少赢多，以弱胜强，充分表现了他的雄才大略。曹操北定中原后，饮马长江，率兵南征，意欲统一天下。他要"扫清四海"，使"天下归心"。曹操死后，曹丕继承了曹操的事业，先后伐吴、征蜀，"欲一统天下"。曹氏集团，几代苦心经营北方，发展经济，安定民心，整军经武，为后来西晋的统一奠定了雄厚的基础。

毛泽东比较三国各派政治家、军事家对国家统一所做的贡献，认为曹操比别人更胜一筹，贡献最大，这是符合历史事实的，也是符合小说描写的。曹操不仅扫灭群雄，统一北方，而且南下夺荆州，西进取汉中，孙权上表称臣，刘备守险避让，没有他铺平道路，打下基础，司马氏的统一天下是难以想象的。

暮年毛泽东感慨三国分合，大谈统一贡献，虽然是读书的即兴之语，却是毕生政治主张的自然张扬。毛泽东少年读书时就抱定"国家兴亡，匹夫有责"的信念，终生为振兴中华而奋斗，终于使积弱积贫的"东亚病夫"重新崛起，自立自强于世界民族之林，成为东方强国。这种政治旨趣，使他当然爱慕历史上为祖国统一做出贡献的英雄，高度评价他们的业绩。这是毛泽东读《三国演义》留给我们的一笔宝贵精神遗产。

这个冤案要翻

（曹操之三）

> 他实事求是地评价曹操说："曹操统一北方，创立魏国，抑制豪强，实行屯田，兴修水利，发展生产，使遭受大破坏的社会开始稳定和发展，是有功的。说曹操是奸臣，那是封建正统观念制造的冤案，这个冤案要翻。"
>
> 陶鲁笳：《毛主席教我们当省委书记》，中央文献出版社1996年8月版，第103页

《三国演义》描写了一个形象复杂的曹操，可以用"奸雄"二字概括之，既有其奸的一面，又有其雄的一面。作为文学人物形象，这本来是正常的，是符合艺术规律的。这比那种好则绝对好、坏则绝对坏的文学人物形象不知要高明多少倍。但一些封建文人受封建皇权正统观念的影响，对曹操是只见其奸，不见其雄。批注《三国演义》的清人毛宗岗竟说曹操"奸绝"。一些《三国演义》戏更是推波助澜，将曹操脸谱化——白脸奸臣。久而久之，人们对历史上那个叱咤风云的曹操淡忘了，而对尽搞阴谋诡计的曹操却留下了挥之不去的烙印。这就引发了一个问题，如何正确地评价曹操（包括如何评价《三国演义》中的曹操形象）？到了1959年，终于在文学界和史学界爆发了一场有关曹操是奸臣、是奸雄、是英雄的讨论，其主调是替曹操翻案并恢复名誉。对《三国演义》、对曹操都有浓厚兴趣的毛泽东，当然关注这场讨论，不过他要为曹操翻案的思想，既不是始于1959年，也不是终于1959年。细算起来，前后达二十年之久，其间发表了许多精辟独到见解，足备一说。

那是封建正统观念制造的冤案

1954年夏天，党中央领导人被统一安排到北戴河避暑。有时，毛泽东在沙滩上漫步，嘴里念念有词。他天天这样念，有时夜里工作疲劳，出门观海也是这样念。

他念的是曹操的诗《观沧海》:"东临碣石,以观沧海。水何澹澹,山岛竦峙。树木丛生,百草丰茂。秋风萧瑟,洪波涌起。日月之行,若出其中;星汉灿烂,若出其里。幸甚至哉,歌以咏志。"

一天晚上,毛泽东遥望大海又在念。保健医生徐涛问:"主席,这是谁的诗啊?"

"写得好吗?"

"很有气魄,很美。"

"这是曹操的诗。《步出夏门行》中的第一章,《观沧海》。"

"曹操还会作诗呀?"

"嘿,你这个大学生啊,确实该补补课。"毛泽东缓慢地说:"曹操是个了不起的政治家、军事家,也是个了不起的诗人。"

徐涛大吃一惊,简直目瞪口呆。别说他没听说过这种肯定曹操的话,他坚信那时全国百分之九十九点九的人也未曾听说过!无怪后来郭沫若写了替曹操翻案的文章,在全国引起那么大震动。

徐涛讷讷:"曹操?哪个曹操?"

"还有哪个曹操,三国的曹操。"

"他……他不是白脸奸臣吗?"

"喊,你知道个屁。"毛泽东愤然时喜欢这样骂人。

"曹操统一中国北方,创立魏国。那时黄河流域是全国的中心地区。他改革了东汉的许多恶政,抑制豪强,发展生产,实行屯田制,还督促开荒,推行法制,提倡节俭,使遭受大破坏的社会开始稳定、恢复、发展。这些难道不该肯定?难道不是了不起?说曹操是白脸奸臣,书上这么写,剧里这么演,老百姓这么说,那是封建正统观念制造的冤案。还有那些反动士族,他们是封建文化的垄断者,他们写东西就是维护封建正统。这个案要翻。"(权延赤:《红墙内外——毛泽东生活实录》,昆仑出版社1989年5月版,第60—62页)

徐涛就是从那天起,开始重新认识曹操。

毛泽东在北戴河与保健医生徐涛关于曹操的谈话,大约是有文字明确记载的资料中,他首次提到为曹操翻案。当然在此之前,他也数次从正面肯定过曹操,但不涉及翻案问题。

毛泽东的评论是针对徐涛的疑问和提问而发的。"曹操不是白脸奸臣吗?"对曹操有这种印象和认定,在当时的中国人中,相当普遍。

毛泽东的见解石破天惊。

谈话中指出了"白脸奸臣"评价的来源:"书上这么写",大约主要指《三国演义》,他后来说过《三国演义》把曹操当奸臣来描写;"剧里这么演",肯定指三国戏,他后来也说过三国戏都是按《三国演义》为蓝本编造的,在旧戏舞台上曹操就是一个白脸奸臣;"老百姓这么说",可见曹操是"白脸奸臣"的看法,并不是个别人有,可谓妇孺皆知。结论:这是封建正统观念制造的冤案,所以这个案要翻。

毛泽东对曹操的历史贡献进行了整体评价:一是统一北方,创立魏国;二是改革恶政,抑制豪强;三是实行屯田,发展生产;四是推行法制,提倡节俭。这些促成了遭受大破坏的社会开始稳定、恢复和发展。曹操"了不起"。"了不起"是毛泽东口头评论历史人物常用的词,大概相当于杰出、伟大一类。因为毛泽东认为《三国演义》是把曹操当奸臣来描写的,所以这个肯定性评价主要是依据《三国志》和《资治通鉴》的记载作出的判断。

顺便提到一个问题:1959年,郭沫若、翦伯赞提出"替曹操翻案"以后,对曹操历史贡献的评论,大体上与毛泽东这个谈话精神是一致的。他们是否知道毛泽东的这个意见,是否受到毛泽东的影响,已无从知道。

1959年以及改革开放以后,在评论曹操的过程中,有的论者提出:历史上从来对曹操有褒有贬,没有定案,不存在为曹操翻案问题,因此"替曹操翻案"的提法不科学。笔者认为,所谓曹操的冤案、错案,就是所谓"白脸奸臣"。这个案是个历史的案,不是现实的案;是个观念的案,不是个政治的案。所谓冤案、翻案云云,只是一种比喻,与现实生活中的为错案冤案平反不能等同视之,太拘泥字眼也容易造成不科学。其实,毛泽东已经讲得很清楚:"这是封建正统观念制造的冤案"。翻案,也就是不要把封建正统观念作为评判历史人物的价值尺度,而要依据历史唯物论原理,抹去曹操脸上的"白色",恢复其"是个英雄"的本来面目。

赞同鲁迅说曹操是个英雄

1927年4月12日,发生了蒋介石叛变革命、屠杀共产党人的事变,正在广州中山大学任教的鲁迅愤然辞去中山大学的一切职务。

这年7月,他在广州夏期学术演讲会上,作了一篇《魏晋风度及文章与药及酒之关系》的演讲。演讲中,鲁迅对曹操的功绩及其在思想文化方面的特点作了比较全面中肯的评价。鲁迅首先点明了曹操出现的时代背景:

"汉末魏初这个时代是很重要的时代,在文学方面起一个重大的变化,因当时正在黄巾和董卓大乱之后，而且又是党锢的纠纷之后，这时曹操出来了。"

说明曹操是在农民起义、军阀混战和统治阶级内部一次有名的政治斗争——党锢纠纷之后登上历史舞台的，时代对于曹操的陶冶，曹操对于历史的推动，这些问题放在这一特定的历史环境之中来加以考察就变得比较清楚了。鲁迅接着把话锋一转：

"不过我们讲到曹操，很容易就联想起《三国志演义》，更而想起戏台上那一位花面的奸臣，但这不是观察曹操的真正方法。现在我们再看历史，在历史上的记载和论断有时也是极靠不住的，不能相信的地方很多，因为通常我们晓得，某朝的年代长一点，其中必定好人多；某朝的年代短一点，其中差不多没有好人。为什么呢？因为年代长了，做史的是本朝人，当然恭维本朝的人物，年代短了，做史的是别朝人，便很自由地贬斥其异朝的人物，所以在秦朝，差不多在史的记载上半个好人也没有。曹操在史上年代也是颇短的，自然也逃不了被后一朝人说坏话的公例。其实，曹操是一个很有本事的人，至少是一个英雄，我虽不是曹操一党，但无论如何，总是非常佩服他。"

鲁迅在演讲中，把作为历史人物的曹操和小说戏曲中那一位作为艺术形象的曹操，严格区别开来了，指出不能用对作为艺术形象的曹操的认识，来代替对于作为历史人物的曹操的认识，如果这样做就不是观察曹操的真正方法，亦即不是观察曹操的正确方法。

据张贻玖回忆：20世纪50年代毛泽东读到鲁迅的这篇文章，在"其实，曹操是很有本事的人，至少是一个英雄，我虽不是曹操一党，但无论如何，总是非常佩服他"等论断下，用粗重的红铅笔画上着重线，表示他对鲁迅有关曹操的看法是非常赞同的。(《毛泽东读史》，中国友谊出版公司1991年10月版，第65页)

在这篇演讲里，鲁迅还说："因此之故，影响到文章方面，成了清峻的风格。——就是文章要简约严明的意思。……所以深知此弊的曹操要起来反对这种习气，力倡通脱。通脱即随便之意。更因为意思通脱之后，废除固执，遂能充分容纳异端和外来的思想，故孔教以外的思想源源引入。"毛泽东在读此文时，在这些评论处，都用笔画着重线，在后面一句画着圈，天头上画了一个大圈。这是赞同的表示。(易严：《毛泽东与鲁迅》，河北人民出版社1998年10月版，第106页)

鲁迅对曹操"是个英雄"的总体评价，以及欣赏曹操提倡的清峻通脱的文风，毛泽东是赞同首肯的。大约在近代学术史上，鲁迅是第一个对曹操说公道话的人，他不同意曹操是"花面奸臣"的看法。毛泽东曾经说过他与鲁迅的心是相通的。在评价曹操上，他们的思想观点是接近的，及至相似相同。当然说到"观察曹操的真正方法"，两人还是有区别的，鲁迅是进化论的历史观，而毛泽东则是唯物论的历史观。但鲁迅在抵抗国民党反动派"文化围剿"的战斗中，在左联内部的纷争中，更成熟地掌握了马列主义理论，尤其是马克思主义文艺理论，彻底放弃了进化论。毛泽东本人的思想轨迹也经历了由进化论向唯物论的转变，这在对待曹操的评价上也可以找到佐证。只要细心对比一下《毛泽东早期文稿》和后来他对曹操评价的联系与区别，就不难明白这个问题。可以说，鲁迅的曹操观，在一定程度上启示和坚定了毛泽东肯定评价曹操的学术立场，使他在这个问题上找到了知音。作为文化人，鲁迅绝不是"封建文化的垄断者"，绝不维护封建正统观念，他在20世纪，是较早起来推倒曹操"冤案"的著名学者。

此篇注文贴了魏武不少大字报

前文已经提到，建安十五年（210）春，曹操下《求贤令》。提出"唯才是举，吾得而用之"的主张。裴松之在注释这篇令时，引用了《魏武故事》里记载的曹操在这年十二月所下的《让县自明本志令》。其内容是叙述自己起兵斩杀黄巾四处征战的经历及许多内心活动，表明自己守义为国，并无取代汉室的"不逊之志"。为明此志，决定让出受封的阳夏、柘、苦三县，以解除别人的误会。

卢弼的《三国志集解》对此做了些考证外，对曹操提出了许多指责。曹操在令中说，他曾告诉妻妾，自己死后，她们无论嫁到哪里，都希望要为他说明无叛汉之心。卢弼在注里说这是"奸雄欺人之语"。曹操在令中说，自己之所以不放弃兵权，诚恐自己离兵"为人所祸"，这是"既为子孙计，又己败则国家倾危"。卢弼说这是"欺人之语"，认为陈寿写《三国志》对这些话"削而不录，亦恶其言不由衷耳"。曹操在令中说，自己打仗，"推弱以克强，处小而擒大"，卢弼在注里又列举他打的败仗，指责他"志骄气盛，言大而夸"。对曹操让出三县一事，卢弼在注里引别人的话说，"文词绝调也，惜出于操，令人不喜读耳。"总之，卢弼对曹操是全面批判，彻底批判。

毛泽东读1957年1月版卢弼撰写的《三国志集解》时，对这些注文作了圈点，在天头上写了这样一段批语：

"此篇注文，贴了魏武不少大字报，欲加之罪，何患无词。李太白云：魏帝营八级，蚁观一祢衡'。此为近之。"（《毛泽东读文史古籍批语集》，中央文献出版社1993年11月版，第138页）

毛泽东态度鲜明地否定了卢弼对曹操的攻击，指出他的注文多是缺乏历史根据的诬蔑不实之词，不过是"欲加之罪，何患无词"而已。毛泽东引的"魏帝营八极，蚁观一祢衡"，见于李白《望鹦鹉洲怀祢衡》。鹦鹉洲，传说为祢衡被杀害之处，因祢衡绝世之作《鹦鹉赋》而得名。祢衡是汉末狂士，极有才气，《后汉书·祢衡传》载，他"尚气刚傲，好矫时慢物"，孔融爱其才，多次称述于曹操，曹操欲见他，而祢衡"素相轻疾，自称狂病，不肯往，而数有恣言"，后来答应往见曹操，却又"坐大营门，以杖捶地大骂"。曹操以其素有才名，不忍杀之，遣送至刘表处，又辗转至黄祖处，因"言不逊顺"遇害。"魏帝营八极，蚁观一祢衡。"是说魏武帝曹操经营天下，纵横八极，作为巨大，而狂士祢衡不以为然，以蝼蚁视之。毛泽东所谓"此为近之"，是说卢弼注文的观点，与轻狂傲慢的祢衡相近。

《三国演义》第二十三回，有祢衡击鼓骂曹操的详细情节，他视曹魏文臣武将为酒囊饭袋，骂曹操"常怀篡逆"之心，不讲曹操半点功劳与亮色。其实，祢衡早就"贴"了曹操的"大字报"。

对《让县自明本志令》，如果平心而论，那是曹操情词恳切的政治声明，是了解曹操心路历程的第一手史料。毛泽东青年时代就曾说过："《自明本志》好文章。"所以，他不同意祢衡以"蚁观"视曹操，不同意卢弼给曹操贴"大字报"。卢弼视曹操为奸雄，头脑中先有一个曹氏篡汉的框子，不看曹操写《让县自明本志令》的具体时间和环境，强加给曹操不少罪名。其实，曹操的《自明本志》说了不少真心话，大实话。鲁迅先生说："（曹操）立法是很严的，因为当大乱之后，大家都想做皇帝，大家都想叛乱，故曹操不能不如此。曹操曾自己说过：'倘无我，不知有多少人称王称帝！'这句话他倒并没有说谎。"（《魏晋风度及文章与药及酒之关系》）鲁迅引用的曹操的话，就出自《让县自明本志令》，他说曹操"没有说谎"，亦即真话实话之意。那时，说曹操是"奸臣"，还不如说曹操是"奸臣"的对头，更为恰当。

随便说到一点，《三国志集注》出版于1957年1月，"大字报"这个所谓"新生事物"出现于1957年"反右斗争"之中，毛泽东关于卢注的批语肯定写于这之后。从"反右斗争"到"文化大革命"，毛泽东说了一些肯定"大字报"的话。可是，他在关于卢注的批语中，无意当中揭示了一个事实："大字报"这种东西很容易弄出"欲加之罪，何患无词"的结果，"大字报"不是一种法律和民主形式，故改革开放后取消它是正确的。

毛泽东揭露卢弼给曹操贴大字报，反对祢衡"蚁观"，也是替曹操作翻案文章。

曹操是代表进步一方的

1957年4月10日，毛泽东与《人民日报》负责人谈话时说：

"小说上说曹操是奸雄，不要相信那些演义，其实，曹操不坏，当时曹操是代表进步一方的，汉是没落的。"（唐汉、振肖：《毛泽东评点中国皇帝》，红旗出版社1998年12月版，第258页）

像鲁迅告诉人们的那样，毛泽东也认为《三国演义》说曹操是"奸雄"不可相信。这不是观察曹操的正确方法。

这次谈话，毛泽东是在曹操与刘汉政权进步与没落的比较中来肯定曹操的。

毛泽东这里所说的"汉"，显然不是指刘蜀集团，而是指受到黄巾起义打击的刘汉残存势力，具体代表人物就是汉桓帝、汉灵帝、汉献帝等人。《三国演义》起始就说："推其（汉末）致乱之由，殆始于桓灵二帝。桓帝禁锢善类，崇信宦官。及桓帝崩，灵帝即位，大将军窦武、太傅陈蕃，共相辅佐。时有宦官曹节等弄权，窦武、陈蕃谋诛之，机事不密，反为所害。中涓自此愈横。"诸葛亮的《出师表》则从用人角度讲到桓灵二帝："亲贤臣，远小人，此先汉之所以兴隆也；亲小人，远贤臣，此后汉所以倾颓也。先帝在时，每与臣论此事，未尝不叹息痛恨桓、灵也！"

汉献帝尽管个人素质不错，有胆识，有才气，但刘汉大厦将倾，独木难支，他所代表的势力和集团日趋走向崩溃，江河日下，汉献帝个人毫无作为。从董卓到曹操，他不是被扣为人质，就是无权当傀儡，几次与命运抗争，想除掉曹操，结果反而更惨，直到被迫让位。

汉末的几位皇帝，和一些死气沉沉跟随他们的豪族官僚，没有采取任何有利于民众、有利于历史进步的政策和措施，看不到一点生气，没落是他们的必然归宿。

曹操集团虽然是在帮助汉献帝解除董卓余党的威胁中成长起来的，但显得虎虎有生气。这个集团有政治远见，其核心成员和骨干分子，都是在铲除割据军阀中锻炼出来的时代精英；这个集团有明确的政治目的，就是消灭各派割据势力，统一北方，进而实现天下一统；这个集团有得当的政治策略，那就是"挟天子以令诸侯"，既可以借此壮大自己，又可以借以打击敌对势力，使自己处在师出有名的优越地位；这个集团有正确的经济政策，那就是实行屯田，安置流民，发展生产，稳定人心，在一定程度上代表着民心、民意和民众的愿望。

不怕不识货，就怕货比货。这是商业法则。比较同一时期政治势力的优长，以断定其优劣，是否是历史法则？在曹魏与刘汉的比较中，是不难清楚地看到曹操是代表进步一方的。这个结论产生在1957年，是深刻的，也是新鲜的。

曹操和诸葛亮谁更厉害

1957年11月2日，毛泽东在莫斯科访问期间当晚，将胡乔木、郭沫若等请来一道用餐。

"我们谈《三国》，掉眼泪，替古人担忧吧。"毛泽东首先提起了话头，与郭沫若纵谈三国历史。官渡之战、赤壁之战、夷陵之战，谈了诸多战例。两人你一段，我一截，夹叙夹议。谈到热烈处，毛泽东忽然转向翻译李越然，问：

"你说说，曹操和诸葛亮这两个人谁更厉害些？"

李越然听到问话，一时不知如何回答好。毛泽东说：

"诸葛亮用兵固然足智多谋，可曹操这个人也不简单。唱戏总是把他扮成个大白脸，其实冤枉，这个人很了不起。"（文显堂、郑巧临：《毛泽东与外国首脑》，中共中央党校出版社1999年12月版，第88页）

这是一次即兴漫谈，提出曹操与诸葛亮"谁更厉害些"这样的问题，其主旨也不在于真的要对两人进行比较分析，目的很简单，就是要承认曹操的历史地位和贡献。

尽人皆知，无论在史传中，还是在小说中，诸葛亮都是一个既执忠秉义、精勤报国，又思远虑深、神机妙算的正面形象。尤其在《三国演义》中，他"用兵的足智多谋"更是给所有读者留下了不可磨灭的印象。以用兵的智谋论，和他对过阵的曹操、夏侯惇、周瑜、孟获、司马懿等人，都不是他的对手，而名重一时的荀彧、郭嘉、鲁肃、陆逊、庞统等之于诸葛亮也不过是捧月的众星，衬花的绿叶。毛泽东当然了解人们对《三国》的阅读心理，所以用"固然"二字提到诸葛亮。在1957年以前的一般读者心目中，曹操与诸葛亮是不可同日而语的，因为曹操的"大白脸"已成"传统观念"，"奸雄"的计谋都是"奸计"，即阴谋诡计，曹操只是个挨骂的角色，他的奸且诡岂能与诸葛的忠且智相提并论？所以，当毛泽东提出这样的问题时，李越然一时茫然，"不知如何回答好"。

掌握了唯物史观的毛泽东，此时认为曹操不在诸葛亮之下，评论此人"也不简单"，"很了不起"。因是漫谈，他没有继续展开自己的观点，没有说曹操怎样不简单和了不起。但在人们（比如郭沫若、胡乔木、李越然）的头脑中，对诸葛亮的不简单和了不起是知道的，有印象的，那么就可以很容易理解曹操的"更厉害些"了。

当然，毛泽东这样自问自答，还是针对"唱戏总是把他（曹操）扮成大白脸，其实冤枉"而言的，是有感而发，是有针对性而发。在他的心目中，是早已把曹操脸上的白色抹去了的，他还要通过他的影响，把别人心中"白脸曹操"的形象抹掉。

两本书对曹操的评价不同

1958年11月20日，在武汉东湖畔的住所，毛泽东召开几位省市委书记参加的座谈会，在谈到曹操时，毛泽东说：

"你们读《三国演义》和《三国志》注意了没有，这两本书对曹操的评价是不同的。"

座中有的同志说，一个是贬，一个是褒。毛泽东说：

"是的。《三国演义》是把曹操看作奸臣来描写的；而《三国志》是把曹操看作历史上的正面人物来叙述的，而且说曹操是天下大乱时期出现的'非常之人'，'超世之杰'。可是因为《三国演义》又通俗又生动，所以看的人多，加上旧戏上演三国戏都是按《三国演义》为蓝本编造的，所以曹操在旧戏舞台上就是一个白脸奸臣。这一点可以说在我国是妇孺皆知的。现在我们要给曹操翻案。我们党是讲真理的党，凡是错案、冤案，十年、二十年要翻，一千年、二千年也要翻。"

他实事求是地评价曹操说:

"曹操统一北方,创立魏国,抑制豪强,实行屯田,兴修水利,发展生产,使遭受大破坏的社会开始稳定和发展,是有功的。说曹操是奸臣,那是封建正统观念制造的冤案,这个冤案要翻。"(陶鲁笳:《毛泽东教我们当省委书记》,中央文献出版社1996年8月版,第102—103页)

这里讲了两个曹操:《三国志》作为"正面人物"来叙述的曹操;《三国演义》作为"奸臣"形象来描写的曹操。旧戏舞台上把后一个曹操推向极致,"白脸奸臣"更定型化、普及化。

《三国志》的作者以曹魏为正统,给曹操的规格较高。为刘备、孙权都是作传,只称"主";为曹操却是作纪,称"帝"。《三国志·魏书·武帝纪》载陈寿的评语说:"太祖(曹操)运筹演谋,鞭挞宇内,揽申、商之法术,该韩、白之奇策,官方授材,各因其器,矫情任算,不念旧恶,终能总御皇机,克成洪业者,唯其明略最优也。抑可谓非常之人,超世之杰矣。"曹操的《武帝纪》在《三国志》中占有开篇的位置,备受荣宠。陈寿的评语肯定了曹操的历史功绩和主要优长,尤其"非常之人,超世之杰"一语,很有分量。最可注意者,通篇不见贬语,确是"正面人物"。

《三国演义》却不是这个样子,它用较多的篇幅,较多的情节,描写"奸雄"曹操的种种劣行。所刻画曹操最"奸"之处是其僭越谋逆。小说中随着曹操权势的增长扩大,越来越突出对他这方面的贬抑描写。许田射猎,曹操遮迎帝前,以此来渲染曹操的篡逆野心与嚣张气焰;强搜衣带诏,三勘吉平,勒死董贵妃,杖杀伏皇后,极尽曹操"名为汉相,实为汉贼"的嘴脸。作者正是以封建忠君思想来声讨曹操的。

小说中也十分突出曹操为人处世中的奸诈。他装病诬叔叔,忘恩负义杀害热情款待他父亲的友人吕伯奢一家,以梦中杀人为借口杀死侍卫,借粮官的头来平息士兵的怨怒……作者用这些情节来极力张扬曹操的狡黠猜忌、残忍嗜杀、阴险狠毒等。"最奸不过老曹操",这是一般群众读者对《三国演义》中曹操形象的评价,"古今来奸雄中第一奇人",这是封建士大夫对小说中曹操形象的评价。《三国演义》中的曹操形象是一个奸雄的典型,从小说问世以来,或明清时期,或近代社会,广大读者群众及评论界对这一形象的定位，应该说没有什么疑义，对曹操的认识和评价大体上是一致的，一直把他作为奸雄加以接受，曹操成了"奸邪诈伪阴险凶残"种种恶德的代表。这种现象在有关三国的旧戏中更甚，"白脸奸臣"妇孺皆知。

两本书对曹操的评价不同，乃至互相对立。毛泽东当然不同意《三国演义》的评价。毛泽东还看到了这样一个事实：由于《三国演义》的通俗生动，其传播面和影响力，要比《三国志》大得多，加上以《三国演义》为蓝本的旧戏的推波助澜，使曹操是"白脸奸臣"的形象广为人知。毛泽东认为这是千年"错案、冤案"，而共产党是"讲真理的党"，是坚持唯物史观的党，所以一定要实事求是地评价历史人物，还曹操以本来面目。《三国演义》，毛泽东是钟爱的；《三国演义》塑造的曹操形象，毛泽东则不喜欢。

当然，这里说的"翻案"，并不是现实生活中的政治平反，只是要求客观地、全面地、历史地评价历史人物，只是把评价曹操的"坐标"由封建正统观念更换为唯物史观。在封建正统观念的笼罩下，曹操是夺国篡汉的"奸臣"；在唯物史观的观照下，曹操则是促进北方统一，有利于社会稳定和发展的"功臣"。当然，这丝毫不排除曹操在某些方面的毛病、丑行甚至罪恶。他这个"功臣"毕竟是封建时代的政治家。

行文至此，笔者不能不提到这样一个事实：改革开放以来，文学评论界对《三国演义》中曹操的评价有一个较大的变化是：小说对曹操的描写，不仅反映了其"奸"的一面，且较多地反映了其"雄"的一面。曹操是一个多侧面的非常复杂的艺术形象：他既有奸诈、自私、残忍、多疑的性格侧面，又有目光远大、谋略出群、善于用人的雄才大略的一面。小说作者刻画的曹操形象是丰满的，有血有肉的，没有脸谱化和概念化，曹操的复杂性格才是典型的历史环境中形成的典型性格。因此，小说中的曹操形象不能简单地概括为奸雄形象，而是东汉末年叱咤风云的地主阶级政治家、军事家，是有志除残去秽，定乱扶衰，统一北部中国的时代英雄，是真实可信的艺术形象。这应该说是对曹操艺术形象认识上的深化，这种评价减弱乃至在一定程度上抵消了对曹操的"憎恨"情绪，反映了对文学作品的接受受到时代变化和社会发展的制约，反映了人们审美意识的变化。冷静下来思考，小说中的曹操形象，确实比好则绝对好、坏则绝对坏的形象更让人信服。

当然，这是毛泽东身后的变化，这不影响毛泽东对两个曹操形象判断的合理性。毛泽东的分析，是针对"白脸奸臣"的观念而言的，当然有其合理性。如果我们仔细想一下，"曹操是性格复杂的时代英雄"的结论，与毛泽东的结论有其共同点，只是又向前跨进了一步。这符合认识不断深化的认识规律。

为西晋统一铺平道路

史载，1959年1月25日，大文豪郭沫若在《光明日报》发表《谈蔡文姬的〈胡笳十八拍〉》一文，率先提出重新评价曹操问题。文章从考证《胡笳十八拍》的作者，谈到曹操安定北方之后，把沦落匈奴的蔡文姬拯救出来，进而谈到曹操的文治武功，评价了他的伟大和贡献。肯定曹操"锄豪强，抑兼并，济贫弱，兴屯田，费了三十多年的苦心经营，把汉末崩溃了的社会基本上重新秩序化了"，"他在文化上更在中国文学史中形成了建安文学的高潮"。所以，"曹操对于民族的贡献是应该作高度评价的，他应该被称为民族英雄"。

郭沫若文章的发表，如投石击水，激起浪花，一时读者对曹操的评价颇多议论。同年2月19日，《光明日报》又发表翦伯赞的《应该替曹操恢复名誉》的文章，其中说道："在我看来，曹操不仅是三国豪族中的第一流政治家、军事家和诗人，并且是中国封建统治阶级中有数的杰出人物。"

《人民日报》也发表了翦伯赞的文章，并加了编者按，其中说："希望对曹操感兴趣的同志们，都来参加对于这一历史人物的讨论。"为此，《光明日报》的"史学"专刊还专门印上"关于如何评价曹操的讨论"的刊头。《人民日报》和上海、广州等地的报刊也发表讨论文章。

这样，在文学界和史学界就形成了一场规模很大影响很大的评论曹操、为曹操恢复名誉的热潮。讨论中，多数人同意郭沫若、翦伯赞的观点，也有不少人对曹操基本上持否定观点，主要批评曹操参加镇压黄巾农民起义军，残忍嗜杀，是东汉末年的大军阀之一，有独霸中国的野心和镇压屠杀人民的反动性。

在这场讨论中，不少人认为《三国演义》贬低曹操、对曹操的评价是不公道的。郭沫若的文章就说道："自《三国演义》风行以后，更差不多连三岁的小孩子都把曹操当成坏人，当成一个粉脸的奸相，实在是历史上的一大歪曲。"翦伯赞的文章讲得更多更具体，他说："在否定曹操的过程中，《三国演义》的作者可以说尽了文学的能事。《三国演义》简直是曹操的谤书。《三国演义》的作者不是没有看过陈寿的《三国志》和裴松之的《三国志注》，他看了，而且看得很仔细。他知道曹操并不如他所说的那样坏，那样愚蠢无能，但是为了宣传封建正统主义的历史观，他就肆意地歪曲历史，贬斥曹操。他不仅把三国的历史写成了滑稽剧，而且还让后来的人把他写的滑稽剧当着三国的历史。应该说，《三国演义》的作者在对待曹操的问题上是发挥了他的强烈的政治性。"郭、翦等学者认为"《三国演义》是曹操谤书"的观点，与毛泽东看法是一致的。他在1954年谈到"说曹操是白脸奸臣，书上这么写"，1957年说"不要相信那些演义",1958年说"《三国演义》是把曹操看作奸臣来描写的"。

毛泽东早就说过"曹操是个了不起的政治家、军事家,也是个了不起的诗人"。毛泽东读《三国志》中涉及曹操的史实时写的批注,所持的大多也是肯定的观点。因此,他十分关注这场讨论,并同意郭沫若、翦伯赞的观点。毛泽东读过翦伯赞文章后说:

> 曹操结束汉末豪族混战的局面,恢复了黄河两岸的广大平原,为后来的西晋统一铺平了道路。(林克:《忆毛泽东学英语》,《毛泽东的读书生活》,生活·读书·新知三联书店1986年9月第1版,第272页)

毛泽东肯定了曹操的主要贡献和主流方面,也就肯定了郭沫若、翦伯赞替曹操翻案、为曹操恢复名誉的学术观点。毛泽东这个评价突出了曹操进行统一战争的进步性。曹操一生,御军三十余年,南征北战,用战争手段结束了汉末豪族混战的局面,把黄河沿岸地区处于战乱痛苦中的广大民众从流离失所贫困饥饿中解脱出来。所以,曹操对统一做出了积极的贡献,他所进行的统一战争是应该肯定的,对中小地主和广大民众是有利的。在汉末长期豪族对立军阀混战的局面下,人民是渴望统一的。曹操不但在他执政的24年间(196—220)把统一中国当作自己的任务,就是在执政以前,也是反对分裂和维持中央政权的。因此他得到了中原地区人民的支持,在他所统一的地区,豪强之间破坏性的火并战争大大减少,人民少受死亡流徙的痛苦,生产多少得到一些保障,形成了盛极一时的建安文学。总之,安定了秩序,促进了生产,繁荣了文化,推动了时代进步。曹操虽然没有最终完成统一中国的任务,但他平息了北方的混战局面,为后来的西晋统一铺平了道路。

毛泽东是有着极强学术兴趣,并对文化建设十分关注的政治领袖。对1959年文学界、史学界"替曹操翻案"的这场讨论,他不能不表明自己的态度,不仅私下热心评论,而且还拿到会上去号召,普及历史唯物论思想,呼吁为曹操恢复名誉。评价曹操,不仅仅是评论历史人物,它自然要涉及对《三国演义》中曹操形象的评论,这是毛泽东读《三国演义》时必然要议论到的话题。毛泽东在此前后读《三国》论曹操,几乎都与替他翻案的话题有关。

符合历史唯物论观点

1959年5月10日,毛泽东曾经致函湖南省老同学周世钊。全信如下:

东园兄：

　　上次谈话未畅，历史唯物论观点讲得不透，可以再来一谈否？如愿意来，企予望之，不胜欢迎之至！

　　祝好！

毛泽东
1959年5月10日上午9时
倚枕书

　　尚未睡觉，心血来潮，写此数语。

　　这封不同寻常的信，系用铅笔写的。毛泽东通宵达旦地工作、学习，直到上午9时，在临睡前，倚枕写了这封信。根据周世钊长子周思永回忆：其中"历史唯物论观点"系指为曹操翻案问题。毛泽东认为应该为曹操翻案，是符合历史唯物论观点的；周世钊则不同意此一观点，认为曹操人品不好，不该为曹操翻案。（周彦瑜、吴美潮：《毛泽东与周世钊》，吉林人民出版社1993年4月版，第144页）

　　各抒己见，相互辩论，一次不成，"再来一谈"。这表现了毛泽东豁达大度的学术风度和胸怀，也表现了他对为曹操翻案问题的关注和热切。

　　1959年5月，正值文学界、史学界讨论曹操的热潮。毛泽东限于特殊身份，一时不便于公开发表意见，不便于自由参加讨论，但这不妨碍他与周世钊这样老同学间的相互切磋。而且，一生中喜好读书议论，对学术探求表现出极大兴趣的毛泽东，在这封短短的书信中表露出浓浓的讨论兴味：通宵达旦工作后，上床未睡前倚枕书信，表示"上次谈话未畅"，因此希望"再来一次"，直言不讳地表明自己"心血来潮"，很有讨论激情。

　　要不要为曹操翻案？两位老同学各执一词，意见对立。虽然在信上我们对二人的意见不甚了了，但是，可以从毛泽东在此前后对曹操的评论中，了解他所说的"历史唯物论观点"的具体内容，他对曹操主要是进行历史评价。周世钊的观点，据周思永介绍，是认为"曹操人品不好"，他对曹操主要是进行道德评价。

　　在1959年的讨论中，关于曹操的个人品德，不少人认为他残忍好杀。比如说曹操不但是屠杀黄巾起义军的刽子手，还屠杀了不少无辜的人民。官渡破袁绍之战，坑杀降卒七八万之多。在道德品质方面，曹操的忌刻残忍、奸诈虚伪也是不可饶恕的。但也有不少人持不同看法，认为关于曹操杀人的记载在史料上存在问题，如曹操打徐州杀人多少，《魏书》《后汉书》《曹瞒传》的记载各不相同，杀数十万人，显然是被夸大了。也有人认为，曹操在道德品质上的表现是复杂的，既有奸诈的一面，又有坦诚的一面；既有残忍好杀的一面，又有不杀降不杀俘的一面。不能单纯强调一个方面而否定另一个方面。

应该说，道德评价也是历史唯物论的一个具体内容，就像人们经常谈到领袖人物时也强调领袖的政治品质一样。但是，评价历史人物的作用，主要应该着眼其历史贡献，看其代表的历史趋势，并将其影响历史作用的道德品质因素放在恰当的位置。一般来说，功绩与美德、罪过与恶德在历史人物身上是成正比的，但也不排除某些历史伟人、时代巨人身上有某些方面的道德缺欠，这并不妨碍人们肯定他们的历史地位和贡献。"金无足赤，人无完人，"在"完人"的尺度和坐标面前，历史将不存在伟人，时代将没有巨人。

为了用历史唯物论的观点评说曹操，毛泽东希望再次有机会倾听老同学的不同意见，酣畅淋漓地展开分析，在学术上否定"曹操人品不好"的单纯的道德价值判断。从这里我们还可以了解到一个信息：作为理论兴趣十分浓厚的政治领袖，毛泽东"为曹操翻案"，其宗旨不仅仅是替一位千余年前的古人正名，更重要的是普及马克思主义哲学，至少是在历史研究领域普及历史唯物论的思想。在这封关于评价曹操的短信里，我们分明也感受到毛泽东为此所做的努力。

曹操被骂现在恢复名誉

1959年的庐山会议分两个阶段召开：第一阶段是政治局扩大会议，第二阶段是八届八中全会。8月11日，在八届八中全会上，毛泽东有个长篇讲话，讲到第十七个问题时，他说到这样一段：

> "王明告洋状，联共中央把他告的三条罪状告诉我们，他们想把这个瘟神送回中国。我劝这些省委书记，你们不要怕告土状。秦始皇不是被骂了两千年嘛，现在恢复名誉；曹操被骂了一千多年，现在也恢复名誉；纣王被骂了三千年了，好的讲不坏，一时可以讲坏，总有一天恢复；坏的讲不好。"

"告洋状"与"告土状"，毛泽东的态度是都"不要怕"。他经常讲的一句话是当共产党就不要怕被骂。他举了殷纣王、秦始皇和曹操分别被骂了三千年、两千年和一千年现在又恢复名誉的例子，用以证明"好的讲不坏，坏的讲不好"，证明不怕被骂，证明对历史有贡献的人物，即使被骂倒，总有一天要恢复名誉。

在此前后，毛泽东还在会上说过：

"殷纣王（通常称之为'暴君'）精通文学和军事，秦始皇和曹操全都被看作坏人，这是不正确的。"（斯图文特·施拉姆：《毛泽东的思想》，第184页）

这里再次肯定：把曹操看作坏人是不正确的。此时，"为曹操翻案"讨论热潮的余温尚在。毛泽东在讲话中，提到为曹操等人恢复名誉，是自然的事情。

这两次谈话，也透露了一个信息：为曹操翻案，并非止于曹操一人。历史上殷纣王、秦始皇是"坏人"，几成定案，毛泽东也认为要为他们恢复名誉。比如对殷纣王，毛泽东在1958年11月和1959年6月就讲过"纣王是个很有本事、能文能武的人""纣王是很有才干的"。（陈晋主编：《毛泽东读书笔记解析》，广东人民出版社1996年7月版，第1158页；《党的文献》1995年第4期）关于秦始皇，毛泽东肯定性评价的话更多些，如说"秦始皇统一中国以后，就建立了专制主义的中央集权的封建国家"，等等。（毛泽东：《毛泽东选集》第二卷，人民出版社1991年6月版，第624页）

为曹操等人"翻案"不是目的，目的在于倡导以历史唯物论为指导的史学观。评价历史人物，主要看其主流，看其大面，看其在历史进程中的实际作为。这是毛泽东历史主义的一贯看法。这种历史方法无疑推动了新中国史学观和方法的进步。

曹操并不痴

1970年，毛泽东会见周世钊时问到，在长沙的书记级干部中，有哪个尚未解放。周世钊告诉说，省委原组织部长，后任长沙市委书记的曹痴尚未解放。

毛泽东又问："曹痴是什么问题？"

周世钊告之以某些问题。毛泽东说：

"曹痴其人，我并不认识。可是他叫曹痴，而曹操并不痴。倘若只有这些问题，那是应该解放的。"

不久，曹痴获得"解放"，并出任中国驻尼泊尔大使。（周彦瑜、吴美潮：

《毛泽东与周世钊》,吉林人民出版社1993年4月版,第213页)

曹操不痴,而周世钊自认为痴。他在《七二自寿》一诗中写道:岁月蹉跎觉悟迟,行年七二愧顽痴。平生早抱澄清望,老大常吟感遇诗。万里河山春浩荡,五洲风雨气淋漓。喜看革命洪潮涌,地覆天翻共一时。

1970年12月,熊瑾玎有一首《七律·奉和周世钊七二自寿》:才华炫耀不妨迟,大智原来貌若痴。放步并无衰老气,拈毫写出崭新诗。七二高龄红烂漫,许多妙句洒淋漓。中华威望扬天下,自寿书怀正适时。

何谓痴?痴即傻也。古人说:"大巧若拙,大智若痴。"是讲巧与拙、智与痴的辩证法。周世钊说自己"愧顽痴",其实他是个"大智原来貌若痴"的人。毛泽东因曹痴而联想到曹操,并借题发挥说曹操不痴。可见在他内心深处曹操是聪明睿智机警干练的。说这话时,他是否想到了11年前他与周世钊关于要不要给曹操翻案的讨论,我们不得而知,但从他对曹操那看似不经意的评说中,可窥其内心里早有的定评。

曹操不痴,曹痴问题不大,可以"解放",当驻外大使。一句话决定了一个人物的历史命运,这是不痴的曹操也想不到的。历史难免苦涩和沉重,也不乏幽默和轻松。曹痴给曹操带来好评,曹操给曹痴带来好运。在为曹操翻案的过程中,这个小插曲别有一番滋味。

郭老为曹操翻案有贡献

1973年5月25日晚,毛泽东在中央政治局会上讲话。毛泽东强调要重视上层建筑,抓路线问题。他要求政治局的同志,也包括中央委员和候补委员在内,都要认真看书学习,要懂得历史,学点哲学,看些小说。毛泽东说:

"郭老的《十批判书》有尊孔思想,要批判;但郭老功大过小,他在中国历史的分期上,为殷纣王、曹操翻案,为李白籍贯作考证,是有贡献的。对中国历史要进行研究,从孔夫子到孙中山,从乌龟壳(甲骨文)到现在,都要进行研究、总结,要有知识。"(黄丽镛:《毛泽东读古书实录》,上海人民出版社1994年6月版,第312—313页)

郭沫若为曹操翻案有贡献,这指的正是1959年上半年评价曹操热潮中郭沫若所起的作用。

1959年1月7日,郭沫若撰写了《谈蔡文姬的〈胡笳十八拍〉》一文,给予了曹操很高的评价。1959年3月23日,郭沫若在《人民日报》上又发表了《替曹操翻案》一文,这篇文章扩展了上文中提到的思想,从政治、军事、经济和文化上全面论述评价了曹操对民族发展和历史前进的贡献,明确提出了"替曹操翻案"的口号。这期间(2月9日—5月1日)郭沫若创作了五幕历史剧《蔡文姬》,剧中塑造了一个与《三国演义》中的曹操迥然不同的曹操形象。曹操由"宁教我负天下人,休教天下人负我"的奸贼,变成了"以天下之忧为忧,以天下之乐为乐"的贤明丞相。这样,郭沫若从文艺理论和创作实践两个方面提出了"为曹操翻案"的问题。郭沫若的文章在文学界、史学界和戏剧界引起了强烈的反响,一时间掀起了争鸣的高潮。据不完全统计,从1月下旬到6月底,在不到半年的时间内,见诸报刊的文章、报道即达140篇以上。争鸣涉及的问题有:曹操对统一的作用问题;曹操是否堪称民族英雄的问题;曹操施行屯田的问题;曹操抑制豪强的问题;曹操在文学史上的地位问题;曹操镇压黄巾农民起义的问题;曹操个人的品德问题;对小说戏剧中的曹操形象如何评价的问题;等等。问题涉及的范围之广,参加讨论的人数之多,争论景况之热烈,都是史无前例的,称得上是曹操评论史上一个盛大事件。

有消息说郭沫若的"替曹操翻案",是听到了毛泽东评说曹操之后采取的行动。不管怎么说,郭沫若的为曹操翻案,是引起了毛泽东的共鸣和赞同的,他也十分关注此事,以至十五六年后的批林批孔中,他还依据此事说郭沫若"功大过小"。所谓功,即郭沫若"替曹操翻案"。1959年为曹操翻案,尽管期间也有遗憾,可无论是在文学批评史上,还是进而在学术研究史上,都有其解放思想,更新观念,端正视角,深化层次的积极作用。对这场讨论,郭沫若的发起之功不可埋没。

骂曹始于宋朱熹

北大教师芦荻于1975年4月进中南海,为毛主席诵读书籍。8月13日晚,张玉凤同志也在旁边。芦荻向毛泽东请教关于几部中国古典小说的评价问题。先谈了《三国演义》,特别谈了理学家骂曹操的问题。毛泽东说:

"骂曹不始于元,而是始于宋朱熹,骂曹操是'国贼',这是因为曹操篡汉。其实,汉祚之移不在曹,而在黄巾起义。还说,理学家很虚伪,但朱熹是一位大学问家,要读他的书。"(《文学理论与批评》记者:《毛泽东评水浒传的前前后后——芦荻访谈录》,《水浒评话》,江西教育出版社1999年1月版,第300页)

用封建正统观念对曹操制造"白脸奸臣"冤案,宋代理学家,尤其是南宋的朱熹起了很大的作用和影响。

虽然《三国演义》产生于元末明初,但是骂曹操并不始于元,时间要往前提,形成气候主要是南宋的朱熹。

晋代以后,随着朝代更迭,出于政局需要,"尊刘抑曹"和"帝魏寇蜀"的思潮,也在更迭出现。晋代的陈寿在《三国志》里,称曹魏为帝,这是因为晋取代魏,有如魏受汉禅一样。东晋偏安江左,有点像蜀汉的处境。此时的史学家习凿齿写《汉晋春秋》,就举出"尊汉抑魏"的旗号,以鼓舞人心,恢复中原。唐代"帝魏寇蜀"占着统治地位。唐太宗李世民在《祭魏太祖文》里,称赞曹操为"哲人",说他"以雄武之资,当艰难之运;栋梁之任同乎曩时,匡正之功异于往代"。完全是赞叹口气。

北宋仍以曹魏为正统。欧阳修在《魏论》中旗帜鲜明主张给曹魏以正统地位。他说:"魏之取汉,异汉之取秦,而秦之取周也。夫得正统者汉也,得魏者晋也。晋尝统天下矣,推其本末而言之,则进魏而正之,不疑。"由此类推,赵宋陈桥兵变,取周而代之,当然是正统了。因此,司马光、苏轼等人,也都持"帝魏寇蜀"的观点。

南宋类似偏安江左的东晋,于是习凿齿《汉晋春秋》中"尊汉抑曹"的思想便又风行起来。理学家朱熹在《通鉴纲目》中又重弹习凿齿的老调。因为此时金国铁骑占领了北部中国,并不时南下骚扰,而南宋王朝则又沦于当年刘蜀政权和东晋王朝的地位;出于自身的政治利益,必然又要变"尊曹贬刘"为"尊刘贬曹"。这种变化便集中反映在朱熹著的《通鉴纲目》里。《纲目》以刘蜀为正统,直接承继东汉,在"汉献帝建安二十五年"之后,便紧接着大书"汉昭烈帝章武元年"。朱熹为什么要这样写?原来是"揭章武之元而大书之,然后正闰顺逆,各得其所,故曰统正于下而人道定矣"。(《御批通鉴纲目》卷十四"汉昭烈帝章武元年")综观《纲目》的体例,它是把刘蜀政权也作为"汉"王朝的一部分,把"汉"的历史划为"起高祖(刘邦)五年,尽炎兴元年(刘禅年号)",从而以"周、秦、汉、晋、隋、唐"并列为"正统"。不仅如此,《纲目》的具体撰写中还使用了春秋笔法,即所谓一字见褒贬,微言见大义。如在"汉献帝建安二十年冬十月"条下,书"魏王曹丕称皇帝,废帝为山阳公。"刘友益《纲目书法》对此注云:"书'称'书'废',一削传禅之说,乱臣贼子始无以自文矣。《纲目》诛心之法严矣哉!"(《御批通鉴纲目》卷十四"汉献帝建安二十五年")又如在"汉昭烈帝章武元年夏四月"条下,书"汉中王即皇帝位"。对此,刘友益发挥说:"书'即皇帝位'

何？正统也。故孙、曹皆斥姓名，书'称皇帝'，立后、立太子皆不书'皇'，所以殊之于正统也"。这些地方说明朱熹在用字上确是颇费斟酌的。

当然，并不是朱熹的《通鉴纲目》最先倡导"尊刘抑曹"的，朱熹自己就在"凡例"中说明他是"用习凿齿及程子（程颢、程颐）说"的，就是说给刘蜀政权以正统地位是他运用了习凿齿和他的老师二程学说的结果，或者说《通鉴纲目》是按这三个人的观点写成的。但是，由于理学逐渐在学术领域占领了统治地位，由于《朱子语类》等书籍为广大士人所接受，《通鉴纲目》的学术思想产生了巨大影响，后来居上，人们也就把骂曹操的账记到了朱熹头上。

北宋人司马光作《资治通鉴》；南宋人朱熹据此作《资治通鉴纲目》；清朝康熙年间吴乘权和他的朋友作《纲鉴易知录》，其中从战国到五代这1300年体例即仿照《通鉴纲目》一书；清代又有集乾隆皇帝朱笔批语的《御批通鉴辑览》；后来还有《续资治通鉴》《通鉴纪事本末》诸书。从青年到老年，毛泽东是读过这六部书的，因此，他对历史上褒贬曹操的情况了如指掌，对骂曹操起始于理学家朱熹心里清楚，对《三国演义》中尊蜀汉为正统、贬曹魏为僭越的思想深知其来龙去脉。毛泽东主张替曹操翻案，翻这个封建正统观念制造的、把封建时代有贡献的英雄冤枉成"白脸奸臣"的错案，他挖到了这个错案的根子——朱熹《通鉴纲目》中的帝蜀寇魏思想。

毛泽东在这里还谈到了一个重要思想：所谓曹操"篡汉"不是历史事实，因为"汉祚之移不在曹，而在黄巾起义"。这个见解是相当深刻的。《三国演义》起始就描写了黄巾起义的急风暴雨。毛泽东在另一次谈话中说过：汉末开始大分裂，黄巾起义摧毁了汉代的封建统治。这是促成刘汉封建政权瓦解的外部原因，刘汉政权解体的内部原因则是"乱自上作"，皇帝昏庸，宦官和外戚专权。

曹操不是篡汉，而是扶汉。汉少帝、汉献帝在董卓等人手里时，东奔西跑，冒烟突火，且不说权力，生活乃至生命都不保。汉献帝迁都许昌后，虽然仍然有名无实，但还是较为稳当地当了二十几年皇帝。不用否认，曹操是权臣，这是汉末政局造成的结果，但这不是他篡汉的标志。其实汉已无权可篡，它号令不动哪方诸侯了。同时代的周瑜、诸葛亮只忠于他们的"君主"孙权和刘备，并不忠于汉献帝。所以，单单给曹操戴上篡汉的帽子实在是不公道的。拿汉末政局来说，除了曹操集团之外，还举不出第二个忠于汉室的政治势力。刘蜀集团的"兴复汉室"，明显是与别的政治集团相抗衡的策略性口号。刘备也好，刘禅也罢，真的北伐中原成功，是不会把皇帝位置让给汉献帝继续做的。说到底，刘汉的皇帝宝座是被黄巾起义打翻在地的。看到这一条，才能彻底摘掉曹操"奸臣"的帽子。

郭嘉多谋善断

> 世上没有先知先觉，没有什么前知五百年，后知五百年的刘伯温。无非是多谋善断，留有余地。《三国志》里《郭嘉传》值得一读。郭嘉这个人足智多谋，初在袁绍麾下不得施展。他说袁绍"多端寡要，好谋无决，欲与共济天下大难"。就跑到曹操那里。曹操说他"每有大议，临敌制变。臣策未决，嘉辄成之。平定天下，谋功为高"。可惜中年夭折。
>
> 陈晋：《毛泽东读书笔记解析》，广东人民出版社1996年7月版，第1030页

郭嘉是曹操帐下的重要谋士，被曹操称为"奇佐"。

1959年上半年，毛泽东评论三国官渡之战，一方面批评袁绍的多端寡要，另一方面十分赏识郭嘉的多谋善断。

1959年3月2日，在郑州召开的政治局扩大会议上，毛泽东几乎把《三国志·魏书·郭嘉传》里郭嘉为曹操出谋划策的故事都讲了出来，他说：

"三国时候，曹操一个有名的谋士，叫郭嘉，二十七岁到曹操那里当参谋，三十八岁就死了。赤壁之战时，曹操想他，说这个人在，不会使我处于这种困难境地。许多好主意就是他出的。比如，打不打吕布，当时议论纷纷。那时袁绍占领整个河北和豫北，就是郑州以北，曹操在许昌，吕布在徐州。郭嘉建议先打吕布，有人说，打吕布，袁绍插下来怎么办？郭嘉说，袁绍这个人多端寡要，见事迟，得计迟，不要怕，袁绍一定不会打许昌。于是曹操就去打吕布，把吕布搞倒了。如果不先打吕布，如果吕布跟袁绍联合起来同时攻击，曹操就危险了。郭嘉这个计策很成功。然后又去打袁绍。袁绍渡了黄河，在郑州与洛阳之间曹操打胜了。接着引出是不是去打袁绍的两个儿子袁谭、袁尚的问题。郭嘉说不要打，

我们回师,装作打刘表,把军队摆到许昌、信阳之间,他们一定要乱的。果然,曹操的军队一搬动,几个月,两兄弟就打起来了。袁尚把哥哥包围在山东平原(德州),哥哥眼看要亡党、亡国、亡头,就派了一个代表叫辛毗的,跑到曹操这里来求救。曹操去救,乘势夺取了安阳,消灭了袁尚的部队,袁尚本人跑到辽东去了,然后再去消灭了袁谭。这个计策也是郭嘉出的。在河北冀东追袁尚时,郭嘉又出一计,他说:他不防备,我们轻装奇袭,可以得胜。就在这个时候,郭嘉得病,三十八岁就死了。这个人很有名。《三国志·郭嘉传》可以看。"(含章:《一代伟人与古代智慧》,红旗出版社1984年4月版,第30—31页)

在1959年3月2日郑州政治局扩大会议上,毛泽东还明白地告诉大家:

"现在,我是借郭嘉的事来讲人民公社的党委书记以及县委书记、地委书记,要告诉他们,不要多端寡要、多谋寡断。谋要多,但是不要寡断,要能够当机立断;端可以多,但是要拿住要点。"

同年4月,在上海党的八届七中全会上,毛泽东向党的高级干部推荐《三国志·魏书·郭嘉传》。据薄一波回忆:

毛泽东介绍《郭嘉传》让大家看,意思正是希望党的各级领导干部做事要多谋善断。毛泽东说,多谋善断这句话,重点在"谋"字上。要多谋,少谋是不行的。要与各方面去商量,反对少谋武断。商量又少,又武断,那事情就办不好。谋是基础,只有多谋,才能善断。谋的目的就是为了断。要当机立断,不要优柔寡断。(毛泽东还说:应当根据形势的变化来改变计划,反对党内一些不良倾向,也要当机立断。)(薄一波:《回忆片断——记毛泽东同志二三事》,《人民日报》1981年12月26日)

1959年5月28日,毛泽东同英文秘书林克谈话时要其研究历史。毛泽东谈道:

"曹操有个参谋叫郭嘉,河南禹县人,初投袁绍,他批评袁绍好谋无决,难于成事。袁绍这个人多谋寡断,有谋无断,没有决心,不果断，结果官渡之战打了败仗。所以有谋还要善断。后来荀彧把郭嘉推荐给曹操，郭嘉足智多谋，常为曹操出谋划策，深得曹操的器重。"（林克：《我所知道的毛泽东——林克谈话录》，中央文献出版社2000年2月版，第62—63页）

几天以后，毛泽东找李锐等谈话，再次说到郭嘉：

"世上没有先知先觉，没有什么前知五百年，后知五百年的刘伯温。无非是多谋善断，留有余地。《三国志》里《郭嘉传》值得一读。郭嘉这个人足智多谋，初在袁绍麾下不得施展。他说袁绍'多端寡要，好谋无决，欲与共济天下大难'。就跑到曹操那里。曹操说他'每有大议，临敌制变。臣策未决，嘉辄成之。平定天下，谋功为高'。可惜中年夭折。曹操大哭。大跃进出点乱子，不要埋怨。否则就是'曹营之事不好办'。或者叫你'欲与共济天下大难！'"（陈晋：《毛泽东读书笔记解析》，广东人民出版社1996年7月版，第1030页）

毛泽东随即吐出一口烟，专心思索片刻，叹道：

"国乱思良将，家贫念贤妻。"

郭嘉一肚子才学，初在袁绍手下做事，见袁绍是个"多端寡要，好谋无决"的人，要想辅佐他平定天下，完成霸业，是很难成功的。后经荀彧推荐，投靠了曹操，任司空军祭酒，成为重要谋臣。曹操与他纵谈天下大事，议论各派政治势力的发展前景，非常欣赏他的见解，对人说："使孤成大业者，

郭嘉

必此人也。"

后来，郭嘉果然多谋善断，料事如神，言必有中。在十余年的争战中，他为曹操出了许多好主意。曹操采纳了，都取得了胜利：

官渡战前，一般人都认为袁强曹弱，曹操也认为自己力不敌袁，但郭嘉论强弱，不是只看彼此人数的多少，而是从敌我综合力量着眼，特别是双方主帅的才干。小说第十八回描写，曹操想讨伐袁绍，但"恨力不及"，便向郭嘉问战胜之策。郭嘉分析了操有"十胜"、绍有"十败"说："今绍有十败，公有十胜，绍兵虽盛，不足惧也：绍繁礼多仪，公体任自然，此道胜也；绍以逆动，公以顺率，此义胜也；桓灵以来，政失于宽，绍以宽济，公以猛纠，此治胜也；绍外宽内忌，所任多亲戚，公外简内明，用人唯才，此度胜也；绍多谋少决，公得策辄行，此谋胜也；绍专收名誉，公以至诚待人，此德胜也；绍恤近忽远，公虑无不周，此仁胜也；绍听谗惑乱，公浸润不行，此明胜也；绍是非混淆，公法度严要，此文胜也；绍好为虚势，不知其要，公以少克众，用兵如神，此武胜也。公有此十胜，于以败绍无难矣。"后袁曹两人所为及其成败，果如郭嘉所言。

江东孙策因袁曹相拒于官渡，想乘机发兵袭击许都，迎献帝，便密做准备，部署诸将。曹操及其部下知道了大为惊恐，恐袁、孙夹击，腹背受敌。郭嘉却认为："(孙)策新得江东，所诛皆英雄豪杰，能得人死力者也。然策轻而无备，虽有百万之众，无异于独行中原也。若刺客伏起，一人之敌耳。以吾观之，必死于匹夫之手。"孙策还未及起兵渡江，果如郭嘉所料，为许贡家客所刺杀。

曹操取得官渡之战的胜利，又乘胜打败袁熙、袁尚兄弟，平定冀州后，与臣僚们商议进击乌桓。曹洪等说："袁熙、袁尚兵败将亡，势穷力尽，远投沙漠。我今引兵西击，倘刘备、刘表乘虚袭许都，我救应不及，为祸不浅矣！请回师勿进为上。"郭嘉说："诸公所言错矣。主公虽威震天下，沙漠之人恃其边远，必不设备；乘其无备，卒然击之，必可破矣。且袁绍与乌桓有恩，而尚与熙兄弟犹存，不可不除。刘表坐谈之客耳，自知力不足以御刘备，重任之，则恐不能制；轻任之，则备不为用。虽虚国远征，公可无忧矣。"郭嘉对刘表所料，如见其肺腑，在曹操远征乌桓时，虽有刘备劝其袭击许都，而刘表以据九郡为满足，始终按兵不动。

曹操起兵进击乌桓，到白狼山，正遇袁尚、袁熙会合乌桓蹋顿等数万骑兵，曹军奋力急攻，斩蹋顿，余将皆降，袁熙、袁尚引数千骑逃亡到辽东去了。曹操回到易州，于征战途中病逝的郭嘉留下遗书说："(辽东太守)公孙康久怕袁氏吞并，二袁往投必疑，若以兵击之，必并力迎敌，急不可下；

郭嘉多谋善断

若缓之,公孙康、袁氏必自相图,其势然也。"曹操看了书,点头嗟叹。曹操依计留屯易州,按兵不动。不久,公孙康果然砍下二袁之头,派专人送给曹操。众将皆大惊,这时曹操将郭嘉遗书示之,众人方才明白。

郭嘉的料事神威,绝不在诸葛亮之下。

连举四例,完全可以看出郭嘉的智慧才气。可惜此人英年早逝,展示才华的时间太短。所以后来曹操在赤壁败后,痛惜万分地思念郭嘉:"郭奉孝在,不使孤至此。"1959年上半年,毛泽东也有如彼之叹,他几次叹息"国乱思良将,家贫念贤妻"。这时,他与周围的人谈起善于做经济工作的陈云同志,不是没来由的。

毛泽东多次谈到郭嘉,与总结和解决1958年的"大跃进"和人民公社化运动中出的问题有关。1959年三四月间,毛泽东连续写了五封党内通信,强调要从过去几个月措施失当这样的深刻教训中得到经验,反对浮夸风等"左"的错误倾向,要求各级干部:"要按照群众意见办事。无论什么办法,只有适合群众的要求,才行得通,否则终究是行不通的。"在上海召开的八届七中全会上,又重点讨论了做工作要多谋善断、留有余地等问题。体现在干部作风上,就是要善于思考问题,善于做工作。

郭嘉是多谋善断的榜样。毛泽东希望各级干部学习郭嘉,把工作干好。一个郭嘉,一个袁绍,毛泽东希望多出郭嘉那样的人物,而不要像袁绍那样没有头脑,谋而无断。如果干部们都能像郭嘉那样看得透、拿得定,那么情况就会好得多,困难的局面就会被扭转。

警卫战士比许褚厉害

> 毛泽东继续说:"《三国演义》算我读到的第一本军事教科书吧。可也受了一点骗。许褚好像不得了,现在发觉算不得什么。我们警卫排的战士都是种田农民,我看哪个都比许褚厉害。关云长就不如我们的彭老总!"
>
> 权延赤:《卫士长谈毛泽东》,北京出版社1989年5月版,第180页

把许褚和警卫战士进行比较,是一个十分有趣的话题。因为许褚也是警卫,是曹操"帐前侍卫"的头头,用今天的话说,许褚的角色就是"侍卫官"或"卫士长"。

那是1947年6月中旬的一天,转战陕北的中央纵队在田次湾宿营。毛泽东、周恩来和任弼时等人坐在火堆前。毛泽东耳听木柴燃烧的噼啪声,仍然是若有所思的神情。"主席又在想什么?"周恩来小声问。

"小时候我喜欢看《三国》,读起来就放不下。有一天我忽然想到一个问题,怎么书里的人物都是武将、文官、书生,从来没有一个农民做主人公?我纳闷了两年,种田的为什么就没有谁去赞颂呢?后来我想通了,写书的人都不是种田的人!"

毛泽东又说:

"《三国演义》算我读到的第一本军事教科书吧。可也受了一点骗,许褚好像不得了。现在发觉算不得什么。我们警卫排的战士都是种田的农民,我看哪个都比许褚厉害。关云长就不如我们的彭老总!"

许褚,首次出现于《三国演义》的第十二回,他力大无比,"手掣二牛尾,

倒行百余步"；与曹操猛将典韦战斗一天，"不分胜负"。后曹操设谋，将其擒拿，收降拜为都尉。因其"身长八尺，腰大十围"，雄勇过人，被曹操选为贴身侍卫官。

许褚侍卫曹操最显著的功劳，是曹操与马超在渭河流域作战之时。小说第五十八回描写，马超于渭河岸上攻击曹兵，形势危急……

> 许褚拖操下船时，船已离岸一丈有余，褚负操一跃上船……马超赶到河岸，见船已流在半河，遂拈弓搭箭，喝令骁将绕河射之，矢如雨急。褚恐伤曹操，以左手举马鞍遮之。马超箭不虚发，船上驾舟之人，应弦落水；船中数十人皆被射倒。其船反撑不定，于急水中旋转。许褚独奋神威，将两腿夹舵摇撼，一手使篙撑船，一手举鞍遮护曹操……诸将听得曹操在河中逃难，急来救时，操已登岸。许褚身被重铠，箭皆嵌在甲上。

平心而论，许褚的勇武在三国的战将当中，也名噪一时，他护卫曹操，雄猛异常，身手不凡，忠心可嘉。那么，毛泽东为什么发觉他"算不得什么"呢？

这与毛泽东的群众观、英雄观有关：

毛泽东历来认为，人民是创造历史的真正动力，是历史前进的推动者。群众是真正的英雄，其他都是幼稚可笑的。

毛泽东历来认为，真正的铜墙铁壁是什么？是千百万真正觉悟了武装起来的人民群众，这是任何力量也打不破的，而他们却能打破任何反革命。

毛泽东历来认为，卑贱者最聪明，高贵者最愚蠢。

正是基于这样的群众观和英雄观，毛泽东才把以前认为许褚"不得了"，说成是"受了一点骗"。

细读《三国演义》，不难发现许褚虽然对曹操忠心耿耿，而对众将士却残忍无比。渭河水中逃亡之时，随行将士"扳住船边"争相逃命，许褚举刀乱砍，不少将士因此殒命。这在毛泽东看来，绝不是英勇行为，更不符合他此时的英雄标准。

正是基于这样的群众观和英雄观，毛泽东才会批判《三国演义》没有让"农民做主人公"，根子是"写书的人不是种田的人"。因此，他十分赞赏"种田农民"出身的警卫战士，说他们比封建时代的许褚"厉害"。转战陕北之时，毛泽东身边只有少许警卫部队，这些农民出身的警卫官兵，面对围追堵截的国民党军队，表现出超绝一时的大智大勇、大忠大义，他们不惜流血牺牲以忠诚于人民解放事业，也忠实地护卫着党的领袖的安全。

从当时的具体环境来看，在危机四伏的转战行军路上，毛泽东这样以许褚与警卫战士相比论，贬许褚而褒警卫，也有良好的宣传鼓动作用。大家过去都认为曹操的大警卫许褚"不得了"，而毛泽东却说自己的警卫比许褚还"厉害"。当年许褚保护曹操的故事就发生在黄土高原的渭水之滨，而今他们也正转战于这块土地上，彼时与此时，相似又不同，这足令警卫们自豪自信。毛泽东的话，确实不是一句虚言，我们只要看一下当年的警卫排长阎长林写的《警卫毛泽东纪事》，李银桥写的《在毛泽东身边十五年》，武象廷、韩雪景写的《跟随毛泽东纪事》等书，你就会了解这些警卫战士，比之当年的许褚，确实有他们的"厉害"之处。

会像蒋干一样抱怨

> 毛泽东替冶金部及王鹤寿说公平话："有些事不能全怪下面，怪各部门，否则，王鹤寿会像蒋干一样抱怨：曹营之事，难办得很。"
>
> 权延赤、黄丽娜：《天道——周惠与庐山会议》，广东旅游出版社1997年4月版，第181页

《三国演义》中的蒋干是个次要人物，只是在第四十五回、第四十七回出现两次，此后便销声匿迹了。不过，蒋干又是一个穿针引线的人物。赤壁之战时，他是曹操的"帐下幕宾"，两次出使东吴两次上当，而又自以为得计，成为愚而自用的艺术典型。

蒋干最著名的故事是"群英会蒋干中计"，他自恃是周瑜同学，自告奋勇说服曹操，渡江来见周瑜，企图劝说周瑜投降曹操。反被周瑜行反间计，利用伪造书信，欺骗蒋干和曹操，最终除掉了东吴的强劲对手——曹营水军都督蔡瑁、张允。

蒋干盗书，自以为做了一件聪明无比的事情，帮助曹操除了内奸，实际上愚不可及，是帮助周瑜解除了心头之患。所谓"聪明反被聪明误"也。

毛泽东读《三国》，记住了蒋干的故事。

1959年6月25日，他回到家乡韶山，和家乡人谈话，对1958年的有些事，如大跃进、公共食堂、大炼钢铁等，有愧悔之意，允许人们批评，提不同意见，听乡亲们的心里话，他说道：

> "否则的话，人们就会像蒋干一样抱怨：'曹营之事，难办得很哪！'"

离别家乡，毛泽东登上庐山，组织召开中共中央政治局扩大会议，史

称"庐山会议"。

会议的前段,气氛宽松,畅所欲言,有"神仙会"之称。

7月11日晚,毛泽东召集湖南省委第一书记周小舟、书记周惠、秘书李锐,到他的住处座谈。

"我们来开个同乡会。"因四人都是湖南人,毛泽东便这样招呼,并用手一划,将四个人划入圈里。"我们可以随便谈。谁先谈?还是你们二周先谈。"

"农业是根子"。周小舟发表观点,"粮食估产太高,引起钢铁高潮。"

"也不尽然。"毛泽东用谈心的口气说,"建国后,书记处分工我抓农业,北戴河以来总算是抓工业了。1953年批评过薄一波同志,后来批评计委,这次我自己应负责任。"

周小舟谈兴渐高,口无遮拦:"刮'共产风'不能怪公社书记,主要怪上面。哪里有什么万斤亩?上有好者,下必甚焉。"

这话讲得相当尖锐,且直接批评了毛泽东。但李锐、周惠至今承认这些话不仅丝毫没有引起毛泽东反感,反而更加谈笑风生了。

"提倡敢想敢干是对的,但也确实引起了唯心主义。"毛泽东一边轻弹烟灰,一边自嘲地笑道,"我这个人也有胡思乱想。钱学森在报纸上发表过一篇文章,说是太阳能利用了百分之几,就可能产几万斤,因此我相信了。"

曾随毛泽东视察河北、天津、湖南等地的卫士长都曾回忆,说毛泽东一旦看到田地和庄稼都明确表示不信"亩产万斤"。钱学森这样的大科学家讲的话他是相信的,但走遍全国很失望,没有一片地能使他相信亩产万斤。在天津、湖北、湖南都直接挖苦过亩产万斤。

但是毛泽东没有向"同乡"们解释这些不相信的话,他只检讨自己"因此也就相信了"。"纳谏"的诚意使周小舟更加放开来谈:

"'书记挂帅'权力太大。去年传主席的话,有些乱传,更增加了紊乱。谭老板有些讲话和文件,湖南压下来没传达,湖南的密植偏稀一些……"

"湖南靠了两条",一谈到具体工作,周惠便有了话,"一是没搞瞎指挥,密植,所以没有失收的问题;二是把关把得紧,粮食指标到户,食堂不搞放开肚皮吃饭。"

毛泽东频频点头,周小舟想起去年受的气就起情绪,谁是谁非现在已经清楚,有人却拼命护短!

"会议还是有压力问题,有些人有错不认,还是不愿多谈多听缺点。"

周惠与周小舟心情一样,总觉得去年憋的一口气至今吐不痛快:"许多问题应当摊开来谈,谁是谁非摊开来谈,互相交锋才有好处。"

周小舟说:"陈云搞经济工作历来稳重。"

周惠也点头附议:"陈云同志有经验,国民经济恢复时期和第一个五年计划在经济方面搞得很出色,主席,您那时不就多次赞扬过他吗?"

"过去陈云提出先安排市场,再安排基建,有人不赞成。现在看,陈云是对的。"毛泽东颇为感慨地说:"国乱思良将,家贫念贤妻。这是《三国志》郭嘉传上的话。郭嘉这个人是足智多谋,在袁绍麾下不得施展。他说袁绍多端寡要,好谋无决,欲与共济天下大难。后来他跑到曹操那里,曹操称赞他'每有大议,临敌制变。臣策未决,嘉辄成之。平定天下,谋功为高'。可惜中年夭折,曹操大哭。"毛泽东侃侃道来,略一停顿,不便对李锐三个建议马上表明态度,便说:"陈云当总指挥好,但他有长处也有短处……"

"各地大炼钢铁的情况,比如指标落实情况以及质量情况,冶金部一风不透,问不出消息。"李锐谈了一些自己发现的问题,而后又建议:"钢铁关键还是个质量问题,我的意见是宁肯少些,但要好些。"

"有些事不能全怪下面,怪各部门。"毛泽东替冶金部及王鹤寿说公平话:"否则,王鹤寿会像蒋干一样抱怨:曹营之事,难办得很。那个蒋干去盗书辛辛苦苦,受了不少惊吓,以为立了不世之功,结果还遭了白眼,他可不是委屈的很吗?你们到我这里来不要学蒋干盗书。"(权延赤、黄丽娜:《天道——周惠与庐山会议》,广东旅游出版社1997年4月版,第181页)

毛泽东说着,自己先哈哈大笑起来,仿佛看到京剧舞台上涂了白鼻梁的蒋干,三个听者也跟着哈哈大笑。

周惠一边笑,一边装糊涂问:"主席说蒋干盗书是什么意思呀?"

毛泽东笑着讲一遍蒋干盗书的故事,指点三个听者:

"你们讲去年传我的话,有些乱传,你们今天可不要学蒋干,回去也乱传。"

众人又是一阵开心大笑。

综观这段逸事,毛泽东引用蒋干故事,其用意与故事的思想含义大不相同;不在于批判蒋干的愚而自用,而在于借题发挥,说明事理:

其一，莫使"蒋干"抱怨曹营之事难办。实质是指对大跃进等方面"发展到唯心主义"的错误，自己要"负责任"，而不是"怪下面"，不是"怪各部门"，也不要互相埋怨。比如，大炼钢铁中的毛病不能怪冶金部的王鹤寿，等等。这无疑表现了毛泽东胸襟开阔的领袖风度和闻过则喜的自责精神。把"各部门"从"蒋干"式的处境中解脱出来——此时毛泽东决心纠"左"，决心改正工作中唯心主义的错误，严于责己，宽以待人，消除人们的抱怨心理，其政治风度和领袖才能确有超人之处。

其二，莫学"蒋干盗书"乱传话。据"同乡会"谈话所知，1958年有些乱子，就是因为"乱传话"所促成，至少此时的毛泽东这样认为。所以毛泽东由蒋干盗书生发开去：蒋干乱传假情报，误杀了大将蔡瑁、张允；你们也不要学蒋干回去乱传我今天的谈话。这无疑是对三位同乡的提醒，或说重点是警告，但因为是借蒋干的故事说出，说得幽默含蓄，使听者在欢笑声中接受了告诫。

毛泽东借蒋干的故事表达的这两个思想都是很有意思的。可惜，后来庐山会议内容发生了意想不到的变化，出现了曲折，违背了初衷，留下了历史遗憾。但我们也不能因此苛责前人。

华佗是高明的医药学家

> 他认为《三国志》里记载的华佗确有其人,而且是一位医术高明的医药学家,经常给穷苦人民治病,并且还给蜀国的大将关云长治疗过箭毒,以刮骨疗毒的手术,救活了关云长。
>
> 沈同:《在毛主席身边的日子》,中央文献出版社1993年12月版,第40页

华佗,是三国时期的"神医",《三国志·魏书》中是专门有传的,可在《三国演义》中却只在第七十五回和第七十八回出现两次。一次是为蜀汉大将关羽"刮骨疗毒",一次是准备给曹操治头疾。但曹操疑心他害己,竟将他下狱追拷而死。

这个如同流星一样在天幕划过一道亮光稍纵即逝的人物,也没能逃出毛泽东的视野,常常提起此人。

傅医生就是华佗

傅医生,即傅连暲,福建省长汀县人,最早为红军服务的"红色医生",1955年被授予中国人民解放军中将军衔。

傅连暲仅比毛泽东小一岁,出身农家,早年毕业于亚盛顿医馆。1925年他31岁时,就被推举为长汀福音医院的院长。1927年,南昌起义部队转进长汀时,他即大量收治过起义军伤病员,被誉为最早为红军服务的"红色医生"。1931年下半年,长汀连同整个闽西已经成了红军巩固的根据地,福音医院实际上成了中央红军的总医院。1933年年初,中央工农民主政府根据毛泽东的建议,将汀州福音医院迁到瑞金,正式成立中央红色医院。

1934年9月中旬的一天,傅连暲正在给病人看病,突然接到张闻天打来的电话,要他立刻起程,去他那里。

傅连暲赶到张闻天办公处才得知,毛泽东在雩都生了重病。他要傅连

瞕尽快赶到那里，拿出一切办法，治好毛泽东的病。

第三次反"围剿"之后，毛泽东就被"左"倾路线排挤出领导岗位，受到不公平的待遇。他忧国忧民、担心中国革命的前途和命运。平时忧郁寡欢，又得了便秘，痛苦不堪，这使得本来健康状况就不佳的毛泽东更加孱弱。在此之前，毛泽东一直在休养。

1934年7月广昌之战后，中央苏区和红军的处境十分危急，第五次反"围剿"的失败已成定局，红军的唯一出路是放弃中央苏区，实行战略转移。为此，项英向毛泽东说明了情况，请他出来解救危难。一向以大局为重的毛泽东，二话没说，立即收拾东西，当晚便冒雨出发，参加会议，而后去零都进行调查研究，指导扩大红军的工作，寻找最佳突围路线。繁重而紧张的工作，使他常常废寝忘食，结果病倒了，而且病情十分严重，高烧达41℃，一连三天不吃不喝，肚胀、头痛、咳嗽不止，生命危在旦夕。

瑞金到零都180华里，傅连暲骑着一匹骡子，星夜兼程，第二天傍晚便赶到了。

此时，毛泽东正躺在一家农舍的木板床上，头上敷着冷毛巾，脸色通红，双目紧闭，瘦削不堪……

傅连暲详细地询问了毛泽东患病后几天的情况，毛泽东的随身医生钟福昌一一做了回答。随后，他又认真地检查了毛泽东的身体，确诊是患了恶性疟疾。于是，傅连暲给他注射了奎宁和咖啡因，又让他服了奎宁片。几天后，毛泽东终于转危为安。

毛泽东康复后，非常高兴，他对身边的工作人员说：

"你们知道中国古代有个名医叫华佗的吗？"接着，他讲了华佗的故事，讲完了又说："我们现在也有华佗，傅医生就是华佗！"（徐富俊等：《英武满华堂——毛泽东和他的将军们》，中国人事出版社1993年1月版，第178页）

为了感谢傅连暲，毛泽东特地叫警卫员煨了一只母鸡，送给他吃，这件事使傅连暲非常感动。

心下温馨生感激。由衷的感激使毛泽东赞美起傅连暲的医德医术。赞扬的方式当然是毛泽东式的——谈古论今，以古喻今——以三国时期的名医华佗来比附中央苏区根据地的"红色医生"傅连暲。他讲"华佗的故事"，其中有《三国演义》中的，也有《三国志》中的。把演义故事和历史传记混在一起讲，是毛泽东讲论"三国"常有的情况。"神医"华佗在愿意读通俗历史小说的红军官兵中有一定的知名度，毛泽东在讲了华佗的一系列故事，做了铺垫之后，顺理成章地得出"傅医生就是华佗"的结论。这个赞扬，是高度的，傅连暲也是当之无愧的。观其一生，不仅个人医术高超，也确实为中国革命的医疗工作做出了巨大的贡献。

给关云长治疗过箭毒

中华人民共和国成立最初的几年，毛泽东在谈到卫生事业时，很关心我国的传统医学，即中医的宝贵遗产。

据卫士沈同回忆：毛泽东对我国古代的一些医药学家，有深刻印象。从上古时期的神农氏，到唐朝的孙思邈、明朝的李时珍等伟大的医学家和他们深山采药、遍尝百草、治病救人的感人事迹，他都了如指掌，经常谈论他们的巨大功绩。毛泽东认为《三国志》里记载的华佗确有其人，而且是一位医术高明的医药学家，经常给穷苦人民治病，并且还给蜀中的大将关云长治疗过箭毒，以刮骨疗毒的手术，救活了关云长的性命。

《三国演义》中华佗为关云长"刮骨疗毒"的故事虽然不长，但罗贯中写得活灵活现。书中说华佗从东吴乘小船过江来到关羽军中——

（华）佗请臂视之。（关）公袒下衣袍，伸臂令佗看视。佗曰："此乃弩箭所伤，其中有乌头之药，直透入骨；若不早治，此臂无用矣。"公曰："用何物治之？"佗曰："某自有治法。——但恐君侯惧耳。"公笑曰："吾视死如归，有何惧哉？"佗曰："当于静处立一标柱，上钉大环，请君侯将臂穿于环中，以绳系之，然后以被蒙其首。吾用尖刀割开皮肉，直至于骨，刮去骨上箭毒，用药敷之，以线缝其口，方可无事。——但恐君侯惧耳。"公笑曰："如此，容易！何用柱环？"令设酒席相待。

公饮数杯酒毕，一面仍与马良弈棋，伸臂令佗割之。佗取尖刀在手，令一小校捧一大盆于臂下接血。佗曰："某便下手。君侯勿惊。"公曰："任汝医治。吾岂比世间俗子，惧痛者耶！"佗乃下刀，割开皮肉，直至于骨，骨上已青；佗用刀刮骨，悉悉有声。帐上帐下见者，皆掩面失色。公饮酒食肉，谈笑弈棋，全无痛苦之色。

须臾，血流盈盆。佗刮尽其毒，敷上药，以线缝之。公大笑而起，谓众将曰："此臂伸舒如故，并无痛矣。先生真神医也！"

这是一段美文，仿佛电视剧的精彩片断，把华佗超凡脱俗独领风骚的外科技术展示在读者面前。

毛泽东引用刮骨疗毒的故事在于说明华佗医术高明，进而证明祖国传统医学的宝贵。他认为中国的医药学是一个伟大的宝库，应当努力开发，加以提高。1953年他曾说："中国对世界有大贡献的，我看中医是一项。"

华佗，是中华医药对世人贡献甚伟的一个佐证。

华佗无奈小虫何

不过，华佗即便是精通内科、外科、妇科、儿科的"神医"，对小小的"血吸虫"，却无可奈何了——神医也不能包治百病。

1955年夏天，毛泽东在杭州视察工作期间，听几个访贫问苦的身边的人汇报情况，说到血吸虫危害最烈，毛泽东心情沉重，半晌没有说话。

忽然，他仰起头，一字一顿地说："一定要消灭血吸虫病！现在要和天斗争了！"

在以后的几年，他走南闯北，日理万机，这件事始终压在他的心头。

通过召开南方几省省委书记座谈会，他了解到惊人的数字：血吸虫病遍及南方十二省市，患病人数达一千万以上，受感染威胁的人口竟超过一亿。患病的成人不能劳动，坐以待毙；妇女不能生育，儿童变成侏儒；少数严重的病区田园荒芜，家破人亡。江西丰城的梗头村，百年前有一千户，到1945年只剩下二人，百分之九十的人口都死于血吸虫病。安徽贵池的碾子下村，百年前有一百二十户，现在只剩下曹金雨一户四口人，其中三人已患了血吸虫病……

悲惨的画面紧攫着毛泽东的胸襟。1955年11月的中央会议上，他再次表示了决心："一定要消灭血吸虫病！"

1956年2月17日，他在最高国务会议的庄严讲坛上，正式下达了命令："全党动员，全民动员，消灭血吸虫病！"

他不仅发出了号召，而且身体力行地关注着每一个细节。3月3日，毛泽东接到中国科学院水生动物专家秉志的来信，建议将捕获的钉螺用火焚烧，永绝后患。他立即批给卫生部副部长徐运北，随后又要求把消灭血吸虫的报告"印发五百份或更多些"，分发党内外高级干部及各省委书记。他还接见了广东从事血防的专家陈心陶教授，仔细地询问每一条意见。

1957年7月7日，毛泽东在上海各界人士座谈会上，又特意向专家们了解防治血吸虫的情况，聆听他们的建议。

1958年，毛泽东在安徽视察工作时，专门到省博物馆察看了防治血吸虫病的规划图，敦促计划的施行。

1958年6月，毛泽东来到杭州视察，住在刘庄宾馆。6月30日深夜，毛泽东紧张工作一天之后，坐在一张藤椅上，看当天的《人民日报》。卫士封耀松见他全部精力都聚集在那张报纸上，嘴里蠕动着，像是念念有词，发出一串串绵长而抑扬顿挫的哼哼声，头不时地轻晃几下。

他显得很激动，且时时宽慰地舒口长气。一会儿，又回到床上，半躺半坐，又拿起那张报纸看，并让小封拿来纸笔。小封拿了一张白纸、一支铅笔给他。他将报纸垫在白纸下边，鼻子里唱歌似的哼哼两声，便落下笔去。不曾写得四五个字，立刻涂掉。摇晃着头又哼，哼过又落笔。小封从不曾见过毛泽东如此办公，大为诧异，却又听不出他哼的什么。

毛泽东就这样写了涂，涂了哼，哼了又写，涂涂写写，哼来哼去，精神越来越旺。终于小封听清这样两句："坐地日行三万里，巡天遥看一千河。"小封这才猜想主席是在作诗。第二天是党的生日，还有重要会议等着毛泽东去参加，小封便提醒他睡觉："主席，你哼哼啥呀？天快亮了，明天你还要开会呢？"

"睡不着呀。"毛泽东挪开稿纸，指着报纸："江西余江县消灭了血吸虫。不容易啊！如果全国农村都消灭了血吸虫，那该多好呀！"

原来，毛泽东看的是6月30日《人民日报》刊登的一篇通讯：《第一面红旗——记江西余江县根本消灭血吸虫病的经过》。报道说："江西余江县在全国血吸虫病防治工作战线上插上了第一面红旗——首先根除了血吸虫病，给祖国血吸虫病科学史上增添了新的一页。"

这夜，毛泽东读到血吸虫病重灾区余江县消灭了血吸虫，根除了这种千年为害的病苦，树立起消灭血吸虫病的第一面红旗，他怎么能不兴奋万分呢？他心潮跌宕，思绪万千，从人间想到天上，由古代的华佗想到今天的"尧舜"，不住地吟哦推敲……他又在作诗了。

毛泽东继续涂涂写写，折腾了两个多小时，轻轻一拍大腿，说："小封啊，你听听怎么样——绿水青山枉自多，华佗无奈小虫何……"

小封文化水平不高，毛泽东念的诗，他实在懂不了多少。但他听着总觉得有一种莫名其妙的美感。他真心诚意地说："真好，太好了。"

毛泽东说："告诉你吧，是我们的人民真好，太好了。"毛泽东吟完诗句，两眼闪闪发光。不知不觉中，已是朝霞满天，旭日东升。他缓步走到窗前，又踱回办公桌旁坐下，欣然提笔将诗稿重写一遍，再修改一番，又在诗的前面加了一段小序，然后叫秘书誊正。这是两首连章体七律，题为"送瘟神二首"。其一是：

"绿水青山枉自多，华佗无奈小虫何。千村薛荔人遗矢，万户萧疏鬼唱歌。坐地日行八万里，巡天遥看一千河。牛郎欲问瘟神事，一样悲欢逐逝波。"

其二是：

"春风杨柳万千条，六亿神州尽舜尧。红雨随心翻作浪，青山着意化为桥。天连五岭银锄落，地动三河铁臂摇。借问瘟君欲何往，纸船明烛照天烧。"

写完两首诗，毛泽东又写了一篇《后记》。他在《后记》中写道：

"就血吸虫所毁灭我们的生命而言，远强于过去打过我们的任何一个或几个帝国主义。八国联军、抗日战争，就毁人一点来说，都不及血吸虫。除开历史上死掉的人以外，现在尚有一千万患疫，一万万人受疫的威胁。是可忍，孰不可忍？然而今之华佗们在早几年大多数信心不足，近一二年干劲渐高，因而有了希望。主要是党抓起来了，群众大规模发动起来了。党组织，科学家，人民群众，三者结合起来，瘟神就只好走路了。"（《毛泽东诗词集》，中央文献出版社1996年9月版，第104、234—235页）

血吸虫病对生命的摧残，甚于帝国主义的侵略战争。"华佗无奈小虫何"，纵然是毛泽东十分推崇的神医华佗，身怀刮骨疗毒的绝技，但在旧的社会制度下，势单力孤，也奈何不了肆虐的血吸虫病。

即使刚刚建立起新的社会制度，人民群众获得了解放，但在党组织、广大群众和医务科学家还没有做到三者结合，仍然形不成足以战胜血吸虫病的强大力量时，"华佗们"大多数还是"信心不足"的。那种"千村薛荔人遗矢，万户萧疏鬼唱歌"的凄凉景象还是一种现实的存在。

但党很快使"华佗们"坚定了信心，因为党组织把消灭血吸虫的工作认真地抓起来了，群众大规模地发动起来了。"春风杨柳万千条，六亿神州尽舜尧"，神州大地的六亿中国人民都是尧舜一样的圣人，有何不能治服小小血吸虫呢；"华佗们"也可以一改"无奈"的心境，汇入银锄落五岭铁臂镇三河的洪流，大显身手了。真个世道大变，换了人间，君不见祸有穷期，瘟神走路，像"余江县消灭了血吸虫"这样的新闻正不断传来，喜得人民领袖也欣然命笔写诗了。

毛泽东一改往昔对华佗的赞颂，以他的"无奈"衬托人民的伟大，用中华人民共和国前后两组对比鲜明的历史画面形象地表述人民群众是历史的创造者，是人间奇迹的创造者的深邃思想，给读者以强烈的心灵震撼。难怪他对卫士说："我们的人民真好，太好了！"

华佗读的是几年制？

毛泽东在晚年强调医学教育和医疗制度要改革时，常常把华佗作为实践出真知的例子。

1965年6月26日毛泽东在对卫生工作所做的指示中提到：

"医学教育要改革。根本用不着读那么多书。华佗读的是几年制？明朝的李时珍读的是几年制？医学教育用不着收什么高中生初中生。高小毕业学三年就够了。主要在实践中学习提高。这样的医生放到农村去，就算本事不大，总比骗人的医生与巫医要好。而且农村也养得起。"（高凯、于玲：《毛泽东大观》，中国人民大学出版社1993年4月版，第666页）

华佗读的是几年制？《三国演义》中没有记载，《三国志》本传只说他"游学徐土，兼通数经""本作士人"。意思是说他曾在徐州一带游历求学，通晓几种经籍，本来是个读书的"士人"。但所从何师，读书几年，则不得而知。所谓游学，即是学无常师；通经大约也是自学为主，其学问是不能用学制来衡量的。华佗那世所罕匹的医疗绝技，主要是通过自学和医疗实践获得的。毛泽东举华佗和李时珍的例子，无非是想说明学制不宜太长，读书不宜太多，强调在实践中学习提高的重要性。这个思想有它正确的一面，对于克服当时教育领域"死读书，读死书"的沉闷局面不无意义，但它也有其片面性，很容易滑向"读书无用"的泥潭，毛泽东接着说"书读得越多越蠢"就是明证。这个思想倾向当然是有害的。"高小毕业"，不要说在"知识经济"时代是不够用的，即使在毛泽东讲此番话的60年代，对普及和提高全民族的教育水准来说也是不可取的，甚至是有害的。

当然，任何书本知识都是来源于实践，是实践经验的总结、概括、升华，学习书本知识也不能脱离实际。从这一点出发，强调实践出真知，群众是英雄，向实践学习，向群众学习，无疑是正确的。1966年3月21日，毛泽东对医务工作者指示说：

> "应该加强医务人员的马列主义学习，并用以指导业务工作。既然军事上证明了所谓弱者可以打败强者，没有念过书或念过很少书的可以打败黄埔毕业生、陆军大学毕业生，医务界为什么是例外？医学院校也要加强马列主义课程，好多毕业生就是不懂马列……消灭钉螺的办法还不是群众创造出来的？所以我写的那首诗内有'华佗无奈小虫何'，今后医学界要大力系统宣传马列主义，医务人员都要下去。"（高凯、于玲：《毛泽东大观》，中国人民大学出版社1993年4月版，第671页）

毛泽东两次谈医疗工作都不约而同地提到了华佗，不过表达的思想是有差别的。前一段举华佗的例子在于说他是在实践中学到真知的典型，后一段举华佗的例子是用其反衬群众的聪明才智和无穷的创造力，同时借以论证医务人员下基层深入实际锻炼和学习的必要性。

钉螺即血吸虫寄主。消灭钉螺的办法是群众创造出来的。前面提到"捕获钉螺用火焚烧永绝后患"等办法，就是毛泽东从群众中听取吸收上来又推广到更大范围去实行的。他从自己的实践中进一步证明了医务人员要深入实际深入群众道理的正确，并要求广大医务人员要这样做。即便是医术独步一时俯视一代有如华佗者，也有"无奈"之时，也是要向群众学习的。

华佗编了"五禽戏"

据保健医生徐涛回忆：毛泽东有一套自编的"自由体操"，有时在散步中可以边走边作。他深呼吸，缓缓散步时可以摇头晃脑，活动头颈部关节；有时屈伸肘腕关节，时常旋转双肩，用肩带动肘臂作圆周旋转运动，左肩向前上，右肩向后下，交替转动，也可同时做腰部旋转扭动。他常在独自散步又无生人时练习。作起这套动作与平时的严肃完全判若两人，比扭秧歌的动作还要有趣。

有时徐涛跟他一起散步，他边做边回过头来看徐涛，当徐涛笑他这一套"自由体操"时，他就向徐涛做个鬼脸，然后更起劲地做，好像在故意逗徐涛似的。后来，徐涛才知道毛泽东早在年轻时就自编过体操，叫"六段运动"，有手、足、头、躯干运动，还包括拳击、跳跃等。年纪大了后就把剧烈动作改掉了。徐涛认为毛泽东年轻时很可能看过中国古代养生法的书籍，参考了"八段锦""五禽戏"等而编了"毛式体操"。

因为有一次毛泽东对他说：

"三国时有个名医叫华佗，给曹操治过病，他学老虎、学熊、学猴子、学鹿、学飞鸟的动作编了'五禽戏'，这你应该知道吧？我看不错，是很好的健身运动。这都是仿生运动。人们有好多运动都从动物那里学来的。其实也是动物学动物。中国有螳螂拳、猴拳，你游泳的那蛙式不就是从青蛙那里学来的吗？"（徐涛：《毛泽东的保健养生之道》，《缅怀毛泽东》下卷，中央文献出版社 1993 年 12 月版，第 600—601 页）

《三国志·魏书·华佗传》记载，华佗对广陵人吴普说："吾有一术，名五禽之戏，一曰虎，二曰鹿，三曰熊，四曰猿，五曰鸟，亦以除疾，并利蹄足，以当导引。体中不快，起作一禽之戏，沾濡汗出，因上著粉，身体轻便，腹中欲食。"

据说这位吴普按照"五禽戏"的方法去做，活到九十余岁，竟然耳聪目明，牙齿完好坚固。

毛泽东视华佗的"五禽戏"为仿生运动，评价为很好的健身运动，并在其启发下自编一套"自由体操"，闲暇时边走边作，这对终生操劳，脑力劳动超负荷的他来说，真是最有价值的借鉴。

总之，小说《三国演义》和史传《三国志》给毛泽东留下的华佗形象是高大的，他是中国古代医学的骄傲，是我们民族医学的瑰宝，他的精神感召后人，激励后人。当然，毛泽东的思维方式是辩证的，"华佗们"也有"无奈"的时候，也有"信心不足"的时候，只有向实际学习，与广大群众相结合，才能医治疑难病症，战胜困难，走向辉煌。

董卓毁灭了洛阳

> 三国时董卓把长安到洛阳一带的人都杀光了,把洛阳完全毁灭了,打仗时没有吃的东西了,就吃俘虏。
>
> 毛泽东:《1959年12月至1960年2月读苏联〈政治经济学(教科书)〉的谈话》,《党的文献》1994年第5期

董卓是《三国演义》中一个凶残无比,无恶不作,杀人放火,千刀当剐的反派人物,是个十恶不赦的封建割据军阀和祸国殃民的窃国大盗。

毛泽东提到他的时候不多,主要是批判他制造的人间惨剧。

1959年12月至1960年2月,毛泽东组织一些专家学者和身边的秘书们一起读书,读苏联《政治经济学(教科书)》,他边读边即席谈话,发表许多意见。一次,谈到古代生产力低下和战争对经济发展的破坏,他说:

> 古代生产力水平很低,养兵很多,打起仗来,对经济的破坏确实很大。有时确实像蝗虫一样,飞到哪里就把哪里吃光。三国时董卓把长安到洛阳一带的人都杀光了,把洛阳完全毁灭了,打仗时没有吃的东西了,就吃俘虏。

董卓首次出现于《三国演义》第一回。他是陇西临洮人。东汉桓帝末年,他跟随中郎将张奂征讨羌人,屡立战功,连升官职,一直做到并州刺史、河东太守。

汉灵帝死后,少帝即位,大将军何进与司隶校尉袁绍密谋诛杀宦官,可是何太后不应允。于是何进密令董卓率兵入京城洛阳,以胁迫太后。结果董卓尚未到达洛阳,何进已被宦官杀掉。董卓率兵进入洛阳后,废掉少帝而另立献帝,自任相国,控制了朝政。

董卓性情残暴,不恤百姓。他掌权后,为所欲为,经常纵兵烧杀抢掠,奸淫妇女,无恶不作。一次董卓派军队到洛阳东南的阳城,把当时聚在一

起祭祀社神的所有男人全部杀死,然后将脑袋挂在车辕上,把妇女载入车内,回到洛阳,声称"攻贼大胜"。入城之后,又把男子的头颅焚烧,将妇女赏赐给士兵为婢妾。

董卓专擅朝政,屠戮臣民,激起朝野上下的怨恨。袁绍、曹操等人纷纷离开洛阳,组织武装力量,讨伐董卓。汉献帝初平元年(190)正月,关东(指函谷关以东)的一些主要军阀,在讨伐董卓的名义下组成了联军,大家共推袁绍为盟主,西进讨伐董卓。

董卓非常恐惧不安,一方面调兵遣将,阻击关东联军;一方面于同年二月挟持汉献帝逃往长安。小说第六回描写道:

> (董卓)遂下令迁都,限来日便行。……差铁骑五千,遍行提拿洛阳富户,共数千家,插旗头上,大书"反臣逆党",尽斩于城外,取其金赀。李傕、郭汜尽驱洛阳之民数百万口,前赴长安。每百姓一队,间军一队,互相拖押;死于沟壑者,不可胜数。又纵军士淫人妻女,夺人粮食;啼哭之声,震动天地。卓临行,教诸门放火,焚烧居民房屋,并放火烧宗庙宫府。南北两宫,火焰相接;长乐宫庭,尽为焦土。又差吕布发掘先皇及后妃陵寝,取其金宝。军士乘势掘官民坟冢殆尽。董卓装载金珠缎匹好物数千余车,劫了天子并后妃等,竟望长安去了。

一时,洛阳周围二百里内,被迫西迁的就有数百万人。他们扶老携幼,忍痛离开自己心爱的家乡。一路之上,男悲女哭,惨不忍闻。董卓的军队又如狼似虎地鞭打着人们赶路,那些老弱病妇早已走不动了,再加上饥寒交迫,很多人被饿死、病死在路上。董卓的军队为了向西逃跑,不管老百姓死活,人踩马踏,整个道路都塞满了尸体,被野狗争食,惨不忍睹。

洛阳遭到了空前浩劫,人民恨透了董卓。当时在洛阳广泛流传着这样的民谣:"千里草,何青青,十日卜,不得生。""千里草"是"董"字,"十日卜"是"卓"字。它的意思是"董卓当死"。人民作《董逃》歌来咒骂他,歌词大意是,董卓残暴,终究要逃窜和灭亡。董卓知道词是骂他的,就暴跳如雷,并严加禁止,受害的人们多达数千人。

长达七年之久的董卓之乱,使洛阳和黄河流域一带遭到了严重的破坏。洛阳、长安两京的经济文化,民众的生活,遭到空前浩劫。人口大量死亡,使北方呈现出"白骨露于野,千里无鸡鸣"的悲惨景象。战乱使社会生产遭到极大破坏,黄河流域的肥田沃土,变成一片片荒野,到处发生饥荒,粮价飞涨，一石谷物竟值数万钱。二十年之后，曹植在随父亲曹操西征路过洛阳时，曾经登上北邙山，看到洛阳荒凉残破的景象，写了一首《送应氏》的诗，描写了董卓之乱对洛阳的破坏。诗中说："洛阳何寂寞，宫室尽烧焚。垣墙皆顿擗，荆棘上参天。"又说："中野何萧条，千里无人烟。"这是对当年洛阳悲惨景况的真实写照。

《三国演义》作者通过董卓毁灭洛阳、杀戮人民的细节，客观上再现了封建军阀战争给人民带来的深重灾难，对社会经济的巨大破坏。董卓这个乘战乱把握朝政的窃国大盗，这个杀人不眨眼的刽子手，这个"飞到哪里就把哪里吃光的"的"蝗虫"，是封建军阀割据战争的必然产物，他的种种暴行和恶劣品行，是封建军阀割据战争这个恶魔的人格化。

董卓的暴行和罪恶，在《三国演义》描写的封建军阀里，是有代表性的。毛泽东用此来说明"战争对经济的破坏确实很大"，来谴责非正义战争，是很有说服力的。毛泽东大半生生活于革命战争的环境里，革命战争对历史进步的推动作用，他是交口称赞的，但他反对一切阻碍历史进步，阻碍经济发展，给人民带来灾难性后果的不义之战。他对董卓的评论，十分鲜明地体现了这样的战争观。

毛泽东对三国时期封建军阀割据战争的批判，渗透着他对《三国演义》在一定程度上揭露反对封建统治者制造战争惨剧的立场和感情的肯定。罗贯中在小说中描写了长安军民对董卓的仇恨。董卓被吕布杀死后，王允将其尸首示众于大街之上：

> 卓尸肥胖，看尸军士以火置其脐中为灯，膏流满地。百姓过者，莫不手掷其头，足践其尸。

这是作者对董卓这个罪恶滔天的封建统治者的揭露和憎恨，也表达了人民的爱憎。这是《三国演义》具有民主性光辉的地方，直到今天它仍有认识封建统治阶级，尤其是认识封建军阀割据战争残酷性的价值。毛泽东深刻地挖掘了它的认识价值。

袁绍这个人多端寡要

> 毛泽东1959年3月2日在郑州中共中央政治局扩大会议上说:"袁绍这个人多端寡要,多谋难断,见事迟,得计迟。慢了,得出个方针就处于被动。"
>
> 景有权、迟力:《毛泽东评说中国历史》,吉林人民出版社1998年9月版,第100页

毛泽东评说袁曹官渡之战,常提到两个对立的人物,一个是多谋善断的郭嘉,另一个就是多端寡要的袁绍。

袁绍是汉末封建军阀割据中的一个重要人物。他的家庭在汉末是著名的家族,是北方豪族的代表。袁氏一门四代人中,有五人官至三公(负责军政的三个高级长官,东汉时是太尉、司空、司徒)。袁绍的高祖父名袁安,汉章帝时任司徒,自袁安以下四世居三公位。袁家由此势倾天下。

袁绍在董卓之乱中,首先在河北起兵反对董卓,各路讨董诸侯举袁绍为盟主,一时大有左右大局、安定社稷的气势。袁绍本人,也颇得人心,《三国志·魏书·袁绍传》说他"能折节下士,士多附之"。也就是说,袁绍于董卓之乱中及其后一段时间内,不但"势倾天下",而且名闻天下。他如果有头脑,是会顺理成章地干出一番事业的。

可是,后来袁绍却被曹操所灭。其中重要的原因是:曹操多谋善断,善于听取谋士的意见;袁绍多谋寡断,不善于听从谋士的意见。他尽干错事,落得个一败涂地的下场。门第、声名,还有一时的善行和壮举,都不能帮他什么忙。

毛泽东评论袁绍其人,集中于1959年,他在多次谈话中谈到袁绍。

第一次,是1959年3月在郑州召开的中共中央政治局扩大会议上的讲话中,从反面举例时提及袁绍,借以说明遇到新事物,要有敏锐的眼光,敢于作出及时的判断,争取主动。毛泽东说:"袁绍这个人多端寡要,多谋难断,见事迟,得计迟。慢了,得出一个方针就处于被动。"(陈晋:《毛泽东读书

笔记解析》,广东人民出版社1996年7月版,第1015—1016页)

第二次,是5月28日同英文秘书林克谈话时要他研究历史,毛泽东谈道:

"袁绍这个人多谋寡断,有谋无断,没有决心,不果断,结果官渡之战打了败仗。所以有谋还要善断。"(林克:《我所知道的毛泽东》,中央文献出版社2000年2月版,第62—63页)

第三次,是同年6月间在与《人民日报》负责人吴冷西谈话时,毛泽东说:

"新闻工作,要看是政治家办,还是书生办。有些人是书生,最大的缺点是多谋寡断。刘备、孙权、袁绍都有这个缺点,曹操就多谋善断。""要反对多端寡要,没有要点,言不及义。要一下子看到问题所在。曹操批评袁绍,'志大而智小,色厉而胆薄',没有头脑。还批评袁绍有其他缺点,兵多而分工不明,将骄而政令不一,地虽广,粮虽多,完全可为我所用。"(毛泽东:《毛泽东新闻工作文选》,新华出版社1983年12月版,第215—216页)

毛泽东多次谈袁绍都是持批评态度,而批评的内容主要有两点:优柔寡断,见事迟,得计迟;没有头脑,不会用将。

第一条缺点决定了袁绍在政治上、军事上必然处于被动地位。本来,袁绍在击败公孙瓒以后,势力强大,态势有利,声威华夏。这时他与曹操斗争的一个关键问题,是谁能把汉献帝抢到手,以便"挟天子以令诸侯",谁先做到了这一点,谁在政治上就有了挟制号令诸侯的旗帜和尚方宝剑;否则,即将处于叛臣逆党的地位。袁曹双方的谋士也都看到了这一点。早在董卓未死时,袁绍的从事沮授就对他说过:"袁将军很年轻就做官,天下闻名。后来废少帝时,对朝廷忠义。董卓专权时又举兵讨伐,因而名重天下。现在青州黑山黄巾起兵,举兵讨伐就可平定,公孙瓒、匈奴都不足为患,随时可灭。然后去长安迎汉献帝,恢复洛阳的宗庙,就可以号令天下,与天下群雄争锋,讨伐那些不服从的。这个大业,几年就可完成。"

袁绍虽然当时表示同意沮授的建议,但并未积极主动去做,行动迟缓,以至被曹操抢了先。曹操迎汉献帝后,挟天子以令诸侯,很快发展起来。袁绍在政治上失去了先机之利,懊悔不已。

在军事动作上,袁绍也优柔寡断,举措失宜,最典型的例子,是任凭曹操攻击他的联军刘备。官渡之战前，占领徐州的刘备准备策应袁绍，威胁曹操的侧翼，使其陷于两面作战的困境。小说第二十四回描写：曹操拟出兵攻徐州的刘备，谋士程昱说："今袁绍屯兵官渡，常有图许昌之心。若我一旦东征，刘备势必求于绍。绍乘虚来袭，何以当矣？"曹操说："非也。备乃人杰也，今若不击，待其羽翼既成，急难图之。袁绍虽强，事多怀疑不决，何足忧乎？"正商议间，郭嘉自外而入。曹操问："吾欲东征刘备，奈有袁绍之忧，如何？"郭嘉说："绍性迟而多疑，其谋士各相妒忌，不足忧也。刘备新整军兵，众心未服，丞相引兵东征，一战可定矣。"曹操大喜说："正合我意。"便起兵东征。结果一战击败刘备，俘虏关羽。其间，虽然刘备派孙乾到袁绍处求救，袁绍却以小儿子有病相推托，始终按兵不动，坐失良机。

曹操和郭嘉看透了袁绍的性格弱点，一个说他"怀疑不决"，一个说他"迟而多疑"，真乃知彼之论。官渡之战前，袁绍走了一步臭棋。

因迟疑不决而导致政治上、军事上的被动，袁绍一步一步走向失败的泥潭。

袁绍不会用将的缺点决定他丧失人心，内部猜忌，终于众叛亲离。本来，袁绍举义兵讨董卓，平定北方四州，一时名声大振，名流志士，大批涌来，帐下人才济济。但袁绍徒有礼贤下士之名，却不会用人，"兵多而画不明，将骄而政令不一"。

官渡之战，集中反映了袁绍的不会用将，不得其人。

发兵之前，谋士田丰认为袁军连年作战，刚刚打败公孙瓒，此时再次发动战争，难于获胜，宜休兵养卒，发展生产，静观时变。袁绍不听劝告，把田丰投入监狱。田丰在狱中仍上书说："今且宜静守以待天时，不可兴大兵，恐有不利。"官渡兵败，袁绍本应醒悟，承认田丰之谋的正确，可此公就是接受不了逆耳的正确意见，竟听信逢纪的谗言，将田丰杀死狱中。

袁绍原令沮授为监军，统率三军。郭图等人与沮授不和，就对袁绍说：沮授在军中享有很高的威望，如果再任其发展下去，将来就不好控制了。袁绍本来对沮授反对进军不满，听郭图这样说，就把沮授原来统率的军队，分别由沮授、郭图、淳于琼三人各自带一军。沮授的军权被削弱了。

在白马之战中，袁绍派手下大将颜良在白马攻打刘延，沮授劝阻说：颜良生性急躁狭隘，有勇无谋，难独担此重任。袁绍不听。曹操出兵救刘延，结果颜良战死。官渡之战中，沮授屡屡献计，袁绍都未采纳，并以"慢我军心"的罪名，将沮授锁禁军中，并恨恨地说："待我破曹之后，与田丰一体治罪！"

袁绍用人上一错再错。远见卓识，招招能置曹操于死地的田丰、沮授，被削去兵权，或投监，或锁禁；心胸狭窄、假公济私的郭图、逢纪、审配却被十分信任，给袁绍出了不少自毁长城的损招；勇而无谋的颜良、文丑、淳于琼被派去独当一面，都兵败身亡，死于非命；有见识、善策划的谋士许攸，能谋善战的将领张郃、高览，都对袁绍失去信心，阵前起义归附曹操……这十余人，袁绍一个也没有用对。袁绍帐下不是没有人才，论谋划，田丰、沮授与曹操的谋士荀彧、郭嘉可谓"英雄所见略同"；论勇武，颜良、文丑、张郃、高览都是河北骁将，绝不比许褚、张辽、夏侯渊等辈差分毫，可关键在于袁绍不会使用人才，焉有不败之理。

毛泽东曾经说过，领导者的责任，主要是出主意，用干部。论出主意，袁绍多端寡要，偏听偏信，见事迟，得计迟；论用干部，袁绍亲小人，远贤臣，既无知人之明，又无用人之法。作为政治领袖和战争指导者，他在两个根本方面，素质不如曹操，因而主观指导不利，化强为弱，终致惨败。

毛泽东在1959年上半年，数次谈到多端寡要的袁绍，与努力纠正1958年以来"大跃进""共产风"等"左"的错误，消除其所造成的危害，挽回其不良影响有关。他为各级领导干部树起袁绍这个"没有头脑"、好谋无决的反面典型，希望他们在建设和工作中站得高，看得远，见得透，拿得定，善于谋划，决策果断；希望他们明于知人，善于用才，提高组织能力和领导素质，不再做没有头脑的事务主义者，不再做蛮干乱干的社会主义建设门外汉，不再做埋没人才的孤家寡人。毛泽东的初衷是良好的，可惜1959年下半年，发生了使历史逆转的"庐山会议"的错误，纠"左"变成了反右，渐渐抵消了讲袁绍所应产生的良好效果。这不能不使人喟然长叹！

景升父子皆豚犬

> 毛泽东当即挥毫，一字不错地背抄此诗（指叶剑英《远望》——引者），赠给儿子和儿媳。并将该诗一字一句地讲给他们听，其中毛泽东非常欣赏"景升父子皆豚犬，旋转还凭革命功"两句。
>
> 李智舜：《毛泽东与十大元帅》，中共中央党校出版社1994年1月版，第295页

1965年8月，叶剑英有鉴于当时国际上的反华浪潮，特别是苏联自斯大林逝世后，赫鲁晓夫自上台到下台的一些变化，写了一首意味深长的诗《望远》：

"忧患元元忆逝翁，红旗缥缈没遥空。昏鸦三匝迷枯树，回雁兼程溯旧踪。赤道雕弓能射虎，椰林匕首敢屠龙。景升父子皆豚犬，旋转还凭革命功。"

诗写成后，叶剑英将诗送给毛泽东，请他批改。毛泽东阅后大为赞赏，他除了将题目改为"远望"外，只字未动，随即推荐给《光明日报》的副刊《东风》。

据毛岸青、邵华在《重读〈远望〉志更坚》一文中记述：1965年12月26日，毛泽东72岁寿辰之际，毛岸青和邵华前去祝寿，毛泽东当即挥笔，一字不错地背抄此诗，赠给儿子和儿媳。并将诗意一句一句讲述给他们听，其中毛泽东最欣赏的是"景升父子皆豚犬，旋转还凭革命功"两句。

后来，毛岸青和邵华特将毛泽东录写的《远望》原件送给叶剑英，并附信写道："叶伯伯：记得1966年元旦前我们去看望父亲，父亲挥毫录写了《远望》诗一首，以教育、鼓励我们革命。"叶剑英十分高兴，将原件送到荣宝斋裱糊起来，留作纪念。

叶帅这首七律尾联中引用的典故"景升父子皆豚犬",见于《三国志·吴书·吴主传》裴松之注引《吴历》,该书称:"(孙)权行五六里,回还作鼓吹。公(曹操)见舟船器仗军伍整肃,喟然叹曰:'生子当如孙仲谋,刘景升儿子若豚犬耳!'"

刘景升即占据荆州的地方割据军阀刘表,他字景升。刘表死后,他的小儿子刘琮接替他当政,但此人软弱无能,曹操带领大军南下,刘琮束手投降。曹操在水上观看孙权行兵布阵的史事发生在212年,那时曹军和吴兵对峙在濡须口,曹操见孙权率领的水军"军伍整肃",想起同样是指挥长江水军的刘表父子的无能,于是慨然长叹,把二者作了比较,骂刘景升父子像狗猪一般。

叶帅诗中引用此典,当然是斥责国际上一些大人物像刘氏父子一样软弱无能,面对强权低眉顺目,针砭他们恐惧战争害怕革命的"软骨症",赞美"赤道雕弓"和"椰林匕首"敢于射虎屠龙的斗争精神,结论是旋转乾坤改造世界还要凭靠革命的功力。诗意显然十分吻合毛泽东的思想,因此备受其喜欢和欣赏。

曹操和叶剑英对刘表父子的看法,毛泽东是认同的,这不仅从他读《远望》诗中可以看出,而且从他读《三国志·魏书·刘表传》的批注中也可以看出。

毛泽东有一套1957年版的《三国志集解》。他在读卷六《刘表传》时,写了不少批语,多处对刘表作了一针见血的评论,并且是与曹操对照着来评议的。

刘表于初平元年(190)被任命为荆州刺史,直到建安十三年(208)病逝,做荆州地方长官近二十年。刘表到任以后,平定了境内反叛势力,又南攻长沙、桂阳、武陵、零陵四郡,扩展了地盘,使荆州辖境控制着今湖北、湖南二省的大部分地区,与河北的袁绍、中原的曹操、江东的孙权、关中的马腾相比,实力可比肩而立,不可小视。但是,刘表只求保据一方当土皇帝,对各派政治势力采取中间骑墙的立场,丧失了机遇,最终被曹操夺得了荆州之地。

毛泽东批注《刘表传》多贬责之语。《刘表传》一开头描述刘表其人:"长八尺余,姿貌甚伟。"毛泽东在这两句旁批道:"虚有其表。"即认为刘表徒有仪表,中看不中用,实为庸才。

刘表本传记载,他初到荆州上任之时,地方宗党携众不附,境内盗贼横行,他一筹莫展;等到诱骗来55位宗党首领,他竟然下令"皆斩之",并"袭取其众",采取不讲信义、不择手段的卑鄙行径,很不光彩。对此,毛泽东评论道:"杀降不祥,(曹)孟德所不为也。"杀害降俘,绝非吉祥之事;刘表这样干,曹操是不会这样干的。

后来,当刘表在荆州站稳脚跟后,一方面向汉王室贡献称臣,另一方面又与北部的盟主袁绍勾结来往。谋士规劝他,他声称这样做,"内不失贡职,外不背盟主,此天下之大义也。"刘表想左右逢源,毛泽东不以为然,在此处批语估计刘表下场:"虽绝(袁)绍附(曹)操,终亦为操所吞。"即刘表一味骑墙,下场必糟:就是断绝与袁绍的来往,归附曹操,也尽早会丧地失境,为曹操所吞并。

200年,刘表南攻零陵、桂阳,获得成功,兵力增至十万,胜利冲昏头脑,不向皇帝纳贡了,又祭拜天地,住所和服饰都僭越制度,摆出一副居尊称帝的姿态,将天下纷争的时势没当回事,妄自尊大。毛泽东在此处又将曹操与刘表作对比:"做土皇帝,孟德不为。"刘表不度德量力,胡行妄为当"土皇帝",在政治上、策略上都是失误。袁术称帝没几天就呜呼哀哉了,就是明显的例子;聪明的政治家曹操终生不干这样的蠢事。毛泽东对曹操、刘表一褒一贬,很好地总结了历史上的经验教训。(批语均见《毛泽东读文史古籍批语集》,中央文献出版社1993年11月版,第140—142页)

曹操说刘表父子如同猪狗那样愚蠢无能,这是胜利者的蔑视;毛泽东对《刘表传》的批注,不在于蔑视和谩骂,更多的是入木三分的比较分析,刘表进取精神的失落,政策和战略的失误,导致了他最终的失败,教训是值得人们永远吸取的。

也想做一出张松献地图

> 他说,汪精卫已叛变,统一战线中的张精卫、李精卫、赵精卫、钱精卫,也想做一出张松献地图。要去总是去,再三留不住,任他们走吧!

柏桦:《毛泽东口才》,海南出版社 1996 年 10 月版,第 2 页

抗日战争中,汪精卫投降日本侵略者,成立伪政权,当起了大汉奸。

毛泽东把汪精卫及其一类人物与《三国演义》中向刘备献地图的政客张松联系到一块了。

汪精卫=张松。

那是 1939 年 7 月 9 日,毛泽东等中央领导人在延安桥儿沟,向陕北公学开赴华北抗日前线的同学讲话。

毛泽东首先讲了统一战线问题。他说,现在时局的特点是妥协投降分子要闹分裂,我们就让抗战的进步、全国的团结,坚持统一战线来对付。一定要坚持抗日民族统一战线,坚持国共长期合作。

他说,汪精卫已叛变,统一战线中的张精卫、李精卫、赵精卫、钱精卫。也想做一出张松献地图。要去总是去,再三留不住,任他们走吧!但是,地主资产阶级不会全走,有的还要抗日,长期合作是可能的,因此一定要坚持统一战线。对同盟者,凡是可多留他一天,我们就多留他一天。能够多争取他半天一夜,都是好的。甚至留他吃了早饭再去,也是好的。抗日民族统一战线是战略的,又是策略的。从规定革命力量的相当布置计划,决定无产阶级的主要打击方向这一点来说,抗日民族统一战线是战略的,它规定战略任务,调动同盟军。

讲话中,毛泽东把投降派的活动比喻为《三国演义》中的张松献地图。

张松,是益州刘璋(字季玉)的部下,官至益州别驾。建安十七年(212)他献地图的故事,在《三国演义》第六十回:《张永年反难杨修 庞士元议取西蜀》。这回书中说张松"暗画西川地理图本藏之",原本想献西川于曹

操，但受到曹操的冷遇，于是他转而想投靠刘备。刘备对张松接待十分礼遇，使张松备受感动。临别之时，刘备于十里长亭设宴为张松送行：

张松自思："玄德如此宽仁爱士，安可舍之？不如说之，令取西川。"乃言曰："松亦思朝暮趋侍，恨未有便耳。松观荆州：东有孙权，常怀虎踞；北有曹操，每欲鲸吞。亦非可久恋之地也。"

玄德曰："故知如此，但未有安迹之所。"

松曰："益州险塞，沃野千里，民殷国富，智能之士，久慕皇叔之德。若起荆襄之众，长驱西指，霸业可成，汉室可兴矣。"

玄德曰："备安敢当此；刘益州亦帝室宗亲，恩泽布蜀中久矣。他人岂可得而动摇乎？"

松曰："某非卖主求荣；今遇明公，不敢不披沥肝胆：刘季玉虽有益州之地，禀性暗弱，不能任贤用能；加之张鲁在此，时思侵犯；人心离散，思得明主，松此一行，专欲纳款于操；何期逆贼恣逞奸雄，傲贤慢士，故特来见明公。明公先取西川为基，然后北图汉中，收取中原，匡正天朝，名垂青史，功莫大焉。明公果有取西川之意，松愿施犬马之劳，以为内应。未知钧意若何？"

玄德曰："深感君之厚意。奈刘季玉与备同宗，若攻之，恐天下人唾骂。"

松曰："大丈夫处世，当努力建功立业，著鞭在先。今若不取，为他人所取，悔之晚矣。"

玄德曰："备闻蜀道崎岖，千山万水，车不能方轨，马不能联辔；虽欲取之，用何良策？"

松于袖中取出一图，递与玄德曰："松感明公盛德，敢献此图，便知

张永年反难杨修

蜀中道路矣。"玄德略展视之，上面尽写着地理行程，远近阔狭，山川险要，府库钱粮，一一俱载明白。

张松与刘备这番对话，把张松劝刘备夺取西川，自己"以为内应"的整个谋划全盘托出。从刘备和刘璋两大敌对政治集团的立场看问题，张松献地图，实是"卖主求荣"，充当内奸。

毛泽东正是在这一点上，运用张松献地图这个《三国演义》中的文学典故，揭露抗日民族统一战线内部投降派叛国投敌甘为汉奸的丑恶面目，使共产党人、青年学生和全国人民提高对投降派的警惕，坚持团结，坚持进步，坚持抗战。

汪精卫是抗战时期著名大汉奸。此人原是国民党副总裁。1931年九一八事变后，一贯主张对日本妥协。抗日战争爆发后，他任中国国民党副总裁、中央政治委员会主席、国民参政会议长。1938年12月离开重庆，发表艳电，公开投降日本。1939年年底和日本签订卖国密约（《日支新关系调整纲领》），1940年在南京成立伪国民政府，任伪主席。汪伪政权以"和平反共建国"为口号，破坏抗战，残酷镇压沦陷区人民，并组织伪军配合日军向中国共产党领导的抗日根据地进攻。

在汪精卫之流公开投降日本之后和还没有建立伪政权之前，毛泽东于1939年夏秋之交称他们的行为是"张松献地图"，可谓一语中的，切中了他们卖国求荣、甘为内奸的要害。

本来，《三国演义》的作者罗贯中以刘备为当世明主，以张松为益州名士，张松献地图乃是弃暗投明之举。毛泽东反其意而用之，借用张松向敌国奉献机密，背叛故主的行为，揭露、痛斥和警告统一战线中的汪精卫一类投降派人物，也想步汪精卫后尘，"做一出张松献地图"。这如匕首和投枪，对投降派揭得体无完肤，批得入木三分。也使听众很容易由张松献地图，想象投降派的卑鄙行为。

这对统一战线中的张精卫、李精卫、赵精卫和钱精卫们，不能不说是狠命的一击。

刘备这个人会用人

（刘备之一）

> 接着主席指出，尽管刘备比曹操所见略逊，但刘备会用人，能团结人，终成大事。
>
> 王凡：《知情者说——与历史关键人物的对话》，中国青年出版社1995年1月版，第106页

三国时期的刘备、孙权、曹操虽然都是一时人杰，其特点却大有区别。有人说刘备是"枭雄"，孙权是"英雄"，曹操是"奸雄"，这个说法不甚准确，只是对"演义"中人物的印象而已。"枭雄"者，《现代汉语词典》解释：强横而有野心的人物；智勇杰出的人物；魁首。这三者，刘备主要是第二者，兼有第一者。而《三国演义》的描写，则突出了刘备智勇杰出仁慈宽厚的特征，掩盖了刘备的强横而有野心。

平心而论，刘备是个雄才大略颇有作为的一代英主。他最主要的特长是能够宽和待人，知人善任，依靠一批有才干的文臣武将，在群雄割据混战中不断克敌制胜，并与曹魏、孙吴三分天下，鼎足而立。

善于用人，善于团结各方人士，是刘备成就事业的主要原因，毛泽东很看重这点。

团结人终成大事

1957年3月20日下午，林克（毛泽东英文秘书）随毛泽东由南京飞往上海，途经镇江上空时，毛泽东手书了辛弃疾的词《南乡子·登京口北固亭》："何处望神州，满眼风光北固楼。千古兴亡多少事，悠悠，不尽长江滚滚流。年少万兜鍪，坐断东南战未休。天下英雄谁敌手，曹刘，生子当如孙仲谋。"

手书毕，毛泽东向林克解释了这首词的意思和词中的典故。

毛泽东说词里"不尽长江滚滚流"是借杜甫的诗句；"生子当如孙仲谋"是借曹操的名句。看过《三国演义》就知道，曹操煮酒论英雄时说：夫英雄者，胸怀大志，腹有良谋，有包藏宇宙之机，吞吐天地之志者也。刘备说：谁能当之？曹操以手指刘备后自指说：今天下英雄惟使君与操耳。尽管刘备比曹操所见略逊，但刘备这个人会用人，能团结人，终成大事。（孙宝义：《毛泽东的读书生涯》，知识出版社1993年1月版，第40页）

毛泽东谈古论今，议论风生，由辛词的"生子当如孙仲谋"（仲谋为孙权的字）联想到曹操煮酒论英雄，由曹操的英雄观联想到刘备的会用人，团结人。

他揭示了事业成功的一条秘诀：会用人，团结人。

遍览《三国演义》，可知这六个字，刘备当之无愧。

清代学者赵翼在《廿二史札记》中评论刘备："寄人篱下，无寸土可以立业，而数人者患难相从，别无二志，此固数人者忠义，而刘备亦有深结其隐微而不可解者矣！"这个评论可谓一语中的。

刘备以织席卖鞋的出身，到处奔波，寄人篱下，而终成建立蜀汉政权的伟业，其在用人和团结人上确有"深结其隐微而不可解者"！

其实，所谓"隐微"，也不是不可剖白，其核心的东西，不外乎倾心向下属和各阶层挖掘有真才实学的人才，深结其心，振奋其志，成就其业，使人才实现自身价值。

刘备的会用人，团结人，首先表现在思贤若渴上。这方面最显著的例子是刘备"三顾茅庐"请诸葛，以百折不挠的毅力使文能安邦、武能定国的孔明受感动出山。诸葛亮加入刘备集团，使其如虎添翼，逐步走出困境，迎来了事业的巅峰期，诸葛亮也"鞠躬尽瘁，死而后已"，以报"先帝之明"。这个故事在《三国演义》中有最精彩最详尽的描写，可谓妇孺皆知，笔者不想多说。

刘备会用人，团结人，其次表现在知人之明。《老子》说："知人者智，自知者明。"刘备可谓知人善任。他于顺境或逆境中，都能做到用人不疑。《三国演义》第四十一回，刘备被曹操大军追赶，兵败当阳，此时赵云并刘备妻小一干人不知下落——

> 正凄惶时，忽见糜芳面带数箭，踉跄而来，口言："赵子龙反投曹操去了也！"玄德叱曰："子龙是我故交，安肯反乎？"张飞曰：

"他今见我等势穷力尽,或者反投曹操,以图富贵耳!"玄德曰:"子龙从我于患难,心如铁石,非富贵所能动摇也。"糜芳曰:"我亲见他投西北去了。"张飞曰:"待我亲自寻他去。若撞见时,一枪刺死!"玄德曰:"休错疑了……子龙此去,必有事故。吾料子龙必不弃我也。"

事实证明,刘备的判断是正确的;赵云不但没有弃刘投曹,反而于百万军中杀出一条血路,救出幼主阿斗。

刘备的知人之明,还在于能够透过现象看到本质。《三国演义》第八十五回描写,刘备"白帝城托孤"时,马谡在侧,刘备令其退出,而后问诸葛亮:"丞相观马谡之才何如?"孔明曰:"此人亦当世之英才也。"先主曰:"不然。朕观此人,言过其实,不可大用。丞相宜深察之。"后来的街亭之战,证明马谡徒读兵书,大用大失,给北伐曹魏进取中原的大事,造成无法弥补的损失。这反证刘备看人确实入木三分。

刘备会用人,团结人,还体现在知错即改上。庞统与诸葛齐名,一称"卧龙",一称"凤雏"。庞统有"匡济之才",初投刘备帐下,只安排他去做一个县令,后经张飞的实地考察,证明庞统确有"大才",刘备知道自己屈才了,马上检讨说:"屈待大贤,吾之过也!"遂下阶请罪,拜庞统为副军师中郎将,与孔明共赞方略。

刘备会用人,能团结人,从根本上说,在于他有凝聚人心的素质。刘备创业目标明确,奋斗精神不衰,即使在兵穷势孤,依附他人时,也始终保持进取精神和独立人格。他用共同的理想目标凝聚人心,使跟他走的人觉得奋斗有目标,精神有寄托,前途有希望,齐聚在他的旗帜下。刘备是雄才大略的英主,他为人正派,胸怀坦荡,严责己,宽待人,使人才不仅为他所用,而且能成为知音知己。诸葛亮为报知遇之恩,"两朝开济老臣心",不光是他本人忠心,也有刘备的以诚相待所产生的效力。刘备以贤以德,把文武奇才凝聚在自己的周围,组成一个团结坚强的领导核心,死心塌地为兴复汉室政治目标服务,这是他的高明处。即使在封建时代,这也是那些大大小小的权术家、阴谋家所难以企及的。他们虽然能靠手段用人于一时,但很难结其心,同其志,患其难,成为知己。

毛泽东为什么在1957年上半年讲刘备会用人、能团结人呢?林克说——

毛泽东书写和讲解诗词那段日子,正是波兰、匈牙利事件发生,波及中国,部分地区出现工人罢工、学生罢课、农民退社,中央又决定开展整风的多事之秋。这些时日,毛泽东乘飞机往返于天津、济南、徐州、南京、上海等数城，除了徐州是路过外，每到一地，毛泽东都要会见各地主要领导干部，并在干部大会上作报告，讲正确处理人民内部矛盾问题，匆忙而紧张。

然而，就是在这种令人不安的氛围下，毛泽东思接千载，精骛八极，思绪跨越时空，论词温史，随心所欲地从中抽出精彩片段，即兴发挥。他于此时强调会用人、能团结人以成就一番事业，无不与时局和应对时局的策略相关。也就是在这一阶段，毛泽东逐渐形成了知识分子的大多数是拥护社会主义的，"百花齐放，百家齐鸣"应是基本的、长期的方针等观点。

刘备、曹操、孙仲谋（孙权），都是杰出人物。《三国演义》对他们的用人之道都有周道详备的描写，读之启人智慧。还是清人赵翼说："三国之主用人各不同。"（《廿二史札记》）他说的是历史，小说上的介绍与此相同。毛泽东特意点出刘备善于用人终成大事，笔者理解是因为刘备做得更好些。

入川时干部少而弱

毛泽东对蜀汉集团的干部队伍，有着十分透彻的分析。1958年9月份毛泽东南巡，与张治中等人谈话时，说："有时从历史谈到形势，如谈曹、刘、孙，就大谈赤壁之战；谈刘备入川时的情况，是干部少而弱，南方干部多，北方干部少，谈到对曹操刘备的评价。"（李捷、于俊道：《东方巨人毛泽东》，解放军出版社1996年1月版，第967页）

这次谈话的核心内容是分析刘备集团干部队伍的状况和结构：拿刘备集团与曹操、孙权集团比较而言，前者的"干部少而弱"；从刘备集团的内部情况看，干部队伍南方人多北方人少。这个分析完全符合刘备集团的干部队伍状况和干部来源的地域特点。

这个分析可以看出毛泽东读书确实十分细心，确实有过人之处。《三国演义》作为文学作品，受其"拥刘贬曹"思想倾向的影响，把刘备帐下写得"猛将如云，谋士如林"，君德臣贤，人才济济。其实，刘备集团长期处于人才匮乏状态，刘备死后，到诸葛亮六出祁山之时，已经是"蜀中无大将，廖化做先锋"了。三国之时，魏、吴、蜀三家，蜀国的力量一直处于弱小地位，这与刘备集团干部队伍"少而弱"的情况大有关系。

当然，毛泽东说刘备集团干部少而弱，与他对刘备会用人团结人终成大事的分析并不矛盾。前者是说刘备干部队伍的客观情况，后面强调的是刘备的主观素质。干部少，团结人更有必要；干部弱，会用人，用其所长，才能发挥其作用。但是尽管刘备做了很大的努力，仍然没有从根本上改变蜀汉一方干部少而弱的状况。

形成这种状况,有其复杂的原因。我们已经说过,三国各方的领袖人物,曹操、孙权、刘备三人,在封建军阀割据当中,为了实现"分久必合"的统一大业,都十分重视网罗人才,善于识人用人。但是,比较三国时期的三大政治势力,就人才来源和用人条件来说,刘备所处状况最差:

论出身,刘备虽为皇族后裔,是汉景帝子中山靖王刘胜之后,但世数悠远。自从刘胜儿子刘贞失去爵位,到刘备已经三百年,沦落为普通平民,刘备"少时曾与母贩履织席为业"。刘备集团的早期人物,关羽为亡命之徒,张飞为"兵子",赵云为下层武士,糜竺为"豪人"……皆先世不显,为寒门下士。曹操和孙权与刘备不同,都出身于宦族世家。在门阀观念严重的东汉末年,世族大家对各种人才的流向很有影响力。孙吴建国,主要依靠皖北和江东世族地主的支持。曹操"唯才是举",实际上仍然依靠中原地区的世族地主的支持。唯蜀汉不然。蜀汉没有堪与孙吴之顾、陆、朱、张,曹魏之荀、华、王、杜相比况的人物,在孙吴、曹魏政治中举足轻重的名士大族,在蜀汉政权中几乎找不到。这种情况的产生,当然与各地区政治、经济、文化发展的不平衡有关系。相对落后的蜀汉地区,没有产生出一个世族地主阶层。刘备集团是一个主要由下层豪侠武人组成的武装集团。这样一个政治力量弱小,占据益州前四处流窜的武人集团,对于中原地区的大族名士是没有什么吸引力的,真正对他们感兴趣并能够吸引他们的,是名士曹操及"四世三公"的袁绍一类人物。

论学识,刘备虽然曾经就学于名士卢植,但远非名士,他"不甚乐读书,喜狗马、音乐、美衣服",志趣风格与名士迥异。而孙权、曹操的情况又不同。孙权自少博览群书,精习经史,"才秀明达,始有知名"(《三国志·吴主传》);曹操二十岁便举孝廉,从文学至兵书,无所不窥,年轻时编了一本《兵法接要》,又注《孙子十三篇》。东汉末年的社会风气是"不惟君择臣,臣亦择君"。具有高度文化修养的名士,是不把刘备一类文化不高的武人集团放在眼里的。像中原的荀彧、程昱、郭嘉,东吴的张昭,那样"当世知名"的大名士,投奔到孙权、曹操帐下,不是没有来由的。刘备在到处奔波多年据有荆州后,才开始注意网罗带有文化特点的士人。可是,他所能网罗到的,和他愿意主动接近的,主要还是一些寒门下士。比如第一个来投奔刘备的荆州士人徐庶"少好任侠击剑","尝为人报仇",并不为士人圈子所接受;"徐庶走马荐诸葛"所推荐的诸葛亮,自称"东方下士",其实也是个高居隆中的山林隐士,是荆州名士圈外之人。这样看来,刘备周围名士不多,也是渊源有自。

论基业,刘备起兵下层,白手创业,举兵涿郡时,毫无政治势力和军事地盘可资凭借；孙权凭借父兄二世余荫，"割据江东，国险民附"，贤能为之用；曹操雄才大略，拥军百万，"挟天子以令诸侯"，师出有名。因而曹营和江东人才济济；而刘备则正如王夫之在《读通鉴论》中所说："先主之初微矣，因无袁曹之权藉，屡挫屡奔；而客处荆州，望不隆而士之归者也寡，及分荆据益、蜀所得收罗为己用者，江湘巴蜀之士耳！"

这些条件造成了刘备集团干部队伍特殊的状况。至于刘备集团干部队伍南方人多北方人少，道理很简单：刘备一伙在北方时，还是"游击状态"，数易靠山，自然跟从的人就少；到占据了荆州和益州，才能大规模地招揽人才，南方干部所占比例自然多起来。

但是，尽管刘备得人条件远不如孙曹，最后还是建立了蜀汉政权，拉开了天下三分的历史序幕，刘备自己也成了与孙曹并争天下的一方政治领袖。其中一个极为重要的因素，就是他善于物色人才，善于使用人才，并有一套别具特色的用人思想和政策。刘备自较孙曹起点低，基业差，又无先天的政治军事势力可作凭借；但他有知人之明，用人之量；虽然经历了艰辛曲折的创业征途，但终于最大限度地收揽了南北文武人才。他在北方群雄角逐时期，组合了关羽、张飞、赵云、麋竺、简雍、伊籍，拉起了一支勤王汉室的队伍；在争夺荆州时期，又物色了诸葛亮、庞统这样的旷世人才，其间又收揽了马良、魏延、费祎、蒋琬等文武；此后在袭取益州时期，吸收了原刘璋部属和益州官僚地主，如法正、吴懿、刘巴、黄权、杨洪，以及来自北方的黄忠、马超这样的难得战将，终于形成了蜀汉政权的基本班底。"得人才者得天下"，正是因为刘备针对自己的弱点，在南北征战中，注意物色人才，广泛地招揽人才，并且出色地使用人才，因此，他才能成为天下三分有其一的昭烈皇帝，而与江东孙权、北方曹操争夺天下，逐鹿中原。对于他的这方面优长，毛泽东也是注意到了并指出来了。

北方人组织一个班子南下

三国时期，多方敌对势力的竞争，使一些根据地不稳的政治集团，如刘备集团，像漂移的大陆，时东时西，他随陶谦，降袁绍，依曹操，靠刘表，最终克西川，定益州。这就导致了刘备集团的干部队伍必然是"原班人马"与"本地干部"的错综组合。这里面蕴含着干部队伍建设的丰富经验。

毛泽东读《三国演义》，对此有精彩的评议。

据薄一波回忆：1960年12月初的一天，毛泽东和他在颐年堂谈话，谈起了中国历史上的著名小说。

"对于《三国演义》,毛泽东同志评价很高。他对我说:看这本书,不但要看战争,看外交,而且要看组织。你们北方人——刘备、关羽、张飞、赵云、诸葛亮,组织了一个班子南下,到了四川,同'地方干部'一起建立了一个很好的根据地。"(苏扬:《中国出了个毛泽东》,解放军出版社1991年4月版,第230页)

薄一波体会,毛泽东的意思是说:外来的干部一定要同地方的干部很好地团结在一起,才能做出一番事业。

三国时刘备建立的蜀汉政权,其干部队伍主要由两部分人组成:一部分是"客籍",就是刘备的原班人马;一部分是"土著",就是益州刘璋的旧部。

刘备是河北涿县人,关羽是山西解县人,张飞是刘备的老乡,赵云是今河北正定人,诸葛亮是今山东沂南人,相对于"益州"(今四川),他带去的班子可以说都是"外来干部"。

益州刘璋的部下,绝大部分都是当地大贵族,或外来的名士学者,但也都在巴蜀闯荡有年。

据有人统计,《三国志·蜀志》列传者五十六人,而其中益州人占十八个。也就是说,在刘备集团上层领导核心中,有三分之一的重臣显宦是原刘璋的部下,这部分人都是"地方干部"。

刘备用武力夺取益州后,遇到了一个棘手的大问题,那就是在区域观念很重的封建社会里,如何使"外来干部"与"地方干部"拧成一股绳,共同完成巩固西川兴复汉室的大业。而这个问题的关键是善待刘璋旧部,对"地方干部"一碗水端平。刘备不搞亲疏远近,一视同仁,不仅对早期跟随自己的文臣武将,如关羽、张飞、赵云、黄忠、魏延、糜竺、简雍、马良等,加官晋爵,提拔重用,而且对入川后投靠他的甚至于是反对他的刘璋旧部也倍加爱护,委以官位。

当初,刘璋受到汉中张鲁和北方曹操的军事威胁,他邀请在荆州的刘备带兵入川,协助他抗拒张鲁和曹操的入侵,此事遭到刘璋部下黄权、刘巴等人的激烈反对,黄权说:"某素知刘备宽以待人,柔能克刚,英雄莫敌……若召到蜀中,以部曲待之,刘备安肯伏低做小?若以客礼待之,又一国不容二主。今听臣言,则西蜀有泰山之安;不听臣言,则主公有累卵之危矣。"应该说,黄权可谓一言击中要害,看清了刘璋请刘备入川,是开门揖盗引狼入室。但刘备十分重视争取人心的工作,尤其对地方"反对派"采取了高明的策略,《三国演义》第六十五回描写:

玄德入成都，百姓香花灯烛，迎门而接。玄德到公厅，升堂坐定。郡内诸官，皆拜于堂下；惟黄权、刘巴，闭门不出。众将忿怒，欲往杀之。玄德慌忙传令曰："如有害此二人者，灭其三族！"玄德亲自登门，请二人出仕。二人感玄德恩礼，乃出……

　　玄德自领益州牧。其所降文武，尽皆重赏，定拟名爵：严颜为前将军，法正为蜀郡太守，董和为掌军中郎将，许靖为左将军长史，庞义为营中司马，刘巴为左将军，黄权为右将军。其余吴懿、费观、彭羕、黄观、卓膺、李严、吴兰、雷铜、李恢、张翼、秦宓、谯周、吕义、霍峻、邓芝、杨洪、周群、费诗、孟达，文武投降官员，共六十余人，并皆擢用。

　　无疑，刘备的干部政策是成功的，他信任、善待、重用益州本地干部，使巴蜀四十一郡很快平定平稳下来，"建立了一个很好的根据地"。

　　毛泽东慧眼独具，从《三国演义》中看组织路线，看干部政策，发前人所未发。

　　外来干部和本地干部要很好地团结在一起，这对于中国革命来说，其意义太重要了。

　　比如抗日战争时期，我党的干部队伍有各种成分：有经过长征从南方根据地过来的，有陕北根据地的"坐地户"；有来自大城市的知识分子干部，也有土生土长的工农干部；有军队干部，也有地方干部；有汉族干部，也有少数民族干部；有党员干部，也有党外干部；等等。这些干部之间，因经历、阅历、思想水平、实际能力的差别，常常出现各种各样的矛盾和冲突，如果处理不当，必然影响干部之间的关系，不利于团结。

　　当时，在陕北革命根据地，干部中一个突出的问题是"外来干部"和"本地干部"的团结问题，这个问题处理好坏，关系到党中央能否在陕北站稳脚跟，毛泽东为此倾注了很多心血。

　　毛泽东对高级干部们讲，我们要搞五湖四海，不搞山头宗派，所有干部"都是一个父母生的"，是党的宝贵财富。他还说，外来干部要向本地干部学习，本地干部也要向外地干部学习；汉族干部要反对大汉族主义，少数民族干部要反对地方民族主义；知识分子干部要学习工农干部的实际工作经验和作战经验，工农干部要向知识分子学习文化、理论，互相团结，共同提高。

　　毛泽东还身体力行，正确处理外来干部和本地干部工作上的矛盾。其中处理留守兵团和西北局的关系，就是典型的一例。

抗日中期，我党在延安成立了留守兵团。司令员萧劲光认为，兵团属于中央军委直接领导，与西北局没有直接隶属关系，所以没有向西北局汇报、请示工作，还出现了不尊重地方政府、与其闹纠纷的事情，对西北局主要负责人高岗也有不同的意见。毛泽东发觉后，多次找萧劲光谈话，在肯定留守兵团成绩的基础上，要求萧劲光尊重地方政府，尊重高岗，搞好外地干部和本地干部的团结，搞好军民关系。萧劲光心悦诚服地接受了批评，在西北局高干会议上就留守兵团不尊重地方政府和领导的问题作了检讨，主动承担了责任。

1943年春节，留守兵团首创拥政爱民活动，地方政府也开展了热烈的拥军优属活动。这些活动的开展对于促进外地干部和本地干部的团结，促进军政军民团结，战胜解放区的经济困难，巩固革命根据地，夺取抗战的胜利起到了重要的作用。后来，拥政爱民和拥军优属活动成了我党我军的优良传统。

毛泽东还经常教育本地干部向外地干部学习，他说：因为外地干部有他们丰富的经验，对党的方针政策领会得比较全面，要尊重外地干部，同他们搞好团结。不论外来干部还是本地干部，新干部还是老干部，男干部还是女干部，都是党的干部，不要分彼此。

1945年，党召开第七次代表大会，毛泽东作口头政治报告时，又郑重地讲到要"特别注意"本地干部、本地军事干部等问题。

他说："要像看待自己的兄弟姐妹一样看待本地干部……我初到陕北，开头忽视了这一个问题，这个边区是高岗同志他们一手搞起来的，因为我对这个问题处理不好，所以陕北人就讲闲话。有人说，陕北人只能建立苏区，不能当红军。出了这样的言论，是由于对本地一些军队处理得不好。至于华北、华中、华南各地有没有对本地干部和本地军队处理得不恰当的呢？如果有，应当承认是不对的，应当纠正，如我在陕北应当承认的一样。"（《毛泽东文集》第三卷，人民出版社1996年8月版，第343—344页）

他又说："每到一个地方，就要尊重那个地方的人民，那个地方的军队，那个地方的政府，跟他们搞好关系。这是共产党员的义务。"

历史有许多惊人的相似之处：

北方人刘备组织一个班子南下，到了四川，同"地方干部"合作，建立了一个很好的兴复汉室的根据地；

南方人毛泽东组织一个班子北上，到了陕西，同本地干部密切合作，建立了一个很好的抗日救国的根据地。

历史有惊人的相似之处，但历史不能做简单类比。毛泽东从刘备南下的历史经验中，发现了组织路线方面的一大奥妙，将其应用于中国的抗日救亡，应用于中国的无产阶级革命和建设，发展和丰富了党的干部思想和政策。

薄一波出生于山西，是"北方人"，是"地方干部"。几十年后，他能那样清晰准确地回忆毛泽东的教导，表明毛泽东通过刘备南下历史故事所阐述的干部思想，深刻铭记在他的心中。薄氏多年做组织人事工作，其思想学养得之于毛泽东者甚大。

从刘备组织班子南下中悟出"外地干部"和"本地干部"团结才能成就事业的道理，这是用古代文学典故表达深邃思想的范例。

难道我们还不如刘备

(刘备之二)

> 毛泽东用一只手熄灭了烟,扳着另一只手的一个手指头,接着说:"……难道我们还不如刘备?刘备撤退还舍不得丢下新野县的老百姓,我们共产党人总比刘备强嘛!我决心和陕北的乡亲们一起,不打败胡宗南决不过黄河!"
>
> 邸延生:《历史的真言——李银桥在毛泽东身边工作纪实》,新华出版社2000年7月版,第15页

《三国演义》中的刘备,是个"仁君"、"明君"的形象,他的言行,举手投足之间似乎都充溢着仁义忠信美德的馨香。起于寒门,力量弱小的刘备,奋斗征途处处小心谨慎,以仁义之行争取人心。他事业成功中确有宝贵经验值得吸取。小说中对刘备的许多描写,直到今天仍然可以借鉴。

撤退舍不得丢下老百姓

1947年3月13日,天蒙蒙亮。胡宗南指挥的十四个旅兵分两路,左路集团由刘戡率领,从延安南面的洛川出发;右路集团由董钊率领,从延安东南方向的宜川进逼,以"分进合击"的态势同时向延安发动了猛烈进攻。同时,六十多架敌机轰炸了延安。毛泽东、周恩来等人的处境十分危险。

"我是要最后撤离延安的,我还要看看胡宗南的兵是个什么样子哩!"毛泽东不怕蒋胡军的气势汹汹,"稳坐钓鱼台",并不急着撤走。

新四旅一部分部队负责掩护党中央和毛泽东撤离,官兵们对他们的安全不放心,有的旅团首长借向毛泽东汇报工作之机,劝毛泽东赶快撤离。

这天,新四旅的副旅长程悦长和十六团的团长袁学凯来见毛泽东。

毛泽东那天很高兴,让工作人员给两人弄来了两大碗冒着热气的红烧肉和七八个白面馍馍:"吃吧!今天整个延安打牙祭,赶不走的猪统统吃掉,自己喂大的嘛,不能留给胡宗南!"

程悦长和袁学凯见毛泽东高兴，便一边吃着饭，一边毫无拘束地向毛泽东汇报情况：

"部队兵强马壮，给养充足，士气很旺。指战员们纷纷向旅部、团部请战，一致表示坚决保卫毛主席、保卫党中央！多打胜仗保卫延安……"

饭吃得差不多了，两个人互相看了一眼，又说："主席，部队都非常担心你的安全，我们全旅指战员请求主席早一些转移到黄河东边去。"

毛泽东吸着烟，微笑着对他们说："你们代我谢谢同志们。好多地方来电报，催着我过黄河，彭老总更是急得不得了。中央有个安全的环境，对指挥全国作战的确有好处。不过，我有些想法……"

毛泽东用一只手熄灭了烟，扳着另一只手的一个手指头，接着说：

"其一，我们在延安住了十来年，一直处在和平环境中，现在一有战争就走，我无颜对陕北乡亲，日后也不好再见面。难道我们还不如刘备？刘备撤退还舍不得丢下新野县的老百姓，我们共产党人总比刘备强嘛！我决心和陕北的乡亲们一起，不打败胡宗南决不过黄河！"

毛泽东又点燃了一支烟，扳下另一个手指头："其二，我们不离开陕北还有一个理由：胡宗南有二十多万人马，我们只有二万人，陕北的比例是10比1；这样我们其他战场就好得多，敌我力量对比不会这么悬殊。党内分工我负责军事，我不在陕北谁在陕北？现在几个解放区刚刚夺得主动权，我留在陕北，蒋介石就不敢把胡宗南投入别的战场；我在这里拖住他的'西北王'，其他战场就可以减轻不少压力。"

烟烫手了，毛泽东赶紧将手上的烟头一丢，毫不在意地继续说："当年希特勒进攻苏联，也是不可一世嘛！几十万敌军围住了莫斯科，斯大林也没躲到什么地方去，还在红场上大阅兵哩！后来怎么样？还不是粉碎了希特勒的进攻！结果又怎么样？苏联红军大反攻，一直打到柏林，彻底消灭了德国法西斯嘛！"

3月18日傍晚，延安东南方向突然传来了急促的枪声，情况突变。正在同第二纵队司令员王震谈话的毛泽东在彭德怀的催促下准备动身，他稳稳地坐在椅子上，慢悠悠地问："机关都撤离了吗？"

"都撤离了。"周恩来说罢，又有人抢着道："早撤光了！"

毛泽东又问："群众呢？"龙飞虎回答："全撤离了，一下午全撤了。"

群众安全撤走了，毛泽东才最后撤离延安。

转战陕北的征途上,可说是危机四伏。可越是危险,毛泽东越是想到群众的安全。王家湾转移就是最显著的例子。

1947年6月8日,刘戡率四个半旅沿着延河北进,先头部队进到离毛泽东住地王家湾只隔一个山头,形势万分危急。此时,整个陕北保卫中央首脑机关的只有四个连。西北野战军已运动到西线的陇东一带,迎战马鸿逵、马鸿宾集团,且连克数城,活捉了敌军少将副旅长陈应权、马鸿宾的儿子马奠邦。当胡宗南发现西野西进,美制电台测向仪又测出王家湾一带电台密集时,急令董钊、刘戡率机动部队,追歼他预料中的"共军首脑机关"。

远在千里之外的彭总闻讯,速用三个"AAA"字的急电,报告毛泽东;用两个"AA"字的急电,指派靠近中央的地方武装,誓死保卫毛主席。

毛泽东遇险之际,首先想到的不是自己和中央的安危,而是朝夕相处的王家湾老百姓。他请高村长转告老乡,不要乱跑,待三支队转移方向定下来,再跟队伍一起走。

从未听过炮声的老乡们,早赶着牛羊、拖儿带女上了东山。侦察员报告:"敌人正由东向西扑来!"毛泽东立刻通知高村长,带领群众向西山转移,三支队派兵保护。

高村长不敢隐瞒真情。毛泽东心情沉重,命令三支队:"不惜一切代价,追回老乡!敌人从东边来,我们要有计划地组织老乡撤,不能让老乡受损失。把我们的行动方向告诉村干部,让他们带领群众一起转移。"时不我待,警卫人员催毛泽东上马,离开王家湾,他怒气顿生,大手一挥:"老乡追不回,我不走!"

"部队带着老乡走,不暴露行动目标吗?"人们从主席安危出发,提醒他慎重行事。

"部队已和老乡凝成一体,危难之时,不保护群众,还叫共产党吗!"大事小事都想着乡亲的毛泽东,蹲在院里的树墩上,烟圈在眼前缭绕。

天空乌云密布,雷声炮声已难分辨。刘戡越来越近,"铜钱雨"越下越大。毛泽东命令来此催他上马的指挥员:"把警卫排拉上去,一定挡住敌人,直到老乡追回,向西转移,才准撤!"

负责毛泽东安全的警卫人员,看警卫排上了前线,低声嘀咕:"哪有派警卫部队打仗的?出事咋办?"毛泽东脸一冷:"这不让你看到了吗?你怎只想着我,不想着老百姓?"

"小小秤砣压千斤"。警卫排创造了阻击敌人三小时的奇迹。毛泽东站在崖畔上,目送老乡向西转移,才骑马上山,吆喝一声:"走!"

敌军围困万千重,心里时刻有群众。这就是毛泽东!相似的境遇,使他想起《三国演义》中刘玄德撤离新野的故事,他的誓言是:我们共产党人总比刘备强！毛泽东说到做到。

毛泽东讲的是《三国演义》第四十一回"刘玄德携民渡江"的故事：曹操南征，大军杀奔新野，刘备因敌我力量悬殊，决定奔襄阳，以协助其侄刘琮一起保卫荆州，因不忍弃下百姓，便遍告四方：愿随者，一同渡江。两县人民誓死相随，到襄阳，蔡瑁、张允闭城相拒，如用武力入城，势必互相残杀，将害百姓，刘备乃采纳孔明先取江陵为家之议，便引着百姓，尽离襄阳大路，望江陵而走。因同行军民十余万，大小车数千辆，挑担背负者不计其数，行动迟缓。这时，曹操大军即将渡江来追，众将都说："江陵要地，足可拒守。今拥民众数万，日行十余里，似此几时得到江陵？倘曹兵到，如何迎敌？不如暂弃百姓，先行为上。"刘备泣说："举大事者必以人为本。今人归我，奈何弃之？"百姓闻刘备此言，莫不伤感。大敌追逐之际，刘备仍以百姓为重，不抛弃百姓而甘冒被俘之险，获得民众拥护是必然的。正因荆州人心归向，刘备才能以荆州人为主组成队伍。后来他能创业西蜀，荆州人出力最大。如果刘备不是得到荆州人的支持，他将一事无成。可见，要创业，得军心民心人心是何等重要。

民本思想，是传统政治思想中带有民主性精华的部分。刘备的"举大事者必以人为本"，毛泽东把为人民服务作为建党建军的宗旨，二者有区别，也有联系。延安撤离陕北转战之时，毛泽东先群众后自己，甚至置个人安危于不顾，完全是无产阶级和人民大众领袖的本质亮色。辉煌千古，不朽千古。

刘备新野败退不忘百姓，毛泽东延安转移不忘群众，揭示了一个共同真理：得民心者得天下，失民心者失天下；代表群众根本利益者得天下，损害群众根本利益者失天下。这是千古不易的真理，而今亦焕发着真理的光芒。

甘露寺是全国出名的

1955年7月，毛泽东在杭州接见访问日本归来的中国科学代表团茅以升一行。晚上，毛泽东招待代表团吃饭，在散席后，他把大家送出门，路上他问茅以升："你是江苏哪县人？"茅以升回答："镇江人。"

> 毛泽东说："镇江有个甘露寺，是全国出名的。《三国演义》上说，刘备在这里招亲，实际不对，孙权是把他妹妹送到荆州成婚的。"（茅玉麟、孙士庆：《中国桥魂——茅以升》，科学普及出版社1991年10月版，第132—133页）

甘露寺的"出名",与《三国演义》中刘备招亲的故事大有关系。因为按照演义的描写,刘备是在甘露寺相的亲。刘备招亲的故事流传很广,甘露寺也就有了知名度。甘露寺位于今江苏镇江市北固山。这里,流传着许多有关三国的故事。北固山顶梳妆楼,相传是刘备夫人孙尚香梳妆打扮的地方,内有吴国太会见刘备相亲的塑像。与之相距不远的是祭江亭(又叫北固亭),相传孙夫人被骗回东吴后,得知刘备兵败身死白帝城,曾在此设奠遥祭,然后投江自尽。

其实,甘露寺始建于公元6世纪的南朝萧梁时代,三国孙吴时北固山上尚无亭台楼阁。由于刘备甘露寺招亲的故事流传广泛,世人皆知,于是才在山上附会了这些"遗迹",弄假成真。今人邓拓在题"甘露寺"的诗中感慨地说:"孙吴甘露本无寺,寺建南梁武帝间。远昔兴废都莫问,流传史事尽人知。"

刘备"过江招亲""甘露寺相亲"的故事,出自《三国演义》第五十四至第五十五回。说赤壁大战后,刘备向孙权借得荆州,周瑜为夺回荆州,建议孙权趁刘备甘夫人去世之机,将其妹嫁配刘备,欲赚刘备到南徐,加以禁囚,逼其交出荆州。孙权答应,即命吕范往荆州说媒。诸葛亮识破其计,并将计就计,授赵云三条"锦囊妙计",命赵云带五百军士护送刘备过江招亲。到了南徐,赵云依计而行,弄假成真,经过甘露寺相亲,刘备与孙夫人成婚,一同返回荆州。周瑜弄巧成拙,又不甘心失败,即命徐盛、丁奉、陈武、潘璋等率军追赶。孙夫人怒斥追兵,令其让路,遂到江边,被诸葛亮接应上船。诸葛亮还命军士齐声大叫:"周郎妙计安天下,赔了夫人又折兵!"周瑜又羞又怒,箭疮迸裂,昏倒船上。

毛泽东评论《三国演义》上说刘备在甘露寺相亲,"实际不对",是比较小说故事和历史事实而言的。所谓"实际",指的就是历史事实。那么,历史上刘备到东吴招亲到底是怎么回事呢?据《三国志·蜀书·先主传》记载:赤壁之战后,刘表之子刘琦不久病死,众人推刘备为荆州牧。刘备势力的增长,"(孙)权稍畏之,进妹固好。先主至京(今镇江市)见(孙)权,绸缪恩纪。"可见刘孙联姻,纯粹是一种政治交易。是孙权主动攀亲以巩固孙刘联盟,共同对付曹操。大概毛泽东理解"进妹"二字,就是孙权"把妹妹送到荆州成婚"。这样,所谓甘露寺相亲,也就成了子虚乌有,因那时甘露寺还没建呢。

毛泽东既读小说《三国演义》,又读史著《三国志》,因此谈话时常能把小说故事和历史事实进行比较。刘备"过江招亲"故事中的虚虚实实,他也是很了解的。哪是虚构,哪是史实,他信口道来,游艺于文史之间,常使听者获益匪浅。

刘备"过江招亲"的故事,是《三国演义》最有名的故事之一,以致形成了一句歇后语，就是"刘备招亲——弄假成真"。毛泽东表述思想，也有引用这句歇后语的时候。1958年3月9日，毛泽东在成都会议上讲话，他提出二十五个问题，供与会者讨论。其中第十七个是"整风问题"，他说：

> "整风问题。双反抓到题目了。知识分子'红透专深'，这个口号好。刘备招亲，弄假成真。他们有部分人是真的，多数是半真半假，有小部分是假的，可以发展突变的。有去年整风反右为基础，今年又有生产高潮，使资产阶级知识分子有突变可能。红安县干部改变快。"

毛泽东按照"红透专深"的标准，把知识分子分为三种类型：真的；半真半假的；假的。并认为中间是大多数，两头是"部分人"或"小部分人"。他希望"假的"和"半真半假"的知识分子通过整风像"刘备招亲，弄假成真"那样，实现"发展突变"。毛泽东还认为1957年的整风反右和1958年的生产高潮，使知识分子"有突变可能"。应该说，毛泽东的主观愿望是好的，是想实现知识分子劳动化，使他们思想上红起来，业务上深下去。但是，1957年的整风反右犯了扩大化的错误，1958年的生产高潮（即"大跃进"）犯了"左"的错误，都给革命事业带来了莫大损害，挫伤了人民群众（包括知识分子）干社会主义的积极性。这是毛泽东所始料不及的，也不是他的初衷。

弄假成真；红透专深——毛泽东借助刘备招亲故事所表达的一个美好愿望。

刘备请孔明干什么

1957年春，毛泽东在杭州召集四省一市党委书记开思想工作座谈会。他还听了各省的汇报。

在与福建省委领导同志座谈时，省长说："主席，听你的讲话（指《关于正确处理人民内部矛盾的问题》的讲话——作者注），都说启发很大，但大家一接触实际就又想不通了。譬如，对人民闹事闹他个够，很多人就想不通。"

毛泽东停下脚步，在沙发上坐下，喝完一口茶，把茶缸放在茶几上，耐心地说：

> "记着，对于党内党外人的意见，都不能采取一下子抗回去的

办法，要采取分析的态度，不然，你们会犯错误的！有人说赵某的晚报是黄色报纸，我看不能说是黄色报纸，我看还不错嘛。……有人说我们不能领导科学，也要分析，他们如果出个物理、化学上的问题，你就领导不了嘛，不懂就是不懂，刘备请个孔明干什么？是粮食多了？还是不懂嘛。……要知道，相当多的党外人士讲的话是对的，他们讲的话是经过考虑的。……但有人向我们提出，要求大赦，赦康泽等人，说肃反根本不对，专政根本不要，这就不对了，是错误的了。"

省委书记说："我们实行民主，采取鸣放的方针，承认自己的错误……以后就好办事了。要按照毛主席的《关于正确处理人民内部矛盾的问题》的主要精神办事。"

毛泽东拍了一下沙发扶手说："对啰，大家都想通了就好了。敌我矛盾和人民内部矛盾一定要区别开来。"（朱仲丽：《我所知道的毛泽东》，中国青年出版社1998年4月版，第675—676页）

1957年前后，毛泽东正在探索如何处理敌我矛盾和人民内部矛盾这两类不同性质的矛盾，尤其是后一类矛盾，能不能正确处理，是关乎社会主义事业成败的大问题。

正确处理人民内部矛盾，就要注意倾听党内党外各种意见，要做具体分析，不能一下子"抗回去"，也不能不懂装懂。为讲清这个问题，毛泽东问刘备请诸葛亮干什么，言外之意，就是刘备是为了请教治国安邦的计策，是为了倾听孔明的意见。刘备注意倾听孔明的意见，我们也要分析党内外的各种意见，择其善者而从之，不善者则教育引导之，错误的意见则不听。

刘备的政治生涯，在得到孔明前后，判然有别：以前东奔西跑，飘忽游动，居无定所，屡战屡败；以后取荆州，定西川，夺汉中，东和孙权，北拒曹操，屡战屡胜。刘备对孔明言听计从，也可以算一种封建时代的"民主"作风吧。

所以，听毛泽东谈话的省委领导们从中悟出了"我们实行民主"的真谛。刘备只请了孔明一个人，他的"民主"实在有限得很；我们的民主则要倾听党内外所有人们的意见，广度和深度都不是刘备、孔明们所能比拟的。倘若这条坚持下来，以后还会发生那些"左"的错误吗？不会的。

三顾茅庐看出铁

1958年8月17日至30日中央在北戴河召开政治局扩大会议，确定钢的年产指标达到 1070 万吨，要比 1957 年增加一倍。从这以后，毛泽东心中就时刻惦念着钢铁的生产。

9 月 10 日，他南巡到达武汉。当天，专门听取省委第一书记王任重关于全省钢铁生产情况的汇报，并决定在武汉、黄石分别视察一批钢铁企业。

到武汉钢铁公司视察是在 9 月 13 日。

那天下午 2 时许，毛泽东由王任重等陪同从蒋家墩轮渡码头上岸，上了汽车往厂区驰去。不一会儿，车开到总经理办公室。

毛泽东一坐下，便问："什么时候出铁？"

副总经理韩宁夫看看表说："3 点左右可以出铁，今天看到出铁还是有把握的。"

> 毛泽东道："好哇！今天出不了铁我明天再来看，明天出不了后天再来，三顾茅庐也要看到出铁。"（吴晓梅、刘蓬：《毛泽东走出红墙》，中共中央党校出版社 1993 年 10 月版，第 202 页）

离出铁还有段时间。武钢负责人抽空汇报厂里的基本情况。

毛泽东听韩宁夫讲，将要去看出铁的一号高炉有七十多米高，十二米直径粗，日产两千多吨生铁时，满意地说："你们这跟一般的高炉不同，应该叫大大高炉。"

正说着，有人匆匆来报告说，一号高炉快出铁了。大家便起身朝那边走去。

听说毛主席要来看出铁，许多工人群众都聚拢来，足足有上千人。毛泽东被人流簇拥着，由干部们在前开路，攀上高炉炉台。

在炉台中部，毛泽东接见了武钢的职工代表，他们都是被评为劳动模范和红旗手的工人。毛泽东握着他们的手，向他们道辛苦，称赞他们的工作成绩，鼓励他们再立新功。

这时，炉前工用六瓶氧气将炉口烧开了。炉内立即喷出一阵金星火花，又射出一道几尺长的火舌。

台上有人叫了声："快出铁了！"

毛泽东连忙起身往炉前来。一边问："出铁需要多少时间？铁水流到哪里？"

旁边的人做了回答。话音未落，红彤彤的铁水就犹如一条巨龙，从炉内冲出，沿着槽道奔流出来，映出一片红光，炉前一片欢呼。这时刚好是下午 3 时 25 分。

头炉铁出的时间不长。毛泽东意犹未尽,问身边的先进生产者们:"隔多少时间出一次铁?"

大家说:"四个小时。"

他犹豫了一会儿,向总经理李一清说:"到前面去看看,看得更清楚些。"

他下到铁台,走到电动泥炮附近仔细看了看冒着火光的铁水,便沿着栏杆向台下走去。

毛泽东的意思是还想看一遍出铁,但时间不允许了。王任重上前说:"主席是不是去看看炼焦炉?""去看看吧!"毛泽东有点不舍地离开了一号高炉。

9月24日下午,武钢职工用一号高炉炼的铁,制成一座精美的高炉模型,送给毛泽东。同时他们写信说:"正当我们一号高炉出第一炉铁水的时候,主席到了武钢,这对我们武钢六万五千名建设者和生产者,是一种伟大无比的力量,我们一定要以建设好钢铁工业、锻炼成坚强的队伍的实际行动,来回答主席对我们的关怀。"

"三顾茅庐"是刘备政治生涯中最为辉煌的篇章;是《三国演义》最为精彩的片断。

小说第三十七、三十八回,叙徐庶走马荐诸葛之后,刘备与关羽、张飞三次前往隆中拜访诸葛亮。第一次来到诸葛亮的茅庐,亮已外出,三人仅在归途遇亮好友崔州平。数日后,刘备命人探知诸葛亮已回隆中,即与关、张二顾茅庐。途中,遇见亮好友石广元、孟公威。到了茅庐,仅见亮弟诸葛均,方知亮又于前日出游。刘备留下一笺,表达倾慕之意,正欲离开,又遇诸葛亮岳父黄承彦,乃怅然而归。过了一段时间,刘备与关、张三顾茅庐,适逢诸葛亮在家,但昼寝未醒。刘备吩咐关、张在门外等候,自己徐步而入,拱手立于阶下,直到诸葛亮醒后,方才相见。刘备虚心请教天下大事,诸葛亮侃侃而谈。刘备深受启发,恳请诸葛亮出山辅佐。亮被其求贤若渴的诚心感动,终于答应出山。

刘备三请诸葛亮的故事,史实上也是有根据的。《三国志·蜀书·诸葛亮传》载:"由是先主遂诣亮,凡三往,乃见。"227年,诸葛亮统帅大军北驻汉中,准备北伐曹魏,临行前向后主刘禅上《出师表》,内中说:"先帝不以臣卑鄙,猥自枉屈,三顾臣于草庐之中,谘臣以当世之事,由是感激,遂许先帝以驱驰。"

刘备三顾茅庐是史实,经过《三国演义》以多达三回文字的铺排渲染,更有魅力,更有感染力了,以至"三请诸葛"成了约定俗成的被普遍运用的口头语,以表达反复多次地或诚心诚意地去做一件事情。

刘玄德曾经三顾茅庐请人才。

毛泽东也要三顾茅庐为钢材。

三顾茅庐是刘备事业中的闪光点，是他留给华夏子孙的一笔精神财富。这个故事激励多少后人千方百计不辞万苦寻访真正的人才。

这个典故的内涵是表达寻访聘请人才时的诚心诚意，毛泽东运用其表达自己"看出铁"的坚定决心，这种活用有典范意义。

取得了革命事业成功的毛泽东，急于使贫弱的民族工业强盛起来。"三顾茅庐看出铁"的决心和意志，表明毛泽东真想把钢铁工业抓上去。为此他在1958年提出了颇具"左"的色彩的"钢铁元帅升帐""以钢为纲"的口号，搞全民大炼钢铁。可惜，为了进一步，结果退两步。他看到的武钢高炉炼出了铁水，可全国的许许多多的"小高炉"却只炼出了一炉炉废渣。这是毛泽东所始料不及的。

为什么能在这里立国

刘备甘苦备尝几十年，最终在益州站稳了脚跟。西川成了刘备"北伐曹魏，兴复汉室"的根据地。

刘备的政治经验，与毛泽东的"大三线建设"相挂钩，是20世纪60年代初期的事情。1964年11月26日，毛泽东在听取西南三线工作汇报时作了一些插话，其中他说：

"四川7000万人口，40万平方公里，为什么刘备能在这里立国？蒋介石退也退到重庆，为什么？总有个道理嘛！"（顾龙生：《毛泽东经济年谱》，中共中央党校出版社1993年3月版，第615页）

刘备在西川（今四川）立国，建立蜀汉政权，其道理是什么呢？

我们还是先看看《三国演义》中几位政治家、战略家的分析：

小说第三十八回，刘备三顾茅庐请诸葛亮出山，诸葛亮在著名的《隆中对》中分析天下大势时，指出刘备集团要占领荆州和益州为根据地，提到益州时他说：

"益州险塞，沃野千里，天府之国，高祖因之以成帝业"，"取西川建基业，以成鼎足之势，然后可图中原也。"

到了小说第六十回，刘备夺取西川的客观条件已经具备，这时出现一个人物——益州别驾张松，欲将西川献给"明主"。他这样介绍益州：

"蜀为西郡，古号益州。路有锦江之险，地连剑阁之雄。回环二百八程，纵横三万余里，鸡鸣犬吠相闻，市井闾阎不断。田肥地茂，岁无水旱之忧；国富民丰，时有管弦之乐。所产之物，阜如山积。天下莫可及也！"

诸葛亮和张松都认为，益州为"险塞"，军事上易守难攻；西川沃野千里，经济上国富民丰；汉高祖刘邦曾经据此成帝王之业；刘备如占领益州，可进图中原，夺取天下。

毛泽东借鉴刘备立国的经验，是要办一件大事：60年代初期，党中央提出"备战备荒为人民"的战略口号，并据此提出了一线、二线、三线和"大三线"（国家的）、"小三线"（各省的）的建设布局与任务。毛泽东对此异常关注，仅1964年下半年，他就多次提到此事。

8月20日上午，毛泽东与薄一波谈话，其中讲道："现在沿海（工业）搞这么大，不搬家不行。你搞到二线也好哟！……四川、云南、贵州是三线，都可以搬去的！要好好地研究、学习斯大林的经验:（一）不准备工事；（二）不准备敌人进攻；（三）不搬家。这就是教训。"这是接受斯大林在反法西斯战争初期的教训。斯大林的"三条"教训，是当时我国搞三线建设的历史原因；迫于帝国主义的军事威胁，是搞三线建设的现实原因。

10月7日，毛泽东在接见朝鲜崔庸健委员长时的谈话中说："我们要把沿海的一些工厂搬到内地，少数工厂要放在地下。工业要搞第二线、第三线。不然，第一线打掉了，我们就没有钢、没有机器了。这是可以搬的，一个工厂全搬或搬一半或搬一大部分。这项工作要几年才能完成。"

10月22日，毛泽东致信刘少奇、周恩来等中央领导人，建议将广东省关于三线建设的报告转发给第一线和第二线各省，叫他们也讨论一下自己的第三线问题。毛泽东在信中说："可以解决一个长远的战略性的大问题。现在不为，后悔莫及。"

又过了一个月，毛泽东谈到了刘备在西川的立国问题。

"总有个道理嘛！"中央把大三线建设放在四川、云南、贵州是经过深思熟虑的，是考虑了政治、军事、经济、人口、地理地利等各种因素的。

带领一个班子南下在西川建立了很好根据地的刘备，居然下启千年后的毛泽东建设"大三线"的思路。幸哉！刘皇叔。

刘备有多谋寡断的缺点

(刘备之三)

> 新闻工作,要看是政治家办,还是书生办。有些人是书生,最大的缺点是多谋寡断。刘备、孙权、袁绍都有这个缺点,曹操就多谋善断。
>
> 毛泽东:《要政治家办报》,《毛泽东新闻工作文选》,新华出版社1983年12月版,第215页

罗贯中"拥刘贬曹"的政治倾向,经过毛宗岗的强化,是十分鲜明的。他们似乎要把刘备塑造成完美无缺的"仁君"。毛泽东读《三国演义》,虽然多次从刘备身上获得正面启示,但也未把刘备看成完人,对刘备的另一面,多有批评,总结其教训以资借鉴,时发金玉之论。

感情用事 负气用兵

刘备一生最大的错误,是盲目发动夷陵之战,蜀国精锐之师,损失大半,使本来处于弱小地位的蜀国,更失去扫平群雄平定四海的实力和主动权。毛泽东对刘备的这个错误,从不同角度做出过评论。

1949年3月24日傍晚,从河北西柏坡向北平挺进的党中央机关的吉普车队,开进了涿县县城。毛泽东一行人住在了第四野战军四十二军军部的大院里。

人们各自按照安排的地方休息了。

司机们开着汽车上了铁路线,说是要把汽车都开到火车的平板车厢上去。

在毛泽东的身边,李银桥和卫士组的几个人,又听毛泽东向他们讲起了《三国演义》的故事。

毛泽东饶有兴趣地对大家说,《三国演义》中的刘备就是在涿

州同关羽、张飞结拜成异姓三兄弟的,这里就是书中说的"桃园三结义"的地方;又说刘备的野心大,从一个织草席、卖草鞋出身的人,经过二十几年的风雨搏斗、军阀混战,才在诸葛亮的辅佐下临时占据了湖北的荆州,后来又夺取了四川,总算站稳了脚跟;但他志大才疏学识浅,好感情用事,在许多问题上用感情代替了政策,因为想报二弟关羽被东吴杀害之仇,置江山社稷于不顾,不听诸葛亮等谋臣的劝阻,贸然负气出兵,结果被东吴打得大败而归,自己无颜再回成都见诸葛亮和文武百官,死在了临近湖北的四川省东部奉节县城东的白帝城。

毛泽东以他渊博的知识侃侃而谈,他身边的工作人员津津有味地听着。毛泽东最后又语重心长地说:

"历史上的教训应当注意呢!我们进了北平,决不做李自成,将来也决不可以学刘备。干革命决不可以感情用事,无论做什么工作,只要是为了党的事业和人民的事业,我们每个同志都可以牺牲自己的生命;但如果是为了个人的私利和亲戚朋友、为了自己的小家庭和老战友、老同学以及小团体的私利,我们每个人是万万不可以感情用事的。"(邸延生:《历史的真言——李银桥在毛泽东身边工作纪实》,新华出版社2000年7月版,第359—360页)

听了毛泽东的话,人们纷纷点头,牢牢记住了进

▌雪弟恨先主兴兵

城以后一不做李自成，二是将来不学刘备，三是对待革命工作决不感情用事……

毛泽东批评刘备感情用事，主要是指刘备决策讨伐东吴时的错误举动。东吴袭取荆州、斩杀关羽以后，刘备时刻以兄弟情义为首位，欲兴兵报杀弟之仇。221年，刘备即皇帝位，很快即降下兴兵伐吴的诏书：

> "朕自桃园与关、张结义，誓同生死。不幸二弟云长，被东吴孙权所害；若不报仇，是负盟也。朕欲起倾国之兵，攻伐东吴，生擒逆贼以雪此恨！"

刘备先私仇而后国恨、舍大敌而拆同盟的举动，遭到了有识文武大臣的劝谏和阻拦。被兄弟情谊遮蔽了双眼的刘备听不进劝谏，他甚至掷表于地说："朕意已决，无得再谏！"

刘备发动战争的决策，犯了兵家大忌。《孙子兵法·火攻篇》中说："主不可以怒而兴师，将不可以愠而致战。合于利而动，不合于利而止，怒可以复喜，愠可以复悦耳，亡国不可以复存，死者不可以复生。故明君慎之，良将警之，此安国全军之道也。"可惜，刘备没有把握这个"安国全军"的法则，为兄弟私仇怒而兴师，愠而致战，结果被火烧连营七百里，蜀国大伤元气。刘备无颜见蜀中父老，忧病交加，死于白帝城。

涿州，是刘备的家乡。《三国演义》第一回就介绍刘备家住涿县楼桑村。毛泽东来到刘备的家乡，纵观古今，感慨万千，他对刘备的一生作出评价，透彻地指出刘备一生最大的失误是"好感情用事"。《三国演义》对刘备的这条缺点作了淋漓尽致的描写，看了此段，长使英雄扼腕。

正当中国革命走向全国胜利的时候，毛泽东以此提醒人们"千万不可以感情用事"，乃警世良言，使革命者足可以保持清醒头脑。中华人民共和国初期，毛泽东故乡的亲戚朋友，或让其办事，或求其谋职，毛泽东一方面不忘亲情，另一方面又坚持原则，绝不以感情代替政策，为人楷模。这里面是否有接受刘备教训之意呢？总而言之，他自己确实做到了"干革命决不可以感情用事"。

事情出来不能一眼看出

刘备做事"慢半拍"！这是毛泽东在读了历史学家翦伯赞论曹操的文章后，对刘备的批评。

1959年3月2日，在郑州召开了中共中央政治局扩大会议。毛泽东在谈到领导干部要多谋善断时举了刘备的例子，他说：

"翦伯赞在《光明日报》上写了一篇论赤壁之战的文章，他说，刘备这个英雄，跟曹操同等水平，是厉害的，但是事情出来了，不能一眼看出来就抓到，慢一点。"（薛泽石：《跟毛泽东学史》上卷，红旗出版社2000年3月版，第445页）

1959年2月19日，历史学家翦伯赞在《光明日报》上发表了《应该替曹操恢复名誉——从〈赤壁之战〉说到曹操》的学术文章。其中有一段写道："根据历史的记载，周瑜、诸葛亮和黄盖所能想到的火攻，曹操也不是没有想到。《魏志·曹操传》引《山阳公载记》所载曹操之言曰：'刘备，吾俦也，但得计少晚，向使早放火，吾徒无类矣。备寻亦放火而无所及。'《吴志·周瑜传》注文中载曹操在赤壁之战后写给孙权的信中说：'赤壁之战，值有疾病，孤烧船自退，横使周瑜虚获此名。'这些记载，可能是后人替曹操辩护，或者是曹操事后自解之辞，但不能说曹操对于有火攻的危险一点也不曾想到。"

毛泽东批评刘备"慢一点"，就是根据翦伯赞对《山阳公载记》的引证。俦，即伴侣之意。曹操说刘备与他"同等水平"，在伯仲之间。但刘备"得计少晚"，赤壁大战之时，如果刘备"早放火"，那么我们就要全军覆没了。

曹操对刘备这个评价，毛泽东是同意的。俗话说，机不可失，时不再来。事情出来了，不能一眼看准抓住；看准了机遇，不能当机立断，动作"慢一点"，结果是看而不准，等于没看；抓而不紧，等于没抓。毛泽东借此批评见事迟，得计迟，而提倡多谋善断，当机立断。否则，当断不断，反受其乱。作为领导干部，这是重要的领导艺术。1959年上半年，毛泽东借刘备谈领导艺术，具体意义在于总结1958年"大跃进"和"总路线"中"左"的错误和教训，毛泽东认为促成"左"的错误，就有少谋寡断的原因。

郑州会议后不久，毛泽东再次批评了刘备的这个缺点。那是6月20日，毛泽东在京召开政治局会议，讨论宣传上如何转的问题。会议结束前，毛泽东讲话中讲到宣传工作，他说：

"新闻工作，要看是政治家办，还是书生办。有些人是书生，最大的缺点是多谋寡断。刘备、孙权、袁绍都有这个缺点，曹操就多谋善断。"

毛泽东还说，现在宣传上要转，非转不可。去年吹得太凶、太多、太大。现在的问题是改正缺点错误。

毛泽东认为书生办报优柔寡断，而政治家办报则多谋善断。拿三国人物来比，书生类似刘备等人，政治家类似曹操。这样比喻，有利于增强讲话的感染力。

毛泽东希望办报的新闻工作者，能够在狂热的情绪面前保持冷静，在纷繁的事物面前谋断果决。因此，他钟情曹操而疏远刘皇叔，把他打入"寡断"之列。

还是老头子挂帅

毛泽东对刘备的用人曾经交口称赞，但也不是一概赞成。刘备善于用别人，用部属，但不善于用自己，有时缺少点自知之明，对自己太自信。

1958年3月，党中央在成都开会，史称"成都会议"。毛泽东在会上有多次讲话。3月22日，毛泽东讲破除迷信，解放思想。其中谈到要敢讲真话、敢说敢做时，他强调：

"要人们敢说，精神振作，势如破竹，像马克思、鲁迅那样，敢说。把顾虑解除，把空气冲破一下，搞出一种新气氛。邹容十八九岁写了一篇《革命军》，直接骂皇帝。章太炎写文章驳康有为，也是精神百倍。年纪越大，用处越不多，但也不要妄自菲薄，要有用处就要鼓点劲。当然，年纪大的也还要，也要掌舵。三国时刘备不好，还是老头子挂帅。要冲破党内的沉闷气氛。"

毛泽东说刘备"老头子挂帅"，具体所指，显然是夷陵之战前刘备的"御驾亲征"。小说第八十一回写道：

却说先主每日自下教场操演军马，克日兴师，御驾亲征。于是公卿都至丞相府中，见孔明，曰："今天子初临大位，亲统军伍，非所以重社稷也。丞相秉钧衡之职，何不规谏？"孔明曰："吾苦谏数次，只是不听。今日公等随我入教场谏去。"当下孔明引百官来奏先主曰："陛下初登宝位，若欲北讨汉贼，以伸大义于天下，方可亲统六师；若只欲伐吴，命一上将统军伐之可也，何必亲劳圣驾？"……（先主不听，派）川将数百员，并五豁番将等，共兵七十五万，择定章武元年丙寅日出师。

　　章武元年，刘备已六十一岁。以"花甲之年"而"亲统六师""御驾亲征"，岂不是"老头子挂帅"！诸葛亮等人劝谏刘备，主要说了两条：一是不要东伐孙吴，而要"北讨汉贼"；二是不要"亲统军伍"，派一上将军出征就可以了。在择将命帅上，把刘备的行事与孙权比较一下，高低上下立马可见：孙权于赤壁之战时用周瑜，荆州之战时用吕蒙，夷陵之战时用陆逊，都是年轻人执掌帅旗，结果都打了大胜仗；刘备伐吴，把主要敌人搞错了，自任主帅也"不好"。毛泽东的批评，可谓一针见血。

　　毛泽东批评刘备"老头子挂帅"，意在倡导一种精神振作、势如破竹的精神状态，以冲破党内沉闷气氛。与"老头子挂帅"相对应的，他举出了马克思、鲁迅、邹容、章太炎的例子，赞赏他们的敢说敢为，精神百倍。这与毛泽东在这次会议上讲的"从古以来，创新思想、新学派的人，都是学问不足的青年人"的观点是一致的。当然，毛泽东并不一概否定老年人，他说"年纪大的也还要，也要掌舵"，注意了辩证看问题。

　　从抽象的意见上说，毛泽东提倡年轻人的朝气，不满老头子的暮气，没什么不好，是正确的；但是，"成都会议"是酝酿"大跃进"的会议，把年轻人的"精神百倍"用到"左"的"大跃进"上去，后来的实践证明是错了。我们今天回顾这段历史，也要辩证地看问题。

　　刘备是同曹操一样英雄、一样厉害的人物，但毛泽东还是注意到了这个盖世英才的另一面。他在讲仁爱重义气以感情为纽带联络团结干部的同时，却也有感情用事义气用兵导致惨败的大错；他在谨慎小心处事严密的同时，却也有过于拘谨好谋无决当断不断的弱项；他在奋勇争先亲自临战的同时，却也有盲目自信老头子挂帅，使自己的领导集团缺乏朝气缺乏后劲的缺点。自古以来，"知人者智，自知者明"。毛泽东论刘备，知其所长，考其所短；取其所长，弃其所短，可谓"知人"矣。

拿鹅毛扇子的厉害
（诸葛亮之一）

> 彭德怀在电话里对郭化若说："毛委员真行，究竟是拿鹅毛扇子的厉害！"
>
> 樊昊：《毛泽东和他的顾问》，人民出版社1993年1月版，第73页

人们常常把智囊一类人物说成是"诸葛亮"，有幸与诸葛孔明比肩的人物，或者是帝王师，或者是谋略家。毛泽东投身武装斗争之初，说"三国"，论孔明，很快被红军官兵们认定为拿鹅毛扇子的"诸葛亮"，这或许是他更加钟情三国人物诸葛亮的一个原因吧。

赤卫队员：毛司令神机妙算

秋收起义以后，毛泽东率领工农革命军上了井冈山。经过一段战斗实践，官兵们都很佩服毛泽东的渊博知识和指挥才能，说："我们听毛委员的。"

1928年2月中旬，毛泽东指挥工农革命军第一团、第二团以及各县赤卫队、暴动队攻打宁冈新城，取得全歼敌军一个营，打死敌营长，活捉伪县长，缴枪四百多支，俘虏四百多名的大胜利。战斗结束，毛泽东的名字在各县的赤卫队、暴动队中都传开了，人们开始称呼毛泽东为"毛司令"。

他们把毛泽东指挥打仗的故事传得神乎其神。

这时，发生了一件有趣的小故事：

有一次，毛泽东带警卫员和特务连十多人短途行军。途中遇到小雨，他用右手盖着头，还是边走边看书。一个战士看他没有戴斗笠，就跑到他身边说："报告司令，天下雨了，为什么不戴斗笠？"他脱口而出："请你替我到群众家买一个。"这位战士说："毛司令，你背上背的不是斗笠吗？"他呵了一声说："我忘记了。"山雨来去匆匆，不一会儿，天晴了。又走了一段路，大家觉得有些累了，就在路边的大石上坐下来休息。

有个战士提议，请毛委员给我们讲个故事。"好吧，"毛泽东一边答应，一边就讲起姜太公钓鱼的故事来，"姜太公当年在陕西渭水上钓鱼，他用的是无饵的直钩钓鱼，还唱着鱼儿，鱼儿，愿者上钩……后来嘛，他还是辅佐周武王取得了天下，建立了周朝……"

故事还没有讲完，看到一个区赤卫队员，不戴斗笠，穿着草鞋，走得满身是汗，快步走到工农革命军前面突然停住了。

毛泽东问他："你要找哪一个？"

他急切地说："要找毛司令。"

毛泽东站起来，两手叉着腰，头稍倾斜地问："你有没有见过毛司令？"

他站着一动也不动，老实地回答："没有见过，只听区队长讲过。"

毛泽东乘机开起玩笑来："毛司令，毛司令，全身都长毛，从头到脚都是毛，而且长了一身长毛啊！"

"嗯，嗯。"赤卫队员半信半疑地听着。

毛泽东又进一言："信不信由你，反正我们天天在一起。"

赤卫队员擦了一把汗，说："我们区队长见过毛司令，没有讲毛司令全身长毛，只说毛司令像摇什么扇的孔明……"

毛泽东插话补充说："是不是说摇羽毛扇的？"

"是，"赤卫队员接着说，"孔明会用计谋，毛司令神机妙算，会组织军民攻占新城，活捉县太爷，打死敌营长。"

"是区队长教你这么说的吗？"毛泽东问他。

他回答："也不全是，有的是听别人说的。还听说毛司令挺厉害的，连袁大哥、王北斗（指袁文才、王佐）都要听他的。"

毛泽东又问他："还有什么事吗？"

他摇摇头，表示没有什么事了，并随手把信件递给毛泽东，说："你每天能见着毛司令，就请你将这封信转交给他，越快越好，有急事。"

毛泽东接过信说："你回去告诉区赤卫队长，叫他尽管放心，我一定把信亲手交给毛司令。"

赤卫队员站得笔直，认认真真地鞠了一躬，转过身就走了。

这一下，弄得大家哈哈大笑起来。毛泽东还一本正经地说："你们是在笑我吗？"（刘思营整理：《从井冈山走进中南海——陈士榘回忆毛泽东》，中共中央党校出版社1993年10月版，第51—52页）

行军路上发生的这则小故事是十分有趣的，赤卫队员的天真，毛泽东的诙谐，呼之欲出。更可贵的是它透露出：在风雨如磐的井冈山，无论是正规红军部队的官兵，还是地方赤卫队员，都由衷敬佩毛泽东的足智多谋，像小说人物诸葛亮那样神机妙算,这足可以鼓舞士气,增强战胜敌人的信心;这对毛泽东本人,当然也是一种最好的认同,也同样受到鼓舞:使自己的智慧更像乃至超越诸葛亮。

欧阳毅:毛委员是诸葛孔明

1955年被授予中将军衔的欧阳毅第一次见到毛泽东,是在革命武装斗争如火如荼的井冈山时期。

1928年1月,朱德、陈毅率领南昌起义部队在湘南地方党配合下,组织农民暴动。此时,欧阳毅在湖南宜章县梅田区苏维埃政府担任秘书,积极参加发动群众打土豪、分田地、组织赤卫队的斗争。但不久,国民党反动派的湘粤军阀开始向宜章数面夹击,众多的民团也反扑过来,对红色政权造成很大威胁。

欧阳毅等人在宜章站不住脚了,向东转移。队伍翻过五盖山,来到资兴龙溪洞。在这里,宜章独立营与毛泽东率领的秋收起义部队会合了。

5月4日这天,是朱德、毛泽东两支部队胜利会师的集会庆祝日。早晨,沐浴着灿烂的朝阳,毛泽东、朱德、陈毅、王尔琢陆续来到了会场。雄伟的井冈山远山含黛,近峰含烟,青翠碧绿,遍野清香。只见会场内外到处都是红旗、红臂章、红缨枪,真是一片红的世界。欧阳毅看到这样的场面,看到毛泽东等领导人那英姿勃勃的身姿,觉得革命形势真是大好!

"现在,请毛党代表讲话!"

欧阳毅马上屏着气息,望着毛泽东,等着听他讲话。只见毛泽东微笑着站了起来。他身材高大,目光炯炯,气度不凡。他的讲话,通俗易懂,生动有趣。除讲会师的意义外,还形象地讲了孙悟空与如来佛的故事。他说,敌人没有孙悟空的本领。即使有的话,也不是我们的对手,因为我们有如来佛的本领。他们逃不出我们的手掌。接着,毛泽东还讲了战术问题,说十个指头有长短,荷花出水有高低,敌人也有强弱之分。我们抓住弱的猛揍它一顿,等强的来了,我们就同它玩"捉迷藏"。这样,我们就掌握了主动权,可以把敌人放在我们手里玩。

毛泽东生动的讲话,激起了阵阵掌声和笑声。

这是欧阳毅第一次聆听毛泽东的讲话,深为他的革命乐观主义精神所鼓舞。

两军会合后,成立了红四军。朱德任军长,毛泽东任党代表。下编三个团。欧阳毅在二十九团任团党委秘书。

不久，部队在毛泽东、朱德的领导下，接连打了几次胜仗。二十九团参与了新、老七溪岭等战斗，缴获不少。以后，又参加了打永新、莲花等战斗。在同敌人的斗争中，我军有了很大发展，党的组织普遍建立起来。全军上下士气十分高涨。

从此，欧阳毅同毛泽东的接触就多了。毛泽东平易近人，没有一点架子，幽默风趣。常常来到青年人中间，给大家讲解发动农民搞土地革命，建立人民军队，建立根据地和革命政权的重要意义。

在这些战斗中，毛泽东卓越的军事才能充分展现出来，使大家对他更加敬仰和佩服，欧阳毅等人称"毛委员是诸葛孔明"，每次见到他时，欧阳毅都会高兴地对大家说："孔明来了。"（李智舜：《毛泽东与开国中将》，中共中央党校出版社1997年1月版，第264页）

欧阳毅对毛泽东的这种称呼，在部队很快传播开来，广大干部战士也感到这样比喻贴切恰当。因为大家感到，毛泽东真像传说中的诸葛孔明一样足智多谋，善于用计。

彭德怀：拿鹅毛扇子的厉害

1930年8月，彭德怀率领红三军团与朱德、毛泽东的红一军团在永和会师，从此开始了与毛泽东的合作。

1931年2月，蒋介石调集20万大军第二次"进剿"中央苏区的红军。红军主力在东固地区隐蔽集结，寻机歼敌。西面白军的王金钰部四十七师和二十八师由吉安进至富田陵下一带（离东固仅40里），北面郭华宗四十三师由吉水进至水南、白沙（在东固北约70里），南面蒋、蔡仍在兴国县城。

红军逼近作战目标王金钰部所在地隐蔽集结，三面都有敌军，与敌人靠得这样近，有人总放心不下，说这是"钻牛角尖"。毛泽东却不为所动，拒绝一切性急快打的建议，不听那些不满的议论和怪话，坚持预定计划，不受干扰。

红军主力集结到东固及其以东地区后，王金钰所属5个师，除罗霖七十七师仍在吉安外，其余4个师已进至富田、水南、白沙、藤田之线。红军等了20多天，为的是等王金钰部脱离其富田巩固的阵地，便于歼灭白军于运动中。但是，白军就是一步也不前进。尽管红军也得到密讯，蒋介石曾一而再、再而三地督促"进剿"，而他的部下还是缩在乌龟壳里不出来。为什么呢？当时红军缺乏纵深的战略侦察，不了解是因为大雨冲垮了道路和桥梁，白军无法行动。

5月13日，红军侦知王金钰部敌军已经准备出发。红一方面军总部即于当日命令各军好好迎击准备。14日，红军从无线电侦察中得知王金钰、公秉藩两师明晨开始东移。并获悉：王金钰之四十七师沿观音崖、九寸岭向东固攻击前进，公秉藩之二十八师则经中洞向东固前进。总司令部立即紧张起来，大家又兴奋又喜悦。毛泽东立即研究作战部署，并马上把驻在总部附近的十二军军长罗炳辉叫到总部来，面授机宜。当晚八时许，朱云卿和郭化若拟就了方面军作战命令，经毛泽东亲自修正，分别由高级干部亲自送给红四军、红三军和红三军团的军政首长。当夜，连军参谋长也不知道命令的内容，只知道明天出发。

15日早，全方面军分别移动，总司令部仍驻墩上未动。一切部署妥当了，毛泽东还不放心，还在思考，要想出更好的办法歼灭敌人。半夜，毛泽东亲自到红三军军部去，和黄公略一起找向导调查路线，在东固通往中洞大路的南侧，找到一条小路，改令红三军沿这条小路前进，包围敌军的右翼，这个改变非常重要。第二天拂晓前，总部由墩上出发，在通往中洞的大路行进，毛泽东在半路一个小镇上留张字条，通知朱德总司令这一改变，并叫总部人员上白云山，将指挥所设在山上。白云山在东固通往中洞大路的北侧，距中洞约十公里。

毛泽东先上了山，山头一片白云。郭化若把无线电收报机安置在半山腰。近午时分，山上白云消散。右前方观音崖、九寸岭方向，已听到激烈的枪声，打了一阵，枪声逐渐由东向西移去。毛泽东从枪声中判断红四军两路都已先后夺得隘口前进了。从中洞来的公秉藩部被红军总部特务连阻止，无法前进。接着，传来一阵激烈的枪声，不久电台里传来了公秉藩师部电台发出明码"SOS"的求救呼声，红军总部知道公秉藩师部已被红三军包围了。接着王金钰的四十七师师部电台也发出求救的呼声。下午3时左右，"救命"呼声听不到了，判断战斗已经结束。毛泽东从容下山。

战后，毛泽东诗兴大发，填了一首著名的词：《渔家傲·反第二次大"围剿"》。词中"白云山头云欲立"，是当天拂晓的即景；"白云山下呼声急"，是指敌人电台的紧急求救声；"枯木朽株齐努力"，是指从北方调来的白军杂牌军腐朽无能，垂死挣扎；"枪林逼"，讲的是红军突然冲到面前。

由于红三军绕小路在中洞南侧山上树林中隐蔽前进，可以居高临下，看清敌人经中洞前进，等到敌人都离开中洞时，红军立即从山上横压下来，犹如高山滚石，势不可当。正在运动中的敌军，遇到侧面的突然攻击，惊慌失措，丧魂落魄，乱跑乱钻，没有什么抵抗就缴了枪。白军官兵面对突如其来的红军，莫名其妙地惊呼："你们是从天上飞下来的呀！"词中"飞将军自重霄入"的句子，就是此时此景逼真的写实。

不到半天，第二次反"围剿"首战告捷，歼灭敌二十八师全部和四十七师一个旅的大部，缴枪五千余。

> 打了胜仗，彭德怀十分高兴，在电话里对郭化若说："毛委员真行，究竟是拿鹅毛扇子的厉害！"（樊昊：《毛泽东和他的顾问》，人民出版社1993年1月版，第73页）

毛泽东：我怎么比诸葛亮强啦

1956年夏天，毛泽东曾到长沙和武昌一带出巡。他有个习惯：外出时在列车上，一边吃饭，一边听他喜爱的京剧。

据王爱梅回忆：

> "我清楚地记得，当时毛泽东听的是张学津唱的《借东风》那段唱腔。他听得很入神，或许是他的情绪感染了我，我也听得很有兴趣。听完唱片，我对诸葛亮的足智多谋非常赞叹，也非常喜欢张学津的唱腔，对他说：'张学津唱得真好。'毛泽东说：'京剧是有韵调的，这是什么板眼你知道吗？'我摇摇头说：'不知道。'他扳着自己的手指说：'这是二黄导板回龙。'又扳着第二个指头说：'还有二黄原板和二黄散板。'我点点头说：'主席，其实您比诸葛亮高。'他好像从《借东风》的思绪中回到现实，慢慢地'哦'了一声问我：'怎么个高法？我怎么比诸葛亮强啦？'我说：'你总结出的游击战争的十六字方针：敌进我退，敌驻我扰，敌疲我打，敌退我追和诱敌深入战术，不都比诸葛亮高嘛！我们中国的抗日战争、解放战争、抗美援朝不都是你指挥的吗？'毛泽东摆摆手对我说：'得，得，这次聊天你胜啦！'我听后得意扬扬的。他看我这得意忘形的样，用手指着我说：'小鬼，下次聊天我还考你京剧。'"（《中华儿女》1995年第2期，第5页）

1956年，虽然新中国处在太平盛世的升平之乐中。但战争的硝烟散去并不遥远，抗美援朝刚刚胜利结束两三年，参战部队还没有全部撤回。人们对毛泽东雄视千古叹为观止的战争指导艺术，还记忆犹新满怀敬意。

仅就运筹帷幄的谋断水平和指挥大战的丰功伟绩来说，诸葛亮的火烧赤壁、计夺荆州、安抚孟获和六出祁山，无论如何也比不上毛泽东的"三大战役"（辽沈、平津和淮海），何况，毛泽东还有指导抗日战争、解放战争和抗美援朝战争这"三大战争"彪炳史册的不世之功呢，可以肯定这是前无古人的。从这个意义上说，毛泽东"比诸葛亮高"，并不是虚夸、吹捧和神化之词。

　　但是，毛泽东本人并不这样看。从他"怎么个高法"的诘问，到他连连摆手的叫停，表明他更高兴的事情是聊天谈京剧，在他的内心深处，诸葛军师出神入化的妙算决策和指挥艺术，才是崇拜的偶像、学习的楷模。井冈山时期，他从诸葛亮的军事生涯中学习不少，后来每每谈到孔明，无论其处军作战，还是其从政治国，多是赞扬和弘扬，几无批评和贬责。

　　毛泽东的部属和群下，在实际军事斗争中更相信其统帅和领袖具有诸葛亮那样超凡脱俗的神机妙算，这是军事斗争的需要——对内形成信心，形成凝聚力；对外形成斗志，形成战斗力。在人类斗争史上，几乎所有民族都有类似的现象：就是从事现实斗争的人们，愿意拿他们的领袖与历史上杰出的人物进行比照，从中获得信心和灵感，获得在现实斗争中克敌制胜的力量。红军官兵把毛泽东比照为"诸葛亮"，也正是这种文化心理的作用使然。

　　反过来，这也加剧了毛泽东与理想的军事统帅诸葛亮的趋同心理，他当然有以智胜敌、以谋胜敌的人生追求和价值取向。虽然毛泽东并不以诸葛亮自命、自况和自居，但这不影响他成为传统文化意义上"诸葛亮式"的人物。事实上，仅就军事斗争而论，毛泽东也确实成了中华民族历史上杰出的不可多得的智谋型统帅。

　　从红军的普通士兵到红军的高级将领，都发自内心地以历史上最受景仰的智慧人物——诸葛亮，来认同他们的统帅毛泽东：毛委员是孔明，毛司令是孔明，毛主席是孔明……历史就是这样一步一步地把两个智谋型人物越来越紧密地联系到一起，这显然不是牵强，而有其事物发展的必然性。

　　诸葛亮以其特有的方式，走入毛泽东军事家、战略家的斗争生涯，使东方谋略得到合乎逻辑的延伸……

运筹帷幄比较出色

（诸葛亮之二）

> 他认为"运筹帷幄，决胜千里"，汉朝的张良和三国的诸葛亮都比较出色。
>
> 孙宝义：《毛泽东的读书生涯》，知识出版社1993年1月版，第157页

诸葛亮是智慧的化身，在《三国演义》中，他是个谋略家，他的妙算决断，用计施谋，可谓出神入化。在刘备集团中，诸葛亮的角色是军师。刘备在时，他是大本营总参谋长；刘备去世后，他是实质上的最高军事首脑。《三国演义》展示诸葛亮的智慧，主要是描写他在军事斗争中的智谋。所谓诸葛亮的"能掐会算"，多指这个方面。毛泽东读《三国演义》，在治军艺术、战争艺术上，从诸葛亮身上学习的经验较多。

初出茅庐第一功

诸葛亮平生第一仗，是他刚刚出山在新野博望坡火烧魏将夏侯惇的进犯之旅。

毛泽东生平第一仗，是他刚刚组织秋收起义的白沙镇之战。

1927年9月9日，毛泽东发动和领导了秋收起义。9月11日，毛泽东和工农革命军第一师第三团团长苏先骏带领部队向浏阳进军。这时，传来了一、四团拿下朱溪厂和平江龙门厂的消息，二团也按照起义军事行动方案发起了攻打萍乡的战斗。

兄弟团的消息鼓舞着三团指战员的心。上庄离浏阳的白沙镇只有30里地。战士们按捺不住战斗激情，纷纷要求立即攻打白沙镇。

毛泽东为了掌握敌军虚实，特派汤彩之和陈沽奇化装成卖猪仔的贩子，深入白沙镇察看地形，并抓回一个熟悉敌军内情的外号叫"卢阉鸡"的暗探。

毛泽东和团领导听取了侦察员的详细汇报,又从暗探口中获得了白沙镇敌军的内情,便开始研究和制定攻打白沙镇的战斗方案。

毛泽东说:"白沙镇位于湘赣交界处,是沟通铜鼓和浏阳两县的交通要道。这两县的群众很有革命基础,只是被许克祥镇压下去了。因此,打好白沙之战,对于振奋湘赣边界人民的革命斗志,激励农民响应秋收起义号召,推动土地革命,将有很大影响。我们三团一定要打好出师第一仗,不打则已,打则全歼,要打它个片甲不留。老苏,你布置吧。"

苏先骏听毛泽东要他布置战斗,就笑了笑说:"还是由毛委员布置吧,你是最高指挥嘛。你叫我们打哪儿,我们就打哪儿。"

毛泽东虽然身为前敌委员会书记,却还从来没有指挥过一个具体战斗,如今面对着这么多久经战阵的指挥员,稍有差池便会闹笑话。毛泽东想起《三国演义》中描写的诸葛亮初出茅庐时所指挥的第一仗——"博望坡军师初用兵",不由得吟哦道:

"博望相持用火攻,指挥如意笑谈中。
直须惊破曹公胆,初出茅庐第一功!"(锣钟磬:《用兵如神的毛泽东》,中国青年出版社1990年10月版,第23—24页)

苏先骏听毛泽东念念有词,便忍不住笑道:"毛委员念咒了。"说得张启龙等人都笑起来。毛泽东也笑了,他搓了搓手,摊开军事地图,诙谐地说:"我这可是大姑娘上轿喔,你们该推的推,该抬的抬,讲不得客气,你讲客气敌人可不讲客气哩!"

一圈脑袋围圆了,所有的目光都盯在毛泽东的指尖上,看这位书生如何运筹帷幄。

"我建议,"毛泽东说,"派一营为左翼,从濠溪出发,经泉坑——水坳——黄家嘴——家槽——屙屎坳……"

笑声。

"好难听的名字,"毛泽东皱皱眉。众人笑得更欢了。

"笑什么!"苏团长板起脸,"严肃点。"

"也不要太作古正经呢,"毛泽东拍拍苏先骏肩膀,"'谈笑间,樯橹灰飞烟灭'嘛。"他指点地图说下去,"左翼从屙屎坳绕道直奔词王庙,先切断敌人退路,阻击逃敌。"

"还没攻就想到敌人会逃。毛委员真是成竹在胸啊。"苏先骏觉得毛泽东是那种纸上谈兵的书生。

"这叫作'关起门来打狗',"似乎是为了证明自己并非书生,毛泽东打了一个通俗化的比方,用来说明他的打法——这个打法后来发展成为非常有名的"布袋战术"。"现在谈进攻,"毛泽东并起五指做尖刀状,"派一个加强营——我建议加上直属机枪连作为中路,从濠溪沿溪口——朱沙桥——高段坳,直捣樟树坳,正面攻打白沙镇口。其余人马为右翼,悄悄出发,从濠溪绕道黄石岩——大洞岭——樟树坳,趁中路发起强攻吸引住敌人主力之时,突然袭击占领柞树岭高地,然后居高临下拦腰插入敌阵,打他个首尾难顾腹背受敌。另外,我已派人和白沙地下党组织接上了关系——他们已组织了农民鸟枪梭镖队,并有几门松树炮;我让他们埋伏在白沙左侧凤山屋场的茶林里,随时阻击左逃之敌。同时,为了更有把握,我建议中路先派出一个尖刀班,由侦察过白沙的陈沾奇带领,先摸掉敌军设在龙进上和樟树坳的岗哨,以便乘虚而入,打他个措手不及,最好在傍晚时分敌人正吃晚饭的时候动手……"

毛泽东毕竟是毛泽东,第一次部署战斗,就显示出非凡的胆识和智谋。本方案的独特性、严密性和可行性是毋庸置疑的。团干部们感到既新奇又实在,真是神啦!

战斗的发展正如毛泽东所料。不到一个小时,白沙镇战斗就结束了。敌指挥官在词王庙被击毙,剩下一百多名敌军在无路可走的情况下缴械投降。毛泽东高兴地说:"果真是旗开得胜,马到成功啊!三团出师第一仗,首战大捷,值得庆贺。"

第一次指挥作战,熟读《三国演义》的毛泽东很自然地想起了诸葛亮下山后的第一次用兵。小说第三十九回《荆州城公子三求计 博望坡军师初用兵》中描写:诸葛亮出山后,曹操遣夏侯惇领兵十万,来攻新野。刘备请诸葛亮安排破敌。亮命赵云为前部诱敌;关平、刘封引五百军伏于博望坡后,准备放火;关羽、张飞各引一千军,分别埋伏于博望左、右之豫山、安林,看见火起,即纵兵出击,并焚烧曹军粮草;又请刘备引军为后援;亮本人则与糜竺、糜芳引五百军镇守新野县城。关羽、张飞皆疑其计是否灵验,众将初次见孔明用计,亦疑惑不定。夏侯惇与副将于禁、李典等率军来到博望,赵云出战,诈败而退;刘备引兵接应,须臾亦退。夏侯惇欺其兵少力弱,放心追赶。时天色已晚,道路狭窄,李典、于禁恐遭火攻,忙提醒夏侯惇。夏侯惇猛省,但关平、刘封已开始放火,曹军顿时大乱。此时,赵云回军赶杀,关羽、张飞亦分头杀出,曹军尸横遍野,夏侯惇等狼狈逃窜。

这一仗完全按诸葛亮预计进行,关、张及众将皆心悦诚服,诸葛亮从此在刘备军中树立起崇高威信。

比较毛泽东与诸葛亮的"初用兵"很有点意思：

两人都是文人（知识分子）直接指挥作战：诸葛亮原是卧龙冈的隐居之士，一个饱读诗书的白面书生；毛泽东秋收起义前时任国民党中央党部代理宣传部长、中共中央农委书记，也是一介书生。

两人在战前还没获得部属和同僚的信任。关羽、张飞对没有经过战阵的孔明不以为然，怀疑其计谋是否灵验；苏先骏等行伍出身的团职干部对只搞过农运和工运的毛泽东也持保留态度，不相信他能够调兵遣将进行战斗部署。

两人都谈笑风生，气定神闲，胸有成竹，善于用计。诸葛亮的诱敌深入，伏兵放火，是防中有攻；毛泽东的断敌退路，关门打狗，是攻中有守。其共同点都是不主张力拼，贵在智取。虽然都是"初用兵"，然而却体现了他们一生用兵贵智的特点。

两人的结局也如出一辙：诸葛亮击退曹兵，守住了新野城；毛泽东消灭了守敌，攻下了白沙镇。他们威信飙起，威望陡升，得到了部属、同僚的信任和拥戴。

毛泽东的始临战，从诸葛亮的"初用兵"中学习不少，最主要的，他学到了指挥若定，学到了以智取胜。这对后来成为大军统帅的毛泽东，真是一个良好的开端。

不厌其诈学孔明

兵不厌诈，这可说是用兵胜敌的不二法门。《孙子兵法》上说："兵以诈立。"讲的就是这层道理。

诸葛亮善用诈谋，毛泽东对此领会颇深。

1928年7月上旬，湘赣两省（湖南和江西）国民党军商定同时对井冈山革命根据地发动"会剿"。7月下旬，红四军主力部队在开往湘南时，与国民党军范石生部激战于郴州。红二十九团溃不成军。8月中旬，毛泽东率红三十一团第三营从永新出发，往湘南迎接红军大队。8月23日，在湖南桂东县城与朱德、陈毅率领的红二十八团会合。之后，红四军主力回返井冈山。

"报告，背后发现敌人！"侦察兵向毛泽东报告。

"什么部队！"

"赣敌独立第七师刘士毅部。"

"怎么？他刘士毅想绕到我背后打黑枪？"毛泽东愤愤地说，"走吧，让他追，然后突然杀他一个回马枪。我们热热闹闹地回家去。"

部队开始了急行军，绕上犹，过遂川，一路盘旋，于9月8日到达井冈山南麓的黄坳宿营。

"报告，刘士毅部前锋已追到遂川城！"

"来得正好，"毛泽东说，"我正等着杀他的回马枪呢！"原来，他不走桂东——营盘圩——戴家铺那条近路回井冈山，而经崇义——上犹——遂川绕上那么个大弯子，目的是避开敌人主力，而在流动中伺机游击弱小之敌。现在，刘士毅部果然咬住尾巴跟上来了。送到嘴边的鱼，岂有不吃之理？毛泽东即与朱德研究决定，出其不意杀回遂川城，吃掉刘士毅驻扎在那里的先头部队五个营。

"这次不比往常，"朱德说，"以前是敌人攻我们守，好打'布袋战'，这次呢，正好相反。毛委员认为怎么打好呢？"他总是那么谦虚。

而毛泽东呢，却当仁不让。他说：

"这里有条小河叫蜀水，常使我想起诸葛亮。诸葛亮用兵不厌其诈，我们也来学学孔明，怎么样？"（锣钟馨：《用兵如神的毛泽东》，中国青年出版社1990年10月版，第114页）

"怎么个学法？"朱德笑着问。

"来，我告诉你。"毛泽东附到朱德耳边，轻轻地说了一番话。

"哈哈哈。"两人一齐大笑起来。

第二天，部队按照毛泽东的布置行动起来，一路招招摇摇朝遂川进发，百把里路竟走了两天。这时，早有侦探飞报遂川城，说朱、毛亲率主力红军向遂川大举进攻。

赣敌独立第七师先头部队由一个姓廖的任指挥。这位廖指挥在第七师也算个"神机军师"之类的人物。只因听说毛泽东用兵如何如何厉害，所以特别卖力地领头追赶，一心要和毛泽东比一比高低。

这日接到禀报，自然分外来神。"共军是什么时候出发的？"廖指挥问。

"前天上午。"探子回答。

"为什么走得这么慢？"

"他们一个个面黄肌瘦，破衣烂裳，累得要死的样子。走一走又歇一歇，唉声叹气的，说打了一个多月的仗，眼见得回到家门口了，又要出征……"

"唔，"廖指挥说，"情报可属实？"

"一点不假，"探子说，"我装成到草林圩赶圩的村民，同他们还走了一段路呢！"

"不错。退下！"他挥挥手喝退了侦探，便独自沉思：毛泽东只有一个本事，就是依靠井冈山天险打埋伏。可今天不是我被诱进山去挨打，而是你被诱出山来讨揍。那好，我也来个以其人之道还治其人之身——伏击战。今天我也让你尝尝伏击战的滋味。

主意拿定，廖指挥立即传令部队迅速撤出遂川城，在县城四周各有利地形埋伏起来。另外，他又派出一支部队前往迎战毛泽东的部队，规定只许败，不许赢，步步后退，引诱毛泽东的部队进入伏击圈，以便一举全歼。

布置完毕，廖指挥从从容容地踏上了面洋林制高点，举起了望远镜。清楚地看见：他的部队和共军接上了火。双方打了一阵，他的部队便边打边退。共军蜂拥而上，猛扑过来。他自以为得计，暗笑共军不知死活地冲向他布下的天罗地网！

"好，共军全进城了！""狗头军师"的确歹毒，他要将红军困于小小的遂川城中，等待大部队来一口吃掉。

廖指挥随即朝天鸣枪，发出了围攻信号。于是，埋伏在面洋林、石坝下、新寨等制高点上的白军杀声四起，纷纷冲向县城，想形成一个铁桶般的包围圈。

然而他们立足未稳，城内突然也杀声震天，只见一彪军从城门口直冲而出，红军军长朱德端着"花机关"一马当先，众战士奋勇向前，打得近在咫尺的白军人仰马翻。

廖指挥的脑子还没反应过来，红军队伍已冲了出去。"哎呀，红军跑啦！""糟啦，快——追！"廖指挥这才如梦初醒，调集人马拼命追杀上去。

朱德带领战士们一口气跑出去二十多里，直拖得敌人上气不接下气，反倒成了疲惫之师。当他们乱糟糟地拥进一个山谷时，以逸待劳的红军战士早已摆好伏击圈，一声军号吹出千道火舌。

与此同时，敌人的后方也响起了激烈的枪声和爆炸声。原来，毛泽东亲率三十一团和赤卫队二分队，乘虚向敌人后院发起了猛烈进攻：一路直捣廖指挥的指挥部，一路占领了遂川大桥，切断了敌人逃往赣南的后路。

廖指挥聪明反被聪明误。他想学毛泽东，没想到却被毛泽东用同样的打法弄得惊慌失措晕头转向。他领着部队东闯西突，无奈左右挨打处处受击，最后溃不成军，魂飞胆丧，只好带着残兵逃往城东。岂料那儿也不是藏身之地，无数老百姓手举斧头、柴刀、木棒潮水般漫涌过来。

这一仗，打垮了刘士毅独立第七师先遣队的五个营，俘虏敌营长以下二百余人，缴枪二百五十支，红军乘胜占领了遂川城。

这一仗，毛泽东学习孔明用兵的不厌其诈，佯作攻城中埋伏，用反伏击来对付廖指挥的伏击战；又用伏击战击溃、围歼了追击的白军。以计对计，以诈对诈,谋高一着,计胜一筹,创造了战争史上的奇观异景,令人叹为观止。

使用了"激将法"

"诸葛亮善于做宣传鼓动工作!"

这句话是毛泽东于1930年5月在红四军一次大队以上干部会议上说的。很有趣,诸葛亮"走进"红军队伍,他此时的面貌是"宣传鼓动工作"专家,是毛泽东从《三国演义》里给干部们"请"来的思想工作样板。

1929年年底,红四军在福建上杭县的古田村召开了第九次代表大会,史称"古田会议"。红军从1927年8月1日南昌起义创始,到1929的12月,经过了两年多的时间。在此期间,红军中的共产党和各种错误思想做斗争,学到了许多东西,积累了相当丰富的经验。古田会议多侧面地总结了党在红军中的政治工作,古田会议决议中也讲到"红军宣传工作问题"。

古田会议后,毛泽东非常重视部队对大会决议的贯彻执行,不断地、适时地给予许多宝贵的指示。1930年5月,毛泽东到各部队检查贯彻古田会议决议情况,他看到,旧军队的一套管理办法破除了,新的一套还没有完全树立起来,军阀主义的管教方法被反掉以后,一部分干部对部队的管理教育感到不知应该从何处着手。为此,毛泽东专门召开了一次大队以上的干部会,他详细地讲解了如何对部队进行管理教育。毛泽东把革命军队的管理教育方法归纳成七条。其中第六条是"宣传鼓动重于指派命令,反对命令主义"。讲这个问题时,毛泽东特地给大家讲了三国时黄忠老将大败夏侯渊的故事。

> 他说,黄忠本来年迈体衰,很难取胜夏侯渊。可是诸葛亮使用了"激将法",把黄忠的勇气鼓动起来了。于是黄忠立下军令状:如不斩夏侯渊于刀下,提头来见。结果,黄忠果然杀了夏侯渊。
>
> 讲到这里,毛泽东又指出,我们的战士是有高度阶级觉悟的,我们用不着"激将法",但是我们却要学习诸葛亮善于做宣传鼓动工作,用宣传鼓动提高战士的阶级觉悟,启发大家的革命英雄主义。把道理讲清,任务讲明,战士们就可以排除万难,勇往直前。专靠指派命令,不做宣传鼓动,就是执行了命令,也不会得到更大的成绩。(赖传珠:《古田会议前后》,《伟大的历程——回忆战争年代的毛主席》,人民出版社1977年版,第84—85页)

毛泽东讲的诸葛亮智激黄忠的故事,在《三国演义》第七十回和第七十一回。书中说到,建安二十三年秋七月,刘备和诸葛亮带领10万大军,进取汉中,魏将夏侯渊把守定军山,拦住去路。此时老将黄忠刚刚打败魏将张郃,刘备对黄忠说:

"汉中定军山,乃南郑保障,粮草积聚之所;若得定军山,阳平一路,无足忧矣。将军还敢取定军山否?"

黄忠慨然应诺,便要领兵前去。

孔明急止之曰:"老将军虽然英勇,然夏侯渊非张郃之比也。渊深通韬略,善晓兵机,曹操倚之为西凉藩蔽:先曾屯兵长安,拒马孟起;今又屯兵汉中。操不托他人,而独托渊者,以渊有将才也。今将军虽胜张郃,未卜能胜夏侯渊。吾欲酌量着一人去荆州,替回关将军来,方可敌之。"

忠奋然答曰:"昔廉颇年八十,尚食斗米、肉十斤,诸侯畏其勇,不敢侵犯赵界,何况黄忠未及七十乎?军师言吾老,吾今并不用副将,只将本部兵三千人去,立斩夏侯渊首级,纳于麾下。"

孔明再三不容,黄忠只是要去。孔明曰:"既将军要去,……吾教法正助你。凡事计议而行。……"

黄忠应允,和法正领本部兵去了。

孔明告玄德曰:"此老将不着言语激他,虽去不能成功。"

黄忠到了定军山前线,听从法正的计谋,以夜袭的办法,夺取了可观察定军山虚实的对山,居高临下,以逸待劳,待夏侯渊来攻。夏侯渊果然中计,率兵攻山。黄忠却按兵不动,等待曹兵倦怠。到了午后,曹兵"锐气已堕,多下马坐息","黄忠一马当先,驰下山来,犹如天崩地塌之势。夏侯渊措手不及,被黄忠赶到麾盖之下,大喝一声,犹如雷吼。渊未及相迎,黄忠宝刀已落,连头带肩,砍为两段。"

诸葛亮的"激将法"收到了如期效果。

诸葛亮的"激将"主要有两个内容:一是说敌将夏侯渊富于韬略"有将才",二是要从荆州调来关羽领兵出征。黄忠素来坚毅忠勇,争强好胜,这两条足以把他的战斗勇气最大限度地激发出来,使他下定破敌斩将的决心。

所谓激将,即是心理学上讲的精神刺激和精神激励。对部属的"激将",即是按照部属的实际情况,利用一定的语言技巧,刺激部属的自尊心、自信心、上进心和好胜心,使其自觉自愿地英勇作战,克敌制胜。这实为宣传鼓动的奇招妙法。

诸葛亮"宣传鼓动"常用这种方法，智激黄忠是他运用此法的成功例证。他是古代的宣传鼓动专家。

读《三国演义》使毛泽东注意到诸葛亮的这一长处，讲红军管理教育要"反对命令主义"时，他恰到好处引述了这个故事，使红四军的干部们很容易理解、也十分信服"宣传鼓动重于指派命令"的道理。

不过毛泽东并没有简单地停留在使用"激将法"的层面上，他对古今的"宣传鼓动"作了阶级分析，指出我们的战士"有高度的阶级觉悟"，我们用不着"激将法"，但我们要"学习诸葛亮善于做宣传鼓动工作"，以提高官兵的阶级觉悟，启发大家的革命英雄主义。这里有继承，有批判，是一种合理的扬弃，而不是简单的"拿来"主义。

"宣传鼓动重于指派命令"这一条，逐渐成为红军及至后来八路军、解放军管理教育工作的一条原则，成为我军光荣传统的一项内容。谁会想到，这其中还有诸葛亮帮的大忙，有他一份功劳。当然，在他的"激将法"中悟出"宣传鼓动"妙法的，还是毛泽东。

军人以服从命令为天职，革命军人更以服从命令为铁的纪律。不过服从命令有强制的，有自觉的。要官兵自觉地遵守纪律，服从命令，除了强制约束，还靠宣传鼓动。

我是诸葛亮到东吴

1945年8月，重庆发生了轰动中外的重要事件：18年的敌手——毛泽东和蒋介石坐在一起进行和平谈判。谈判43天的日日夜夜，波折迭起，惊心动魄。

重庆是国民党政府的陪都，军警、特务云集。对于蒋介石邀请毛泽东去重庆谈判的用意，党中央和毛泽东是十分清楚的。但为了昭示中国共产党的和平诚意，揭露蒋介石的阴谋，争取人民冀望的和平局面，毛泽东毅然决定去重庆，认为"这样可以取得全局的主动权"。

8月26日，新华社公布了毛泽东不顾个人安危，将去重庆的消息，引起了解放区军民的普遍不安，他们为毛泽东的安全担心。

重庆谈判孰知所设是否"鸿门宴"？就在毛泽东将要动身之时，有人提醒毛泽东，蒋介石是个政客，此公历来居心叵测，言而无信。重庆有人写信暗示："重庆气候不好，易犯感冒……"还有人传说：国民党特务将不利于毛泽东的此次行动。事实上，蒋介石邀请毛泽东赴渝谈判之时，就有利用谈判之机长期软禁毛泽东的想法。

面对这种情况，许多人劝毛泽东"不能去""不要去""去不得""凶多吉少""那是虎穴"。但是，为了民族大义，为了国家前途，为了人民利益，毛泽东在分析了利弊条件后，毅然前往重庆。

在重庆期间，毛泽东会见各方人士，向他们做和平建国的工作，阐明共产党的主张。

这天，毛泽东前往民盟总部（即特园，又名"民主之家"）看望张澜和鲜英。

"特园"位于嘉陵江畔，此处受到国民党特务的"关照"。尤其毛泽东来到重庆后，这里由特务装扮的"香烟摊""修鞋摊"骤然增加。蒋介石手下的陈希曾强行租下了紧挨特园的"康庄"住宅，日夜监视着特园的活动，记录下进出人员名单，并投寄夹有子弹的恐吓信进行威胁。对此，毛泽东不屑一顾。

毛泽东与张澜虽然"神交已久"，但这是第一次见面，他对这位"川北老人"十分敬佩。两人一见如故，很快就畅谈起来。

张澜说："润之先生，此次来渝，是我们意料不到的，也为你的安全担忧。"

毛泽东微微一笑，说：

"我谢表老（张澜字表方）关心。此次单刀赴会，我们是作了充分估计的，也料定他蒋介石不敢冒天下之大不韪，公开扣留我。我是诸葛亮到东吴，身在虎穴，安如泰山啊！"（赵大义、高永芬、邵永贵：《险难中的毛泽东》，中央文献出版社2000年7月版，第314页）

张澜连连点头，对毛泽东说："蒋介石假惺惺地邀请你到国民党统治下的这块'虎狼之地'，是在演'鸿门宴'，他是不会有诚意的。我曾向蒋介石建议要实行民主，可是遭到了他的拒绝。"

毛泽东道："积我们多年的经验，蒋介石的主意老早就定了，他要消灭我们，而且是越快越好。靠谈判解决问题是不可能的。不说别的，此次三请四邀我来重庆，可我来了，他却毫无准备，且一切提案还得由我们提出，岂非笑话！"

在整个重庆谈判期间，毛泽东把握全局，以斗争的坚定性和策略的灵活性与蒋介石以谈对谈，以打对打，针锋相对。无论是会内还是会外，谈判桌上还是战场上，蒋介石都失利，感到不是毛泽东的对手。

蒋介石生怕谈判结束后"放虎归山"，便产生软禁毛泽东的想法，但也担心此举会失信于天下，"有碍国府声誉"。正在他举棋不定之时，突然接到两个电话，一个是国民党元老于右任打来的，一个是"基督将军"冯玉祥打来的。虽然是分别打来的，但对蒋介石来说好像出于一人之口。于右任和冯玉祥在电话中说，蒋先生邀请毛泽东赴渝共商国是，九州尽知其诚，然而外界竟然有微词，说先生有软禁毛泽东之意。这种传闻于和谈有碍，于你不利。为正视听，余等准备通过报界予以辟谣，澄清事实。不知你认为此举妥否？请先生定夺。蒋介石听后又气又恼，知道这是自己打算软禁毛泽东的打算被泄露出去了，于、冯二人在试探虚实，但他又不好发脾气，只好硬着头皮故作镇静地说："明人不做暗事，谣言不攻自破。中正为国为民之心，人神共知，请先生及其他党国要员不必介意道听途说。"后来，蒋介石迫于各方面的压力，又考虑到内战的准备不充分，不宜过早撕破伪装，只好打消了软禁毛泽东的念头。

鉴于谈判已取得很大进展，周恩来在10月2日会议结束时建议：将一个月来的谈话记录整理出来公之于众，以解人民之渴望。10月10日，《会议纪要》签字。10月11日，"一身而系天下之安危"，却把个人生死置之度外的毛泽东，从重庆安全返回延安。

"单刀赴会"是关云长的故事。是说关云长镇守荆州之时，应东吴将领鲁肃之约，不带人马，只凭一口大刀，渡江与鲁肃会谈，在"借荆州"问题上一阵舌枪唇剑，虽然鲁肃埋伏下刀斧手，可畏惧关云长的勇武神威，终于不敢下手，眼睁睁看着关云长手提大刀，扬长而去。毛泽东说自己赴重庆谈判是"单刀赴会"，则在于揭露蒋介石暗藏杀机。

在危险性方面，毛泽东赴重庆谈判，与小说中诸葛亮出使东吴确有相似之处。赤壁交兵前，刘备新败，退守夏口，诸葛亮的军事外交，并没有很强的军事实力作为后盾。东吴内部主战与主和两派斗争激烈，诸葛亮站在哪种立场，都有对立面。周瑜虽然和他都是"主战派"，但周瑜忌恨孔明的才智，怕日后必为东吴隐患，时刻怀着杀害孔明之心。但诸葛亮不愧为足智多谋，"虽居虎口，安然如泰山"。所以能够如此，是因为孔明正确认识和处理各种复杂矛盾：他以一介使者身份出使东吴，却能操纵一切，调动一切。尽管周瑜千方百计要谋杀他，可他坐在一叶小舟却安稳如山。他出以孙刘联合大局的公心，以智谋斗毒计，使周瑜始终无法下毒手，并促使联军取得了辉煌的战绩。

"我是诸葛亮到东吴！"毛泽东这样讲，表明了他对所处险境的清醒了解，对斗败国民党顽固派的十足信心。毛泽东既有关云长单刀赴会之勇，又有诸葛亮出使东吴之智，诗人柳亚子称毛泽东有"弥天大勇"，此处可见一斑。

重庆谈判之时，毛泽东心中是装着那位轻摇羽扇化险为夷"诸葛军师"的形象的。

在汉中搞过屯垦

"兵马未动,粮草先行",战争之中,粮食问题是极其重要的环节。劳师远征,转运军粮,最使指挥员挠头。于是,聪明的战争指导者想出了屯垦的办法,军屯民垦,战时接济军粮,平时实边固防。诸葛亮六出祁山,远离后方,他也于战争间隙实行屯垦制,这启发了毛泽东组织部队屯垦戍边的思路。

1955年元旦期间,王震将军到中南海见毛泽东。

在菊香书屋会客室,王震对毛泽东说:"主席,我们打了这么多年的仗,现在战争结束了,那么多退伍军人需要安置,总得想个好办法解决。"

"可以组织屯垦戍边嘛!"毛泽东说,"中国古代就有屯垦制,管仲搞过,诸葛亮在汉中也搞过呢!开荒就业,治疗战争创伤,巩固边疆,建设边疆,应该是个好办法。"(邱延生:《历史的真言——李银桥在毛泽东身边工作纪实》,新华出版社2000年7月版,第598页)

王震高兴地说:"这真是个好办法!可以集体转业,集体安置,做到有组织有纪律,还可以减轻各级政府的不少负担。"

毛泽东挥挥手说:"是嘛!可以去海南岛、去北大荒、去新疆,上山、下乡、下海,劳动就业就是了;我们这样做,一可以巩固社会治安,二可以巩固国防,三可以解决干部战士的就业问题和安置家属,四可以减轻政府负担。有这四个方面的好处,何乐而不为呀?"

王震高兴地笑了。

诸葛亮北伐曹魏,必须驻军汉中,便于就近出击长安与洛阳。蜀汉建兴十二年(234)他发动了第五次北伐,亲率十万大军出斜谷口,在渭水南岸的五丈原(今陕西岐山南)安营扎寨。诸葛亮吸取前两次军粮接应不上被迫撤军的教训,为了持久作战,不但在斜谷口积贮了不少军粮,还采用屯田政策,分出一部兵力在五丈原开垦荒地,种植粮食。兵士和当地百姓在一起生产,很好地补给了蜀军的军粮供应。

小说第一百三回,多处描写到诸葛亮在祁山前线的屯田活动:

"却说孔明在祁山,欲为久驻之计,乃令蜀兵与魏民相杂种:军一分,民二分,并不侵犯,魏民皆安心乐业。司马师入告其父曰：'蜀兵劫去我许多许多粮米，今又令蜀兵与我民相杂屯田于渭滨，以为久计：似此真为国家大患，父亲何不与孔明约期大战一场，以决雌雄？'"

魏将夏侯惠、夏侯惇对诸葛亮的屯田很畏惧，他们对司马懿说：

"今蜀兵四散结营，各处屯田，以为久计；若不趁此时除之，纵今安居日久，深根固蒂，难以摇动。"

小说中写得明白，屯田乃为"久驻之计"，以支持旷日持久的战争。毛泽东吸取管仲、孔明的经验，总结了屯垦实边的四大"好处"，决心在新疆、北大荒、海南岛组织转业部队集体屯垦，是远见卓识之举。从50年代开始直到如今，新疆和北大荒生产建设兵团都为保卫边疆、建设边疆做出了巨大的贡献，这是共和国国史上最为亮丽的一笔，是人所共知的千秋伟业。诸葛先生倘若地下有知，也会为他的汉中屯垦羽扇轻摇、颔首微笑吧！

诸葛亮的办法"走为上"

1956年4月25日至28日，毛泽东在中南海主持召开了中央政治局扩大会议。这时，秘密出访莫斯科的周恩来已经回到了北京。

在这次扩大的政治局会议上，毛泽东作了《论十大关系》的重要讲话，以苏联经验为鉴戒，初步总结了探索适合中国国情的社会主义建设的经验，提出了探索适合中国国情的社会主义建设道路的任务。

毛泽东在讲话中说：

"现在全世界都在谈论减少军事经费、发展和平经济问题，英国、法国谈得最多，美国有时候也被迫地谈一下。现在是和平时期，军政费用的比重太大了不好。那时（指苏联卫国战争初期）的红军，由于肃反扩大化削弱了干部，由于战略指导思想是要御敌于国门之外，国内不修工事，有攻无守，结果希特勒打进来，抵抗不住，只好按照诸葛亮的办法，三十六计走为上计，一直退下来。在这些方面，我们现在都比他们那个时候强。"（邸延生：《历史的真言——李银桥在毛泽东身边工作纪实》，新华出版社2000年7月版，第630页）

毛泽东讲的是第二次世界大战中苏联卫国战争初期的情况，实质上是对斯大林战争准备不足的批评。1939年8月，苏联和德国签订了互不侵犯条约。在一份"秘密附加议定书"中，德国人和苏联人在东欧划分了势力范围。但是，在条约签订仅八天后，德军就向苏联势力范围的波兰发动了进攻。尽管苏联采取了紧急军事行动，但德国已占领了波兰的大部分地区。1941年6月22日，希特勒的军队蜂拥越过国境，发动了对苏联的突然袭击。这对警惕性不强、战争准备严重不足的苏军，后果是巨大灾难性的。苏联西部一些军区的部队，遭到重创，甚至是毁灭性的打击。

苏军只好撤退。他们"只好按照诸葛亮的办法，三十六计走为上计，一直退下来"。我国无名氏所著、大约成书于明清之际的古代兵书《三十六计》，其中第三十六计是"走为上"，主要内容是"全师避敌"。意思是全军实行退却，避强待机。毛泽东把苏军撤退说成是"诸葛亮的办法"，大概只是泛指，不是指小说中的具体事件。诸葛亮五次北伐，几乎都打了败仗，退回汉中。不过诸葛亮的撤退，有板有眼，很有章法，所谓"善战者不败，善败者不亡"是也。苏军的撤退，尤其是战争初期的撤退，则是异常混乱。美国作家小奥托·普雷斯顿·钱尼在其传记文学《朱可夫元帅》中写道：

"（苏军）许多部队的司令部……刚刚来得及把部队拉到公路上排好队伍，反倒成了空袭和迅速推进的德军装甲兵团逐一歼灭的现成目标。

"苏联飞机未能及时疏散到紧急简易机场，因而大部分飞机在其永久性基地上迅速被击毁。

"在战争的最初时刻，由于遭到空袭和炮击，红军的通讯线路大部分被破坏，这就进一步加剧了守军的困难和混乱状况。"（《朱可夫元帅》，新华出版社1984年11月版，第72—73页）

在这样的情况下，其撤退状况可想而知。

当然，毛泽东讲"走为上"，其意不在于批评诸葛亮只会打败仗逃跑，这只是一种比喻和象征，是批评苏联国防战略指导思想不对头，是阐述在和平时期，既要军费比重不能太大，又要加强国防建设，做好战争准备。否则，就要犯"走为上"（被动挨打，仓皇撤退）的错误。

古人讲："天下虽安，忘战必危。"（《司马法·天子之义》）在提高警惕、居安思危方面，毛泽东把我国的情况与苏联卫国战争初期的情况比较后，得出的结论是"我们现在都比他们那个时候强。"战备不足的被迫"走为上",是要付出惨重代价的。

征孟获时使用了这个先进武器

1962年2月5日,孔从洲会见了亲家毛泽东,聆听他对炮兵工作的指示。

这时,孔从洲在南京炮兵工程学院任院长。全军军事院校正在普遍展开教学改革运动,炮兵工程学院师生在教改工作中提出了一些需要解决的问题。

毛泽东、孔从洲坐下后,从家庭、子女谈到教育,以及有关炮兵建设的一些问题。毛泽东以提问的方式详细了解了炮兵工程学院的情况,然后说:

"炮兵工程学院办校宗旨应当是什么呢?我看应当是培养具有现代化知识的炮兵科技人才。这一点很重要,因为科学技术天天在进步。我们祖先使用的十八般兵器中,刀矛之类属于进攻性武器,弓箭是戈矛的延伸和发展。由于射箭误差大,于是又有了弩机,经诸葛亮改进,一次可连发十支箭。准确性提高了。他征孟获时使用了这个先进武器,可孟获也有办法,他的三千藤甲军就使诸葛武侯的弩机失去了作用。诸葛亮经过调查研究,发现藤甲是用油浸过的,于是一把火把藤甲军给烧了。后来又有人制成了抛石机,依靠机械的力量,可以把十几斤重的石头抛出五十步以外,成为古代攻打城池和野战的重要武器。这些都是冷兵器,只有在火药发明以后,才出现了历史性的变化。"(李智舜:《毛泽东与开国中将》,中共中央党校出版社1997年1月版,第48页)

说到这里,毛泽东叫人给孔从洲续茶,自己深吸了一口烟,继续说:"我们的祖宗发明了火药,可是后来落后了。在南宋时有一个叫陈规的,他把火药装在一个竹管内,装上弹丸,喷出火焰烧伤敌人。这是管形火器的鼻祖。因为竹子容易被火药烧毁,后来有人改用金属制作,就是火铳,是世界上最早的火枪。13世纪,火药传到阿拉伯国家,14世纪又传到欧洲。15世纪,欧洲人制成了滑膛炮,笨得很哪!"

毛泽东边用手比画着,边笑着说:"要35匹马才能拉得动它。"

稍停了一下,毛泽东接着说:"到了17世纪,牛顿和欧勒研究了炮弹的飞行,空气的阻力,制成了线膛炮。18世纪,德国开始使用后装火炮。从此线膛炮正式代替了滑膛炮。1907年,法国制成世界上第一门一五五毫米半自动闩式加农炮。从那时起,火炮就日新月异地向前发展了。现在出现了核导弹,将来还会有更新的武器。"

说到这里,毛泽东话锋一转,转到了谈话的中心思想——我军炮兵建设上:"解放战争中,我们靠缴获国民党的火炮装备自己。由于国民党的火炮大都是买外国的,所以我们那时装备的火炮品种繁杂,规格不一,有德国的,美国的,还有日本的。全国解放后,我们靠买苏联的,像我们这样一个大国,靠买别国的武器是不行的,要自己研制。你们是怎样解决这个问题的。"

孔从洲回答说:"现在是仿制。"

"总靠仿制别国的武器行吗?"毛泽东问。很明显,毛泽东对于总是仿制是不太赞成的。因为一切建立在自力更生的基点上,这是他的一贯思想。

孔从洲立即回答说:"不是!我们已开始根据作战对象和我国地形、交通、气候等条件,在研制我们自己的火炮了。"

毛泽东听后,显然高兴起来,微笑着点点头,说:"这就对了。我们是一个大国,必须强调自力更生。外国好的东西,要实行'拿来主义',但不是'拿来'就算了,而是要在他们的基础上,研制出自己的东西来。"

毛泽东在谈到炮兵技术发展史时,随便谈到诸葛亮改进了弩机。史载,诸葛亮"长于巧思,损益连弩"(《三国志·蜀书》本传)。经诸葛亮改进的连弩,称之为"元戎",说是"以铁为矢,矢长八寸,一弩十矢俱发"(《三国志》注引《魏氏春秋》)。孔明改进了弩机,射箭数量和准确性都提高了,增强了远射程兵器的杀伤力。

可"卤水点豆腐,一物降一物",诸葛亮南征孟获时,连弩对"藤甲军"就"失去了作用",因为藤甲不怕箭射。小说第九十回描写:

> 次日,乌戈国主引一彪藤甲军过河来,金鼓大震。魏延引兵出迎。蛮兵卷地而至。蜀兵以弩箭射到藤甲之上,皆不能透,俱落于地;刀砍枪刺,亦不能入……蜀兵如何抵挡,尽皆败走。

毛泽东讲诸葛亮改进弩机以及"先进武器"在藤甲军前失去作用的故事,意在说明"科学技术天天在进步"的道理,引导和鼓励全军指战员好学深思,自力更生,"研制出自己的东西来"。今天,远射程武器已发展到导弹核武器,其射程和杀伤能力远非昔日"连弩"所能比。但是,毛泽东从诸葛亮改进和使用先进武器中所引发的思想,却具有昭示未来激励后人的深远意义,这何尝不是我们强军劲旅指导思想的一个方面呢?

以孔明的办法办事

（诸葛亮之三）

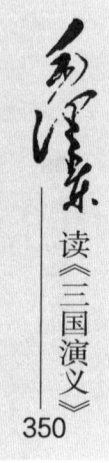

> 毛泽东说："……你看过《三国演义》吧？共产党就是以诸葛孔明的办法办事。那就是'言忠信，行笃敬，开诚心，布公道，集众恩，广忠益'。蒋是搞码头，搞宗派，他是必然要失败的嘛，希望你们团结起来，努力把国家的事情办好。"
>
> 中共呼和浩特市委党史资料征集办公室等：《呼和浩特史料》第5集，1984年版，第82页

陈寿作《三国志·诸葛亮传》，在评语中说：

"诸葛亮之为相国也，抚百姓，示仪轨，约官职，从权制，开诚心，布公道；尽忠益时者虽雠必赏，犯法怠慢者虽亲必罚，服罪输情者虽重必释，游辞巧饰者虽轻必戮；善无微而不赏，恶无纤而不贬；庶事精练，物理其本，循名责实，虚伪不齿；终于邦域之内，咸畏而爱之，刑政虽峻而无怨者，以其用心平而劝戒明也。可谓识治之良才，管、萧之亚匹矣。"

陈寿的评论，透彻而全面地概括了诸葛亮的政治才能和政治风度。《三国演义》一书，作者对诸葛亮的"识治良才"进行了生动具体的描写，使其益发感人。

毛泽东早年在湖南一师读书时，就听国文教师讲过诸葛亮是"办事之人"，即颇有事功、颇有政绩之人（毛泽东：《毛泽东早期文稿》，湖南出版社1995年7月版，第591页）。投身革命，负有政治、军事领导之责以后，毛泽东处理军国要务，常常引诸葛亮事迹行状为榜样，古为今用，多有启人心智之处。

诸葛一生唯谨慎

"诸葛一生唯谨慎，吕端大事不糊涂。"这副楹联原系明朝人李贽所撰，题以自勉。联语中用了诸葛亮平生谨慎和宋朝大臣吕端大事清醒的典故。（后

者见《宋史·吕端传》："宋太宗曰：'端小事糊涂，大事不糊涂'。"）

毛泽东曾经多次用这副楹联评价叶剑英。

据薄一波回忆：50年代末，在北戴河召开的一次中央工作会议上，毛泽东要他把小组会上的发言加以充实，在回北京继续召开的大会上再讲一次。当他讲到旧戏中王佐断臂"为国家尽忠心，昼夜奔忙"时，几位同志纷纷插话，毛泽东接着叶剑英的插话说：

"我送你一句话：'诸葛一生唯谨慎，吕端大事不糊涂。'"

对此事记述最详最清者，莫过于描写杨成武将军在1967年的传记文学《微行》，该书第三章中写道：

1967年7月22日，陪同毛泽东南巡的杨成武等人在上海。八一建军节在即，根据惯例，每年建军节都要开招待会，谁参加招待会可是个"大问题"。

杨成武请示毛泽东："八一招待会，几位老帅要不要请来出席？"

"统统请来。"毛泽东做个推出的手势，"都要出席。这个会一定要开好，所有老帅都要到，不许请假。"

杨成武犹豫道："现在有人骂我们朱总司令。"

"怎么骂？"

"骂朱总司令是黑司令。"

"混！完全错误的。"毛泽东一脸厉色："朱毛、朱毛，没有朱哪来的毛？骂朱是黑司令，我不就是黑政委了吗？谁讲的？"

杨成武张张嘴，没说出名。因为"中央文革"几个人都讲过，他不敢回答。

毛泽东点点头，表示已经明白。

"长征时，张国焘我们天天谈。张要南下，搞分裂，叶剑英把张国焘一个电报单人独马给我和恩来看了。我当时拿个纸烟盒，一边把主要内容抄了一下，一边问叶剑英：'你怎么出来的？陈昌浩呢？'他说：'陈正在开会讲话。'我一边抄一边催他：'你赶紧回去,赶紧回去。'"毛泽东用手掌拍拍颈项，朝杨成武睁大了眼睛感叹："毛（泽东）、周（恩来）、张（闻天）、博（古），差点掉脑壳！"

杨成武也不胜感慨，频频点头。

"诸葛一生唯谨慎，吕端大事不糊涂！"毛泽东用他那湖南腔，抑扬顿挫地评价道，"叶剑英！"

杨成武又点点头，急忙记下来。

"叶剑英在张发奎部队当参谋长，汪精卫给张发奎发个电报，邀叶挺、贺龙到庐山，想在庐山把叶挺、贺龙扣留起来。这个事，又是叶剑英立功。他是参谋长，知道此事危害性，就邀叶挺、贺龙到周瑜练兵的烟波湖划船，把消息告诉了叶、贺：一定不能上庐山。叶、贺没上庐山，搞了南昌起义……"

讲过叶剑英两件功劳，毛泽东脸上浮起一层缥缈的梦幻般的遐想，好像有什么美妙的东西令他神往。静了久久，才吮一吮下唇，冲杨成武笑笑，点点头：

"诸葛一生唯谨慎，吕端大事不糊涂。叶剑英！"

杨成武记录之后，说："北京的老师都非常紧张。"
"为什么？"毛泽东惊讶地睁大眼睛。
"人家要打倒这个老师，打倒那个老师……现在有主席的评价，他们就可以放心了。"
"回去告诉他们，都不要紧张。"毛泽东掰着手指："朱老总是红司令，叶剑英的功劳不能忘，陈毅同志是个好同志。聂荣臻，聂荣臻同志是个厚道人。"
杨成武问了贺龙："主席认为贺龙呢？"
"贺龙我过去讲了一些话，多次讲了，他是二方面军的一面旗帜嘛，九大还要选他当中央委员。"
毛泽东连吸几口烟，又说："徐向前过去的事情主要是张国焘负责。你回去告诉总理，不要再追他的责任。徐向前失败以后，要饭回来，回到延安；陈昌浩要饭回来，回到他的老家湖北。这就是徐向前和陈昌浩的根本区别。"
毛泽东将大手一划："建军40周年，招待会老师都要参加。"（权延赤：《微行》，广东旅游出版社1997年4月版，第121—124页）
毛泽东让老师们参加八一建军节的招待会，客观地评价了他们的功绩、人格和政治态度。对叶剑英，他详细讲了1927年和1935年叶的两大功劳，两次引用诸葛亮和吕端的典故。这几乎成了一种思维定式，以后再在重大问题上提到叶帅，总忘不了这副楹联。

1971年"九一三"事件后，党中央决定由叶剑英主持军委工作时，毛泽东再一次引用"诸葛一生唯谨慎，吕端大事不糊涂"这句话，来高度评价叶剑英的历史功绩。

1974年10月，王洪文赴长沙，向毛泽东诬告周恩来总理和叶剑英元帅，毛泽东批评他说：

"有意见当面谈，这么搞不好。你要注意涵养，不要跟她（指江青——引者注）搞在一起。你回去后找总理、剑英同志谈谈。总理的工作能力强哟，你王洪文比起总理来差得远哩。还有剑英，功劳很大呢，他腹有良谋。'诸葛一生唯谨慎，吕端大事不糊涂'，你根本不是对手。你们四个人不要搞成'四人帮'。别人不敢批评你们，大概只有我了。记住，回去多和总理、剑英商量。"

"诸葛一生唯谨慎，吕端大事不糊涂"。这是毛泽东借用他人自省自勉联语，评价称赞他人的杰作。

毛泽东引用这副名联的主旨是赞扬吕端"大事不糊涂"，即赞扬叶剑英在大的危机面前头脑清醒，挽狂澜于即倒。同时，毛泽东也肯定了诸葛亮的谨慎态度，这是诸葛亮一个显著的特点。罗贯中《三国演义》第九十五回就三次提到他的这一优点。曰："……'诸葛亮平生谨慎'……'亮平生谨慎'……'此人料吾生平谨慎'……"

毛泽东精通典籍，牢记典故。李贽的名联，将诸葛亮周密、细致、谨慎的品格，和吕端每临大事有静气的襟怀，天造地设般联结在一起。毛泽东将此移赠叶剑英，这是对叶剑英一生最恰如其分的评价，是对叶剑英兼有诸葛亮、吕端的精神品格和高贵情操的称颂。评语充分反映出一个真正共产党高级领导干部既谦虚谨慎、照顾大局，又无私无畏、大智大勇的精神风貌。

以诸葛孔明的办法办事

董其武是著名的爱国将领。1949年9月在绥远省率部起义，为此毛泽东亲自复电慰勉。中华人民共和国成立后，他任绥远省军政委员会副主席、绥远省人民政府主席兼省军区副司令员。

1950年4月，他曾奉命来到北京向党中央、国务院汇报工作，受到了毛泽东的亲切接见和设宴款待，这是他第一次见到毛泽东。

4月27日下午，傅作义来到董其武的住处，一见他就笑着说："其武要受到明师真传了！"董其武一听就猜到是毛泽东召见。傅作义又说："今晚毛主席召见你和高克林书记。"

当晚，董其武高兴地换了一身新的灰士林平面布中山装，带上自来水笔，和傅作义、高克林一起乘车去中南海见毛泽东。7时，他们到了中南海丰泽园，毛泽东已在此等候。当时在场的还有周总理、朱总司令、聂荣臻司令员、薄一波政委等领导。

董其武向毛泽东恭敬地行了礼，走上前紧紧握住他的手。毛泽东随即把董其武和高克林让到他附近的座位上。在询问了绥远的情况后，毛泽东称赞董其武说：

"你的文章我看到了，工作还是很有成绩的嘛！起义是一件好事，给你的复电是我亲笔写的，希望你们团结一致，力求进步嘛！蒋（介石）以钱以官来破坏你们，不得人心嘛！他们终于失败了。"

他指着傅作义对董其武说："他和我们打交道多了，你还没有和共产党共多少事。有人害怕共产党，共产党也是人嘛，有什么可怕呢？不过共产党有一个党小组，每周要过党日，对党员一周来的好事要表扬、巩固、提高；对做错的事要批评、教育他，不是搞别人的鬼，这就是马克思主义的批评与自我批评的武器。"

毛泽东这时问董其武："你现在还不是共产党员吧？"

董其武答："不是。"

毛泽东又接着说："共产党与人共事是心口如一，表里一致，桌面上是什么，背地里也是什么，不和蒋一样。蒋和人共事是讲权术的，搞宗派的，搞码头的，不为无因，他是私。共产党没有私，共产党人要团结一切可能团结的人，团结一切可以团结的力量，为的是把我们国家搞好。"

讲到这里，毛泽东问董其武：

"你看过《三国演义》吧？共产党就是以诸葛孔明的办法办事，那就是'言忠信，行笃敬，开诚心，布公道，集众思，广忠益'。"

毛泽东继续说："咱们国家经过多年战乱，需要三年好好恢复生产，你回去争取把军队改造好，争取把地方各民族领袖团结好。香港有不少资本家想回来，我们欢迎他们回来。建国需要钱，为建设美好的中华人民共和国而奋斗。"

毛泽东谈古论今，滔滔不绝，谈话持续了3个多小时。董其武听着入了迷，顾不上记笔记了。回到住处，他躺在床上，兴奋得辗转反侧，几乎彻夜不眠，深感毛泽东真是一位伟大的人物：听他一席话，胜读十年书！

"开诚心，布公道"，出处已见前引；"集众思，广忠益"出自《诸葛亮集·与群下教》。这大概就是成语开诚布公与集思广益的出典，这两点较好地体现了诸葛亮作为封建政治家的坦荡胸襟和民主作风。诸葛亮治蜀，在政权建设中，特别注意待人开诚布公，决策集思广益。他虚心听取群下的意见，鼓励部属勇于发表不同见解，在争论中寻求统一，避免决断中的过失。诸葛亮不失为开明的封建政治家。

当然，诸葛亮的"办法"与共产党人的"办法"不可同日而语，有性质和程度方面的差别。但毛泽东在与刚刚起义不久的将领谈话时，引用"诸葛孔明的办法"来说明与各种政治力量同心协力和衷共济完成建国大业的道理，对方是易于接受乐于接受的，比高谈阔论革命大道理要实际得多，得当得多，效果要好得多，难怪董其武有"与他一席话，胜读十年书"之叹！

虎踞龙蟠今胜昔

南京，古称石城，因为旁有石头山而得名。据《太平御览》引《吴录》："刘备曾派诸葛亮至京，因睹秣陵山阜，叹曰：'钟山龙蟠，石城虎踞，此帝王之宅也'。"秣陵，即今南京。诸葛亮是说，吴国都城建业地势雄伟险要，东面的钟山像盘曲的龙，西面的石头城像蹲着的虎，这是帝王建功立业的地方啊！

对六朝古都南京，毛泽东心仪已久；对诸葛亮的宏论，毛泽东铭记在心。

早在1920年，热爱祖国大好河山的毛泽东因事从北京乘火车沿津浦线南下，经浦口来到南京，在历史上享有盛名的南京城墙环绕一周，"还在南京城寻找六朝旧址"。1936年他在陕北保安接见美国记者埃德加·斯诺时，谈话时还提起这段往事（斯诺：《红星照耀中国》，河北人民出版社1995年3月版，第114页）。"黯黯江云瓜步雨，萧萧木叶石城秋"。在那风雨如晦的年代，毛泽东为寻找救国救民的道路，毅然走出乡关，上下求索。这位中华民族的优秀儿子对祖国的每一片热土，对脚下这虎踞龙蟠的石城，怀有何等深切的赤子之情呵！他那时是否想到了诸葛亮对山川形胜的评论，不得而知了。

1949年春天，毛泽东在北平西郊双清别墅运筹帷幄，决胜千里。人民解放军挥师渡江，一举推翻蒋介石二十二年的反动统治。捷报传来，毛泽东欣然阅览着新华社报道南京解放的号外，遥望南天，神驰金陵，挥毫写下《七律·人民解放军占领南京》的辉煌诗篇，雄视千古，大气磅礴：

钟山风雨起苍黄，

百万雄师过大江。
虎踞龙蟠今胜昔,
天翻地覆慨而慷。
宜将剩勇追穷寇,
不可沽名学霸王。
天若有情天亦老,
人间正道是沧桑。

(《毛泽东诗词集》,中央文献出版社1996年9月版,第74页)

"虎踞龙蟠今胜昔",毛泽东自然想到了诸葛亮对南京地理形势的评论。诸葛亮盛赞南京形胜优异,毛泽东则进一步讴歌南京的新生,南京的解放,指出其今非昔比。古人作诗,多说南京今不如昔,如宋人辛弃疾《念奴娇·登建康赏心亭呈史留守致道》:"虎踞龙蟠何处是?只有兴亡满目。"再如元人萨都剌《满江红·金陵怀古》:"空怅望,山川形胜,已非畴昔。"胜利进军的毛泽东在诗句中用成语典故,简练而庄严地表达了南京解放的伟大历史意义,以及作者和全国人民极度兴奋的心情。解放了的南京是人民的城市,更加雄伟壮观,这是翻天覆地的伟大变化。

解放后,南京城回到了人民的手中。热爱祖国大好河山的毛泽东,出行每临南京,都有对这座城市的由衷赞美,尤其对"今胜昔"的赞美。

1953年2月23日,毛泽东在陈毅的陪同下,到南京紫金山天文台视察参观。一行人看完古代天文仪器之后,来到南面的一个小山头。

陈毅说:"这里就是当年太平军和清军浴血激战的天堡城,主席是不是上去看看?"

于是,毛泽东健步登上了天堡城。非常熟知中国历史的毛泽东对大家说:

"三国时候,诸葛亮就对孙权说过'钟阜龙蟠,石城虎踞'的话,用以概括金陵形势。'龙蟠虎踞'就是指紫金山像条龙蜿蜒而来,南京城像老虎似的蹲在那里。今天这个形势依然如故。"

毛泽东还说:"天堡城地势险要,是保卫南京的前哨阵地。当年太平军与曾国藩展开血战,坚持了两年多,真不简单。如果当年洪秀全能不计较一城一地的得失,情况就会好多了。"

毛泽东还讲到南京古名石头城,孙权建都于此,称建邺,在

接近长江一带的地方还有石头城的遗址。(《毛泽东在江苏》，中共党史出版社1993年9月版，第22页)

俯瞰古老的南京城，眺望远处浩渺的大江，毛泽东纵论古今。

虽然，"虎踞龙蟠"的南京城今天"形势依然如故"，但必然物在而人非，可谓"萧瑟秋风今又是，换了人间"。地势险要并不能使洪秀全最终夺取胜利，"不计较一城一地得失"，善于大踏步后退大踏步前进，最终在运动中歼灭敌人的毛泽东却最终赢得了革命战争的胜利。不过，他把这看成是人民的胜利。南京城回到人民手中，和以往大不一样了。

1957年3月20日，毛泽东再次来到南京。那天，他在军地干部会议上作了近两个小时的重要讲话。高屋建瓴、议论风生的讲话，即由说南京生发开去：

"南京这个地方，我以前曾经来过，我看是个好地方。古人就称赞这里'钟山龙蟠，石城虎踞'，确是龙蟠虎踞。不过，近代有人说这龙蟠虎踞是'古人之虚言'，意思说这是古人讲的假话。看来还不能这么说。如果讲这是一个虚言，那就是在过去国民党反动派和军阀统治的旧时代是一个虚言。'虎踞龙蟠何处是，只有兴亡满目'。国民党反动派在这里搞了二十来年，搞得国破民穷，虎踞龙蟠的南京自然也就徒有其名了。现在，南京回到了人民手里，我看南京还是个好地方。"(《毛泽东在江苏》，中共党史出版社1993年9月版，第84页)

毛泽东不仅熟悉南京的历史，而且对南京别有一番深情厚爱。

毛泽东认为，诸葛亮说金陵龙蟠虎踞并非"虚言"；国民党统治南京弄得国破民穷，"只有兴亡满目"，使其徒有"虚名"了；古老的南京城回到人民手里，经过建设，使其发展，形胜之美加上建设之美，将永远是个"好地方"。

陈云理财可称之为能

中华人民共和国成立之初，面临的一个重大问题，是不法资本家和商贩囤积居奇，哄抬物价，致使城乡人心惶惶。如何稳定经济，理顺金融秩序，已是关系到新生的革命政权能否巩固的大问题。

毛泽东将陈云从东北调回，担任中央财经委主任，着重抓这一问题。陈云不愧为抓经济建设的高手,上任后即采取有力措施,平抑物价,打击不法商贩。1950年3月统一财经,同年4月财政状况开始好转,出现收支接近平衡、市场进一步稳定的可喜现象。货币流通速度减慢了,物价稳中有降,私营企业的成交价格甚至降到国营牌价以下。与此同时,人民币的信用提高了,银行的存款大量增加,存放款利率也有所下降。人们终于松了一口气,因饱尝物价波动之苦形成的抢购心理开始有了变化。

这是多少年不曾有过的情况。至此,中华人民共和国成立初期平抑物价、统一财经的斗争初战告捷。毛泽东曾经高度评价它的意义"不下于淮海战役",并极为称道中央财经委主任陈云的理财能力。

据薄一波回忆:有一次他到毛泽东那里谈完工作,说到陈云同志主持中财委的工作很得力,凡看准了的事是很有勇气去干的,平抑物价、统一财经就是他力主要做的,结果很快成功了。

> 毛泽东听后说,陈云同志有这样的能力,我在延安时期还没有看得出来,可称之为能。接着,他顺手在纸上写下了一个"能"字。(薄一波:《若干重大决策与事件的回顾》上卷,中共中央党校出版社1991年5月版,第89页)

薄一波认为,毛泽东善于用典故抒发思想和情感。在这里,他是借用诸葛亮在《前出师表》里叙述刘备夸奖向宠的用语("将军向宠,性行淑均,晓畅军事,试用于昔日,先帝称之曰能"),来赞扬陈云同志的理财之能。

蜀国将军向宠,刘备和诸葛亮都重视其才能。《三国演义》第九十一回"伐中原武侯上表"中,引用了诸葛亮著名的《前出师表》,其中有段是诸葛亮向后主刘禅交代后方军事问题的负责人:

> 将军向宠,性行淑均,晓畅军事,试用之于昔日,先帝称之曰能。是以众议举宠为督:愚以为营中之事,事无大小,悉以咨之,必能使行阵和睦,优劣得所。

向宠先前做过牙门将军,刘备伐吴的夷陵之战,他随军出征。刘备被火烧连营七百里,他率领的部队却不受损失。所谓"善战者不败,善败者不亡"是也,表现出杰出的军事统御才能。

后主刘禅继位后,向宠被任为中部督,典宿卫兵,也就是皇帝近卫军的统领。诸葛亮北伐时,他升为中领军(相当于武官第三品)。

刘备和诸葛亮看重向宠的军事才能，主要是依据其在夷陵之战中的表现。那次战争，蜀国大败，当此危难关头，独向宠不损兵将，给人的烙印太深了。所以诸葛亮出师北伐，把大后方的"营中之事"，全数委托给此人。为了说服刘禅，他先举先主刘备"称之曰能"，后又举"众议举宠为督"，证据是有说服力的，也说明诸葛亮举荐军事人才的慎重。

在毛泽东看来，陈云理财与向宠统军一样，可以"称之曰能"。从延安时期开始，直到东北解放战争时期、东北解放初期，以及中华人民共和国成立以后几十年，实践都证明，陈云同志确有理财能力，有搞经济建设的经验，是不可多得的杰出人才。

诸葛亮精通心理学

心理学发端于西方，20世纪初随着西学东渐，被介绍到我国。1917年，北京大学建立起我国第一所心理学实验室。可是，约在1956年8月，毛泽东却出语惊人地说：

"诸葛亮精通心理学！"

诸葛亮生活于公元2世纪末3世纪初，他怎么会精通心理学，他精通哪些心理学？

据毛泽东的随身警卫沈同回忆，1956年8月，有一次毛泽东参加舞会，休息时，问几个小青年，你们都已经有了工作，又能学习，还有什么困难吗？

大家闲谈起看病问题。

毛泽东说，治病也应该有全局观点，从病人身体的全局出发，抓住重点，才好对症下药，做到药到病除。治病救人是不能简单粗率的。

有个女孩问毛泽东，治病与病人的心理状态有什么关系？

毛泽东说，有关系。于是他给大家讲了个《三国志》里的故事：

> 魏、蜀、吴三国鼎立，蜀国的军师诸葛亮精通心理学，摸透了东吴领兵的大都督周瑜的心理，于是在互相搞统一战线时，他帮助东吴大败魏军，解除了周瑜的重重忧心，治好了他的心病。但是当蜀、吴双方进入交战状态时，他又利用周瑜争强好胜的心理，加剧了他的心病，气得周瑜心病发作，不战而亡。（沈同：《在毛泽东身边的日子——一个警卫员的回忆》，中央文献出版社1993年12月版，第42页）

这里可能是回忆者记述有误：诸葛亮与周瑜的这个故事见于《三国演义》，而不是《三国志》，因为《三国志》中的周瑜胸襟坦荡，并没有"心病发作"；这个故事发生于"三国鼎立"之前，那时蜀国还没有建立。

在毛泽东看来，诸葛亮既能"治好"又能"加剧"周瑜的心病，这是因为他摸透了周瑜的心理，因此可以说诸葛亮"精通心理学"。

所谓"治好"周瑜的心病，指的是赤壁大战中的故事。那时曹操率大军南下，收降荆州，击败刘备，直逼东吴。孙权和刘备结成联盟，"互相搞统一战线"。曹兵与孙刘联军对峙于长江岸边的赤壁。东吴大都督周瑜用离间计杀了曹军懂水战的将领，用苦肉计安排黄盖诈降，用连环计把曹军战舰联结在一处，做好了火攻曹军的准备，可他在山上观察风向，只有西北风，没有东南风，火攻只能烧自己。于是，他"忽然往后而倒，口吐鲜血，不省人事"，被诸将救起,病卧帐中。诸葛亮知道内情，并不着急，对鲁肃说："公瑾之病，亮亦能医。"他们来到帐中，诸葛亮问周瑜："何期贵体不安？"瑜曰："'人有旦夕祸福'，岂能自保？"孔明笑曰："'天有不测风云'，人岂能料乎？"周瑜大惊失色，料定孔明必知其意。孔明笑着说："亮有一方，便教都督气顺。"于是他写了十六个字："欲破曹公，宜用火攻；万事俱备，只欠东风。"并告诉周瑜："此都督病源也。"接着孔明又"借"来东风，使周瑜顺利纵火，大破曹军。这也就治好了周瑜的"心病"。

所谓"加剧"周瑜的心病，指的是赤壁大战后，孙刘联盟因争夺地盘而破裂，"双方进入交战状态"，诸葛亮连用三计，战败周瑜：第一计，当周瑜同曹仁争夺南郡时，诸葛亮坐收渔人之利，不费刀兵，轻取战果；第二计，当周瑜欲用美色消磨刘备意志，安排东吴招亲，把孙权的妹妹嫁给刘备时，诸葛亮将计就计，弄假成真，致使"周郎妙计安天下，赔了夫人又折兵"；第三计，当周瑜假说发兵去取西川，实则要偷袭荆州时，诸葛亮识破机关，布下四路伏兵，破了周瑜的"假途灭虢"之计。这三次较量的结果，周瑜总是"一着棋高难敌对，几番算定总成空"。所以他"心病发作，不战而亡"。

毛泽东肯定治病与病人的心理状态"有关系"。他认为诸葛亮给周瑜"治病"就是依据了周瑜的心理状态。这在今天也是有科学根据的。现代医学心理学认为，借用心理活动的改变，可以促进个体病理过程的消失，可以促使正常机能的恢复。现在,心理诊断和心理治疗被越来越广泛地应用于诊疗临床。心理医生在分析和研究病人个体的生理心理特点的基础上，对个体在行为中出现的一些偏态进行心理诊断，从而提出克服这些偏态的医疗方法。俗话中所说的"心病还须心药医"，就包含着一定的心理治疗的科学性。

无疑，毛泽东认为，周瑜的疾病起因于"心病"，诸葛亮的"疗法"就包括心理诊断和心理治疗。虽然毛泽东没有具体解释治病与病人的心理状态有什么具体关系，但我们通过他讲诸葛亮给周瑜治心病，也能明了其中的道理。

诸葛亮生活的时代没有产生心理学，但心理实践是存在的，心理运动规律也被初步地片断地认识到了，只是没有形成专门学科罢了。毛泽东幽默地说"诸葛亮精通心理学"，也是渊源有自。

诸葛亮修庙我们修坝

1958年3月29日，毛泽东在主持召开完"成都会议"后，于重庆乘江峡轮沿长江东下，他要"看看三峡"。兴建三峡工程，推动工农业建设，这是毛泽东的一大理想。

3月30日，江峡轮驶过滩多水急的西陵峡青滩之后，驶近中堡岛。三峡大坝的坝轴线就从这座小岛上横穿过去，这里将耸立起一座巨型水利枢纽！傍晚时分，江峡轮在中堡岛附近减速，稳在江中。毛泽东站在船尾甲板上，举起望远镜仔细地察看这座神奇的小岛。这时，有一位干部指着江南岸远处一座高耸云霄的褐色山峰对毛泽东说："那就是西陵峡中最有名的黄牛岩。"

毛泽东顺着他指的方向望了一阵，似乎看出了点眉目，就指着顶峰石壁上的那幅"黑人牵黄牛"的天然彩画说：

"那就是诸葛亮在《黄牛庙记》中所说的帮助大禹开江治水的黄牛吧？"

"是的，"一位工程师说，"黄牛岩下的黄陵庙就是诸葛亮为纪念黄牛重修的。"

毛泽东笑道：

"好嘛，诸葛亮在这里修庙，我们就在这里修坝。"（林一山、杨马林：《功盖大禹》，中共中央党校出版社1993年11月版，第172—173页）

顺江而下，视察三峡工程坝址，更坚定了毛泽东兴建三峡工程的信心。4月5日，他在武汉会见一个外国代表团时，十分明确地说："我们准备在三峡建筑一个水库……这将是我们的第一个大水坝。"

查《诸葛亮集》，卷二有《黄陵庙记》：

"仆躬耕南阳之亩，遂蒙刘氏顾草庐，势不可御，计事善之，于是情好日密。相位总帅，趋蜀道，履黄牛，因睹江山之胜，乱石排空，惊涛拍岸，敛巨石于江中，崔嵬巉岘，列作三峰，平治泽水，顺遵其道，非神扶助于禹，人力奚能致此耶！仆纵步环览，乃见江左大山壁立，林麓峰峦如画，熟视于大江重复石壁间，有神像现焉，鬓发须眉，冠裳宛然，如彩画者，前竖一旌旗，右驻一黄犊，犹有董工开导之势。古传所载黄龙助禹，开江治水，九载而功成，信不诬也。惜乎庙貌废去，使人太息，神有功助禹开江，不事凿斧，顺济舟航，当庙食兹土，仆复而兴之，再建其庙号，目之曰黄牛庙，以显神功。"

诸葛亮是否重修黄陵庙，是否撰写《黄陵庙记》，都大成问题。清人张澍收入《诸葛亮集》的这篇文章，是据严可均《全上古三代秦汉三国六朝文》，严可均未注出处，云疑依托。后人多疑其是伪作。《四库总目·诸葛丞相集提要》上说："其《黄陵庙记》，明杨时伟作《诸葛书》，尝以摭用苏轼《大江东去》词语，驳辨其伪。今考陆游《入蜀记》作于乾道六年，记黄牛庙事引古谚及李白欧阳修诗、张咏赞甚详，独一字不及亮记。袁说友所刻《成都文类》，作于庆元五年，亦无此文。然则赝托之本，出于南宋以后明甚。"这段辨伪文字，指出《黄陵庙记》"出于南宋以后"。

可是，人们为什么把作者伪托为诸葛亮呢？以笔者之见，这与诸葛亮治蜀之时，重视水利工程的建设和维修，重视发展农业生产，大有关系。秦朝时李冰主持修筑的都江堰，是蜀中最为重要的水利工程，诸葛亮视其为"农本，国之所资"。为此，他专门设了堰官，"征丁一千二百人主护之"，就是经常征用一千多人维护都江堰水利工程（《水经注》卷三十三《江水》条）。据《成都府志》记载，诸葛亮还在成都西北角上，因其地注下，筑起了一条九里长堤。后人在此修庙修祠纪念他。由于诸葛亮重视水利，使"水旱从人，不知饥馑，沃野千里"的成都平原，享有"陆海"之美称（《水经注》卷三十三《江水》条）。以此观之，人们把颂扬黄牛帮助大禹治水的《黄陵庙记》按到诸葛丞相的头上，也就不足为怪了。

对都江堰水利工程的历史，毛泽东是熟悉的。就在召开"成都会议"前，毛泽东仔细阅读了《都江堰水利述要》《灌县志》《华阳国志》等书籍，它们都翔实地记载了中国古代最大、最成功的水利工程——都江堰。3月21日下午，毛泽东还怀着很大的兴趣，亲莅灌县城郊，登上玉垒山，再到宝瓶口，横跨安澜桥，认真考察了这个有二千二百年历史的伟大水利工程。毛泽东此时此地是否重温了诸葛亮维护都江堰的史事记载，已不得而知；可看他于漫谈中提到诸葛亮与《黄牛庙记》以及大禹治水的故事，想来对这些水利史事并不陌生。

"诸葛亮在这里修庙,我们就在这里修坝"。修庙,是铭记和弘扬开江治水的大禹精神;修坝,则是继承和发扬大禹的治水精神以造福后代。3月23日,考察都江堰回来的毛泽东,亲自主持政治局扩大会议,专题讨论三峡工程的有关问题,周恩来在大组会上作了关于三峡水利枢纽和长江流域规划的报告。3月25日,会议讨论并通过了周恩来的报告。毛泽东在周恩来的报告上加写了一句话:

"从国家长远的经济发展和技术条件两个方面考虑,三峡水利枢纽是需要修建而且可能修建的。"

"我们就在这里修坝"!这是"修庙"的"诸葛亮"们不曾想到的,大禹的子孙毕竟一代胜过一代。1992年4月3日,人代会通过了"关于兴建长江三峡工程的决议",三峡水利工程之梦走向现实,再后来就是迎接三峡大坝合龙的胜利,再后来……"截断巫山云雨,高峡出平湖",毛泽东的生前遗愿,已经变为现实。

到东吴办了一件大事

1958年正式接任外交部部长的陈毅元帅,也继承了周总理的传统,驻外大使回国述职,他总要设法让毛泽东接见他们一次,这种关心是细微而又巨大的。

6月7日下午3时,黄镇随另外几个回国的大使一同来到中南海游泳池。池水和天空一样蓝。毛泽东出水后披上浴衣,向池边的藤椅走去,他招呼大使们入座。

毛泽东向大使们询问情况,对几个新面孔格外注意。当他的目光转向黄镇时,便吐出嘴里的烟雾,说:"他我熟悉。"毛泽东又向陈毅说道:"对一个同志要熟悉,总要问一问他的历史,什么地方的人,至少要交谈两个小时才能记得。"

毛泽东随便谈起来。

"外交部一定会有很多迷信的。我这个人就有很多迷信,过去不吃狗肉,父母都反对吃。吃狗肉在我们乡下名声很不好,所以我过去也反对吃狗肉。可是你从没吃过,为什么说不好吃?还不是迷信?后来开始吃了,吃了多次很好吃。"

黄镇知道毛泽东是在说"破除迷信"。毛泽东经常以一个极小的事情去比喻一个庄严深刻的道理,有时又以一个极大的哲理来说明生活中的一件小事。他说得越平淡，越不介意，越使听者振聋发聩，寻思万分。

"在武汉游水时，许多同志不同意我游过长江，说如何危险，我说我对水有过研究，除急流、温度零下、浅水外都可游，这是大前提，于是就可得出结论说长江这一段也是水，所以可以游。还不是游过去了？有什么可怕的！"

毛泽东说到外交上也要破除深信，便开始了他擅长的"古为今用"："人太稳了不好，野一点好。子路是个野人，孔夫子离不开他。因为他有'打手'作用，孔子自从得了子路，就比较平静了些，当然不是压服的办法。"

毛泽东对外交官们继续发挥自己的思想：

"三国时关张开始因孔明年轻不服气，刘劝说也不行，没封他官，因封大封小都不好，后派孔明到东吴办了一件大事，回来后才封为军师。东吴程普是老将，但叫周瑜挂帅，打了赤壁之战的大胜利。"（尹家民：《将军不辱使命》，解放军文艺出版社1992年6月版，第153页）

"自古以来多是年轻的代替老的。"毛泽东说了一句总结性的话。

毛泽东对外交官们谈破除迷信，连讲了三个例子：吃狗肉、游水、古人子路和孔明。子路且不论，前两个例子在于说明实践出真知，实践才能破除迷信；后面孔明的例子在于说明实践出人才，实践才能打破用人上重老轻小的迷信。

他对外交官们谈刘备派孔明到东吴办了一件大事的文学典故，大有深意在。诸葛亮初出茅庐，年纪轻轻，无尺寸之功，已经厮杀半生、久历沙场的关羽、张飞对这位轻摇羽扇的白面书生岂能信服。此时，又值百万曹兵饮马长江，刘备集团新败当阳，危若累卵。当此败军之际，诸葛亮只身出使东吴，舌战群儒，激怒周瑜，说动孙权，合兵抗曹，而后草船借箭，筑坛借风，为孙刘结盟共拒曹操，打赢赤壁之战，立下了不世之功，为三国鼎立打下了基础。诸葛亮到东吴办的这件大事，足以震动华夏。胜利归来，封为军师，谁人不服。

诸葛亮出使东吴，是外交官的胜利，是折冲樽俎、衽席还师；诸葛亮出使东吴，也是年轻人的胜利，那一年他只有二十七岁。把这个故事讲给从任上归国而来的外交官们，谁人不感到亲切；用这个故事来阐明"自古以来多是年轻的代替老的"的道理，谁人不信服。毛泽东虽然信手拈来，却贴切无比。

稳定了蜀国局势

据卫士尹荆山回忆：三年困难时期，毛泽东于工作之余，喜欢读《三国演义》连环画，给尹荆山讲三国故事，其中讲道：

"诸葛亮临危不惧，安居平五路，稳定了蜀国局势。"（孙宝义：《毛泽东的读书生涯》，知识出版社1993年1月版，第156页）

"安居平五路"的故事，见之于《三国演义》第八十五回：《刘先主遗诏托孤儿　诸葛亮安居平五路》。叙说刘备兵败夷陵后，病死白帝城，后主刘禅嗣位不久，魏文帝曹丕用司马懿之计，动员五路大军同时攻蜀：第一路，请鲜卑国王轲比能发兵十万攻取西平关；第二路，请蛮王孟获起兵十万进攻益州、永昌等郡；第三路，请东吴孙权起兵十万进攻两川峡口；第四路，命降将孟达起兵十万进攻汉中；第五路，遣大将军曹真领兵十万从阳平关取西川。欲使诸葛亮首尾不能相顾，一举灭蜀。后主闻报大惊，诸葛亮却称病不朝。后主往相府探望，方知诸葛亮已暗中调兵遣将，命马超守西平关以拒轲比能，命魏延设疑兵以拒孟获，诈作李严亲笔信以慢孟达之心，命赵云守阳平关以拒曹真。唯东吴尚须遣人晓以利害，使其罢兵。后主大喜而去。诸葛亮又遣邓芝出使东吴，恢复蜀、吴联盟。至此，五路大军均被诸葛亮退去。

安居平五路，最能体现诸葛军师"运筹帷幄，决胜千里"的真功夫。夷陵之败，已使蜀国元气大伤，曹丕又起五路大军来攻，蜀国岂不危在旦夕！可诸葛亮气定神闲，不慌不忙，胸中自有雄兵百万，于神不知鬼不觉中平息刀兵之灾，解除灭国之危。他派邓芝出使东吴，说服孙权，吴蜀再度和好，结成同盟；夷陵遗怨，雪化冰释，使蜀国度过危机，转危为安，局势稳定。

这是一个足令战略家毛泽东心仪神羡的故事。在三年困难时期，他向身边卫士讲诸葛亮安居平五路的故事，其心情不难理解：那时内有天灾人祸，外有大国卡我们脖子，举国上下度饥荒，步履艰难。身处此境的毛泽东，效仿诸葛亮稳定蜀国局势之举，带领全国人民走出困境，是人同此心、心同此道的选择。后来的历史证明了毛泽东大有"安居平五路"的本事，60年代初国民经济状况开始好转，"困难时期"成为历史。

"兵家自有深韬略"。"安居"是表面现象，"平五路"是内在实质；不动声色的后面正是有声有色。古人说：大智若愚，大巧若拙。毛泽东把诸葛亮的安居平五路视为"临危不惧"，可谓深懂辩证谋略的精髓。

没有先知先觉的诸葛亮

（诸葛亮之四）

> **毛主席常讲：没有什么"先知先觉"，也就是说世界上没有什么前知五百年，后知五百年的诸葛亮。**
>
> 王任重：《实事求是的典范——纪念毛主席诞辰八十五周年》，《学习毛泽东》，上海人民出版社1979年8月版，第108页

一提诸葛亮，人们首先会想到《三国演义》中那位羽扇纶巾的蜀汉军师。还有一种社会现象，就是人们所提到的已不是三国中那位具体的诸葛亮了，它还是一种象征。比如，把聪明有计谋的人称为"事前诸葛亮"，把事后才醒悟过来采取补救措施的人称为"事后诸葛亮"；把大家聚在一起献计献策称为"开诸葛亮会"；等等。这可以说是诸葛亮的泛化。这时，"诸葛亮"已变成了一个固定概念，一个含义稳定的成语，被广泛地使用到生活中的各个方面。毛泽东也有这种习惯，而且使用的频率很高。

共产党人对"小诸葛"也要尊重

1949年3月26日下午，毛泽东和周恩来在北平香山双清别墅的小会客厅里，接见了国民党南京政府代总统李宗仁秘密派来的私人代表刘仲容。

刘仲容先生对毛泽东和周恩来说："李代总统让我转告尊敬的毛主席和周副主席，只要你们不过江，什么条件国共两党都可以谈，对于你们提出的任何条件，国民党政府也都可以认真考虑。"

毛泽东立刻提出了反对条件："这样不行嘛！第一，我们过江，李宗仁不要动，他还在南京继续做他的总统，我们不难为他；第二，和谈成功，我们欢迎李宗仁、白崇禧到北平来，也欢迎何应钦来。"

周恩来说："我们现在只对你们李宗仁总统代表的南京政府不对蒋介石。"

毛泽东继续说："李总统如果亲自来，我们对等，我出席；如果白崇禧

将军来，我们由周恩来出面接待。我们和谈的目的，是为了减少牺牲，减少损失，减少消耗双方的力量；我们国家的底子太薄，无非是这个目的，并不是我们打不过去。"

刘仲容表示说："毛主席的良苦用心我完全理解，可德邻先生还是殷切期望贵军最好不要过江，这样他在南京对各方面都好交代，好应付。"

毛泽东笑了笑说："江我们是一定要过的。不过，既要和谈嘛，就要像个和谈的样子；只要谈得成，我当主席，请他李宗仁当第一副主席。"

刘仲容又说："白崇禧将军现在安徽，他要求贵军网开一面，能让他把部队撤出来。"

毛泽东当即表示说："这好办，这是小局面，主要应当看到大局面。但是，解放军不过江不行！白崇禧将军是位军事家，这我毛泽东是晓得的。但他首先要把力量估计准确，不然会犯错误呢！"

周恩来笑着说："据我们掌握的可靠情况，白崇禧将军现在手中掌握的也只有三十万人马。"

刘仲容有些不安地说："还要多一些。"

毛泽东十分大度地一挥手：

"我们晓得白先生是善于带兵打仗的，人称'小诸葛'嘛！我们共产党人对'小诸葛'也要尊重。请刘先生回去后直言转告，你白先生喜欢带兵，将来国防部成立了，给你带五六十万人，做个大统帅好不好？我们共产党人说到做到；如果要动手，我们也决不客气！"（邱延生：《历史的真言——李银桥在毛泽东身边工作纪实》，新华出版社2000年7月版，第374—375页）

刘仲容考虑一下然后说："容我将毛主席和周副主席的意见，回去转告德邻先生和白先生，如果他们同意，那将是最好的了。"

毛泽东接着告诉说："我们可以用文字形式，正式通知南京政府：和谈开始的时间为4月1日，谈判地点为北平，中共方面的首席代表为周恩来；谈判内容，以我在1月14日对时局的声明和所提的八项条件为双方谈判的基础。"

"好的，好的！"刘仲容起身表示说，"我尽快赶回去，将你们的全部意见如实转告德邻先生和白先生。"

"希望我们谈得拢啊！"毛泽东也站起身来说，"我们等着你们在4月1日以前，派正式的代表团来北平！"

这是1949年解放军实施渡江战役前，国共准备北平和平谈判时的一幕。

白崇禧是国民党桂系首脑。到1949年时，已有二十多年的高级军事首领生涯。早在1923年即任广西讨逆军参谋长，1926年北伐战争时，任国民革命军总司令部副参谋长、东路军前敌总指挥。抗日战争时期任国民党军事委员会副参谋总长、军训部部长。解放战争时期先后任国民党政府国防部部长、华中军政长官、华中"剿总"总司令等职。

此公二十余年任"参谋长"，是"神机军师"一类人物，在作战指挥、筹划谋算方面颇为有名，在国民党军界和桂系军阀内部，人称"小诸葛"。1949年三四月间，白崇禧的部队正在武汉三镇一带的长江流域布防，阻止人民解放军渡江，企图划江而治。对和谈，白崇禧没有多少诚意，只不过是借此拖延时间而已。

毛泽东在和谈的准备期间，让刘仲容转达自己的意见：共产党人也尊重"小诸葛"，承认白崇禧是善于带兵的军事家，将来还可以带领五六十万人马。

可是，"小诸葛"这一次失算了。或许他过高估计了自己的军事力量，或许他坚持自己的政治立场太顽固。他所坚守的长江中段防线，在1949年五六月间，为人民解放军所突破。1950年，企图保存实力向广西撤退的白崇禧部队主力，又被跟踪而来的解放军打垮。无奈的白崇禧逃往台湾，不被蒋介石所信任，1966年暴死于寓所，舆论多以为死于派系倾轧。

看来，纵然是"小诸葛"，关键时刻失着，也难免步步走错的厄运。回头看毛泽东当年为"小诸葛"指出的道路，实在是充满着光明的前途。

这是个"诸葛亮会"

1950年6月25日，美帝国主义唆使南朝鲜李承晚集团进攻朝鲜民主主义人民共和国；接着，又把第七舰队派往中国台湾海峡。9月15日纠集十五个国家的军队，打着"联合国"的旗号，在朝鲜仁川登陆，不顾中国人民的一再警告，把战火引向中国边境。

朝鲜形势在日趋恶化中，中国是否派出军队反击美帝的战争威胁，对年轻的共和国是个严峻考验。

毛泽东、周恩来认为，在出兵援朝问题上，对外应该先向敌人发出警告，争取让它知难而退。如果敌人打到三八线时提出和谈，就不应该放过这样一个机会；对内则请各大区的负责人再议一议，掌握好最后决定出兵的时机，早了不利于充分暴露敌人，晚了又对我军事上不利。

9月30日，周恩来在全国政协庆祝建国一周年大会上发表演说，向世界舆论传递信息。他说："中国人民热爱和平，但是为了保卫和平，也从不害怕反抗侵略战争。中国人民决不能容忍外国的侵略，也不能听任帝国主义者对自己的邻人肆行侵略而置之不理。谁要企图把中国近五万万人口排除在联合国之外，谁要是抹杀和破坏这四分之一人类的利益而妄想独断地解决与中国有直接关系的任何东方问题，那么，谁就一定要碰得头破血流。"

周恩来的演说震动了世界。"不能听任帝国主义者对自己的邻人肆行侵略而置之不理"这句话，表明了中国政府和中国人民的坚定立场。那就是中国主张朝鲜问题的和平解决，但美国军队如果越过三八线，扩大侵略战争，中国不能坐视不顾。

但是，也就在周恩来发表演说的同一天，李承晚军第三师越过了三八线。

10月1日，正是中华人民共和国的第一个国庆日，麦克阿瑟无视中国政府的原则立场，竟向北朝鲜发出"最后通牒"，要求他们无条件投降。当天晚上，金日成便召见了中国大使。他说："麦克阿瑟要我们举手，我们从来没有这么个习惯。"与此同时，他向毛泽东提出了中国出兵援朝的请求，希望中国集结在鸭绿江边的第十三兵团尽快过江作战。

对金日成的请求，毛泽东立即做出回应。

10月2日开始，毛泽东在中南海颐年堂主持中央政治局扩大会议，研究出兵援朝问题。各大区负责人和中央党政军负责人都到了会。

会议开始时，毛泽东先作了个开场白，他说：

"这是个'诸葛亮会'，请大家来，谈谈对出兵援朝问题的看法，着重摆一摆出兵的不利条件和出兵后有什么困难的问题。"（雷英夫、陈先义：《统帅部参谋的追怀》，江苏文艺出版社1994年1月版，第169页）

与会者畅所欲言，确实摆了不少不利因素和困难。毛泽东对周恩来说，让大家放开说，这样做便于吸取群众的智慧，丰富决策的依据。很多同志摆出的意见非常具有建设性，对完善出兵方案和赴朝后可能遇到的一系列困难，提得非常具体。

中国是否出兵抗美援朝？这是一个艰难的决策。据曾任毛泽东秘书的胡乔木说，毛泽东一生有两次决策最为艰难：一次是1945年抗战胜利后，和平建国局面被国民党破坏，内战迫在眉睫，要不要进行解放战争，一时决心难下；第二次就是抗美援朝，当时，共和国建国只有一周年，百废待兴，土匪、国民党残兵败将、暗藏的反革命分子还为数不少，打了多年仗的解放军武器装备还没有改善，况且面对是世界上装备最为精良的美国军队，又有十五国仆从军队，一旦打起来，国内要承受多大损失，能否引起第三次世界大战？党中央和毛泽东一时难下决心。

但是，这些难题在"诸葛亮会"中得到了解决。

毛泽东创立新型的人民军队，实行了崭新的三大民主原则：政治民主、军事民主和经济民主。而开"诸葛亮会"则是实行军事民主的一种具体形式。从班组基层单位，到中央军委最高统帅部，都曾经无数次地开过这样的会。战前或战时开"诸葛亮会"，以便大家集思广益献破敌之策，这已经成为我军的传统和习惯。毛泽东也不例外，他把扩大的政治局会议称为"诸葛亮会"，也是这种传统所使然。当然，这是一种良好的民主传统。

经过多次政治局扩大会议反复讨论，乃至不同意见的争论，最终"诸葛亮"们统一了意见：出兵朝鲜。

以后的历史证明，"诸葛亮会"的决策是正确的。

现在又没有孔明

1956年1月25日，毛泽东在中南海主持召开第六次最高国务会议，提出了社会主义革命的目的是为了解放生产力的科学论断。

会上，毛泽东十分明确地指出："社会主义革命的目的是为了解放生产力。"并说"农业和手工业由个体所有制变为社会主义的集体制，私营工商业由资本主义所有制变为社会主义所有制，必然使生产力大大地获得解放。这样就为大大发展工业和农业的生产创造了社会条件"。

讲话中，毛泽东还打着手势对大家说：

"公私合营走得很快，这是没有预料到的，谁预料得到？现在又没有孔明，意料不到那么快。去年李烛老（全国工商联副主任李烛尘）在怀仁堂讲高潮，我那个时候还泼了一点冷水。我说，你那样搞太厉害，你要求太急了。又对他讲，要瓜熟蒂落，水到渠成，要有秩序有步骤地来，不要搞乱了。"

刘少奇插话说："我们搞公私合营，基本上做到了有秩序、有步骤。"

周恩来也说："也就是瓜熟蒂落、水到渠成嘛！"（邸延生：《历史的真言——李银桥在毛泽东身边工作纪实》，新华出版社2000年7月版，第625页）

1955年年底到1956年年初，我国对私营工商业的社会主义改造，其发展进度是出乎预料的。

全行业公私合营以后，资本家除了按照规定领取带有剥削性质的定息以外，整个企业已经归国家所有了。这是对生产资料资本主义所有制进行社会主义改造的决定性的一步。

10月4日至11日，党的七届六中（扩大）全会在北京举行。在这次全会的结论中，毛泽东透露了他关于加快资本主义工商业改造步伐问题的设想。

10月27日和29日，毛泽东两次约见工商界的代表人物谈话，都是勉励民族资产阶级要认清社会发展规律，掌握自己的命运，走社会主义道路。

11月16日至24日，根据毛泽东的提议，党中央召开了对资本主义工商业改造问题的工作会议，讨论《中共中央关于资本主义工商业改造问题的决议（草案）》。毛泽东在最后一天参加会议并讲话。他说，帝国主义眼前还不敢发动战争，我们要趁着这个机会，加快社会主义改造，加快我国的发展。

毛泽东关于加快资本主义工商业改造步伐的设想，在党内没有听到不同意见。工商界的代表人物对毛泽东亲自出面做他们的工作，很拥护。李烛尘先生10月29日那天当场表示，要积极推动民建会和工商联的会员搞高级形式的公私合营。

11月1日至21日，全国工商联首届执委会举行第二次会议。主任委员陈叔通在开幕词中，号召一切爱国的工商业者把自己的命运和国家发展的前途联系起来，在现有的基础上进一步接受社会主义改造，在伟大祖国的伟大事业中，继续贡献自己的力量。

中央工作会议和全国工商联执委会议之后，各地敲锣打鼓，掀起资本主义工商业改造高潮。不少城镇申请公私合营的人流，日夜不断，其势甚猛。在这种形势下，中央决定，只好先批准公私合营，把要做的清产核资、改组企业、安排生产、安置人员、组织专业公司等工作，放到后面去做。

1956年1月15日，北京天安门广场举行集会，工商界代表在天安门城楼向毛泽东主席报告首都已实现全行业公私合营的喜讯。继北京之后，全国大城市和五十多个中等城市，于1月底全部实现了全行业的公私合营。

按照过渡时期总路线的要求，应于1967年完成对资本主义工商业的社会主义改造，现在基本完成的时间比原计划提前十二年。这个速度超出了毛泽东和中央许多领导同志的预料。

毛泽东幽默地把这归结为"现在又没有诸葛亮"。言外之意，只有"诸葛亮"才能事先"意料"(当然那是被神化后了的诸葛亮)。对公私合营,毛泽东也曾反对"太急",主张瓜熟蒂落水到渠成。速度快了,是因为有党中央细致谨严的工作,也有工商界的积极性和主动性。所以,公私合营虽然时间变短,但基本做到了有秩序有步骤。

没有先知先觉的诸葛亮

据王任重回忆:1958年人民公社化以后,各地刮起了共产风、浮夸风、瞎指挥风、命令风和特殊化风等"五风"。1958年秋到1959年春的两次郑州会议,着重纠正了"一平二调的共产风";1961年年初,毛泽东批转了湖北省委关于纠正"五风"的请示报告。此外,毛泽东还批评了高指标、高估产、高征购的错误;缩短了工交战线,减少了城镇人口,减轻了农民的负担。这样就初步纠正了"五风",使我国农业生产从1962年到1966年得到了迅速的恢复和发展。毛泽东实事求是地解决了农业战线出现的重大问题。

毛泽东常讲:没有什么"先知先觉",也就是说,世界上没有什么前知五百年,后知五百年的诸葛亮。(上海人民出版社编:《学习毛泽东》,上海人民出版社1979年8月版,第107—108页)

根据毛泽东的观点,任何高明的人,其认识都只能来源于实践;任何理论,都只有经过实践的检验,才能证明其是否正确。正确的理论又用来指导革命实践。理论和实践相结合是毛泽东思想的精髓。从认识论来说,这也是实践——认识——再实践——再认识这种循环往复以至无穷的过程。

诸葛亮是聪明睿智的,能够正确预见和判断事物发展方向;倾听孔明的意见能够战胜攻取。但是,他也不可能是"前知五百年,后知五百年"的神仙,人们预见事物发展只能是相对的。毛泽东讲这番道理,旨在说明建设社会主义的道路正在探索,类似"五风",类似"三年困难时期"这样的错误,虽然要尽量避免,但也在所难免。事物发展总是螺旋上升,社会主义建设的道路并不笔直,因此没有超然的先知先觉者。这符合辩证唯物论的认识论。

我们都是事后诸葛亮

1967年1月6日,毛泽东指示徐向前出任全军"文革"组长。对"文化大革命",徐向前和许多人一样不能理解。可既然要他当全军的"文革"

组长，他就决定把自己对军队开展"文化大革命"想法先找林彪谈一谈。

在毛家湾的住宅中，林彪接待了徐向前。徐向前开门见山向林彪讲了当前全军混乱的情况，提出："军队不能允许建立战斗队，军队这样乱下去不行，要尽快搞个条条和规定。"

林彪听了，连连点头。他主持军委工作，军队乱了他也交代不了。当即表示，同意徐向前的意见。于是，徐向前和几位老帅一起研究制定了七条稳定军队的措施。

后来，林彪把七条报到毛泽东那里。毛泽东指示："所定七条很好，照发。"又批示："再加上一条关于管教干部子女问题。"根据毛泽东的指示，将修改后的八条交住在京西宾馆开会的各大军区领导人讨论。1月28日，徐向前陪同林彪到毛泽东住处，毛泽东同意照发。林彪很高兴，对毛泽东说："你批了八条，真是万岁，万岁，万万岁！"

"八条"的中心思想是：军队要稳定。它起到了暂时稳定军队局势的作用。在徐向前等几位老帅努力下，2月8日，军委又发布了通知：明令外出串联的人员，限期返回本单位。明令设在各地的联络站一律撤销。各单位接待站，从2月21日起，一律停止接待。2月21日，军委又发布了《关于军以上领导机关文化大革命的几项规定》，强调军队肩负着加强战备，保卫国防的重任，一定要保持军队的稳定。军（含军）以下的部队坚持正面教育，十三个大军区机关"文化大革命"运动必须分期分批进行。接着，军委又发出一些指示和规定，但未能奏效。特别是对军队领导机关不宜成立战斗组织的指示，许多地方很有抵触。各大军区开会宣传军委"八条命令"时，"造反派"冲击会场，说这是"镇压群众"，"又一次资产阶级反动路线的新反扑"。

毛泽东和老帅们一样，都在维护"八条"，1967年3月27日晚，毛泽东在一次谈话中讲到"八条"执行过程中出现的问题时说：

"我们都是'事后诸葛亮'。现在看来，当时没有个'八条'也是不行的。"（李智舜：《毛泽东与十大元帅》，中共中央党校出版社1994年1月版，第248页）

1967年年初，正值"红卫兵运动"的狂乱之期。"造反派"冲击军事机关，遍及全国各地。各级党委和权力部门已经瘫痪和正在瘫痪，全国乱成了一锅粥，唯一还在起稳定作用的是军队。正是在这种情况下，徐向前元帅经过努力制定了军委八条命令，对稳定部队进而维护社会秩序起了一定作用。这也是不幸中的万幸吧。历来对驾驭政治局势很有信心的毛泽东，也承认当初制定"八条"是必要的,尽管这是"事后诸葛亮"。"事前诸葛亮"当然可贵,可许多时候,"事后诸葛亮"也十分必要,这与"马后炮"大有不同,正所谓"亡羊补牢,犹未为晚"也。

要学诸葛亮留一手

1972年2月21日,美利坚合众国总统尼克松访问中国。一个世界上经济实力最大的国家与一个世界上人口最多的国家,在对峙了二十多年后,终于走到一起来了。

尼克松能够踏上中国这块土地与毛泽东握手,是多么不容易啊!

到1972年2月,双方仅大使级谈判就达136次,可就是谈不拢。

尼克松早在1967年就提出了与中国接近的主张。

双方接触确有许多难题,比如美国在台湾驻军问题,等等。

终于在1971年5月,毛泽东和周恩来商量了中美关系的近期变化,决定欢迎尼克松来访。周恩来总理欢迎基辛格博士来华作一次秘密的预备性会谈,为尼克松访华做准备,并进行必要的安排。

尼克松给基辛格的这次中国之行取了一个代号:"波罗"行动。这是借用几百年前的那位意大利人马可·波罗到中国探险的故事,暗喻基辛格的这次中国之行充满着神秘、惊险和意义重大。

按照"波罗"行动计划,基辛格于1971年7月9日秘密飞往北京,当天12时15分到达南苑机场。下午4时,就同周恩来开始会谈,一直谈到晚上11点20分才结束。

随即,周恩来去向毛泽东汇报会谈情况,当讲到美国还想在台湾保留点儿军队时,毛泽东说:"猴子变人还没变过来,还留着尾巴。台湾问题还留着尾巴,它已经不是猴子,是猿,发展不长。"

接着他说:"美国应当重新做人,多米诺骨牌是什么意思?基辛格英语比我好,让那些多米诺骨牌倒了算了,这是进化嘛。当然不打它也不倒,不是我们,是他们打。美国要从越南撤军,台湾不慌,台湾没仗打,越南在打仗在死人哪!"

汇报结束时,毛泽东又对周恩来说:"要给基辛格吹天下大乱,形势不好,不要老谈具体问题。我们准备美国、苏联、日本一起来瓜分中国。我们就是在这个基础上邀请他来的。"

第二天,在继续同基辛格会谈时,周恩来按照毛泽东的话对他说天下大乱的世界形势,中国准备打仗,准备着美国和苏联来瓜分中国。

"请你们放心,"基辛格听了周恩来这番话,断然地说,"美国要同中国往来,决不会对中国进攻。美国同自己的盟国决不会联合起来对付中国。中国对付美国的军队可以向北开,摆在别的地方。"

当晚,毛泽东听了汇报极感兴趣地说:"他们要我们把军队往北开啊!过去我们是北伐,后来南伐,现在是北来北伐,南来南伐!"

最后,毛泽东对基辛格访华公报做了决断:

"尼克松来访,谁也不主动,双方都主动。公告中也不写我要见他的话,要学诸葛亮留一手。"(文显堂、郑巧临;《毛泽东与外国首脑》,中共中央党校出版社1999年12月版,第140页)

尼克松访华的事儿就这样被敲定了。

7月15日,中美双方同时宣布了尼克松应邀访华的消息,震动了整个世界。

《三国演义》中,诸葛亮"留一手"的故事可谓多矣。他常常有出人意料的举动,实质上因为他技高一筹,能够多看几步,多用几招。比如赤壁之战中他与周瑜斗智,周瑜总想借机杀掉他,可诸葛亮总能"防他一手",躲过明枪暗箭,稳操胜算。

毛泽东在中美谈判交往中"学诸葛亮留一手",是讲外交行动中的灵活性。中国与美国积怨甚深,误解不少,矛盾不易解决。把事情想得远一点,对策想得全一点,留下回旋余地,留下活动空间,就能掌握主动权,立于不败之地。这是毛泽东具有丰富外交经验的反映,当然其中不乏借鉴诸葛军师的神机妙算。

关公是指关为姓

（关羽之一）

"主席，关公不姓关，姓什么呢？"王芳瞪大眼睛惊奇地问。

毛泽东慢条斯理地回答："关公是指关为姓。"

李约翰、镡德山、王春明：《毛泽东和省委书记们》，中央文献出版社2000年6月版，第98页

在几百年的"关公崇拜"社会风气中，也创造和产生出许多有关关羽的民间故事、传说和别的形式的文学文艺作品。它们是《三国演义》中关羽故事的延伸和补充，其流传范围之广，延续时间之长，发挥影响之大，都可以和正宗的《三国演义》关羽故事媲美。毛泽东也深深地爱好这类传说故事，把它们与正宗的关羽故事融化在一起来讲来用。

读书在关公桥私塾

毛泽东的家乡湖南韶山，三国时属荆州。荆州是魏、蜀、吴必争之地，是三国时的重要战场。后来的湖南省省会长沙，在三国时数易其主。建安二十年（215），孙权袭取了荆州。

民间传说，蜀国大将关羽策马由长沙方向而往西南，望见一处地方茅封草长，无路可寻，但他不顾路险苔滑，望山深处而入，正行走之间，山冲内窜出一头蛇形巨兽；关公略一吃惊，随手拈弓搭箭，猛发一矢，那兽咆哮一声，呜呼倒地。云长朗声一笑，将劲弩甩向东南，提起青龙偃月刀，继续前行……后来，人们为纪念这位斩蛇灭妖的英豪，便在他立马射箭的溪边小山嘴（韶山嘴）上筑庙，叫关公庙；溪上建桥，称关公桥。关公所遗之弩今犹存，那就是毛泽东故居附近的弓箭牌山。（高菊村等：《毛泽东故土家族探秘》，西苑出版社1993年9月版，第15页）

传说终归是传说。不过，东汉时，战争的确对韶山发生了影响。这是因为，

这里与长沙城的直线距离不过五十多公里，而湘江就在三十多公里外蜿蜒；蜀国大司马蒋琬的故里湘乡更近……当战火蔓延到湖南中部时，人们纷纷逃离本乡，寻找避难之地。韶山——湘潭、湘乡、宁乡三县交界处的这个多山林密的地方，成了最理想的所在。不但平民百姓逃至此，而且富人与官户也来到这里。试看东汉墓葬的发掘情况便可以知道：就在距传关公射箭处仅几百米的新塘山上，便发现了一处东汉墓。同时代的墓葬，在韶山境内共发现二十五处之多。

这些有关三国人物关云长的传说遗迹，关公庙、关公桥、弓箭牌山以及蒋琬的故里，是否对少年毛泽东的"三国情结"发生影响，是否加深了"关公崇拜"对他的烙印，已不得而知。但是，我们知道，1904年秋，11岁的毛泽东曾经被父亲送入关公桥私塾拜毛咏生为师，在这里读了半年书。

毛泽东在陕北保安对美国记者斯诺谈自己的身世时，回忆了少年时代与老人们在一起互相讲述《三国演义》故事的情景。他们是否会讲到关公的传说呢？

当少年毛泽东每天跨过溪水上的"关公桥"去私塾读书时，他是否开始留意小说中那位大刀英雄？

关公其实不姓关

1954年初春，毛泽东在杭州研究制定宪法。
一次，毛泽东和浙江省公安厅厅长王芳谈论时。毛泽东问王芳：

"既然你对关公这么熟悉，我再问你一个问题，关公姓什么？"

"关公，当然就是姓关了。"王芳不假思索地答道。
毛泽东看着王芳回答得很自信的样子，笑了笑说：

"错了，关公其实并不姓关。"

"主席，关公不姓关，姓什么呢？"王芳瞪大眼睛惊奇地问。
毛泽东慢条斯理地回答：

"关公是指关为姓。"

"指关为姓？"王芳还是疑惑不解。

于是，毛泽东向王芳和其他随从人员讲述了一个鲜为人知的故事：

关羽自小很讲义气，可谓侠肝义胆。一次为朋友打抱不平，在家乡杀了人。他知道杀人是要吃官司的。便立即逃了出来。他打算出潼关，以甩掉官员的追捕。他日夜兼程，来到潼关时，还不到五更天，关门紧闭。他好不容易熬到开关的时候了，却又犯了愁。那时，官府有项规定，凡过关人都要登记。这可怎么办？千万不能报出自己的真实姓名，要露出马脚，那可不得了啊。眼看就轮到他了，他还没想出好办法。他心急如焚地望着这高大森严的关门，忽然来了灵感："在关门前，我何不就说自己姓关呢……"这就是指关为姓的由来。

"主席，《三国演义》和《三国志》上都没有这些记载啊？"王芳觉得毛泽东绘声绘色的讲述，很有道理，便想知道这个故事的出处。

"你查查其他书，看看是不是这样？"毛泽东没有直接回答王芳，而是给他出了一道题。（李约翰、镡德山、王春明：《毛泽东和省委书记们》，中央文献出版社2000年6月版，第98页）

为了找到这道题的答案，王芳细心阅读了许多有关的书籍，还是没有找到这个故事的出处。只是在一本《中国古代历史小说考》上找到了一点蛛丝马迹。那本书上也说，关公本不姓关，而是姓冯，名贤。至于后来为何改姓关却没再讲……

王芳查到关羽原名叫冯贤，依据的是《中国古代历史小说考》。该书所引资料推断关羽姓冯，大概是因为关羽祖籍河东解县宝池里下冯村，即今山西省运城市常平乡。"冯贤"之名很可能与"下冯村"有关。王芳没有查到关羽"为何改姓关"的资料。也就是说，毛泽东说的"查查其他书"，王芳没有查到。后来，毛泽东在与张治中的一次谈话中，又提到：

"曹操并不姓曹，关羽并不姓关。"（《张治中与中国共产党》，《文汇报》1992年1月27日第7版）

可见，毛泽东确曾见过"关羽本不姓关"的资料，并对此深信不疑。

在陈寿的《三国志·蜀书·关羽传》中，这样写道："关羽字云长，本字长生，河东解人也。亡命奔涿郡。"这里虽然没有提关羽的本姓，但"亡命奔涿郡"一语，却隐约道出他因故外逃，有"隐姓埋名"的可能。

到了《三国演义》中，作者罗贯中让关羽自己道出了逃亡在外的因由：

> 吾姓关，名羽，字长生，后改云长，河东解良人也。因本处势豪，倚势凌人，被吾杀了；逃难江湖，五六年矣。今闻此处招兵破贼，特来应募。

《三国志》和《三国演义》只说了关羽"亡命"和亡命的原因，并没有提及改姓一事。但关羽的改名换姓与亡命外逃大有关系是肯定的。清代文学家梁章钜在其所著《归田琐记·三国演义》中说："关公本不姓关。"按梁氏所记，关羽在杀人之后，便离开本土西逃。在逃命途中，发生了他易姓的事。梁章钜写道：

> 至潼关，闻关门图形捕之甚急，伏于水旁，掬水洗面，自照其形，颜已变苍赤，不复认识。挺身至关，关主访问，随口指关为姓，后遂不易。

关羽本不姓关。他之所以姓"关"，就是他在逃亡路过潼关时，怕暴露真实身份，不敢讲真名实姓，因而在受到盘查询问时"指关为姓"。我们分析关羽当时的处境，为脱身活命计，他这样做是完全可能的。这个故事无疑表现了青年关羽的侠义豪勇和聪明机智。

他后来以"关羽"之名为世人所知，真名实姓却被埋没了。

在涉及关羽的众多民间故事中，"指关为姓"的故事流传较广。因此，它被《关圣帝君圣迹图志》和《关帝志》等书所采纳。笔者写作此文时，看到了近年出版的《武圣关羽》一书。该书收入了这个故事，不过把它分解为《杀熊出逃》和《指关为姓》两篇。

毛泽东熟记的关羽"指关为姓"的故事，很可能就出自《关帝志》、《关圣帝君圣迹图志》，或梁章钜的《归田琐记》，究竟出自哪本书，已不得而知。也没有必要确指，只要了解它透给我们的信息是毛泽东是那样热爱《三国演义》，那样了解关公这个人物，也就足够了。

喜欢相声《关公战秦琼》

相声大师侯宝林，经常是毛泽东家的座上客。据说，毛泽东听侯宝林说的相声段子竟超过一百五十段之多。

毛泽东更喜欢的段子是《关公战秦琼》，据侯宝林回忆：

"《关公战秦琼》也是毛泽东同志最喜欢的相声节目之一。一般的相声节目，他很少听两遍，只有这个节目，他在一次演出后，又让我们重演一遍。陈毅同志也听过好几次。毛泽东同志提出我们党要反对干部中的官僚主义，反对瞎指挥。这个节目揭露旧社会里反动官僚什么也不懂，却依靠权势发号施令的丑态，是十分淋漓尽致的。即使在今天演出，仍有教育意义，仍有较强烈的剧场效果。《关公战秦琼》原是过去的艺人根据民间笑话改编而成的，我们在演出中又不断进行了整理，加强了作品的思想性。"（于俊道、李捷：《毛泽东交往录》，人民出版社1991年6月版，第156—157页）

关公即关羽。秦琼即秦叔宝，唐初名将，开国功臣。在演义小说《瓦岗寨》中，他是与程咬金齐名的英雄。一个东汉末人关羽，一个唐朝初人秦琼，相继四百余年，在相声里却"战"到一起去了，原来是军阀昏庸，硬点关公战秦琼的戏，其间发生出多少笑料。相声辛辣地嘲讽了官僚主义，因此具有民主性的精华。毛泽东爱听这个段子，也正在于笑声中提醒人们要警惕瞎指挥一类官僚主义的泛滥。

你对关公很有研究

（关羽之二）

"你认为关公这个人怎么样？"

"我很佩服关公。"王芳想了想回答说，"关公是个义重如山的很了不起的人物。他武艺高强，威震天下……但是，他又有唯我独尊，骄傲自大，不识大局等致命的弱点……"

"看来你对关公还是很有研究的嘛！"毛泽东对王芳简明扼要的概括和头头是道的分析，表示赞同。

李约翰、谭德山、王春明：《毛泽东和省委书记们》，中央文献出版社2000年6月版，第97页

《三国演义》中的关羽，被作者尊为"关公"，是小说中的重要人物。

作者这样描绘关羽的肖像："身长九尺，髯长二尺；面如重枣，唇若涂脂；丹凤眼，卧蚕眉；相貌堂堂，威风凛凛。"

这样的形象一出场，便先声夺人，英勇威武，正气凛然。再配上一把八十二斤超乎寻常重量的青龙偃月刀，貌若天神的关公形象就树立起来了。当然，这个艺术形象并非凭空就能得到众人认可，他还须建立在超乎寻常的非凡业绩基础上。

毛宗岗批注《三国演义》，认为"关羽义绝"，是小说中塑造得最为成功的三个典型人物（孔明、曹操、关羽）之一。

毛泽东读《三国演义》，对此人颇为注意。

你是关云长的老乡哟

毛泽东熟悉关羽，连他的籍贯和出身都能准确记忆。

1949年6月，北平电影厂摄影科长侯波和徐肖冰一道去香山双清别墅，为毛泽东照相。

毛泽东问侯波："你是哪里人哪？"

侯波答："山西夏县。"

"啊，你是关云长的老乡哟。"毛泽东风趣地笑着点头，"那是个好地方，你们晋南比较富裕。抗日战争时陈赓同志和薄一波同志就在你们那个地区打过仗。同日本人打了几场恶仗，打了几场胜仗。在四〇年前后，国民党那个朱怀冰部队也驻在那个地区，他不抗日，同我们闹磨擦，结果，陈赓同志把他收拾了……"（权延赤：《领袖泪》，中共中央党校出版社 1990 年 6 月版，第 136 页）

据《三国志·关羽传》记载，关羽是"河东解人"。河东郡解县即今山西运城市。解县在山西临猗西南，夏县在临猗东面。关云长和侯波都是山西人，又是邻县，所以毛泽东称他们是"老乡"。

今山西运城确是关云长的故乡。在运城，至今存有三座关庙。市内的一座关帝庙，现在是市博物馆所在地。庙内一组壁画，描述了关羽的生平。

运城东南的解州镇，是古解州的治所，已有一千多年的历史。那里的关帝庙，始建于隋朝初年。现存的庙宇是一组类似宫殿的建筑，巍峨雄壮。庙内古柏参天，藤萝披拂。这是全国气势最为雄伟的关帝庙。

离运城市区西南十公里的常平村有关羽家庙，又称关羽祖祠。村外大道上立有"关圣故宅"石碑，祖祠前立有"关王故里"的石牌坊。关羽的祖坟，在祠庙南侧的石盘沟坡上，那里墓冢相连，碑石林立，古柏苍翠。

年轻摄影工作者侯波首次去见毛泽东，有些忐忑不安。毛泽东说古论今，大谈"老乡"，起到了缓解紧张气氛的作用，这也是毛泽东与生人相处的常法。

毛泽东想到山西出了个关云长，也因为关云长是妇孺皆知的名人，是震铄古今的大英雄，是《三国演义》中塑造得最为成功的艺术形象。

他按照自己的思想，一路发挥，由古代的战将关羽，又联系到当今名将陈赓和薄一波，抗日战争之时，二人在晋东南屡立战功。

薄一波，山西定襄人，也是关云长的"老乡"。抗日战争爆发后，被党派往山西开展抗日民族统一战线工作。1937 年 11 月率山西青年抗敌决死队第一纵队开赴晋东南地区，翌年率部参加晋东南反"九路围攻"。1940 年后，历任太岳军区政委，在晋东南打了一些漂亮仗，使日寇闻风丧胆。

陈赓，则是毛泽东的"老乡"，湖南湘乡人。抗日战争爆发后，任八路军一二九师三八六旅旅长。初战娘子关，即获大胜。1937 年 11 月以后，先后指挥和参加了反日军六路围攻，神头岭伏击战，响堂铺伏击战，长乐村战斗，香城固战斗等，皆获全胜。打开了八路军出兵晋东南抗日的局面，为创立晋南、太岳抗日根据地奠定了基础。1955 年，陈赓被授予大将军衔，也是战绩使然。

毛泽东与侯波对话，由关云长的故乡联想到和赞扬了在晋东南建立抗战功劳的陈赓、薄一波，抨击了不抗日、闹摩擦的朱怀冰，看似不经意的漫谈，细品自有深意在其中。议论人物，皆似中医点穴，语语到位。

你对关公很有研究

即使在闲谈当中，毛泽东对关羽评价也注意全面、公允、准确。

1953年年底和1954年年初，毛泽东为主持制定共和国第一部宪法，在杭州一连住了四个多月。当时，浙江省公安厅厅长王芳负责安全保卫工作，时刻不离毛泽东左右。两人谈话，免不了论到《三国》，论到关羽。

一天，毛泽东漫步在烟霞岭西九溪十八涧的绿松花丛中。毛泽东问王芳："《三国演义》你看过没有？"

"看过。"

"陈寿的《三国志》看过没有？"

"也看过。"

"你读过的书还真不少呢。你认为关公这个人怎么样？"

"我很佩服关公。"王芳想了想回答说："关公是个义重如山的很了不起的人物。他武艺高强，威震天下。先是斩了董卓的大将华雄，后来在曹操麾下时又斩颜良，诛文丑。千里寻兄时，过五关、斩六将的故事，可以说人人皆知。他那重义气，轻富贵的优良品质，深明大义的儒将风度，'单刀赴会'无所畏惧的英雄气概不知倾倒了多少人。但是，他又有唯我独尊，骄傲自大，不识大局等致命的弱点……"

"看来你对关公还是很有研究的嘛！"毛泽东对王芳扼要简明的概括和头头是道的分析，表示赞同。（李约翰、镡德山、王春明：《毛泽东和省委书记们》，中央文献出版社2000年6月版，第97页）

在通常的情况下，毛泽东与人评论古典小说，或论其思想艺术，或论其人物塑造，绝不随声附和别人的意见，是则是，非则非，又好发表有个性的与众不同的意见。他赞扬王芳"对关公很有研究"，显然是他同意王芳对关公这个小说人物的分析。

作为文学典型形象，关羽在《三国演义》里是被着力描写的。关羽的艺术形象，生动丰满，塑造得比较成功。说其很出色，完全可以。毛泽东问"关公这个人怎么样"，问的是关公的艺术形象，王芳回答说"佩服关公"，说关羽"很了不起"，当然是对关公的评价。统观《三国演义》，关羽艺术形象的成功之处，也不外于此。

首先，是关羽"义重如山"的艺术形象。毛宗岗说关羽"义绝"，这是对关羽形象伦理内涵深刻、准确、简洁的概括。《三国演义》用许多笔墨来渲染张扬关羽讲"忠义"的性格，把他描绘成一个身体力行"忠义"的偶像，讴歌了他"义贯千秋""大义凛然"的重义品质。小说开篇就是"宴桃园豪杰三结义"，把刘备、关羽、张飞的结合作为一种"义聚"推到读者面前，为首先出场的三个人物定下了思想基调。在以后的三国故事中，虽然刘、关、张都恪守"结义"时的誓言，言行之间，不忘手足情义，而关羽表现得更为自觉，更为突出。例如，罗贯中在小说第二十五回至第二十八回，用四回的篇幅，重彩浓墨酣畅淋漓地塑造了关羽的"忠义"性格。

其次，是关羽"武艺高强，威震天下"的艺术形象。刻画关羽的勇武神威，花费了大量笔墨，突出了关羽万人无敌、"超群绝伦"的英雄气概。

小说第五回写十八路诸侯讨伐董卓，在汜水关前遇到董卓大将华雄的顽强抵抗。华雄骁勇异常，威风八面：打败鲍信，挫锐孙坚，斩俞涉，杀潘凤，诸侯"大惊失色"，十八路大军的盟主袁绍叹息"为之奈何"。正在这时，关羽挺身出场：杯酒尚温，力斩华雄。

小说以后的章节，写关羽于万军之中力斩河北名将颜良、文丑，如探囊取物一般（第二十五回、第二十六回）；写关羽"过五关斩六将"，千里驱驰，无人能阻拦得住（第二十六回）；写关羽单刀到东吴赴会，鲁肃等不能动其一根毫毛（第六十六回）；写关羽"水淹七军"，擒于禁，斩庞德，威震华夏，曹操君臣议论迁都，以避其锋（第七十四回）。作者通过不同情节，不同的场面，多侧面成功地表现了关羽的神勇气概和英雄形象。

最后，是关羽"唯我独尊，骄傲自大，不识大局"的艺术形象。值得赞扬的是罗贯中在《三国演义》小说中，并不把关羽当完人来描写，一味地往关羽脸上贴金，也对关羽作了不少批判性描写，即描写了关羽骄傲自大、不识大局等"致命弱点"的一面。作者在蜀汉内部人际关系的矛盾中，展示了关羽自视太高，目中无人的性格。如第七十三回，关羽听说老将黄忠和自己一起被封为"五虎大将"，并不考虑这是刘备图谋中原举大事的人事安排，竟怒气冲冲地说："黄忠何等人，敢与吾同列？大丈夫终不与老卒为伍！"傲态溢于言表。关羽一方面轻慢同列，有碍团结，另一方面也轻视敌将，麻痹大意。第十一回，东吴起用年轻将领陆逊为将，这本来就是为了让关羽"以骄其心"，自负自大的关羽正中其下怀，视陆逊为"孺子"，并不严加戒备，结果让东吴偷袭荆州，抄了后路。

王芳评论关羽，可谓至当之论。毛泽东赞扬王芳，也不是随声附和之语。显然，毛泽东也是这样看待《三国演义》中关羽这个形象的，和王芳有共同的审美感受。一者,王芳的评论具有概括的准确性。《三国演义》中的关羽,其主要的方面,即如上述三点。能看透这些,抓住了关羽形象的本质和要害。二者,王芳的评论具有分析的辩证性。他较好地贯彻了一分为二的辩证思维方法,从两个方面观察关羽,既指出其感人至深的优长,又揭示其令人扼腕的"致命弱点",不偏执一端,顾及了全面。

毛泽东关注关羽艺术形象,是因为他读《三国演义》时,这个人物形象给他留下了至深的印象。他在讲话、谈话中曾多次提到演义小说中的关羽,就是最好的证明。关羽也确实是《三国演义》中描写得最为成功的艺术形象之一,诚如鲁迅先生指出的那样:"至于写人……惟于关羽,特多好语,义勇之概,时时如见矣!"(《中国小说史略》,第107页)毛泽东曾说他"与鲁迅的心是相通"的,看来在评论关羽上,两位思想伟人也是心交神通的。

关云长不如彭老总

"关云长就不如我们的彭老总!"

这话是毛泽东在陕北转战时说的。时间是1947年6月中旬的一天,地点是在陕北靖边县的田次湾。

当时,毛泽东、周恩来、任弼时正率领中共中央机关在王家湾、小河村和天赐湾之间与进犯的蒋胡军绕圈子,胡宗南部将刘戡率四个半旅追过来。

行军休息时,毛泽东与周恩来、任弼时议论起小时候读《三国演义》的情形,毛泽东很感慨地说:

> "《三国演义》算我读到的第一本军事教科书吧。可也受了一点骗,许褚好像了不得了。现在发觉算不得什么。我们警卫排的战士都是种田的农民,我看哪个都比许褚厉害。关云长就不如我们的彭老总。"(权延赤:《卫士长谈毛泽东》,北京出版社1989年5月版,第180页)

也是在转战陕北的行军路上,毛泽东的警卫战士李银桥也说过:"关云长就不如彭老总。关云长走麦城,彭老总可是三战三捷。"

彭老总即彭德怀,时任西北野战兵团司令员,指挥了青化砭、羊马河和蟠龙战役,沉重地打击了蒋胡军的嚣张气焰,保卫了党中央,使西北战局出现有利于我军的转机。

关云长曾经镇守荆州，相当于方面军司令。他曾经挥师北进，水淹七军，斩庞德，擒于禁，声威大震，但很快就被东吴军抄了老巢，兵败麦城，功亏一篑。比之以二万之众，抵挡胡宗南二十万大军的彭德怀，无论是革命精神状态，还是战绩军功，确实都有逊色之处。

当然，就当时具体历史条件来说，毛泽东比较关云长与彭德怀，其目的还在于鼓舞士气，增强信心，激励官兵奋勇杀敌。

从深层次上看，树立了历史唯物主义观点的毛泽东，最终还是认为"长江后浪推前浪，世上新人胜旧人"，无产阶级革命军队所产生的军事家彭德怀，要比封建时代的军事领导人关羽高明得多，英雄得多。

毛泽东这样比较关云长与彭德怀，那么，彭德怀又是怎样看待关云长的呢？

有意思的是，早在1926年，彭德怀还是国民革命军下级军官时，就认为关云长"只是封建统治者的工具"。

据《彭德怀自述》介绍，1926年12月，正是北伐战争时期。这年12月，国民革命军第八军第一师第一团第一营营长彭德怀在当阳奉命率部前去占领玉泉山，截击由宜昌向南阳逃窜的吴佩孚残部。师政治部秘书长段德昌同往。

到达玉泉山时，敌已先一天通过该地。山上有座关帝庙，规模很大，地势险要，古柏苍松，据说是《三国演义》上所写的关云长"显圣"处。部队就在这里布置宿营。

彭德怀和段德昌住在庙里，他们在关云长塑像前铺了稻草就宿。交谈中，段德昌问彭德怀对关云长有何感想，彭德怀说："关是封建统治者的工具，现在还被统治者利用做工具，没有意思。"

段德昌问："你要怎样才有意思呢？"

彭德怀说："为工人农民服务才有意思。"

《彭德怀》一书（中国青年出版社1992年出版，黎白、董晓华、韩韵恒著）在记述此事时，作了如下描绘：

彭德怀看了看那金漆剥落的关圣帝君，摇摇头说："关云长这个人刚愎自用，心胸狭窄，不能容人，重小节而不顾大节。你想啊，困土山约三事，投降曹操一下子就十二年。华容道放了曹操，改变了后汉的历史。守荆州又不肯联合东吴，封五虎上将之首，又看不起战功比他大的非嫡系的黄忠，自以为天下无所不通，听不进良言忠谏，看不起知识分子，不会用将，哼哼，根本不是帅才。更何况，他当时是个封建统治者的工具，现在还被统治阶级利用做工具，真没意思。"

段德昌挥挥手说："石穿，咱们在这玉泉山上，关羽庙中，畅谈天下大事，评说风云人物，也是青梅煮酒论英雄呢！不要妄自菲薄嘛！"

彭德怀两手一摊，笑着说："我不是曹孟德，更不是刘玄德。我反对曹操的'宁要我负天下人，不要天下人负我'。也反对刘备那种矫揉造作，用权术御人。"

段德昌一笑："哼，也许具备了曹操、刘备这两条才配称为英雄呢！"

"那我就一生一世当不了这样的英雄，也不想当这样的英雄。"

段德昌是大革命时期和红军时期的著名将领。

毛泽东与彭德怀在对待三国人物关云长上，真可谓"英雄所见略同"。玉泉山彭德怀谈关云长，田次湾毛泽东比较彭德怀与关云长，时隔21年，但他们的谈话主旨却一脉相承：站在新民主主义革命的立场，对封建历史人物做具体分析，鄙视关云长这个封建偶像和专制工具，强化了厚今薄古的进步的历史观。

纵观历史，盖棺论定，彭老总确实比关云长伟大。在中华人民共和国十大元帅序列中，彭德怀位居第二，这是历史的结论，也是历史的公论。毛泽东看《三国演义》，论英雄，慧眼识人。

关云长毅然离开曹操
（关羽之三）

> 毛泽东说："……关云长便毅然离开了拥有雄兵百万的曹操，骑上吕布的赤兔马，过五关斩六将，千里迢迢，终于回到兵微将寡的刘备身边，成为千古美谈。张子清是我们党的干部，就比不上古人关云长？"
>
> 李前：《不落的星》，江西人民出版社1981年版

作为小说中的艺术形象，关云长是个性格复杂的人物。既有夺关斩将的辉煌，又有兵败身亡的暗淡；既有义贯千秋的高尚品格，又有傲慢轻人的不良秉性……这种复合性格的小说人物形象，也符合生活中的真实情况，因此更具有认识价值。读《三国演义》，论关羽，毛泽东常常列举关云长的优长或弱点，来说明事理，指导革命工作和军事斗争。

难道张子清比不上关云长

张子清是毛泽东井冈山时期的战友。他是湖南益阳人。1927年任国民政府警卫团三营副营长，随警卫团参加秋收起义。

1927年10月，毛泽东率工农革命军离开井冈山的茅坪，向湘赣边界游击。当行军到酃县十都时，侦察员来报告：城有敌重兵驻守。部队只好绕道，折往水口村，在这里宿营。团部设在村中的叶家祠。

正当工农革命军在水口发动群众时，县党组织派人来通知：茶陵敌军两个团正向水口扑来。毛泽东当机立断，决定兵分两路，令一营党代表宛希先率二、三连插向茶陵、安仁边界，袭击敌后，迫敌回撤，然后即返回茅坪。自己则率主力折入遂川县境，在营盘圩、大汾做群众工作。

消息很快传入遂川靖卫团团总肖家璧耳中。肖家璧，人称"肖屠夫"，一贯心狠手毒，杀人如麻。他趁革命军立足未稳，纠集三四百民团，向大汾扑来。

这天是10月23日。是夜，深秋的山区，寒气袭人，乌云遮天。毛泽东刚躺下不久，就听到密集的枪声。他当即命令三营营长张子清、副营长伍中豪向敌人发起冲锋，夺回圩外被敌占领的制高点。他自己则率领团部和一营一连、特务连，沿山沟绕到敌后，与三营呈夹击之势。

战斗越打越激烈，工农革命军被肖部隔断，无法联络。毛泽东环顾四周，大路是无法前进了，只有往山沟里钻，山高林密，安全系数大。可是，命令下达后，三营却不知哪里去了。

毛泽东眉锋紧锁，面对旷野苍穹，呼唤着：张子清！——伍中豪！——你在哪里？

只听见山谷空旷的回音。三营不见了。毛泽东清点一下队伍，团部、特务连和一营一连，总共不到两百人。自引兵井冈山以来，这是毛泽东感到最沮丧的时候。一路上，队伍走走停停，没精打采，一步一回首。大家多么希望三营突然出现啊！

11月，毛泽东回到井冈山茅坪，要寻找张子清他们的下落，团长陈浩以为"即令没有被消灭，也会投降敌人的"。毛泽东说：

"不会的！三国时期的关云长，曾与刘备失去联系。曹操为了收用关云长这员大将，又是封官赐爵，又是赠送金银、美女，三天一小宴，五天一大宴，费了多少心机！可是，一旦得到刘备的消息，关云长便毅然离开了拥有雄兵百万的曹操，骑上吕布的赤兔马，过五关斩六将，千里迢迢，终于回到兵微将寡的刘备身边，成为千古美谈。张子清是我们党的干部，就比不上古人关云长？"

在茅坪和茨坪，毛泽东一边指挥部队做群众工作，练兵办教导队，一边派人到外地去寻找张子清所带的三营。

两个月后，12月25日这天，张子清真的率领三营回来了。

原来，三营自从遂川大汾战斗与毛泽东和团部失去联络后，在张子清、伍中豪的率领下，折入桂东，当游击到崇义一带时，无意中遇上了朱德、陈毅率领的南昌起义军余部和湖南暴动部队，真是"柳暗花明又一村"啊，他们补充了弹药，添置了装备，正按照朱德指示，返回宁冈边界。当行至茶陵边境时，发现湘敌重重围困茶陵，断定城内是我军守部，于是挥戈参战。

敌人见我援军犹如神兵天降，不敢恋战，仓皇撤退，三营直攻西门城下。城内守军知是三营已到，忙打开城门，迎入城内。

张子清果然不负毛泽东的信任！

茶陵战斗后，团长陈浩等人对革命丧失信心，叛变投敌，被毛泽东当机立断处决。革命危急关头，宣布由张子清代理团长。

1928年4月底，毛泽东和朱德两支红军队伍在井冈山的宁冈会师，合编为中国工农革命军第四军，以后称"红四军"。朱德任军长，毛泽东任党代表，确定张子清任十一师师长兼三十一团团长。不幸的是，为保卫两军胜利会师，张子清在指挥阻击战时，脚部受伤，一颗子弹打进脚踝骨里，不能动弹。1930年5月，在江西永新病故。

纵观张子清短暂的革命生涯，可以看出他是位意志坚强，作战英勇，绝不叛变的革命中坚分子。他为井冈山根据地的创建和巩固，立下了不世之功。

关云长不被高官厚禄、金钱美女所诱惑，挂印封金，千里寻兄，一心跟定刘备的故事，见于《三国演义》第二十六回、二十七回和二十八回。故事情节大体如毛泽东所述。毛泽东讲这个"千古美谈"，比较关云长和张子清的短长，断定"党的干部"张子清是不会投降敌人的，后来的事实证明这个判断是准确的。

张子清比得上关云长，张子清超过了关云长。

井冈山时期，工农革命军的处境十分艰难，且不说吃住是大难题，流血牺牲也是随时都会发生的。在这种情况下，逃跑变节的人不少。毛泽东在如此复杂的情况下，借鉴关云长千里寻兄的小说知识，对张子清的去留做出科学分析和正确结论，否定了陈浩的错误推断。在一定程度上可以说，是关云长的故事挽救了张子清，是毛泽东的文学知识避免了革命队伍内部的猜疑和分裂。

关云长在你们那里放走了曹操

稍微了解中国革命史的人差不多都知道毛泽东与朱德在井冈山会师的故事。但是，人们并不一定知道为朱毛会师穿针引线的人是何长工、毛泽覃，还有一个蔡协民。

毛泽东率领秋收起义部队上了井冈山后，一直非常关心周恩来、朱德、贺龙等领导的南昌起义的部队。上山后不久，他就派何长工去寻找南昌起义部队的下落。

何长工遵照毛泽东的指示，于1927年12月中旬辗转来到了广州，十天后到了韶关。这时，他想到毛泽东交给自己的任务还没完成，心里非常着急。

一天，何长工在洗澡时，意外地从军阀范石生部下几名军官的闲谈中，听到了朱德的部队在犁铺头的消息，他兴奋极了。

何长工匆忙洗完澡，结了账，一看表已经是凌晨1点了。他心急如火，也顾不得天黑路远，马上离开韶关向西北方向走去。犁铺头距韶关四十多里，幸好是深夜，何长工一路没碰上敌人，安全到达了犁铺头。哨兵将他转送到司令部，何长工忽然看到一张熟悉的面孔，不由得大喊一声，扑上去握手："老蔡，想不到在这儿碰上了你！"

原来，这位同志正是蔡协民，曾在广州农民运动讲习所学习过，又曾任华容县农民协会委员长，与何长工是同乡，并且一道共过事。

"老何，你怎么来啦？"蔡协民也惊喜地叫起来。这时，从里间屋走出一个人，全身严整的军人打扮，却是慈祥和蔼的面容。蔡协民刚介绍了何长工，他便握住何长工的手，用一种轻柔而谦和的声音报告一声："朱德。"

何长工没想到，威名扬四海的朱德，说话竟是这样轻声细气、温和谦让！这时，陈毅，王尔琢也都兴奋地围了上来。大家像是多年没见面的老朋友，热烈交谈起来。

何长工转达了毛泽东对朱德、陈毅等同志的问候，讲了井冈山的情况，他说："毛委员一直很关心南昌起义的这支部队，盼望能到井冈山和工农革命军会师，一道发展井冈山革命根据地。"

朱德听后高兴地说："好极了。这些日子，我们跑来跑去，也没个地方落脚。从敌人的报纸上，我们才知道了井冈山的消息。我也正要找毛泽东同志呢，前些天刚派毛泽覃（毛泽东的胞弟）到井冈山去联系了。"

何长工圆满完成了任务，心里非常痛快。第二天，朱德给了他一封信和一部分路费，依依不舍地握着何长工的手说："希望你赶快回到井冈山，和毛泽东同志联系，我们正在策动湘南暴动。"

1928年1月上旬，何长工回到井冈山，毛泽东听了他的汇报后，十分高兴，并告诉他，毛泽覃已经来了。

不久，就听到了朱德发动湘南暴动的消息。由于反动军队的"会剿"，暴动失败了。毛泽东立即决定分兵两路，进军湖南拦截国民党反动军队的追击，迎接朱德率领的部队上井冈山。

毛泽东亲率第一团作为左翼，插入桂东、放城之间，同敌人激战于马桥一带。第二团向彭公庙、资兴方向进军，以掩护朱德所率部队的转移。

朱德的部队和湘南农民军并不是集合起来统一开赴井冈山的，而是接到通知后，各县农民军和各支部队分别由所在地，边战斗边向井冈山撤。由于队伍来自各方，比较混乱，联系困难，毛泽东率部队完成掩护任务后，一时不知道朱德到了哪里？听说井冈山下的酃县驻了红军第七师，便赶去找朱德。

七师住在祠堂，毛泽东到了那里一问，有一个士兵指着一间屋说："蔡协民同志住在那里。"毛泽东与蔡协民在广州农民运动讲习所时便认识，闻声很高兴，用高亢的嗓音叫着："老蔡，老蔡，蔡协民同志！"

蔡协民已经从床上跳下地，忙过去同毛泽东握手。

毛泽东拣了个长条凳，坐下来，急忙问道："朱德同志没有到这里吗？"

"他和陈毅同志带着一部分直属部队已经进了山，分住在砻市附近的几个小村子里。"

蔡协民握住毛泽东的手，激动地说道："何曾想到，今日相见。路上，我们天天念叨你，一说毛委员下山接我们来了，大家的情绪就立即高涨起来，拼命地向着井冈山进发。"毛泽东也兴奋地说："路遥千里，终得相聚，这说明我们有缘嘛！"接着，毛泽东深情地说道："我们也是朝思暮想，盼你们早一天来到，现在就要到家了。井冈山，我们的家。"

毛泽东接着说："何长工同志回来说，他能顺利地同朱德接上头，还要感谢你呢！"

蔡协民谦虚地摆了一下手，然后说："我跟他是华容县老乡，我在华容县当过农民协会的委员长。"

   毛泽东插了一句："关云长在你们那里放走了曹操，你们那里也出了名。"（韶阳：《红墙内的夫人们》，贵州人民出版社，第 217 页）

告辞了蔡协民，毛泽东匆匆赶往砻市。

1928 年 4 月 24 日，毛泽东赶到了宁冈砻市。何长工同志陪着他直奔砻市的龙江书院。朱德同志已经等候在那里。

望见龙江书院了。何长工在旁边向毛泽东小声报告："毛委员，看清那几个人了吗？站在最前面的那位就是朱德同志，左边那位是陈毅同志……"

就这样，实现了历史性的"朱毛"会师。

"关云长华容道放走曹操"的故事，在《三国演义》第五十回《诸葛亮智算华容　关云长义释曹操》。故事说曹军在赤壁遭到火攻，损失惨重，曹操率领残兵败将连夜奔逃，一路不断遭到截击。时值隆冬，又遭大雨，随从将士衣甲湿透，饥寒交迫，狼狈不堪。行至华容道，路窄泥泞，老弱伤员纷纷倒地，曹操喝令人马践踏而过，故死者甚多，只剩下了三百余骑。忽听一声炮响，早已埋伏在此的关羽率五百校刀手杀出，拦住去路。曹军人困马乏，无力抵抗，不禁面面相觑。曹操无奈，听从程昱之计上前向关羽叙旧求情，希望关羽放条生路。关羽想起当年曹操对自己的恩义，不忍拿曹操去请功，便勒马回头,令众军四散摆开,曹操趁机率军冲了过去。关羽大喝一声,其余曹军尽皆下马,哭拜于地,关羽更加不忍。正犹豫间,见张辽纵马而至,不觉动了故旧之情,于是长叹一声,将曹军全部放走。

华容道在今湖北监利县汴河乡曹桥村,今日的曹桥村路口的太平桥侧,立有"华容古道"石碑。由此向北,到毛家口镇,有一条小路,全长十五里。路途中有太平街,传说曹操曾在此吃田中的萝卜充饥得救,后人称"救曹田"。还有"曹鞭巷",据说当时道路泥泞,人马不得过,曹操令部下砍树枝、芦苇铺地,他自己也甩掉马鞭步行,因此而得名。毛家口镇是华容道的终点,此处地势高,通向江陵。曹操从此地逃到江陵,返回许昌,以后再也无力南顾。

何长工和蔡协民都是华容县人,毛泽东因此提起了发生在华容的脍炙人口的三国故事。实际上,《三国志》中并没有关羽义释曹操的记载,这个故事纯属虚构。但因作者写得符合生活真实,人们宁信其有,不信其无。随着"关云长华容道上义释曹操"故事的广为传播,华容县也广为人知了。

应该说,毛泽东只是随便提到这个小说故事,其间没有深意可言。但你又不能不承认,他随便这一提,一方面说明了三国故事在他脑海里印象之深,另一方面他也借此赞扬了从华容县走出来的两位革命者对井冈山会师的特殊贡献。

青年知识分子没有走路之权

抗日战争大发展的1939年年底,迎来了"一二·九"运动四周年。延安各界召开纪念大会,毛泽东在会上发表了演说。演说临近结束时,毛泽东讲了这样一段话:

"现在很多青年知识分子没有自由,没有走路之权。例如从西安到延安的这一条路上,遍设关防,进步的知识青年要通过是困难的。因为他们既没有青龙偃月刀、嘶风赤兔马,又没有过五关斩六将的本领,那只有被赶到集中营'训练团'里去。这件事情似乎有些难办。但是,如果知识分子跟八路军、新四军、游击队结合起来,就是说,笔杆子跟枪杆子结合起来,那么,事情就好办了。"(《毛泽东文集》第二卷,人民出版社1993年12月版,第257页)

这一年的5月30日,延安召开庆贺模范青年大会,毛泽东在会上发表

了《永久奋斗》的讲话。面对这些在抗日救亡中做出贡献的模范青年,毛泽东说:

"你们到延安来,就有人不准,把你们捉起来,你们到这里来是很辛苦的,是'过五关斩六将'才来到延安的。他们说你们不好,我看蛮好,是呱呱叫的模范青年。"(《毛泽东文集》第二卷,人民出版社1993年12月版,第192页)

毛泽东在这三段话中引用的《三国演义》典故,都与关羽有关。

毛泽东说的"青龙偃月刀",是关羽的兵器。首次出现于《三国演义》第一回。是说刘备、关羽、张飞三人"宴桃园豪杰三结义"后,便招兵买马,打造兵器。书中写道:"云长造青龙偃月刀,又名'冷艳锯',重八十二斤。"从此关羽即用此刀上阵杀敌,威风八面,常常是手起刀落,敌将毙命。

毛泽东说的"嘶风赤兔马",是关羽的坐骑。这匹战马,原是董卓的爱物。书中有诗单道赤兔马:"奔腾千里荡尘埃,被水登山紫雾开。掣断丝缰摇玉辔,火龙飞下九天来。"后董卓为收买吕布,将此马赐给他。吕布骁勇异常,得此宝马,更是勇冠三军,故有"人中吕布,马中赤兔"之称。其后曹操破徐州杀吕布,缴获了这匹千里良驹。关羽兵败投靠曹操时,曹操为收买其心,又效董卓之法,把此马送给关羽。书中常常写道,战斗之时,"关公马快",敌将措手不及而死于非命。

毛泽东说的"过五关斩六将",是关羽的壮举。这个故事在《三国演义》第二十七回。"美髯公千里走单骑,汉寿侯五关斩六将",说的是关羽在下邳城兵败投降曹操后,"身在曹营心在汉",一心打听刘备的下落,好去归附投奔。后来,曹操与袁绍战于白马,关羽探知刘备在袁绍处。即挂印封金,辞别曹操,千里单骑,河北寻兄。关羽闯过东岭、洛阳、汜水、荥阳和黄河渡口五关,斩杀了孔秀、韩福、孟坦、卞喜、王植、秦琪等六将,留下了一路壮举。

毛泽东在纪念"一二·九"运动四周年的时候,针对国民党反动派扼杀青年知识分子政治自由的现实问题,引用《三国演义》中关于关羽的文学典故,用意是深长的。

1935年年底,有两件大事影响着中国的政治生活:一件是红军长征北上抗日胜利到达陕北,一件是北平、上海等地的青年知识分子掀起了规模巨大的"一二·九"抗日救亡运动。毛泽东在这次演讲中这样谈到两个大事件的意义和联系:"听到北平'一二·九'运动的消息,我们心里好不欢喜！红军同志完成了这么伟大的长征，学生同志在北平发动了这样伟大的救亡活动，两者都是为解放民族和解放人民而斗争，其直接意义都是推动抗日战争。"

红军到达陕北后，延安就逐渐成为人们向往光明、抗日救国的圣地和中心。满怀爱国热情的青年纷纷奔赴延安，聚集在中国共产党的旗帜下，投入抗日救亡斗争。

青年知识分子奔赴延安这种爱国举动，是"一二·九"运动合乎逻辑的发展。但是这件事遭到国民党当局的反对和破坏，他们"从西安到延安的这一条路上，遍设关防"，剥夺进步知识青年的"走路之权"，即抗日救国的政治自由。

毛泽东说奔赴延安的青年知识分子"没有青龙偃月刀"，是说他们手无寸铁，没有反抗敌人的武器；说没有"嘶风赤兔马"，是说他们没有到达革命圣地延安的交通工具；说"没有过五关斩六将的本领"，是对国民党反动派"遍设关防"阻拦青年知识分子奔赴延安抗日的讥讽、嘲弄和揭露。把进步知识青年"赶到集中营'训练团'里去"的国民党反动派，是十足的破坏民族抗战的罪魁。

毛泽东不愧为善于辞令、善于演说的语言大师，不愧为善于争取民众、善于鼓动宣传的革命家，用信手拈来的关羽典故，形成一种"嬉笑怒骂皆成文章"的氛围，语言诙谐却锋如匕首，语调轻松却力抵千军，将严肃的政治问题谈得游刃有余，将破坏民族抗战罪人的劣行揭露得无处藏身。

面对顽固分子阻挠青年知识分子奔赴延安投身抗战这件"有些难办"的事，毛泽东为青年指明了方向，告诫他们不能总是"没有青龙偃月刀"，如果知识分子跟八路军、新四军、游击队结合起来，就是说，笔杆子跟枪杆子结合起来，那么事情就好办了。就是说，知识分子只要拿起武器抗战，就不怕顽固分子"遍设关防"，就能"过五关斩六将"，"什么帝国主义也不怕，什么顽固分子也不怕。有了这,这些狗子敢来咬一口吗？"（《毛泽东文集》第二卷，第257页）

毛泽东既为进步知识青年提出了如何争取抗日救亡的政治自由，又为他们指明了参加斗争的政治方向。

关云长杀了河北名将

1947年夏秋之际，国民党胡宗南率部进攻延安，毛泽东与周恩来、任弼时等带领部队转战陕北。一天行军路上，毛泽东兴致很浓地和大家一道猜谜语后,转而与周恩来议论起东北野战军的夏季攻势、刘邓大军挺进鲁西南、晋察冀野战军向津浦路和平汉路北段出击。议论到高兴处,毛泽东两眼熠熠放光,突然扭转身,大声说:

"不要猜谜了,换个节目,你们都是兵么。"他指着警卫排长说,"阎长林,你们新四旅打过不少胜仗,你说说有些什么好经验?"

阎长林脱口而出:"党和毛主席领导得好。"

毛泽东说:"人民军队都有党的坚强领导。要谈点新四旅的特点出来。"

阎长林抓抓头皮,想起了什么,大声回答:"新四旅河北人最多。"

毛泽东放声大笑:

"哈哈,河北人就一定打胜仗?三国时候,河北名将颜良、文丑,不是叫山西人关云长给杀了吗?"(权延赤:《卫士长谈毛泽东》,北京出版社1989年5月版,第185—186页)

李银桥小声说:"山西人也不一定能行,关云长就不如彭老总。关云长走麦城,彭老总可是三战三捷。"

"噢,你还是很有见解嘛。你也是河北人吧?"

李银桥脸红了,轻轻点头。

"怪不得不服气。你也在新四旅待过?"

"没有。爷台山战斗是我们三五八旅和新四旅一起打的。他们老兵多,差不多都是三八式。"

"这一条可以成立!"毛泽东点头。

阎长林接口道:"干部也强,差不多都是长征过来的老红军。武器也不错。"

"这还谈出了一些特点。"毛泽东显然比较满意。

这是一次看似闲聊实际很有意义的谈话。毛泽东信手拈来,引用了《三国演义》中关羽"斩颜良、诛文丑"的文学典故。这个典故出自《三国演义》第二十五回之末和第二十六回之首,建安五年(200)二月,袁绍的大将颜良率军渡过黄河,直扑白马,进攻曹操所置的东郡太守刘延,拉开了袁、曹逐鹿中原的战争帷幕。白马战斗之初,颜良连诛曹营二将,又打败曹军猛将徐晃。曹操急调关羽来参战:

关公奋然上马,倒提青龙刀,跑下山来,凤目圆睁,蚕眉直竖,直冲彼阵。河北军如波开浪裂,关公直奔颜良。颜良正在麾盖下,见关公冲来，方欲问时，关公赤兔马快，早已跑到面前；颜良措手不及，被云长手起一刀，刺于马下。忽地下马，割了颜良首级，拴于马项之下，飞身上马，提刀出阵，如入无人之境。河北兵将大惊，不战自乱。

河北名将颜良就这样被关羽杀掉了。这个故事展示了关云长蔑视敌人、万夫难挡的英雄气概，是表现关羽勇武过人的"重场戏"。关羽斩文丑的故事紧接其后，说颜良被杀后，文丑对袁绍说："颜良与我如兄弟，今被曹贼所杀，我安得不雪其恨？"于是袁绍令其带十万大军，渡过黄河，抢占延津，进攻曹军。不过，文丑不但不能"雪恨"，反而得到的是与颜良同样的下场，书中写道：

文丑沿河赶来。忽见十余骑马，旗号翩翩，一将当头提刀飞马而来，乃关云长也，大喝："贼将休走！"与文丑交马，战不三合，文丑心怯，拨马绕河而走。关公马快，赶上文丑，脑后一刀，将文丑斩下马来。

《三国演义》中讲关羽战场上的故事，斩颜良、诛文丑较为有名。颜良、文丑都是河北名将。关羽则是山西人，此时暂降曹操，曹待其甚厚，他想立功回报，好去找故主刘备。不想白马和延津之役，颜、文二将撞到他的刀口上，也许是因为关羽立功心切、心志决然加上武艺高强，所以能于万军之中轻取河北名将。

毛泽东与身边警卫人员讨论"新四旅打胜仗的经验"，并要求他们"谈点新四旅的特点出来。"当时，解放战争正在艰难中胜利前进。就陕北战场来说，刚刚取得青化砭战役、羊马河战役、蟠龙战役的胜利，歼敌一万四千余人，这就是警卫战士李银桥说的西北野战军的"三战三捷"，彭德怀同志是西野司令员。毛泽东此时和警卫人员探讨"新四旅打胜仗的经验"，既有利于总结战争经验，也是为了提高他周围这些年轻农民战士的水平。这与一般的闲聊是不可同日而语的。毛泽东让警卫人员"谈出特点"，显然是为了让他们认真动脑子，找到打胜仗的规律。

针对阎长林说的新四旅打胜仗是因为"河北人最多"的偏颇之见，毛泽东没有直接反驳，而是顺手引来战士们都不陌生的《三国演义》中山西人关羽斩杀河北名将颜良文丑的故事，予以开导，于谈笑风生中含蓄批评了阎长林的见解。在他的循循善诱下，警卫战士终于总结出新四旅打胜仗的三条经验：一是老兵多，差不多都是抗战时期入伍的（所谓"三八式"）；二是干部强，差不多都是长征过来的老红军；三是武器也不错。毛泽东认为这些经验"可以成立"，警卫战士们"谈出了一些特点"。

"河北人"李银桥，对关云长"不服气"，举出关云长吃败仗"走麦城"的例子，并说关云长不如刚刚"三战三捷"的老总彭德怀。身为大军统帅的毛泽东，并不因为这个小兵反驳自己的意见而不高兴，反而说李银桥"很有见解"，并肯定他总结的经验"可以成立"。统帅与士兵、历史和现实，在优秀历史小说《三国演义》形成的传统文化氛围中，达到了心灵、思想和感情的交流。原先，毛泽东对李银桥了解并不深切，这次交谈后，毛泽东问周恩来："那个小鬼叫什么？""李银桥。""小鬼不错嘛。"毛泽东又回头瞟了一眼李银桥。也许，正因为李银桥能够独立思考，有自己的独到之见；也许，因为毛泽东也说过"关云长不如彭老总"，观点有契合之处，总之，统帅和士兵开始心心相印了。

战争年代陕北高原上这历史的一瞬，如电光雷火那样稍纵即逝了。但毛泽东使关云长、颜良、文丑这些《三国演义》人物也行进在转战陕北的解放军队伍里，则带有永恒的文化意蕴。

关云长不懂统一战线

解放战争后期解决绥远问题时，毛泽东曾经与人谈起关云长不懂统一战线，对同盟军搞关门主义。

1949年1月31日北平的和平解放，在绥远省（今内蒙古自治区一部）国民党军队内部产生了巨大影响，要求和平解放绥远的呼声日高，其上层开始分化。董其武等主张和平解决，但有些人仍主张西撤，极少数人则主张以武力顽抗。

2月22日，毛泽东在西柏坡接见傅作义、邓宝珊时，明确提出用"绥远方式"解决绥远问题，让董其武做好内部工作，待条件成熟时举行起义。另外，由华北人民政府派人协助董其武开展工作。

3月5日毛泽东在七届二中全会报告中对"绥远方式"作了进一步阐述："绥远方式，是有意地保存一部分国民党军队，让它原封不动，或者大体上不动，就是说向这一部分军队做暂时的让步，以利于争取这部分军队在政治上站在我们方面，或者保持中立，以便我们集中力量首先解决国民党残余力量中的主要部分，在一个相当的时间之后（例如在几个月，半年，或者一年之后）再去按照人民解放军制度将这部分军队改编为人民解放军。"

3月下旬，双方代表开始谈判。谈判自始至终是在党中央、毛泽东直接领导下进行的。6月8日签订了《绥远和平协议》。《协议》签订以后，董其武将军就加紧了各项起义的准备工作，华北人民政府也组成了联络处进驻归绥（今呼和浩特市），协助董其武工作。与此同时，蒋介石、阎锡山，西北的"五马"，不断派遣人员和绥远内部原有的特务头目相勾结，积极活动，以图阻止、破坏绥远和平解放的进程。绥远军方内部，以刘万春为首的反对起义的力量也积极活动。

7月16日，毛泽东提出，让傅作义亲自去归绥，解决绥远问题。为了帮助傅作义提高思想，毛泽东多次找他谈话。8月23日，傅作义、邓宝珊动身去绥远，宣布我党中央和平解放绥远问题的方针，成立双方合作的绥远军政委员会及绥远省政府，由傅任军政委员会主席。傅作义做了大量工作，加快了绥远和平解放的进程。

9月19日，原国民党绥远省政府主席、原华北"剿总"驻绥远部队指挥所主任董其武，第九兵团司令官孙兰峰等旅以上军官和各族各界代表39人，在包头市举行了起义签字仪式，发出了起义通电，实现了绥远和平解放。

绥远问题的和平解决，是党的统一战线政策的一大胜利。

毛泽东曾经指出，统一战线是中国革命胜利的三大法宝之一，我们在革命困难的时候，需要这个法宝，胜利以后仍然需要这个法宝。

就在解决绥远问题期间，毛泽东曾经对华北局领导薄一波等人讲过：

> 孟子说"大而化之谓圣"，今天的"大"就是统一战线，而"化之"就是把民族资产阶级、小资产阶级都化到社会主义。他说：清朝所以能统治中国二百六十余年，就因为满族统治者一开始就订了一条统一战线政策，用汉人和其他民族的人，以少数团结了多数。《三国演义》中的关云长，大体上是不懂统一战线的，这个人并不高明，对待同盟军搞关门主义。（薄一波：《七十年奋斗与思考·战争岁月》，中共党史出版社1996年3月版，第519页）

在毛泽东的印象中，关云长是个没有政治头脑的将军。他镇守荆州时，不执行刘备集团"东联孙权，北拒曹操"的战略方针，不利用条件和时机巩固吴蜀联盟，妄自尊大看不起东吴君臣。毛泽东多次批评关羽"对待同盟军搞关门主义"，意在借古鉴今教育党的各级干部推动统一战线政策的落实，团结一切可以团结的人们，争取革命的胜利。

多介绍"走麦城"

《三国演义》中的关羽故事，其中最著名而启迪后人予其经验和教训者，莫过于"过关斩将"和"走麦城"，所以由《三国演义》故事而形成的俗语中，就有"只讲过五关斩六将，不讲走麦城"，意思是只讲成功、胜利和奉献，却不讲失误、失败和损失。毛泽东读《三国演义》，也留意于此，并应用于革命实践。

1951年冬季，越南劳动党中央委员会主席胡志明秘密访华来到北京。当时罗贵波任中共中央与越劳中央联络总顾问兼政治顾问团团长，陪同胡志明一起访华。

一天，罗贵波陪胡志明来到丰泽园的颐年堂。他们进去时，毛泽东、刘少奇、周恩来、朱德等都迎出来，相互亲切地拥抱。胡志明主席早在中国第一次国内战争时期和抗日战争时期就和毛泽东、刘少奇、周恩来、朱德等分别相识，他像回到家里一样亲切而热情，见到毛主席像久别的兄弟，相互问候，说了一阵亲热的话语，很快话锋转入正题。

胡志明把越南抗法战争的情况，根据地建设情况，以及中国顾问在越南工作的情况作了简要的介绍。周总理和朱总司令把朝鲜战场的情况和我国国内的有关情况，也向胡志明作了简要介绍。在交谈中，胡志明问毛主席：我们中央政治局要求罗贵波同志参加我们中央政治局会议时，对我们各方面的工作多提出意见，多帮助我们。但是，他太谨慎了，太谦虚了。我希望你们交给他多提意见这个任务。毛主席，你们是否同意？

毛主席说："我们同意，但是他向你们所提的意见或建议仅供你们参考，你们认为提得对，就采纳；不对，就不采纳，由你们自己决定。"

送走胡志明后，毛泽东、刘少奇、朱德把罗贵波留下，继续向他谈话。

毛泽东对罗贵波说："胡志明同志要你参加他们政治局会议时，对他们各方面的工作多提意见，多给以帮助。你可以提，但是不论是提意见或提建议，都要说明仅供他们参考。你要注意调查研究，不能主观，要从越南的实际出发，结合中国的经验，不可生搬硬套。提意见或提建议都要慎重，要考虑好，要准备好，要认真负责。帮助人家就要帮助好，不强加于人。要十分注意尊重胡志明同志和尊重越劳中央的领导。不能有钦差大臣的架子，尤其不能有大国主义。你持谨慎态度是对的。"

接着，毛主席态度严肃而又有些激动地说："长征前你在中央苏区，应该知道李德此人吧？"

"是的，我知道李德。"罗贵波答道。

毛泽东接着说："李德是德国人，俄国十月革命时期他在苏联红军中立过战功，颇受斯大林赏识，把他派驻中国共产党，后来到中央苏区做军事顾问。不久，他掌握了中国工农红军的指挥权，给中国革命事业造成重大损失。李德不了解中国的国情，也不了解中国工农红军的情况，不做调查研究，听不得不同意见，生搬硬套在苏联有效而在中国行不通的战略战术。打着共产国际的旗号到处吓唬人。包办代替，盛气凌人，指手画脚，强加于人，像个钦差大臣，神气十足。李德和博古等人在军事上实行了一系列错误的战略战术，使我们吃尽了苦头，付出了惨重的血的代价。"

毛泽东又说：

"你在越南工作，一定要切记李德在中国的教训。要向顾问团的全体同志讲这个教训，让大家记住这个深刻的教训。告诉顾问们，帮助人家不能照搬我们原有的办法，生搬硬套。帮助人家要帮助得好，只凭主观愿望是行不通的，要根据实际情况才能帮助好。要有老实谨慎的态度，少讲我们是怎样'过五关斩六将'，多介绍我们是怎样'走麦城'的，我们也有过失败。在帮助人家的过程中，经常检查自己的言论和行动，每天一次，二天一次，最少每周一次，来检讨我们哪些做得对，哪些不对。"（《缅怀毛泽东》上卷，中央文献出版社1993年12月版，第296页）

这是一次意义重大深远的谈话，毛泽东很好地阐述了无产阶级国际主义的原则。

"少讲'过关斩将'，多介绍'走麦城'"这个饱含着历史经验教训的关羽典故，在这里被信手拈来作为了兄弟党之间和社会主义国家之间的一条外交原则。当然，这是一条极其重要的原则。

《三国演义》中关羽"过关斩将"的故事，我们已经介绍过了，"走麦城"的故事见之于小说的第七十六回和第七十七回。两回书中说关羽在组织襄（阳）樊（城）之战后期，被魏将徐晃战败，后方根据地荆州又被东吴都督吕蒙偷袭，在进退无路的情况下，关羽败退麦城，坚守待援。无奈上庸守将刘封、孟达以私废公，不发一兵一卒。关公万般无计，决定突围退往西川。

且说关公在麦城,计点马步兵,只剩三百余人;粮草又尽。……遂留周仓与王甫同守麦城,关公自与关平、赵累引残卒二百余人,突出北门。……正走之间,一声喊起,两下伏兵尽出,长钩套索,一齐并举,先把关公坐下马绊倒,关公翻身落马,被潘璋部将马忠所获。……(关)平孤身独战,力尽亦被执。……于是关公父子皆遇害。

"威震华夏"的一代将星,就这样地陨落了!

毛泽东指导外交,告诫外交官们"少讲过关斩将,多介绍走麦城",是把小说中饱含的政治经验与现实斗争中的经验教训有机地结合起来了,因而阐述的道理更深邃,更富于启迪性。

毛泽东从李德的身上看到了关羽的影子。

他对外交官罗贵波谈话,自然联想到共产国际派给我党的"洋顾问"李德。李德也曾经有过"过关斩将"的光荣历史,他曾经"在苏联红军中立过战功,颇受斯大林赏识"。但李德当了中国共产党的"顾问"以后,由于自己的战功和狭隘的经验,不了解中国的国情,不了解红军的实际,"生搬硬套在苏联有效而在中国行不通的战略战术",结果导致中国党和红军几乎遭灭顶之灾的"走麦城"——进行"长征",撤出中央革命根据地,被迫实行战略大转移。

历史的辩证法就在于:你多讲"过关斩将",你可能就"走麦城";而你多讲"走麦城",持老实谨慎态度,你就可能"过关斩将"。

20世纪50年代初,共和国刚刚建立不久,正是中国共产党人功勋显赫的时代,此时毛泽东谆谆教诲外交人员"少讲'过关斩将',多介绍'走麦城'",把这作为帮助友邻国家和兄弟党时的一条原则,这是一种政治的睿智。

"满招损,谦受益"(《尚书·大禹谟》)。毛泽东用关羽成功与失败的文学典故,告诫人们"要有老实谨慎的态度",深刻地揭示着事物对立面相互转化的辩证法。"少讲'过关斩将',多讲'走麦城'"这个原则,不仅用于外交,用于生活的其他方面何尝没有益处呢?

关云长"翘尾巴"

毛泽东身体健康的时候,每年都要外出巡视工作。

1971年8月14日,已经78岁高龄的毛泽东又出巡了。在武汉,在长沙,在南昌,在杭州,毛泽东接连不断地找当地党政军领导人谈话,讲1970年庐山会议与林彪、陈伯达的斗争。一路上,毛泽东多次强调"要搞马克思主义,不要搞修正主义;要团结,不要分裂;要光明正大,不要搞阴谋诡计"。

毛泽东这些谈话,是要帮助一些地方的党、政、军负责同志,提高对

1970年发生在庐山九届二中全会上斗争的认识,争取团结和尽力挽救在庐山会议上犯了错误的人,其中也想挽救林彪和黄永胜等人,因为他们毕竟是井冈山时期的战友。

在毛泽东此次南巡期间,林彪一伙运用各种手段,千方百计刺探到了毛泽东的行踪和毛泽东同沿途各地负责人的谈话内容。

9月7日,林彪指示林立果,向"联合舰队"下达"一级战备"命令。

9月8日,林彪写下手令:"盼照立果、宇驰同志传达的命令办。"

这样一来,危险便像一双黑色的翅膀,时刻向毛泽东逼近。当时,陈励耘任空五军政委,掌握着杭州的警备大权,直接指挥毛泽东住所的警卫工作,而陈励耘又是上了林彪贼船的人。毛泽东住在杭州,无异于进入了龙潭虎穴。

然而,毛泽东却镇定自若,韬略在胸。在九届二中全会上,毛泽东已识破了林彪的阴谋。这次南巡,毛泽东从北京到杭州,沿途同当地负责人的谈话中又了解到叶群、林立果阴谋活动的一些情况。

长期的戎马生涯和政治斗争生活,使毛泽东具有无人可以比拟的机敏和睿智。从这些蛛丝马迹中,他已经看出了什么。于是当机立断,采取措施对付林彪一伙的阴谋。他首先把汪东兴找去,提出要把专列转移。

专列转移后,为了不打草惊蛇,稳住陈励耘,毛泽东决定请浙江省党政军负责人南萍、陈励耘、白宗善谈话。

谈话中,毛泽东还说:

> "不要带了几个兵就翘尾巴,就不得了啦。打掉一条军舰就翘尾巴,我不赞成,有什么了不起。三国关云长这个将军,既看不起孙权,也看不起诸葛亮,直到麦城失败。当然那时没有反骄破满啦。"(汪东兴:《毛泽东与林彪反革命集团的斗争》,当代中国出版社1997年11月版,第159页)

毛泽东在谈话中,再一次批评了林彪、黄永胜。

《三国演义》中的关羽,其缺点就是妄自尊大,目中无人。他看不起孙权的故事有这样一个情节:孙权派遣诸葛瑾为使者,前往荆州关羽处,为孙权世子向关羽的女儿求婚,"两家结好,并力破曹"。关羽却勃然大怒:"吾虎女安肯嫁犬子乎。"视孙权儿子为"犬子",一点也没放在眼里。关羽看不起诸葛亮的故事,主要是发生在诸葛亮刚刚出山之时。那时,曹操派夏侯惇引兵十万进攻刘备驻守的新野。诸葛亮分派兵马迎敌。关云长问:"我们都去迎敌,不知道军师您做什么事情?"诸葛亮回答:"我只坐守县城。"张飞讥笑说："我们都去厮杀，你却坐在城里，好自在啊！"诸葛亮说："宝剑和大印都在这里，违令者斩！"关云长不服气地说："我们且看他的计谋能不能应验，到那时再来问他也不晚。"一副"秋后算账"的样子。当然，后来胜利了，关张二人只好承认："孔明真英杰也！"

毛泽东说关羽骄傲的毛病"直到麦城失败"，一是说关羽骄傲导致了败走麦城，二是说他这个毛病至死未改。当然，在当时那个背景下，毛泽东批关羽"翘尾巴"，不是一般意义上的谈将帅品德修养，他的目的在于批"带几个兵"、"打掉一条军舰"就"翘尾巴"的林彪、黄永胜、陈励耘等人，是对他们狂妄野心和阴谋活动的警告。

毛泽东的当头棒喝，对陈励耘等人确实有震撼力。后来他交代罪行时说：看到房间里的毛泽东画像，就产生一种说不清的畏惧感。

善待卒伍而骄于士大夫

关羽、张飞是刘备的结义兄弟，两个人对刘备可说是忠心耿耿，至死不渝。但两个人都有致命的弱点，刘备对此曾有评论。

30年代，在中央苏区，"王胡子"王震那时还是个小青年，可也是个战场上的勇将。

毛泽东那时常和王震谈起《三国演义》和《三国志》。《三国志·蜀书·张飞传》记载："（关）羽善待卒伍而骄于士大夫，（张）飞爱敬君子而不恤小人。先主（刘备）常戒之。"毛泽东曾对王震说起过这两句话，并勉励王震："取两人之长，去两人之短。"（《肝胆篇》，《武汉文史资料》1986年第4辑，第187页）

王震以此作为警语，在革命实践中这样做了。

何为两人之长？就是"善待卒伍"和"爱敬君子"。

何为两人之短？就是"不恤小人"和"骄于士大夫"。

用今天的话说，就是关羽对士兵很好，而对领导干部却很傲慢；张飞爱戴尊敬有声望的人，却不爱护体恤士兵百姓。

《三国志》的作者陈寿说："（关）羽刚而自矜，（张）飞暴而无恩，以短取败，理数之常也。"

关羽致败的一个原因，正是"骄于士大夫"。《三国志》中有记载，《三国演义》中也有反映。他轻视诸葛亮，轻视马超、黄忠，前文已经举例，这是轻视自己人；他轻视孙权，轻视陆逊，这是轻视联盟内部的人；他轻视于禁，轻视徐晃，则是轻视敌人了。骄也罢，自矜也罢，都是取败之道。

对关羽张飞要取长去短，王震牢牢地记住了毛泽东的话。无论是在延安窑洞，在南泥湾开荒，在陕北转战，在东北挺进，在新疆军垦……爱护士兵群众，尊重知识分子，王震做得都十分出色。中华人民共和国成立后，王震于1955年被授予上将军衔，曾任中央军委常委。

扬关张之长，去关张之短，毛泽东将这条历史经验融入了人民军队的建设之中。

关圣帝君能打倒土豪劣绅吗

（关羽之四）

> 神明吗？那是很可敬的。但是不要农民会，只要关圣帝君、观音大士，能够打倒土豪劣绅吗？那些帝君、大士们也可怜，敬了几百年，一个土豪劣绅不曾替你们打倒！
>
> 毛泽东：《湖南农民运动考察报告》，《毛泽东选集》第一卷，人民出版社1991年版，第33—34页

关羽生前所获荣宠并不显赫：曹操曾表奏汉献帝封他为"汉寿亭侯"；刘备于赤壁战后收取江南诸郡，封拜元勋，关羽是"荡寇将军"；刘备为汉中王时，封拜关羽为"前将军，假节钺"，就是持代表皇帝亲征的节杖，有权诛杀违犯军令者，有些特权；关羽兵败麦城，被东吴擒杀，蜀汉给他追加谥号"壮缪侯"。

纵观关羽一生，也不过就是拜将封侯。但是，关羽生前怎么也不会想到在他死后，名声越来越大，封号越来越高。关羽从侯而王，从王而帝，从帝而神，从神而圣，步步升迁，越升越高。《三国演义》小说成书于关羽被神化之时，这种现象反映在小说中，对关羽格外尊崇，如小说行文称关羽不称名，一概称"关公"；关羽自称时也不称名，一概称"关某"。在所有战将当中，关羽最具"神威"，及至玉泉山"显圣"，那已是彻头彻尾的神化。

毛泽东读《三国》，喜爱关羽这个人物，但对神圣化了的关羽则持批判态度。

关圣帝君一个土豪也不曾打倒

关羽的一个封号是"关圣帝君"。

1927年初，毛泽东为了答复当时党内党外对于农民革命斗争的责难，用了32天时间在湖南做了考察工作，后来写作了名重一时的著作《湖南农民运动考察报告》。

在考察中，毛泽东向农民宣传破除迷信，他在报告中写道：

"我在乡里也曾向农民宣传破除迷信。我的话是：……神明吗？那是很可敬的。但是不要农民会，只要关圣帝君、观音大士，能够打倒土豪劣绅吗？那些帝君、大士们也可怜，敬了几百年，一个土豪劣绅不曾替你们打倒！现在你们想减租，我请问你们有什么法子，信神呀，还是信农民会？"

毛泽东说："我这些话，说得农民都笑起来。"
"关圣帝君"是中国道教的神祇。
关羽的被神化，是由于宋代以后历代封建统治者对关羽的利用。
自宋元以来，在取材于三国的戏曲小说里，关羽逐渐被塑造成为一个忠、义、勇的化身。宋代以后，随着封建伦理道德规范和价值观念的确立，关羽身上的"忠""义"逐渐被发掘，成了典范人物，从人鬼一变而为人神。
封建统治阶级，出于政治的需要，看中关羽身上的"忠"和"义"，他们不断给关羽加官晋爵：
宋徽宗时封他为忠惠公和崇宁真君；后加封为武安王和义勇武安王。
宋高宗时加封为壮缪义勇王。
宋孝宗时改封为英济王。
元文宗时封为显灵义勇武安英济王。
明宪宗时封为壮缪义勇武安显灵英济王。
明神宗时封为关圣大帝。神宗万历二十二年（1594）又加封关羽为"三界伏魔大帝神威远震天尊关圣帝君。"
清世祖时封为忠义神武关圣大帝。
清高宗时加封为忠义神武灵佑关圣大帝。
清仁宗时加封为忠义神武灵佑仁勇关圣大帝。
清宣宗时加封为忠义神武灵佑仁勇威显关圣大帝。
封建帝王的提倡，得到了佛、道二教的积极响应。它们先后在本门神祇中安排了关羽的位置。
佛教封关羽为护法伽蓝，于常见的十八罗汉旁边另塑一尊关羽像供奉。
道教封关羽为"崇宁真君""关圣帝君"，还假托关羽著《关帝觉世真经》《关帝明圣经》等通俗劝善文，标榜"尽忠孝节义，方于人道无愧"的人生观。
被神圣化了的关羽，在1927年以前，可谓深入人心，家喻户晓，妇孺皆知。对其信仰，可谓根深蒂固，不可动摇。但此时农民运动汹涌澎湃，到处都在开展。封建统治阶级的工具、封建地主阶级的精神偶像"关圣帝君",就成了农民的精神枷锁。

怎样剥去关公神圣的外衣,毛泽东的办法是让事实说话:

农民们起来革命,正在打倒土豪劣绅,那么请问:神明的关老爷,拜了你几百年,你曾经打倒过一个欺压剥削农民的土豪劣绅了吗?

事实胜于雄辩。

只这一句话,毛泽东就打倒了关老爷!

关老爷能够斩颜良诛文丑,能够过五关斩六将,能够单刀赴会水淹七军,可敬了几百年,就是没打倒过一个土豪劣绅。

听了毛泽东诙谐的话语,农民们都笑起来:笑"关圣帝君"神威的虚假,也笑自己信奉神明的愚昧。

神圣的殿堂在笑声中轰然倒塌,真是"谈笑间,樯橹灰飞烟灭";精神枷锁在笑声中解脱,思想获得了解放和自由。

农民们坚信:打倒土豪劣绅,不要关公要农民会!

关爷会·关帝庙·神道地主

关云长生前怎么也不会想到,他被毛泽东划的阶级成分是"神道地主"。

那是1930年5月时发生的事情。那时,毛泽东利用作战间隙进行社会调查,而"寻乌调查"是他"最大规模"的调查。他在调查报告中写道:

> 神道地主即神、坛、社、庙、寺、观六种。"神"是指的各种各色的神,许多都有会,如赵公会、观音会、关爷会、大神会、真君会、婆太会、赖爷会、公王会、伯公会、文昌会等等,都是没有庙的。还有一种醮会,祈神之用,也属这一类。在上述的各种神内有一部分是立了"坛"的。坛是立起一块石头,有的几块石头垒成一个小屋,那里面藏着好灵验的神呀,因此叫作坛。不论神、坛,凡有会都有公田,出钱弄这种神会的通通是富农地主。神会的产业百分之九十五是田地,百分之五是谷子和钱。这种田、谷、钱,叫作"会底"。目的:一是为神,因为神能保佑他们人畜清泰,财丁兴旺;二是吃东西,神诞那一天吃一顿,过年过节还有肉分,但要斗了份子的才有吃有份。
>
> ……再讲到"庙"。庙是有屋子,而屋子里面有菩萨的。庙有个庙祝,土名叫做"庙老",是个老头子,服侍菩萨,招扶香灯。

庙多少有庙田,也有无田的庙。有庙田的,庙老吃庙田的租,无庙田的,庙老伙食从群众中捐钱谷。庙有城隍庙、关帝庙、三官庙、三圣宫、赖老庙、龙王庙、关岳庙、杨公庙、东岳庙、江东庙等等。庙的性质,是所谓"有功德于民则祀之"的意思。神坛是地主需要的,社坛是农民需要的,庙是地主、农民共同需要的。(《毛泽东文集》第一卷,人民出版社1993年12月版,第178—179页)

在《寻乌调查》中,毛泽东将地主划分为"公有地主"和"个人地主",而在"公有地主"中又区分为"祖宗地主"、"神道地主"和"政治地主"。被神圣化了的关羽属于"神道地主"。

神道地主也占有土地。毛泽东写道:"总计神道方面(神、坛、社、庙、寺、观)的土地,占全部土地的百分之八,占全部公田的百分之二十。"神道地主关云长,接受人们的崇拜,有"关帝会"、"关帝庙"和"关(羽)岳(飞)庙",也是占有土地,也是剥削的。因为"凡有会都有公田","庙多少有庙田",这些都是收"田租"的。

毛泽东说的"关帝会""关帝庙"以及会田、庙田的情况,只是寻乌农村的情况,而在几百年的封建社会里,遍布全国城乡的许多关帝庙建筑是很庞大的,因而加重了农民的经济和精神负担。

为关羽立庙的时间很早。据唐人董挺《玉泉寺重修关侯庙记》说,在陈隋之际,天台宗智𫖮禅师在湖北当阳传播佛教,建立玉泉寺,这时关羽的阴魂皈依佛教,祀为护法伽蓝。不久,玉泉寺附近便出现了专祠关羽的庙宇。

到了北宋,关羽庙就更多了。那时候关羽"显圣"的传说也多起来。随着历代王朝的不断敕封,"关侯庙"便改为"关王庙""关帝庙",或"忠义庙"。关王庙宇遍布全国。宋人郝经在《顺天府重修关王庙碑记》里写道:关王的"英灵义烈遍天下,故所在庙祀,……而燕赵荆楚为尤笃,郡国州县乡邑间里皆有庙。夏五月十有三日,秋九月十有三日,则大为祈赛。整仗盛仪,旌甲旗鼓,长刀赤骥,俨如王生。"

宋元以来,"关王庙"满布全国城乡,关王庙会的活动广泛而热烈。元代有人写了这样一首诗:"人杰惟追古解良,士民争拜汉云长。桃园一日兄和弟,俎豆千秋帝与王。气挟风雷无匹敌,志垂日月有光芒。至今庙貌盈天下,古木寒鸦几夕阳。"诗里把关羽看作"人中之杰",值得千秋祭祀,所以"士民争拜""庙貌盈天下"。这种盛况,至清代而不衰。

关帝庙是神灵的物化形式,关云长被历代封建统治阶级所利用,加重了对农民的经济剥削和精神奴役。毛泽东在做社会调查进行国情分析时,客观地给予神道地主"关圣帝君"以具体分析，这显然有利于人们对半殖民地半封建旧中国的认识，有利于解放思想，焕发革命精神。历史发展到今天，"士民争拜关云长"的现象已经不见了，"关帝庙"等历史陈迹，只具有旅游参观价值。

关云长是武圣也打倒了

"关圣帝君"不能帮助农民打倒土豪劣绅，是因为在一定意义上说，他是土豪劣绅的保护神。

所以，革封建主义的命，就包括打倒"关圣帝君"在内。

至少，毛泽东是这样认为的。

1974年年底，中国大地上"批林批孔"的吼声虽然还在断断续续地响着，但是"四人帮"利用这场运动整人篡权也遇到了障碍，受到毛泽东的批评。毛泽东此时在长沙养病，周恩来总理与王洪文赶到长沙向毛泽东汇报四届人大的筹备情况。

谈到"批林批孔"又批走后门搞乱了套，政治局意见不统一时，毛泽东说：

"说批林容易批孔难，世界上的事，说起来难，做起来并不难，现在四书五经也批了，孔夫子是文圣打倒了，关云长是武圣也打倒了。说批林批孔是第十次文化大革命是不对的。"（贾思楠：《毛泽东人际交往实录》，江苏文艺出版社1989年6月版，第342页）

毛泽东这个谈话的主旨，在于说明"批孔"做起来并不难，主要证据是四书五经和孔夫子都打倒了。但他随便谈到武圣关云长也打倒了，这是他对待被神圣化了的关云长的一贯态度的自然流露。

其实，关云长作为"武圣"的历史，要比孔夫子作为"文圣"的历史短得多。两千五百年前，就有人尊其为"圣人"。汉武帝"废黜百家，独尊儒术"以后，他的文圣地位就巩固下来。那时，和他匹敌的武圣是战神蚩尤，是武成王姜太公。

考之史志，关羽死后，三国、六朝、唐朝和宋朝前期，只是把他视为一般将领，没有任何形式的祭祀。从宋徽宗开始，关羽被封为"武安王""壮缪武安王"，关羽和"武"字结缘；从明神宗封关羽为"关圣大帝"开始，关羽和"圣"字挂钩。这时，关羽逐渐取代了蚩尤、姜太公的地位，成为人神之首，成为与文圣孔子比肩而立的"武圣人"。

何者为圣？《尚书·洪范》："书作圣。"《传》曰："于事无不通，谓之圣。"无所不通，是圣人；精通一事，他人莫及，也是圣人，如医圣、书圣、画圣者流。"武圣"者，应该对兵学武事有俯视一代、超越时空的贡献，为后世楷模。以此为尺度衡量关羽，他的"武圣"头衔显然是被历代统治者硬戴上去的。

"武圣"够不够格是一回事，关云长被封建统治者捧到吓人的高度，以维护自己的阶级利益和政治统治则又是一回事。在革命家毛泽东的视野里，文圣也罢，武圣也罢，他们都在反封建的被扫荡之列，而且，他们已经被打倒了。当然，举出这些例证，毛泽东的目的在于证明"批孔"并不难。不过，这不是本文要讨论的问题。

总之，从20世纪20年代到70年代，毛泽东对被神圣化了的关羽是大不以为然的。作为道教神灵，"关圣帝君"的作用是虚假骗人的；作为崇拜偶像，"关帝会""关帝庙"只具有经济剥削和精神奴役的意义；作为战神膜拜，"武圣"关云长已经被打翻在地扫地出门了。小说人物乃至历史人物关羽有可爱之处，神灵化了的关羽则是封建垃圾。

我说我也是张飞

> "《三国演义》里说，张飞张翼德于百万军中取上将之首，如探囊取物。"
>
> 权延赤：《卫士长谈毛泽东》，北京出版社1989年5月版，第375页

张飞是蜀汉刘备帐下的一员猛将，在《三国演义》小说人物中，猛张飞也像诸葛亮等人一样，最惹人喜爱。他骁勇异常，刚烈豪爽，心直口快，又粗中有细，勇而有谋。看过《三国演义》的人，无不对他留下深刻印象。毛泽东也十分喜爱张飞这个艺术形象。

捧腹大笑张飞自夸

1944年6月，著名记者赵超构随中外记者西北参观团访问延安。在延安期间，曾和毛泽东一起观看三国戏《古城会》。赵超构在同年出版的《延安一月》书中，有这样的记载：

> 戏早已上演了，他（毛泽东）非常有兴味地听、看，从始到终。对于《古城会》的张飞……他不断地发笑，不是微笑而是恣意尽情捧腹大笑，当演出张飞自夸"我老张是何等聪明之人"那一副得意的神情时……他的笑声尤为响亮。
>
> 在这时，我理解到毛先生是有和我们一般人所共通的幽默与趣味的。……他虽自谦"对于平剧没有研究"，但也承认"很喜欢看"。

毛泽东的捧腹大笑，源于"很喜欢看"。我想，也源于对张飞这个艺术形象的喜欢。他的笑，不应该简单地理解为对粗人张飞自我褒扬的嘲笑，而是对张飞坦荡直爽的由衷欣赏。

张飞的形象在毛泽东的脑子里留下了深刻印象。

爱敬君子而不恤小人

张飞勇冠三军，张飞粗中有细，张飞豪爽坦诚，这是张飞的优长；张飞也有致命的弱点，就是性格暴躁，虐待部属。《三国志·蜀书》本传说他"爱敬君子而不恤小人"指的正是他的这个毛病。

既是首长又是兄长的刘备，对"三弟"的这个毛病十分了解。小说第八十一回，刘备、张飞为关羽报仇，兴兵伐吴。刘备嘱咐张飞："朕素知卿酒后暴怒，鞭打健儿，而复令在左右：此取祸之道也。"《三国志·张飞传》也有这样的话。意思是提醒张飞："你酒喝多了就发脾气，好鞭打士卒，却还把他们留在身边，这是招致祸患的做法。"可张飞没有听取刘备的劝告，不思改悔。

后来，张飞果然因此丧命：他告别刘备，回到阆中，命三日内赶制白旗白甲，三军挂孝伐吴，部将张达、范强请求宽限时日，张飞报仇心切，将张、范二将绑在树上，各打五十鞭，限令第二天备齐旗甲，否则斩首示众。二将被逼，夜间乘张飞醉酒，入帐刺杀张飞，投奔东吴而去。

1932年前后，在中央苏区，毛泽东与王震时常谈论《三国志》和《三国演义》。一次，毛泽东告诫王震：关羽善待卒伍而骄于士大夫，张飞爱敬君子而不恤小人。刘备常常劝告他们。毛泽东勉励王震："取两人之长，去两人之短。"（《武汉文史资料》1986年第4辑，第187页）

关羽因其"骄"而兵败麦城；张飞因其"暴"而身亡阆中。作《三国志》的陈寿评论张飞说："（张飞）暴而无恩，以短取败，理数之常也。"

张飞的教训确实是血的教训，足以警示后人。毛泽东治军，主张官兵平等，废止肉刑，进行思想教育，是吸取了历史上包括张飞在内的经验教训的。

对张飞"爱敬君子"的优长，毛泽东也是记得的。中华人民共和国成立后，他读《新五代史·张廷蕴传》，其中有："廷蕴武人，所识不过数字，而平生重文士。"毛泽东批注："张桓侯之流。"（《毛泽东读文史古籍批语集》，中央文献出版社1993年11月版，第272页）张飞死后，被追封谥号"桓侯"，史称张桓侯。毛泽东批语的意思是：大老粗张廷蕴平生尊重知识分子，是爱敬君子的张飞一流人物。对张飞这项长处是肯定的。

像《三国演义》里的燕人张飞

两个勇猛过人战将的身影在毛泽东的眼里渐渐重叠在一起，他不禁由衷地赞叹道：彭德怀真像《三国演义》里的燕人张飞张翼德。

时间：1935年10月下旬。

那时，中央红军长征中越过六盘山后，于10月19日到达陕北苏区边境吴起镇。宁夏军阀马鸿宾的骑兵部队，奉蒋介石的命令尾追甚紧。10月20日，马家军五个团的骑兵气势汹汹地追袭而来。

毛泽东看到敌情通报决心斩断这个"尾巴"，他当机立断："打退追敌，不要把敌人带进根据地。"

但是，敌人是骑兵，且势众人多，来势凶猛，而红军经过长途跋涉，多番征战，不仅兵力不足，而且已很疲倦，战场态势明显敌强我弱。

此仗怎么打？毛泽东与周恩来、彭德怀、叶剑英共商退敌之策，决定给马家军以致命的打击，由红军陕甘支队司令员彭德怀指挥。

为了打好长征结束前这场恶仗，彭德怀亲赴前沿察看地形，制定作战方案。吴起镇一带地理环境是：村与村之间往往隔着一条条深几十米、长几十里的大土沟。这些塬上深沟，最适合打伏击战。

彭德怀立即摆兵布阵，分派参战部队各就各位，准备迎敌。

10月21日凌晨，秋高气爽，红军进入阵地。

毛泽东手拿望远镜，站在吴起镇边大马梁山顶上，观察敌情。太阳还没有升到头顶，只见尘土飞扬，滚滚而来，马家军骑兵朝红军阵地扑过来，很快钻进伏击圈。

刹那间，一声信号弹响，两边山沟里的轻重武器一齐吼叫起来，伏兵一齐杀出，迅猛突击，一下把敌人前面的骑兵冲得七零八落，敌兵纷纷落马。

敌人后续四个骑兵团又扑上来，彭德怀指挥部队分头痛击，打得敌人鬼哭狼嚎，溃不成军。红军开始炮击敌人设在古庙里的指挥部，炮声中，敌指挥部中弹起火，损失惨重。一时间，敌人成了无头苍蝇，乱闯乱撞，向后逃窜。红军奋勇追击。

吴起镇伏击战，红军以少胜多，歼灭一个骑兵团，击溃三个团，俘敌七百余名，缴马近千匹。"切尾巴"一仗宣告了中央红军长征胜利结束。

阵地上，毛泽东握着彭德怀的手，爽朗地笑道："步兵追骑兵，只有我们红军才能创造出来的奇迹啊！"战斗大获全胜，彭德怀率部出发。毛泽东乘兴挥笔，写了一首六言诗，请人送给彭德怀。诗曰：

山高路远坑深，大军纵横驰奔。
谁敢横刀立马？唯我彭大将军。

寥寥24个字,刻画了一位横刀立马的大将形象,表达了作者对彭德怀战将品格的热烈赞颂。毛泽东深感彭德怀是位骁勇过人、能征善战、不可多得的战将,诗句写完,他意犹未尽,又联想到《三国演义》中的情节,连连称赞彭德怀"像《三国演义》里的燕人张飞张翼德",是开路的"先锋"。(权延赤:《龙困——贺龙和薛明》,广东旅游出版社1997年4月版,第9—10页)

戎马倥偬,军情紧急,此时毛泽东无暇细论《三国演义》。他把彭德怀和张飞相比,很可能是想到了"张飞喝断长坂桥"……

《三国演义》第四十二回说:曹操率领八十万大军南下攻取荆州,刘备率领军兵百姓后撤,在当阳长坂坡被曹军追上,一场苦战,刘备带领少数人马冲出重围,命张飞带二十人断后,抵挡曹军追兵,张飞横矛立马于长坂桥头,吼声如雷,吓得追赶而来的曹营兵将魂飞魄散,落荒而逃……

彭德怀吴起镇奋勇切断马家军这个"尾巴",

张翼德长坂桥逞勇喝退曹营万千追兵。

两者确有相似之处。

从此,在红军队里,彭德怀是"猛张飞"便流传开来。

毛泽东以张飞誉彭德怀,在于肯定其为革命战争所做的贡献,赞美其英勇果敢。

不过,比之张飞,彭德怀不但有其勇敢,而且还有其谦虚。毛泽东的六言诗发给彭德怀后,他将"唯我彭大将军",改为"唯我英勇红军"。1954年,彭曾对军事参谋王亚志回忆此事说:"在战斗结束后,我回来时看到桌子上毛主席写的这首诗。诗的第一句恰好是电报里的那一句,只是毛主席把其中的'路险'写成了'路远',把'沟

张翼德大闹长坂桥

深'写成了'坑深'。我当即拿起笔来,把最后一句'唯我彭大将军'改成'唯我英勇红军',又放回了原处。"(《人民日报》1979年2月8日)

做个当阳桥上的猛张飞

1947年6月10日清晨,转战陕北的毛泽东率领中央机关,甩开敌军胡宗南部四个半旅的追击,转移到靖边县的天赐湾。

在天赐湾住了七天,毛泽东与周恩来认为:中央已撤出延安,晋陕交界的黄河两岸,一时间成了胡宗南和阎锡山的天地。胡宗南派兵从南往北打,阎锡山从西往东挤;陕北虽然有彭德怀率领的西北野战军,但他还得分出很大精力,尽全力调动仅有的部队对付从西北方向扑过来的诸路敌军,陕甘宁边区依然处在危急中。

有鉴于此,毛泽东说:

"调陈赓率四纵回师陕北,摆在黄河两岸,东扼阎锡山,西挡胡宗南——就做个当阳桥上的猛张飞吧!"(邸延生:《历史的真言——李银桥在毛泽东身边工作纪实》,新华出版社2000年7月版,第33页)

"我看可以。"周恩来道,"这样既可以保卫党中央的安全,又可以增援彭老总的部队。"

"陈赓的部队已经西进到了风陵渡。"任弼时说,"胡宗南的部队并没有大量回撤,对陕北的进攻也没有缓下来的迹象。"任弼时的意思是陈赓回师陕北,对扭转战局起不到多大作用。

"我调陈赓又不是'围魏救赵'!"毛泽东说话的口气很重,"我让刘邓大军做挺进大别山的准备,是要大举出击、经略中原!我要陈毅、粟裕兵团留在鲁西南,是要牵制蒋介石的15个整编师、41个旅!我还要调动三纵的许光达……"

"主席,"周恩来见毛泽东快发火了,急忙劝阻说,"陈赓奉命已到陕北,很快就要来见你了。"

"那好,我们不住这里。"毛泽东一挥手,"回小河村!"

队伍返回了小河村。两天后,小河村上来了不少人,就连正在前线打仗的彭德怀也赶了过来。同一天,戴着眼镜、身穿一套灰布军服的陈赓,骑着一匹高头大马风尘仆仆地也来了。

小河村会议，讨论如何粉碎敌人对山东和陕北的重点进攻。陈赓也不同意调他回师陕北，他说，让刘邓大军挺进大别山，陈粟大军挺进鲁西南，这两路大军向南可以直逼武汉，向东可以直压南京，就像两把快刀子直插蒋介石的心窝。也应该把我拿出去，南渡黄河，东砍西杀，再给敌人的胸口插上一把刀！可是，让四纵回师陕北，不是主动进攻，而是消极防御，这是一着险棋……

党中央接受了陈赓的意见，毛泽东语气深沉地对陈赓说："告诉你，刘邓挺进大别山，会打得蒋介石鸡飞狗跳；胡宗南又被彭德怀牵制在陕北，腿拔不脱。现在，豫西一带是个空子，你若南渡黄河，乘虚而入，在西至潼关东到郑州的八百里的战场上，打他个昏天黑地——向东，可以支援刘邓和陈粟的两路大军；向西，可以配合陕北作战，从背后抽胡宗南一鞭子，他的八百里秦川便在风雨飘摇之中啦！"

毛泽东如此大度的一席话，说得陈赓反倒不安起来。他拘谨地说："只是……这样一来，主席身边也……"

"你莫管！"毛泽东说，"有惊就有险，有高度就有难度；让我和恩来背水一战，置之死地而后生！你们放开了打，你们打得越好，中央就越安全！"

接大任于身的陈赓斩钉截铁地说，"四纵保证如期渡河，配合刘邓、陈粟大军形成'品'字形，展开中原战场！"

周恩来笑道："我们的'猛张飞'就要变成'赵子龙'了！"

毛泽东说："赵子龙更好嘛，一身是胆！"

在国民党蒋胡军和蒋阎军的夹击下，毛泽东带领兵力不多的中央纵队转战，真有如当年刘备兵败当阳时的境况，所以他想到了调陈赓的四纵队回师陕北，"做个当阳桥上"阻挡追兵的"猛张飞"。战将陈赓更有张飞之猛，他大胆建议，改变中央的计划，变消极的阻挡为勇猛的进击，周恩来把这形象地说成是"猛张飞"变成了"赵子龙"。襟怀大度的毛泽东从谏如流，采纳了陈赓的建议，放手让他出击。

取上将头如探囊取物

1948年，"张飞"又出现在陕北战场上。

到这年初，战斗在陕甘宁边区的我西北野战军，经与敌人胡宗南部几番较量，已漂亮地进行了青化砭、羊马河、蟠龙镇和沙家店战役，沉重地打击了蒋胡军的嚣张气焰，此时已由战略防御逐渐转入战略进攻。胡宗南部在被我军先后消灭六七个旅后，在陕北为确保延安、洛川、宜川各地，阻止我军南进,采取了机动防御的部署,以整编第二十九军军长刘戡率整编第二十七师、第九十师于洛川、黄陵、宜君地区机动。

针对胡宗南集团确保延安、洛川、宜川各据点的布防,而以宜川守敌兵力最为薄弱的情况,西北野战军司令员彭德怀决定先取宜川。并制定了围城打援的作战方针,寻机歼灭敌二十九军。

2月24日,我西野三纵、六纵完成了对宜川的包围,按照彭德怀关于"攻城要猛,但要攻而不克,逼敌呼救求援"的意图,我军一开始攻城,便火力很猛,打得守敌晕头转向。守军敌二十四旅旅长张汉初惊慌失措,急向刘戡呼救,并电请胡宗南派兵驰援。

宜川为陕北通达关中、山西通达陕北的重要通道,是南护关中的屏障,胡宗南对宜川防务十分关注。接到告急电报后,严令刘戡率第二十七师、二十九师共4个旅8个团的强大兵力增援,以确保宜川。

2月26日,刘戡奉令率部轻装驰援,27日到达宜川西南瓦子街一线。对于增援之敌,西野做好了充分的歼灭准备。早在援敌出动的前一天,即2月25日,彭德怀和副司令员张宗逊等,已亲往瓦子街看地形,调动兵力,做好了围歼部署。

2月29日,敌人的增援部队全部进入我伏击圈。我5个纵队将敌人团团围住,准备聚歼。

总攻发起前,彭德怀给毛泽东打去电话:"刘戡这个龟儿子,主席要活的还是要死的?"

毛泽东在电话里笑道:

"《三国演义》里说,张飞张翼德于百万军中取上将之首,如探囊取物。"(权延赤:《卫士长谈毛泽东》,北京出版社1989年5月版,第375页)

毛泽东用他特有的方式,表达了作战决心。

彭德怀心领神会,在电话里说:"主席,我立军令状!"

毛泽东接完电话,吸着烟,用他那浓厚的湖南腔说:"林彪打仗刁、狠,彭德怀打仗勇、韧。这两个人叫蒋介石头痛得很哩!"

毛泽东信手拈来的"张飞取上将头如探囊取物"的典故,出自《三国演义》第二十五回《屯土山关公约三事　救白马曹操解重围》。此回书中称关羽斩颜良后,"(曹)操曰:'将军真神人也。'关公曰:'某何足道哉?吾弟张翼德,于百万军中取上将之头,如探囊取物耳。'"

又小说第四十二回《张翼德大闹长坂桥　刘豫州败走汉津口》也有类似记述："曹操急令去其伞盖，回顾左右曰：'吾向曾闻云长言：翼德于百万军中取上将之首，如探囊取物。'"

长坂坡前的曹操对猛张飞印象深刻，"去其伞盖"是怕暴露目标，首级为张飞"探囊"。

且看陕北战场的"猛张飞"如何取敌将之首。

刘戡发觉自己身陷重围，企图集结兵力突围，作困兽之斗。怎奈我军火力凶猛，将其所部二万五千余人死死压缩于乔儿沟、任家湾等狭小地带。敌多次突围均未成功，死伤惨重。

3月1日上午9时，西野各纵发起总攻。枪声、炮声、喊声惊天动地，排山倒海，敌人狼奔豕突，混乱不堪。战至下午5时，援敌全部被歼，无一漏网。敌中将军长刘戡、中将师长严明被击毙。接着，西野乘胜攻克宜川，全歼敌二十四旅，俘敌中将旅长张汉初、少将参谋长刘振世。整个宜瓦战役，歼敌近三万人。

彭德怀实现了"取上将之首如探囊取物"的军令状！

宜瓦大捷是西北战场的关键一仗，战后毛泽东当即起草了《评西北大捷兼论解放军的新式整军运动》的评论。毛泽东指出"这次胜利改变了西北的形势，并将影响中原的形势。"（《毛泽东选集》第四卷，人民出版社1991年6月版，第1291页）一个月后，毛泽东在为新华社撰写的题为"战局的转折点"的社论中指出："西北战局的转折点，同时就是全国战局的转折点"，并预言"人民解放军将由守势转变为攻势"。

战局确如毛泽东所料，1948年4月21日，即《战局的转折点》发表三天后，胡宗南被迫撤出了延安。蒋介石哀叹："我们处处受制，招招失利，看来战略上有问题。"

要学张飞粗中有细

张飞不仅有其勇，而且有其谋。他善谋的一面，在性格上的特征是粗中有细。"张飞粗中有细"，这是在人民群众中"定型化"了的张飞形象特征的一面。人们常常把鲁莽而有心计的人称为"像张飞粗中有细"。

1958年5月，中共中央召开八大二次会议。会议有一项议程是谭震林作关于《全国农业发展纲要》第二次修正案的说明。

5月17日，毛泽东第二次讲话，主要讲国内外形势，其中说道：

"谭震林在关于农业发展纲要的说明中，讲到要注意江苏同志的话，防止'浮而不深、粗而不细、华而不实'。就是说要看到自己的缺点。十个指头九个好,一个指头有问题。华者花也,不要只开花不结果实;不要粗而不细,要学张飞粗中有细;要看到我们的弱点、缺点,以免秋后达不到指标的要求。请同志们注意,各行各业各部门要注意,无论哪一项工作,工业、农业、商业、学校、交通、文化、科学、写小说……都要注意这一条。"

江苏同志的三句话点出了当时农业战线在思想作风和工作作风方面存在的问题。针对"粗而不细",毛泽东提倡"要学张飞粗中有细"。

《三国演义》中的张飞给人留下粗鲁的印象,不仅因为他"豹头环眼,燕颔虎须"的长相,而且因为他喜好饮酒,醉后打人,行为粗莽,往往误事。

但是,张飞并非一粗到底,而是能"吃一堑长一智",做到外粗而内细,似莽而实智,书中的下列情节,就体现了这一点:

小说第二十二回说曹操派战将刘岱、王忠引军打着"丞相"旗号来徐州攻击刘备。张飞引三千军迎战刘岱,怎奈张飞骂阵,刘岱就是闭门不战。烦闷的张飞酒后诈醉,寻过鞭打士兵,绑缚营中,并说:"待我今夜出兵时,杀来祭旗!"却暗中使左右将被打士兵放走,让其投奔到刘岱营中,告其劫寨之事。刘岱信以为真,伏兵营外,专待张飞前来。张飞却只派三十多个兵丁入刘营放火,自引精兵抄刘岱寨后,断其退路。刘岱情知中计,惊慌溃退。他夺路而走,撞着张飞,交马只一合,被张飞生擒。捷报传入徐州,刘备对关羽说:"翼德向来粗莽,今亦会用智,吾无忧矣!"

小说第七十回,张飞与魏将张郃在巴西对阵。张郃在山上营寨中擂鼓饮酒,并不下山,以激怒张飞,伺机出击。张飞便在山前扎住大寨,每日饮酒,使

猛张飞智取瓦口隘

军士百般辱骂，激张郃下山决战。两军对饮对骂，为战阵奇观。诸葛亮知道张飞"与张郃相拒五十余日，酒醉之后，便坐山前辱骂，旁若无人：此非贪杯，乃败张郃之计耳"。于是派魏延押解好酒赴军前，张飞索性把酒全都排列帐下，令军士大张旗鼓而饮。张郃得到细作情报，到山顶观望，只见张飞坐于帐下饮酒，令二小卒相扑为戏，气愤地说："张飞欺我太甚!"传令当夜下山劫寨。是夜月色微明，张郃引军摸到蜀军寨前，遥望明烛下张飞正在帐中饮酒。张郃冲上前去，举枪便挑，"张飞"却是个草人，情知上当。急忙勒马回军时，帐后连珠炮响，一将横刀立马挡住去

▍张翼德义释严颜

路，乃真张飞也。张郃勉强迎战三五十合，夺路而逃。山寨又被张飞派人占了，只好败退瓦口关。张飞借酒行计，以草人赚张郃，实粗中之细，细中之巧也。

张飞的粗中有细还有一些，如收取西川时的义释严颜等，都很出色。其临阵用计，则大体如此。毛泽东针对贯彻农业发展纲要中"粗而不细"的作风，强调学张飞的粗中有细，是颇为恰当的，也易为人们所接受：想想那个鲁莽火裂的张飞都能用智用计，胆大心细，我们有知有识的各级领导干部有何不能做到呢?

但"大跃进"年代"粗而不细"的作风，有其形成的特殊时代背景，与当时大刮"浮夸风""共产风"关系密切，这不是学学张飞粗中有细就能解决的。可这又当别论。

毛泽东后来说，要过细，粗枝大叶不行，粗枝大叶往往搞错。这个思想，与他提倡"学张飞粗中有细"的思想同脉共源。

还是像猛张飞那样的性格

张飞的性格,是一种典型的有代表性的性格。"这个人像莽张飞!"只要这样一介绍,人们大体上就知道这是一个勇猛鲁莽的人。

1959年3月10日,西藏上层反动集团在外国势力支持下,蓄意破坏《关于和平解放西藏办法的协议》的实行,公开宣布"西藏独立",在拉萨发动了全区性的武装叛乱。

为了处理这一重大事件,总参谋长黄克诚、中央驻西藏代表张经武、西藏军区司令员张国华、总参谋部作战处处长雷英夫到武汉,去向毛泽东报告和请示。他们向毛泽东汇报了处理西藏问题的几项措施后,毛泽东突然发问:"你们看达赖叛逃是好事还是坏事?"

大家都说是件好事。毛泽东又问:"为什么?"

雷英夫略作思忖后回答:"达赖公开叛变了,他自绝于人民、与人民为敌的面目暴露得更加彻底,因此也就更加孤立了。这样,西藏彻底解放的步伐可能比预料的还要快。"

毛泽东接着问:"西藏的反动派会不会把我们赶出来?"

雷英夫肯定地说:"不会!"

毛泽东很感兴趣地问道:"何以见得?"

雷英夫回答说:"一是我们进西藏,是为了西藏人民的和平解放,真理在我们一边。二是这几年我们在西藏开展工作,在人民中间已扎下了根。三是美国人在西藏问题上不是铁板一块,他们内部也是互相矛盾的。西藏问题是中国内政,这是西

▎当阳桥头

方世界无可否认的。"接着,雷英夫又谈了其他几条理由。

毛泽东听后很高兴。接着又问:"达赖集团中出谋划策的人是谁?"

雷英夫答:"是索康。"

毛泽东接着问:

"索康这个人性格怎么样?是属于阴沉的性格呢,还是像三国的猛张飞那样的性格呢?"(李智舜:《毛泽东与开国少将》,中共中央党校出版社1997年1月第1版,第123页)

雷英夫又答:"据我接触看,索康是属于阴沉沉的那种性格。"

毛泽东明白了所有的情况包括对方主要人物的性格特点后,开始决断了:"那好,我们的动作尽可能稳妥些,不能打草惊蛇,要采取一网打尽的办法。"

"知己知彼,百战不殆"(《孙子兵法》)是孙武子的军事原则,也是毛泽东历来坚持的用兵主张。所谓"知彼",除了知敌人政治、军事、经济实力,知敌人战略战术,也包括知敌将性格。解放战争和抗美援朝战争中,他对美国的司徒雷登、麦克阿瑟等重要人物,都曾专门了解过他们。对达赖一伙,毛泽东在确定平叛战略方针时,同样也突出对其首脑人物性格的把握。

毛泽东把叛乱首要人物的性格分为两类:阴沉性格和猛张飞那样的性格。

后来的实践证明,他对索康等武装叛乱策动者是很了解的。同年5月7日,毛泽东在与西藏自治区筹备委员会代理主任委员班禅额尔德尼·确吉坚赞等人谈话时,他这样提到索康:

"索康、帕拉等人发动叛乱,他们把形势估计错了,把我们对西藏的方针、政策也估计错了。"

"索康等到过北京,我见过他们。这些人和英国人搞在一起太久了,已经陷在里边了,一心想搞独立。"

"索康、赤江、帕拉这些人都是很坏的。"

"达赖的两个声明,完全是反对中央,反对祖国大家庭,要求西藏独立的。……据我看,达赖的声明是索康、帕拉等人的作品,同时得到印度某些人的同意。"

"达赖知道,共产党不会整死他。他怕索康,因为索康等人把他父亲毒死了。有他们这些人,达赖的生命是没有保证的。"(《毛

泽东文集》第八卷，第53—58页）

索康即索康·旺清格勒，曾任西藏自治区筹备委员会委员。从毛泽东上述谈话可以看出，索康错误估计形势，和图谋不轨和外国人鬼混，一心分裂祖国闹独立，毒死达赖的父亲，确实是个性格阴沉、心肠很坏的阴谋家。此时，毛泽东可谓深知其人。

索康的性格不像猛张飞。猛张飞在毛泽东的视野里，确实是透视敌将性格的坐标和参照系。

是不是最近张飞没赶集

毛泽东喜欢吃红烧肉，这可说许多人都知道；但毛泽东想吃红烧肉往往想到张飞赶集，并不是许多人都知道的。

时间隔得长一点没吃到红烧肉，毛泽东便会亲自到厨房，诙谐地说：

"怎么，是不是最近张飞没赶集了？"

遇到这种情况，炊事员就给他做一碗红烧肉。（张诚：《新编毛泽东故事集》，辽宁大学出版社1993年9月版，第368页）

怪哉！吃红烧肉与张飞赶没赶集有什么关系？

原来，《三国演义》第一回交代：张飞"世居涿郡，颇有庄田，卖酒屠猪，专好结交天下豪杰……"张飞曾经开酒店肉铺，是河北涿州城里集

急兄仇张飞遇害

市上的好汉。后来成为猛将的张飞，当年杀猪时也该是一把好手，"闹市场，赶大集"很有成果。毛泽东想吃红烧肉，想到这位"屠猪"高手，也就不足为怪了。

不过，毛泽东的话说得很巧，他说的是隐语，既表达了自己想吃红烧肉的愿望，同时不露声色地批评了办事人员的失察，又轻轻把责任推给虚空的"张飞没赶集"。

张飞的后代，一触即跳

张飞的性格中，不仅有粗鲁的一面，而且有暴躁的一面。动不动就豹眼圆睁，暴跳如雷。这种一触即跳的性格，似乎累及到他的"后代"。

毛泽东有一次把他的机要秘书张玉凤看成了"张飞的后代"，甚至要辞退她。

那是1971年，张玉凤刚刚到毛泽东身边工作一年左右。那天毛泽东处有客人，张玉凤不知何事表现出不大高兴的样子，受到毛泽东的批评。张玉凤一时觉得自己没什么错，仍在辩解。毛泽东一怒之下，瞪着眼说，你要是不高兴就给我走。倔强的张玉凤二话没说，收拾包袱就回了家。在家待了二十多天，心情很难受，原因是难以接受被"伟大领袖"辞退的现实。

中央办公厅副主任张耀祠让张玉凤写一份检查，向毛泽东承认一下错误，可是犟劲上来了的张玉凤就是不写。她的婆婆劝他回去向毛泽东认错，她也不去。她心里打定主意：不回中南海了。

可一件小事却使事情有了转机。那一天，张玉凤突然想起来，还有件衣服扔在中南海没拿回来，便打电话给吴旭君，求她过一会儿把衣服送到中南海门口。吴旭君在电话里让她等了一会儿后对她说，你就在家等着吧！马上有车来接你。婆婆马上明白了，高兴地对儿媳妇说："主席已经原谅你了，又让你回去工作了。"

离开中南海二十多天的张玉凤返回来后，见到毛泽东也没有认错。于是，毛泽东给她"写了个评语"：

"办事认真，工作尽职，张飞的后代，一触即跳。"并对张玉凤说，"你可是二进宫了，以后要注意啊！"

听到这儿，张玉凤情不自禁地哭了……

这是发生在领袖和普通工作人员之间的一件很有生活情趣的小镜头。个性倔强的张玉凤受到毛泽东的批评而始终没有认错,位高权重的毛泽东并没有抓住不放,而是采取下"评语"的办法给予教育引导。因其姓张,称其为"张飞后代";因其个性强,指出其"一触即跳"的不足,严肃中不乏智者的幽默,批评中蕴含着长者的关爱,而且不忘先指出其"办事认真,工作尽职"的优长。这个评语,短短十七个字,你越琢磨越有味道。

张飞之暴,张飞之跳,确实是这位将军的短处。把张玉凤的短处说成是这位"远祖"的遗传基因,既点出了问题,又使性格强硬的张玉凤能接受。这种批评艺术,岂不妙哉!

非子龙不可行也

> 毛泽东将大手一摆,"天下的水只有武汉好。"他的神色表明"此议到这里结束",再不看其他人,只望杨成武,眼里漾出轻松诙谐的笑波:"非子龙不可行也,要杨成武同我去。"
>
> 权延赤:《微行——杨成武在1967》,广东旅游出版社1997年4月版,第26页

"一吕二赵三典韦,四关五马六张飞,七黄八夏九姜维"——这个流传较广的顺口溜,为《三国演义》中武艺超群的战将排了座次:吕布、赵云、典韦、关羽、马超、张飞、黄忠、夏侯惇、姜维等九人榜上有名,且谁前谁后,座次分明。

赵云高居第二,排在关张之前,可见他的勇武在读者心目中的位置。赵云,字子龙,常山真定(今河北正定)人。蜀汉"五虎上将"之一。他勇猛善战,忠君报国,端严谨慎,颇受刘备、诸葛亮信任。《三国演义》有首五言诗,概括了他的一生:"常山有虎将,智勇匹关张。汉水功勋在,当阳姓字彰。两番扶幼主,一念答先皇。青史书忠烈,应流百世芳。"

毛泽东读《三国演义》,对这位"一身都是胆"的常胜将军十分喜爱。据杨尚昆回忆,中华人民共和国成立后,毛泽东外出到哪个省,总要预先对哪个省的省志及某些县的县志都翻阅一下。见了省里、县里的干部,他总要先讲讲开玩笑的话。比如到石家庄附近的正定县,他就讲,赵子龙是你们这里人,你们知道不知道?

毛泽东常常引用赵云的故事来说明事理。

真正解除了空城之危

据现有文献记载,赵云最初在毛泽东的应用视野里,是作为"救兵"形

象出现的。

那是1943年5月，共产国际执行委员会主席团考虑到各国斗争情况，提议解散共产国际，并公开宣布了《关于提议解散共产国际的决议》，声言这是为了适应反法西斯战争的发展，便于各国共产党独立处理问题。5月26日，中共中央作出决定，完全同意解散共产国际。

这个消息给蒋介石注入了兴奋剂，他暗中调兵遣将，准备闪击延安；他密电胡宗南，命令其乘此良机，一举攻占陕甘宁。

6月初，胡宗南到三原、耀县视察部队。6月18日在洛川召开军事会议，内定第三十八集团军协同第三十七集团军攻占陕北。胡宗南密令：预定进攻延安的时间是7月9日。

此时，陕甘宁边区的部队总共才两万人，除担任河防任务防止日寇进攻外，能抽出来对付国民党军队的兵力寥寥无几，且都是留下来搞生产的部队。

在陕北的窑洞里，毛泽东、朱德、叶剑英、贺龙和八路军总部的有关同志召集紧急会议，研究对策。此刻，毛泽东仍然泰然自若，从容镇定。他第一个讲话："摆在大家面前的情况已经很清楚，彼此力量太悬殊了，而且互相都知道底细。靠我们现有力量打退蒋介石十六个师的部队进攻是不可能的。怎么办？军事、政治、外交、宣传等齐头并举，以斗智为主，来迫使蒋介石放弃军事进攻。"

接着，毛泽东详细地说了他的一些设想：首先，情报部门用各种手段加强侦察，确实掌握当面顽军动向，务要了如指掌；其次，立即下令陕甘宁晋绥联防军的部队、抗大及人民武装进入战备状态，随时准备粉碎顽军的进攻。谈到这儿，毛泽东在根据地地图上画一个大圆圈说：

"当然啰，我们陕甘宁也不能老唱空城计，老唱空城计，顽军真的来了我们就会吃亏。我们计划从华北抽调三个主力旅回来保卫延安，保卫党中央。就像《三国演义》里说的，赵云一到，诸葛亮的空城之危才能真正解除。"（雷英夫、陈先义：《统帅部参谋的追怀》，江苏文艺出版社1994年1月版，第58页）

《三国演义》第九十五回，说诸葛亮在西城县只有二千五百人马，而魏将司马懿带领十五万大军来攻城。诸葛亮设空城计吓退了魏军。诸葛亮下令撤兵时，另一路魏军将领郭淮引兵追来。蜀军老将赵云掩护撤退，极有章法，先后杀败郭淮先锋苏颙和部将万政。"护送车仗人马，望汉中而去，沿途并无遗失"。

诸葛亮在西城县唱空城计，毛泽东在陕甘宁唱空城计；诸葛亮因有赵子龙的生力军断后终解空城之危，毛泽东要调主力旅来消除延安的少兵之忧；诸葛亮是无奈弄险，毛泽东是防患调兵：两者虽然都是虚中有实，然而却是同中有异。

主力旅抽回等于赵子龙兵到，毛泽东的联想真有奇绝之处。面对汹汹而来的十万敌军，他话语轻松，比喻恰当，"胸中自有雄兵百万"，足可以安众人之心，定破敌人之策。

把《三国》中赵云解空城之危的故事，作为决心抽回主力旅保卫延安的佐证，从军事上做好充分迎敌的准备，这是高明的借鉴。

比之为赵子龙

抗日战争中的1944年10月，延安《解放日报》发表了《新四军的胜利出击与中国的救国事业》的社论。

社论中有这样一段：

> "新四军和八路军一样，不仅军队本身有坚强的战斗力，而且还有最大的长处，这就是它的政治工作。它与人民打成一片，而且敌伪军工作做得很好。……华中的伪军士兵，呼新四军为'四老爷'，比之为赵子龙，他们常常对着自己的枪说：'枪啊，我是替四老爷保存的'。半年来，伪军反正四十二次，六千余人，足见新四军影响之大。"（《毛泽东新闻工作文选》，新华出版社1983年12月版，第332页）

其中，"比之为赵子龙"一句，是毛泽东修改社论文稿时加上去的。

新四军坚持华中抗战几年，取得了国人瞩目的辉煌胜利。他们不但在军事上打击敌人，而且注重开展政治工作，从政治上瓦解敌军。

如他们策反伪军，曾经利用过三国故事：漫画上画着关云长投降曹操但一心寻找刘备的故事，下面写着"身在曹营心在汉"。这对给日本鬼子当炮灰打头阵的伪军来说，是很有震撼力的。这是新四军的"心理战"，是他们利用与伪军共同的民族传统文化心理所想出的招降计，以期引起伪军的心理共鸣。以后发生的事实证明，他们达到了预期目的。

伪军"呼新四军为四老爷，比之为赵子龙"，是因为新四军已占个四字，而《三国演义》中的刘备、关羽、张飞桃园结义，刘备又视赵云如同袍，情同手足,被旧时读《三国演义》者看作四弟,妙曲天成,正合"四老爷"之称。于是,新四军即四老爷,四老爷即赵子龙,这是伪军的内心话。

知己知彼的毛泽东洞察伪军的心理,在社论中加上"比之为赵子龙",顿使文章生色不少:

一者赵子龙英勇善战所向披靡的形象深入人心,为亿万读者所熟知。他曾于百万军中单骑救主,斩杀曹军兵将无数;他曾经偃旗息鼓,设置空营,智退敌兵,赢得"一身都是胆"的美誉;他还曾以古稀高龄,上阵力敌五将,勇冠三军,威震敌胆。新四军几年抗战,迭挫强敌,节节胜利,战绩辉煌,被呼为赵四老爷,事出有因。

二者此语通过伪军口中说出,表明了伪军对新四军既称颂又敬畏的复杂心理。他们"身在曹营心在汉"的内心世界,跃然纸上,揭示得入木三分。

三者毛泽东不愧为手段高妙的宣传家。社论初稿中已对伪军的心理有所刻画,颇具形象感,毛泽东顺水推舟,趁风扬帆,加上一句,使色彩更浓,语意更丰。这样灵动形象的议论文字,真可称为绝妙好词。不光根据地军民读了要会心微笑,相信伪军读了也会频频点头。

非子龙不可行也

赵云曾"两番扶幼主,一念答先皇。"他对刘备、刘禅父子两代忠贞不贰,关键时刻都直接"救过驾"。

对这个忠实的"保镖",毛泽东亦念念不忘。

1967年7月13日下午。中央文革小组碰头会在人民大会堂举行。这是"十年动乱"的初起之时。

在这次会上,毛泽东决定南巡去武汉。他向坐在周恩来那边的杨成武招呼道:"成武啊,到湖南、长沙、武汉去看看。"杨成武时任中国人民解放军代总参谋长。

杨成武点点头,又朝周恩来瞟一眼。南巡之事,总理有不同考虑。武汉"红卫兵"正闹乱子。

毛泽东把香烟拧灭在烟灰缸里,简洁一句:"十五号可以到武汉。游泳去。"

周恩来轻咳一声,用商量的口气说:"主席,长沙、武汉都比较乱,我们已经商定请武汉军区和各派群众组织的代表来京汇报,解决问题,不一定非去不可。"

林彪点头,说:"北京现在事情很多,主席如果一走,只能总理主持工作,有些事情不好定决心哪。"

"是啊，主席这个时候不宜离开北京。"

"安全问题不能不考虑。'文化大革命'到了关键时刻，阶级敌人决不会自甘灭亡，要警惕他们垂死挣扎，搞什么阴谋活动。"

"现在天下大乱，许多地方领导权并不在我们手里，不在无产阶级革命派手里……"

中央文革小组成员几乎全体一致地反对毛泽东南巡，七嘴八舌各抒己见。毛泽东又吸燃一支香烟，流露出听而不闻的神气。

周恩来略作思考，明知无效，还想最后一试："主席想游泳，地方很多嘛。北京有的是好水。密云水库、十三陵水库、怀柔水库、官厅水库都可以游，这些水都不错。"

"我哪里都不去。"毛泽东将大手一摆，"天下的水只有武汉好。"他的神色表明"此议到这里结束"。再不看其他人，只望杨成武，眼里漾出轻松诙谐的笑波："非子龙不可行也，要杨成武同我去。"（权延赤：《微行——杨成武在1967》，广东旅游出版社1997年4月版，第26页）

周恩来不再劝阻，轻拍杨成武的手背，说："成武同志，你的任务两个。一个任务，作为主席和我的联络员。传达主席的指示；凡是有我向主席的报告，由你转报主席。"他转向全体与会者，重新宣布一遍："杨成武为毛泽东与周恩来的联络员。"他第二次轻拍杨成武的手背："第二项任务，保证主席安全。过去你是挂先锋印的，这次任务也不轻。无论陆地、空中、海上、江上，要保证主席的绝对安全。"

"请总理放心。"杨成武声音不高，却充满一种军人的自信。

"风流不在谈锋胜。"毛泽东朝少言寡语的杨成武点点头，转向中央"文革"的秀才们说，"长征过草地，我讲过还得靠成武；只靠宣言不行。"

"非子龙不可行也！"典出《三国演义》第五十四回。说孙权、周瑜欲从刘备手中夺取荆州，设计了一条"美人计"：明面上派人说媒，将孙权妹妹许配给刘备为妻，让刘备过江入赘，到东吴就婚；暗地里做下手脚，轻则幽困，重则杀头。刘备听到东吴派人说亲，"怀疑不敢往"。诸葛亮却说："吾已定下三条计策，非子龙不可行也。"于是，赵云率五百军兵，护卫刘备过江招亲。在诸葛亮的"导演"下，周瑜弄巧成拙，刘备娶了孙夫人秘密回蜀，孙权闻讯派兵堵截，无奈有赵云"怒目睁眉，只待厮杀"，追兵不敢妄动。

赵云警卫刘备安全返回。

刘玄德招亲，深入虎狼之地，非勇将赵子龙护驾不可行动；毛泽东南巡，驻足动乱之区，非骁将杨成武跟随难保安全。杨成武非等闲之辈，想当年长征途中，他率领先遣团，一路斩关夺隘，势如破竹，敌人闻风丧胆。毛泽东长征过草地靠杨成武，"文革"到武汉还是靠成武，一句"非子龙不可行也"，对爱将的几岁褒扬，几岁信任，尽在其中。

难怪对毛泽东南巡"有不同考虑"的周恩来听了此言，也转忧为安，叮嘱杨成武保证毛泽东的安全。

只剩下赵子龙老迈年高

生老病死，自然之理。勇将赵云终有老去那一天。但三国纷争，正当用人之际，况且"蜀中无大将，廖化做先锋"，将帅之才十分匮乏。诸葛亮六出祁山，北伐曹魏，计点将校军兵，不免发生浩叹。

毛泽东也曾有此叹息。

那是1973年12月12日，毛泽东在中央政治局会议上，提出八大军区司令员互相对调，并且提议邓小平参加军委领导工作，这是稳定大局的重要举措。周恩来随即部署有关事宜，召开中央政治局会议和中央军委会议。

12月20日，毛泽东在中南海的书房里，接见了参加中央军委会议的46位高级将领。

此时，毛泽东已年届八旬。

毛泽东即席讲话的开场白出人意料，他说："送君送到阳关路，你也苦，我也苦，手中锣儿敲得苦。"不知引用的哪一段戏文。

毛泽东并不理会那些面面相觑的将军们，继续沿着自己的思路说下去，不过这回他引用的是"三国戏"中的一段戏文：

"'这一班五虎将俱都伤了，只剩下赵子龙老迈年高。'我年老了，也要去'卖年糕'，要到福州去卖年糕。南京不去，南京太热了。"
（王宣：《毛泽东之剑》，江苏人民出版社1996年4月版，第188页）

毛泽东在讲话中流露的伤感和无奈的情绪，使与会的将领们感到震惊。

一生叱咤风云扭转乾坤的毛泽东已近暮年，他自身那轰轰烈烈赫赫扬扬的功业已近尾声。林彪事件的沉重打击，"文化大革命"越搞越乱久拖不决，跟随自己铁马金戈南征北战的"五虎将"们或被打倒或被囚禁，在岗在位的也早已鬓白如霜……此时此地，此情此景，也具备常人凡人感情的毛泽东没有理由不伤感。他甚至由"老迈年高"联想到"老了"去"卖年糕"，这个靠谐音的诙谐话语，今天说来，却失去了往日的幽默，"只剩下"苍凉心境的独白了。

"五虎将"是关、张、赵、马、黄，彼时其他几名都已谢世，独剩赵云也已年迈。可他"虎老雄心在"，请命出征，誓当先锋；毛泽东年届八旬，然亦"人寿志犹存"。尽管此时人的意志难于抵抗走向衰老的自然法则，尽管他看到自己的瑰丽理想与现实之间的巨大反差，因而情绪中充溢着忧患和悲壮，但是他还是像那位老迈年高的赵子龙请缨出征一样，为他的事业做着最后的奋争：对调八大军区司令员，把邓小平安排到最重要的军事领导岗位上……这是否是他咏唱《三国演义》戏文时的深层心境呢？如果是，那么此时的他仍然执着于瑰丽的理想，执着于激昂的挑战。

但是，在他大脑的荧光屏上，老迈年高的赵子龙毕竟不是那个大闹长坂坡的赵子龙了，不是那个威震江东的刘备的"保镖"了，赵子龙身上已经渗透着抹不去的英雄暮年的凄凉情感。

不会只是出廖化

> 毛泽东最后说:"现在新闻界议论很多,把教条主义攻一下有好处,不攻一下就只能出廖化,不能出先锋。"
>
> 吴冷西:《忆毛主席——我亲身经历的若干重大历史片断》,新华出版社1995年2月版,第37页

提起廖化,历史待他有些不公平。人们对他的故事记不住多少,而那句"蜀中无大将,廖化做先锋"的谚语却常挂在嘴边,此公就成了小材大用的代名词。

廖化,字元俭,本名淳,襄阳人。他在小说中出场较早,前后出现的次数很多,时间跨度很长,到了蜀国的晚期,他曾官至车骑将军,封中乡侯。

廖化第一次出场,是在小说第二十七回"美髯公千里走单骑"。原来关羽离开曹操去河北寻刘备时,护送甘、糜二夫人的随从一行,被黄巾余党杜远劫持,杜远掠走了二位夫人,要与廖化一人各分一个做压寨夫人,还想对夫人施以强暴。廖化便杀了杜远,来见关羽,并作了自我介绍。关羽此时势单力薄,看中了他五百余人的队伍,收留了他。

从此,廖化成为蜀汉的将领,直到西蜀灭国时病逝。

毛泽东提起廖化,是因为上海《新民报》发表的一篇文章,那篇文章的题目是"先锋何在"

1957年党中央决定开始整风后不久,5月18日晚上,毛泽东在他住所中南海丰泽园菊香书屋,召开政治局常委会议。人民日报社总编辑吴冷西列席会议,当他得到通知,赶到毛泽东住地时,与会人员都已在座。

毛泽东右手拿着香烟,左手扬起一张报纸,冲着吴冷西问:"你看过5月13日的《新民报》没有?报上有一篇文章,题目叫作'先锋何在',署名林放即赵超构,内容相当尖锐,但文笔比较客气。"

吴冷西回答说:"没有看,这几天又是布置机关内部整风,又是报道全国大鸣大放。"

毛泽东说:"搞新闻工作的再忙也要每天浏览全国报纸。上海的《文汇报》《新民报》,北京的《光明日报》,尤其非看不可,而且要仔细看,看他们有什么议论,有什么独家新闻,编排怎样,从中可以看出政治思想动向。你们的新闻工作者协会正在开座谈会,昨天《人民日报》报道了。现在新闻界有许多议论。"

毛泽东把当时新闻界已发表的议论归纳为四点。

讲到第三点,毛泽东转述新闻界的议论说:"他们说,记者应当是先锋,'先天下之放而放,先天下之鸣而鸣'。过去出过许多名记者,现在没有,个个都是廖化。"

毛泽东说:"《先锋何在?》一文中说的就是这个意思。记者是先锋,这在原则上不能说不对,问题是怎么样的先锋。蜀中无大将,廖化当先锋。说现在没有真正的先锋,个个都是滥竽充数,这恐怕不好说。"

讲到新闻有自由和无自由的辩证关系时,毛泽东又说:"第一有自由,凡是符合人民利益的都有自由;第二无自由,凡是不符合人民利益的都无自由,即有限制。世界上没有绝对的新闻自由,只有相对的新闻自由,不自由的情况依据不同的阶级利害关系而不同。因为有自由,先锋总是要出的,不会只是出廖化。有新闻就可以出先锋,旧闻也不是不能出先锋。发表《先锋何在?》一文的作者本人就起了先锋的作用。"

毛泽东最后说:"现在新闻界议论很多,把教条主义攻一下有好处,不攻一下就只能出廖化,不能出先锋。我们要接受正确的批评,认真改进新闻工作。"

毛泽东这次谈话,是在党中央决定开始整风,并邀请党外民主人士帮助共产党整风,大鸣大放展开时讲的。当时新闻界知名人士参加过这年3月间全国宣传工作会议,得风气之先,首先鸣放起来。中华全国新闻工作者协会从5月16日起,在北京邀集全国新闻界代表人士开座谈会,征求对新闻工作的意见。第一次座谈会的意见,发表在5月17日《人民日报》第一版上。毛泽东以他特有的政治敏感,觉察到新闻界在新闻思想、新闻观点、新闻政策方面存在的问题。他以赵超构的文章《先锋何在?》为切入点,专门谈新闻问题。

显然,毛泽东不同意记者"个个都是廖化",而没有真正先锋的观点。

其实,廖化任先锋之职,也不是完全不够格的。

当年廖化跟着关羽,拼着命地效力。关羽欣赏他,重用他。水涨船高,关羽当了把守荆州的主帅,廖化成了荆州的大将。关羽出动大军征讨曹魏樊城时,廖化就挂了先锋印。小说中写道:"云长领兵取樊城……便令廖化为先锋，关平为副将，自总中军，马良、伊籍为参谋，一同征进。"

廖化武艺不算一流，然也不低下。蜀汉后期，诸葛亮也很喜欢他，常把他用到关键的地方。第四次出祁山，让他当了先锋。廖化知恩图报，勇敢作战，在最后一次出祁山时，猛追司马懿，获得他的金盔，建立首功。

继承诸葛亮衣钵的姜维，也喜欢廖化，八次大举伐魏，三次用廖化当先锋。

廖化在关羽时当过先锋，在诸葛亮时又当过先锋，到姜维时还当先锋，已是老资格的先锋了。说"蜀中无大将，廖化当先锋"，此话不太公允，只是比较关、张、赵、马、黄这些大将，廖化的功劳没他们显赫，武艺没他们超绝而已。

熟读《三国演义》的毛泽东并不计较廖化是否是称职合格的先锋，他只是借用"蜀中无大将，廖化做先锋"的谚语，按照自己的思路，一路发挥下去。他就着廖化与先锋的话题，至少说清了三点：

有先锋还是没先锋？新闻界有先锋，而不是"个个都是廖化"。这当然是针对新闻界在大鸣大放中的错误观点的反驳。他举例子说，写《先锋何在？》的赵超构就是先锋。说过去"出名记者"，而现在"个个都是廖化"，这种意见是偏颇的，不符合实际的。毛泽东否定这种意见，他的结论是正确的。

出先锋还是出廖化？先锋总是要出的，不会只出廖化。其前提当然是有自由，有新闻。不过这里的新闻自由不是超阶级的，而是要符合人民的利益。

第三点，毛泽东强调接受新闻界的意见，攻一下教条主义，改进新闻工作，否则不能出先锋，只能出廖化。这个认识是清醒的，此时毛泽东大有民主胸怀和辩证头脑，注意事物的两点，所谓"兼听则明，偏信则暗"。

毛泽东借助因三国人物廖化所流传下来的这句谚语，使自己与吴冷西等人的谈话既充满哲理，又轻松活泼。用"廖化"做轴线，把赵超构的文章、新闻界的议论、自己的意见，丝丝相关环环紧扣地编织在一起，浑然一篇比喻生动、擒纵自如、妙曲天成的政论散文。

不要再把老百姓看成"阿斗"

> 坏人们应该苏醒,不要再执迷于"一人独吞"、"人莫予毒"的幻梦,不要再把老百姓看成"阿斗"了。
>
> 毛泽东:《妇女们团结起来》,《毛泽东文集》第二卷,第171页

"阿斗"是蜀汉后主刘禅的小字,即刘禅的小名。蜀汉先主刘备是个英雄人物,而刘禅却庸碌无能,与乃父大相径庭。于是,"阿斗"在一定程度上成了庸人的代名词。

毛泽东读《三国演义》,大概不太注意"阿斗"这个人物。笔者所见资料,毛泽东只在一两处提到他。

1939年3月8日,毛泽东出席在延安北门外广场举行的三八妇女节纪念大会。他在讲话中强调:纪念三八妇女节开大会,就是要妇女结团体,争取妇女的自由与平等。

毛泽东特别指出:

"我们边区,全国的老百姓都说是个好地方,这里有自由,有平等。那末,是不是没有缺点呢?缺点自然会有的,但是比起全国来,那要好得多了,比起国外来,除了苏联以外,也是没有任何一个国家可以比拟的。然而,我们并不以此自满,我们还要更求进步,要做一个样子出来,给全世界看,给全国看,给华北华中看,给西安看。在西安,那里是不准老百姓开会的,老百姓没有自由,也没有平等。这件事,我们共产党人是完全不赞成的。今天我们开会,拍电报到全国去,给那里的老百姓看:我们这里的老百姓是怎样在管事,妇女们是怎样在办事,老百姓是怎样过生活。并且还要给那里的坏人看:老百姓结了团体,妇女们结了团体,就有怎样大的力量。坏人们应该苏醒,不要再执迷于'一

人独吞''人莫予毒'的幻梦，不要再把老百姓看成'阿斗'了。人民是有能力的，他们的力量是最伟大的，他们结成了团体，就是所向披靡、天下无敌的常胜军。"

毛泽东在这里所揭露所批判的"坏人们"，显然是反对妇女平等与自由，反对团结、抗战与进步的国民党右派和各种各样的投降派，他们把老百姓看成是愚昧无知不谙世事的"阿斗"，而执迷于封建、独裁的幻梦。

《三国演义》中的刘禅，确实是个庸主。刘禅出生时，他母亲梦北斗入怀，遂以"阿斗"为小名。刘禅是刘备的长子，他有个不幸的幼年，在刘备从新野败走汉津口的途中，糜夫人投井身亡，若不是长坂坡赵云九死一生相救，他肯定夭折。

刘备建立蜀汉政权后，刘禅苦尽甘来，被立为皇太子。父皇百年之后，他成了蜀汉的君主。阿斗在位41年，晚年宠信宦臣黄皓。黄皓与陈祗相勾结，完全控制了朝政。

《三国演义》写刘禅昏庸无能，有两个典型故事：

一个是第一百十八回写刘禅投降的故事。说邓艾大军攻取绵竹后，刘禅大惊，急召文武百官商议，光禄大夫谯周两度上疏，进言以"不投吴而降魏"为上策，认为如此则"上可自守宗庙，下可保安黎民"。刘禅从其言，即以谯周作降书，并侍中张绍、驸马都尉邓良赍玉玺到雒城请降。邓艾大喜，即回书刘禅，以安人心。刘禅亦大喜，双方约定十二月初一日君臣出降。届时，刘禅率太子诸王及群臣六十余人，按古代国君投降仪式，反绑着双手，让人抬着棺材，到邓艾军中投降。邓艾则给他松了绑，放火烧了棺木，表示接纳。

一个是第一百十九回写刘禅投降后的故事。刘禅投降的第二年，他被迁往洛阳，司马昭封其为安乐公。一次，刘禅亲到司马昭府上拜谢。司马昭设宴款待，令以蜀人扮蜀乐于前，蜀官都因而感伤，独刘禅"嬉笑自若"。酒至半酣，司马昭问刘禅："颇思蜀否？"刘禅回答说："此间乐，不思蜀也。"

刘禅是庸主，"阿斗"渐渐成了庸人的代名词。

抗日战争中，国民党内的投降派视人民群众为"阿斗"，他们的历史政治观是封建专制的，认识不到人民群众历史地位的伟大，群众团结起来力量的巨大。他们是执迷于"一人独吞""人莫予毒"幻梦的独裁者和历史唯心论者。

毛泽东在《新民主主义论》中说："那种'一人独吞'、'人莫予毒'的派头，不过是封建主的老戏法，拿到二十世纪四十年代来，到底是行不通的。"

"人莫予毒"又说成"莫予毒也"，典出《左传·僖公二十八年》，意思是没有谁能够伤害得了我。毛泽东在《反对投降活动》一文中说:"投降派欲反其道而行之,无论他们如何得势,如何兴高采烈,以为天下'莫予毒也',然而他们的命运是最后一定要受到全国人民的制裁的。"

毛泽东的这些论述,与他在延安三八节妇女大会上的演讲,内容上一脉相承,他引用"阿斗"的典故,指出把老百姓看成"阿斗"的"坏人们"是没有出路的,终将被历史所抛弃。

群众不是"阿斗",他们是真正的英雄,是天下无敌的常胜军。这就是毛泽东的结论。

毛泽东批评把群众当"阿斗"的官僚作风,可他对"阿斗"刘禅也是持分析态度的,也就是对刘禅一分为二,并不一味地强调刘禅的昏庸无能。

1949年3月,党中央从河北西柏坡移驻北平,途经河北涿县县城,这里是刘备的老家。毛泽东与周围警卫人员谈起刘备、刘禅父子,卫士李银桥说:"主席,那刘备的儿子阿斗也太窝囊了,被司马昭俘虏了还'乐不思蜀'呢!"

"你还有些知识了嘛!"毛泽东笑了。

卫士张天义接着说:"刘备就是不死也没用,光他那个不争气的儿子,也得把他老子打下来的江山给断送掉!"

毛泽东摇摇头对大家说:

"书中讲了,话说天下大势,合久必分,分久必合,三国统一是大势所趋呢!再说刘备的儿子阿斗,都说他是扶不上墙的,但看问题不要太片面了,我看阿斗很有自知之明哩!"

李银桥不解地问:"阿斗有什么'自知之明'啊?"

毛泽东认真解释说:

"阿斗的自知之明,就在于他身处帝位,明知自己的知识浅薄,事事俯首听命于诸葛亮,依从诸葛亮,才使得诸葛亮能够在四川大展才华,励精图治,六出祁山;如果阿斗不听诸葛亮的,像孙权的后代孙亮那样,自己当了皇帝就谁的话也听不进去,不是垮台得更快嘛!"(邱延生:《历史的真言——李银桥在毛泽东身边工作纪实》,新华出版社2000年7月版,第360页)

毛泽东一席话,说得人们心服口服。

毛泽东又对大家讲："我们就要进城了，将来全国解放了，我们也要认真教育后代人，要认真吸取历史和前辈人的教训；做人要有自知之明，做事情要留有充分的余地，莫感情用事，才可以永远立于不败之地啊！"

李银桥心想：毛泽东的话讲得多好、多深刻啊！自己一定要紧紧跟随毛泽东，加强学习，认真工作，一步一个脚印儿地往前走；将来自己有了后代，也一定教育他做个老实人，做个有自知之明的人，做个有能力服务于人民的人……

刘禅在信任和依靠诸葛亮上，确实有他的特点。内政外事，全权托付给诸葛丞相。言听计从，毫不掣肘，为诸葛亮施展才能实现抱负创造了有利条件。如果与吴主孙亮信谗用奸、拒谏饰非来比较，确实算有自知之明。在三国的国君中，刘禅在位41年，是在位最长的。在动荡年代安稳做皇帝，客观上是因为三国对峙局面造成的，是因为有诸葛亮、蒋琬、费祎三位贤相的辅佐，主观上则是他有自知之明和用人的某些方面长处（当然他也用过小人和佞臣）。如果不是这样，他不会当皇帝那么长时间。不能因为他是亡国之君就否定这一点。毛泽东善于独立思考，见人所未见，言人所未言，指出了刘禅被人所忽视的长处，教育部属有自知之明。

当今惜无孙仲谋

> 毛泽东念了辛稼轩的一首《南乡子》中的两句:"天下英雄谁敌手?曹刘。当今惜无孙仲谋。"
>
> 贾思楠:《毛泽东人际交往实录》,江苏文艺出版社1989年6月版,第352页

吴大帝孙权,是三国时吴国的建立者。孙权,字仲谋,吴郡富春(今浙江富阳)人。他继承父亲孙坚、兄长孙策的基业,据有江东六郡。曹操表奏汉献帝,封其为讨虏将军,领会稽太守。他招贤纳士,镇抚山越,逐步增强实力。建安十三年(208),联合刘备,大败曹操于赤壁。建安二十四年(219),袭夺荆州,擒杀关羽,全据长江之险。吴黄武元年(222),大败刘备于夷陵。黄龙元年称帝于武昌,国号吴,旋即迁都建业。他先后重用周瑜、鲁肃、吕蒙、陆逊等人,雄踞东南数十年。

毛泽东读《三国演义》和《三国志》,对孙权虽然没有长篇大论的评议,但从其只言片语的议论中,也可看出是把孙权当成一代人杰的。

雄时者孙仲谋

1913年年底,青年毛泽东在湖南省立第四师范学校预科听"国文"与"修养"课时,在《讲课录》中记下了这样的内容:

> "才不胜今人,不足以为才;学不胜古人,不足以为学。天下无所谓才,有能雄时者,无对手也。以言对手,则孟德、仲谋、诸葛而已。"(《毛泽东早期文稿》,湖南出版社1990年7月版,第587页)

何以衡量天下之才?青年毛泽东记下的标准是"无对手"的"雄时者"。

何谓"对手",即"棋逢对手,将遇良才"之谓也。独步一时、俯视一代者,才可称之为天下之才。学胜古人,才胜今人,才可谓才学。用这个标准衡量,三国时魏国的曹操、东吴的孙权、蜀汉的诸葛亮,互为"对手",大概都算不得"雄时者",因为他们都做不到独领风骚,他们只是开创鼎足而三局面的人才。

但是,人才是区分层次的,由于历史条件的限制,上述三人虽然谁也没做到"打遍天下无敌手",可他们又确实是叱咤风云的"雄时者"。

雄时者,孙权也可当之无愧。孙权威震江东,《三国志》作者陈寿这样评价他:"孙权屈身忍辱,任才尚计,有勾践之奇,英人之杰矣。故能自擅江表,成鼎峙之业。"意思是说,孙能委屈自己,不惜忍受向曹魏称臣纳贡的耻辱,任用人才,崇尚有智谋的人。他有当年勾践的奇才,是当时的一代英杰。所以,他能割据江南,与魏、蜀两国形成三足鼎立之势,成就了一番大业。

的确,孙权是一位"任才尚计"的英杰。他的主要本领,就是"举贤任能,使各尽其力以保江东"。举贤任能本是三国时普遍的人主作风,但孙权的用人别具特色。曹操雄才大略又深谙权术,善于以势驭下;刘备看重义气交情,重用者多为亲信知己。孙权却因登位时十分年轻,本身又无特别出众的政治军事才干,只能靠一视同仁、用人不疑的态度来换取臣僚的忠心。这个用人特点,是他成功地保住了父兄基业的关键。他即位后,毫不顾忌太阿倒持的危险,把军事统帅权完全托付给了周瑜,甚至重大决策也唯周瑜马首是瞻。赤壁之战后,孙权依然放手让周瑜全权处理对刘备的军事外交,信任之专,实属罕见。周瑜死后,孙权又相继提拔了鲁肃、吕蒙作为军事统帅,同样付以全权,二人均能不辱使命。起用陆逊,更是孙权用人的神来之笔。刘备大举伐吴时,陆逊还是年幼望轻的书生,孙权不理众议,授予陆逊总督全国诸路军马及先斩后奏的全权。授权之大,超过周瑜。正是靠着孙权的这种最大信任,陆逊得以排除各种干扰,打败了劲敌刘备,使吴国得以转危为安。

孙权信任江南豪族势力,同时对确有才干而出身贫贱的庶族人才也不拘一格,注意选拔。后又根据南方特点,逐渐和江东,特别是吴郡的豪族地主紧密结合,委以高官要职,极力笼络。这些豪族地主处于太湖流域经济发达地区,势力强大,根深蒂固,看到孙权能保护自己利益,也对他恳诚效忠,全力支持。

得人心者得天下,得人才者得天下。才能在曹操、诸葛亮之下的孙权,借助江东豪族和庶族中各种人才的力量,西联蜀汉,北拒曹魏,固守江表达数十年，史传评其为"英人之杰"，至为确当。

是借曹操的名句

1957年3月20日下午，秘书林克随毛泽东由南京飞往上海，途经镇江上空时，毛泽东书写了辛弃疾的词《南乡子·登京口北固亭》："何处望神州？满眼风光北固楼。千古兴亡多少事？悠悠。不尽长江滚滚流。年少万兜鍪，坐断东南战未休。天下英雄谁敌手？曹刘。生子当如孙仲谋。"

毛泽东向林克解释了这首词的意思和词中的典故。说辛弃疾这首词里"不尽长江滚滚流"是借杜甫的诗句；"生子当如孙仲谋"是借曹操的名句。看过《三国演义》就知道。"曹操煮酒论英雄"时说，夫英雄者，胸怀大志，腹有良谋，有包藏宇宙之机，吞吐天地之志者也。刘备说，谁能当之？曹操以手指刘备后自指说，今天下英雄惟使君与操耳。（孙宝义：《毛泽东的读书生涯》，1993年1月版，第40页）

"生子当如孙仲谋"这句曹操的名句，出自《三国志·吴书·吴主传》注引的《吴历》，那上面记载：

> 曹公出濡须，作油船，夜渡洲上。（孙）权以水军围取，得三千余人，其没溺者亦数千人。权数挑战，公坚守不出。权乃自来，乘轻船，从濡须口入公军。诸将皆以为是挑战者，欲击之。公曰："此必孙权欲身见吾军部伍也。"敕军中皆精严，弓弩不得妄发。权行五六里，回还作鼓吹。公见舟船器仗军伍整肃，喟然叹曰："生

孙权决计破曹操

子当如孙仲谋，刘景升儿子若豚犬耳！"

《吴历》中这段文字的意思是：曹操出兵濡须，制造了油船，在夜间渡水上洲。孙权用水军围攻，俘获三千余人，曹军掉下水淹死的也有数千人。孙权一再挑战，曹军坚守不出。孙权亲自前来，乘着快艇，从濡须口驶入曹军水面。曹军众将都以为是来挑战的，想要出击。曹操说："这一定是孙权想亲自来观察我军阵营。"命令军中士兵都严阵以待，弓箭不能胡乱发射。孙权的船只行驶了五六里，奏着军乐返回。曹操见孙权的舟船器仗齐齐崭崭，水军的编排进退有条不紊，便喟然叹道："生儿子应当像孙仲谋那样，刘景升的儿子不过像猪狗罢了！"

濡须之战，在《三国演义》第六十一回《赵云截江夺阿斗　孙权遗书退老瞒》中有精彩描写：

且说曹操大军至濡须，先差曹洪领三万铁甲马军，哨至江边。回报云："遥望沿江一带，旗幡无数，不知兵聚何处。"操放心不下，自领兵前进，就濡须口排开军阵。操领百余人上山坡，遥望战船，各分队伍，依次排列。旗分五色，兵器鲜明。当中大船上青罗伞下，坐着孙权。左右文武，侍立两边。操以鞭指曰："生子当如孙仲谋！若刘景升儿子，豚犬耳！"

这段描写有史实根据已如上述，只是史书说曹兵是在濡水洲上，而小说讲曹兵是在陆地排开军阵。而其旨趣都在状写孙权军伍整肃，战阵谨严，治军有方，指挥若定，引起敌酋曹操惊叹激赏。

濡须，为江淮间交通要道和军事要地。建安十七年（212），孙权踞濡须水口筑城，以拒曹操，故名濡须城，又名濡须坞。

濡须之战，发生在建安十八年（213）。当时孙权三十岁，年轻英武，善于用兵，是位智勇兼备的英雄人物。曹操赞美孙权，可谓"惺惺惜惺惺，好汉惜好汉"。他赞美孙权的话，成为世代相传的名言，被辛弃疾入词。

当然，毛泽东喜欢辛弃疾的词，喜爱曹操的名句，是因其有深意在。

辛弃疾于南宋嘉泰四年和开禧元年（1204—1205）知镇江府，晚年登北固山，感慨历史的兴衰，写了《南乡子·登京口北固亭》一词。自南宋与金国划淮水为界后，京口便成了长江下游的军事重镇。爱国诗人辛弃疾在这里的山巅登亭远眺，他所日夜想要恢复的中原之地（神州），却全然望而不见。南北的交争，列朝的兴亡，这种永无休止的变化，正如奔腾东下的长江之水一般。这是辛词上半片囊括时间和空间的全局,从宏观上发出的一种感慨。

京口是三国孙吴一度建都之地,孙权十八岁继承父兄基业为江东之主,时曹操已四十六岁,刘备三十九岁。词的作者在下片把笔锋集中在三国这一特定时期和那时的几个特定人物身上。吴主孙权年未满二十,便已做了上万战士("兜鍪"为战士的头盔)的统帅。他并不满足占有东南半壁江山,还在不停地出战争雄。与他对阵的尽管是曹操、刘备那样的一世之雄,他也满不在乎。终令曹操也不能不赞叹道:"生子当如孙仲谋!"作者的言外之意是:而今宋朝也只是占有东南半壁,而在掌握军政大权人物中,可曾有一个能与孙权相比吗?作者赞扬在京口开创伟业的少年英雄孙权,其意正在于批判南宋偏安君臣的苟且偷安、不思进取。

辛弃疾还融化古人语言入词。《三国志·蜀志·先主传》载曹操的话:"今天下英雄,惟使君(刘备)与操耳。"这正是前面毛泽东背诵"曹操煮酒论英雄"情节的原始出处,也是辛词"天下英雄谁敌手,曹刘"一典的来历。曹操的两句话被巧妙地安排在词的下片,很自然地形成一问一答。这既衬托出以曹、刘为敌手的少年英雄孙权,同时也因孙权连带出曹、刘、孙三人皆"天下英雄"。

毛泽东曾向林克讲解辛词的意思,上述内容是可能说到的。

毛泽东晚年曾说过:"三国的几个政治家、军事家,对统一都有贡献。"这是否是他欣赏辛词的深层原因呢?

有优柔寡断的缺点

毛泽东一方面赞扬孙权是"雄时者",虎踞江东六郡,是一代人杰,另一方面也看到了孙权的弱点,那就是优柔寡断。

1959年6月20日,毛泽东召集政治局会议,讨论宣传工作如何转的问题。会议结束前,毛泽东讲了话,其中说:

"报纸办得好坏,要看你是政治家办报还是书生办报。我是提倡政治家办报的,但有些同志是书生,最大的缺点是优柔寡断。袁绍、刘备、孙权都有这个缺点,都是优柔寡断,而曹操则是多谋善断。我们做事情不要独断,要多谋,但多谋还要善断,不要多谋寡断,也不要多谋寡要,没有抓住要点,言不及义,这都不好。听了许多意见之后,要一下子抓住问题的要害。曹操批评袁绍,说他志大智小,色厉而荏,就是说没有头脑。办报也要多谋善断,

要一眼看准,立即抓住、抓紧,形势一变,要转得快。"(吴冷西:《忆毛主席》,新华出版社1995年2月第1版,第141页)

在《三国演义》中,孙权身为江东人主,"拍板定砣"不如曹操干练痛快,特别谨慎小心,有时令人有优柔寡断的感觉。尤其每临大事,孙权很少痛快决断,总是多次征求臣僚们的意见,才最后定下决心。虽然其中不乏"民主"的积极一面,但较多的还是好谋难决。此中有着深层原因:

一是孙权刚刚统领父兄的部众时,只有十八岁,年少功微,难于服众。将士们离心离德,他们对孙权能否担负起治理江东的重任,都表示怀疑和忧虑。这样,孙权决策事情不能不格外谨慎小心,逐步争得将士们的拥戴。

二是东吴所处的不利政治态势,决定了孙权做事放不开手脚,必须瞻前顾后,甚至藏头掩尾,隐瞒真实企图。也难怪孙权,曹操挟天子以令诸侯,事事师出有名;刘备身为当今皇叔,汉室宗亲,同样名正言顺;江东孙氏,实在提不出什么响当当的口号来,即使心中想北伐西征,也难以启齿。因为力量弱小,形势不利,有时孙权不得不委曲求全,一遇情势危急,他常常乞和,雌伏以待,卑辞称臣。自然,委曲求全也不失为一种韬略。孙权的几次卑辞乞和称臣,也确实收到了缓兵的实效。但既然身为君王,却屡屡如此,无论如何是懦弱的表现。

《三国演义》第四十三回描写了东吴君臣在曹军进攻面前,是主战还是主和的争论,就展示了孙权在上述背景下进行决策的复杂心理状态:

曹操大军南下,逼降刘综,兵临长江,直迫东吴。这时鲁肃刚去游说刘备与孙权联合破操,并与孔明同至东吴议联盟之事。鲁肃问孙权:"主公意下若何?"权说:"未有定论。"张昭两次说:"以愚之计,不如纳降,为万安之策。"孙权或"沉吟不语",或"低头不语"。孙权前后两次不答,并非默然认同张昭的意见,其实他心里是不同意的,但当时的客观形势是如此,曹操势大难敌,如拒操取胜的把握不大,故沉吟不决。鲁肃向他痛陈投降的害处,但还是没有解决孙权的"恐势大难以抵敌"的思想顾虑,下不了抗操的决心。孔明有破操之计,孙权虚心请教。但他担心刘备新败力弱,与之联盟,也难于抗操。孔明又针对他的顾虑进行敌我力量的对比,孙权听了,大喜说:"先生之言,顿开茅塞。吾意已决,更无他疑。"可是,他确是"吾意已决,更无他疑"了吗?其实,他对敌"势大难敌"的顾虑仍未完全解除,便派人去请周瑜来商议,并召集文武官员听取大家的意见。周瑜与张昭展开激烈的辩论,坚决反对张昭的投降主张,又指出曹军犯了"兵家五忌",孙权表示"甚合孤意"。大概周瑜很了解孙权的多谋寡断,有意"将"一军:"臣为将军决一血战,万死不辞。只恐将军狐疑不定。"孙权拔佩剑砍面前奏案一角说:"诸官将有再言降操者,与此案同!"说罢便将此剑赐予周瑜,说不听令者以此剑斩之,封周瑜为大都督率军拒曹。

这是否说孙权已无狐疑,坚定了胜利的信心?还没有。周瑜请孔明议事,孙明提醒周瑜:孙将军心尚未稳,不可以决策,建议周瑜以军数解其疑。周瑜便于当夜入见孙权,说:"来日调拨军马,主公心有疑否?"孙权说:"但忧曹操兵多,寡不敌众耳。他无所疑。"周瑜告诉孙权,曹操鼓吹有水陆大军百万,其实只有二三十万人,而且是"久疲之卒,狐疑之众,其数虽多,不足惧也"。孙权表示:"公瑾此言,足释吾疑。……孤当亲与操贼决战,更无他疑。"

孙权先后经鲁肃、孔明、周瑜的开导,指出降操危害、敌军弱点及其实际兵力,才尽释其"恐操军势大难敌"的疑惧,终于坚定了抗战必胜的决心,与操军进行决战。

《三国演义》反反复复地描写赤壁战前的孙权"疑惑""疑虑""疑惧",其中当然能看出孙权大战前的谨慎从事,但也能看出孙权的多谋少断来。他几次表示"更无他疑",实际上还是心里没底。所忧虑者,主要是曹军"势大难敌"。这与曹操官渡之战中决策的果断干脆形成了明显的反差。

孙权多谋寡断的缺点,到了晚年发展成妄加猜忌的多疑症,对人对事往往疑心过重,这影响了他的事业的进一步发展,也为东吴的统治和国运产生了消极影响。在称帝以后,对文武官员多有戒心,稍有过失便刑戮妄加。对戍边将士不放心,要他们交出妻子做人质,如有叛逃,即杀人质。他还任用一批称作校事、察战的亲信,以监视文武官吏,致使一些无罪之人遭到陷害。这又与年轻时大胆任用周瑜、鲁肃、吕蒙、陆逊等人才,权力下放,用人不疑,形成鲜明对比。

毛泽东论三国人物的领导决策风格,意在谈新闻工作。政治家办报,历来是毛泽东的新闻观点,那时他十分欣赏"高屋建瓴,势如破竹"的革命精神和政治家风度,对好谋无决、优柔寡断的书生气大不以为然。三国各派政治势力领袖人物的决策特点,他早已熟烂于心,此时信手拈来推出正反两方面的典型,以佐证自己的观点,也给吴冷西等新闻工作领导者树立榜样。孙权、刘备、袁绍都有多谋寡断的缺点,切不可像他们那"书生气十足",可学者则是敢作敢为明察善断的曹孟德。结论是政治家办报也要多谋善断。1959年6月时,党中央正领导全党纠正"大跃进"以来的"左"的错误,宣传上要转变浮夸风气,毛泽东希望办报人像曹操那样"一眼看准"问题,"形势一变",要转得快。

孙权是个很能干的人

1975年5月3日,毛泽东在南方养病十个月后,回到北京第一次与政治局委员们见面,讲得很多,谈兴很浓。

在会见快结束时,毛泽东对自己所作《水调歌头·游泳》一词中的两句作了解释:

"我说才饮长沙水,就是白沙井的水。武昌鱼不是今天的武昌,是古代的武昌,在现在的武昌到大冶之间,叫什么县我忘了,那个地方出鳊鱼。所以我说才饮长沙水,又食武昌鱼。孙权后来搬到南京,把武昌的木料下运南京,孙权是个能干的人。"(贾思楠:《毛泽东人际交往实录》,江苏文艺出版社1989年6月版,第351—356页)

毛泽东念了辛稼轩的词《南乡子·登京口北固亭》中的两句:"天下英雄谁敌手?曹刘。生子当如孙仲谋"。他指着叶剑英说:"他看不起吴法宪。刘是刘震,曹是曹里怀,就是说吴法宪不行。"

毛泽东让叶剑英念这首《南乡子》。叶剑英随口念道:何处望神州?满眼风光北固楼。千古兴亡多少事?悠悠,不尽长江滚滚流。 年少万兜鍪。坐断东南战未休。天下英雄谁敌手?曹刘。生子当如孙仲谋。

毛泽东听了很满意,指着叶剑英说:"此人有文化。"接着念诗:"天下英雄谁敌手,曹刘。当今惜无孙仲谋。"然后又指着叶剑英说:"他看不起吴法宪。黄吴李邱不是曹刘,刘是刘震,曹是曹里怀,就是吴法宪不行。"

刘震是空军副司令员,曹里怀也是空军副司令员。毛泽东以此表示对林彪、吴法宪的蔑视,对叶剑英的称许。

孙权黄龙元年(229)称帝于武昌(今湖北鄂城),定国号为吴。不久,迁都到建业(今江苏南京)。孙权迁都时,把武昌的木料,通过长江水路,运到下游的建业。他留给晚年毛泽东的总体印象"是个能干的人"。

毛泽东此次重吟辛弃疾的《南乡子·登京口北固亭》,话语之间的"政治信息量"丰富。最可注意者,他将辛词末句"生子当如孙仲谋"改为"当今惜无孙仲谋"。"当今"即1975年那个特定历史时期,此时距林彪集团背时的1971年已过去四载。毛泽东指斥黄永胜、吴法宪、李作鹏、邱会作不是曹操、刘备那样的"天下英雄",又巧妙地借曹、刘二姓,说曹、刘是指空军副司令员刘震、曹里怀,反证空军司令员"吴法宪不行"。真是信手拈来的巧妙之语。

那么,谁是"天下英雄"呢?毛泽东此次谈话,还对王洪文、张春桥、江青、姚文元表示了不满,批评他们搞"四人帮"。他说:"不要搞什么帮,什么广东帮、湖南帮,粤汉铁路长沙修理厂不收湖南人,只收广东人,广东帮。"

林彪集团不行,江青集团不行,千古兴亡,神州陆沉,"当今惜无孙仲谋",满怀暮年苍凉心境的毛泽东怎能不忧思浩叹!

但这位雄视百代的巨人并没有绝望,他赞扬"看不起吴法宪",又"很有文化"的叶剑英,看来内心里已有"当今孙仲谋"了。毛泽东多次评价叶剑英"诸葛一生惟谨慎,吕端大事不糊涂"。1974年10月,王洪文跑到长沙向毛泽东诬告周恩来、叶剑英,毛泽东批评王洪文说,叶剑英功劳很大呢,他腹有良谋,"诸葛一生惟谨慎,吕端大事不糊涂",你根本不是对手。并告诉王洪文回去有事多和总理、剑英商量。史载,毛泽东病危临终之时,口不能言,用手势招呼叶剑英到床前,欲托嘱身后大事,可见倚赖之重。

看似漫谈诗词史事,嘉许孙权"能干",感叹"当今惜无",其间蕴含多少政治内容,这就是毛泽东谈文说史的风格。他所描摹的政治趋势框架,一年后成为现实。在"大快人心事,粉碎四人帮"的历史巨变中,叶剑英再次表现出"大事"面前的不凡身手,终使神州安定。这恐怕是"坐断东南"的少年孙仲谋无法堪比的,难怪叶帅吟出"老夫喜作黄昏颂,满目青山夕照明"的诗句了。我们据此完全有理由说毛泽东英雄巨眼颇能识人了。

"青年团员"周瑜挂帅

> 三国时期,曹操带领大军下江南,攻打东吴。那时,周瑜是个"青年团员",当东吴的统帅,程普等老将不服,后来说服了,还是由他当,结果打了胜仗。
>
> 毛泽东:《青年团的工作要照顾青年的特点》,《毛泽东著作选读》(下册),第700页

周瑜,字公瑾,庐江舒县(今安徽庐江西南)人,三国时东吴的重要将领。投奔孙策时年仅二十四岁,人称"周郎"。他跟随孙策征伐,助其奠定割据江东的基础,深得信任。建安五年(200),孙策去世,孙权继立。周瑜与长史张昭共掌众事,尽心扶持,对孙权站稳脚跟起了重要作用。建安十三年,(208),刘琮以荆州降曹操。曹操率大军由江陵顺流东下,侵凌吴地。周瑜力主抗战,说服孙权联合刘备,在赤壁以火攻大败曹军。周瑜因指挥了这场著名的战役而名重一时,彪炳史册。

《三国演义》中的周瑜见识非凡,足智多谋,多有奇计,指挥若定,既是大军统帅,又是智囊人物。且年轻有为,风流倜傥。担任大都督,赤壁破曹之时,年仅三十四岁。

毛泽东每议赤壁之战,交口称赞年轻统帅周瑜,举他的例子来说明选拔干部不搞论资排辈,敢于大胆任用年轻人,委以重任,"不拘一格降人才"。

要周瑜当团中央委员

长江后浪推前浪,世人新人胜旧人。这是普遍的规律。充分相信新人,大力提拔新人,放手任用新人,是毛泽东多次提倡并切实推行的干部政策和用人方针。

1953年6月30日,他在接见中国新民主主义青年团第二次全国代表大会主席团时的谈话中,曾经说道:

"要选青年干部当团中央委员。三国时期，曹操带领大军下江南，攻打东吴。那时，周瑜是个'青年团员'，当东吴的统帅，程普等老将不服，后来说服了，还是由他当，结果打了胜仗。现在要周瑜当团中央委员，大家就不赞成！团中央委员尽选年龄大的，年轻的太少，这行吗？自然不能统统按年龄，还要按能力。团中央委员候选人的名单，三十岁以下的原来只有九个，现在经过党中央讨论增加到六十几个，也只占四分之一多一点，三十岁以上的还占差不多四分之三，有的同志还说少了。我说不少。六十几个青年人是否都十分称职，有的同志说没有把握。要充分相信青年人，绝大多数是会胜任的。个别人可能不称职，也不用怕，以后可以改选掉。这样做，基本方向是不会错的。青年人不比我们弱。老年人有经验，当然强，但生理机能在逐渐退化，眼睛耳朵不那么灵了，手脚也不如青年敏捷。这是自然规律。要说服那些不赞成的同志。"

年轻统帅周瑜与老将程普的故事，既见于《三国志·吴书·周瑜传》注引的《江表传》，又见于《三国演义》第四十四回。《江表传》上说：周瑜"年少有美才"，"文武筹略，万人之英"，"（程）普颇以年长，数凌侮（周）瑜。瑜折节容下，终不与校。普后自敬而亲重之，乃告人曰：'与周公瑾交，若饮醇醪，不觉自醉。'时人以其谦让服人如此。"

意思是：周瑜年轻有才干，文韬武略出类拔萃，程普自以为年长资深，屡次凌辱周瑜。周瑜屈己谦让，宽容部下，从不与计较。程普后来自己敬服周瑜，亲近推崇他。他对别人说："与周公瑾交朋友，就像饮美酒，不知不觉中已沉醉了。"当时人们认为周瑜谦让服人达到了崇高境界。

程普起初跟从孙坚，后来辅佐孙策转战江南，是孙权父辈的老将，因为自己年纪长、资历深，不甘心屈居周瑜之下，所以屡次给周瑜难堪。周瑜顾全大局，以国家利益为重，折节下人，从不与程普计较，终于使程普心悦诚服地接受了周瑜的领导。周瑜折节容下的胸襟和程普知错即改的精神，都是可取的。

《三国演义》在描写周瑜时，淡化乃至抹掉了历史上周瑜胸怀大度宽容部属的美德，只突出周瑜调兵遣将的能力，单方面地写程普的"转变"。小说叙述周瑜初点兵时写道：

> 原来程普年长于(周)瑜,今瑜爵居其上,心中不乐;是日乃托病不出,令长子程咨自代。程咨回见父程普,说周瑜调兵,动止有法。普大惊曰:"吾素欺周郎懦弱,不足为将;今能如此,真将才也!我如何不服!"遂亲至行营谢罪。瑜亦逊谢。

大概罗贯中和毛宗岗为了突出周瑜在与诸葛亮的摩擦和争斗中心胸狭窄的一面,又碍于程普对周瑜由不服到佩服的史实,只好这样描写以保持周瑜性格的"一致性",所以周瑜对此事的态度只剩下"亦逊谢"三字。

毛泽东引用这段故事时,并不计较史实和小说在具体情节上的差别,只注意到"青年团员"周瑜挂帅和老将程普不服的方面,突出"要周瑜当团中央委员"的主题,要把年轻人推上青年团工作的领导岗位。

毛泽东对青年人是寄予厚望的,他说过青年像早晨八九点钟的太阳,希望在他们身上。干任何事业都要不断前进,这就需要年轻人来接班,否定这一点就否定了事业发展的内在活力,所以毛泽东说这样做"基本方向是不会错的"。但是他强调"青年团员"周瑜挂帅,并不片面按年龄办事,还强调按能力办事,他说周瑜挂帅打了胜仗,还是从实际效果上考察人的意思。

生活中往往"程普"太多,他们对"青年团员"总是"不服"。他们的心理状态常是"嘴上没毛,办事不牢"。毛泽东号召"周瑜"进团中央,也承认老年人"有经验,当然强",但老年人体力精力不如年轻人,这是谁也抗拒不了的自然规律。老年人认识到了这一点,就不会对"周瑜"进团中央不服。

毛泽东用现代词语"青年团员"来定义周瑜,比喻是生动的,议论是有说服力的。让"周瑜"当团中央委员,这是毛泽东把文学典故与现实政治生活结合起来的发明和创造。

还是后起之秀挂帅印

20世纪50年代中后期,毛泽东已进入老年。他客观地认识到老年人精力体力的不济,手脚的不灵便,虽然壮心不已,但也时感力不从心。他所开创的事业要不断前进,需要更多的年轻人继往开来。他因此时常想到年轻的统帅周瑜。

1957年4月上旬,在四省一市省市委书记思想工作座谈会上,谈到要提拔党龄短、年龄轻但有能力的干部时,毛泽东说:

"赤壁之战,程普四十多岁,周瑜二十多岁,程普虽是老将,不如周瑜能干。大敌当前,谁人挂帅?还是后起之秀周瑜挂了大都督的帅印。孔明二十七岁成名,也未当过支部书记、区委书记嘛!也是个新干部嘛!赤壁之战以前无名义,之后才当军师中郎将。古时候可以破格用人,我们为什么不可以大胆提拔?"(《社会科学论坛》1995年第1期)

赤壁大战时,周瑜不是二十多岁,而是三十四岁,作为大军统帅也是够年轻的。有程普等"三朝(孙坚、孙策、孙权)元老"不用,用周瑜这个后起之秀挂帅印,孙权的用人是"破格"的。东吴的孙权用人贯于"破格",周瑜、吕蒙、陆逊都是年轻将领,东吴的军事领导班子总是年轻化,很有活力,打了像赤壁之战、袭夺荆州、火烧连营那样的漂亮仗。以弱小的吴国,战胜较为强大的曹军和蜀军,"破格"用人是个首要原因。

为了衬托东吴的"破格"用人,毛泽东把刘备用孔明也拉过来陪衬。新干部孔明没当过支部书记、区委书记,借赤壁之战的功绩提拔为"军师中郎将"。孔明没有基层领导经验,直接当"总参谋长",你说是不是"破格"。

据此,毛泽东提问:古时候可以破格用人,我们为什么不可以大胆提拔?答案显然是明确的:我们当然可以破格提拔干部。毛泽东还常常提到清代学者龚自珍的《己亥杂诗》,其中一句也是"我劝天公重抖擞,不拘一格降人才"。"不拘一格"就是"破格",这样才能涌现人才,尤其是年轻人才。

毛泽东破格起用年轻人的思想,后来又有了发展。在1958年5月份的中共八大二次会议上,他讲"破除迷信"问题时,特别强调:

"从古以来,发明家创立新学派的,在开始时都是青年,学问比较少的,被人看不起的,被压迫的人,这些发明家在后来才变成壮年、老年,变成有学问的人。这是不是一个普遍的规律?不能完全肯定,还要调查研究。但是,可以说多数如此。为什么?这是因为他们方向对,学问再多,方向不对,等于无用。"

毛泽东又说:"青年人打倒老年人,学问少的人打倒学问多的人,这种例子多得很。"

为了说明这个问题,毛泽东一连列举了古今中外二十九个例子。其中再次提到周瑜和孔明,他说:

"周瑜、孔明都是青年人。孔明27岁当军师。程普是老将,他不行,孙权打曹操不用他,而用周瑜做都督。程普不服,但是,周瑜打了胜仗,周瑜死时才36岁。"(王子今:《毛泽东与中国史学》,中共中央党校出版社1993年11月版,第197—199页)

三江口周郎纵火

关于这个例子的说法,还有一种版本。毛泽东的秘书李锐的笔记是:"孔明27岁时当军师。周瑜也是青年人。孙权原来的统帅程普是个老将,但孙吴打曹操却用周瑜挂帅,为左将军,程普为右将军。程普先不服气,后来周瑜打了胜仗,周瑜死时才三十六岁。"

两种版本,文字有些差异,但主旨都是一样的,都在于说明"年轻人打倒老年人,学问少的人打倒学问多的人"是一个"普遍的规律"。

在毛泽东心目中,周瑜永远年轻,永远帅旗飘扬,永远朝气蓬勃。他寄厚望于"青年团员",他倡导破格提拔年轻人,那样将使革命和建设事业永远充满活力。

周瑜非少年新进乎

清人姚鼐编选的《古文辞类纂》,收入了北宋名臣欧阳修写的《为君难论》一文。此文主要讲君主的"用人之难"与"听言之难",而且"听言"比"用人"更难,因为有忠言亦有巧言,有直言亦有谀言,听者也有明暗贤愚之别,对言的主观判断常常与客观效果不一致。

欧阳修举了两个例子。一是战国时的秦赵长平之战。本来赵国老将廉颇守长平三年,赵王改用喜好纸上谈兵的年轻人赵括为将,结果赵括盲目出击招致大败。这对赵王来说,是"听其言则可用,然用之有辄败人之事者"。一是秦灭楚之战。秦始皇打算攻伐楚国,问年轻将领李信带多少兵去合适，李信回答带二十万足矣，秦始皇听了很高兴；又问王翦可带多少兵去，王翦回答非六十万不可，秦始皇听后不满意，说王翦胆怯。结果李信领兵二十万前往，大败而归。改由王翦领兵六十万前往，大获全胜。对秦始皇来说，王翦之言是"听其言若不可用，然非如其言不能以成功者"。

写到这里，欧阳修笔锋一转，写道："予又以谓秦、赵二主，非徒失于听言，亦由乐用新进，忽弃老成，此其所以败也。大抵新进之士喜勇锐，老成之人多持重，此所以人主之好立功名者，听勇锐之语则易合，闻持重之言则难入也。"

历来主张大胆提拔使用年轻人的毛泽东，不同意欧阳修的这个说法。他读《为君难论》时，在上述这段话旁边批道：

"看什么新进。起、翦、颇、牧，其始皆新进也。周瑜、诸葛亮、郭嘉、贾诩，非少年新进乎？"（《毛泽东读文史古籍批语集》，中央文献出版社1993年11月版，第97—98页）

毛泽东的批注虽然简短，但思想蕴涵丰富，它讲了三个问题：

许多有头脑有作为的将帅正是"少年新进"。他举了三国时期的四位年轻将军的例子：孙权起用的周瑜，初入军旅时仅二十余岁，领兵挂帅破曹兵时只有三十四岁；刘备三顾茅庐请来的诸葛亮只有二十七岁，就当了联合东吴破曹兵的"军师中郎将"；曹操重用的谋主郭嘉多有奇计，在官渡之战和北征乌桓中发挥了重要作用，死时才三十八岁；曹操重用的另一个谋士贾诩，出生的早些，比曹操还要大几岁，可这个人囊中多有妙算，巧妙周旋于各派军阀之间，最后依附曹操，出过不少好主意。贾诩年少之时，也可谓"少年新进"，汉阳人阎忠说他有张良、陈平那样的奇谋，被举荐为孝廉，开始了谋士生涯。

一些功勋卓著的沙场老将起步之时"皆新进"之辈。毛泽东列举了战国末期的四位将军：为统一战争做出

群英会蒋干中计

了卓越贡献的秦国大将白起和王翦,为巩固边防抵抗侵略立下汗马功劳的赵国统帅廉颇和李牧。起、翦、颇、牧这些用兵老道每战必胜的老将军,都是从"嘴上没毛"的年轻人成长为老成持重的军事领袖。

关键不在于是不是"乐用新进",而在于用"什么新进"。就是说对"新进"要做具体分析。三国时的刘备、孙权、曹操用"新进"而制胜,而兴盛;战国时的秦王、赵王用"新进"李信、赵括而招败,而衰落。一概而论,难免犯片面性、机械论的错误。

总之,毛泽东的这个批语,语气峻急,笔扫千军,大不满意欧阳公的议论,其内容与他一贯主张提拔有胆有识、德才兼备的"青年团员"的思想相一致。他喜欢"新进少年",更喜欢有头脑、有奇谋、有能力的"少年新进"。

韦睿有周瑜之风

韦睿是南北朝时期梁武帝手下的战将,是一位很有统帅素质的战地指挥官。

毛泽东于中华人民共和国成立后读《南史·韦睿传》,密加圈点,批注有25处之多。尤其对韦睿的军事才能和果敢作风,由衷钦佩。

他还把韦睿与周瑜联系到一起进行评论。

506年,北魏中山王元英"众兵百万,连城四十余,"进攻徐州,进军途中,首先在钟离(今安徽凤阳东北)把刺史昌义之围困住了。毛泽东在上述引文处,逐字加旁圈,并且作了批注:"虽众,何所用之。"

梁武帝首先派曹景宗去救援昌义之。曹景宗到了邵阳洲后,"筑垒相守,未敢进。"梁武帝又派韦睿去增援。韦睿得令后便率领部队连夜兼程行进。部属们看到魏军人多势众,都劝他缓。韦睿对部属们说:"钟离今凿穴而处,负户而汲。车驰卒奔,犹恐其后,而况缓乎。""旬日而至邵阳(今湖南邵阳)。"毛泽东在这段话旁写了批注:

"敢以数万敌百万,有刘秀、周瑜之风。"(《毛泽东读文史古籍批语集》,中央文献出版社1993年11月版,第201页)

刘秀是东汉王朝的开国皇帝,在削平各地割据势力时,常以少胜多;周瑜是三国时吴国名将,多谋善断,胆识过人。这两人都英勇善战,不惧敌军势大人多。毛泽东把韦睿和这两人相比,足见评价之高。韦睿率领的部队驻扎在距离曹景宗营前二十里的地方,"夜掘长堑,树鹿角,截洲为城,比晓而营立。元英大惊，以杖击地曰：'是何神也'。"一夜之间就把一个大营建立起来，反映了韦睿的敏捷坚决，也说明了他属下将士们高昂的士气和非凡的力量。元英当然不能等闲视之，带领勇将杨大眼亲自率兵出征。韦睿来到邵阳洲坝上用火攻击魏军。大火熊熊燃烧，魏兵人多，一下子乱了套，狼狈逃命，你挤我撞，结果是"魏人大溃，元英脱身遁走。魏军趋水死者十余万，斩首亦如之，其余释甲稽颡，乞为囚奴，犹数十万"。毛泽东对这段文字都加上了旁圈，批注说："百万之众，皆尽。"此批，是对这次战役的总结，也是对有胆有识的韦睿的赞誉。

周瑜和韦睿都"敢以数万抵百万"！

建安十三年（208），曹操宣言率百万之众，挥师南下，荆州刘琮不战而降，曹操饮马长江，直逼东吴。东吴文臣武将，议论纷纷，主战主和，举棋不定。

小说第四十三回，东吴重要谋臣张昭对孙权说："曹操拥百万之众，借天子之名，以征四方，拒之不顺。"张昭被曹操的百万大军吓住了。

小说第四十四回，周瑜对孙权说：

"且操今此来，多犯兵家之忌：北土未平，马腾、韩遂为其后患，而操久于南征，一忌也；北军不熟水战，操舍鞍马，仗舟楫，与东吴争衡，二忌也；又时值隆冬盛寒，马无藁草，三忌也；驱中国士卒，远涉江湖，不服水土，多生疾病，四忌也。操兵犯此数忌，虽多必败。将军擒操，正在今日。瑜请得精兵数万人，进屯夏口，为将军破之！"

周瑜为坚定孙权抗曹决心，又"以军数开解"：

"主公因见操檄文，言水陆大军百万，故怀疑惧，不复料其虚实。今以实校之：彼将中国之兵，不过十五六万，且已久疲；所得袁氏之众，亦止七八万耳，尚多怀疑未服。夫以久疲之卒，狐疑之众，其数虽多，不足畏也。瑜得五万兵，自足破之。愿主公勿以为虑。"

周瑜敢以"精兵数万"抵曹操的"百万之众"。

因为周瑜并非逞血气之勇，他对曹操的兵力优势取分析态度，看到曹军是"久疲之卒，狐疑之众"，而且犯"兵家四忌"，强中隐弱，优中含劣。周瑜可谓看得透，料得定，具备战略家的素质。所谓"周瑜之风"，不唯有胆，而且有识，更在有为。

韦睿以数万之兵破元英"众兵百万",胆略识见,前追周公瑾,自可比肩。

遥想公瑾当年

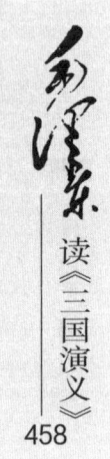

毛泽东对于赤壁之战,对于大战中创造了辉煌业绩的英雄人物,有着挥之不去的情结。他曾经以奔放豪迈的草书,手书苏轼的名篇《念奴娇·赤壁怀古》。(徐中远:《毛泽东读评五部古典小说》,华文出版社1997年1月版,第171页)那是东坡先生纵览历史歌吟风流的气势雄阔之作:

大江东去,浪淘尽,千古风流人物。故垒西边,人道是:三国周郎赤壁。乱石穿空,惊涛裂岸,卷起千堆雪。江山如画,一时多少豪杰。　遥想公瑾当年,小乔初嫁了,雄姿英发。羽扇纶巾,谈笑间,樯橹灰飞烟灭。故国神游,多情应笑我,早生华发。人生如梦,一樽还酹江月。

苏轼,北宋中期的文学巨匠,豪放词派的执牛耳者。逄先知在《古籍新解,古为今用——记毛泽东读中国文史书》一文中说:"在宋词作家中,毛泽东崇尚苏东坡和辛弃疾。苏东坡在艺术风格上开创了词坛上的一个重要流派——豪放派。苏词气势磅礴,豪迈奔放,一扫晚唐五代词家柔靡纤弱的气息。"

《念奴娇·赤壁怀古》这首词,写于宋神宗元丰五年(1082)七月。苏轼此时贬官黄州。他赞美周公瑾,意在抒发自己仕途坎坷壮志难酬的情怀。他看到滔滔东流的长江水,立刻想到千百年来有多少英雄人物在这里演出了有声有色的"戏剧",创立了千古传颂的英雄业绩。"故垒西边,人道是:三国周郎赤壁"一句,不仅点明了词题意旨,而且通过对赤壁地理位置和历史人物周瑜的述说,引出对三国赤壁战事的追忆,自然联想到宏阔激烈的战争场景。"乱石穿空,惊涛裂岸,卷起千堆雪",表面是写长江的惊涛骇浪,实际是写战斗的激烈和周瑜统领水军英勇善战的风姿。在这样的环境里挥师破敌,大军统帅有何等的气魄和胆量啊!

作者在下阕具体描述了千古风流人物周瑜的统帅风采:年轻英俊,气度不凡,雍容闲雅,指挥若定。出类拔萃的指挥才干,蔑视强敌的英雄气概,跃然纸上,如在眼前。

毛泽东曾经说:"词有婉约、豪放两派,各有兴会,应当兼读。……我的兴趣偏于豪放,不废婉约。"他手书苏词《念奴娇·赤壁怀古》时,有"兴趣偏于豪放"的文学欣赏倾向的因素,当然也有与苏东坡"心有灵犀一点通"

的因素，仰慕谈笑间使强敌灰飞烟灭的东吴大军统帅周瑜的业绩和风采。

其实，毛泽东自己何尝没有这样骄人的业绩和风采呢？想当年"钟山风雨起苍黄，百万雄师过大江"之时，他的统帅风度岂在羽扇纶巾的周公瑾之下。"十万大军谁掌握，登坛旗鼓看毛郎"（柳亚子语），郎者，年轻之谓也，观毛泽东多次赞扬周瑜是"青年团员"当统帅，其内心情感可知，"毛郎"景仰三国"周郎"，亦含"惺惺惜惺惺，英雄爱英雄"的情绪和共鸣吧！

东风不与周郎便

1971年9月13日，显赫一时的大人物林彪叛国外逃，机毁人亡，摔死在蒙古温都尔汗荒漠上。

据熊向晖回忆：1971年10月20日晚9时许，周总理和叶剑英、姬鹏飞、熊向晖、章文晋等到毛泽东住处汇报有关情况。

一见到熊向晖，毛泽东就笑眯眯地问："那个'副统帅'呢？那个'参谋总长'哪里去啦？"

熊向晖也笑着说："主席问我的时候，我确实不知道哇！"因为当年7月，有一次周恩来、熊向晖等人到毛泽东处汇报外事工作，毛泽东曾经询问林彪集团在庐山会议犯错误的情况，但作为总参二部部级干部的熊向晖并不知情，这使毛泽东看清了林彪集团在搞阴谋。

此时，毛泽东打趣地问："现在知道了吧？"

熊向晖说："现在当然知道了。"

毛泽东幽默地说："你什么也没嗅出来，是不是伤风了，感冒啦？"

他又连连说："我的'亲密战友'啊！多'亲密'啊！"

还念了唐朝杜牧的诗："折戟沉沙铁未销，自将磨洗认前朝。东风不与周郎便，铜雀春深锁二乔。"

老人家接着说："三叉戟飞机摔在外蒙古，真是'折戟沉沙'呀。"（熊向晖：《历史的注脚》，中共中央党校出版社1995年7月版，第37页）

这四句诗是唐人杜牧的《赤壁》诗。是杜牧经过赤壁时，见当年赤壁大战遗留下来那些折断的铁戟，从而有感于三国时期英雄们成败的慨叹之作，是怀古咏史的名篇。

诗的前两句叙事，后两句借事发议论。开篇借一件古物来兴起对前朝人物和事迹的慨叹：赤壁大战遗留下一支折断了的铁戟，沉没在水底沙中，经过了六百多年，还没有被销蚀掉，经过一番磨洗，鉴定它确是赤壁战役的遗物，不禁引起怀古之幽情。

后两句是议论。在赤壁战役中,周瑜主要是借助东风用火攻战胜了敌人,但作者并不从正面来描摹东风如何帮助了周郎取得了胜利,却从反面落笔:假若东风不给周郎以方便,那么胜败双方就要易位,历史形势将完全改观。因此,接着就写出假想中曹军胜利,孙、刘失败之后的局面。但又不直接铺叙政治军事情势的变迁,而只间接地描绘两个东吴美女将要承受的命运。大乔是东吴前国主孙策的夫人,当时国主孙权的亲嫂,小乔则是正在带领东吴全部水陆兵马和曹操决一死战的军事统帅周瑜的夫人。她们代表着东吴的尊严。她们受到凌辱,则东吴社稷和生灵的遭遇可想而知。所以诗人用"铜雀春深锁二乔"这样一句来描写"东风不与周郎便"的情况下,曹操胜利后的骄恣和东吴失败后的屈辱。

毛泽东很喜爱这首咏史名作,曾手书过,现在被收入《毛泽东手书古诗词选》一书,并圈画过《历代诗话》中有关此诗的评语。

当他与熊向晖谈及林彪一伙仓皇出逃所乘坐的三叉戟飞机摔在外蒙古的温都尔汗一事时,便自然而然地联想到杜牧的这首语言生动、富于形象的名篇。以《赤壁》诗中的"折戟沉沙"类比林彪一伙的"三叉戟"坠毁沙漠,既形象又具有深意;杜诗中假设的周瑜失败后的惨状,在毛泽东的意念中是否也隐含着对林彪失败可悲下场的描绘和谴责呢?

毛泽东于笑谈中吟诵杜牧的《赤壁》诗,联想到赤壁大战,联想到周瑜,以一种幽默轻松的口吻,对林彪一伙叛党叛国的行径进行了无情的揭露和有力的批判。

"遥想公瑾当年",毛泽东想到了什么?最主要的是他从孙权使用年轻统帅周瑜的故事中,悟出和佐证了大胆提拔使用优秀年轻人才的道理,并把这个道理宣传给各级领导,在实际工作中贯彻这个方针。在毛泽东心目中,赤壁之战中的周瑜故事,就是年轻人才的赞美诗。

吕蒙是行伍出身

> 闲谈中，毛泽东说，吕蒙是行伍出身的，没有文化，很感不便。后来孙权劝他读书，他接受劝告，勤读苦读，以后当了东吴的统帅。我们现在的高级军官中，百分之八九十都是行伍出身，参加革命后才学文化的，他们不可不读《三国志》的《吕蒙传》。
>
> 余湛邦：《张治中将军随同毛主席巡视大江南北的日子》，《团结报》1983年12月12日

吕蒙是孙吴的重要将领。与周瑜、鲁肃、陆逊齐名。年少时依从孙策部将邓当，邓当死后，代领其部属，任孙权别部司马，治军有方，士卒操练娴熟，得到信任。建安十三年，随从孙权征灭刘表将领黄祖，升为横野中郎将。当年，又随周瑜、程普大破曹操于赤壁。建安十九年，与甘宁共破皖城，拜庐江太守。次年，奉命西取长沙、零陵、桂阳三郡，计赚刘备零陵太守郝普。后升左护军、虎威将军。鲁肃死后，代领其军驻屯陆口，与关羽为邻。建安二十四年，孙权采纳吕蒙之计，斩关羽，占荆州，为巩固东吴西部地区统治立下功勋。升南郡太守，封孱陵侯。

毛泽东十分喜爱吕蒙这个人物。把他作为"苦读书，善用兵"的典型，推荐给他的将士们，促其提高文化素质和指挥能力。

接受劝告　勤学苦读

1958年9月下旬，毛泽东由北戴河出发，到外地视察。同行的有民主人士张治中和当时任公安部部长的罗瑞卿。

在由南京赴上海的火车上，毛泽东在看《三国志·吴书·吕蒙传》。张治中和罗瑞卿进来了。闲谈中，毛泽东说：

"吕蒙是行伍出身的，没有文化，很感不便。后来孙权劝他读书，他接受了劝告，勤学苦读，以后当了东吴的统帅。现在我们的高级军官中，百分之八九十都是行伍出身，参加革命后才学文化的，他们不可不读《三国志·吕蒙传》。"

也是在这次视察中，毛泽东向罗瑞卿推荐《吕蒙传》说："公安干警应成为有文有武的人，才能适应社会主义建设新时期的要求。"回京后，罗瑞卿仔细阅读了《吕蒙传》，并请人将它译成白话文，印发公安部门各级干部学习，用此激励大家学习文化的热情。

后来，罗瑞卿说，他当公安部部长的时候，毛主席曾经要他看《吕蒙传》，勉励他和公安战线的广大干部刻苦读书。

吕蒙折节好学的故事，出自《三国志·吴书·吕蒙传》裴松之注引的《江表传》。那故事说：吕蒙小时候没有读过书，每有陈奏，常自己口授而令人书写为疏表，感觉十分不方便。

孙权对吕蒙和蒋钦说："你们如今都身居要职掌管国事，应当多读书来使自己不断进步。"吕蒙说："在军营中常常苦于事务繁多，恐怕不容许再读书了。"孙权说："我难道要你们去钻研经书做博士吗？只不过叫你们多读些书，了解历史罢了。你们说谁能像我这样事务多呢？我年轻时读过《诗经》《尚书》《礼记》《左传》《国语》，只是未读《周易》。自我执政以来，又仔细研究了'三史'及各家的兵法，自己觉得大有收益。像你们二人，思想气质开朗颖悟，学习一定会有所得益，怎么可以不读书呢？应该先读《孙子》《六韬》《左传》《国语》以及'三史'。孔子曾经说过：'整天不吃，整夜不睡地空想，没有好处，还不如去学习。'光武帝刘秀担当着指挥战争的重任，仍是手不释卷。曹操也说自己老而好学。你们为什么偏不勉励自己呢？"吕蒙就此开始读书，专心勤奋。他所看过的书籍，连那些老儒生都赶不上他。

后来，鲁肃去接替周瑜的职务时，过访吕蒙和他一起商议政事，鲁肃常常要被他说得理屈词穷。鲁肃轻轻地拍着吕蒙的背说："我本来以为老弟只有武略罢了，直到今天，才知道你学问渊博，见解高明，不再是从前在吴郡时的那个阿蒙了。"

吕蒙在孙权的劝勉下，折节读书，学以致用，收效迅速而显著，终于成了文武兼备、有胆有识的名将。孙权常常感叹说："人年纪大了还能有所进步，像吕蒙、蒋钦那样，大概一般人是达不到的。富贵荣显以后，更能折节读书，酷爱书传，轻财重义，所作所为可供效法，把他们作为国士，不也是很好吗？"

这个故事说明，一个人只要坚持学习，不懈努力，就会取得长足的进步。

人们认识客观的规律,总是从实践开始,在实践——认识——实践中不断反复,才能提高自己。所说认识,当然是指对其实践对象的认识,但是如果只限于个人的实践,其得到的认识是有局限性的。任何实践,不只是个人的实践,而是千百万人的实践、世世代代的实践。继承、汇集和总结无数次的实践经验,人们才能更接近认识客观真理。对历史事件了解越多,接受的经验教训越多,就能对客观事物有更正确的认识,做出符合客观规律的决定。

吕蒙能成为古代卓越的军事家,正因为他既有丰富的实践经验,又接受孙权的劝告手不释卷地学习,因而能熟读古代史书和兵书,做到了学识渊博,鉴古观今,接受古人的经验教训,少走弯路,决策多胜,成为一代之雄。读书重要,于斯可见!

毛泽东的将士,相当部分是工农出身,许多像吕蒙那样出身行伍。毛泽东赞赏吕蒙折节好学发奋读书的精神,在于对当时百分之八九十出身行伍的我军各级干部和公安干警提出读书学习的要求,做像吕蒙那样有文有武、智勇双全的将领。这对改善我军的文化结构,提高思想文化素质和军事素质,反对骄傲自满,培养不断进取的精神,都起到了积极推动作用。罗瑞卿要求公安系统各级干部学习《吕蒙传》取得了很好的效果,就是明证。

士别三日 刮目相看

1958年7月,在湖南省召开的人民代表大会上,毛泽东在湖南一师读书时的老同学周世钊当选为副省长。受任新职,使他感到十分突然。周世钊思绪万千,担心挑不起这副担子,于是在10月17日写信,陈述自己的心事,求助于毛泽东,希望能辞脱这个职务。

周世钊的信发出才八天,10月25日,毛泽东就写来了复信,鼓励他任好新职。毛泽东在信中写道:

> "受任新职,不要拈轻怕重,而要拈重鄙轻。古人有云:贤者在位,能者在职,二者不可得而兼。我看你这个是可以兼的。年年月月日日时时感觉自己能力不行,实则因为一不甚认识自己;二不甚理解客观事物——那些留学生们,大教授们,人事纠纷,复杂心理,看不起你,口中不说,目笑存之,如此等类。这些社会常态,几乎人人要经历的。此外,自己缺乏从政经验,临事而惧,陈力而后就列,这是好的。这些都是实事,可以理解的。我认为聪明、

老实二义,足以解决一切困难问题。这点似乎同你谈过。聪谓多问多思,实谓实事求是。持之以恒,行之有素,总是比较能够做好事情的。你的勇气,看来比过去大有增加。士别三日,应当刮目相看了。我又讲了这一大篇,无非加一点油,添一点醋而已。"(《毛泽东书信选集》,人民出版社1984年1月版,第548页)

"士别三日,应当刮目相看"是吕蒙说的话。见《三国志·吴书·吕蒙传》裴松之注引《江表传》。那上面记载:吕蒙折节苦读,终于"学识英博",受到很有才学的鲁肃的夸奖。那时,鲁肃正接替周瑜带兵抗拒关羽。

吕蒙就对鲁肃说:"读书人三天不见,就应该另眼相看(士别三日,即当刮目相看)。老兄今天的高论,为什么和被人称作反应迟钝的穰侯一样呢?老兄现在替代周瑜,要完全继承他已经很不容易,何况又与关羽做邻居。关羽这个人年纪虽大却十分好学。读《左传》简直可以全部背下来,为人刚直忠诚而雄心勃勃,但他性情骄傲,盛气凌人。如今你和他做对手,应当有明、暗两手对付他。"于是吕蒙秘密地给鲁肃讲了三条计策,鲁肃郑重地接受了这些计策,严守秘密,不对人讲。

"士别三日,当刮目相看"这句话,流传很广,用以表达随着时间的推移,人们的成长进步很快;或用此句表达对别人的成长进步表示惊讶羡慕,给予鼓励。毛泽东用此语称赞老同学周世钊的"勇气比过去大有增加",即含有肯定鼓励之意,坚定其担起副省长职务担子的信心。

事情果然如毛泽东所期望的那样,周世钊接到毛泽东的这封信后,曾对秘书陈明新深有感慨地说过,毛泽东的忠告给了他精神上极大的鼓舞,工作上极大的支持。

1959年,周世钊当选为第二届全国人民代表大会代表。4月份,他到北京参加第二届全国人大第一次会议。在大会快要结束的时候,毛泽东邀他到家中见面。周世钊如约来到中南海。毛泽东高兴地对周世钊说道:"你现在是湖南省堂堂的副省长了,我祝贺你啊!你现在分管什么工作?工作好搞不好搞?有什么困难吗?"

周世钊说:"我主要是做民主党派的工作。具体是民主同盟的工作。……因民盟的成员大多数在教育界,而且大多数的人又都是大学的讲师和教授,少数是中小学教师,因此省人委就派我分管教育工作。"

毛泽东说:"这很好嘛!教育工作是个很重要的工作。湖南省人委要你管教育工作,这是组织上对你的信任,这是共产党对你的重视啊,你要好好地工作才行啊!"

当周世钊表示"工作不好开展，困难很多"时，毛泽东与他长谈了怎样做教师的思想工作，怎样在实际工作中看人看事，怎样全面地观察分析问题。

听了毛泽东循循善诱的话语，周世钊的心里像是点亮了一盏镁光灯，顿时通亮。

毛泽东的书信和谈话，对周世钊进行了热情的肯定和具体的指导，对其后来做好教育工作和民主党派的工作，起到了鼓舞和引导作用。

孙权教导吕蒙如何当统帅，毛泽东引导周世钊如何当好副省长，都是历史佳话。

老粗吕蒙主战

1959年12月至1960年2月，毛泽东在读苏联《政治经济学》教科书的谈话中谈起赤壁之战，又一次提到吕蒙：

> 三国时吴国的张昭，是一个经学家，在吴国是一个读书多、有学问的人，可是在曹操打到面前的时候，就动摇，就主和。周瑜读书比他少，吕蒙是老粗，这些人就主战。鲁肃是个读书人，当时也主战。可见，光是从读书不读书、有没有文化来判断问题，是不行的。（陈晋：《毛泽东之魂》，吉林人民出版社1993年10月版，第395页）

毛泽东这里说的"吕蒙是老粗""主战"的情况，《三国演义》和《三国志》都没有详细描写。《三国志·吴书·吕蒙传》只记载："（吕蒙）又与周瑜、程普等西破曹公于乌林，围曹仁于南郡。"而《三国演义》的赤壁大战中，只写了"唤吕蒙领三千兵去乌林接应甘宁，焚烧曹操寨栅"（第四十九回）。虽然没提吕蒙"主战"，但他是积极"参战"了。一般来说，积极参战者都是"主战派"。

赤壁之战前，东吴是和是战，犹豫不决。以张昭为首的谋士文臣大多主和，周瑜为首的一班将领则主战。从后来的情况看，主战是正确的，主和是下策。但当时张昭等读书多的人却缺乏这一远见卓识，相反倒是一些读书不多的武将们看到了这一点，也有这个胆略。毛泽东正是在这个意义上表扬了老粗吕蒙的坚定主战和积极参战。他在这里意在批评那些遇事拿不出正确的决断、空有满腹经书的人，反对光读书、读死书，但并不反对读活书、多读书。既痛读书多之误，又慨不读书之陋，毛泽东总是全面辩证地看问题。赤壁战前孙权部下由于对待和战的态度不同而形成的两派中，主和者的意见未必是因为读书多、有学问，而是大多出于缺乏对形势的全面了解和不长于征战的缘故。当然，主战者也并非都没有文化。毛泽东既赞扬吕蒙折节好学，又赞扬老粗主战，两个方面都注意到了。

善用兵　能攻心

据民主人士张治中的秘书余湛邦回忆，1958年毛泽东视察大江南北时，因张治中是军人出身，又读线装书，两人聊天常谈军事人物。比如谈《三国演义》《三国志》时就大谈曹操、刘备、孙权、周瑜、鲁肃、关羽，大谈赤壁之战。

最有意思的是毛泽东由关羽败走麦城而谈到吕蒙，对吕作了扼要的介绍，大意是：

> 吕蒙自少参军，骁勇善战，但没有文化，当了将领后禀报军情也只得心记口述，很感苦恼。孙权劝他念书。吕说军务倥偬，没有时间。孙以自身为例，说明只要有决心时间不会没有的。吕听从了，刻苦自学，数年之间，判若两人。有一回，鲁肃到吕驻地看望，与谈作战。吕条分缕析，悉中肯綮。鲁大为惊叹，因拊吕背说："你已不是当年吴下阿蒙了！"
>
> 驻在荆州的关羽进攻曹操的樊城，吕蒙用计诓骗关羽把全军开赴前方，然后以轻骑疾趋南郡——今之宜昌，郡守糜芳出降。关羽将士家眷都在南郡，吕蒙进城，对他们特加照顾，对老弱者慰问，对疾病者送药，对饥寒者送衣食，对关羽财产丝毫不动，对关羽从前方派来的人予以优待，使与将士家属相见，关羽将士知道家属情况，军心涣散无斗志，关羽不得不败走麦城。

毛泽东最后说：

"吕蒙如不折节读书，善用兵，能攻心，怎能充当东吴统帅？我们解放军许多将士都是行伍出身的，不可不读《吕蒙传》。"（《缅怀毛泽东》，中央文献出版社1993年12月版，第473页）

这个记载与"吕蒙是行伍出身"的记载可能是"所传异闻"。但这个记载增加了毛泽东对吕蒙"善用兵,能攻心"的介绍和评论,而吕蒙的"善用兵,能攻心"最主要的战例是夺取荆州。

据小说第七十五回、第七十六回描写:关羽挥兵北上攻樊城的时候,吕蒙向孙权献计:"可乘其远出,袭取荆州。"孙权这时已接到曹操来书要他起兵蹑关羽之后,许割江南之地以封赏,故立即同意。吕蒙正拟起兵袭荆州时,发现早有预防。关羽早料到屯兵于陆口的吕蒙有吞并荆州之意,在他北伐前,于沿江上下,或二十里,或三十里,选高阜处置烽火台,每台用五十军守之,倘吴兵渡江,"夜则明火,昼则举烟"为号。如见烟火,关羽则亲往征之。吕蒙得报后,大惊说:"若如此,急难图也。我一时在吴侯面前劝取荆州,今如何处置?"吕蒙深知关羽英勇绝伦,明枪明箭,必难取胜,后与陆逊密谋,采用"攻心"战略。

首先是解除关羽的思想武装。关羽虽倚恃英雄,自料无敌,但也知吕蒙智勇双全,对吕蒙是有所畏忌,故步步防备。为了麻痹关羽,吕蒙托疾辞职养病,让尚未有远名的青年将领陆逊替他守陆口。陆逊到任,便差人赍书具礼,拜见关羽。关羽轻蔑地指着来使说:"仲谋(孙权)见识短浅,用此孺子为将。"他看了来书,见其词敬句谨,并被赞美得飘飘然,乐得仰面大笑,无复有忧江东之意,便撤荆州大半兵马赴樊城听调。在关羽麻痹轻敌的情况下,吕蒙不费一兵一卒,"白衣"渡江,袭取了荆州。同时利用公安守将傅士仁、南郡守将糜芳与关羽的矛盾,先后派人以利害说之,促使二人投降。

其次是用政治攻势,瓦解敌方军心。吕蒙率军入荆州,立即传令军中:"如有妄取一人,妄取民间一物者,定按军法。"自是三军整肃,人民安绪。对于原任官吏,一律依旧任职。对于关羽家属及随兵出征将士之家,不许吴兵搅扰,按月给予粮米;有患病者,遣医治疗。这消息传到关羽军中,各将士知家里安好,吕蒙极其恩恤,都皆欣喜,全无战心。关羽从前线撤兵回取荆州,行军之时,将士纷纷逃回荆州。及被吴军包围,四面"皆荆州士兵,呼兄唤弟,觅子寻爷,喊声不住,军人尽变,皆应声而去"。

关羽军心瓦解,四面楚歌。一个因善待士卒,使之乐于效死而"威震华夏"的英雄,一下子变成了众叛亲离的孤家寡人,陷于要战战不了,要逃逃不了的绝境,终于进入吕蒙预设的罗网,在逃往西川途经山僻小路时,被东吴擒获斩首。

吕蒙夺取荆州,一是奇袭,一是攻心。吕蒙知己知彼:他了解关羽对他保持警惕,强攻不得,托病换将,麻痹关羽,使其丧失戒心,把兵力调往襄樊前线,造成荆州空虚,奇袭成功;他了解关羽"善待士卒",很得兵心，因此在武力占领荆州后，采取一系列争取民心军心的措施，终于使荆州军民叛关羽而拥孙吴。毛泽东叙述《三国演义》中吕蒙夺取荆州的故事，侧重点正在吕蒙的政治攻势上，突出其善于"攻心"的特点，这抓住了吕蒙用兵的关键环节。

毛泽东统兵作战大半生，从来强调军事打击与政治攻势并重，创造了许多双管齐下夺取胜利的战例。他从吕蒙争取关羽部将傅士仁、糜芳投降，攻占荆州后严肃军纪不扰民，善待关羽军将士眷属等一系列攻心战略中，是否找到了历史知音？是否进一步佐证了自己创立的统一战线、优待俘虏、瓦解敌军等政治军事原则的正确性？总之，他由衷地赞赏吕蒙的"善用兵，能攻心"的统帅风格和谋略品格，并把它推荐给解放军将士。

《三国志》的作者评价吕蒙："吕蒙勇而有谋。"毛泽东十分赞赏这个评价，读《吕蒙传》时，在这六个字旁加了密密的旁圈。吕蒙之勇，大概说他有主见，敢于主战；吕勇之谋，大概说他出奇计，善攻心，巧夺荆州。毛泽东的圈点与他对吕蒙"善用兵，能攻心"的评价可以互相印证。

勉励高级干部重视学习

从1972年10月起，根据毛泽东的意图和指示，点校、注释和印刷"大字本"历史古籍、古典辞赋诗词，供其阅读。

据上海社会科学院历史研究所刘修明研究员回忆：1972年12月31日下达了6篇古文注释任务，其中包括《三国志·吴书·吕蒙传》。1973年2月1日完成并上送。为何注释这些古文，没有交代。"关于《吕蒙传》，据说毛泽东在谈到《吕蒙传》等《三国志》列传时，曾说过：文化不高的也可学文化，并举了东吴大将吕蒙的例子。《吕蒙传》注文说孙权劝吕蒙读书，'（吕）蒙始就学，笃志不倦，其所览见，旧儒不胜'。（注引《江表传》）显然，毛泽东是借吕蒙读书一事勉励高级干部要重视文化学习。"（《毛泽东晚年过眼诗文录》前言，花山文艺出版社1993年5月版，第6—7页）

写到此处，笔者想起一件往事：1975年我所在的部队给沈阳的一家驻军医院施工，那时我是政治处的新闻干事，与地方省市文联的同志有些交往。一天文联办公室一位姓张的朋友告诉我，他们的头头在读史论史上有些名气，最近写了一篇很有来头、很有分量的"读史札记"。过了不几天，他拿来一份省报，指给我一篇文章看，题目是"从吕蒙'折节好学'说开去"，内容主要是转述了孙权劝吕蒙读书，吕蒙笃学有成的故事，而后展开议论，阐述的思想正是领导干部要特别重视读书学习，显然其中的所谓"有来头"

是渗透着"最高指示"的精神的。当然,那个年代的学习内容,是和毛泽东晚年错误联系在一起的。这一点我们不能不指出来。

但是,这并不是老人家的初衷。1972年年底到1975年,毛泽东的政治生涯和人生舞台都已接近尾声,他在一些谈话中,吐露出对未竟事业的忧患,并希望将他为代表的老一辈无产阶级革命家开创的事业继续下去,因此他寄希望于党的各级干部和各级领导干部,企盼他们像吕蒙那样好学不倦。毛泽东自己一生嗜学如命,提倡读书是他领导中国革命、培养提高干部的重要方法,他屡屡以吕蒙为榜样,将其推荐给全党干部,也是运用这种良好方法的习惯使然。

陆逊继吕蒙当了统帅

> 主席说:"最初陆逊是吕蒙手下的一个中级军官,以后继吕蒙当了统帅。"
>
> 张治中、余湛邦:《张治中与毛泽东——随从毛主席视察大江南北日记》,陕西人民出版社1995年版,第61页

三国中的吴国,统军带兵的一把手多是年轻人。陆逊是继周瑜、鲁肃、吕蒙之后起用的又一个杰出统帅。他像周瑜一样是一介书生,同样足智多谋,敢作敢为;他像周瑜一样受命于危难之际,上任之初同样受到贵胄宗亲和老将们的轻视;他像周瑜用火攻打败了奸诈狡猾的曹操一样,也用火攻打败了老于兵机的刘备。

毛泽东对东吴政治集团的军事统帅比较关注,在对周瑜、吕蒙等人做出评价时,也对陆逊多有好评。

"中级军官"成长起来的统帅

1958年9月21日,毛泽东在巡视大江南北的火车上阅读《三国志》,在与张治中、罗瑞卿等人大谈《吕蒙传》时,张治中提到陆逊,毛泽东说:"最初陆逊是吕蒙手下的一个中级军官,以后继吕蒙当了统帅。"

评论陆逊,毛泽东注意到他与吕蒙的关系。那意思似乎是说,"中级军官"陆逊成长为统帅,与吕蒙的影响不无联系。事实也是如此,《三国志》和《三国演义》对此都有记载。

东吴主要将领鲁肃死后,吕蒙驻军陆口,与蜀汉名将关羽对垒。《三国志·吴书·陆逊传》载,219年秋,吕蒙向孙权上疏,要求允许他以养病的名义回建业,使关羽减除戒心,调军去北方襄樊前线助攻,然后东吴乘虚夺取荆州,全踞长江天险。孙权批准了这个计划,吕蒙便公开奉诏回建业"调治"。途经芜湖,陆逊去拜问他时,提出擒关羽的建议。

小说中的描写，与此有些不同，陆逊不是驻守芜湖，而是由孙权从都城建业派往陆口军营探望病中的吕蒙。

但史传和小说当中，都说在孙权问"谁可代卿"时，是吕蒙推荐陆逊代替自己担当守"陆口之任"的。后来，陆逊果然不负吕蒙的举荐，设奇计将大名鼎鼎的关羽击败，夺回东吴渴望已久的荆州。

陆逊这次拜将，本传和小说上都说是"拜偏将军、右都督"。在小说中，陆逊代吕蒙为"陆口之任"，只是为了蒙骗关羽，让他放松警惕，诈病的吕蒙很快回到陆口，担任了袭取荆州的指挥官。毛泽东说陆逊继吕蒙"当了统帅"，那是后来夷陵之战中的事。

《三国演义》中说，孙权起用陆逊，是出于阚泽的力荐，其实，孙权早就对陆逊有深刻印象，远在刘备伐吴以前，他就因为与吕蒙一起夺回荆州而封侯拜将，成为孙吴集团中的杰出将领了。陆逊"当了统帅"以后，确实有杰出表现，这就是火烧刘备的连营七百里。火烧连营一战对于东吴的贡献，几乎与赤壁之战一样巨大。

继吕蒙之后当了东吴统帅的陆逊，不愧是智勇双全、战功卓著的军事领袖。

此司马懿敌孔明之智

陆逊取得夷陵之战的胜利，也由于他善于驾驭诸将。

《三国志·吴书·陆逊传》里记叙他刚开始领兵抗击刘备时，部下都是勋臣老将、公室贵戚，"各自矜持，不相听从"，特别是不满意陆逊坚守不战之策。陆逊便按剑怒斥：刘备用兵连曹操都惧怕三分，如今又是大兵压境，彼强我弱，我虽然是个书生，但是主公命我为都督，我就要报效国家，你们必须各任其事，不用多说，军令有常，不可违犯。

读史至此，毛泽东批注道："此司马懿敌孔明之智也。"（《毛泽东读文史古籍批语集》，中央文献出版社1993年11月版，第161—162页）

毛泽东的批语，把曹魏的司马懿、蜀汉的诸葛亮、孙吴的陆逊都点到了。他说陆逊坚守不战按剑示强于部下，是"司马懿敌孔明之智"。这里指的是诸葛亮最后一次伐魏时，司马懿看出他远道而来，利在急战，采取"以稳待变"的战略。于是"亮数挑战，帝不出"。《三国演义》中有关描写，甚至说诸葛亮为了激怒司马懿出战，派人送来妇女衣物以污辱司马懿，司马懿却高兴地接受了，手下将领按捺不住，他反复劝说。史书说诸葛亮送来妇女衣物后，司马懿大怒，"表请决战，天子不许"。

诸葛亮看透了司马懿的用心，对手下人说，他本来就不想同我交战，之所以上表请战，乃"以示武于其众耳"。将在外，君命有所不受，他若真想打仗，何必不远千里向天子请战呢？的确，司马懿这一招，既保全了不甘受污辱的面子，又达到了以静制动、以稳待变的军事目的。这一手，确实高明。

这就是司马懿敌孔明之智。

我们再看《三国演义》对陆逊驭将之智的描写：

陆逊被拜为大将，不只遭到张昭、顾雍、步骘等大臣的强烈反对，韩当、周泰等武将也不服。陆逊年轻又未有威名，要他领导吴国旧将，其困难可以想见。对此，陆逊有预见，他被任为大将后，就要求孙权给他治军的绝对权力。当孙权召见要他总督军马以破刘备时，陆逊说："江东文武，皆大王故旧之臣，臣年幼无才，安能制之？"孙权说："孤素知卿才，今拜卿为大都督，卿勿推辞。"陆逊说："倘文武不服，何如？"孙权取所佩剑与之说："如有不听号令者，先斩后奏。"陆逊说："荷蒙重托，敢不拜命，但乞大王于来日会聚众官，然后赐臣。"显然，陆逊要求当众授职赐剑，意在壮己声威，以压服众人。孙权乃派人连夜筑好拜将坛，次日大会百官，请陆逊登坛，拜为大都督、右护军镇西将军，进封娄侯，赐以宝剑印绶，令掌六郡八十一州兼荆州诸路兵马。

孙权如此重任荣待，又赐剑授予"先斩后奏"的大权，有不服者大可以杀示威，但陆逊不这样做，而是利用其大权使其威行令肃的同时，用其宏谋妙策使众将口服心服。孙权任陆逊为大都督的文书发到猇亭前线，韩当、周泰等大惊说："主上如何以一书生总兵耶？"比及陆逊到，众皆不服。陆逊严令坚守，众将笑其懦，不肯坚守。陆逊升帐唤诸将说："吾钦承王命，总督诸军，昨已三令五申，令汝等各处坚守，具不遵吾令，何也？"韩当说："吾自从孙将军平定江南，经数百战；其余众将，或从讨逆将军，或从当今大王，皆披坚执锐，出生入死之士。今主上命公为大都督，令退蜀兵，宜早图定计，调拨军马，分头征进，以图大事；乃只令坚守勿战，岂欲待天自杀贼耶？吾非贪生怕死之人，奈何使吾堕其锐气？"帐下诸将皆应声说："韩将军之言是也，吾等情愿决一死战！"陆逊听毕，掣剑在手，厉声说："仆虽一介书生，今蒙主上托以重任者，以吾有尺寸可取，能忍辱负重故也。汝等只各守隘口，牢把险要，不许妄动，如违令者皆斩！"众将心虽不服，但陆逊有尚方宝剑在手，也不敢违命。

蜀将吴班引兵不满万人于平地立营，并到关前搦战，耀武扬威，辱骂不绝，其中多有解衣卸甲，赤身裸体，或睡或坐，以示疲劳，诱吴军出击。徐盛、丁奉入帐禀陆逊说："蜀兵欺我太甚！某愿出击之！"陆逊还是按兵不动,他解释说:"公等但恃血气之勇,未知孙、吴妙法,此彼诱敌之计也,三日后必见其诈矣。"徐盛说:"三日后,彼移营已定,安能击之乎?"陆逊说:"吾正欲彼移营也。"诸将哂笑而退。过三日后,陆逊会诸将于关上观望,见吴班兵已退去,陆逊指着说:"杀气起矣,刘备必从山谷中出也。"言未毕,只见蜀兵皆全装惯束,拥刘备而过。吴兵见了,尽皆胆裂。及蜀军移营,被陆逊一把火几乎烧光,至此,诸将不得不口服心服,始知陆逊料敌如神。

大破蜀兵后,孙权问陆逊:"君何以不将违令者告知?"陆逊答道:"受恩深重,任过其才。诸将中,或任腹心,或堪爪牙,或是功臣,都是能为国家做大事的人,臣虽驽懦,实慕相如、寇恂相下之义,以济国事。"孙权大笑称善。

陆逊有驭将之才,有容人之量,故能团结不服从自己的诸将,共同对敌。具体分析,他的驭将之术在于:对众将晓之以义,不以个人尊严为贵,用面临强敌的严峻形势,激励大家精诚团结,以大局为重;不以对个人的冷暖态度画线,坚持依法办事,在兴兵打仗时以军法为准,从道理上统摄众将;努力以正确的决策,使人们信服自己的领导才能;尽量避免借助上面的威严去压服下级,以蔺相如、寇恂的谦卑品质去解决棘手的人际关系,减少内耗和猜忌,把凝聚力最大限度地集中到战胜强敌上,不同有背景的人物闹意气和摩擦,把内部矛盾解决在堡垒内部。这些高超的领导艺术,是陆逊驾驭诸将以取胜的重要原因。

陆逊撤兵"有理"

刘备兵败夷陵,仓皇撤退。此时,吴兵是乘胜追击,还是见好就收退兵自保?这对年轻统帅陆逊是一个考验。

《三国志·吴书·陆逊传》记叙,刘备在夷陵战败,退往白帝城,吴国将领"徐盛、潘璋、宋谦等,各竞表言:'备必可擒,乞复攻之。'(孙)权以问逊,逊与朱然、骆统以为曹丕大合士众,外托助国讨备,内实有奸心,谨决计辄还。"

卢弼在作"集解"时,于此引何焯的评论说:"大胜之后将骄。溯流仰攻,转馈又难,一有失利,前功尽弃。昭烈老于兵,得蜀已固,非若曹仁之在南郡可惧而走也。连兵于西,主客异势,决还者中人所能知也,盛、璋、谦如豕突耳。"

意思是:大胜后将领容易骄傲,在长江水路,从夷陵地区逆流而上,仰攻白帝城等西川地区,长途进击,粮草运输困难,一旦兵败退回,将前功尽弃。

汉昭烈帝刘备多年带兵有经验，得到西川之地已经稳固下来，与当年赤壁战后魏将曹仁据守南郡抵挡吴军乘胜追击的情况不一样，曹仁是惧怕吴军而逃走的。吴军向西川进攻，战场上主客形势易位，决策退兵就是具有中人水平者，也能了解这一点。徐盛、潘璋、宋谦等将领却主张进攻，愚蠢得像笨猪一样。

读《陆逊传》至此，毛泽东批注："何评有理。"（《毛泽东读文史古籍批语集》，中央文献出版社1993年11月版，第162页）

毛泽东认为何焯的评论"有理"，等于肯定陆逊的退兵决策"有理"。

《三国演义》第八十四回，描写了吴军大胜后隐伏的危机：

> 魏主曰："陆逊若胜，必尽举吴兵去取西川；吴兵远去，国中空虚，朕虚托以兵助战，令三路一齐进兵，东吴唾手可取也。"众皆拜服。魏主下令，使曹仁督一军出濡须，曹休督一军出洞口，曹真督一军出南郡："三路军马会合日期，暗袭东吴。朕随后自来接应。"调遣已定。

小说中也描写了陆逊在大胜之后的头脑清醒，当左右劝他乘胜进击时，他却说：

> "吾料魏主曹丕，其奸诈与父无异，今如吾追赶蜀兵，必乘虚来袭。吾若深入西川，急难退矣。"遂令一将断后，逊率大军而回。

古人曰："鹬蚌相争，渔翁得利"，"螳螂捕蝉，黄雀在后"。三国时期，魏、蜀、吴鼎足而三。战略决策，必须瞻前顾后，利害相杂。否则，就可能大胜中隐伏着大败，让"第三者"坐收渔翁之利。陆逊于勇挫强敌后不骄不躁，知止而止，断然退兵，战略决断确有过人之处。

毛泽东所说之"理"，正在于此。

与孙权诘陆逊语同

夷陵大战之后，陆逊在小说第九十六回再次出场战败曹休，然后就无声无息地消失了。其实陆逊比诸葛亮还晚死十多年，他长期出镇武昌，是孙吴在上游的重要支柱。孙权还特别刻了一颗私印存放在他那里，以孙权名义发往蜀国的外交文书，都由陆逊复核签发。陆逊是个忠于职守的能臣，也正因为如此,所以他多次批了孙权的逆鳞,最后竟遭孙权猜忌,被削去兵权,调回朝中当空头丞相,在六十三岁郁愤弃世。

这个情况,毛泽东也注意到了。

《南史·贺琛传》上记载,梁武帝萧衍刚愎拒谏,责骂贺琛,"朕有天下四十余年,公车说言,日闻听览,每苦悾偬,更增惛惑。卿珥貂纡组,博问洽闻,不宜同于阓茸,止取名字,言我能上事,恨朝廷不能受。"

毛泽东读到这里,批注:"此等语,与孙权诘陆逊语同。"(《毛泽东读文史古籍批语集》,中央文献出版社1993年11月版,第207页)

《三国志·吴书·陆逊传》上记载,陆逊代替顾雍任丞相,孙权下诏书说:"朕以不德,应期践运,王涂未一,奸宄充路,夙夜战惧,不遑鉴寐。惟君天资聪睿,明德显融,统任上将,匡国弭难。……君其茂昭明德,脩乃懿绩,敬服王命,绥靖四方。"

这段话译成白话文是:"我凭着修养不高的德行,顺应天命,登上帝位,天下没有统一,犯法作乱的人充塞道路。我朝夕忧愁恐惧,顾不上睡觉。只有您天资聪明,美德昭著,担任上将,辅助国家清除灾难。……您应当发扬美德,创立美好功业,恭敬地执行命令,安抚平定天下。"

在陆逊任丞相前,太子孙和与鲁王两宫并立,大臣们各依附一派,造成吴国政局不稳。陆逊上书陈述意见,维护太子孙和的正统地位,并几次要求当面指陈利害,纠正错误。孙权不听他的意见,又屡次派遣宫中使者责备陆逊,使其愤怒痛恨致死。

毛泽东读史,指出了南朝梁武帝萧衍诘问贺琛,与三国时孙权责备陆逊的话有相似之处,对孙权和萧衍有批评之意,"此等语"三字似对萧衍的敕书不以为然。孙权尽管很"能干",但晚年听不进不同意见,在册立太子上再三犯错误,使吴国内乱不断,内耗严重,鼎盛时期成为过去,国运走向颓势。陆逊以耿耿忠心,晚年不得信任,亦是千古憾事。毛泽东的批语中,似为陆逊惋惜。

谈到陆逊的儿子和孙子

据张治中日记记载,在毛泽东与他的谈话中,不仅谈到陆逊,而且谈到陆逊的儿子陆抗,孙子陆机、陆云,这两兄弟在晋代是有名的文学家。又说:"陆机的《文赋》是有名的,具有朴素的唯物主义观点,只是写得冗长些,能压缩一半就好。陆机写《文赋》时很年轻,才二十岁吧。"我说我没有读过《文赋》。主席说:"范文澜也没看过,我曾告诉他看了。"(余湛邦:《张

治中与毛泽东——随从毛主席视察大江南北日记》，陕西人民出版社1991年版，第62页）

陆逊的儿子陆抗，是三国晚期吴国的镇边大将。吴主孙皓时，任镇东大将军。陆逊一生中的得意之笔是在长江上游写出的，他的大半生军旅生涯也在长江上游度过。他去世后，他的儿子陆抗继续主持长江上游的防务。这时，蜀国已经无力东下，上游主要是对付曹魏。陆抗大有其父风范，与晋将羊祜互通使节，各保分界。他人虽在长江上游，心里却想着朝廷的大政。劝谏孙皓不宜穷兵黩武。孙皓对他又忌恨，又丢不开。好在陆抗虽然意见提得尖锐，却没有异心，所以孙皓乐得把防务丢给他，眼不见心不烦。陆抗在上游苦苦支撑了近十年，弃世之后吴国没有一个像他那样干练的统帅能接替他，几个月之后，吴国的城头就打出了投降的白旗。

陆逊的两个孙子已是晋朝人，《三国演义》中不曾描写。毛泽东评论陆逊，也是爱屋及乌，对陆氏一门文武人才都为之倾倒，大概这与毛泽东本人兼资文武博通广识大有关系。

黄盖的革命自觉性

> 毛主席接着说:"这叫周瑜打黄盖,愿打愿挨,革命的自觉性嘛!"
>
> 佚名:《痛斥叛徒张国焘——记毛泽东在陕北公学的一次讲话》,《党史纵横》1998年第2期,第23页

"周瑜打黄盖——一个愿打,一个愿挨。"这句歇后语,比喻做事当事人两相情愿。这是笔者在一本歇后语辞书上看到的解释。

对这条歇后语的释义,毛泽东有一个新奇的引申——革命的自觉性。黄盖有革命的自觉性,你不觉得新奇吗?

这条歇后语典出《三国演义》第四十六回。

这回书中说赤壁之战中,东吴老将黄盖向周瑜提出愿意诈降曹操,以便借机火攻曹军。周瑜道:"不受些苦,彼如何肯信?"黄盖表示愿受皮肉之苦。次日,周瑜会集众将,令诸将各领三个月粮草,准备御敌。黄盖故意表示反对,提出若不能及时破曹,不如投降。周瑜大怒,责骂黄盖涣散军心,喝令将黄盖斩首。众将苦苦求情,周瑜怒不可遏,推翻案桌,喝令赶快行刑,责打黄盖一百脊杖。打到五十下时,黄盖已皮开肉绽,鲜血迸流。众将官又苦苦求免,周瑜方才指盖而言:"且寄下五十棍!再有怠慢,二罪俱罚!"说罢含恨入帐。黄盖当众受辱被刑,曹兵的细作把此情报告给曹操,此时黄盖又差人秘密送来诈降书。机敏过人的曹操也被蒙在鼓里,对黄盖的投降深信不疑。后来黄盖利用曹操的轻信,将舰船堆满柴草,灌上膏油,乘东南风起,靠欺骗迫近曹营,放起大火,烧得曹军死伤无计。为孙刘联军的赤壁破曹建立了大功。

黄盖和周瑜为了维护孙刘联军的利益,战胜曹军,一个愿打,一个愿挨,共同完成欺骗曹操的"苦肉计"。小说中的这个情节被后人提炼成一句歇后语。

毛泽东给陕北公学的学生们讲演,想到了这句歇后语。

那是1938年2月的一天,毛泽东在成仿吾、罗迈、邵式平、周纯全等

校领导的陪同下,来到了陕北公学,准备向学生们讲话。那时,国统区的一些青年学生,冲破重重封锁,来到延安,进陕北公学学习。

毛泽东环视一下会场,说:"同学们,过去你们大都是城市里的洋学生,现在成了山沟里的土学生。"

毛泽东指了指会场,又说:"你们看,开会没礼堂,上课没桌子,睡的是土窑洞,吃的是小米饭。你们能不能吃苦呀?"

"能吃苦!"同学们齐声回答。

"你们愿不愿意吃苦啊?"

"愿意!"

"为什么要自愿到延安来吃苦呢?"

毛泽东这一问,会场上顿时活跃起来,有的说为了参加革命,有的说为了学习马列主义,也有的说延安有毛主席、有共产党给我们做榜样……

毛泽东接着说:

"这叫周瑜打黄盖,愿打愿挨,革命的自觉性嘛!不能吃苦怎么能打败日本帝国主义,不能吃苦怎么能建设新中国?"

毫无疑问,打击入侵者和建设新中国都是艰苦备尝的事业。

青年学生们舍生忘死奔赴延安,他们已经初步具备了自觉吃苦的精神。

黄盖为了打击入侵曹军不怕皮开肉绽;

青年知识分子为了抗击日寇不怕风餐露宿,住土窑,吃小米……

对战胜艰难困苦他们都表现出一种强烈的自觉意识。

毛泽东引用这句三国歇后语,在轻松幽默的谈话中,把历史和现实巧妙地连接起来,水到渠成地张扬了艰苦奋斗的民族优良传统和革命自觉意识。

而且,这种张扬,不是说教,不是硬性灌输,而是循循善诱,春风化雨。

相信青年学生们听了"周瑜打黄盖"的比喻,会会心地一笑,那正是人同此心、心同此理的认同。

毛泽东在青年时代,就常常提起"嚼得菜根,百事做得"的俗语,后来参加革命了,他又多次引用"艰难困苦,玉汝于成"这句古语。这两句话,都阐明了一条横亘古今的成功道理:吃得辛苦,艰苦奋斗者,定能事业有成。

请记住:黄盖的革命自觉性。

毛泽东是记着黄盖的。

1958年,他在"成都会议"上讲年轻人胜过老年人,知识少的人胜过知识多的人,举例子提到赤壁大战时的两个年轻人——周瑜和诸葛亮,同时

也提到了并不年轻的黄盖,他说:

> "这里还有我的老乡黄盖,湖南零陵人,他也在这个战役中立了功,我们老乡也不胜光荣之至。"(王子今:《毛泽东与中国史学》,中共中央党校出版社1993年11月版,第199页)

毛泽东称三国时的湖南零陵人黄盖为"老乡",不无调侃之意;为他在赤壁之战中立功而骄傲,则更显得幽默诙谐。那时已65岁的毛泽东,讲话时意气风发,精神振奋,不知老之将至,其革命自觉性可谓大矣!

过了大约一年,到了1959年6月21日,毛泽东回到家乡,在韶山水库中游泳。他问身边一位年轻人:"你是哪里人?""零陵人。"那青年回答。毛泽东又问:

> "三国时候,你们零陵出了个黄盖,你晓得吗?"(蒋国平:《毛泽东与韶山》,中国青年出版社,第163页)

青年不知黄盖何许人也,反问毛泽东一句:"黄盖是哪个公社的人?"毛泽东只觉得现在的年轻人懂得历史太少了,苦苦一笑了之。也许,他在为年轻人不知道黄盖,当然也不知道黄盖的革命自觉性而遗憾吧。

1963年5月,毛泽东在杭州工作会议的一次讲话中,谈到抓工作要集中精力抓主要矛盾,随即一路发挥:

> "就是要不唱天来不唱地,只唱一出《香山记》。比如看戏,看《黄鹤楼》,就是不想《白门楼》之类的戏,只看我的同乡黄盖。黄盖是零陵人……"(陈晋:《毛泽东之魂》,中央文献出版社1997年版,第412页)

这里谈抓主要矛盾,举看戏的例子,联系到"同乡黄盖",虽然说的不是自觉性,但可见对黄盖印象之深。

无论作为历史人物还是小说人物,黄盖对孙吴集团都是忠贞不贰的。他为蒙蔽敌人战胜敌人甘受皮肉之苦的赤胆忠心,给后人留下了深刻的印象。

这个"老乡",毛泽东是不能忘怀并引为自豪的。

司马懿有几手比曹操高明

> 毛泽东在1966年3月的一次谈话中,曾经说司马懿是个了不起的人物,历史说他坏,我看有几手比曹操高明。

邓振宇:《毛泽东评点二十四史》(人物精选),时事出版社1997年12月版,第855页

提起司马懿,一些人对他似乎很不感冒,甚至以为他是个无能之辈,乃至是个坏蛋,其实,他是个很有本事很有头脑的人,也是《三国演义》小说中塑造得比较成功的英雄形象。

他是曹操的重要谋士,是诸葛亮的强劲对手,是曹魏政权的元老重臣,是西晋统一大业的奠基人,不仅是善晓兵机胸有韬略的军事家,而且是善于审时度势抱负远大的政治家。

毛泽东读三国史传和小说,反对司马懿的灰色观点,对其多有肯定性评论。

多谋略　善权变

1958年10月31日当晚,毛泽东赴郑州途中,专列到达河南新乡时做短暂停留,准备在列车上召开一个座谈会。

新乡地委第一书记耿起昌率领参加座谈的十名县委书记登上了专列。在列车会议室里,毛泽东同上车的同志一一握手。

十位县委书记是第一次见到毛泽东,心情既兴奋又激动,一时不知道说什么好。

毛泽东见没人说话,便展开手中的名单看了看,然后抬起头问道:"延津县委书记苗润生,你是苗族?"苗润生迅速站起来回答:"我姓苗,是汉族。"

毛泽东又问温县县委书记李树林:

"温县是司马懿的故乡,现在他那个练兵洞还在不在?"

李树林回答:"还在,基本上完好。"

毛泽东又说:"他出身士族,多谋略,善权变,为魏国重臣。"(唐汉、振肖:《龙之魂——毛泽东历史笔记解析》上卷,红旗出版社1998年10月版,第497页)

接着,毛泽东与别的县委书记谈起话来。

显然,毛泽东谈古说今是为了缓和大家初次见面有点紧张局促的状况。往事越千年,司马懿的练兵洞居然"基本完好",这引起熟知三国历史和《三国演义》人物的毛泽东对三国中后期重要角色司马懿的评论,虽然是寥寥数语,但重点突出地勾勒出司马懿的面貌和特点。

《三国演义》不仅有魏、蜀、吴三国,其实是三国四方,还要加上后来创建了晋朝的司马氏集团。这个集团包括司马懿和长子司马师、次子司马昭、孙子司马炎。

司马懿"出身士族",是个有身份、有知识的人。他是河内(今河南)温县人,祖父司马隽是颍川太守,父亲司马防是京兆尹,可谓官宦世家。曹操任司空时,强制性地征召司马懿出仕为官,后来以其才智和勤奋取得曹操的信任。曹魏时代,司马懿服侍曹氏四代:曹操、曹丕、曹叡和曹芳,虽然多次受到猜忌,甚至被贬官,但终因他不仅有大谋,而且能够大忍,还是被曹氏所信任。曹操、曹丕去世时,他都是托孤辅政大臣。曹丕代汉称帝之时,他已是抚军大将军,进入最高决策层。晚年,魏主屡用他率领重兵抵抗诸葛亮的北伐中原,保住了魏国的西鄙边境。所以毛泽东说他是"魏国重臣"。

司马懿长于用兵,是三国人物中可与诸葛亮、周瑜、曹操相匹敌的智谋人物,"多谋略,善权变"是他的显著特点。从他擒杀孟达和败公孙渊两次战役中,完全可以看清这点。

《三国演义》第九十四、第九十五回描述,魏明帝太和元年(227),魏主曹叡令司马懿督雍、凉兵马。诸葛亮因司马懿深有谋略,闻报大惊,恐为蜀国大患,便采纳马谡的离间计,假借司马懿的名义遍贴告示,说要兴师拥立新君。本来此事派人查处便可澄清,因华歆说司马懿有"狼顾之相",曹叡本疑忌司马懿,也就趁机将其削职回乡。孔明知道了,大喜说:"吾欲伐魏久矣,碍于司马懿总雍、凉之兵。今既中计遭贬,吾有何忧!"立即兴兵屯汉中以伐魏。

曹叡先后派驸马夏侯楙、大将军曹真领兵迎敌,都不是孔明对手,屡战屡败。曹叡与群臣商量对策,太傅钟繇推荐司马懿再次出山,曹叡因找不出退蜀之将,下诏复司马懿官职,加封平西都督,以退蜀兵。

这时,原蜀叛将、现任魏新城太守的孟达与孔明谋定,拟起兵取洛阳,孔明取长安。有人将此谋告诉司马懿,司马懿来不及奏知魏主,则立即领兵兼程赶赴新城,同时派使者传令孟达集本部军马听候调遣,并说司马懿已赴长安,以麻痹孟达。孔明知司马懿复职,即告知孟达小心在意,而孟达复信不以为然,认为司马懿如果知道情况要奏知魏主,往返需时一个月,而他已部署好了,"懿即来,达何惧哉"?殊不知司马懿是"出其不意,攻其不备"。正当他以为司马懿不知其谋而心中暗喜时,司马懿已兵临城下,孟达措手不及,终被擒杀。

接着,司马懿引兵到长安见曹叡,奏不待旨擒杀孟达之事,曹叡大喜说:"卿之学识,过于孙、吴矣!"曹即令司马懿出关破蜀兵。因街亭是汉中咽喉,蜀兵粮道,司马懿即出兵直取街亭。孔明知是司马懿领兵前来,也料其必取街亭,认为马谡深明兵法,便准其自请前往守街亭,并让他立下军令状。由于马谡违背孔明部署,致被司马懿所破。孔明知失了街亭,非常吃惊,急忙布置撤兵,退回汉中。司马懿擒孟达、退蜀兵,如此迅速而轻易地打了两次漂亮的胜仗,说明他谋略精深,用兵确有超人之处!

善晓兵机的司马懿不轻易用兵,而是待谋定能胜而后才用之。他能根据战场的实际情况,敌变我变,以权制权。

小说第一百六回描写辽东太守公孙渊派兵十万杀奔中原。曹叡召司马懿计议破敌之策。司马懿说:"臣部下马步军四万,足可破敌。"曹叡说:"卿兵少路远,恐难收复。"司马懿说:"兵不在多,在能设奇计用智耳。"曹叡问:"卿料公孙渊作何举动?"司马懿答道:"渊若弃城预走,是为上计也;守辽东拒大军,是中计也;坐守襄平,是为下计,——必被臣所擒矣。"曹叡问:"此去往复需几时?"司马懿道:"四千里之远,往百日,攻百日,返百日,休息六十日,大约一年足矣。"

司马懿到辽东后,根据拟订的作战方案,随着敌人情况的变化而调整其战术。公孙渊知司马懿领兵来战,派卑衍、杨祚分八万兵屯于辽东拒守而不战。司马懿笑说:"贼不与我战,欲老我耳。我料贼众大半在此,其巢穴空虚,不若弃却此处,径奔襄平;贼必往救,却于中途击之,必获全功。"司马懿围城打援的办法果然使敌军中计。在往救襄平途中中伏大败。公孙渊只好退保襄平,坚守不出。这就是司马懿所说的下计,困守一城,被魏兵四面围住。司马懿使人回去催粮,得粮后军心安定,围攻待敌粮尽,使渊军无守城之心。于是,网开一面,公孙渊因无粮只能出城逃奔,终被伏兵擒杀。

司马懿出其不意擒孟达，以变制变胜公孙，看出其用兵贵在斗智用谋。《孙子兵法》上说："能因敌变化而致胜，谓之神。"此司马懿之谓欤？！

有几手比曹操高明

论三国人物，曹操可说是毛泽东心目中的第一号大英雄，他的文治武功超过了刘备和孙权，也超过了孔明和周瑜，但毛泽东在拿司马懿与之比较时，竟说后者有几手更高明。

那是在1966年3月的一次谈话中，毛泽东说司马懿是个了不起的人物，历史说他坏，我看有几手比曹操高明。

毛泽东这话有点做"翻案"文章的味道。历史上说司马懿坏，是因为司马氏集团和曹氏集团有一个共同点，都曾经采取"禅让"的办法，夺了人家的天下。不过那主要是他们的儿子孙子干的，这两个人都曾经专权擅政，但终究还是"臣子"，而没有夺权称帝。所以，给他们扣上阴谋夺权的罪名，还是有些冤枉。通观一生作为，毛泽东认为司马懿还是个了不起的人物。

说司马懿有几手比曹操高明，这要比较二人的行事来看。细读《三国演义》小说，同样一件事，司马懿出的点子，有几次确实比曹操有远见。这样的事大约有三次：

司马懿克日擒孟达

第一次，在小说第六十七回。建安二十年（215），曹操讨伐张鲁，出师汉中，一举平定了盘踞汉中的军阀张鲁，获取了汉中战略要地和东川。这时曹操准备班师回许昌，担任军中主簿的司马懿向曹操进言乘胜取蜀，说："刘备以诈力取刘璋，蜀人尚未归心。今主公已取得汉中，益州动摇。可速进兵攻之，势必瓦解。智者贵于乘时，时不可失也。"这一正确建议得到曹操的重要谋士刘晔的支持。然而曹操却说："'人若不知足，即得陇，复望蜀'耶？"未采纳司马懿这一正确意见，以致后来刘备的势力在蜀得到巩固和发展以后，便乘机从曹操手中夺去了汉中和东川。曹操深悔未听司马懿之言，失去了图天下的一次大好战机。如乘胜进兵有取蜀的可能，灭了蜀，东吴也难持久了。

第二次，在小说第七十三回。刘备进位汉中王，曹操十分震怒，发誓消灭刘备。当即传令，尽起倾国之兵，赴两川与刘备决一雌雄。这时司马懿却建议曹操先不必出兵。他向曹操分析了江东孙权与西蜀刘备存在着深刻矛盾：孙权虽以妹嫁刘，但又窃取回去，刘必不满；而刘备又占据荆州不还给孙权。彼此皆有切齿之恨，可先利用孙、刘矛盾，联吴击蜀。动员孙权攻荆州，刘备必发两川来救荆州，然后再起兵攻打汉川，使刘备首尾不能相顾，那时汉川就唾手可得了。司马懿的远见卓识，既可以利用矛盾，打击刘备，又有利于保存自己。不然，曹操以倾国之兵，深入蜀地，后方空虚。若孙刘联合，乘虚而入，曹操也就不能首尾相顾，必然陷于两面夹击的危境之中。所以曹操听了司马懿的正确建议后，立即醒悟，采用了联吴击蜀的方针，派出使臣满宠出使东吴，得到孙权的支持，终于导致蜀、吴矛盾日趋尖锐。

第三次，在小说第七十五回。说关羽拔襄阳，围樊城，擒于禁，斩庞德，威震华夏，曹操惊得"欲迁都以避之"。司马懿谏说："不可。于禁等被水所淹，非战之故；于国家大计，本无所损。今孙、刘失好，云长得志，孙权必不喜；大王可遣使去东吴陈说利害，令孙权暗暗起兵蹑云长之后，许事平之日，割江南之地以封孙权，则樊城之围解矣。"曹操采纳其计，后乃有吕蒙袭荆州、关公败麦城之事。曹操不费一兵一卒而得胜：樊城之围解，借刀杀关公，使吴蜀联盟彻底破裂，曹魏坐收渔人之利。

司马懿这三条计谋都是针对刘备集团的。第一计，曹操没听，失去了夺取西川的机会；第二计，曹操采纳了，破坏了吴蜀联盟；第三计，曹操又采纳了，既解南线之危，又除掉了关羽这个宿敌。更为主要的，司马懿这三条建议，都是针对曹操而提的，也就是说：曹操的三次主张都是错误的，后两次因接受了司马懿的意见才弥补了过失；如果不是这样，曹操就会犯战略错误。这样看，司马懿的"这几手"确实高于曹操。

掌握了历史唯物主义思想武器的毛泽东，评价历史小说人物确实卓尔不群。一些封建士人从其正统观念出发，骂司马懿为坏人，但毛泽东却指出了此人不同凡响之处。

司马氏一度完成了统一

一部《三国演义》，总的政治倾向是歌颂统一、反对分裂的。小说开头就说："话说天下大势，分久必合，合久必分。"结尾处又说："此所谓'天下大势，合久必分，分久必合'。"开头讲"合久必分"，讲宦官专权，讲黄巾起义，讲十八路诸侯讨董卓，讲魏吴蜀三家纷争，到后来讲曹操统一北方，讲孙氏集团统一江左，讲刘备统一两川，讲司马氏统一天下，所以小说结尾处总结为"分久必合"，这种"分"与"合"的易位，不是简单的两个字，它反映了"天下大势"的趋向和走势，反映了作者和读者对统一的向往和拥护。

晚年，毛泽东与伴读的老师芦狄谈《三国志》，谈到三国时期的统一趋势，谈到司马氏集团对统一的贡献。他说：

"汉末开始大分裂，黄巾起义摧毁了汉代的封建统治，后来形成三国，还是向统一发展的。三国的几个政治家、军事家，对统一都有所贡献，而以曹操为最大。司马氏一度完成了统一，主要就是他那时打下的基础。"（芦狄：《毛泽东读二十四史》，《中国第一人毛泽东》，湖南人民出版社1999年1月版，第325—326页）

关于曹操等人对统一所做的贡献，另有专文论及，这里只说司马氏对"完成统一"所做的贡献。"司马氏"指的是司马懿、司马师、司马昭、司马炎这祖孙三代。毛泽东使用了"司马氏"的概念，而不是只提司马炎，显然是包括司马懿在内的。虽然最终完成统一是在司马炎手上，但是司马懿的开创之功也是巨大的，是不能抹杀的。他辅佐曹氏四主奠定了北方统一的基业，擒孟达，敌诸葛，夺取辽东，巩固曹魏政权，是他为统一所做贡献中的佼佼者。这些前两节已有所涉及，此不赘述。

当然，三国时期最终统一天下的是司马炎。这个历史的幸运儿，承父祖余荫，演出了"三国归晋"的历史剧。毛泽东对他的业绩是肯定的。《三国演义》对司马炎兴师灭吴，虽然写得很简略，但褒扬之情溢于言表。小说最后一回《荐杜预老将献新谋　降孙皓三分归一统》，突出地表明了作者对晋统一的肯定。小说写与吴军对垒的晋将羊祜镇守襄阳"甚得军民之心"。羊祜死，南州百姓"罢市而哭。江南守边将士，亦皆哭泣。襄阳人思祜存日，常游于岘山，遂建庙立碑，四时祭之"。可见他深为人民爱戴。

接替羊祜的右将军杜预"老成练达，好学不倦"，奉晋主之命，在襄阳抚民养兵，准备伐吴。杜预在伐吴进军之中，"令人持节安抚，秋毫无犯"，孙皓投降，兵临建业，"开仓赈济吴民，于是吴民安堵"，"至此三分归于晋帝司马炎，为一统之基矣"。作者在这里，不仅歌颂司马氏伐吴一统天下为顺应历史潮流的壮举,而且还以对比手法,颂扬晋伐吴是以仁义之师伐无道昏君,是正义的。这样写,既符合"合久必分,分久必合"的历史发展事实,也符合人民向往国家统一的心愿。

有的论者指出:《三国演义》的"总的主题是表现广大人民群众要求统一的愿望,总结了自周秦以来中国封建社会不断地从分裂走向统一的这种普遍的、带规律性的历史现象。而且更为可贵的是,它还在某种程度上指出了分裂割据是一种倒退的历史现象,而通过政治和军事的斗争实现新的统一则是历史发展的必然趋势,不管由谁来取得这个统一,都是历史的进步。"(胡邦炜:《从"合久必分"到"分久必合"》,《三国演义研究集》,四川省社会科学院出版社1983年12月版)这个评论是有道理的。

毛泽东肯定司马氏的完成统一,正是肯定了符合人民大众心愿的历史趋势。即使在今天,分裂总是不得人心的,搞分裂的人是历史的罪人!

"司马师"碰在了"姜维"手上

> 毛泽东将手中的茶杯用力往桌上一放,杯里的水被震出不少:"不识时务嘛!他杜聿明和邱清泉、李弥,哪是刘伯承、陈毅、粟裕的对手?这次是'司马师'碰在'姜维'手上,被困在'铁笼山'了!"
>
> 邱延生:《历史的真言——李银桥在毛泽东身边工作纪实》,新华出版社 2000 年 7 月版,第 299 页

1947 年 5 月,西北野战军已取得三战三捷的战绩,这使跟在毛泽东身边的随行人员心情较转战开始时振奋多了。

5 月 12 日,晋南战场又传来捷报:

为配合陕北作战,第四纵队司令员陈赓和太岳军区司令员王新亭,在中央军委的直接指挥下,在"保卫党中央,保卫毛主席"的口号激励下,于 4 月 4 日组织部队发起晋南战役,战役中认真贯彻执行毛泽东数次发出的作战指示,至 5 月 12 日胜利结束整个战役,共计歼敌两万余人,解放晋南二十五座县城,彻底摧毁了胡宗南和阎锡山的联防体系,使敌在晋只剩下了运城、临汾两座孤城。目前,四纵正以得胜之军横扫晋西南,锋芒所向直指胡宗南的右后翼,前锋已达风陵渡!

接到陈赓和王新亭发来的电报,毛泽东和周恩来、任弼时一起离开窑洞,兴致勃勃地招呼了好几个人,一起到不远处的一座土山坡上去"透透空气"。

走在山坡上,李银桥紧紧跟在周恩来的身后,听毛泽东情不自禁地唱出了几句京剧:

"我正在城楼观山景,耳听得城外乱纷纷;旌旗招展空翻影,原来是司马发来的兵。我也曾差人去打听,打听得司马领兵就往西行……"

听着毛泽东那充满湖南乡音的京剧唱腔，周恩来笑了："主席，我们面前的'司马'现在可不是往西行呦！"

毛泽东止住了唱，风趣地说："刘戡？他不配当司马懿！"

任弼时在一旁说："我们面前的司马懿是胡宗南、蒋介石。"

毛泽东边走边说：

"蒋介石和胡宗南都不是我们的对手，我们面前没有司马懿，只有司马师呦！"（邱延生：《历史的真言——李银桥在毛泽东身边工作纪实》，新华出版社2000年7月版，第26—27页）

"哈哈哈……"周恩来大笑，"主席说得对，胡宗南只配当司马师！"

李银桥有些纳闷，悄悄问周恩来："胡宗南什么时候变成'死马尸'啦？"

周恩来一时没有听明白，沉静片刻才恍然大悟了李银桥的问话，不禁又笑起来："你说的对，死马一匹——胡宗南就要变成死马尸了！"

毛泽东和任弼时听了周恩来对李银桥的解释，也禁不住一同仰天大笑不止……

司马师是司马懿的长子，年轻时随其父征战。魏正始十年（249），参与诛灭曹爽；魏嘉平三年（251），司马懿死，他为抚军大将军、录尚书事，专擅国政。嘉平六年(254)，因魏主曹芳与夏侯玄等谋诛之，而杀了夏侯玄等，废曹芳，立年仅十四岁的高贵乡公曹髦为帝。次年，毌丘俭、文钦在寿春起兵反叛，讨伐司马师，他亲率大军镇压，因目疾发作，死于许昌，弟司马昭控制朝政。综括司马师的一生，他的主要"功绩"是"窝里斗"，是剪除曹魏帝室力量和反叛势力，对外敌孙吴和刘蜀的用兵作战，几乎无尺寸之功，看不出什么像样的军事才能，比之乃父司马懿逊色多了。对他的评语可用得上"内战内行，外战外行"八个字。

毛泽东、周恩来、任弼时笑谈"我们面前的'司马'"，毛泽东认为国民党军进攻陕甘宁边区的主力九十二军的军长刘戡不配当司马懿，他的上司胡宗南、主子蒋介石也都不是对手，所以，毛泽东的结论是"我们面前没有司马懿，只有司马师"。

卫士李银桥此时还没读过《三国演义》，不知司马师为何物，误把胡宗南是"司马师"理解成"死马尸"——死马一匹，这个误会歪打正着，符合领袖们蔑视敌将的议论，谜底一经周恩来说破，难免让众人仰天大笑不止。

这个故事并未到此结束，它还有个意味深长的下篇。那时，解放战争各战场可谓捷报频传，一个胜利接着一个胜利，到了1948年年底，淮海战役还在进行期间，人民解放军又组织和发起了平津战役。12月22日，解放军攻占新保安，全歼傅作义的"王牌"部队三十五军，包围了张家口，堵死了蒋傅军南撤、西逃的所有通路。

12月22日下午，周恩来手里拿着攻克新保安的电报，兴冲冲地来到毛泽东的住处，两个人先高兴地议论一阵平津战场各处的战况，周恩来说："新保安一丢，傅作义在张家口的第十一兵团也就没了求援之想，已是瓮中之鳖了！"

毛泽东点头说："晚上总司令和少奇、弼时同志来了，咱们再好好研究一下下一步的打法。"

周恩来提醒说："主席，我看还是再注意一下徐州方面，杜聿明已经摆开了同我军顽抗到底的架势呢！"

李银桥见毛泽东将手中的茶杯用力往桌上一放，杯里的水被震出了不少：

> "不识时务嘛！他杜聿明和邱清泉、李弥，哪是刘伯承和陈毅、粟裕的对手？这次是'司马师'碰在了'姜维'手上，被困在'铁笼山'了！"

周恩来笑起来，抬眼问李银桥："小李呀，你现在知道司马师是谁了吗？"

"知道了。"李银桥一边用抹布擦拭着桌上的水，一边回答周恩来的问话，"在主席和副主席身边，我能总不知道司马师是谁吗？"说着看了看毛泽东，又看了看周恩来，继续笑着说，"周副主席，我还是说司马师是'死马尸'，他杜聿明也快成'死马尸'了！"

"小鬼！"周恩来哈哈大笑，"你还真看了《三国演义》，也长了不少见识呢！"

"人总是要进步嘛！"毛泽东说。

1948年12月17日，鉴于淮海战场的大好形势，毛泽东亲笔撰写了《敦促杜聿明等投降书》，其中写道："你们现在已经到了山穷水尽的地步。……你们想突围吗？四面八方都是解放军，怎么突得出去呢？你们这几天试着突围，有什么结果呢？……我们这次作战才四十天……你们总共丧失了三十四个整师……放下武器，停止抵抗……才是你们的唯一出路。"

这时，"司马师"是国民党徐州"剿总"副总司令杜聿明、国民党军第二兵团司令邱清泉、国民党军第十三兵团司令李弥。

"姜维"是刘伯承、陈毅、粟裕。

"铁笼山"则是安徽北部宿县、河南省永城东北方向的青龙集、陈官庄一带地区。当时,国民党徐州"剿总"前进指挥所、第二兵团、第十三兵团聚集在这些地方。

《三国演义》第一百九回,姜维第二次率兵北伐,他会合羌兵,进攻南安,斩杀魏军先锋官——勇将徐质,将魏军大都督司马昭围困在铁笼山上。姜维困住的不是司马师,此时司马师在朝中执政,徐质、司马昭率兵出征,即为其所派遣。

司马师也罢,司马昭也罢,总之被姜维困在了"铁笼山"上。

但姜维并没有困住司马昭。魏将郭淮、陈泰打败了姜维的同盟军羌兵,活捉羌王迷当,以其为前部,诱骗袭击姜维的蜀军,解了铁笼山之围,姜维只好败退汉中。

不过,杜聿明等人都没有司马昭的好运气,他们被困的地方是真正的插翅难飞的"铁笼"。毛泽东看到杜聿明等不仅不识时务拒不投降,反而企图凭借手中美械装备负隅顽抗,他断然决定,电令淮海前线,组织能攻善战的得力兵团,以强大的围攻之势,集中兵力聚歼从徐州向西逃窜的这部分敌军。1949年1月6日至10日,华东野战军和中原野战军向杜聿明指挥下的邱清泉、李弥两兵团发动了总攻击,只用四天时间,一举歼灭该敌,俘虏了杜聿明,击毙了邱清泉,只有李弥在激战中化装潜逃了。

邱清泉成了李银桥所说的"死马尸"!

也算是司马昭之心

> 毛泽东坦然一笑说:"杜鲁门也是没办法呢!他反对的是共产党,可蒋介石又不为他争气;这样也好,白皮书一发表,公开暴露了美国政府侵略中国的诸多罪恶,也算是司马昭之心,路人皆知了!"
>
> 邸延生:《历史的真言——李银桥在毛泽东身边工作纪实》,新华出版社2000年7月版,第429页

《三国演义》中的司马昭,形象不佳。后来,因为有了"司马昭之心,路人皆知"这个典故,他几乎成了野心家、阴谋家的代名词。"司马昭之心",成了黑心、野心、坏心、歪心,总之是一切歹毒之心的指代词。如果谁被说成有"司马昭之心",那含义肯定是居心不良。

毛泽东也常用这个典故来揭露反动派的不轨图谋和阴谋行径。

1941年2月1日,延安召开了声讨卖国贼汪精卫的民众大会,毛泽东发表了《相持阶段中的形势与任务》的讲话。大会一致通过了毛泽东起草的声讨汪精卫的通电。后来通电编入《毛泽东选集》时,题为"向国民党的十点要求"。其中第二点要求有一段讲道:

> "盖自汪精卫倡言反共亲日以来,张君劢、叶青等妖人和之以笔墨,反共派、顽固派和之以摩擦。假统一之名,行独霸之实。弃团结之义,肇分裂之端。司马昭之心,固已路人皆知矣。"(毛泽东:《向国民党的十点要求》,《毛泽东选集》第二卷,人民出版社1991年版,第722页)

"司马昭之心,固已路人皆知矣",出自《三国志·魏书·高贵乡公髦传》:"帝见威权日去,不胜其忿,乃召侍中王沈、尚书王经、散骑常侍王业,谓曰:'司马昭之心,路人所知也。吾不能坐受废辱,今日当与卿自出讨之!'"

这里的"帝",指三国时魏国的第四个皇帝高贵乡公曹髦,他是曹操的孙子,254年嗣立,在位七年,为司马昭所杀。司马昭是司马懿的次子。魏帝曹髦在位时,他继其兄司马师为大将军,专擅国政。上段引文的意思是说:高贵乡公曹髦眼见皇帝的威权一天天下降,感到无比的愤怒,于是召来侍中王沈、尚书王经、散骑常侍王业,告知他们说:"司马昭叛逆的心,一般人都知道了。我不能够等着受被他废弃的耻辱,今天就要和你们一道,亲自出去讨伐他!"

《三国演义》第一百十四回也描写了这段故事,与史书大体一致,只是文字略有不同:

> 髦归后宫,召侍中王沈、尚书王经、散骑常侍王业三人,入内计议。髦泣曰:"司马昭将怀篡逆,人所共知!朕不能坐受废辱,卿等可助朕讨之!"

结果是王经劝告曹髦不要这样干,因为"重权已归司马氏久矣",曹髦身边没有兵力。而王沈、王业干脆去向司马昭告密。曹髦决心拼命,只率领宫中三百多宿卫兵丁鼓噪杀出,被司马昭死党贾允率领数千铁甲禁兵拦截,兵败身亡。

曹髦所说的司马昭之心,即欲擅自废弃的篡逆之心,是反叛的政治野心。毛泽东引用"司马昭之心,固已路人皆知矣"这个典故,是指反动派、顽固派和其他反共亲日分子的不良居心和阴谋,已为人所共知;同时,谴责了汪精卫、张君劢、叶青之类,进而包括国民党内极右派一干人破坏团结,妄图取消共产党,取消八路军、新四军,取消陕甘宁边区,取消各地方抗日力量的罪恶打算。

毛泽东有时也运用这个典故揭露帝国主义者的阴谋。

1949年8月7日,毛泽东和周恩来在中南海的菊香书屋谈论筹备政协会议和建国大计时,议论起了美国国务院于8月5日发表的《美国与中国的关系》的白皮书,周恩来说:"艾奇逊写给杜鲁门的信和美国政府的白皮书,充满了颠倒是非、隐瞒和捏造事实真相的谎言,是对于中国人民的恶毒污蔑嘛!"

毛泽东坦然一笑说:

> "杜鲁门也是没办法呢!他反对的是共产党,可蒋介石又不为他争气;这样也好,白皮书一发表,公开暴露了美国政府侵略中

国的诸多罪恶,也算是司马昭之心,路人皆知了!"

"要不要驳一驳呢?"周恩来问。

"驳总是要驳的。"毛泽东说,"世界是人民的世界,总不能让美国人自家说了算嘛!"

过了五天,8月12日,毛泽东针对美国政府发表的白皮书,给新华社编辑部写了一篇揭露美国政府侵华罪行的评论《无可奈何的供伏——评美国关于中国问题的白皮书》。次日,毛泽东函告新华社社长胡乔木:"应利用白皮书做揭露帝国主义阴谋的宣传。应将各国评论中摘要评介。"

8月14日,毛泽东为了进一步批判白皮书和艾奇逊的信,揭露美国政府对华政策的本质,动笔为新华社写了《丢掉幻想,准备斗争》的评论文章。在文章中,毛泽东不但深刻揭露了美国政府一贯奉行的侵华政策的本质,同时还批评了国内一部分资产阶级知识分子对于美帝国主义所抱有的幻想,并且对中国革命的发生和胜利的原因作了理论上的说明。

8月18日,毛泽东又对美国原驻国民党反动政府大使司徒雷登于8月2日悄然离去,为新华社写了评论文章《别了,司徒雷登》,以十分辛辣的语气和入木三分的揭露,进一步批驳了美国政府的对华政策。文章揭露美国出钱出枪,蒋介石出人,替美国打仗杀中国人,借以变中国为美国殖民地的侵略政策。

8月24日,毛泽东为中国民主建国会发表的《加强内部团结和警惕,答告美帝好梦做不成》的痛斥美国白皮书的声明,给民主建国会的负责人黄炎培写信说:"民建发言人对白皮书的声明写得极好,这对于民族资产阶级的教育作用当是极大的。民建的这一类文件(生动的积极的有原则的有前途的有希望的),当使民建建立自己的主动性,而这种主动性是一个政党必不可少的。"

8月28日,针对美国政府的白皮书和艾奇逊的信件,毛泽东第四次为新华社写了评论文章《四评白皮书》。指出白皮书是一部反革命的书,它公开地表示美帝国主义对中国的干涉,这就变成了中国人民的教育材料。这篇评论编入《毛泽东选集》时,题为"为什么要讨论白皮书?"。

8月30日,毛泽东为新华社写了揭露美国侵华罪恶本质和帝国主义列强在历史上对中国一贯奉行的侵略政策的评论《五评白皮书》。评论列举1840年以来美帝国主义侵略中国的历史事实,指出:"美帝国主义侵略中国的历史,自从1840年帮助英国人进行鸦片战争起,直到被中国人民轰出中国止,应当写一本简明扼要的教科书,教育中国的青年人。"这篇评论编入《毛泽东选集》时,题为"'友谊',还是侵略?"。

9月16日,新华社发表毛泽东写的社论《六评白皮书》。社论对中国革命的发生和胜利的原因作了理论上的说明,指出自1840年鸦片战争以来,中国人手中的"思想武器",如旧的顽固的封建主义和西方资产阶级革命时代的武器库中学来的东西,都不能抵御帝国主义的入侵,都败下阵来,宣告破产了。只有在1919年五四运动以后,中国人学到了马克思列宁主义,才掌握了反对帝国主义的思想武器。这篇社论编入《毛泽东选集》时,题为"唯心历史观的破产"。(毛泽东:《毛泽东选集》第

司马昭

四卷,人民出版社1991年6月版,第1483—1516页;中共中央文献研究室:《毛泽东年谱》,人民出版社、中央文献出版社1993年12月版,第548—572页)

毛泽东揭露美帝国主义侵略中国的"司马昭之心",一连写了六篇文章,揭得一针见血,揭得痛快淋漓;揭得美帝体无完肤,揭得中国人民眼睛明亮,豪气满怀。

总之,在毛泽东的火眼金睛下,汪精卫和艾奇逊们的"司马昭之心",像狐狸尾巴一样藏不住了,被识破,被揭穿,被永远钉在历史的耻辱柱上。

主要参考文献资料

《毛泽东选集》（一—四卷），人民出版社 1991 年 6 月版

《毛泽东文集》（一—八卷），人民出版社 1993 年 12 月—1999 年 6 月版

《建国以来毛泽东文稿》（1—13 卷），中央文献出版社 1987 年 11 月—1998 年 1 月版

《毛泽东军事文集》（一—六卷），军事科学出版社、中央文献出版社 1993 年 12 月版

《毛泽东早期文稿》，湖南出版社 1990 年 7 月版

《毛泽东外交文集》，中央文献出版社、世界知识出版社 1994 年 12 月版

《毛泽东新闻工作文选》，新华出版社 1983 年 12 月版

《毛泽东书信选集》，人民出版社 1984 年 1 月版

《毛泽东读文史古籍批语集》，中央文献出版社 1993 年 11 月版

《毛泽东哲学著作批注集》，中央文献出版社 1988 年 3 月版

《毛泽东诗词集》，中央文献出版社 1996 年 9 月版

《毛泽东在七大的报告和讲话集》，中央文献出版社 1995 年 4 月版

《毛泽东传（1893—1949）》，金冲及主编，中央文献出版社 1996 年 8 月版

《毛泽东年谱（1893—1949）》，逄先知主编，人民出版社、中央文献出版社 1993 年 12 月版

《毛泽东经济年谱》，顾龙生编著，中共中央党校出版社 1993 年 3 月版

《毛泽东读书笔记解析》，陈晋主编，广东人民出版社 1996 年 7 月版

《毛泽东圈注史传诗文集成》，费振刚、董学文主编，吉林人民出版社 1996 年 8 月版

《毛泽东评点古今诗书文章》，柳文郁、唐夫主编，红旗出版社1998年9月版

《毛泽东妙用诗词》，吴直雄著，京华出版社1998年12月版

《说不尽的毛泽东》，张素华、边彦军、吴晓梅，中央文献出版社、辽宁人民出版社1993年12月版

《中国第一人——毛泽东》，胡真编，湖南人民出版社1999年1月版

《缅怀毛泽东》，编辑组，中央文献出版社1993年7月版

《历史的真言——李银桥在毛泽东身边工作纪实》，邸延生著，新华出版社2000年7月版

《警卫毛泽东纪事》，阎长林著，吉林人民出版社1992年3月版

《文人毛泽东》，陈晋著，上海人民出版社1997年12月版

《毛泽东之魂》，陈晋著，吉林人民出版社1993年10月版

《毛泽东与中国文学》，王子今著，中共中央党校出版社1993年11月版

《毛泽东与名人》，孙琴安、李师贞著，江苏人民出版社1993年2月版

后　记

　　写完本书的最后一笔，我既有完成一件重大事情后的欣慰舒畅和如释重负，又有一种是否较好地实现了写作愿望的惴惴不安。于是一时之间，倒有万千感慨涌上心头：

　　据说，创造冲动产生于热爱。我突然产生写作此书的冲动,也由于对《三国演义》的热爱，尤其对世纪巨人毛泽东解读、运用《三国演义》那些智言睿语的热爱。

　　记得孩提时代，只上过几年私塾的父亲就给我讲了"关羽征西"的故事。说关羽手提青龙偃月刀，身骑赤兔马，带领兵将西征"蛮子"，那西方蛮子头领带领四万人马扎下大寨，与关公对阵。在军营门前挂出"西方主人亘"的横幅，以示西方亘古以来不可侵犯。红脸关公哪管这些，大刀一抢，将横幅上方齐刷刷砍去。那上面的字没了字头，只剩下了"四万王八旦"了。西方蛮兵看了，大惊失色：关老爷神啦，这岂不是天意，赶快投降！于是就投降。关云长得胜回朝了。

　　我自然没有听够，央求父亲再讲。旁边的舅舅也讲了一个关羽的故事，说周仓是为关老爷扛大刀的，可是你知道关老爷是怎么降服周仓的吗？那是关老爷带兵出征时，半路上被占山为王的周仓截住了，双方就要动武。关老爷说话了："我刀下从来不斩无能之辈，你敢与我比试力气吗？"长得五大三粗力能扛鼎的周仓一听，乐了，那还不是小菜一碟。两人下马，走到路边，只见一堆暄土上爬着密密麻麻的蚂蚁。关老爷说："周仓，你连踹三脚，看能不能把蚂蚁踹死？踹死就算你力气大！"那周仓一听，心想踹死个蚂蚁还不是极容易的事，一步上前，连踹三脚，土堆踹出个大坑，可仔细一看，土上的蚂蚁都没死，到处在爬。"怎么样，连蚂蚁都踹不死吧！"关老爷说着，从土堆上捏起蚂蚁,两指轻轻一捻,蚂蚁就粉身碎骨了。"你那三脚还没有我两指有劲!"关老爷笑了,周仓服了,他倒金山拜玉柱,跪下拜关老爷为师,任他调遣。从那以后,周仓就给关老爷扛大刀,追随左右。

从此,骑红马的红脸关公,扛大刀的黑脸周仓……就闯入了我的脑海,开始了我的三国文化启蒙教育。

上学了,大约是小学二三年级,早两年上学的哥哥总能从同学那里借到《三国演义》"小人书"。记得一天傍晚,在哥哥的书包里发现了三本"小人书",有《千里走单骑》,有……我体味了欢乐是怎样的一种享受。屋子里暗下来,我跑到村边西坡梁上,借着落日余晖,如饥似渴地读着……"回家吃饭啦!"母亲连喊三次,耳朵听见了,眼睛还是盯着书,身子不想动,直到翻完最后一页,还意犹未尽地想读第四本。"小人书"看得多了,就与哥哥争论哪个大将武艺高,我说:"'五虎上将'最厉害!"哥哥到底比我早上几年学,不知从哪里听来几句顺口溜:"人中吕布,马中赤兔""一吕二赵三典韦,四关五马六张飞,七黄八夏九姜维……"我没有"顺口溜",说不赢他,只好甘拜下风,承认吕布是武艺最高的大英雄。我们也争论哪个"军师"(那时我们把不拿刀枪的曹操、周瑜、诸葛亮、刘备、孙权……都看成是"军师")计谋厉害,这次我想赢,急忙举出诸葛亮,哥哥说曹操破袁绍、败袁术、胜刘表、战马超,也了不得。争到互不相让时,父亲说:"最奸不过老曹操!"那时,父亲、兄长和我,谁也没注意智、计、奸之间的差异,只是各自讲着自己的感受罢了。对这样的讨论,我只是兴趣很浓,并不希望有什么"答案"和"定论"。

可是,在不知不觉中,已开始了对《三国演义》艺术形象的欣赏和评论,对三国文化传统的渗透、浸润和品味,尽管是那样原始、初级和肤浅。

可宝贵的,是那时培养起来的对《三国演义》的浓厚兴趣,随着似水流年有增无减。虽然中经"文革"的荒芜岁月,但改革开放后很快以加倍的补偿,疗救了那时的文化饥荒。这时,我常常将视线扫向为之偏爱的优秀传统文化:先秦诸子、兵家典籍、古典小说……大约90年代初的一个什么时候,随着毛泽东解读、运用古典小说的各种新资料的披露,我萌动了一个想法:这是一个很有文化价值的课题,收集资料,撰写专著!我开始了写作准备:资料素材的准备、理论工具的准备、传统文化积累的准备。鲁迅先生说过:积之十年,必有成效。前前后后,大约十来年,仅收集有关毛泽东的书籍即达五百余种,阅读、笔记、思索几乎成了每天业余的必修课。随着资料的增多,思想的累积,著作专题也在裂变,最终,我决定写作《毛泽东读〈三国演义〉》。这是毛泽东与优秀传统文化金矿中的一眼深井、一座富矿。作为世纪伟人,毛泽东是怎样阅读、欣赏、评论、运用《三国演义》的?这个具有诱惑力的课题深深地吸引了我。我觉得围绕这个课题,把资料收集起来,把问题分析进去,把经验总结出来,介绍给今人,留传给后人,转化为更多读者的精神财富,这是我辈义不容辞的责任。我陡增豪情,认识到一种自觉使命,明白了一种人生责任。于是,数年时间,在毛泽东——三国——中国革命和建设的"大观园"里,我看到了"天上人间诸景备"(《红楼梦》语)。

我忽然想到,在文化水平不高的乡间,父辈用讲故事,谈闲话,口耳相传的方式,继承、传播和延伸着优秀传统文化,而电子时代,更普及更快捷更方便的形式,当然要借助电视电脑了。但是,不管用哪种形式,把优秀传统文化接过来传下去,都是每个有良知的中国人的责任。在这个历史发展的链条中,毛泽东以其学人的广博、伟人的影响,做出了独步一时俯视百代的贡献。

我在类似《武圣关羽》等三国图书中,也没有查到父亲和舅舅讲的"关羽征西"和"关羽周仓比力气"的故事,不过这并不令人遗憾,大概它们只存在于先民的口中舌上,但是我想,它们不会永远尘封于民族的记忆里。《三国演义》是一本智慧的书,它将永远滋润着民族智慧的心田。它将随着生活的脚步,一次次再生。保持着生生不息的活力。能为此而贡献绵薄之力,则此生幸甚!

董志新
于沈阳寓所

丛书后记

——我这样写毛泽东读"四大名著"

庄子曾经说过一句大实话："其作始也简,其将毕也必巨。"(《庄子·人世间》)事情开始的时候比较简单,事情将要完毕的时候比较繁巨,这反映了一般事物的发展规律。我写作毛泽东读"四大名著"也是如此。二十年前,我只是积累了一些毛泽东谈关云长、诸葛亮、孙悟空和贾宝玉的资料,写了诸如《关云长不如彭老总》《关圣帝君一个土豪也不曾打倒》等几篇短文,那目的也只是写点随笔札记自我欣赏,并没有想到发表,更不用说要写成四大本书了。但从那时起,对此事就很留心,读书看报,每有所得,欣然忘食,不间断地积累材料,日渐丰饶。资料越来越多,思路越来越清,切块扒堆,条分缕析,渐渐地由写几篇文发展到写几部书了。

毛泽东是真正"读书破万卷"的人。有关他解读和运用"四大名著"的记载,我搜集和梳理到的就有数百处之多,这还仅仅是我目力所及的,没有披露的、我无缘见到的,还不知有多少。毛泽东解读和运用"四大名著"资料众多,经验丰富。那么,怎样把这些资料和经验梳理顺畅撰著成书呢?研究和写作中,我给自己树了标杆,想努力实现一些目标。

对于这个专题的资料占有,我的态度当然是"韩信将兵,多多益善",没有全面性是谈不上权威性的。我广泛搜求,查阅了数百种图书,翻阅了难以数计的报刊,日有所积,月有所累,共得毛泽东读"四大名著"资料八百余条,在同类著述中大约是占有资料最多的。可毛泽东政治活动时间之长,实践范围之广,决定了他与"四大名著"发生联系的资料之多,我相信还有相当部分资料没有披露,或披露出来不为笔者所知,"全面"也只能是相对的。随着时间的推移,肯定还会有新的资料披露出来,这方面的情形肯定是"譬如积薪,后来居上"。找到的资料,也并非"剜到筐里就是菜",还要进行考据的工作。不用说,凡是从《毛泽东选集》《毛泽东文集》《建国以来毛泽东文稿》等公开出版的毛泽东著作中查到的资料是权威的;党史军史著作中的资料是权威的;严肃的回忆录、纪实文学之类,一般也是可信的;而有些报告文学、纪实文学乃至回忆录中的资料的可信度则要大打折扣,有些则明显让人信不过,笔者的办法是尽量查到资料的原始出处。有些资料是可信的,录自当事人的回忆,但传闻异辞,在这种情况下,优先采录较客观、准确、真实的。本书在介绍毛泽东运用"四大名著"情节、人物、典故的背景时,实际上涉及的是党史和军史的历史资料,为保证这些资料的准确性,凡是有可能的,我都与《毛泽东年谱》《毛泽东传》等权威性著作做了核校。这套丛书的资料,其实都是史料,都应该有信史的特征。这是上不辜伟人,中不欺今人,下不负后人的态度。

曾经有几位朋友与我侃过一个共同的话题:毛泽东解读古典小说"四大名著",其他三种资料都很丰富,唯独《西游记》的资料没见多少,能写成一部书吗?内中透出些许的担忧。起初,我也有这样的顾虑。尽人皆知,研究得有丰富的文献资料,否则研究将是无源之水、无本之木。缺少资料的全面性谈不上结论的权威性。研究《西游记》当然也是这样。顾虑和担心也有好处,它促使我处处用心寻觅资料,扩大搜索范围,广泛寻求帮助。数年前,我弟弟志先也加盟到这项工作中来,他把我处自备的、外借的、友情赞助的有关毛泽东的全部文献资料重新梳理一遍,所获为数不少,专题资料越来越多了。为了节省我的时间,他录制了后两部书的大部分资料。毛泽东读《西游记》的资料重点挖掘,这个专题的资料虽然较之其他三大名著略逊,但也不失丰富,仅毛泽东谈孙悟空即达四五十次之多。那么,以前人们对专题资料的顾虑和担忧是怎样产生的呢?我分析原因大略有三点:当时这方面资料披露较少,不为人注意;以前没有关注这方面情况,印象浅淡;小说主要人物形象太少,毛泽东说来说去只有唐僧师徒四人,似乎形只影单。其实,毛泽东对"四大名著"都很热爱,解读和运用的实例都为数不少,只要用心搜集,较为全面地占有资料是办得到的。

占有了资料,怎样结构全书?这个问题解决不好,书稿很可能会杂乱无章。这里有两个时空系统,一个是毛泽东读"四大名著"历史过程的时空系统,一个是"四大名著"故事本身发展的时空系统。依据这两个时空系统可以有三种书稿结构:一种是按照毛泽东的实践经历,写出他在不同时期不同历史阶段读"四大名著"的情况;一种是按照四部小说故事的发展脉络,写出毛泽东读"四大名著"的各种情况;一种是把两个时空系统组合交叉在一起,以"四大名著"情节延伸、故事发展、人物形象为经,以毛泽东解读和运用"四大名著"的内容为纬,结构全书。本套书采用的基本上是第三种办法,但又不太拘泥于此。首先,笔者把要表达的内容分为若干单元。第一个单元是毛泽东对"四大名著"文本的阅读,对小说作者的评论;第二个单元是毛泽东对"四大名著"思想和艺术的借鉴;第三个单元是毛泽东对"四大名著"词语典故和故事典故的运用;第四个单元是毛泽东对"四大名著"人物形象的漫议、鉴赏和征引。《自序》是全景鸟瞰,各篇是个案透视。这样的谋篇布局使结构均衡些。但是,即使这样,有些同类内容,只能分散开讲。比如,毛泽东借鉴三国故事阐述人才思想的内容,在《三国都有知识分子》《群英会上的英雄大多年轻》《错用关羽马谡》《曹操懂用人之道》《刘备这个人会用人》《"青年团员"周瑜挂帅》等篇章中都涉及了。

毫无疑问,写作此套书是为了总结借鉴伟人的读书经验,弘扬优秀传统文化。作为大思想家、大文化人,毛泽东的思想无疑是敏锐深邃的,深挖细察他漫评漫议"四大名著"所包容的思想内涵和人生价值,既挖掘到位,解释透彻,亮出底牌,又不牵强附会,坐地拔高,胡乱引申,使读者有所思,有所悟,有所启迪。要爬上这个陡坡,确非易事,但没有理由不努力去做。当然,这不是要去玩弄谁也不懂的新名词新概念,故弄玄虚。真理是朴素的,深刻是易晓的。这就要求行文生动而不呆板,流畅而不晦涩。语言通俗,段落短小,乃至"背景"几近讲故事,尽量做到寓理于事,理从事出,追求深入浅出浑然天成的行文境界。虽然做起来十分不易,但努力为之。

毛泽东对"四大名著"的解读和运用,其特点如同冰山——据说冰山只有六分之一浮出水面,而六分之五是沉在水下的。毛泽东评说"四大名著",往往言约旨丰,语言少少许而内涵多多许。在当时的历史背景、语言环境和接受对象面前,极易理解。而今天人们要明了全部内容,就要给予扩展,给予说明,给予阐发。有朋友说,这是"解释学"的治学方法,或许如此。比如,毛泽东在20世纪50年代问身边工作人员:"刘姥姥是什么阶级出身?"毛泽东为什么这样发问,小说中对刘姥姥阶级属性如何描写,对人物做阶级分析是否属于文艺学范畴?涉及不少社会背景和理论问题。再比如,20世纪60年代他在战备会议上问:"刘备为什么能在这里(四川)立国?"只是一句以问代答的问话,但有些读者可能要问:刘备在四川立国是怎么回事?毛泽东为什么要这样讲?类似的情况还有许多。因此,对毛泽东的评说和征引,本套书力图做到讲清三个方面:讲清评说的具体历史背景,知晓事情的来龙去脉;介绍小说中相关的情节、人物、词语,使读者(尤其是不熟悉"四大名著"的读者)对毛泽东评说征引的小说内容有个完整的把握;在做到前两点的基础上,揭示毛泽东解读和运用的微妙之处,欣赏其智言睿语的丰富内涵和无限风光。至此,毛泽东的读书经验也就水到渠成、瓜熟蒂落地显现出来。当然,这种准确的介绍根基于实事求是的态度,没有客观的态度无所谓准确,更无所谓正确。这里有一个怎样对待毛泽东"讲错了""用错了"的问题。把小说的思想内容混淆了,把人物经历张冠李戴了,把故事情节记错了,这个问题并不难办,指出来恢复小说本来面貌也就罢了。毛泽东的评说不少是即兴之语,信手拈来,并没有核对原书,要求征引的内容百分之百的准确,是不实际的。对"用错了"的情况则要多费些笔墨,具体分析产生错误的背景和原因,指出错误的程度和影响,不"为尊者讳"。这种是其所是、非其所非的客观态度,是伟人生前所倡导的对待事物的科学态度;坚持这种态度,无损伟人的形象,只能增加伟人的光辉。道理很简单——他留给我们的宝贵遗训,还在生活中发挥积极作用。

毫无疑问,要实现上述写作目标,需要个人的艰辛付出,也需要各方面的鼎力支持。所谓"一个篱笆三个桩,一个好汉三个帮"。况且,在写作上我从来不是"好汉",更需要帮助。爬格子的日日夜夜,我荣幸地得到了来自各个方面的鼓励和支持。我的直接领导孙大发中将曾经细心地指出我书稿中的笔误,使我下笔时更加谨慎和用心。战友、文友、朋友刘嘉恩、郭宝山、黄永贤、冯连旗、王群、贾凤山、杜传友、高潮、高光辉、王传荣、苏文愚、张景山、曾福林、韩宝琛、张巨德、张宝印、张传相、蔡书成、王玉华、胡世宗、姜宝才、胡承山、张昌富、白金华,对我的援助和支持,使我永难忘怀。我的同事多年来的理解、鼓励、支持,更使我如鱼得水,勤勉奋力,大得工作和研究的乐趣。

中国红学会副会长胡文彬先生、沈阳军区一级作家李占恒、政治部组织部部长刘伯和、技术侦察局副局长任志生、前进报社编辑王任飞、网上经营图书的"大银鱼家"的经理常红,把个人珍藏的或搜求到的红学、毛学和其他古代文学文献资料毫不吝惜地送给我(有的红学图书、红学资料珍藏几达半个世纪或几十年),以作研究之用,令我感动唏嘘,推动我脚步不停笔耕不辍。刊授党校杂志社的陈力、刘东来、张炜,早在《毛泽东读〈三国演义〉》没有全部完稿之际,即抽出毛泽东借三国故事谈哲学的篇章,连载达两年之久,对我的激励和鞭策,如同电池板遇上充电器,代步车出了加油站。辽宁省图书馆的姜猛、刘晓霞、余荣全,沈阳市图书馆的李冬红,沈阳市大东区图书馆的王文风、李天福,沈阳军区图书馆的邹亚琴、唐华,辽宁民族研究所图书室的李琳镐,有求必应,解决了许多资料难题。学校老师赵春阳,学生梁慧颖、董博文、张洁,帮我网上查找资料和扫描图片,出了不少力气。

为写这套书，我几乎投进去所有的业余时间，节假日和双休日更是在所不辞了。头几年，我还不会摆弄电脑，女儿文斐和女婿德龙，经常工作在电脑旁，前两部书稿都是他们打的。电脑的技术故障，一直是德龙在解决。四部书全部写完，又是女儿女婿选配制作了全部插图。我们都上班忙工作，下班忙书稿，家务活自然较多地推给了妻去做。她那时每天教学，学校离家远，很忙，很辛苦。但是，她保障家里的"后勤"，不以为苦，却常以为自豪。一家人为此同心协力，其乐融融。其间，央视数次重播"四大名著"的电视连续剧，漫议"四大名著"就成了家人闲聊时的话题，不用说这是一种很好的家庭文化氛围。亲人的支持，也是我持之以恒写作的动力。

　　此套书的出版，得到了辽宁出版集团万卷出版公司李英健社长、编辑室王会鹏主任悉心指导和全力帮助，在此致以衷心的感谢！

董志新　于沈城三八里凯旋楼
2009 年 3 月 20 日

　　得力于万卷出版公司社长王维良、副总编辑王会鹏的大力支持和热情指导，得益于编辑朱婷婷、齐丽丽的精心地编辑和细心地校核，这套书获得重印机会。此次重印，按照出版要求，在保持原貌的情况下，对个别不准确的史实、错讹文字、技术性差错做了少许订正以负责于读者。

作者补记
2021 年 2 月 18 日